国家卫生计生委医院管理研究所药事管理研究部
中国医院协会药事管理专业委员会 组织编写

临床药物治疗学
老年疾病

分册主编 王建业 胡 欣

副 主 编 迟家敏 杨莉萍

编　　委（以姓氏笔画为序）

于普林　王 林　王东晓　王建业　王朝晖　毛佩贤

文良元　方保民　成 蓓　刘 蔚　孙明晓　孙福成

李 刚　杨莉萍　迟家敏　张 巧　张亚同　张存泰

张耀光　陈 彤　陈 铮　罗庆峰　郑松柏　赵 英

胡 欣　胡世莲　郭代红　梅 丹　常建民　彭丹涛

董碧蓉　程 标　童荣生　蹇在金

参与编写者（以姓氏笔画为序）

于冬妮　王 超　白丽娟　朱愿超　刘怡欣　刘前桂

刘容吉　闫雪莲　孙雯娟　李 艺　李小雯　肖 幸

沈 干　宋岳涛　张 明　张钰宣　陈 頔　陈敏敏

赵 明　黄建权　黄剑锋　梁 良　潘明鸣

人民卫生出版社

图书在版编目(CIP)数据

临床药物治疗学. 老年疾病/王建业,胡欣主编. —北京:人民卫生出版社,2017

ISBN 978-7-117-24203-5

Ⅰ. ①临… Ⅱ. ①王… ②胡… Ⅲ. ①药物疗法②老年病-药物疗法 Ⅳ. ①R453②R592.05

中国版本图书馆 CIP 数据核字(2017)第 038929 号

人卫智网 www.ipmph.com	医学教育、学术、考试、健康,购书智慧智能综合服务平台	
人卫官网 www.pmph.com	人卫官方资讯发布平台	

临床药物治疗学——老年疾病

分册主编:王建业　胡　欣
出版发行:人民卫生出版社(中继线 010-59780011)
地　　址:北京市朝阳区潘家园南里 19 号
邮　　编:100021
E - mail:pmph @ pmph. com
购书热线:010-59787592　010-59787584　010-65264830
印　　刷:北京人卫印刷厂
经　　销:新华书店
开　　本:787×1092　1/16　　印张:38
字　　数:925 千字
版　　次:2017 年 5 月第 1 版　2017 年 5 月第 1 版第 1 次印刷
标准书号:ISBN 978-7-117-24203-5/R・24204
定　　价:80.00 元

打击盗版举报电话:010-59787491　E-mail:WQ @ pmph. com
(凡属印装质量问题请与本社市场营销中心联系退换)

《临床药物治疗学》丛书编委会

顾　　问：桑国卫　樊代明　陈香美　周宏灏　赵玉沛　赫　捷
　　　　　高　强　曹荣桂　张宗久

总 主 编：吴永佩　蔡映云

副总主编：颜　青　韩　英　甄健存　钟明康

编 委 会（以姓氏笔画为序）：

于世英　于健春　马满玲　王长连　王长希　王建业

文爱东　史　伟　史国兵　母义明　吕迁洲　吕晓菊

刘皋林　刘懿禾　孙　锟　杜　光　李宏建　李智平

杨　帆　杨　敏　吴永佩　吴　钢　吴德沛　邹多武

张伶俐　张　健　陈　孝　周　晋　周聊生　赵　霞

胡　欣　钟明康　洪　震　夏培元　徐　虹　徐彦贵

高　申　高海青　郭代红　黄红兵　梅　丹　彭永德

蒋协远　蒋学华　韩　英　童荣生　甄健存　蔡卫民

蔡映云　廖　泉　缪丽燕　颜　青

《临床药物治疗学》丛书分册目录

序号	书名	分册主编
1	总论	吴永佩　蒋学华　蔡卫民　史国兵
2	感染性疾病	颜　青　夏培元　杨　帆　吕晓菊
3	心血管系统疾病	李宏建　高海青　周聊生　童荣生
4	呼吸系统疾病	蔡映云　吕迁洲
5	消化系统疾病	韩　英　高　申　文爱东　邹多武
6	血液系统疾病	缪丽燕　马满玲　吴德沛　周　晋
7	内分泌代谢疾病	母义明　郭代红　彭永德　刘皋林
8	神经系统疾病	钟明康　王长连　洪　震　吴　钢
9	肾脏疾病	史　伟　杨　敏
10	器官移植	陈　孝　王长希　刘懿禾　徐彦贵
11	肿瘤	于世英　杜　光　黄红兵
12	外科疾病	甄健存　廖　泉　蒋协远
13	妇产科疾病	赵　霞　张伶俐
14	儿科疾病	徐　虹　孙　锟　李智平　张　健
15	老年疾病	王建业　胡　欣
16	营养支持治疗	梅　丹　于健春

序 一

医师、药师、护士、医疗技师是医疗机构四大核心技术支撑系统的重要成员,药师是医院药事管理和促进合理用药的主要技术力量,在指导患者安全用药、维护患者用药权益起着重要作用。

我国自2002年提出医院要建立临床药师制以来,发展健康迅速,临床药师在临床用药中的作用逐步明显。为提高临床药师参加药物治疗能力,我们医院管理研究所药事管理研究部和中国医院协会药事管理专业委员会,邀请300余名药学与医学专家以及部分临床药师共同编写了适合我国国情的《临床药物治疗学》系列丛书。感谢医药学专家做了一件值得庆贺的、有助于提高药物治疗水平、有益于患者的好事。

临床药师是具有系统临床药学专业知识与技能,掌握药物特点与应用,了解疾病与药物治疗原则,是医疗团队的重要成员,与医师、护士合作,为患者提供优质药物治疗的药学专业技术服务,直接参与临床药物治疗工作的卫生技术人员。临床药师是现代医疗团队的重要成员,各医疗机构要爱护关心他们的成长,积极支持他们的工作,充分发挥他们在药事管理和药物治疗中的专业技能,将临床药学作为专业学科建设加以严格管理,为实现医疗机构医疗水平的持续提升创造条件。希望临床药师们要学好用好临床药物治疗学,发挥专业特长,促进合理用药、提高医疗技术水平、维护患者利益中发挥更大作用。

简写"序",以祝贺《临床药物治疗学》丛书的出版。

张宗久

2016年4月

序 二

第二次世界大战后,欧美国家制药工业快速发展,新药大量开发。但随着药品品种和使用频率的增加,临床不合理用药加重,严重的药物毒副作用和过敏反应也不断增多,患者用药风险增加。同时,人类面临的疾病负担严峻,慢性病及其他疾病的药物应用问题也愈加复杂,合理用药成为人类共同关心的重大民生问题。

为促进药物合理使用,美国于 1957 年首先提出高等医药院校设置 6 年制临床药学专业 Pharm D. 课程教育,培养临床型药学专业技术人才。截至 2013 年,美国 135 所高等医药院校的药学教育总规模 90％以上为临床药学 Pharm D. 专业教育。同期,美国在医院建立了临床药师制,即临床药师参加临床药物治疗,规定 Pharm D. 专业学位是在医院上岗药师的唯一资格,并在医院建立学员毕业后以提高临床用药实践能力为主的住院药师规范化培训制度。1975 年,美国医院临床药学界编辑出版了《临床药物治疗学》丛书,现已出第十版,深受广大药师和高校药学院学生的欢迎。

我国自实行改革开放政策以来,社会经济迅猛发展,党和政府更加关注民生问题,广大人民群众随着生活水平的大幅提升,也要求获得更好的医药卫生服务。

改革开放前医院药师的任务是保障临床诊疗用药的需求,但伴随着改革开放,我国制药工业快速发展,国外药企大量进入,药品品种和品规猛增。医药流通领域不规范竞争加重,临床不合理用药日趋严重。为此,原卫生部在 20 世纪末提出药学部门工作要转型,药师观念和职责要转变,规定医院要"建立临床药师制",培养配备专职临床药师,参加临床药物治疗。并规定医院要建立临床医师、临床药师、护士等组成的临床医疗团队,临床医师和临床药师要共同为患者临床药物治疗负责。我国于 21 世纪初加快了临床药学学科建设与临床药师制体系建设,尽管临床药师队伍在药物应用实践中迅速成长,但由于历史原因导致我国在临床药学学科定位与发展方向、药学教育培养目标以及医疗机构医疗工作模式等的缺陷,使临床药师普遍感到临床药学专业系统性知识不足、临床药学思维能力不足和临床药物治疗实践技能不足。针对临床药学学科建设与临床药师制体系建设中这一突出问题,充分发挥临床药师在药品应用和药事管理中的专业技术作用,提高临床药物治疗水平,促进合理用药,我们邀请 300 余名药学与医学专家以及部分临床药师,启动了《临床药物治疗学》系列丛书的编写。本丛书以临床药物治疗学的理论以及药物治疗理论与实践的结合、诊疗活动与药物治疗实践和药物治疗的监护与效果评价,试用案例分析教育、论述典型的药物治疗方案和药学监护,突出临床思维与临床药学思维的建立与运用。丛书的编写与出版,希望能体现国内外临床药物治疗学和临床实践活动最新发展趋势,反映国际上临床药学领域的新理论、新知识、新技术和新方法。

我们期待为临床药师培训基地提供一套实用的教材,为提高培训基地的培训质量,提升临床药师的专业知识水平,增强参与临床药物治疗工作的能力打下基础。同时,也为在临床参与药物治疗实践工作的临床药师和从事处方审核调剂、药物制剂、药品物流管理以及系统药品质量监管等药剂工作的药师提供自学教材;并为医疗机构医务人员和高等医药院校临床药学专业和药学专业学生教学提供一本理论与实践紧密结合的参考用书。

由于这是一部多学科药物治疗学的系统丛书,缺乏编写经验,不足之处在所难免,恳请医药学界专家和读者、特别是广大临床药师提出问题,找出差距,为修订编写二版打好基础。

我们衷心感谢各分册主编、编委与全体编写者的辛勤劳动和有关人士的热忱支持!

吴永佩　蔡映云
2016 年 4 月

前　言

21世纪是中国全面建设小康社会的历史新时期,也是面临人口老龄化挑战的新时期,即人口老龄化加速发展时期。在人口老龄化高峰出现之前,关注和着手各个阶段的人口问题、经济问题和社会问题,是落实和完善科学发展观,构建和谐社会的迫切需要。

放眼全球,全世界60岁以上的人口已经达到8.93亿,80岁以上的人口是增长最快的人群。在接下来的几十年中,全球60岁及60岁以上的人群将很可能达到历史上空前水平。根据最新的估计,到2050年60岁及60岁以上人口将会有20亿,占全世界人口的22%。2050年的世界人口预计将达到1950年世界人口的3.6倍,60岁以上和80岁以上人口相应的增长数则分别是10倍和27倍。可见,人口老龄化也是全世界正在面临的问题。

长久以来,人们普遍认为"没有疾病就是健康",这是一维的健康观,即仅提及躯体健康。1948年,世界卫生组织在其宪章中首次提出健康的概念,即健康是指身心没有疾病,而且身体上、精神上和社会适应上处于完好状态,也就是说健康不仅是躯体健全没有疾病,而且还要具备心理健康和社会适应状态良好。1989年,世界卫生组织以更高标准提出人体健康的概念,即健康是指无疾病与虚弱的躯体健康和心理健康、社会适应健康及道德健康的完美结合,健康者是营养、功能、生理、精神处于动态平衡状态的个体。随着"生物－心理－社会－环境"新的医学模式的出现,健康的概念中又注入了环境因素,即健康为"生理－心理－社会－环境"四者的和谐统一。这些概念的提出,使得人们对于健康的认识日趋清晰与完整。

然而,健康状况却随着衰老的进程而逐渐下滑。因为随着年龄增长,机体会出现一系列的组织结构退行性变化、生理功能减退,导致机体出现对内外环境适应能力降低。衰老是一种适应性改变,因为机体做功的效率和对内外刺激的反应能力逐渐降低,从而使老年人容易被不同疾病所袭扰。衰老可使人体应对各种内外刺激时生理储备能力降低和易损性增加,最终导致老年人的生存能力下降。更重要的是,衰老本身并不导致疾病,但它确实降低了发病的门槛,而且一旦发病将加速疾病所产生的负面影响。所以,老年人在疾病发生以及治疗方面都存在其特殊性,特别是多疾病、多药物治疗时,其药物相互作用、药物不良反应等风险急剧增加。

有许多因素引起老年人药物相关问题风险的增加,包括衰弱、共病、记忆力障碍、多药共用(处方药和非处方药)。老年患者是发生药物相互作用的高风险人群,因为随着年龄增长,机体生理功能的变化会直接影响药物的相互作用。老年人的肝脏代谢功能、肾脏功能、神经传导功能以及骨髓造血功能都随着年龄增长而退化。老年人感觉功能的减退增加了其误服药物的概率。此外,老年人的共病情况越来越多,导致患者常常同时服用多种处方药。据统计,平均65岁的老年人通常同时处方5种药物,而药物处方的高峰在75～84岁年龄组的老年人。欧洲一项调查显示,平均年龄为81岁的老年人中有34%～68%的人群服用6种或6

种以上药物。

在临床工作中,我们医院药师,特别是临床药师应该充分了解老年人群的特殊生理与病理状态对药物的药动学特点与药效学变化的影响,以及其导致药物相对超量或药效改变,并可能出现安全性下降、不良事件发生率增高等问题,可以通过运用系统的临床药学专业知识与技能,参与临床药物治疗和药学监护等相关的药学技术工作,与医师、护师合作,共同发现、解决、预防潜在的或实际存在的用药问题,同时指导患者正确使用药物,尽力使患者免受或减轻、减少与用药有关的损害,维护患者的身体健康。因此,临床药师的参与,必将对老年人群的合理用药起到重要的作用。

本书面向临床医务工作者特别是临床药师,从老年人的特殊生理与病理的角度,对老年人的健康与疾病特征、老年人的药动学和药效学特征、老年人多种用药带来的药物相互作用和不良反应特征等进行了专章的梳理。同时针对老年人高血压、脑卒中、心力衰竭、房颤、冠心病、糖尿病、肺炎、失眠、疼痛、便秘、骨质疏松和黄斑变性等疾病逐一进行了阐述,从病因和发病机制、病理生理、临床表现、诊断、药物治疗方案、药学监护、用药指导和不合理用药的常见表现及其处理等方面论述。

本书内容涵盖临床医学和临床药学的基础知识和最新进展,是临床医务工作者必备的参考书,同时也是临床医学和临床药学在校学生有益的参考书。

王建业　胡　欣

2017 年 2 月

目　录

第一章

老年医学总论

第一节　人口老龄化的现状及趋势

一、世界人口老龄化概况

世界许多国家正在经历人口老龄化进程。目前,全世界 60 岁及 60 岁以上的人口已经达到 8.93 亿,80 岁以上的人口是增长最快的人群。根据最新估计,到 2050 年 60 岁及 60 岁以上人口将达 20 亿,占全世界人口的 22%。2050 年的世界人口预计将达到 1950 年的 3.6 倍,其中 60 岁及 60 岁以上和 80 岁及 80 岁以上人口相应的增长数则分别是 10 倍和 27 倍。

世界人口老龄化的特点:①发展中国家的老龄化人口增长最快,速度常常超过发达国家。目前发展中国家总体的老龄人口增长速度是发达国家的 2 倍多,是全世界人口增长速度的 2 倍。②欧洲依然是世界上人口"最年长"的地区,北美洲和大洋洲同样会有相对比较高的老龄人口比例,非洲是"最年轻"的地区。③日本经历了极端的人口老龄化过程,已经达到了全世界最长的预期寿命;当前日本人口中有 22% 在 65 岁以上,到 2020 年将达到 28%。但其生育率水平在 20 世纪 40 年代后期开始下降,50 年代下降加速,60 年代前期总的生育率降至替代水平。④美国有着 3 亿 900 万人口,是世界人口第三大国。二战后老龄人口数量开始增长,人们都在关注着其日益增加的人口老龄化支出;但由于经济发展,其不会面临老龄化带来的大问题。⑤此外,其他国家和地区的情况各异。逐步老龄化进程在西方世界正持续不断地发生着,东亚和东南亚的一些国家和地区(尤其是中国、韩国、中国台湾和泰国)的人口老龄化速度快速增长,并因生育率的相对下降而加剧。这些快速老龄化的非西方社会也开始陷入同样的关于公共养老和医疗保健支出问题的漩涡之中。

二、中国人口老龄化概况及特点

1. 概况　中国的人口老龄化是 3 个因素的结果:生育率下降(总人口中老龄人口比过去占更大比例)、预期寿命延长和年龄结构的动态变化及年轻人群体会贯穿于整个年龄结构并变成相对更大的老龄一代。

2. 中国老年人口的基本状况

(1)数量巨大,增长迅速:2000 年年底,中国 60 岁及 60 岁以上的老年人口占总人口的

10.2%;2010 年年底已达到 13.26%。据预测,2025 年,60 岁及 60 岁以上的人口将达 2.8 亿,占总人口的 19.3%;2050 年将达到 4 亿,占总人口的 27.9%;平均每年净增约 540 万。中国 80 岁以上的高龄老年人每年以 5% 左右的速度增长,是老年人口中增长最快的年龄组。高龄老人将从 2000 年的 1100 万增长到 2050 年的 1 亿左右(图 1-1)。我国的人口结构由成年型迈向老年型只用了 18 年,而英国用了 45 年、瑞典用了 85 年、法国用了 115 年。由此可见,我国的老年人口呈井喷式增长。

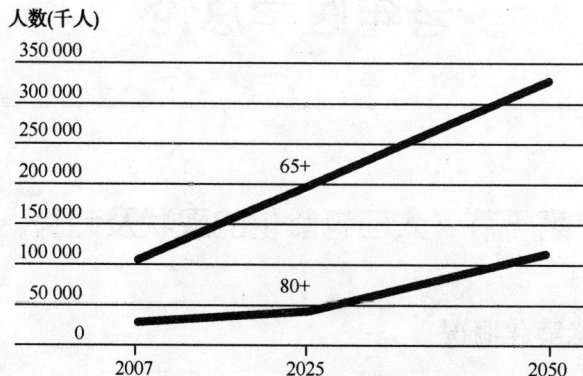

图 1-1 中国的老年人口数量持续快速增长趋势

[引自:China's Rapidly Ageing Population]

(2)区域发展不平衡:中国的老年人口主要分布在农村,占比高达 70% 左右。各省、市、自治区之间的人口老龄化程度存在明显差异。中国最早进入老年型地区的为上海市、浙江省、北京市等省市,较后进入老年型的一些西部地区早 20 年左右。人口老龄化在那些近几十年低生育率的省份也许会变得更为极端和迅速。

(3)女性老年人的比例高:老年人口中女性多于男性,随着年龄的增长,女性老年人的比例不断上升。在 80 岁及 80 岁以上的高龄老年人中,女性占 63%。百岁老年人中,女性的比例高达 77%。

(4)平均预期寿命长:中国人口的平均预期寿命明显延长,从 1949 年的 43.6 岁上升到 1999 年的 71 岁,2010 年平均预期寿命为 73.5 岁。2015 年 5 月,世界卫生组织(WIIO)发布了 2015 年版《世界卫生统计》报告。报告指出,中国人口的平均寿命为男性 74 岁、女性 77 岁。

(5)老年人的婚姻关系稳定,丧偶比例高:中国老年人的婚姻关系稳定,未婚率和离婚率都较低,分别为 1.39% 和 0.84%。老年人的丧偶比例较高,达 35% 以上,随着年龄的增长,丧偶比例不断提高,高龄女性老人的比例更高。虽然老年人再婚的数量有所增多,但是比例仍然很低。

(6)主要依靠居家养老:目前中国老年社会保障机构的覆盖面小,子女供养老年人仍是中国老年人养老的主要方式。有 57.1% 的老年人主要靠子女或其他亲属提供经济帮助;有 25% 的老年人依靠自己的劳动收入;有 15.6% 的老年人依靠离退休金;依靠社会保险和救济等其他途径的只有 2.2%。大多数老年人与子女居住在一起,同住比例高达 77%。

三、中国人口老龄化亟待解决的问题及措施

人口老龄化通常会带来3方面的问题。首先,老龄人群一般没有像工作年龄人群那样的生产能力,因此在老龄人群占高比例的经济体中,经济增长率可能会很低;二是关系社会可持续发展的问题,这主要是指老年人口的增长及在总人口中的比例不断上升使老年抚养比增加,从而加大了劳动年龄人口的负担及国家在社会福利方面的支出,对社会和经济的发展产生一定的影响;三是老年人的问题,主要是指随着老年人的不断增加,社会有效供给不能完全满足快速增长的老年人群体在社会保障、社会福利及社会服务等方面的需求,使老年人在实际生活中遇到一定的困难和不便。

中国在社会生产力还不十分发达的条件下如何迎接人口老龄化和高龄化的严峻挑战引起了国家的高度关注。

1. 关系社会发展的问题

(1)加重了劳动年龄段人口的负担:全国目前为9.1个劳动年龄人口(15～64岁)负担1个老年人(65岁以上),到2025年将下降到5.4个劳动年龄人口负担1个老年人,到2050年将为每2.4个劳动年龄人口负担1个老年人,2050年我国劳动年龄人口抚养老年人口的负担将等于2000年的3.8倍。这一问题在中国一些城市化和老龄化程度高的地区更加严峻。2015年末,上海市15～59岁劳动年龄人口抚养60岁及以上人口的老年抚养系数为50.2%,比上年增加3.6个百分点;15～64岁劳动年龄人口抚养65岁及以上人口的老年抚养系数为27.8%,以上年增加1.7个百分点。

(2)国家在老年社会福利方面的支出增加,财政负担日益加重,影响了积累基金与消费基金的比例:由于中国离退休职工人数的不断增长,国家在老年保险福利方面的支出大幅增加,给中国社会和经济造成很大压力,特别是中国的社会保障及社会服务体系将面临严峻的挑战。据世界银行预测,中国的基本养老保险基金有可能在2032年左右开始亏空。

(3)影响代际关系,引发诸多社会矛盾:由于老年人口的增长使劳动力人口的社会负担加重,从而产生代际矛盾,处理不当还会引发其他社会问题,影响社会的安定团结。近年来子女不赡养老年人和遗弃老人的案件呈上升趋势,同时也存在不愿或不主动缴纳社会保险金的现象。

2. 老年人的突出问题

(1)经济状况差,相对贫困日益严重,企业的老年人问题突出:老年人经济收入来源少、偏低,而且自身积累少,高龄老年人的收入更低,相当比例的老年人生活还比较困难,处于相对贫困的状态。由于经济收入少,老年人因病致贫的现象比较普遍,尤为严重的是老年人有病需要住院治疗却因交不起费用而得不到治疗。由于医疗费用支出增大,即使是公费医疗也不能保证及时、足额报销,很多老年人存在医药费拖欠问题。经济效益不好的企业拖欠医疗费的现象仍然严重。中国老年人的经济状况城乡之间差别很大(图1-2)。

(2)健康状况比较差,医疗保健水平不高:老年人群体中60%～70%患有慢性病,并且常有多种疾病并发。60岁及60岁以上的老人患慢性病是全体人群的3.2倍,伤残率达3.6倍,残疾率为16%;65岁以后2/3以上的时间是带病生存的。约有21.5%的老

80%

■高收入
■贫困

32%

24%

20%

城镇   农村

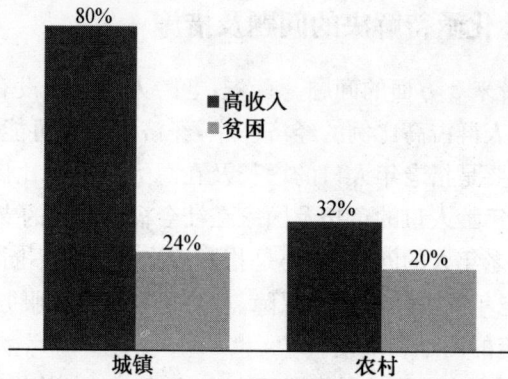

图 1-2 低收入者和乡镇居民的医保覆盖率低

[引自：China's Rapidly Ageing Population]

年人生活轻度不能自理，5％～8％中度不能自理，2％～5％完全不能自理。同时，心理健康状况也令人担忧，约10％有明显的抑郁症状，但心理健康问题还没有引起社会足够的重视。

老年人普遍反映就医难，除了医疗费用高外，社区医疗保健服务网络还不完善，卫生保健缺少科学的知识普及和正确的指导，为老年人服务的医疗服务质量有待于提高。农村地区尤其是贫困地区的老年人还存在缺医少药的状况。

（3）家庭养老功能弱化，社会化养老服务发展滞后：中国传统家庭养老功能处于不断弱化的状态，"空巢"老人的照料和精神慰藉问题值得关注。目前，中国人口的迁徙和流动现象十分普遍，尤其是广大农村地区有近1亿青壮年人员流动和外出就业影响老年人的照料来源，尤其是照料的主要承担者妇女（目前中国妇女的就业率高达80％），使得照料者在事业和家庭角色上出现明显冲突。成年人面临社会日益激烈的竞争和在家庭中养老及养小的双重压力，30％左右的成年人已经感到经济负担大、时间紧张和精力不济等。家庭养老功能不断弱化的过程中，尤其值得关注的是独生子女父母的养老问题。这些状况直接影响老年人的生活质量，迫切要求发展以社区为中心的各项社会福利和社会服务事业以补充家庭养老功能的不足。但是中国社会化养老服务事业仍然处于起步阶段，还存在老年服务设施不配套、老年服务体系功能不完善、管理不规范、老年服务产业发展缓慢等问题，难以满足老年人及其家庭成员的需求。

（4）精神文化生活少，社会问题多：老年阶段已经平均长达20年之久。退出劳动领域后，老年人的闲暇时间不断增多，需要一些精神文化比较丰富的生活。但目前老年人的精神文化生活比较单调，娱乐活动中绝大部分是看电视、听广播。老年活动场所缺乏，老年学校虽然已发展到17 000多所，在校老年学员约150万人，也仅仅是老年人口的1％。对老年人的精神文化生活缺少科学的引导和教育容易导致极少数不良思想的侵袭，需要引起高度重视。老年人面临的社会问题也较多，突出的有再婚困难；赡养纠纷案件增多；侵犯老年人合法权益的事件时有发生等，若得不到及时、妥善的解决，也容易导致老年人的生活压力增大，严重影响老年人的生活质量。

（5）高龄老年人和老年妇女是最脆弱的老年群体：老年群体的脆弱表现在经济收入低、生活在贫困线以下的人多、健康水平差、家庭生活和社会生活等方面处于较为不利的地位，需要家庭成员或社会的帮助多等方面。这些特征在高龄老年人和老年妇女身上表现得尤为突出。与男性老年人相比,老年妇女的经济收入更低,对家庭的依赖更大,更容易陷入贫困。绝大多数高龄老人不仅失去了配偶,而且兄弟姐妹和一些子女也相继离去。经济供养依靠子女多,获得的社会保障支持少。

(6)城市老年人居住环境的主要问题:老年住宅规模不够,质量比较差,室内设施差,部分老年人没有自己独立的房间,场所狭小,不便于老年人室内活动和使用轮椅的特殊需要。如室内空间小、浴室和厕所空间小,不便于护理人员或家人照料老人;另外,卫生间里就一个喷头,又太高;浴缸的边太窄,不便老人坐进去;地面材料不防滑,扶手不够,老人容易栽倒,门槛高或有不必要的门槛;缺少呼叫装置等辅助设施;色彩不够鲜明、照明度不够等;此外,厨房吊柜和操作台过高,老人容易疲劳;还有老人住的房间一般要求朝阳、通风、不要太大、比较安静等考虑都不够。

四、中国老年医学发展概况

1. 中国现代老年医学的兴起和发展 早在20世纪50年代中期,北京医院等单位提出兴建我国老年学与老年医学学科。20世纪50年代,北京、上海、内蒙古等地的老年医学工作者进行了大量老年医学调查、实验研究及老年性疾病的临床研究。1964年11月23—28日,中华医学会在北京召开了"中华医学会第一届老年学与老年医学学术会议"。

1980年我国原卫生部成立了老年医学专题委员会,1995年成立了原卫生部老年卫生工作领导小组。国家"九五"期间对中老年人的常见病开展了流行病学调查研究。到目前为止,国家自然科学基金、"973"高科技计划及"十五""十一五""十二五"攻关课题,以及2010年原卫生部卫生专项都列入了老年医学项目,这些都极大地推动了我国老年学的发展。

2. 中国健康老年人标准 2013年中华医学会老年医学分会和《中华老年医学杂志》编辑部拟定了《我国健康老年人标准》(2013年版):①重要脏器的增龄性改变未导致功能异常;无重大疾病;相关高危因素控制在与其年龄相适应的达标范围内;具有一定的抗病能力。②认知功能基本正常;能适应环境;处事乐观积极;自我满意或自我评价好。③能恰当处理家庭和社会人际关系;积极参与家庭和社会活动。④日常生活活动正常,生活自理或基本自理。⑤营养状况良好,体重适中,保持良好的生活方式。

《中国健康老年人标准》的特点:①强调了重要脏器的增龄性改变而非病理性病变,并且强调了功能而非器质性改变。这与前两次标准中细分各器官系统无疾病不同。同时强调相关高危因素控制在与其年龄相适应的达标范围内,突出了老年人身体与其他阶段年龄的不同,在具体应用时要考虑到老年人的特点。②将认知功能放在第二的位置,强调了认知变化在老年人健康中的重要性。自我满意或自我评价融入了国际上较新的老年人健康概念。③突出了积极老龄化的概念。旨在鼓励老年人积极参与社会活动,积极融入家庭和社会,让他们意识到其整个生命过程中体力、精神状态及社会参与的潜力。即使高龄,但仍能发挥对家庭、同行、社会及国家的贡献,增加幸福感和归属感。④强调了即使老年人有疾病,只要能维持基本日常生活也可视为健康老年人。⑤倡导老年人养成健康的生活习惯,积极预防疾病。

3. 健康老龄化及政策建议

(1)健康老龄化(healthy aging):全面、科学地理解健康老龄化的 6 个要点,即:①健康老龄化的目标是老年人口群体的大多数人健康长寿,体现在健康的预期寿命提高。②健康老龄化不仅体现为寿命长度,更重要的是寿命质量的提高,老年人口健康寿命的质量是有客观标准的,也是可以量化的。③人类的年龄结构向老龄化转变,一方面要求有相应的"健康转变"来适应,另一方面要求把健康的概念引申到社会、经济和文化诸方面。④人口老龄化是一个过程,要从个体和群体增龄的过程中认识老年人群健康状况的前因后果、来龙去脉及发展趋势;把老年群体健康看作是进入老年前的婴幼儿、青少年和成年后各阶段所有制约健康因素的最综合、最集中和最终的表现,历史地、全面地认识老年人的健康,它同所有人的福利都联系着。⑤健康老龄化是人类面对人口老龄化的挑战提出的一项战略目标和对策,它是建筑在科学认识的基础上的。⑥健康老龄化是同各个年龄段的人口、同各行各业都有关系的一项全民性保健的社会系统工程,需要全民长期不懈的努力才能逐步实现。

1999 年,WHO 还提出了积极老龄化(active aging)的概念,指老年人的健康、参与和保障达到最佳的过程,这个概念基于联合国提出的"独立、参与、尊严、照料和自我实现"原则,延伸了健康老龄化的概念,强调了老年人应持续地参与社会、经济、文化、宗教与公众事务至国家的活动。与成功老化比较,积极老龄化代表了一种更注重主动参与的老年生活,其层次较成功老化更高,需要社会的支持。

(2)健康老龄化的政策和建议:我国应对快速人口老龄化的总体策略应是实现一个目标,即倡导老年人科学健康的生活方式,提高老年人的生命质量,促进健康老龄化的实现;贯彻一个方针,即老年卫生工作要围绕预防为主、防治结合、减少失能残障的方针;构建两个保障制度,即建立健全老年医疗保障制度、探索建立老年人护理保健制度;做好三个结合,即把老年卫生工作与深化医药卫生体制改革相结合、与发展社区卫生服务相结合、与重点慢性病防治相结合;建立一个连续的无缝的医疗卫生服务体系,即逐步建立以社区老年卫生服务为核心、以家庭配合与关怀照顾为基础、以老年专业性医疗卫生机构为支持依托的老年健康的预防保健、医疗服务、失能康复、长期护理照顾、临终关怀的完整体系。

(于普林)

第二节　老年人健康状况的综合评估

一、健康概述

(一)健康的概念

1948 年,WHO 在其宪章中首次提出"健康"的概念,即健康是指身心没有疾病,而且身体上、精神上和社会适应上处于完好状态,也就是说健康不仅是躯体健全没有疾病,而且还要具备心理健康和社会适应状态良好。1989 年,WHO 以更高标准提出人体健康的概念,即健康是指无疾病与虚弱的躯体健康和心理健康、社会适应健康及道德健康的完美结合,健康者是营养、功能、生理、精神处于动态平衡状态的个体。随着"生物-心理-社会-环境"新的医学模式的出现,健康的概念中又注入了环境因素,即健康为"生理-心理-社会-环境"四者的和谐统一。这些概念的提出使得人们对于健康的认识日趋清晰与完整。

（二）健康的分类

1. 躯体健康 指维持人体生命活动的细胞、组织、器官和系统的结构完整,协调一致,维持正常的生理功能。

2. 心理健康 指生活经历中积累形成独特的认识、体验、情感、意识等心理活动和行为特征,与客观环境保持协调一致,处于相对稳定的状态。

3. 社会适应良好 指拥有广博的科技文化知识与工作才能,能适应开放性社会生活中各种职业角色的转换和复杂的人际关系,能献身社会,卓有成效。

4. 环境健康 指清新、舒适、安全的生存环境。其基本要求为无气(汽)体、液体和固体物的环境污染,无流行病的暴发流行,无突发的天灾人祸,无战争威胁,无建筑物综合征和建筑物关联症等。

5. 道德健康 指不以损害他人利益来满足自己的需要,具有辨别真与伪、善与恶、美与丑、荣与辱等是非观念,能按社会行为的规范准则来约束自己及支配自己的思想行为。

6. 饮食健康 指合理的膳食结构与科学的饮食习惯,尤其强调"自然、均衡"的饮食原则,饮食应回归自然,以天然食物为主。

（三）健康的标准

不同的历史时期、不同的国家和地区、不同的学科和不同的流派对健康的标准有不同的定义。

1. WHO制定的十大健康标准

(1)有充沛的精力,能从容不迫地担负日常生活和繁重的工作,而且不感到过分紧张疲劳。

(2)处事乐观,态度积极,乐于承担责任,事无大小,不挑剔。

(3)善于休息,睡眠好。

(4)应变能力强,能适应外界环境的各种变化。

(5)能够抵抗一般性感冒和传染病。

(6)体重适当,身体匀称,站立时,头、肩、臂位置协调。

(7)眼睛明亮,反应敏捷,眼睑不易发炎。

(8)牙齿清洁,无龋齿,不疼痛,牙龈颜色正常,无出血现象。

(9)头发有光泽,无头屑。

(10)肌肉丰满,皮肤有弹性。

2. 传统中医的十大健康标准

(1)眼睛有神:目光炯炯有神,无呆滞之感,说明精充、气足、神旺,脏腑功能良好。

(2)声息调和:说话声音洪亮,呼吸从容不迫,反映出心、肺功能及循环功能良好。

(3)小便通畅:每天尿量1000～1500ml,说明泌尿功能正常。

(4)大便通畅:大便每日1或2次,无腹痛、腹泻,提示消化功能健旺。

(5)体形适中:保持体形匀称,不胖不瘦。标准体重＝身高(cm)－105(女性减100)(kg)。

(6)牙齿坚固:保持口腔卫生,基本上没有龋齿和其他口腔疾病。

（7）腰腿灵便：保持每周 3 次以上的运动，每次半小时，使肌肉、骨骼和四肢灵活自如。

（8）脉搏正常：脉搏从容和缓、柔和有力、节律整齐、不浮不沉、不大不小，说明心脏和循环功能良好。

（9）饮食有节：每日定时定量，饮食均衡，不挑食，不偏食，不暴饮暴食，不酗酒，不吸烟。

（10）起居准时：能按时起床和入睡，睡眠质量好。

这 10 条标准体现了中医学"以人为本、功能为重"的医学思想。

3. WHO 关于机体健康的"五快"标准

（1）走得快：行走自如，步伐轻快，说明精力充沛、躯干四肢状况良好。

（2）说得快：语言表达正确，说话流利，表明头脑清楚、思维敏捷、中气充足、心肺功能正常。

（3）吃得快：进食时有良好胃口，不挑剔食物，能快速吃完一餐饭，说明内脏功能正常。

（4）便得快：一旦有便意，能很快排泄大小便，并且感觉轻松自如，说明胃肠、肾脏功能良好。

（5）睡得快：上床后能很快入睡，且睡得好，醒后精神饱满、头脑清醒，说明中枢神经系统的兴奋、抑制功能协调。

（四）《中国健康老年人标准》注解

1. 本标准适用于 ≥60 岁的人群，其中 60～79 岁为老年组、≥80 岁为高龄老年组。

2. "相关高危险因素"指心、脑血管疾病的相关危险因素，包括高血压、糖尿病和血脂紊乱。

（1）老年人的血压范围：血压正常值为 <140/90mmHg，其中高龄老年人应不低于 120/60mmHg；高血压（除年龄外无其他危险因素和病史）患者的降压目标值 <150/90mmHg，其中高龄老年人应不低于 130/60mmHg。

（2）老年人的糖化血红蛋白（HbA1c）范围：血糖正常者为 5.0%～6.5%；糖尿病（无糖尿病慢性并发症）患者为 6.0%～7.0%。

（3）老年人的血脂范围：TC 为 3.0～5.7mmol/L（115～220mg/dl），LDL-C 为 1.5～3.3mmol/L（60～130mg/dl），HDL-C>1.0mmol/L（>40mg/dl），TG 为 0.6～1.7mmol/L（50～150mg/dl）。

3. 应用简易智能精神状态检查量表（MMSE），总分为 30 分，文化程度为初中及初中以上的老年组 ≥27 分为正常，高龄老年组 ≥25 分为正常。

评分参考：总分在 27～30 分：正常；<27 分，认知功能障碍；≤22 分，痴呆；≤15 分，严重痴呆。

按文化程度区分的评分标准：文盲 <17 分，小学 <20 分，中学以上 <24 分为痴呆。

4. 简版老年抑郁量表（GDS-15），总分为 15 分，<5 分为正常。

5. 基本日常生活活动能力评估量表（ADL-BI），总分为 100 分，达到 100 分为正常，高龄老年组达到 95 分为正常。

6. 体重适中，体重指数为 20～25kg/m²。

7. 良好的生活方式，不吸烟，慎饮酒，合理膳食搭配，坚持科学锻炼。

二、老年健康状况的综合评估方法

老年健康状况的综合评估方法包括以下 6 类。

(一)一般医学评估

即常规的医学诊断方法,是老年躯体健康主要的评估方法之一,具体包括查体,实验室、影像学、电生理学和其他特殊检查。如评估老年人是否有重大疾病及其相关高危险因素(如高血压、糖尿病和血脂异常等),是否控制在与其年龄相适应的达标范围内,评估是否具有一定的抗病能力。

(二)老年躯体功能评估

包括日常生活活动能力、平衡与步态功能、吞咽功能和视听功能的评估等。现仅介绍日常生活活动能力(activities of daily living,ADL)的评估。

1. 基本日常生活活动能力的评估　基本日常生活活动能力(basic activities of daily living,BADL)是个人为维持基本生活所需要的自我照顾能力和最基本的自理能力,包括照料自己的衣、食、住、行和个人卫生所进行的一系列活动。如果该活动能力下降,将会影响老年人基本生活需要的满足,从而影响老年人的生活质量。BADL 的评估通常采用日常生活功能指数评定量表——Barthel 指数(ADL-BI)进行评估(表 1-1)。

表 1-1　日常生活功能指数评定量表——**Barthel** 指数(ADL-BI)

序号	评估项目	填表说明	评分方法	得分
1	大便	指 1 周内的情况 偶尔=一周 1 次	0=失禁 5=偶尔失禁 10=能控制	
2	小便	指 24~48 小时内的情况,"偶尔"指 1 次/天,插尿管的患者能独立管理尿管也给 10 分	0=失禁 5=偶尔失禁 10=能控制	
3	修饰	指 24~48 小时内的情况,由看护者提供工具也给,如挤好牙膏、准备好水等	0=需帮助 5=独立洗脸、刷牙、剃须	
4	用厕	患者应能自己到厕所及离开,5 分指能做某些事	0=依赖别人 5=需部分帮助 10=自理	
5	吃饭	能吃任何正常饮食(不仅是软食),食物可由其他人做或端来,5 分指别人夹好菜后患者自己吃	0=依赖别人 5=需部分帮助(夹菜、盛饭) 10=全面自理	
6	移动	指从床到椅子然后回来 0 分=坐不稳,需两个人搀扶 5 分=1 个强壮的人/熟练的人/2 个人帮助,能站立	0=完全依赖,不能坐 5=需大量帮助(2 人),能坐 10=需少量帮助(1 人)或指导 15=自理	

续表

序号	评估项目	填表说明	评分方法	得分
7	活动 （步行）	指在院内/屋内活动,可以借助辅助工具。如果用轮椅,必须能拐弯或自行出门而不需帮助 10分＝1个未经训练的人帮助,包括监督或帮助	0＝不能动 5＝在轮椅上独立活动 10＝需1人帮助步行（体力或语言指导） 15＝独自步行（可用辅助工具）	
8	穿衣	应能穿任何衣服 5分＝需别人帮助系扣、拉链等,但患者能独立披上外套	0＝依赖 5＝需部分帮助 10＝自理（系解纽扣、拉链、穿鞋等）	
9	上楼梯	10＝可独立借助辅助工具上楼	0＝不能 5＝需帮助（体力或语言指导） 10＝自理	
10	洗澡	5分＝必须能不看着进出浴室,自己擦洗;淋浴不需帮助或监督,独立完成	0＝依赖 5＝自理	

日常生活能力评价:总分为100分,得分越高,独立性越好,依赖性越小

ADL能力缺陷程度:0～20分＝极严重功能缺陷　　25～45分＝严重功能缺陷

50～70分＝中度功能缺陷　　75～95分＝轻度功能缺陷

100分＝ADL能自理

2. 工具性日常生活活动能力的评估　工具性日常生活活动能力(instrumental activities of daily living,IADL)是指老年人在家中进行自我护理活动的能力,包括购物、家务、理财、做饭、交通、使用电话、洗衣和服药等,这一层次的功能提示老年人是否能独立生活并具备良好的日常生活能力。IADL的评估通常采用Lawton-Brody IADL Scale进行评估(表1-2)。

表1-2　工具性日常生活活动功能评估量表

(Lawton-Brody IADL Scale)

项目		评分法	得分
购物	独立完成所有购物需求	1	
	独立购买日常生活用品	0	
	每一次上街购物都需要人陪伴	0	
	完全不上街购物	0	
家务	能做比较繁重的家务或需偶尔家务(如搬动沙发、擦地板、擦窗户)	1	
	能做比较简单的家务,如洗碗、铺床、叠被	1	
	能做家务,但不能达到可被接受的整洁程度	1	
	所有家务都需要别人协助	1	
	完全不能做家务	0	

续表

项目		评分法	得分
理财	可独立处理财务	1	
	可以处理日常的购物,但与银行的往来或大宗买卖需要别人的协助	1	
	不能处理财务	0	
做饭	能独立计划、烹煮和摆设一顿适当的饭菜	1	
	如果准备好一切的佐料,会做一顿适当的饭菜	0	
	会将已做好的饭菜加热	0	
	需要别人把饭菜做好、摆好	0	
交通	能够自己搭乘大众交通工具或自己开车、骑车	1	
	可搭计程车或大众交通工具	1	
	能够自己搭计程车但不会搭乘大众交通工具	1	
	当有人陪伴可搭乘计程车或大众交通工具	0	
	完全不能出门	0	
使用电话	独立使用电话,含查电话簿、拨号等	1	
	仅可拨熟悉的电话号码	1	
	仅会接电话,不会拨电话	1	
	完全不会使用电话或不适用	0	
洗衣	自己清洗所有衣物	1	
	只清洗小件衣物	1	
	完全依赖他人洗衣服	0	
服药	能自己负责在正确时间用正确的药物	1	
	需要提醒或少许协助	0	
	如果事先准备好服用的药物分量,可自行服用	0	
	不能自己服药	0	

总分(8分)

评价标准:8分:正常;6~7分:轻度依赖;3~5分:中度依赖;≤2分:严重依赖

3. 失能老人的评估 一般将丧失生活自理能力的老人称为"失能老人",应用吃饭、穿衣、上下床、上厕所、室内走动和洗澡6项指标进行评定。评定标准:1~2项做不了为"轻度失能";3~4项做不了为"中度失能";5~6项做不了为"重度失能"。

(三)老年心理健康评估

主要包括认知功能的评估、情绪和情感的评估等。

1. 老年认知功能的评估 评估方法有简易智能评估量表(The Mini Mental State Examination,MMSE)、三件事回顾与画钟试验(The Mini Cog)等。

(1)MMSE:是应用最广泛的痴呆筛查工具之一,由不同的神经心理测验中抽调出的项目组合而成,包括定向力(10分)、执行功能(3分)、注意和计算(5分)、回忆(3分)和语言(9分)5个认知域共30分的内容。具体量表见表1-3。

表 1-3　简易智能评估量表（MMSE）

检查的功能项目	序号	评估项目	评分方法	得分
时间定向力	1	今年是哪一年	答对 1 分 答错或拒答 0 分	
	2	现在是什么季节	同上	
	3	现在是几月份	同上	
	4	今天是几号	同上	
	5	今天是星期几	同上	
地点定向力	6	这是什么城市（名）	同上	
	7	这是什么区（城区名）	同上	
	8	这是什么医院（医院名或胡同名）	同上	
	9	这是第几层楼	同上	
	10	这是什么地方（地址、门牌号）	同上	
记忆力		现在我告诉您三种东西的名称，我说完后请您重复一遍。请您记住这三种东西：树木、钟表和汽车，过一会儿我还要问您（请说清楚，每样东西 1 秒）		
	11	复述：树木	同上	
	12	复述：钟表	同上	
	13	复述：汽车	同上	
注意力和计算力		现在请您算一算，从 100 中减去 7，然后从所得的数算下去，请您将每减一个 7 后的答案告诉我，直到我说"停"为止		
	14	计算 100−7=?	答对 1 分，错为 0 分	
	15	再−7=?	答对 1 分，错为 0 分	
	16	再−7=?	答对 1 分，错为 0 分	
	17	再−7=?	答对 1 分，错为 0 分	
	18	再−7=?	答对 1 分，错为 0 分	
回忆力		如前一项计算错误，但在错误得数基础上减 7 正确者仍给相应得分 现在请您说出刚才我让您记住的是哪三种东西		
	19	回忆：树木	答对 1 分，答错或拒答 0 分	
	20	回忆：钟表	同上	
	21	回忆：汽车	同上	
	22	检查者出示手表问患者这是什么	同上	
	23	检查者出示铅笔问患者这是什么	同上	
	24	请您跟我说"四十四只石狮子"	能正确说出 1 分，否则 0 分	
	25	检查者给受试者一张卡片，上面写着"请闭上您的眼睛"请您念一念这句话，并按上面的意思去做	能正确说出并能做到 1 分 不正确说出，也不能做到 0 分	

续表

检查的功能项目	序号	评估项目	评分方法	得分
语言能力		我给您一张纸,请您按我说的去做。现在开始,用右手拿着这张纸,用两只手把它对折起来,然后将它放在您的左腿上		
	26	用右手拿着这张纸	正确给1分 错误给0分	
	27	用两只手将纸对折	能对折1分 不能为0分	
	28	将纸放在左腿上	放对给1分 否则为0分	
	29	请您写一个完整的句子	能正确写出1分 否则为0分	
	30	请您照着下面图案样子把它画下来:	正常为1分,错误为0分	

总评分

评价标准	总分范围为0~30分,正常与不正常的分界值与受教育程度有关,分界值以下为有认知功能缺陷,以上为正常。建议分界值如下: 文盲(未受教育)组17分;小学(受教育年限≤6年)组20分; 中学或以上(受教育年限>6年)组24分。 参考:按文化程度和年龄区分评分标准,初中以上的老年人,老年组≥27分为正常,高龄老年组≥25分为正常,<24分:痴呆,≤15分:严重痴呆

(2)三件事回顾与画钟试验(The Mini Cog):The Mini Cog(表1-4)由CDT和3个回忆条目组合而成,用于弥补CDT在筛查认知障碍时敏感性和预测稳定性的不足,用于区分痴呆和非痴呆人群。Mini-Cog只需要1名医师来完成,用时3分钟,因此常用于急诊的筛查。

表1-4 三件事回顾与画钟试验(The Mini Cog)

序号	评估内容	评估标准	得分
1	请受试者仔细听和记住3个不相关的词,然后重复		
2	请受试者在一张空白纸上画出钟的外形,标好时钟数,给受试者一个时间让他或她在时钟上标出来	CDT正确:能正确标明时钟数字位置和顺序,正确显示所给定的时间	
3	请受试者说出先前所给的3个词	CDT能记住每个词给1分	

评估建议:0分:3个词1个也记不住,定为痴呆;
1~2分:能记住3个词中的1~2个。CDT正确,认知功能正常;CDT不正确,认知功能缺损;
3分:能记住3个词,不定为痴呆

13

2. 老年情绪和情感的评估 情绪和情感评估主要有老年抑郁和焦虑的评估。老年抑郁的评估包括 Zung 抑郁自评量表(Self-rating Depression Scale,SDS)、抑郁状态问卷(DSI)、汉密尔顿抑郁量表(Hamilton Depression Rating Scale for Dpression,HAMD)、老年抑郁评定量表(GDS)和 Beck 抑郁量表(BDI)等。在中华医学会老年医学分会 2013 年版的我国健康老年人标准中推荐应用 GDS-15(表 1-5)进行评估。

表 1-5 老年抑郁量表(GDS-15)

项目	评分标准		得分
	1	0	
过去 1 周中			
1. 基本上,您对您的生活满意吗?	否	是	
2. 您是否常感到厌烦?	是	否	
3. 您是否常常感到无论做什么都没有用?	是	否	
4. 您是否比较喜欢待在家里而较不喜欢外出及不喜欢做新的事?	是	否	
5. 您是否感到您现在生活的没有价值?	是	否	
得分(5)(≥2 异常)			
6. 您是否减少很多的活动和嗜好?	是	否	
7. 您是否觉得您的生活很空虚?	是	否	
8. 您是否大部分时间精神都很好?	否	是	
9. 您是否害怕将有不幸的事情发生在您身上?	是	否	
10. 您是否大部分时间都感到快乐?	否	是	
11. 您是否觉得您比大多数人有较多记忆的问题?	是	否	
12. 您是否觉得"现在还能活着"是很好的事情?	否	是	
13. 您是否觉得精力充沛?	否	是	
14. 您是否觉得您现在的情况是没有希望?	是	否	
15. 您是否觉得大部分的人都比您幸福?	是	否	
总分(15 分)			

评定标准:1~4 分:不考虑抑郁;5~9 分,可能抑郁症;≥10 分,抑郁症

(四) 老年社会健康评估

老年社会健康评估是老年综合评估的一个重要组成部分,能更好地理解老年人的社会功能,并正确指导老年人积极参与家庭、社区和社会活动,使老年人能够恰当地处理家庭和社会人际关系。内容包括评估老年人的社会支持系统、角色和角色适应、经济状况、医疗保险以及老年受虐等多方面的综合情况。

(五) 老年环境健康评估

老年人的健康状况与所生存的环境密切相关,当老年人没有能力调节和适应环境变化时,就会导致疾病的发生。所以在对老年人的健康状况进行综合评估时,一定要对老年人的生存环境进行评估。

随着社会的变迁和发展,家庭趋于小型化,独居老人、失独老人逐渐增多,由此导致的独居综合征、高楼综合征和新楼综合征的发病率逐年增多,老人的身心健康受到极大威胁。通过这种评估,可以减少影响老年人生活环境的不良物理因素和社会因素,补偿老年人机体缺损的功能,帮助老年人选择一个良好的独立生活环境,让老年人有一个安全、省力、方便、适用、舒适、美观的生活环境。在老年环境健康评估中,家庭危险因素评估工具(HFHA)的使用较为普遍。

(六)老年饮食健康评估

老年饮食健康在维护老年健康中具有举足轻重的作用。老年人由于机体的调控能力降低,更应保持良好的生活方式和合理膳食的饮食习惯,才能使自己体重适中、营养状况良好。在实际工作中,常应用简易营养评定简表(MNA-SF,表1-6)对老年人的营养状况进行筛查,可早期发现营养不良状况。

表1-6　简易营养评价简表(MNA-SF)

序号	筛查项目	评分方法	得分
1	在过去的 3 个月由于食欲下降、消化系统问题、咀嚼或吞咽困难,使食物摄入减少吗	0＝严重的食物摄入减少 1＝中度的食物摄入减少 2＝食物摄入无改变	
2	在最近的 3 个月中有体重减轻	0＝体重减轻＞3kg 1＝不知道 2＝体重减轻在 1～3kg 3＝无体重减轻	
3	移动	0＝只能在床或椅子上活动 1＝能离开床或椅子,但不能外出 2＝可以外出	
4	在过去的 3 个月中遭受心理压力或急性疾病	0＝是 2＝否	
5	神经心理问题	0＝严重的精神错乱或抑郁 1＝中等程度的精神错乱 2＝无神经心理问题	
6	体重指数(BMI)(kg/m^2)	0＝ BMI ＜19 1＝19≤BMI＜21 2＝21≤BMI＜23 3＝BMI≥23	
	若无法测 BMI,可用测量小腿围 CC(cm)替代	0＝CC＜31 3＝CC≥31	

筛查分数(各分项总分:14 分)
≥12 分,正常-无危险,不需要完成评估
≤11 分,可能有营养不良,继续进行评估

总评分结果:12～14 分,正常营养状态
　　　　　8～11 分,有营养不良风险
　　　　　0～7 分,营养不良

综上所述,评估老年人的健康状况,不仅要对老年人进行患病风险和患病情况的评估,而且应对老年人的各种功能状况进行综合、全面的评估。在一定程度上,对老年人功能状况的评估比对其进行患病情况的评估更加重要,因为功能是对老年人健康状况评价的最好指标。

(宋岳涛　陈　峥)

第三节　老年人的生理特征

衰老是指机体发育成熟后,随增龄而出现一系列的组织结构退行性变化、生理功能减退,导致机体对内外环境适应能力降低的一种状态,从而使老年人容易被不同疾病所袭扰。衰老本身并不导致疾病,但它确实降低了发病的门槛,而且一旦发病将加速疾病所产生的负面影响。在 25～30 岁时机体各系统已发育成熟,功能也达峰值。30 岁后随增龄而发生结构退行性变化,功能也开始减退,进入老年期后老化速度明显加快。

一、神经系统

(一) 脑

20 岁后,脑神经细胞数目随增龄每年减少 0.8%,60 岁减少 25%,≥70 岁减少可达 45%,但不同部位其减少程度不同。因此,脑萎缩是脑老化的特征之一。随着年龄增长,脂褐素沉积于神经细胞中,淀粉样蛋白质沉着于血管壁上。在无痴呆的老年人中,也可见到少量老年斑和神经纤维缠结。神经细胞合成神经递质的能力随增龄而降低,递质间出现不平衡,老年人容易发生痴呆和帕金森病。

老年人的认知功能随增龄而减退,主要是记忆和学习功能的降低,但不会影响其日常生活能力。由于神经递质合成减少及其传递减慢、神经细胞凋亡、功能异常,导致老年人精细动作迟缓、步态不稳、运动速度减慢,容易发生跌倒。老年人更倾向于运用大肌肉群进行运动胜过运用小肌肉群进行精细运动,在紧张或疲劳时,老年人容易发生原发性震颤。由于老年人脑血流量减少、脑组织退行性变、大脑储备功能降低,对苯二氮䓬类等中枢神经系统药物特别敏感,容易出现谵妄。自主神经功能随增龄而减退,老年人容易发生直立性低血压。老年人的视力(阅读、驾驶困难)、听力(以高频率音调减退为主,可提高音量进行交流)、嗅觉和味觉(以咸味减退明显)减退。

(二) 脊髓

脊髓神经细胞数目随增龄而减少,但对脊髓功能影响小。老化对脊髓功能的影响主要是间接的,如脊柱退变、椎间盘突出压迫脊髓和神经根。

(三) 周围神经

随着年龄增长,有髓和无髓神经纤维数目减少,轴索肿胀或萎缩,节段性脱髓鞘,亦可见神经纤维再生和髓鞘化。50 岁后神经营养血管变窄,神经鞘内肥厚,结缔组织增生,胶原纤维增多并侵入神经末梢。因此,老年人容易发生周围神经病变。

二、内分泌系统

(一) 下丘脑

随着年龄增长,下丘脑重量减轻,供血量减少,结缔组织增多和细胞形态变化,导致各种促激素释放激素分泌下降或功能减低,接受下丘脑调节的垂体及下属靶腺功能也随之全面降低,从而促进衰老的发生与发展。下丘脑的老化使调控内环境平衡的能力降低,是各组织器官及其功能衰老的启动机构。因此,衰老就是下丘脑"老化钟"所控制的。

(二) 垂体

随着年龄增长,垂体的嗜碱性和嗜酸性粒细胞减少,而嫌色细胞、纤维组织和铁沉积增多,外形呈纤维性收缩和皱褶改变,容易发生垂体腺瘤。老年人血中的促肾上腺皮质激素(ACTH)浓度及其昼夜节律仍维持正常,但肾上腺皮质对其反应性降低。增龄对血中的促甲状腺激素(TSH)水平无明显影响,老年男性的腺垂体对 TSH 的储备和应激能力降低,老年女性则无年龄差别。更年期女性血中的卵泡刺激素(FSH)和黄体生成素(LH)明显升高。男性生长激素(GH)的增龄性变化不明显,女性 50 岁后降低,与血雌激素水平降低有关。老年人的抗利尿激素(ADH)及肾小管对 ADH 的反应性降低,尿浓缩功能下降。加压素随增龄而有增高趋势。

(三) 甲状腺

老年人的甲状腺滤泡变小,细胞成分减少,重量减轻;同化碘的能力减弱,T_3 和 T_4 浓度降低;血清抗甲状腺抗体升高,甲状腺素在外周组织中的降解降低,腺垂体对 TSH 刺激的反应性降低,最终导致老年甲状腺功能减退、基础代谢率降低。

(四) 甲状旁腺

老年人的甲状旁腺主细胞减少,结缔组织和脂肪增多。老年男性的甲状旁腺激素(PTH)降低。老年女性因缺乏能抑制 PTH 的雌激素,可引起骨代谢障碍。

(五) 肾上腺

老年人的肾上腺皮质和髓质细胞减少,重量减轻,而结缔组织和脂褐素增多。随着年龄增长,肾上腺皮质分泌的雄激素明显减少,皮质醇和醛固酮也降低。但老年人血中的皮质醇浓度无变化,这可能与皮质醇在体内的清除减少有关。老年人的肾上腺皮质对 ACTH 的反应性降低,保持内环境稳定的能力和应激能力降低。

(六) 性腺

在内分泌系统中,增龄性变化最突出的是性腺功能减退。≥50 岁的男性睾丸分泌睾酮下降,受体数目减少或敏感性降低,导致性功能逐渐减退。≥35 岁的女性雌激素水平急剧下降,60 岁降至最低水平;40 岁后血清 FSH 和 LH 随增龄而升高。

(七) 胰腺

随着年龄增长,胰岛 A 细胞增多,B 细胞减少。老年人的胰岛功能减退,胰岛素分泌减少及其生物活性降低,细胞膜上的胰岛素受体数目减少和对胰岛素的敏感性降低,胰岛素的餐后反应迟钝,导致老年人的糖耐量减低,糖尿病发生率增高。

(八) 松果体

随着年龄增长,松果体血管狭窄,供血减少,细胞减少,而脂肪和结缔组织增多。松果体产生的胺类和肽类激素减少,其调节功能减退。

三、免疫系统

(一) 胸腺

胸腺是免疫系统的中枢器官,是衰老最早、最明显的器官。在 12 岁后胸腺逐渐萎缩,到 20 岁急剧减少,老年期的胸腺重量仅是儿童期的 1/10。随着年龄增长,胸腺细胞逐渐减少,髓质网状结构破坏,胸腺上皮性网状细胞分泌胸腺素减少,影响 T 淋巴细胞的成熟、分化,导致 T 淋巴数量和功能及其亚群之间失衡。

(二) 局部免疫系统

口腔、呼吸道和泌尿生殖系统等都是机体与外界相通的场所,也是细菌、病毒等病原微生物随空气和食物进入机体的门户。老年人这些部位黏膜下的 IgA 阳性细胞减少、IgA 含量降低,因而不能有效地抵御病原微生物入侵和处理食物抗原。

(三) 免疫细胞

T 淋巴细胞随增龄而减少,以 $CD8^+$ 减少最明显。由于胸腺素减少,在抗原刺激下,T 淋巴细胞转化为致敏淋巴细胞的能力明显降低,对外来抗原的反应性减弱。

老年人脾、淋巴结和外周血中的 B 淋巴细胞数目无增龄性变化,但对抗原的应答能力降低、抗原与抗体的亲和力下降,需要 T 淋巴细胞辅助的体液免疫应答能力降低。

吞噬细胞主要起吞噬抗原,分泌淋巴因子,促进 T、B 淋巴细胞增殖等作用。随着年龄增长,吞噬细胞处理抗原的能力下降。

总之,免疫系统的增龄性变化主要表现为对非己抗原的反应性下降(免疫功能减退)和对自身组织抗原产生免疫反应(自身免疫)。因此,老年人容易发生感染、肿瘤和自身免疫性疾病。

四、呼吸系统

(一) 上呼吸道

老年人的鼻软骨逐渐失去弹性,鼻尖稍下垂;鼻腔黏膜萎缩,鼻腔变宽,嗅觉减退,腺体分泌物减少,加温、加湿和净化功能降低。咽部黏膜和淋巴结组织萎缩、咽腔扩大,容易发生上呼吸道感染。喉上皮角化、黏膜变薄、喉软骨钙化、喉部防御功能降低,容易发生吸入性肺炎。声带、喉肌及其软组织萎缩,老年人的发声力度和洪亮度下降。总之,上呼吸道老化易发生呼吸道感染。

(二) 气管和支气管

气管和支气管黏膜逐渐萎缩,也可增生,甚至出现鳞状上皮化生;纤毛减少及其摆动频率和力度降低,导致清除功能下降;黏膜弹性组织减少而纤维组织增生;黏液腺、黏液下肌肉萎缩;软骨钙化、骨化,使气管和较大支气管的内径增大。小气道管壁无软骨,加上杯状细胞增多、分泌亢进,容易使小气道小窄、塌陷,气道阻力增加,分泌物排出不畅,容易导致感染和肺残气量增加。

(三) 肺

老年肺的特征是肺泡数目减少,肺泡管扩张,肺泡壁变薄,肺泡毛细血管床减少和硬化;肺泡弹性纤维丢失,肺萎缩变小、重量减轻;肺内的胶原纤维交联增加,肺弹性下降,使无功能的肺泡扩大,造成老年性肺气肿。①通气功能:老年人的潮气量(TV)与肺总量(TLV)随增龄变化不大或略有减少;肺活量(VC)和补呼气量(ERV)、补吸气量(IRV)随增龄显著下降,70~80 岁老年人的 VC 已只有年轻人的 40%~50%;最大通气量(MVV)、用力肺活量(FEC)、第 1 秒用力呼气量(FEV_1)、峰流量(PEF)、最大呼气流量($FEF_{75\%}$,$FEF_{50\%}$,$FEF_{25\%}$)、用力呼气中段流量($FEF_{25\%\sim75\%}$)、FEV_1/FEC($FEV_{1.0\%}$)等流量指标都随增龄明显下降。所以,老年人肺功能测定时不能沿用成年人的判断标准,应以年龄来修正。②换气功能:老年人的换气功能也随增龄而减退,弥散量的年降低率约 0.5%。主要表现为动脉血氧分压(PaO_2)、混合静脉血氧分压(PvO_2)、血氧饱和度(SaO_2)降低;肺泡气-动脉血氧分压差($D_{A-a}O_2$)增加。PaO_2 与 $D_{A-a}O_2$ 的年龄修正公式为 $PaO_2(mmHg)=102-(0.33\times年龄)$;$D_{A-a}O_2(mmHg)\leqslant1.4\pm(0.43\times年龄)$。③肺功能储备:最大摄氧量($VO_{2max}$)或最大耗氧量$[O_2\,ml/(kg\cdot mim)]$是反映人体运动耐受能力的主要指标,随增龄 VO_{2max} 明显降低,体育锻炼可以减缓其下降速率。VO_{2max} 是肺通气-弥散功能、心脏泵功能、血液携氧功能及肌肉摄氧能力的综合反映。老年人肺功能储备的衰退远比静息通气-弥散功能减退更明显,所以在应激状态下易发生缺氧。

五、循环系统

(一) 心脏

随增龄心肌细胞数目减少,但可发生心肌肥大,导致左室壁轻度增厚和心脏重量增加。由于左房压力和容积增大,左房扩大 20%。心肌细胞老化的特征是线粒体破坏所致的脂褐素增多。脂肪浸润可波及心脏全层,尤以右房、右室明显,房间隔的脂肪浸润可产生房室传导阻滞。淀粉样物质在心房主要沉积在心内膜下,而在心室主要沉积于心肌纤维之间,广泛的淀粉样沉积可引起心房颤动、传导阻滞及心衰。已从心脏淀粉样物质中分离出一种 Asca 蛋白,易于与地高辛结合,可能是老年人对地高辛敏感性增加的原因之一。

心脏传导系统随增龄而表现为起搏细胞减少、纤维组织增多、脂肪浸润,导致心脏内节律降低,即使无明显的心脏病变,也容易发生孤立性房颤。窦房结老化妨碍了激动的形成和传导,是老年人产生病态窦房结综合征的重要原因。房室结老化和二尖瓣环钙化可使房室束和左束支起始部扭曲,易发生房室传导阻滞。室内传导系统与心脏纤维支架间的纤维化、钙化及退行性变所引起的心脏传导障碍称为原发性传导束退化症。

心内膜和心瓣膜因长期受血流的冲击而发生胶原纤维增生,使心内膜呈弥漫而不均匀的增厚,左心腔较右心腔明显。心瓣膜增厚以游离缘最明显,有时呈锯齿状,整个瓣叶硬化。左心瓣膜因承受更大的血流冲击而退行性变更明显,并在此基础上易发生瓣膜钙化或黏液样变性。主动脉瓣钙化是 75 岁以上的老年人主动脉瓣狭窄的主要原因。二尖瓣钙化较轻,可引起二尖瓣关闭不全。二尖瓣环钙化在 70 岁后逐渐增多,90 岁以上的女性老年人 40% 有此改变,二尖瓣环钙化容易发生房室传导阻滞。在心瓣膜退行性变的基础上发生钙化,并导致瓣膜关闭异常者,称为钙化性心瓣膜病。75 岁以上的老年人二尖瓣可发生黏液样变性,瓣膜体积增大而纤维层相对萎缩,整个瓣膜失去支架作用,可发生二尖瓣脱垂,称为黏液样变性心瓣膜病。此外,20% 的老年人卵圆孔仍然处于一种潜在性开放状态,栓子穿过该孔发生栓塞的概率比预想的要高。

老年人的坐位心率和固有窦性心律随增龄而降低,但卧位心率无变化。静息心肌收缩力无增龄性变化,而运动时则明显降低。老年男性的收缩末期容量增加,老年女性则保持不变。由于等容舒张期延长,舒张早期充盈减少,但左房收缩加强又使舒张晚期充盈增多,老年女性的舒张末期容量无变化,而老年男性随增龄而升高。老年女性的静息心排血量轻度升高,而老年男性无变化。

老年人的心脏储备功能降低,70 岁的老年人只相当于 40 岁的 50%。老年人的静息心排血量和年轻人是相同的(5L/min),而运动时最大心排血量较年轻人明显降低(分别为 25~30L/min 和 17~20L/min)。在较大强度的运动等应激时,老年人的心脏不能像年轻人那样泵出足够的血液来满足机体的需求,容易发生心衰和心肌缺血。

(二) 血管

随着年龄增长,主动脉胶原纤维增生和弹性纤维减少、断裂或变性,使主动脉壁僵硬度增加,一方面表现为主动脉的扩张性能(主动脉弹性储备)降低和脉搏波传递速度(PWV)增快;另一方面表现在主动脉容积增大、管壁增厚、长度延长、扭曲和主动脉根部右移。由于主动脉弹性储备降低,静息收缩压随增龄而升高,到 80 岁后才稳定,60 岁后舒张压有下降趋势,因而老年人表现为收缩压升高和脉压增大。主动脉弓和颈动脉易发生动脉粥样硬化,其压力感受器的敏感性降低,老年人突然体位变化和进食糖类后容易发生直立性低血压和餐后低血压。中、小动脉随增龄而平滑肌减少、胶原纤维增生、弹性纤维减少、钙盐沉着及内膜增厚,容易发生动脉粥样硬化。

静脉的增龄性变化有管壁胶原纤维增生、弹性降低、管腔扩大、内膜增厚、静脉瓣萎缩或增厚,易导致静脉曲张。一般浅层静脉可有轻度硬化,深层静脉则不发生硬化。老年人因静脉壁张力下降、弹性减退和静脉血管床扩大,静脉压随增龄而降低。

随着年龄的增长,毛细血管内皮细胞减少,基底膜增厚、弹性降低、脆性增加,单位面积内有功能的毛细血管数目减少,从而导致毛细血管的代谢率下降。肺毛细血管老化导致肺血氧合作用障碍,即所谓的老年性缺氧。尽管组织供氧不足,但老年人可通过血流减慢和氧离曲线右移等方式增加组织对氧气的摄取,以保证组织的供氧,因而老年人的动静脉氧差增大。

六、消化系统

(一) 口腔

老年人牙齿的牙釉质和牙本质随增龄而磨损,牙本质内神经末梢外露,对冷、热、酸、碱等食物过敏而出现酸痛。牙周组织萎缩,牙根暴露,牙缝变宽,食物嵌塞,易发生牙周炎。牙槽的骨质疏松引起牙松动、脱落,导致咀嚼困难和牙齿的咬合能力降低。口腔黏膜逐渐角化,舌黏膜乳突减少,味蕾萎缩,出现味觉障碍,对酸、甜、苦、咸的敏感性降低。唾液腺萎缩、分泌减少,老年人易发生口干和吞咽困难。

(二) 食管

随着年龄增长,食管肌肉萎缩、食管收缩力减低、蠕动减弱、食物通过时间延长,老年人容易发生吞咽困难,影响营养摄入;服用非甾体抗炎药、茶碱、硫酸亚铁、阿仑膦酸盐等药物时,也容易引起药源性食管炎,因此服药时采取直立位,至少饮水 150ml。食管下端括约肌随增龄而萎缩,压力降低,老年人易发生反流性食管炎。随着年龄增长,构成食管裂孔的肌肉组织及膈食管膜弹性组织萎缩,食管裂孔增宽,同时固定食管的韧带松弛,逐渐失去固定食管胃接合部于正常位置的作用。当腹压增高时,食管胃接合部疝入胸腔内,形成食管裂孔疝(≥50 岁为 38%，≥70 岁高达 69%）。

(三) 胃

随着年龄增长，胃壁肌肉萎缩，胃动力降低，胃排空延迟。胃黏膜的保护作用随增龄而下降，表现在胃黏膜血液减少，胃黏膜萎缩，前列腺素、碳酸氢盐和表皮生长因子分泌减少，使得老年人发生消化性溃疡的风险增加，尤其是使用非甾体抗炎药时。

(四) 小肠

小肠的血流量、吸收和动力随增龄而降低，对蛋白质、脂肪、铁、钙、维生素、糖类尤其是乳糖的吸收减慢。由于小肠绒毛萎缩，老年人容易发生乳酸不耐受。

(五) 结肠

随着年龄增长，结肠黏膜萎缩，对水分的吸收减少，同时肠液分泌减少。结肠平滑肌萎缩，肠蠕动减慢，直肠壁的敏感性降低，老年人便秘的发生率高。肠壁结缔组织退化、弹性降低，当肠内压增加或肠外牵拉时，老年人易发生结肠憩室。结肠组织中的滤泡细胞生长率高，老年人易发生结肠息肉和结肠癌。在肠系膜上、下动脉粥样硬化的基础上，如发生栓塞血栓，易发生缺血性肠病。

(六) 胰腺

随着年龄增长，胰腺萎缩，重量减轻，胰管扩张。50 岁后胰液分泌量减少，胰酶尤其是脂肪酶、胰蛋白酶分泌减少，影响脂肪、蛋白质的消化和吸收。胰岛萎缩、B 细胞对葡萄糖的反应性下降，胰岛素分泌减少，机体对胰岛素的抵抗增加，老年人发生 2 型糖尿病的风险增加。

(七) 胆囊

随着年龄增长，胆囊壁增厚、囊腔变窄，胆汁分泌减少。奥迪括约肌萎缩，胆汁反流引起胰腺炎。胆囊的收缩、排空能力下降，胆汁浓缩、沉淀，容易发生胆囊炎、胆石症。

(八) 肝脏

肝细胞随增龄而减少，肝脏萎缩、重量减轻，肝细胞的再生能力减退。肝脏有强大的代偿能力，老年人的肝功能多在正常范围内，但肝脏合成白蛋白的能力减退。肝血流量随增龄而降低，以门脉血流降低明显，主要影响肝脏代谢药物的过程。由于肝微粒代谢酶的活性随增龄而降低，Ⅰ相反应(氧化、还原、水解)随增龄而降低，容易发生药物不良反应。

七、泌尿系统

(一) 肾脏

随着年龄增长，肾皮质区的肾小动脉内膜增厚和透明样变性，累及毛细血管袢，造成管腔狭窄和闭塞，导致肾小球萎缩、硬化。肾小球被瘢痕组织代替，小动脉仅遗留残端，血流丧失，从而使肾皮质血流减少。近髓质区肾小球硬化时，入球动脉与出球动脉吻合成短路血管，使血流从皮质向髓质分流，即髓质血流相对正常。肾脏的这种血流重新分布是老年人肾脏发生退行性变和功能减退的基础。

40 岁后肾单位随增龄而减少，肾脏逐渐萎缩，肾脏重量减轻。功能性肾小球随增龄而减少，肾小球硬化增多(80 岁可达 30%)。肾小球上皮细胞减少，系膜细胞增多，从而使肾小球的有效滤过面积减少。40 岁后肾小球滤过率(GFR)以每年 0.7～0.8ml/min 的速率下降，男性比女性以及黑种人比白种人更明显，但也有 1/3 的老年人 GFR 保持正常。通常用内生肌酐清除率(Ccr)反映 GFR。Ccr(ml/min)＝(140－年龄)×体重(kg)/72×血清肌酐(mg/dl)(女性×0.85)。老年人由于肌肉萎缩,内生肌酐产生减少,当 Ccr 降低时,血肌酐仍可在正常范围内。

肾小管随增龄而减少,到 80 岁减少 40%。近曲小管上皮细胞萎缩,基底膜增厚,长度缩短,容积变小或消失。远曲小管管腔扩大,形成憩室,逐渐形成肾囊肿,易产生复发性尿路感染。40 岁后肾小管功能随增龄而减退。浓缩功能减退不仅与髓袢溶质转运障碍、不能形成高渗有关,也与髓袢入球动脉与出球动脉吻合成短路血管、髓质血流相对增多相关。由于肾小球和肾小管功能随增龄而减退,经过肾脏排泄的药物减少,老年人容易发生药物不良反应。

肾脏是机体的内分泌器官之一。老年人的肾脏 α-羟化酶活性低下,1,25-$(OH)_2$-D_3 生成减少,肠道吸收钙减少,容易发生骨质疏松。肾小球旁器退行性变,老年人血中的肾素和血管紧张素 Ⅱ 浓度降低。促红细胞生成素和前列腺素等激素是否有增龄性变化目前不明。

(二) 膀胱

老年人的膀胱肌肉萎缩,肌层变薄,膀胱容量减少。膀胱纤维组织增生,流出道不畅,容易发生膀胱小梁和憩室。膀胱肌肉收缩无力,膀胱既不能充满又不能排空,残余尿增多。老年女性因盆底肌肉松弛,膀胱出口处呈漏斗样膨出,引起尿失禁。

(三) 前列腺

40 岁后前列腺外周区逐渐出现平滑肌萎缩、纤维组织增生、腺体分泌减少、上皮细胞变扁平等退行性变化。60 岁后缓慢较均匀地萎缩,腺体腔内有残留分泌物形成小石堆积。由于睾丸萎缩、性激素紊乱,1/3 以上的老年人出现前列腺尤其是移行区出现腺体和基质增生,压迫尿道导致排尿障碍。

八、血液系统

(一) 骨髓

随着年龄增长,造血干细胞的自我更新能力降低,在放射损伤后恢复能力也降低。红系定向干细胞对促红细胞生成素的反应性降低,随着骨髓微环境退行性变,骨髓造血组织逐渐减少,并被脂肪和结缔组织所代替,造血能力降低。正常成年人的骨髓造血细胞为 10^{10}/L,进入老年期后减少一半以上。在应激情况下,成年人的黄髓转变为红髓而恢复造血功能,而老年人的这种造血组织储备能力明显减退。

(二) 血细胞

老年人的红细胞轻度降低,血红蛋白的性别差异消失。白细胞总数无变化或偏低,T 淋巴细胞减少;粒细胞对细菌的净化、吞噬和杀灭作用减低,这可能是老年人易发生感染的原因之一。老年人的血小板计数与成年人无差异,但其黏附和聚集功能亢进,这与老年人血小板膜上的 β 受体减少而 $α_2$ 受体增多有关。

(三) 凝血功能

随着年龄增长,血管内皮损伤,启动了凝血过程;加上血小板功能亢进、凝血因子(Ⅷ:c、vWF:Ag、Ⅶ、Ⅹ)升高和抗凝血酶Ⅲ降低,老年人容易形成血栓。纤溶活性降低使已形成的血栓不能及时清除,老年人常面临高凝状态。

九、运动系统

(一) 骨骼

一般在 40 岁后骨量逐渐下降,女性绝经后下降速度加快。老年男性的骨量减少 12%,女性减少 25%。骨骼衰老的特征是骨质吸收超过骨质形成,从而导致骨量、骨强度降低,脆性增加。由于骨质大量脱钙、胶原减少、水分增加,髓质中的骨小梁逐渐变细,网眼扩大,骨密度降低,骨皮质逐渐变薄,所以老年人容易发生骨质疏松,一般女性开始于 40~45 岁,男性为 50~60 岁。在一些轻微外伤时,老年人容易发生骨折,尤其是在长骨近端和椎体。

(二) 关节

关节软骨是特殊的结缔组织,由软骨细胞合成的胶原和蛋白多糖等细胞外基质的组成,含水量达 65%~80%。由于关节反复运动和软骨磨损,21~30 岁时开始软骨退化,表现为软骨细胞减少、胶原和蛋白多糖合成减少,不能保持足够的水分;软骨变硬而丢失弹性影响关节的灵活性,软骨损耗,骨与骨直接接触,容易发生骨性关节炎。可发生在全身任何关节,但以腰椎、颈椎、髋、膝关节最明显。此病多从中年发病,约 3/4 的老年人受累,但仅 30% 的老年人出现症状,10% 有运动功能受限。

随着年龄增长,椎间盘逐渐变薄、变干燥,椎间盘间隙变窄,椎骨内的矿物质减少,椎体变薄、脊柱弯曲、椎体压缩,加上足弓逐渐变平,身高变矮,大约 35 岁后每 10 年下降 1cm。

(三) 骨骼肌

骨骼肌不仅是一个运动器官(维持姿势和产生动作),而且参与新陈代谢相关功能,如蛋白质储存、调节血糖和产能等作用。

骨骼肌随增龄而逐渐丢失,30 岁后每年减少 0.6%,60 岁后每年减少 1.4%~2.5%。肌肉老化比其他组织更明显,表现为肌纤维萎缩、变短、失去弹性、肌力减退;脂肪和纤维组织增生,使肌肉假性肥大,效率降低,易疲劳。每块肌肉都由不同比例的 I 和 II 型肌纤维组成,但 II 型肌纤维(糖酵解供能,爆发力强)比 I 型肌纤维(氧化供能,抗疲劳能力强,维持姿势)减少更明显,因而肌肉的最大等长收缩力降低,60 岁下降 20%,80 岁下降 50%。老年人的骨骼肌体积和肌力下降,不仅与生长激素、类胰岛素生长因子、睾酮、脱氢表雄酮等同化激素减少有关,而且与日常活动不足有关。

骨骼肌是机体最大的餐后糖原储存库。老年人由于骨骼肌丢失和对胰岛素的敏感性降低,对餐后血糖的调节能力受损,表现为餐后血糖升高。老年人的肌肉减少和脂肪增加,可使水溶性药物的分布容积减小,如使用成年人的药物剂量,血药浓度增高,作用和副作用增加;脂溶性药物的分布容积增大,长期用药容易发生药物蓄积中毒。骨骼肌体积和肌力随增龄而减少,老年人容易发生肌肉减少症,进一步导致衰弱和跌倒。但通过合理运动和补充适量蛋白质,可减少老年人骨骼肌的丢失,能维持良好的肌肉功能。

随着年龄增长,肌腱和韧带中的结缔组织弹性减弱,再生能力降低,肌腱和韧带变硬,关节弹性减弱,结缔组织易发生损伤、断裂和撕裂。

十、皮肤及其附属器

(一) 皮肤

随着年龄增长,皮肤弹性减退,胶原和脂肪组织减少,就会出现皱纹。老年人的表皮细胞减少,皮肤变薄,皮肤弹性降低失去了对失水状态的判断。30 岁后,皮脂腺逐渐萎缩,皮脂分泌减少,皮肤干燥伴糠秕状脱屑,易发生瘙痒症。随着年龄增长,小汗腺常有空泡形成,大汗腺中的糖原减少,汗腺分泌减少,老年人难以适应温度变化,容易发生低温症和中暑。表皮内色素颗粒在日光暴露处皮肤的基底层增多,形成老年斑。随着年龄增长,皮肤感受器逐渐萎缩、皮肤神经末梢密度降低,老年人皮肤的触觉、痛觉和温觉减退,对机械和化学损伤的防御能力下降,受损后的愈合能力也降低。皮肤中的毛细血管脆性增加,碰伤后容易出血。各种皮肤病的发生率随增龄而升高。

(二) 毛发

黑色素细胞随增龄而减少,到 50 岁时可出现头发灰白、头发生长缓慢。毛囊减少,可发生头部脱发,腋窝和阴部也有毛发脱落,男性比女性更明显。男性可出现耳部和鼻部毛发增多、眉发浓密。绝经后女性因雌激素减少,可出现下巴等新区域生长毛发。

(三) 指(趾)甲

由于毛细血管硬化、供血不足等原因,老年人的指(趾)甲变厚、变脆和坚硬,失去光泽,变成黄色或浑浊状,易脱落。指(趾)甲生长缓慢,可出现纵纹、趾甲增厚、弯曲、呈瓜状。趾甲干燥,容易发生真菌感染。修剪不当或被小鞋挤压后,可形成嵌甲。

(蹇在金)

第四节　老年疾病特征

一、常见老年综合征

老年综合征是老年人群中常见的与年龄相关的疾病组合,包括智能和体能的缺陷、自伤和抑郁、尿失禁、疼痛、用药过多等。

(一) 老年人跌倒

跌倒是指突发的、不自主的、非故意的体位改变,倒在同一个平面或更低的平面上,但不包括由于癫痫发作或外界暴力作用引起的摔倒。据统计,每年约有 1/3 的≥65 岁的社区老年人发生 1 次或多次跌倒,发生率随增龄而增加。65～69 岁的男、女性跌倒发生率约分别为 13%和 30%,≥80 岁者分别为 31%和 50%。我国每年至少有 2500 万名≥60 岁的老年人发生跌倒损伤,75 岁以上跌倒与损伤的发生率则成倍增加。

跌倒是我国≥65 岁的老年人伤害死亡的首位原因。老年人跌倒的总病死率比无跌倒高 5 倍,如跌倒后 1 小时仍不能站起来者,其病死率还要高 1 倍。85 岁以上死于跌倒的人数(147/10 万)明显高于 65 岁以下者(1.5/10 万)。髋部骨折后 3 个月其病死率为 20%,死因常为长期卧床所致的肺部感染等并发症。跌倒引起的躯体损伤率为 10%,其中重度软组织损伤和骨折各占 5%,主要是肱骨外科颈、桡骨远端及髋部骨折,而且随增龄而急剧上升。很多患者因为骨折将终身残疾。跌倒不仅严重影响老年人的健康、生活质量,对跌倒的恐惧还可以造成跌倒-丧失信心-不敢活动-衰弱-更易跌倒的恶性循环,甚至卧床不起。

因为老年人跌倒的影响因素多而复杂,个体情况各不相同,应充分考虑其可能存在的跌倒高危因素和可供选择的干预措施,因人而异,实施符合老年人特点和需要的个体化跌倒预防方案。同时,减少内外危险因素:①加强体育锻炼和运动康复;②相关疾病的防治,如晕厥、帕金森病、认知功能障碍、脑血管病变、精神性疾患等;③对所服用的药物需要重新评估、调整、酌情减少,尤其是对服用 5 种或 5 种以上的药物以及使用降压药、利尿药、苯二氮䓬类药物的老年人,需要对药物或者剂量进行调整;④积极防治老年人骨质疏松症。

(二) 痴呆

痴呆是老年人最常见的慢性神经退行性疾病,临床表现为记忆、语言、视觉空间能力、应用、辨认、执行功能及计算力等认知功能损害,而且在智能衰退过程中可伴发情感或行为学症状。老年痴呆性疾病可分为老年痴呆(阿尔茨海默病,AD)、血管性痴呆(VaD)和混合性痴呆,其中 AD 最多见,血管性痴呆次之。痴呆的患病率随增龄而增加,65 岁以上的人群占 5％～6％,85 岁以上的人群占 30％～40％。

1. 痴呆常见病因

(1)退行性:阿尔茨海默病、路易体痴呆、帕金森病、额颞叶痴呆、进行性核上麻痹、Huntington 病。

(2)血管性:多梗死性痴呆、腔隙状态、白质缺血、大脑常染色体的显性动脉病变合并皮质下梗死和白质脑病(CADASIL)、血管炎。

(3)创伤:严重的头部外伤后、脑缺氧。

(4)感染性:细菌性、病毒性、真菌性、朊病毒(克雅病)。

(5)中毒性:慢性酒精中毒(酒精相关性痴呆)、重金属类、药物中毒。

(6)占位性病变:慢性硬膜下血肿、原发性的或转移的颅内肿瘤(特别是额叶)。

(7)代谢/内分泌性:甲状腺功能低下、维生素 B_{12} 及叶酸盐缺乏、血钙过高、遗传性代谢障碍例如 Wilson 病。

(8)流体力学:正压性脑积水、阻塞性或交通障碍性脑积水。

2. 痴呆常见类型及临床表现

(1)阿尔茨海默病:是最常见的痴呆类型。以记忆损害为首发的认知功能障碍、日常生活自理能力低下及精神行为异常;病理学上可见老年斑、神经元纤维缠结、颗粒空泡变性、脑淀粉样血管病及神经元缺失,从内嗅皮质、海马、内侧颞叶进而蔓延至相关新皮质区。这种病变损害的区域顺序导致典型性 AD 的临床表现,一般遵循从海马、颞叶损害记忆、言语障碍,逐渐发展至顶叶受损的失认、失用等视觉空间障碍,再进一步累及额叶是执行、注意力功能及精神行为障碍的发展规律。

(2)血管性痴呆:是痴呆的第二种最常见原因,发病年龄在 50～60 岁,可与阿尔茨海默病并存。临床表现形式常与脑血管病变损伤部位有关,可有偏瘫、失语等局部脑功能损伤症状,在此基础上合并有认知功能障碍。大的多发梗死(由于反复血栓)、腔隙性梗死、瀑布型梗死以及小血管疾病(白质缺血)引起认知障碍。认知功能逐步下降或呈波动性但总体呈功能下降趋势。常急性起病,有局灶性神经系统体征阳性,脑 CT 或 MRI 显示有脑血管病灶。

(3)路易体痴呆(DLB):DLB 定义为痴呆至少 6 个月,期间杂有短期的意识紊乱、幻觉(尤其是视觉)、跌倒、锥体外系体征(强直、动作缓慢)、对精神抑制药物敏感、进展较快。患者呈现一个波动的痴呆病程,注意力、额叶操作功能及视觉空间能力下降。病理检查有皮质弥漫性路易小体,可见老年斑、神经元纤维结少见。

(4)额-颞叶痴呆:以局灶性额叶和颞叶萎缩为特征,多在较年轻时起病。患者多表现为人格和行为障碍(额叶的)或进行性失语或语义学的痴呆(颞叶的)。记忆问题出现较晚,痴呆评估时患者可能在正常范围(例如不涉及额叶的简短精神状态检查)以内。本病的脑萎缩以前半球明显,而后半球不明显,呈"刀切"样萎缩外观,不同于 AD 的弥漫性脑萎缩。

3. 痴呆的治疗　处理痴呆的一个重要方面是给予患者和照料者心理支持,向其阐明疾病的自然过程可帮助他们预先作出计划,有助于帮助患者维持日常生活功能。措施包括:①进行眼神交流,以简洁、直接、平静的方式同患者对话;②一次只问 1 个问题,留下充裕时间等待回答;③给患者制订规律性的日常生活计划,鼓励参与;④必要时给患者以反复提示;⑤把任务分解成简单的几步来做;⑥要明确患者能做什么、不能做什么。处理和治疗的目标随病程进展而改变。

已确定胆碱能神经元减少与阿尔茨海默病患者的认知功能减退有关。有关指南均一致推荐美国食品药品监督管理局(FDA)批准的乙酰胆碱酯酶抑制剂(ChEI)如多奈哌齐、卡巴拉汀和加兰他敏及谷氨酸 NMAD 受体拮抗剂(美金刚)为 AD 的一线治疗药物,联合 ChEI 和美金刚治疗比单独应用 ChEI 可让患者更有效获益,两者联合有相互增效的作用。

VaD 患者中,通过服用阿司匹林、控制高血压和高血脂、戒烟等措施可以预防脑卒中复发,从而对其病程进行较为有效的干预。已证实 ChEI 对单纯性和混合性 VaD 均有一定的改善临床症状的作用。

控制痴呆的行为精神症状(BPSD)常用非典型抗精神病药物,如利培酮、奥氮平、喹硫平等。有关指南建议针对 AD 患者的 BPSD 寻找诱因,如是否有生活、环境及躯体不适,纠正其潜在的病因,采取非药物管理,而不是简单给予药物治疗。

(三) 老年人谵妄

谵妄(delirium)是多种器质性原因引起的暂时性脑功能全面紊乱的一种器质性精神综合征。谵妄分为兴奋型(hyperactive)、抑制型(hypoactive)和混合型(mixed)。老年人谵妄也称老年人急性意识模糊状态,伴有注意力、感受、思维、记忆、精神运动和睡眠周期障碍的短暂性器质性脑综合征。老年患者谵妄的发生率高,约 20% 的老年住院患者和约 1/3 的老年急诊患者会发生谵妄,重症监护病房(ICU)的老年患者谵妄发生率高达 30%~80%,痴呆或轻度认知功能障碍者的谵妄发生率为 33%~86%,而在疾病终末期患者达到 83%。

谵妄的临床表现特点是短期内意识紊乱和认知功能改变,主要症状是意识、注意力、认知功能、知觉障碍(幻觉、妄想、恐惧、悲伤等)以及睡眠觉醒周期改变。一般急性起病,少数患者有前驱期,表现为怠倦、焦虑、恐惧、对声光过敏、失眠、多梦等。谵妄进一步发展可出现意识障碍,意识的清晰水平降低或觉醒水平降低,神态恍惚,注意涣散,心不在焉,注意力的集中、维持和转换能力受损,环境意识的清晰度下降。

谵妄与高龄、全身炎症反应、电解质紊乱、麻醉、手术创伤、焦虑和抑郁等有关。主要预防措施包括:①祛除诱因;②支持性治疗,保持患者内环境稳定,促进脑功能恢复;③保持定向力,向患者解释新环境,鼓励家人陪护;④增强患者的感觉功能;⑤避免身体约束、插管等;⑥鼓励患者活动;⑦恢复正常的睡眠-觉醒周期;⑧避免环境过度刺激引起激惹。

谵妄需要进行综合治疗,主要分为非药物治疗和药物治疗。具体措施包括:①原发器质性疾病的治疗。②非药物治疗:减少一些可干预的危险因素,如减少身体活动受限、管理好大小便、尽量减少膀胱导尿;医护人员应反复向患者说明时间、地点,介绍人物,帮助患者保持定向力等。③药物治疗:可选用抗精神病药治疗精神性症状,一般选用抗胆碱能药物,如氟哌啶醇、利培酮、喹硫平、奥氮平等,对严重兴奋躁动患者可肌内注射氟哌啶醇每次 2.5~5mg 或奋乃静每次 12.5mg。胆碱酯酶抑制剂也被尝试用于谵妄的治疗,有报道多奈哌齐有助于治疗谵妄,尤其是对精神错乱的谵妄患者。

（四）老年人晕厥

晕厥（syncope）是各种原因导致的一过性全脑低灌注,进而突然发生短暂性意识丧失,伴全身肌肉无力、姿势张力丧失。临床分为神经介导的反射性晕厥、直立性低血压性晕厥、心源性晕厥、脑源性晕厥等。老年人晕厥的年发病率为 6%,患病率为 10%,2 年间的复发率为 30%。研究显示,70 岁以上的老年人晕厥发病率急剧上升,70~79 岁和 80~89 岁分别占发病人数的 25% 和 22%。老年人晕厥可导致骨折、颅脑硬膜下血肿、软组织损伤等并发症以及此后长期卧床引起的血栓、压疮等一系列疾病,危及老年人的生命和健康。

神经介导的反射性晕厥包括血管迷走性晕厥、情境性晕厥、颈动脉窦晕厥、不典型晕厥。血管迷走性晕厥最常见,约占晕厥总数的 66.6%,常伴有自主神经激活的前驱症状,如头晕、恶心、呕吐、腹痛、出冷汗、面色苍白等。直立性低血压性晕厥在老年人中亦多见,典型的直立性低血压是从卧位或坐位站起 3 分钟内,收缩压下降$\geqslant$20mmHg 或舒张压下降$\geqslant$10mmHg,严重时收缩压可下降至 90mmHg 以下。心源性晕厥约占晕厥总数的 14%,且随年龄增长、心肌老化、动脉粥样硬化、瓣膜退行性病变等导致老年人心源性晕厥的发病率增加;临床常见严重心律失常、急性心肌梗死、流出道狭窄性心脏病、肺动脉栓塞等。

老年人晕厥的治疗主要针对病因,目的是预防晕厥的复发及降低晕厥的病死率。神经介导性晕厥的治疗包括健康教育、直立倾斜训练以及相应的药物应用。偶尔发作一次晕厥恢复后除了疲劳无力外无其他不适,可不予处理,明确原因即可。对反复发作的晕厥可给予 β 受体阻断药,如每天口服美托洛尔 50mg 或阿替洛尔 25mg,预防复发。直立性低血压性晕厥首先应停用可能引起低血压的药物,然后适当增加盐的摄入扩充血容量。餐后低血压患者少量多餐,避免饱餐。夜间睡眠时适当抬高头部,起立时要"慢动作",避免长时间站立。心源性晕厥主要是针对病因治疗,如缓慢型心律失常可安装起搏器、快速型心律失常可行射频消融、急性心肌梗死根据病情新选择冠状动脉介入治疗或者溶栓治疗等。老年人晕厥要考虑老年人自身的特点,制订个体化处理方案。

（五）老年人尿失禁

尿失禁（incontinence of urine）是由于膀胱括约肌损伤或神经功能障碍而丧失排尿自控能力,使尿液不自主地流出。老年人常见的尿失禁是压力性、急迫性、混合性、充溢性尿失禁。尿失禁的患病率随增龄而增加,且女性高于男性。我国资料显示,尿失禁的患病率为 18.1%~55.4%。其中压力性尿失禁是妇女的常见疾病,我国 65 岁以上的妇女发病率高达 51%。婚姻状态如寡居、亲友发生事故、长期失业、住房条件差、经济因素、文化程度等与尿失禁明显相关。

1. 尿失禁对患者身心健康的影响

(1)身体方面:尿失禁可导致会阴部湿疹、尿路感染等。

(2)心理方面:尿失禁给老年妇女造成严重的心理负担,如担心身上有不良气味,焦虑、尴尬和沮丧等不良情绪,容易产生孤独感;老年女性还担心影响睡眠、抑郁、孤独感及被人笑话。

(3)社交方面:尿失禁患者由于不舒服、尿液异味、害羞、失去信心等原因远离社交活动,因此尿失禁被称为"社交癌"。

（4）生活质量下降。

2. 各类尿失禁的临床表现 压力性尿失禁是指腹压大于最大尿道压时,在无逼尿肌收缩的状态下,尿液不自主排出,主要发生于咳嗽、运动和大笑等引起腹压增高的情况下,与各种原因导致的骨盆肌肉松弛、膀胱尿道口解剖结构的变化、尿道括约肌力量减弱等导致尿道关闭不全有关;男性主要见于前列腺广泛切除术后括约肌受损者。

急迫性尿失禁是指伴有强烈尿意或尿急感的不自主性漏尿,此型尿失禁与逼尿肌不稳定有关,尿液漏出是由于逼尿肌过度兴奋或反射亢进所致;主要表现为尿急、尿频、不能自主控制排尿和夜尿,患者往往有很强的尿意,且不能很好地自控,往往在到达排尿地点之前尿液便自行流出。

混合性尿失禁是指同时具有压力性和急迫性两种不同类型的尿失禁的症状,是膀胱和尿道功能失调的综合结果。

充溢性尿失禁是指当膀胱过度胀满,膀胱内压升高,超过了最大尿道压时出现的不自主尿液流出,尿液流出与膀胱逼尿肌收缩能力下降或膀胱颈部以下尿路梗阻有关。

3. 防治老年尿失禁的措施

（1）关注老年尿失禁人群的心态,针对个体存在的心理问题进行疏导,解除思想负担,保持良好的心情,树立战胜疾病的信心。医护人员及社会保健工作者应加大宣传力度,普及和预防尿失禁的基本知识,宣传预防尿失禁的自我保健方法。

（2）自我管理

1）养成良好的生活习惯:便秘、肥胖会加重尿失禁,适当减肥、多运动、多吃水果和蔬菜、保持大便通畅;日常生活中可适当控制饮水量,适当减少社交活动,以免加重疾病带来的心理压力。使用护垫时应注意卫生,防止感染。一些药物(如镇静剂、钙通道阻滞药)可引起或加重尿失禁,故应尽量在医师的指导下改用其他药物。

2）做排尿日记,记录早 6 点、午 12 点、下午 6 点和晚上 12 点排的尿量、颜色和排尿情况,如尿急和漏尿等,并记录吃饭的时间和饮食的类型与量。

3）尿失禁评估及适当处理:采用国际尿失禁咨询委员会尿失禁问卷简表(ICI-Q-SF)进行评估。0 分:无尿失禁,不需要任何处理;1~7 分:不需要佩戴尿垫,到尿失禁咨询门诊或电话咨询,并进行自控训练;8~14 分:需要佩戴尿垫,到尿失禁咨询门诊就诊,并进行物理治疗或住院手术治疗;15~21 分:到专科医院或老年医院治疗。

4）自我训练:进行自控训练,定时排尿训练,进行盆底肌肉训练;避免高强度的体力运动;尽量不吸烟或酗酒;控制可能引起尿失禁的疾病。

（3）药物及手术治疗:反射亢进和逼尿肌不稳定的患者可用的治疗药物有抗胆碱能药物、解痉药物、钙离子通道拮抗剂等,α 受体激动剂、雌激素等用于治疗压力性尿失禁。严重的尿失禁则需手术治疗。

二、老年病的特点及诊治注意事项

（一）老年病的特点

"老年病"主要是指老年人"高发的疾病"和老年人"特有的疾病"。前者如冠心病、高血压、慢性阻塞性肺疾病(chronic obstructive pulmonary disease,COPD)、脑血管病等,后者如老年痴呆、帕金森病、白内障、前列腺增生症、骨质疏松症、老年性耳聋等。由于老年人的生理特点,患病在发生、发展、表现、转归、预后等方面有诸多不同,现将其主要特点归纳如下。

1. 患病率高 由于老年人的身体功能随增龄而退化,对诸多疾病和意外伤害的易感性增高、对外环境的适应能力差,因此绝大多数慢性病、恶性肿瘤的患病率随增龄而增加。据调查,1997年上海市的老年人慢性病总患病率为60.3%,其中男性患病率为59.4%、女性为61.9%。跌倒所致的髋部骨折、颅骨骨折也大多发生在老年人。

2. 症状不典型或缺如 由于老年人的反应性和敏感性降低,患病时临床表现不典型、隐匿或缺如,临床表现不能如实反映病情进展。因此,在临床上常见所谓的老年人"无痛性胆道感染""无痛性心肌梗死""无症状性糖尿病""无咳嗽的肺部感染"等。同时由于部分老年人感官功能减退(皮肤痛温觉感受器迟钝、视力减退、耳聋等)、认知功能减退,对身体异常变化的感受、倾诉和表达能力降低,也影响医务人员对老年人患病的正确判断。

3. 多种疾病并存 老年人常患有多种慢性疾病,平均同时患有6种疾病或更多,如1名老年人可同时患有高血压、冠心病、高脂血症、颈椎病、白内障、良性前列腺增生症等。多种疾病并存,使得临床表现呈多样性和复杂性。

4. 并发症发生率高 老年人罹患某种病时,易在该病的基础上并发其他疾病,这与老年人多种疾病并存、免疫功能降低、抵抗力差、对应激的抵御能力减弱有关。常见的并发症有:①肺部感染、呼吸衰竭:老年人常有COPD基础,患病后(如脑卒中、外伤、手术等)卧床,特别是长期卧床,肺部痰液引流不畅,易继发肺部感染,感染如不能及时控制则继发呼吸衰竭而危及生命。不少脑卒中、创伤、糖尿病、围术期患者不是死于原发病、手术或创伤,而是死于肺部感染、呼吸衰竭。②水、电解质和酸碱平衡失调:老年人的细胞外液比例降低,内环境稳定能力差,对水的耐受能力降低,且老年人患病容易发生低血压、低氧血症,导致组织(特别是肾脏)灌注不足,易发生代谢性酸中毒。因此,老年人患病容易并发水、电解质和酸碱平衡失调。③心功能不全:老年人的心功能随增龄而减低,患病后特别是合并肺部感染之后,继发的低氧血症、酸中毒、冠状动脉供血供氧不足等都会诱发或加重心功能不全。④肾功能不全:肾脏是老年人随增龄变化最显著的器官之一,高龄老人的肾小球滤过率(GFR)只有中青年人的30%～50%,因此大多数老年人的肾功能处于代偿的边缘状态。老年人患病后导致的肾灌注不足以及应用的药物导致的肾损害,均可诱发老年人肾功能不全乃至肾衰竭。⑤血栓和栓塞:老年人的血液流变学异常,血液黏稠度和凝固性增高,加之老年人的血管壁异常,在此基础之上,老年人患病卧床后易形成血栓,常见的如下肢静脉血栓、脑血栓、肺栓塞等。⑥应激性溃疡:老年人的胃十二指肠黏膜屏障功能退化,防御能力减弱,黏膜下血管硬化,老年人患病后特别是在应激状态下,胃酸分泌增加、儿茶酚胺分泌增加导致黏膜下血管收缩、血流减少,以及原发病本身可能导致低氧血症等,可导致老年人胃十二指肠黏膜应激性溃疡的发生。因此,应激性溃疡合并上消化道出血是老年危重患者的常见并发症。

5. 易并发老年人多脏器功能障碍综合征 老年人多脏器功能障碍综合征(MODSE)是指老年人在器官老化或患有多种慢性疾病的基础上,由某种诱因激发,在短时间内同时或序贯发生2个或2个以上器官或系统功能不全或衰竭的临床综合征。老年人的脏器功能随增龄而减退,代偿能力降低,适应能力减弱,机体自稳性差,在疾病和应激状态下则很容易发生脏器功能不全或衰竭。MODSE的发病诱因以感染尤其是肺部感染最多,占73.1%。

MODSE的特点为诱因多较轻微,如普通感冒等;基础病变复杂多样,可隐匿起病;可反复多次发生,很难完全恢复健康状态;2/3的病例起因于呼吸系统疾病。MODSE的病死率可达65.8%,且发生于5~7个器官功能障碍者居多(占77.1%),病死率随受累器官数目的增加而增高,器官功能障碍的发生率依次为肺、胃肠、肝脏、肾脏、凝血系统、脑、心脏,其中脑功能障碍的病死率最高。

6. 易发生药源性疾病和药物不良反应 老年人一方面由于多种疾病并存,需要服用多种药物;另一方面因其肝、肾功能随增龄减退而对药物的代谢和清除障碍,造成药物在体内蓄积。因此,老年人的药物不良反应发生率高,易诱发药源性疾病。

7. 易发生医源性损伤 老年人的组织器官脆性增加、黏膜变薄,在有创检查或治疗时易发生医源性损伤,如进行内镜(胃肠镜、膀胱输尿管镜、气管镜、腹腔镜等)检查和治疗时易发生损伤、出血和穿孔。

8. 病情变化快,病死率高 老年人起病隐匿,病情进展快,或相继累及多个器官,发生MODSE,因此死亡率高。

9. 致残率高 老年人的脏器功能减退,对损伤组织和(或)的修复能力差,外伤或患病后常难以彻底康复而易留下残疾,特别是脑卒中、下肢骨折之后。

10. 老年人患病的"五联症" 老年人尤其是高龄老人不论新患何种疾病或者慢性病急性发作,常首先出现下列"五联症":①意识障碍和(或)精神症状;②二便失禁;③平衡能力差,走路不稳,易跌倒;④活动能力下降,活动减少;⑤原有的生活能力丧失。

(二)诊治老年疾病的注意事项

应充分认识老年人患病的特点,采用多学科医务人员参与诊断、治疗的形式,提高对老年疾病的诊断和鉴别能力并给予合适的治疗,以下问题值得注意。

1. 全面、细致的病史询问和体格检查尤为重要。采集病史除询问患者外,还应询问一起居住的家属、陪护人员。体格检查要全面系统。

2. 充分评估辅助检查的风险。需要时优先考虑无创、微创检查,避免与治疗决策无关的检查。

3. 器官功能评估既要考虑增龄因素也要考虑疾病因素。老年患病器官的衰老主要表现为潜在的储备、代偿功能减退,而不是临床常用化验指标异常。因此,临床常用化验指标异常应首先考虑疾病所致。进行老年人器官功能评估时,除常用的功能指标外,应采用能反映器官储备、代偿功能的检查项目,如肝脏的动态肝功能试验(药物清除半衰期试验、肝脏排泄功能试验及肝脏代谢功能试验等)、肾脏的肾小球滤过率和肾血流量等。

4. 正确认识衰老与疾病的关系,把症状或异常归因于疾病而非衰老。无论年龄多大,衰老本身不会产生任何症状,亦不会导致常见功能指标异常,将疾病误认为是衰老,将丧失治愈疾病或改善病情的良机。

5. 重视老年人心理障碍性疾病的诊治。焦虑、疑病、抑郁、谵妄等是老年人常见的心理障碍,不要随意归于衰老或老年痴呆。心理障碍性疾病要及时诊断、积极治疗。

6. 应摒弃"无疾而终"的旧观念。对老年人患病的治疗应持积极而科学的态度。调查研究证明,即便是百岁老人也都是因病而亡,根本不存在所谓的"老死"或"无疾而终"。因此,对老年人患病的治疗应持积极而科学的态度。

7. 明确治疗目标。对于慢性疾病,以提高生存质量、延长存期、避免药物不良反应为目标;对于急性疾病,尽力积极根治;对于老年恶性肿瘤患者,以减轻痛苦、延长有质量的生存期为目标,不应强求根治,抑或姑息性的综合治疗、带瘤生存等。

8. 高龄老人选择治疗措施时要特别谨慎。选择治疗方案时,主要以病情和机体状况为主要依据,注意个体差异,而不是单纯考虑年龄因素。要特别注意患者对治疗的耐受性,权衡该治疗的收益/风险,只有收益/风险>1时才予以考虑。对于高龄老人的手术指征也应审时度势,必须进行术前多学科综合评估,充分评估手术治疗的风险及术后的收益,并与家属充分沟通,作出决定。一般认为,由于老年人的围术期死亡率高,术后的生存质量可能降低,高龄老人只做危及生命的急症手术,不做择期手术。

9. 选择治疗时,要考虑患者的预期寿命。预期寿命要根据老人的身体状况评估,存在个体差异。显然,如果治疗的收益在预期寿命之外,就没有必要了。

10. 优先选择微创治疗。微创技术的发展给老年患者带来了福音,明显降低了老年人手术治疗的风险。

11. 重视合理用药。老年患者的药物选择标准:①疗效确切;②安全性好,不良反应少;③药物与药物及药物与食物之间的相互作用少;④用药方便,每日1~2次;⑤合适的规格和剂型;⑥合适的价格。老年人用药应把安全性放在首位,容易发生不良反应或肝、肾毒性较大的药物如地高辛、万古霉素、胺碘酮等应严格进行血药浓度监测,根据监测结果调整给药剂量和频次。

坚持老年人用药的6项法则:①使用必需药物;②受益原则(受益/风险>1);③半量(或小剂量)法则:低起始剂量,缓慢增加剂量;④试验用药(观察用药);⑤暂停用药:用药后疑为所用药物的不良反应时,应暂停该药物,密切观察病情变化;⑥5种药物法则:即为了减少老年人的药物不良反应和相互作用,同时用药以不超过5种为宜。

12. 加强护理和康复。疾病恢复期要早期下床活动,降低因身体活动减少或长期卧床相关并发症(如压疮、下肢静脉血栓、骨质疏松、关节僵硬、肌肉萎缩、失眠、谵妄、焦虑、抑郁、便秘以及尿路和肺部感染等)的发生率,提高病后的生存质量。

(郑松柏 李小雯 陈敏敏)

第五节 老年患者的营养

营养是维持生命活动和各器官功能的重要条件。合理的营养是健康的基础,尤其是老年患者由于疾病、器官功能减退、独居、收入减少等原因,更容易出现营养障碍,特别是营养不良将危害老年人的身体健康,损伤脏器功能,不利于疾病的转归,影响预后和寿命;而有效的营养支持不仅能使老年人维持良好的健康状态,还对某些已患疾病(如糖尿病、肾病等)有益。

一、老年患者的营养需求

人体生命和体力活动都需要能量,它来源于从外界摄取的食物,从中获得所需的营养物质,包括糖类、脂类、蛋白质、矿物质、维生素和水等六大类。这些营养素在体内有3方面的功用:一是供给所需的能量;二是提供人体构成和修补组织;三是提供调节物质以调节机体的生理功能。

我国营养学会对老年人的推荐能量摄入量见表1-7。

表 1-7　老年人能量需要量(EER)与蛋白质推荐摄入量(RNI)

年龄		能量 MJ(kcal)/d		蛋白质(g/d)	
		男	女	男	女
50～64 岁	轻体力活动	8.79(2100)	7.32(1750)	65	55
	中体力活动	10.25(2450)	8.58(2050)		
	重体力活动	11.72(2800)	9.83(2350)		
65～79 岁	轻体力活动	8.58(2050)	7.11(1700)	65	55
	中体力活动	9.83(2350)	8.16(1950)		
80 岁～	轻体力活动	7.95(1900)	6.28(1500)	65	55
	中体力活动	9.2(2200)	7.32(1750)		

注:摘自《中国居民膳食营养素参考摄入量》2013 年版

糖类、脂类和蛋白质这 3 类营养素普遍存在于各种食物中,是人体能量的主要来源。老年人由于咀嚼及胃肠道消化功能退化,摄入糖类的量可以适当增多以利于消化吸收。可适量选择粗杂粮(每日不宜超过全天主食的 1/3,过多可能以免引起营养不良或影响药物的吸收),多吃水果、蔬菜等富含膳食纤维的食物,增强肠蠕动,防止便秘。不建议过多食用含蔗糖等简单的糖类或精加工的主食。果糖的升糖指数较低,可适当食用,但是过多食用易引起血脂代谢异常。

老年人的脂肪摄入宜多吃鱼、少吃肉。除动物性食物外,植物性食物中以坚果类(如花生、核桃、瓜子、榛子、葵花子等)含脂肪量较高,不过其脂肪组成多以亚油酸为主,为多不饱和脂肪酸,可以每天适量选用。在全日食物中,所有脂肪包括食物内和烹调用的油料总计在50g 之内。老年人蛋白质摄入不足可导致营养不良和氮的负平衡,从而影响机体的功能,加重器官衰老。因此,建议至少摄入 0.8g/(kg·d)蛋白质,在应激状态下需提高到 1.5g/(kg·d);如果超过 2.0g/(kg·d),可能会升高血清尿素氮水平。还建议优质蛋白质的摄入占每日总蛋白摄入的 50% 以上。除动物类蛋白外,大豆类及其制品也是优质蛋白,同时不含饱和脂肪,含有卵磷脂、植物固醇以及大豆异黄酮等对人体有利的成分,老年患者可以适当选用。《中国居民膳食营养素参考摄入量(2013 年版)》也对我国老年人的蛋白摄入量作出推荐(表 1-7)。

微量营养素包含在矿物质(钙、铁等)和各种维生素(维生素 A、维生素 D、维生素 E、维生素 B_1、维生素 B_2、维生素 C)中。因老龄人牙齿脱落、户外活动减少、消化能力下降等限制,摄取食物含微量营养素的总量和种类减少。因此,《中国居民膳食指南》中强调老年患者要多吃蔬菜、水果和薯类,尽量多摄食绿色及红黄色的蔬菜,因为这类食物可以补充必要的微量营养素,如类胡萝卜素、维生素 C 和各种矿物质。必要时适当补充多种微量元素制剂对老年人也是有益的。2013 年版《中国居民膳食营养素参考摄入量》见表1-8。

表 1-8 老年人维生素和微量元素的摄入量

维生素和微量元素 推荐摄入量	男		女	
	年龄 51～70 岁	年龄＞70 岁	年龄 51～70 岁	年龄＞70 岁
维生素 A,μg/d	900	900	700	700
维生素 C,mg/d	90	90	75	75
维生素 D,μg/d,AI	15	20	15	20
维生素 E,mg/d,RDA	15	15	15	15
维生素 K,μg/d,AI	120	120	90	90
维生素 B$_1$,mg/d,RDA	1.2	1.2	1.1	1.1
维生素 B$_2$,mg/d,RDA	1.3	1.3	1.1	1.1
盐酸,mg/d,RDA	16	16	14	14
维生素 B$_6$,mg/d,RDR	1.7	1.7	1.5	1.5
叶酸,μg/d,RDA	400	400	400	400
维生素 B$_{12}$,μg/d,RDA	2.4	2.4	2.4	2.4
镁,mg/d,RDA	420	420	320	320
锌,mg/d,RDA	11	11	8	8
铁,mg/d,RDA	8	8	8	8
钙,mg/d,AI	1200	1200	1200	1200

注:RDA:推荐摄入量;AI:适宜摄入量。摘自 Montgomery SC,Streit SM,Beebe ML,et al. Micronutrient Needs of the Elderly[J]. Nutrition in clinical practice:official publication of the American Society for Parenteral and Enteral Nutrition,2014,29(4):435-444.

水是人类维持生存的必备条件。老年人进食量减少会伴随着食物中的水分摄入减少,同时肾脏的浓缩功能下降使得水分排出增多,易出现容量不足的情况。建议监测老年患者的液体摄入量,必要时适当补充,避免失水。老年男性的适宜饮水量为 1.7L/d,老年女性的适宜饮水量为 1.5L/d,大量排汗、腹泻、发热等状态下还必须酌情增加。老年人不应在感到口渴时才饮水,而应该有规律地主动饮水。但补液量也不宜过多,避免加重心、肾负担。

二、老年人营养状态评估

营养评估是通过对老年个体的饮食习惯和结构、已患疾病病史、体格检查、相关的实验室检测指标、体成分检测(应用生物电阻抗法、双 X 射线吸收法、CT、MRI、手握测力等仪器检测体成分)、胃肠道功能的评估等资料进行分析,综合判断患者目前的营养状况,为制订营养治疗方案提供依据。《老年患者肠内肠外营养支持中国专家共识》推荐对老年患者应定期进行营养筛查和(或)评估。有营养不良相关高危因素的老年患者应进行全面的营养评估,根据评估结果确定能量、营养素和液体的需求,对营养支持途径及营养监测指标给出合理建议。

营养状况评价量表是用于辅助评估营养状况的工具,包括营养筛查量表(NSI)、老年人营养危险评分量表(NRS)、微型营养评价法(MNA)和微型营养评价精法(MNA-SF)等。

其中《老年人营养危险评分量表(NRS)》是筛查社区老年人营养不良状态的工具,它包括5个评估内容及其评分:最近3个月内的体重下降情况、体重指数情况、食欲情况、进食和获得食物的能力、机体是否存有应激因素。NRS评分标准为0～3分为营养不良的低危风险;4～5分为中等风险;6～15分为高风险。根据个体营养状况的危险程度,酌情采取各异的干预措施。

三、老年人营养不良的常见原因

(一) 进食减少

进食减少是老年人营养不良的重要原因。食欲减退,咀嚼吞咽能力、准备食物的能力、活动能力下降,疾病如瘫痪、精神抑郁、帕金森病和阿尔茨海默病,脱离社会,应激事件等因素都会导致老年人进食减少。食欲减退的原因包括年龄的增加,嗅觉味觉退化,活动能力下降,疼痛,脱离社会,肿瘤、抑郁等。视力降低、帕金森病引起的严重震颤、活动能力下降等会引起老年患者准备食物的能力下降。口干、牙齿脱落等口腔疾患引起咀嚼功能下降。卒中、老年痴呆等导致进食能力下降。患肿瘤的老年患者化疗后引起食欲下降、恶心、呕吐等进一步加重营养不良。一些药物引起食欲下降、恶心、精神疾病等,表1-9列出了一些有减少食物摄取副作用的药物。住院也是老年患者进食减少的一个重要危险因素。此外,一部分老年患者出于控制体重、血糖、异常血脂等进行不恰当的节食措施也会造成营养不良。

表 1-9　影响食物摄入的药物

副作用	药物
食欲丧失	地高辛、卡托普利、非类固醇类消炎药、抗生素、抗组胺药、镇静药、抗精神病药、三环类抗抑郁药
味觉减退或改变	卡托普利、青霉素、抗高血压药、镇痛药、降血糖药、精神药物、细胞抑制剂、血管扩张剂
口干	抗帕金森病药物、抗抑郁药、抗组胺药、抗胆碱能药物
恶心	细胞抑制剂、抗高血压药
精神障碍	精神药物

注:摘自 Pirlich M,Lochs H. Nutrition in the elderly[J]. Best practice & research Clinical gastroenterology,2001,15(6):869-884.

(二) 胃肠道疾病

消化道疾病是老年人营养不良的重要危险因素。一些胃肠道疾病如萎缩性胃炎、慢性腹泻、结直肠癌等导致胃酸减少,使小肠内的细菌增多,且影响多种营养元素的溶解和吸收,如钙、铁、维生素 B_2、叶酸和维生素 B_6。腹泻导致吸收不良,而且在部分患者中为了避免腹泻还会减少进食。胃肠道恶性肿瘤如胃癌和结直肠癌不仅会使患者的食欲下降、减少食物的摄入,而且还影响食物的消化与吸收;胰腺癌导致食欲下降、食物吸收不良、蛋白水解,使营养不良迅速进展。其他疾病如慢性炎症性肠炎、胰腺炎、乳糜泻也会引起营养不良。便秘的老年患者长期使用泻药也会引起吸收不良。

(三) 其他疾病

某些高代谢性疾病(如甲亢、肝纤维化、肺部或泌尿系统的急性感染、帕金森病引起的震颤)、消耗性疾病(如心功能不全,慢性阻塞性肺疾病、恶性肿瘤引起的高代谢伴随畏食症)和在一些药物的作用下静息能量消耗(静息能量消耗是指机体禁食2小时以上,在合适的温度下平卧休息30分钟后的能量消耗,主要用于维持机体细胞、器官的正常功能和人体的觉醒状态。在正常人,热量和氮需求可根据年龄、性别、身高和体重计算。理想地说,热量需求应根据每个患者进行计算,通过计算和测定的静息能量消耗,并用身体活动系数和应激程度加以调整)增加。手术后、创伤、烧伤、压疮溃疡、不恰当的甲状腺激素和茶碱治疗也将引起静息能量消耗增加。

(四) 负性情绪

老年人因紧张、抑郁、孤独等诸多负性情绪缠身时,受大脑中枢支配而应激出现血液循环增快,额外消耗较多的氧和营养素;应激出现的肌肉紧张使代谢增强,也需要消耗较多的营养素;应激出现的胃肠功能失调会产生食欲缺乏,即使勉强进食也存在吸收不良。如此消耗增大与摄入减少的状况,必然会出现营养不良。

四、老年患者的营养支持

建立全面合理的营养支持方案应成为老年患者整个治疗计划的重要组成部分。营养支持包括对老年患者进行营养咨询、营养知识教育,进行严格的实验室和临床监测,并及时调整营养支持方案,处理并发症及营养随访。

营养支持方式主要包括以下几种措施。

(一) 肠内营养

肠内营养指通过消化道途径为机体提供各种营养素。肠内营养是胃肠道功能正常的老年患者首选的营养支持手段,肠内营养可保护胃肠黏膜屏障、改善临床结局(减少感染和缩短住院时间等)和节省医疗费用。肠内营养有两种途径,一种是在饮食的基础上口服营养补充剂如各种全营养素制剂和蛋白粉剂等以满足人体的基本需求,可减少老年患者发生压疮的风险,减少髋部骨折和骨科手术的营养风险及手术后并发症;另一种是管饲肠内营养,可保证不能经口进食的老年患者的能量和营养素供给,改善其营养状态。管饲可分为经鼻胃途径放置导管的无创置管技术和有创置管技术两种方法,后者根据创伤大小再分为微创内镜下的胃造口术和外科手术下的各类造口技术。

肠内营养制剂按氮源分为3类:氨基酸型、短肽型和整蛋白型。标准整蛋白配方适合大部分患者,氨基酸和短肽类的肠内营养制剂适合胃肠功能不全(如胰腺炎等)或空肠置管的老年患者。由于老年患者乳糖酶的分泌量减少,易出现乳糖不耐受而引起腹泻,应选择不含乳糖的制剂;脂肪种类应尽量减少饱和脂肪酸的摄入量,增加中链脂肪酸、ω-3和单不饱和脂肪酸等,选用优化脂肪酸配比的制剂,既可快速供能,又可减轻肝脏的代谢负担,减少脂质过氧化。膳食纤维可改善长期接受管饲肠内营养的老年患者的结肠功能,减少腹泻的发生。目前除可选用针对不同疾病状态的成品营养补充剂外,还可以根据患者的具体情况进行自制匀浆的调配,都可以很好地改善患者的营养状态。

(二) 肠外营养

当老年患者经口进食或肠内营养受限、处于饥饿状态3天以上或营养摄入不足7～10天时应及时给予肠外营养支持。

建议非蛋白能量供给为83.6～125.4kJ/(kg·d),蛋白质供给为1.0～1.5g/(kg·d)。

肠外营养处方建议糖脂双能源,脂肪比例可适当增加(不超过非蛋白热量的50%)。对危重症或有特殊代谢需求的老年患者,建议根据个体化的肠外营养处方配制全合一制剂,将鱼油脂肪乳作为肠外营养处方的一部分。药理剂量的鱼油脂肪乳适用于外科术后患者,可改善临床结局。同时应注重微量营养素的补充。

肠外营养输注可经中心静脉进行。但是随着导管材料和置管技术的不断改进和静脉输注泵的应用,选择周围静脉方式输注肠外营养的比例逐年递增,当肠外营养时间不足10～14天时,可选择周围静脉,但营养液的渗透压不宜超过850mOsm/L。

老年患者肠外营养的并发症发生率相对较高,包括置管、输注路径和营养代谢并发症等。应常规监测患者的电解质及代谢物水平,纠正水、电解质紊乱。

(三)特殊老年人群的营养支持

1. 围术期。对于无营养风险的老年患者,围术期接受单纯的糖电解质输液即可。中-重度营养不足的老年患者,大手术前应给予7～10天的营养支持。无特殊误吸风险和胃排空障碍的老年患者,建议仅需麻醉前2小时禁水。老年患者管饲肠内营养推荐使用输注泵,以较低的滴速(10～20ml/h)开始间断喂养,可能需要5～7天才能达到目标喂养量。有营养支持指征的老年围术期患者,经由肠内途径无法满足能量需要(<60%的热量需要)时,可考虑补充肠外营养。接受腹部手术的老年患者如果术后需要营养支持,推荐关腹前放置较细的空肠造口管或鼻空肠管,术后早期给予肠内营养。

2. 慢性阻塞性肺疾病(COPD)患者需监测其体质量及体质指数变化,根据综合营养评估状况酌情补充。COPD患者根据骨密度检查结果,必要时补充钙剂和维生素D。稳定期COPD患者应加强营养管理,建议给予高单不饱和脂肪酸和低糖饮食。缓解期COPD患者多存在营养风险,建议加强饮食指导,可给予经口营养补充剂。接受机械通气的COPD患者,以肠内营养为主必要时补充肠外营养。脂肪提供总热量的20%～40%较为合适。体质量或食欲下降的COPD患者,在补充足够热量的基础上,可给予甲地孕酮改善食欲。

3. 阿尔茨海默病(AD)患者存在营养不良风险,应常规进行营养状况的评估,特别是体质量的监测。积极饮食干预与改善生活习惯、补充多种维生素、联合应用抗抑郁药及胆碱酯酶抑制剂可改善早期AD患者的认知功能。早期AD患者若发现有营养不良风险,应行经口补充营养。晚期AD无法进食患者,可考虑管饲,有条件者可采用内镜下胃造口。

4. 对于肌肉减少症,平衡蛋白质和能量的补充作为综合治疗的一部分,对于预防和逆转肌肉减少症有效。肾功能正常者的老年人总蛋白推荐摄入量为1.0～1.5g/(kg·d),蛋白质应均匀分配到每餐中。高生物学效价的优质蛋白质至少占1/2。补充富含亮氨酸的口服氨基酸营养补充剂有助于促进肌肉蛋白质的合成。应将补充维生素D纳入辅助治疗,以减少跌倒和骨折的发生,维生素D的补充剂量应至少为700～1000U/d。同时推荐进行抗阻和有氧运动,每周3次,每次20～30分钟。短期抗阻运动可加强力量和提高步速,有氧运动可有效提高质量生命年。

5. 营养不良是老年卧床后者压疮发生的危险因素,及时纠正营养不良对预防压疮发生有益。改善老年患者的重度营养不良能帮助促进压疮愈合。适当增加肠内营养制剂配方中蛋白质的含量对压疮伤口愈合有利。

6. 肿瘤患者的营养支持需兼顾其伴随疾病和用药情况,首选肠内营养。老年肿瘤患者放化疗期间无需常规进行营养支持,但需密切监测营养状态。老年肿瘤患者营养支持的指征为已存在营养不良,或预计患者不能进食的时间长于 7 天;口服摄入不足(<60%,≥10天);营养摄入不足导致体质量下降。添加 ω-3 脂肪酸的肠内营养配方能改善肿瘤患者的营养状况和生活质量。

7. 终末期患者营养支持的能量以缓解症状、减轻痛苦为目的,以维持基本生理需求为宜。进食困难或营养摄入不足的终末期患者应该以补充水改善患者的主观感受为主,适度接受营养支持。终末期患者营养支持的方式推荐肠内营养,管饲肠内营养可通过鼻胃管或内镜下胃造口途径。对于肿瘤生长缓慢、预计生存期超过 3 个月无法给予肠内营养的患者,可考虑肠外营养。对于终末期患者不实施或终止人工营养的问题,应在审慎评估的基础上,尊重患者本人(清醒有行为能力者)或家属、法定监护人(无行为能力的患者)的意见。

总之,营养支持对老年患者的健康有着重要的意义。良好的营养支持不仅能维持正常的脏器功能,还能促进疾病的康复、改善预后、提高生活质量。医护人员应更多地关注老年患者的营养问题,对于有营养不良风险的老年患者应及时进行筛查,早期发现并积极干预,结合老年患者的生理改变、疾病状态等情况,制订个体化的营养支持方案。

(于冬妮 孙明晓)

第六节 老年患者的医院管理

一、概述

随着年龄增长,患者趋于慢性共病增加且失能更多,使他们在住院期间更容易受不良事件影响,包括院内并发症和药物不良反应。

大多数医院的临床医师并未接受过治疗老年患者的培训。尽管老年住院患者的比例更高,但医药院校较少对老年医学进行培训,住院医师培训项目对老年医学技术的必要性强调不够。

由于老年人年龄相关的生理功能降低,与较年轻的个体相比,老年人对急性应激的易损性更大。老年人慢性疾病(如高血压、慢性肾脏疾病和心力衰竭)的患病率较高,加剧了这种易损性。测量老年人的生理易损性具有挑战性。肾功能减退可通过血清肌酐检测,但量化其他系统的器官功能下降(如肝、心脏、肺和脑)则更具挑战性。肌肉力量和储备也随年龄增长而下降,对身体功能有不利影响。当一个器官系统衰竭时,其他器官系统通常跟着衰竭。因此,存在多种慢性疾病的老年人出现急性疾病时,那些看似与所出现问题无关的器官系统可能缺乏储备以抵抗急性病的应激。

二、患者评估

衰老和终身性疾病的累积效应使得老年人的功能性能力变化范围加宽,以至于实际年龄可能与生理年龄并不总是相符;一些老年患者完全独立生活,而另一些则不行。因此,了解患者的生理状态和功能性能力的彻底初始评估十分重要。对老年住院患者的评价应延伸至传统的病史采集和体格检查之外,尤其是临床医师应评估患者的身体功能、认知、社会支持和生活状态。

对老年患者应询问患者物质滥用情况,包括乙醇和尼古丁。此外,应仔细检查用药以识别非必需的多药治疗或剂量问题,包括重复用药的可能性。

疼痛是许多老年患者的常见症状,考虑疼痛对老年患者日常功能的影响及其可能如何促成患者目前的表现十分重要。未治疗的疼痛可导致谵妄、痛苦及无法接受处方药物治疗。患者自我报告疼痛是确定疼痛程度的最佳方法。了解晚期认知障碍患者是否遭受疼痛是困难的,但目前已有经过验证的工具帮助评估。美国老年医学会已经制定指南以帮助临床医师评估和治疗老年疼痛患者。

三、药物整合

美国研究表明,高达 30% 的老年人入院是药物不良事件的结果。由于老年患者常每日使用多种药物并且更易受药物不良事件的影响,所以在院内各部门交接时(入院时、在院内病房之间转移时和出院时)中确保有完整准确的用药清单尤为重要。医院药师有助于药物整合。

评估每种药物的临床效用及其副作用或药物相互作用的可能性,对于照顾患者的急迫需求和预防药物不良事件至关重要。某些药物可能为非处方药,应特别询问患者非处方药物的使用情况,包括中药和保健品的使用情况。

四、知情告知

老年患者住院期间,患者的需求、价值观和喜好对治疗决策十分重要,尤其是老年患者有更大的疾病负担。住院医师应当知道谁是患者的医疗决策联系人(委托人)。如果可能必须与患者本人明确其对治疗强度的预期(包括目标、价值观和是否接受复苏和人工通气支持),倘若患者不能理解或交流,则要与其医疗委托人明确。明确上述问题将指导医师确定哪些是对这位患者最适合的疗法。

对于存在基础性痴呆或谵妄的老年患者,迅速找到医疗决策联系人以帮助指引患者的治疗目标十分重要。对于没有指定医疗决策联系人的患者,其配偶或其他一级亲属通常为默认的代理决策人。

五、社会关怀

老年患者入院评估的一个重要组成部分是询问患者的家庭情况和社会支持情况。生活状况的多方面可影响老年患者的健康(如与家人或朋友一起生活、有兼职或全职看护、在家或在有辅助生活设备的养老院生活、有无楼梯以及用餐时间得到支持)。

老年患者出院时的安全过渡取决于对医院外患者如何管理的了解。必须在住院过程早期就开始制订出院计划,以处理所有相关因素并允许有充足的时间以减少已确认的阻碍,从而避免不必要的长时间住院。医院药师可帮助解决出院后坚持用药、家庭安全和获得社区支持相关的问题。

六、不良事件预防

老年患者住院治疗可因本来以治疗为目的的干预措施,导致意外的不良后果。卧床休息、多药治疗、约束设备(如静脉置管、导尿管、遥测装置、身体约束装置)、感官剥夺、平常睡眠模式破坏,以及缺乏适当的营养均会促使功能、身体和认知能力下降。因为很多老年人处于独立生活和功能性依赖之间的危险边缘,住院治疗期间即使轻微的功能下降也会使他们处于新近获得依赖性的境地。然而,住院治疗的诸多有害影响可通过解决易诱发不良临床结局的特定风险而避免或降至最低。

卧床休息和缺乏活动会加速身体不适和肌肉乏力。缺乏活动与跌倒、谵妄、皮肤破损和静脉血栓栓塞疾病风险增加相关。

尽管某些疾病要求绝对卧床休息(如不稳定性骨折和某些危重病),但大多数疾病不需要制止活动,除非医学上绝对需要,应避免要求患者卧床休息的活动医嘱。护理人员鼓励患者每日至少下床 2 次,坐到椅子上用餐,可能时协助或鼓励患者走动。有自主行走困难或处于显著跌倒风险的患者可能需要由训练有素的人员监督(如物理治疗)或转诊至专业活动性项目。住院治疗期间增加活动可缓解功能性下降,使患者可以最佳方式过渡出院。

1. 跌倒 陌生的环境和药物治疗的副作用,加上疾病的影响,老年住院患者的跌倒风险高。跌倒的病因通常为多方面的,很多解决急性疾病所需的干预措施可增加跌倒风险。例如心力衰竭老年患者的干预治疗(如抗高血压药物、利尿药、遥测和留置导尿管)均联合起来增加患者的跌倒风险。

医师和药师应仔细权衡具有明显精神治疗和抗胆碱能作用的药物(如阿片类止痛药和苯海拉明)的风险和益处。为患者开具可能增加跌倒风险的药物时,应对患者进行监测(如开具利尿药时,应密切监测血压和容量状态以避免直立性低血压)。有较高跌倒风险的患者离床活动可能需要监督。

应鼓励整个白天的时间不卧床,可以走动或坐在椅子上,以避免与长时间不活动有关的直立性低血压。应尽早停用静脉导管和导尿管。

2. 谵妄 谵妄是一种以注意力不集中和波动病程为显著特征的急性精神错乱状态。住院治疗的许多方面会引发老年患者谵妄。从舒适的家庭环境到医院病房的环境变化打乱了患者的常规生活。老年患者尤其是既往存在认知障碍的老年患者,随环境变化和感官剥夺容易产生谵妄。疼痛、睡眠模式中断以及数类药物是谵妄的重要危险因素。

谵妄的有效预防措施包括定向方案、环境改造、非药物助眠(如睡前提供热牛奶、放松的音乐、柔和的灯光和按摩)、早期活动、将身体约束装置的使用减至最少、使用助视器和助听器、充分治疗疼痛及减少多药治疗(尤其是作用于精神的药物)。

为提供最佳治疗,可能需要一些约束性装置,如导尿管、血管内置管、心电遥测导联和约束带。然而,约束装置使患者更难以安全移动,并与谵妄、感染和跌倒的发生率增加相关。约束装置常在无绝对适应证时使用,即使在治疗初期合适,但不再需要时可能仍在使用。例如尽管留置导尿管有众所周知的风险,但其使用和相关并发症在过去的几十年间并未减少。

3. 感染 基础健康状况、营养状况差和疾病更严重都会促使老年患者的医院获得性(或院内)感染率增加。加强临床怀疑对识别老年患者感染是必需的,因为他们可能仅表现非典型症状(包括谵妄)。有活动性感染的老年患者可能不会出现发热。

老年住院患者常见的感染包括下列几种。

(1)艰难梭菌相关性腹泻:艰难梭菌是最常见的院内腹泻的原因,也是导致住院老年患者并发症和死亡的显著原因。艰难梭菌感染的发生率持续上升。

(2)肺炎:医院获得性肺炎(hospital-acquired pneumonia,HAP)是指入院 48 小时或 48

小时以后发生的肺炎。HAP 的最显著的危险因素是机械通气。晚期痴呆、严重的帕金森病或其他神经系统疾病患者也存在吸入性肺炎的高风险。

预防措施包括避免使用抑酸药、注意口腔卫生和仅在患者清醒并且能够坐直时喂食。患者吞咽时咳嗽可能提示吞咽功能障碍和误吸，可能需要提供更多的喂食帮助、调整食物稠度并正规测评吞咽功能。

(3)尿路感染：导尿管相关性尿路感染是继发性医院内菌血症的首要原因，医院内菌血症的死亡率高。留置导尿管的患者通常不会表现出尿路感染的典型体征。患者产生发热或其他方面不能解释与感染相符的全身性表现（如精神状态改变、血压下降、代谢性酸中毒和呼吸性碱中毒）时，应进行血液和尿培养。减少尿路感染的最有效的策略是避免不必要的导管插入术，并在不再需要时应去除导管。

(4)血管内导管相关性感染：血管内导管感染是并发症和死亡的重要原因。用抗菌剂搽拭进入部位和仅连接无菌设备等可显著降低血管内导管感染的发生率。

4. 营养不良　以下数项因素可能导致老年住院患者营养不良：

(1)认知障碍或谵妄。

(2)食欲缺乏、恶心或便秘（因潜在疾病所致或作为药物的副作用）。

(3)活动限制。

(4)牙齿缺损者未使用义齿。

(5)自主进食困难。

(6)严格限制的饮食医嘱（如禁食）。

营养不良评估包括体重变化史、膳食摄入和体格检查，以及实验室检查。简单的干预措施（如让老年患者在进餐时下床及为其进食提供帮助）可增加住院期间的营养摄入。由营养师对住院患者进行评估可确定老年患者营养缺乏，结合出院后在社区内后续进行的营养学随访，可能降低死亡率。应允许患者进食，除非医学上必须保持"禁食"。通常情况下，老年患者无需严格限制饮食。

放置饲管前应当考虑几个问题，尤其是对于有多种疾病的老年患者。只要有可能，经口喂食优于使用管饲。插入饲管前应与患者及其家属讨论并了解其意愿。尚未证实管饲能够延长痴呆患者的生存期，也未表明可改善患者临终时的舒适程度。如果患者或其委托人选择安置饲管，当患者能够经口摄入营养或当饲管喂食不再符合患者的治疗计划时，应拔除饲管。

5. 压疮　一些宿主和环境因素会增加老年患者住院期间出现压疮的风险，包括：

(1)营养状况不良。

(2)尿失禁，导致环境潮湿。

(3)活动少。

(4)神经病学损害。

优化营养状况和缩短保持一个体位的时间可有助于预防压疮。卧床患者应至少每 2 小时改变 1 次体位，采用恰当的体位改变技巧将剪切力减至最小。应给压疮高危者使用减压产品。

6. 静脉血栓栓塞　住院治疗是出现静脉血栓栓塞的重要危险因素。静脉血栓栓塞疾病的预防（包括药物或机械方法）取决于个体的血栓形成和出血风险。预防性抗凝治疗应该用于大多数 75 岁以上、因急性疾病住院且无出血增加危险因素的患者。

7. 药物不良事件　严重的药物不良事件包括谵妄、尿潴留、直立性低血压、代谢紊乱、抗凝治疗所致的出血，以及糖尿病治疗药物相关性低血糖。胃肠道副作用（包括恶心、畏食、吞咽困难和便秘）常见。药物不良事件会增加住院时间和医疗费用。

一些高危药物通常与住院患者发生的药物不良事件相关。多种药物的使用（常为患者住院期间新使用的）可能增加患者营养性、功能性及认知性减退的风险，并增加总体死亡率风险。随着肝脏和肾脏功能的生理性下降，老年患者的药物不良事件发生率高于较年轻的患者。

最大限度地减少使用不必要的药物，可降低老年患者遭受药物不良事件的风险。避免使用可能不适当的药物并在开始时采用最低的可能治疗剂量可同样有助于避免药物不良事件。对于肾脏或肝脏功能受损的老年患者，应适当调整用药（如抗生素）剂量。

七、多学科医疗团队

医院多学科团队应整合针对老年患者的所有医疗计划，团队应包括主治医师、老年病医师、药师、护理人员、物理/职业/言语治疗师、门诊服务提供者、社工、出院人员联合患者及其家属的投入，可提高对复杂老年住院患者的医疗服务质量。有效的多学科团队的要素包括医师本地化、治疗表格和清单的日常目标，以及跨学科查房。多学科治疗的益处已在髋部骨折住院患者中得以证实，尤其是接受包括老年病医学专家提供的多学科治疗的患者，其住院时间更短且并发症（包括谵妄）发生率更低。

因为不是所有医院都有资源为老年患者提供专用病房，所以一些项目已尝试为非单独病房的老年患者重新构建多学科治疗病房的核心要素。这些"虚拟"病房是否与传统的老年病房具有同等效果尚不清楚。缺乏接受过老年患者治疗训练的专业护理人员可能降低该模式的有效性。

医院老年患者生活项目（hospital elder life program，HELP）证实，熟练的工作人员和志愿者可以实施有目的的实践干预措施，包括再定向、认知刺激和非药物睡眠方案。HELP项目可能降低谵妄发生率、缩短住院时间、提高患者满意度并降低医院费用。

总之，老年人占住院患者的数量不断增加，并且在住院期间出现并发症的风险高，包括跌倒、谵妄、药物不良事件、感染和死亡。

对老年住院患者的评价内容应延伸到传统病史和体格检查之外，包括身体功能和认知、社会支持、生活状况评估并评估可能的多药治疗，以及注意事先知情。应可能避免或减少束带装置，包括导尿管、血管置管、心脏遥测导联线及身体约束装置。有效预防谵妄的措施包括个体化方案、环境改造、非药物助眠、早期活动、使用助视器和助听器、充分的疼痛治疗及减少多药治疗（尤其是作用于精神的药物）。建议对所有老年住院患者的医疗采取标准化的预防措施，包括每次接触患者前后的手卫生。尽量减少使用不必要的药物可以降低药物不良事件的风险。避免使用高风险药物，药物治疗开始时采用最低的可能治疗剂量，以便观察和预防药物不良事件。老年患者特别容易受错误用药的影响，药师提供出院药物使用清单和用药教育特别有助于提高患者的依从性。

（梁　良　胡　欣）

参 考 文 献

[1] 宋岳涛. 老年综合评估[M]. 北京:中国协和医科大学出版社,2012:140-298.

[2] 田新平,谢海雁,沈悌. 现代老年医学概要[M]. 第 6 版. 北京:中国协和医科大学出版社,2012.

[3] 刘晓红,朱鸣雷. 老年医学速查手册[M]. 北京:人民卫生出版社,2014:6-16.

[4] 李小鹰,王建业. 哈兹德老年医学[M]. 北京:人民军医出版社,2015.

[5] 童坦君,张宗玉. 医学老年学[M]. 第 2 版. 北京:人民卫生出版社,2006:15-33.

[6] 蹇在金. 现代老年医学精要[M]. 长沙:湖南科学技术出版社,1999.

[7] Chahine LM,Acar D,Chemali Z. The elderly safety imperative and antipsychotic usage[J]. Harv Rev Psychiatry,2010,18:158-172.

[8] Grubb BP,Karabin B. Syncope:evaluation and management in the geriatric patient[J]. Clin Geriatr Med,2012,28:717-728.

[9] Bowker LK,PriceJD,Smith SC. Infection and immunity:The ageing immune system[M]//Oxford Handbook of Geriatric Medicine. NewYork:Oxford University,2006.

[10] 齐海宇,阴赪宏,王超,等. 老年多器官功能障碍综合征的死亡因素分析[J]. 中国急救医学,2007,27(11):967-970.

[11] 郑松柏,朱汉民. 老年医学概论[M]. 上海:复旦大学出版社,2010:41-54.

[12] 于普林,石婧. 中国老龄化进程及其对社会经济的影响[J]. 中华老年医学杂志,2014,33(2):113-115.

[13] 何夏阳,刘雪琴. 老年人营养不良的筛查及评估方法[J]. 护理研究,2008,22(6):473-475.

[14] 中华医学会肠外肠内营养学分会老年营养支持学组. 老年患者肠外肠内营养支持中国专家共识[J]. 中华老年医学杂志,2013,32(9):913-929.

[15] 中国营养学会. 中国居民膳食营养素参考摄入量速查手册(2013 版)[M]. 北京:中国标准出版社,2014.

[16] Kaiser MJ,Bauer JM,Rämsch C,et al. Mini Nutritional AssessmentInternational Group. Frequency of malnutrition in older adults:a multinationalperspective using the Mini Nutritional Assessment[J]. J Am Geriatr Soc,2010,58:1734-1738.

[17] Montgomery SC,Streit SM,Beebe ML,et al. Micronutrient Needs of the Elderly[J]. Nutrition in clinical practice:official publication of the American Society for Parenteral and Enteral Nutrition,2014,29(4):435-444.

[18] Neelemaat F,Meijers J,Kruizenga H,et al. Comparison of five malnutrition screening tools in one hospital inpatient sample[J]. Journal of Clinical Nursing,2011,20(15-16):2144-2152.

[19] Volkert D. Malnutrition in older adults-urgent need for action:a plea for improving the nutritional situation of older adults[J]. Gerontology,2013,59(4):328-333.

第二章

老年人的药动学、药效学特征

第一节　老年人的药动学特点及其影响因素

老年人随着年龄的增长，机体各器官的结构和功能退化，如心肌收缩力减弱，肝、肾功能减退，血浆蛋白结合率改变等导致药动学的变化；而老年人组织器官的反应性、受体的数量与功能、酶活性等因素的改变，使老年人对药物的敏感性和耐受性也发生了变化。因此在疾病治疗过程中，要注意结合老年人的生理生化特点和疾病特征，合理地使用药物，以获得预期的疗效，减少药品不良反应。

（一）药物吸收

老年人口服药物的吸收与成年人相似，但其胃肠道活动减弱，吸收能力减低，可影响药物的吸收。主要表现在以下几方面。

1. 胃黏膜萎缩、绒毛变短及胃壁细胞功能下降，导致胃酸分泌减少，对弱酸性药物如巴比妥类的吸收可能减少；胃肠蠕动减弱，影响崩解速度和溶解速度，会使某些药物的达峰时间延长，血药峰浓度降低，如四环素；在胃的酸性环境水解而生效的前体药物，在老年人缺乏胃酸时，其生物利用度大大降低，特别是不易溶解的药物和固体剂型药物。随着年龄增长，消化道黏膜的吸收面积可减少30％左右，肠内的液体量也相应减少，将使一些不易溶解的药物如氨苄西林、地高辛、甲苯磺丁脲等吸收减慢。

但对青霉素G等在酸性环境中不稳定的药物则吸收可能增加。胃排空减慢、胃排空时间延长，延缓了小肠吸收，同时又使药物在小肠内的转运时间延长，使某些主要在小肠吸收的维生素类吸收更完全。

2. 老年人肠蠕动减弱，腹肌伸展力消失，可使一些药物长时间停留在肠道内，有利于大多数药物的吸收，也易发生不良反应。同时老年人的肠壁血流量和肝血流量减少，可影响地高辛、奎尼丁、普鲁卡因胺、氢氯噻嗪等药物的吸收，也影响乙醇、甘油、尿素等物质的吸收。一些主要经肝消除的药物如普萘洛尔等的首关效应降低，相应升高血药浓度甚至产生药物不良反应，须适当调整给药量。

3. 循环功能下降，必将影响局部血流量，使吸收减慢，故对危重或紧急状态的老年患者宜静脉给药，但应警惕安全范围小的药物，如地高辛。

（二）药物分布

老年人药物吸收后在体内的组织分布状况与成年人不同，受很多因素影响。

1. 机体组成变化 首先是血流的变化:心排血量随着年龄的增长而减少,导致肝、肾的血流量减少。其次是机体内环境的变化:老年人由于细胞功能减退,体液总量减少,细胞内液减少,体内的脂肪比例逐渐增加,而无脂肪组织的比例则由 82% 降低到 64%。随着体内构成的改变,药物的分布亦随之改变。体内 pH 的变化也能影响药物的分布:老年人血液 pH 变化不大,但由于老年人的应激能力差,对血液 pH 不能很好维持。因此对水溶性药物的分布容积减少,而对脂溶性药物的分布容积增多,药物易蓄积于中央室。如地西泮、苯巴比妥类等脂溶性药物暂时蓄积于脂肪组织中,在老年人组织内的分布较高,体内维持时间长,作用持久;而水溶性大的药物如阿司匹林、苯妥英钠、地高辛等在脂肪组织中分布较少,在血中浓度高,呈零级动力学消除,即使用平均剂量也易产生蓄积中毒。

2. 血浆蛋白结合率降低 老年人血浆蛋白的减少及老年人多服用其他药物的竞争作用,使得某些与蛋白高亲和力的药物不易吸收。与药物结合的蛋白主要是白蛋白,老年人因肝脏合成白蛋白的能力降低,血中的白蛋白含量减少,因此与药物的结合减少,尤其在营养差或病情严重、极度虚弱的老年人下降更为明显,而游离型药物浓度升高。老年人的血浆蛋白结合率一般比成年人减少 20%,对与血浆蛋白结合率高的药物,如磺胺类药物、保泰松、华法林、苯妥英钠等在老年人血浆中游离型药物增加,而分布容积也相应增加,药效增强。此外,老年人的体液总量减少,药物分布容积也比成年人相应减少,因而肾脏清除率下降,血浆药物浓度随之升高。合并用药时,特别是应用血浆蛋白结合率都很高的药物时,可产生药物间的竞争现象,例如老年人血浆中未结合的水杨酸在一般情况下占 30%,当用两种以上的药物时,这个比例可以增加到 50%。原因是其他药物与血浆蛋白结合导致水杨酸与血浆蛋白的结合率降低,既可以增强药效,又可能增加毒性。

3. 红细胞与药物结合 老年患者的这一结合能力也降低,即随着增龄与红细胞结合减少,如喷他佐辛、地西泮、哌替啶等,由于与红细胞结合减少而血药浓度增高,在老年患者血中的游离型药物浓度升高,也可引起药物不良反应。药物除了与白蛋白、红细胞结合外,还可与 α_1-酸性糖蛋白(AGP)结合,如含有盐基的利多卡因、普萘洛尔、奎尼丁等可与 AGP 结合。老年人的这一结合能力下降,使用这些药物时可能引起严重后果。这些药物有心脏毒性,故老年人使用时应调整剂量。

所以老年人用药一定要根据其自身特点,不能简单地在用量上加、减来确定给药剂量。

(三) 药物代谢

肝脏的生物转化功能随年龄增长而相应降低,主要是肝重量、有功能的肝细胞数减少,肝血流量下降及肝微粒体酶活性降低等因素所致,尤其以后两项因素为主。老年人的肝脏体积变小,肝细胞数目减少,肝脏血流量也比成年人低,而且随着年龄的增长,肝微粒体酶活性下降,药物代谢能力下降,这些都可导致一些药物的代谢和清除减慢,半衰期延长。

药物口服吸收后,多数药物首先经过肝脏适当减活后进入血液,称为首关效应。老年人的肝脏血流量比成年人低,肠道的血流量也减少,所以首关效应减弱,使血药浓度升高,部分药物对 70 岁老年人的稳态血药浓度可为 40 岁者的 4 倍。如果老年人使用有首关效应的药物如非洛地平、普萘洛尔时,应调整用量及给药间隔,否则可导致药物不良反应发生,如各种心律失常等。

肝药酶活性随年龄增长而降低,经肝药酶灭活的药物半衰期往往延长,血药浓度升高,如苯巴比妥、对乙酰氨基酚、保泰松、吲哚美辛、氨茶碱、三环类抗抑郁药等,血药浓度约增高

1倍,作用时间延长。老年人肝药酶活性减弱也存在个体差异,况且酶活性还受营养与维生素是否缺乏等多种因素影响。不同的肝药酶在老年人体内的活性降低也不一致,如乙醇脱氢酶、乙酰化酶及葡萄糖醛酸转移酶等。

老年人使用常规剂量经肝脏代谢的药物如氯霉素、洋地黄毒苷、普萘洛尔等,半衰期延长,可产生蓄积中毒,引起药物不良反应。因此为防止药物蓄积中毒,老年人应用对肝脏有损害的药物要减量,如氯氮䓬、地西泮、氯丙嗪、抗结核药、抗癌药等,做到用药剂量个体化。使用过程中应密切观察临床变化,定期检查肝功能。在给老年人应用某些须经肝脏代谢后才具有活性的药物(如可的松在肝脏转化为氢化可的松而发挥作用)时,更应考虑上述特点而选用适当的药物(如应用氢化可的松而不用可的松)。

(四) 药物排泄

肾脏是排泄药物,维持体内水、电解质和酸碱平衡的主要器官,多数药物以原形及代谢物的形式由肾脏排出体外。老年人随着肾实质重量的减少,表面积与容积也减少,肾小球滤过率降低,肾血流量也降低,肾脏对药物的排泄功能下降,这些因素使得老年人的药物排泄明显少于成年人,使药物的血药浓度增高或延缓药物在机体内的消除,致使大多数经肾排泄药物的消除半衰期延长,如地高辛、苯巴比妥、β-内酰胺类、氨基糖苷类抗生素等。

老年人使用主要经肾脏排泄的药物时要特别注意调整给药剂量,以免产生药物不良反应,尤其是那些本身具有肾毒性的药物。随着年龄的增长,肾脏的重量减轻、肾单位减少,在估计老年人的肾功能时,不应以血浆肌酐作为指标,因为老年人和成年人的血浆肌酐差别不大,但肾小球滤过率则相差较大,所以老年人比成年人更易发生药物不良反应,甚至发生蓄积性中毒,导致肾衰竭。对老年人应以内生肌酐清除率作为估计肾功能的指标,并据此调整给药剂量和给药间隔时间。可根据 Cockcroft 公式计算其内生肌酐清除率(Ccr),公式为 Ccr=(140-年龄)×体重(kg)/72×Scr(mg/dl,血肌酐)或 Ccr=[(140-年龄)×体重(kg)]/[0.818×Scr(μmol/L)],内生肌酐清除率的计算过程中应注意肌酐的单位;女性按计算结果×0.85。此外,老年人在应用主要通过肾脏排泄或对肾脏有损害的药物如地高辛、庆大霉素、乙胺丁醇等时,还应注意临床监护,尽量减少合并用药,特别是竞争同一排泄途径的药物。

总之,老年人用药并非只需简单地按年龄、体表面积等因素依据成人量估算。他们的生理结构特点导致给药剂量、剂型、用药间隔等都与成年人有较大差异,这就使得各种药物的不同年龄组的药动学研究显得尤为重要。不同的老年人其药动学的改变程度不尽相同,因此应特别强调老年人用药个体化,其给药剂量、给药间隔应根据患者的疗效、临床体征、药物不良反应而进行调整,关注药物相互作用,使疗效最佳、不良反应最小。

第二节 老年人的药效学特点及其影响因素

老年药效学改变是指机体效应器官对药物的反应随年龄而改变。老年人的药效作用会受到药物因素(如药物剂型、给药途径、药效学相互作用等)和机体因素(如老年人代谢和排泄功能不全、老年人药物作用靶点敏感性改变、老年人心血管反应弱、性别、遗传因素、肝肾疾病、长期用药、用药时间长、种类多、心理因素等)的影响。

老年人由于多患有多种疾病、合用多种药物、体内重要器官和各系统功能增龄性降低、受体数目及亲和力等发生改变,而使药物反应性调节能力和敏感性改变。因此,老年人药效学的特点是,对大多数药物的敏感性增高、作用增强,仅对少数药物的敏感性降低,药物耐受性下降,药物不良反应发生率增加,用药依从性较差而影响药效。

一、老年人对大多数药物的敏感性增高,药物作用增强

老年人的生理功能减退,对药物的敏感性增高,作用增强,药物不良反应发生率也增高。

1. 对中枢抑制药的敏感性增加 因老年人的高级神经系统功能减退,脑细胞数、脑血流量和脑代谢均降低,因此对中枢抑制药很敏感。例如对有镇静作用或镇静不良反应的药物均可引起中枢的过度抑制;对吗啡的镇痛作用、对吸入麻醉剂氟烷和硬膜外麻醉药利多卡因、对苯二氮䓬类(地西泮、氯氮䓬、硝西泮等)的敏感性增加,地西泮在老年人中产生醒后困倦的不良反应发生率是青年人的2倍,硝西泮引起尿失禁、活动减少等仅见于老年人,因此用药剂量应相应减少;巴比妥类在老年人中可引起精神症状,从轻度的烦躁不安到明显的精神病,此现象不仅见于长期用药者,而且也见于首次用药的老年人,因此老年患者不宜使用巴比妥类药物。

老年人对乙醇的敏感性也增加,在同样的乙醇浓度下,老年人的反应时间、记忆和听力集中的改变程度比青年人更明显。老年人使用吗啡易引起敌对情绪,对吗啡引起的呼吸抑制更为敏感,同样剂量吗啡的镇痛作用老年人明显强于青年人。据报道,老年人的大脑对麻醉性镇痛药高度敏感,使用年轻患者的常用剂量时可产生过度镇静,出现呼吸抑制和意识模糊,而较小剂量则可缓解疼痛。具有中枢作用的利血平、氯丙嗪等老年人服用时可引起精神抑郁和有自杀倾向。老年人对中枢有抗胆碱作用类的药物敏感性增强,如应用中枢抗胆碱药治疗帕金森综合征时常引起痴呆、近期记忆力和智力受损害;使用抗精神病药时可引起行为异常。

2. 影响内环境稳定的药物作用增强 老年人的内环境稳定调节能力降低,使影响内环境稳定的药物作用增强。①血压调节功能不全,药物易引起直立性低血压。老年人的压力感受器反应降低,心脏本身和自主神经系统反应障碍,血压调节功能不全,致使抗高血压药的作用变得复杂化,很多药物可引起直立性低血压,其发生率和程度比青壮年高,特别是当给予吩噻嗪类(如氯丙嗪)、α肾上腺素受体阻断药(如哌唑嗪)、肾上腺素能神经元阻滞药(如利血平)、亚硝酸盐类血管扩张剂、三环类抗抑郁药、普鲁卡因胺、抗高血压药和利尿药等时最为明显。②体温调节能力降低,药物易引起体温下降。当应用氯丙嗪、巴比妥、地西泮、三环类抗抑郁药、强镇痛药、乙醇等药物时易引起体温下降。③使用胰岛素时易引起低血糖反应。

3. 对肝素及口服抗凝药非常敏感 鉴于老年人肝脏合成凝血因子的能力减退,故对肝素及口服抗凝药非常敏感,易产生出血并发症。同时,老年人通过饮食摄入维生素K减少,或维生素K在胃肠道的吸收减少,使维生素K缺乏,加之老年人血管变性,止血反应减弱,故对口服抗凝药华法林和肝素的作用比青壮年敏感,易产生出血并发症。

4. 对肾上腺素敏感 小剂量的肾上腺素对年轻人并不能引起肾血管明显收缩,而同样剂量的肾上腺素却可使老年人的肾血流量降低50%～60%、肾血管阻力增加2倍以上。

5. 对耳毒性药物很敏感 老年人对耳毒性药物如氨基糖苷类抗生素、利尿药等很敏感,易引起听力损害。

6. 药物变态反应发生率增加　老年人免疫功能降低,可使药物变态反应发生率增高。

二、老年人对少数药物的敏感性降低,药物作用减弱

由于多种内分泌的受体数目可随增龄而减少,相关的药物效应降低,这也可能是受体对药物的亲和力减弱的结果。

老年人对β肾上腺素能受体激动剂及阻断药的反应均减弱。由于老年人的心脏β受体数目减少和亲和力下降,对β肾上腺素能受体激动剂如异丙肾上腺素的敏感性降低,使用同等剂量的异丙肾上腺素其加速心率的反应比青年人弱;β受体阻断药普萘洛尔的减慢心率作用(阻断运动性心率增加的作用)也见减弱。对阿托品的增加心率作用减弱,青年人用阿托品后心率可增加 20～25 次/分,而老年人仅增加 4～5 次/分,其原因可能与老年人迷走神经对心脏控制减弱有关。对兴奋剂苯丙胺、士的宁的兴奋作用也减弱。

三、老年人对药物的耐受性降低

老年人对药物的耐受性降低,尤其是女性更明显。

1. 多药合用的耐受性明显下降。老年人单一或少数药物合用的耐受性较多药合用为好,如利尿药、镇静药、安定药各 1 种并分别服用,可能耐受性良好,能各自发挥预期的疗效。但若同时合用,则患者不能耐受,易出现直立性低血压。所以合并用药时要注意调整剂量,尽量减少用药品种。

2. 对胰岛素和葡萄糖的耐受力降低。由于老年人的大脑耐受低血糖的能力也较差,故易发生低血糖昏迷。

3. 对易引起缺氧的药物耐受性差。因为老年人的呼吸、循环功能降低,应尽量避免使用这类药物。

4. 老年人的肝功能下降,对利血平及异烟肼等损害肝脏的药物耐受力下降。

5. 对排泄慢或易引起电解质失调的药物耐受性下降。老年人由于肾调节功能和酸碱代偿能力较差,对于排泄慢或易引起电解质失调的药物耐受性下降,故使用剂量宜小、间隔时间宜长,如有条件应经常检查排出量。通常 50 岁以上,每增加 1 岁,可减少成人用量的 1%。

四、老年人的用药依从性较差

用药依从性是指患者遵照医嘱服药的程度。遵照医嘱服药是治疗获得成功的关键。据报道,约有 60%的老年患者不遵医嘱服药,其情况包括改变服药间隔、随意停药和加服其他药物等。

老年人用药依从性降低是一个特别值得注意的问题。依从性差的原因与老年人记忆力减退、反应迟钝、过度担忧药物不良反应等有关,而忽视按规定服药的重要性如漏服、忘服或错服、多服药物,从而影响药物疗效或引起药物不良反应。因此,对老年患者用药宜少、尽量避免合并用药、疗程要简化、给药方法要详细嘱咐等。

(王东晓)

参 考 文 献

［1］ Gill SS, Mamdani M, Naglie G, et al. A prescribing cascade involving cholinesterase inhibitors and anticholinergic drugs[J]. Arch Intern Med, 2005, 165(7):808-813.

［2］ Mangoni AA, Jackson SH. Age-related changes in pharmacokinetics and pharmacodynamics: basic principles and practical applications[J]. Br J Clin Pharmacol, 2004, 57(1):6-14.

［3］ Le Couteur DG, Hilmer SN, Glasgow N, et al. Prescribing in older people[J]. Aust Fam Physician, 2004, 33(10):777-781.

［4］ Percha B, Altman RB. Informatics confronts drug-drug interactions[J]. Trends Pharmacol Sci, 2013, 34(3):178-184.

［5］ Zhang L, Zhang Y, Zhao P, et al. Predicting Drug-Drug Interactions: An FDA Perspective[J]. The AAPS Journal, 2009, 11(2):300-306.

［6］ Palleria C, Paolo AD, Giofrè C, et al. Pharmacokinetic drug-drug interaction and their implication in clinical management[J]. J Res Med Sci, 2013, 18(7):601-610.

［7］ Wedemeyer RS, Blume H. Pharmacokinetic drug interaction profiles of proton pump inhibitors: an update[J]. Drug Saf, 2014, 37(4):201-211.

［8］ Cascorbi I. Drug interactions--principles, examples and clinical consequences[J]. Dtsch Arztebl Int, 2012, 109(33-34):546-556.

第三章

老年人合理用药

优化药物治疗是老年人医疗照护中必不可少的部分。为老年人开具处方的过程较为复杂，包括确定需用某种药物、选择最佳药物、确定最适合患者生理状态的剂量和给药计划、监测药物的有效性和毒性，以及对患者进行针对预期的副作用及依从性的用药教育。

药物使用不当的严重后果属于可避免的药物不良事件（adverse drug event，ADE）。对老年人进行评估时应始终牢记可能出现 ADE；出现任何新的症状时，都应考虑其与药物相关，直到证明其为其他原因引起的。

为老年患者开具处方存在特殊的困难。上市前进行的药物试验通常未纳入老年患者，并且所批准的剂量可能并不适合老年人。由于药动学（即药物的吸收、分布、代谢和排泄）和药效学（药物的生理作用）存在年龄相关性变化，故在使用很多药物时都应特别谨慎。

老年人用药时必须特别注意确定药物剂量。随着年龄增长，身体脂肪相对于骨骼肌的比例逐渐增加，可能导致分布容积增加。即使老年人没有肾脏疾病，但肾功能随年龄增长而自然下降也可能导致药物的清除率降低。老年人的药物储库增大及药物的清除率降低使药物的半衰期延长，也使血浆药物浓度升高。

例如对于老年人，地西泮的分布容积增加，锂盐的清除率降低。与较年轻的患者相比，老年患者使用相同剂量的上述两种药物中的任何一种后，血浆浓度都会更高。同样地，从药效学的角度来讲，年龄增长可能导致患者对某些药物包括苯二氮䓬类和阿片类药物作用的敏感性增加。

第一节　老年人用药基本原则

一、用药前充分权衡利弊

成年人的药物不良反应发生率为 3%～12%，而 60～69 岁组为 15.4%、70～79 岁组为 21.3%、≥80 岁组为 25%，提示不良反应发生率随增龄而升高，增龄并不是一个独立的危险因素，主要与老年人的病情较重和多重用药有关。除了皮疹、胃肠道反应等一般症状外，老年人的药物不良反应更多见精神症状、跌倒、大小便失禁等，可能进一步加重原患疾病，影响老年人的生活质量，甚至导致骨折、长期卧床、血栓等严重不良事件，使老年人丧失生活能力。另一方面，老年人的药物不良反应一般较成年人严重，住院老年人的药物不良反应发生率为 27.3％,比成年人高 3 倍以上。在分析老年人入院的原因中,15％～30％是药物不良反应所致,而成年人仅 3％。药物不良反应致死的病例中,老年人占 50％,药物不良反应对老年人的危害远比人们所认识的严重得多。由于老年人的药物不良反应发生率高、病死率高和危害大,老年人用药必须权衡利弊、遵循受益原则,确保用药对老年人有益。

1. 明确是否有用药适应证　老年人患病后症状常常不典型,若不对症用药很可能延误甚至加重病情。老年人出现发热、咳嗽、流涕的症状先不要急于使用抗菌药物,明确细菌性还是病毒性感染后再作治疗决定,滥用抗菌药物只会增加细菌耐药及发生不良反应的概率。老年人出现胸痛症状时应仔细询问病史及发作特点,分析疼痛原因,若主要是由于胃食管反流病导致的胸痛,加用硝酸酯类药物并不能缓解症状。发生腹痛时不可急于加用布洛芬等非甾体抗炎药(non-steroidal anti-inflammatory drugs,NSAIDs),老年人的腹痛有一部分是由于胃肠道溃疡所致,加用 NSAIDs 只会加重病情。

2. 充分评估获益与风险　药物的治疗作用及副作用是本身所具有的特性,只有在治疗作用大于副作用的情况下才会选择用药。正如非瓣膜性房颤成年患者应使用 CHADS2 及 HAS-BLED 评分工具综合评估患者是否需要抗凝治疗及出血风险,对于老年人来说尤其重要,不适当的抗凝或抗血小板治疗可能造成消化道出血等严重不良事件。单纯性舒张性心力衰竭患者不建议使用地高辛,尤其老年人合并使用利尿药时,可增加心律失常风险。晚期癌症的老年患者使用阿片类镇痛药后会出现便秘的不良反应,但与便秘相比,剧烈的疼痛更加影响老年人的生活质量。

二、避免多重用药

老年人常常同时患有多种疾病,需要接受多种药物治疗,即所谓的多重用药(polypharmacy)。假设 1 例老年女性患者同时存在慢性阻塞性肺疾病、2 型糖尿病、骨质疏松症、高血压和骨性关节炎,则临床实践指南将推荐为其开具 12 种药物。

目前,多重用药尚未有公认的定义,欧洲的研究主要根据药物种类(5 种或 5 种以上),而美国的研究则主要根据药物是否是临床需要的。虽然多重用药最常指处方药物,但是将所用的非处方药和草药/保健药数量也考虑在内是很重要的。

多重用药可导致一系列后果,如随着年龄增长,代谢状况发生变化且药物清除率降低,故老年人发生药物不良反应的风险更高;增加所用药物数量会使该风险更加复杂。多重用药会增加发生药物间相互作用及开具可能不适合的药物的可能性,特别是使用华法林、地高辛等药物时,若与其他多种药物共用,可能导致严重不良反应。多重用药是老年人髋部骨折的一项独立危险因素,在一项 305 名老年男性门诊患者(70～104 岁)的研究中,服用≥2 种中枢神经系统药物(如苯二氮䓬类、抗抑郁药、抗精神病药等)的患者跌倒风险增加了 2.37 倍。多重用药可导致用药依从性相关的问题,很多老年人的视觉功能障碍或认知功能障碍会使之更加复杂。多重用药会增加出现“处方瀑布(prescribing cascade)”的可能性,即将一种药物不良事件误认为一种新的疾病,并开具另一种药物对其进行治疗。另外,多重用药还将增加老年综合征发生的风险,如降压药、镇静安眠药、利尿药增加骨折的风险。

老年患者多重用药的问题普遍存在,Kaufman 等人的一项对美国门诊患者的调查显示,57％的 65 岁及 65 岁以上的美国老年妇女服用的处方药数量≥5 种、12％会≥10 种。另一项在欧洲的大型研究(n=2707,平均年龄为 82.2 岁)中,51％的患者每天服用的药物数量不低于 6 种。心血管药物、抗生素、利尿药、阿片类镇痛剂及调脂药是老年人使用最频繁的处方药。除了医师处方外,老年人还常自行购药,包括广告药品、非处方药品、保健品和中草药。对居住于乡村的社区老年患者的调查表明,约 90％的患者使用至少 1 种 OTC 药品,半数使用 2～4 种 OTC 药品。止痛药(如对乙酰氨基酚)、缓解感冒症状药(如伪麻黄碱)及维生素或营养补充剂(如复合维生素、维生素 E、维生素 C、银杏提取物等)为最常用的 OTC 药品。

在中国,老年人多重用药的问题更加严重。老年人涉及多脏器系统疾病,会去不同医院、不同临床科室就诊不同的医师,取得不同的处方药,加上凭广告、经验选来的 OTC、保健品、中草药及民俗疗法等,很容易造成用药重复。药品市场上同种药物不同商品名的现象普遍,医师、药师都很难辨别全部药品名称,对老年人来说更加困难。中药、藏药、蒙药等也是中国医药特色,但由于作用机制复杂,很多尚不明确,与其他药物间的相互作用研究也不足,很多老年人常认为这些药物不良反应较轻而偏向于选择此类药物,增加了用药种类。此外,很多老年人没有能力辨别保健品、假药、劣药与真正药品的区别,当病情进展时容易"乱投医",不仅未能控制病情,反而出现更严重的不良反应。药师有义务向老年人宣传用药安全的相关知识,告诉老年人如何通过正规、安全的途径就医取药。

三、制订个体化给药剂量

老年人的机体内环境改变,肝、肾功能下降,药物在体内的吸收、分布、代谢、排泄及药效发生一系列变化,一些药物的治疗剂量与中毒剂量更加接近,药物的不良反应发生率增高。80％的老年人不良反应是药动学方面的原因所致,而且具有剂量依赖性,只要从小剂量开始,缓慢加量,多数不良反应是可以避免的。同时,老年人是一组健康状况极不均一的群体,由于衰老、病理损害程度不同及用药多少不一,导致药效的个体差异特别突出,尤其是高龄老年人。同年龄的老年人使用相同剂量,有的无效,有的中毒,因而老年人的有效剂量可相差数倍甚至十几倍。目前还没有老年人年龄相关的用药剂量规律可循,考虑到安全性,建议老年人采取小剂量原则,用药过程中可根据疗效及耐受性逐渐调整剂量。考虑到药物的有效性及安全性,应根据老年人的肝、肾功能调整用药剂量。老年人的肾功能不能只根据血肌酐判断,一定要计算肌酐清除率,根据肌酐清除率减少给药剂量或延长给药时间。对于肝功能受损的患者,并没有统一的评价肝功能的方法来调整给药剂量,需根据实际情况酌情减量或选择其他药物。

四、及时停药

老年人慢性病需要药物长期控制,随着年龄的增长、生理特点的变化及疾病的进展,原有药物可能不再适合当前的状态,需要停药调整,避免严重不良反应的发生。此外,一些对症治疗药物在症状消失或作用不明显时应该停用,没有必要长期使用,反而可能增加不良反应风险。以下是老年人几种常见的需停药的情况:①出现新的症状,考虑为药物不良反应时可停药。很多老年人出现下肢水肿的症状都与近期加用的钙离子通道阻滞药相关,换用其他降压药物后症状可缓解;部分老年人服用小剂量阿司匹林作为心血管事件的一级预防过程中出现呕血、消化道出血的情况,此时应停用阿司匹林,可选择其他可替代药物。②疗程结束后停药。感染性疾病经抗菌药物治疗后病情好转,体温恢复正常 3～5 天即可停药;抑郁症、甲状腺功能亢进症等疾病的药物治疗有各自的治疗疗程,疗程长短与患者的自身反应情况有很大关系,疗程结束后应停药。③对症治疗药物应及时停药。镇痛药、止泻药、胃肠解痉药等对症治疗药物在症状消失或效果不明显时应停用。

五、老年药物处方的质量控制

多种措施可促进提高药物处方的适当性和整体质量,这些措施包括避免用药不当、恰当使用所需药物、监测副作用和药物浓度、避免药物相互作用、患者参与,以及结合患者的经济情况和疾病观、生死观等。

减少老年人中处方不当的方法包括教育性干预,计算机化医嘱录入和决策支持,由医师、临床药师领导的多学科团队治疗,以及采取上述多项措施。关于这些干预措施的现有资料普遍显示,处方不当的情况显著改善,但关于健康结局或成本的结果却并不一致。2013年,美国的一项系统评价纳入 8 项针对长期护理机构中不同处方的干预措施[用药情况回顾、病例讨论、医护员工教育、临床决策支持技术和(或)联合采取上述某些措施]的研究。结果发现,这些措施对住院情况、ADE 和死亡率并无影响。评估了药物相关问题、适当开具处方或药物治疗成本的研究显示,有证据表明采取干预措施有助于识别和解决药物治疗相关问题。2008 年一项系统评价纳入 10 项关于计算机化医嘱录入并使用临床决策支持技术的研究,结果显示该技术在减少 ADE 方面的作用并不一致:5 项研究显示 ADE 的减少具有统计学意义,4 项研究显示其减少无统计学意义,1 项研究表明其对 ADE 的发生率无影响。

老年药物处方的质量评价一般包括:①老年不适宜的药物使用。加拿大和美国的专家小组已制定了多种不同的标准,用以评估老年人的处方质量和药物使用情况。评估用药不当的应用最广泛的标准为 Beers 标准。②适用药物使用不足。老年患者药物使用不足和使用过度同样存在,"处方不足"常常是根据治疗单种疾病的指南确定的,而大多数老年患者存在多种疾病。例如 1 名存在心肌梗死、糖尿病病史及血脂升高的患者需要接受 β 受体阻断药、ACEI、阿司匹林、他汀类药物及降血糖药。因此,更多老年人需要接受 6 种或 6 种以上的必需药物。在这种情况下,临床医师可能以培养患者对必需药物治疗的依从性、限制药物相互作用,以及优先考虑对严重疾病进行积极治疗的健康获益而非进行预防性治疗或处理对生存质量影响较小的疾病。造成非故意用药不足的因素包括医师没有意识到老年人群的用药获益、患者的支付能力和剂量可用性。③药物有效性。针对药物有效性的研究通常特别排除老年人群,因为研究者担心该人群的共存疾病和副作用会导致难以解读研究结果。因此,医务工作者可能无法确定老年人的药物治疗获益(尤其是以预防为目标的治疗),开具处方的医师可能也不明确其获益。例如一项针对 66 岁以上患者使用他汀类药物进行二级预防的研究表明,患者的年龄每增加 1 岁,被开具他汀类药物的可能性就降低 6.4%,总体而言,该高危人群中仅 19% 的患者被开具了他汀类药物。④药物剂型和剂量合理性。老年人所需的药物剂量通常低于常用剂量,尤其是在用药起始阶段。如果不易获取处方剂量的药物制剂,则需要将药片掰开使用,这可能使患者更难以接受更有益的药物治疗。如对于吞咽困难的老年人不应选用片剂、胶囊剂等难以吞咽的剂型,而应选用溶液剂等液体剂型,必要时可注射给药;高血压、糖尿病等慢性疾病老年患者尽量给予片剂、胶囊剂等口服制剂,最好选用每日服用 1 或 2 次的缓控释制剂;尽可能将所有药物的服药时间调整一致,从而增加老年人用药的依从性和防止误用药物。⑤用药差错控制。首先,保存患者当前使用的所有药物的准确清单,该清单应包括药物名称(通用名和商品名)、剂量、给药频率、给药途径及适应证;其次,定期进行"自带药物核查(brown bag check-up)",指导患者每次就诊时都带上其所有药瓶,应对照用药清单核查这些药瓶;再次,应提醒患者注意可能存在的药物混淆问题,如药名发音相似、药片外观类似及联合用药;最后,由患者、患者家属或照护者装填的分格药盒可促进给药方案的依从性,由药师将每种药物单剂量包装也有助于确保患者正确服药。

总之,药师是重要的资源,在与老年人协作以减少用药差错方面发挥着关键的作用。

第二节 抗菌药物在老年患者中的合理应用

老年人由于组织器官萎缩、生理功能减退、免疫功能低下及伴发存在多种慢性基础疾病等多方面的原因,极易罹患各种感染性疾病。因机体反应性变差,老年人感染的临床表现及实验室检查常不典型,如白细胞计数及中性粒细胞百分比不高。然而,若感染不能及时有效地得到控制,会导致病情变化快、并发症多,易发生重要器官功能衰竭,死亡率较高。及时、正确、合理地应用抗菌药物对是否能够成功治疗老年人感染至关重要。

1. 确定感染部位 老年人常见感染有呼吸道、泌尿道、胆道、皮肤软组织等部位的感染。随着年龄增长,免疫功能随之下降;同时由于呼吸器官老化,合并肺部疾病,咳嗽反射受到抑制,呼吸道黏膜上皮细胞的纤毛功能运动减退,带菌状态增多,导致呼吸道的防御功能下降,呼吸道分泌物淤积而成为细菌繁殖的良好环境,均易增加呼吸道感染风险。老年患者医院内下呼吸道感染的病原菌以革兰阴性菌为主,其中大肠埃希菌和肺炎克雷伯菌为常见的致病菌;另外,真菌感染率也较高,这是由于真菌定植在呼吸道黏膜,在抗菌药物的选择下过度增生致内源性感染所致。老年社区获得性肺炎中常见的病原菌为肺炎链球菌和流感嗜血杆菌,但近年来发现非典型病原体也占有非常重要的地位,尤其是肺炎支原体感染的发病率明显增高。尿路感染是糖尿病患者好发的感染性疾病之一,其发生率仅次于肺部感染,与非糖尿病患者相比,糖尿病患者的尿路感染发生率升高 10 倍。老年人为糖尿病的高发人群,由于糖尿病的尿频、尿急症状掩盖尿路刺激征、周围神经病变使局部敏感性下降、反应较为迟钝等原因,老年糖尿病患者尿路感染的病情发生、发展多表现隐匿,一旦出现尿路刺激症状,若感染控制不及时,病情进展容易导致肾功能受损。此外,前列腺增生、尿潴留、长期导尿等也增加尿路感染的风险。老年患者由于糖尿病、长期卧床等导致的皮肤软组织感染情况也比较普遍。实际上,多部位的混合感染在老年人群中较常见,在病原菌及药敏试验结果未明确前,可根据感染部位及常见的致病菌进行经验性治疗。

2. 尽早明确病原学诊断 明确病原菌及其对抗菌药物的敏感性是合理使用抗菌药物的前提。在根据临床经验选用抗菌药物治疗前,应多次送标本做涂片和培养,明确致病菌,并做药物敏感试验,根据病原学与药敏试验结果,结合临床情况及时调整抗菌药物。

3. 根据抗菌药物的抗菌活性及特点选择 选择针对性强的抗菌药物是有效控制老年人感染的关键。选择药物时应综合考虑抗菌谱、抗菌活性、作用机制、药动学特征、不良反应等多方面的因素。

(1)应熟悉各类抗菌药物的抗菌谱,尽量选择窄谱抗菌药物,避免发生二重感染及增加细菌耐药性。

（2）了解细菌耐药性的变化趋势，掌握耐药菌在特定人群、地区中的分布。

（3）掌握各类抗菌药物的组织分布特点，对于不同感染部位选择药物具有重要意义。如头孢哌酮、头孢曲松在胆汁中的浓度较高，可用于胆道感染；氟喹诺酮类、磺胺类在尿中的浓度较高；氟喹诺酮类在前列腺组织及前列腺液中的浓度较高。

4. 警惕抗菌药物的不良反应　老年人使用抗菌药物强调根据肝、肾功能调整剂量，而且大部分抗菌药物通过肾脏排泄，老年人在使用时应根据肌酐清除率计算结果调整给药剂量。氨基糖苷类的不良反应发生率较高，考虑其肾毒性及耳毒性，目前已较少应用于老年患者。喹诺酮类抗菌药物具有抗菌谱广、抗菌活性强、血药浓度高、性能稳定、与其他常用的抗菌药物无交叉耐药等特点，在临床上使用广泛，尤其是应用于呼吸道感染及泌尿系统感染。随着临床应用的增多，其不良反应报道也日益增多，对 736 例喹诺酮类不良反应案例分析统计显示，60 岁以上的老年人占 46.9%。年龄越大越容易发生不良反应，这是由于多数喹诺酮类药物以原形经尿液排出，受肾功能影响较大，老年人的白蛋白浓度降低也会增加游离型药物的浓度。喹诺酮类在老年人中使用易发生中枢神经系统不良反应，如谵妄、诱发癫痫等，感染、制动、脱水等本就是谵妄的危险因素，若加用喹诺酮类可能诱发或加重谵妄。除此之外，低血糖及 Q-T 间期延长的不良反应对老年人来说也是很危险的。心律失常的老年人不宜选择心脏毒性大的喹诺酮类药物，如司帕沙星等；在接受降血糖药物治疗的老年糖尿病患者中，使用喹诺酮类更易发生血糖变化，尤其是低血糖的发生可能是致命的，若病情需要则用药的同时监测血糖，并密切观察患者有无低血糖症状。另外，滴注速度过快是导致喹诺酮类不良反应的主要原因，莫西沙星注射液要求每瓶 250ml 的滴注时间为 90 分钟，按照说明书推荐的输液时间 90 分钟输液，患者仍会出现不同程度的输液反应，因此可将输液速度控制在 120～150 分钟。碳青霉烯类抗菌药物在老年患者中的不良反应发生率明显增高，累及的器官或系统主要为神经系统、消化系统、循环系统、血液系统、皮肤及附件等，其中以神经系统、消化系统症状较突出。中枢神经系统不良反应高发，可能与碳青霉烯类抗菌药物的分子结构有关，其可与中枢神经系统抑制神经递质 γ-氨基丁酸结合，阻滞中枢抑制性递质的作用，减少神经细胞膜的氯化物电导；降低神经细胞上钠、钾交换泵的活性，从而增强中枢兴奋作用，是导致患者癫痫发作的主要原因。因此在应用碳青霉烯类药物时，应考虑其神经毒性，尤其注意肾功能不全的老年人用药剂量应当减少并且延长给药间隔，有中枢神经系统疾病和癫痫发作史的患者应慎用或小剂量使用。2013 年 3 月美国 FDA 发布警示信息，警告阿奇霉素可能导致心脏电活动异常变化，可能导致潜在的致死性心律失常。风险较高的人群是有已知危险因素的患者，如已有 Q-T 间期延长、血钾或血镁水平降低、心率过低或使用某些用于治疗心脏节律异常或心律失常的药物的患者。老年人是存在心脏节律问题的高危人群，在选择抗菌药物时，应考虑阿奇霉素可能发生尖端扭转型心律失常和致死性心律失常的风险，其他易导致 Q-T 间期延长的抗菌药物还包括三唑类抗真菌药。艰难梭状芽孢杆菌（*Clostridium difficile*，CD）相关性腹泻（clostridium difficile associated diarrhea，CDAD）主要由应用广谱抗菌药物而引起，其发生率呈上升趋势。高龄、严重的多种基础疾病、长期住院治疗、应用广谱抗菌药物以及免疫功能低下者都是感染 CD 的高危因素，其中应用广谱抗菌药物为 CDAD 最主要的诱发因素。老年人在明确病原学诊断后，应尽快使用针对性强的窄谱抗菌药物，缩短广谱抗菌药物的使用时间，应用抗菌药物后出现较顽固性的腹泻时应警惕 CDAD，一经确诊应立即停用相关抗菌药物，用药时避免使用阿托品、洛哌丁胺及麻醉止痛药等抑制肠道蠕动的药物,以免引起肠内毒素的蓄积和掩盖症状。当腹泻次数＞10 次/天时,应酌情给予肠外营养支持,在保证营养供给的同时又减少胃肠道分泌,有利于控制病变。

5. 注意抗菌药物与其他药物间的相互作用 老年患者同时服用的药物较多,在合并使用抗菌药物时可能会降低其他药物的疗效或者增加不良反应风险。

(1)药动学相互作用:部分抗菌药物为肝药酶 P450 的强诱导剂或抑制剂,如利福平为 CYP3A4 的强诱导剂,而红霉素、克拉霉素为 CYP3A4 的强抑制剂。临床常见在使用含有克拉霉素的四联抗幽门螺杆菌治疗方案时需暂时停用他汀类调脂药,防止横纹肌溶解症的发生;喹诺酮类可通过抑制 CYP1A2 使茶碱的代谢减慢,导致茶碱中毒,因此在治疗时尽可能避免两药联用,若确实需要,可适当减小茶碱的剂量,并注意监测茶碱的血药浓度。抗菌药物与乙醇相互作用致双硫仑样反应的发生率呈现增加趋势,也引起了临床的关注。其作用机制是由于某些抗菌药物抑制肝脏中的乙醛脱氢酶,导致乙醇的中间代谢产物乙醛的代谢受阻,不能继续氧化成乙酸,乙醛浓度增加而发生一系列反应。涉及双硫仑样反应的抗菌药物主要有头孢菌素类(主要包括头孢哌酮、头孢美唑、头孢孟多等)、硝基咪唑类(甲硝唑、替硝唑等)及呋喃唑酮。利奈唑胺是一种可逆的单胺氧化酶抑制剂,禁与 5-羟色胺类药物合用(老年人常用选择性 5-羟色胺再摄取抑制剂、曲马多等),否则增加发生 5-羟色胺综合征的风险,而这类不良反应对于老年人来说可能是致命的。

(2)药效学相互作用:抗菌药物与其他药物有同样的不良反应,合用可增加不良反应风险。大环内酯类、喹诺酮类及三唑类抗真菌药都有导致 Q-T 间期延长的不良反应,若合用其他有 Q-T 间期延长不良反应的药物(如胺碘酮)会增加不良反应发生率。某些头孢菌素能够抑制肠道对维生素 K 的吸收,或抑制肠道菌群合成维生素 K,延长了凝血酶原时间,从而增强了口服抗凝剂的作用。

第三节 老年人多重用药的管理

目前,国际上并没有成熟的用于减少老年人多重用药的方案和流程,医师及药师通常根据临床经验,并参考老年人合理用药的辅助工具,如 Beers 标准、老年人不恰当处方工具(inappropriate prescribing in the elderly tool,IPET)、老年人潜在不恰当处方筛选工具(screening tool of older people's potentially inappropriate prescribing,STOPP)等。在这些标准和工具中列出了老年人不宜使用的药物,为临床医师提供了很好的参考,但仍然存在某些缺陷而不能满足临床需要,如表中的很多药物现在已经很少使用或不再使用;没有纳入很多重要的药物及不良相互作用;仅讨论哪些药物老年患者需慎用,这只是减少多重用药的一个侧面。因此,真正解决多重用药还应注意以下方面。

1. 抓住疾病的主要矛盾 医师在开具新的药品前,应首先了解患者的疾病情况和用药史,从而判断是否有适应证支持增加药物、是否利大于弊。在某些情况下,生活方式、饮食习惯的改变及适当运动等是完全可以替代药物治疗的。对于罹患多种疾病而要多种药物控制病情的老年患者来说,短时间内减少药物使用品种有时是不现实的,要抓住诸多病患中的主要矛盾,对于次要矛盾的辅助治疗药物或疗效不明显的药物可尝试舍弃。

2. 充分考虑药物相互作用及药物对疾病的影响 绝大部分药品说明书及参考资料中

都对药物相互作用进行了详细的说明,对临床用药有重要的指导意义。但是多种药物共同作用于机体,它们之间的相互作用会更加复杂,尤其是一些容易与其他药物发生相互作用的药物,如典型的肝药酶诱导剂(苯巴比妥、利福平等)及抑制剂(西咪替丁、克拉霉素等)、华法林等。老年人在服用这些药品时,应尽量减少服用其他药品的种类,以防发生严重不良反应。对于一些治疗窗较窄、危险系数较高的药品,合并用药时更应谨慎,如心力衰竭患者同时服用地高辛和呋塞米,老年患者由于肝、肾功能降低,减缓了地高辛的代谢和排泄,从而大大增加了地高辛中毒的风险。除了药物相互作用外,还应关注药物-食物相互作用,老年人常常注意"进补",自行购药如 OTC 药品、中草药、保健品等,甚至烟草、饮料、饮酒等。

3. 避免重复用药 重复用药是老年患者处方中常见的问题。老年人常患有多种慢性疾病,长期用药,每当疾病有进展或出现新的症状时,若医师未能全面了解患者的用药史,开具了新的类似药品,却没有调整之前的处方,便造成重复用药。在一项对老年门诊患者用药情况的研究中,存在重复用药问题的处方占不合理处方的 49.21%。重复用药多发生在心脑血管系统、消化系统疾病及矿物质、维生素等药物中,如同时服用硝苯地平和氨氯地平控制血压,两药均是二氢吡啶类钙离子通道阻滞药;同时服用多潘立酮和莫沙必利提高胃动力;服用多种钙剂补钙;复方药物的主要成分与单方药物相同的情况等。鉴于目前市售药品种类繁杂,同种药品仍有众多厂家生产,并冠以不同的商品名,而不同医院选用药品的商品名往往有所不同,应注意通过通用名的检索来审核处方,减少不必要的重复用药。

4. 多重用药的管理策略 医师或药师应询问患者曾经及目前正在使用的药物,准确记录其服药种类、剂量及时间。从患者的用药清单或健康档案中可以较清晰地判断出哪些是治疗疾病的主要药物,哪些是辅助治疗的药物,甚至哪些是不必要的药物。清晰简洁的患者用药清单也有助于医师或药师指出哪些是不适合老年患者服用的药物,哪些药物之间的相互作用存在潜在的危险性,对于这些药物需特别监测,必要时应停药。Muir 等采用患者用药清单这种干预方法,结果显示,干预组每位老年患者的平均用药数减少了 0.92,而对照组增加了 1.65。在门诊试图减少多重用药是相对困难的,医师和药师可通过做好患者教育工作,说明其中的利害关系,并定期随诊,及时得到患者用药的反馈信息,对存在潜在危险性的药物或长期服用后治疗效果不明显的药物进行调整。

美国在法律上强制性规定,患者新开具药品,药师必须指导使用方法和注意事项。药师应该特别注意对老年患者提供详尽的建议,并在出现问题时协助医师寻找实际的解决办法。近年来美国的临床药师开始了用药(医嘱)重整审核工作。所谓用药重整是指药师从患者入院开始核查院前用药情况,入院后在治疗期间、转科(包括从急诊到病房)、转院或到出院带药有完整的在用药品清单,出院前与患者的社区药师联系以监督患者用药的顺应性,精确完整地协调整个治疗过程中的用药,来确保患者的治疗完整和安全。通过比较现用药与新开的处方药,将患者的用药情况向下一位接诊者沟通,为患者或其家属提供用药清单等措施来提高患者的用药安全。

临床医师由于时间有限,在接诊患者时很可能未询问用药史或患者用药剂量等,由医师或护士采集的用药史往往不全,因而引发诊疗问题。当医师工作繁忙时,或入院接诊询问患者用药史有疏忽时,药师是最好的帮手,可以进行必要的弥补,特别是采用用药重整的方式。这也要求药师应该具备较好的基础知识及经验,特别是对老年患者的问诊,需要有一定的针对性。并不是每位老年人都能将每一种服用的药物全部记清,药师应该能够引导患者尽可能回忆起全部服用的药物。首先要熟悉老年人常见的慢性病及治疗药物有哪些,这样在患者有遗漏时药师才能够有针对性地询问。大部分老年人可以回忆起正在服用的降压药、降血糖药及调脂药等,但不能主动向药师说出正在服用小剂量的阿司匹林,因此对于有冠心病、糖尿病的老年患者,药师可主动询问是否服用阿司匹林。在核查用药的过程中,药师还可以了解到患者老年综合征的情况,判断是否"用药过度"或"用药不足"。有时,患者因为一种疾病就诊,叙述病情及药物时也会围绕特定疾病进行,若不进行引导很可能遗漏其他系统疾病用药。药师可根据患者的主诉情况及常见老年综合征发散性提问,如睡眠情况如何、是否需要药物辅助入睡;大便频率及性状如何、是否存在便秘、是否需要通便药物;是否频繁起夜、是否存在下尿路症状等,同时询问以上症状是否用药物治疗。这样既可以不遗漏患者的用药清单,又可以发现一些亟待解决的老年用药问题。

老年人在转诊时药师对其进行用药核查具有重要意义。①首先,药师可以从用药清单中发现是否存在不适当用药,参考 Beers 标准的同时根据老年人的疾病情况,可向医师提出建议——减药或者调整治疗方案,避免长期使用此类药物造成的不良反应。②审核用药是否存在临床意义较大的相互作用——降低药效或增加不良反应风险,可通过改变给药间隔或换药来尽量减少由于相互作用对患者造成的伤害。③药师可以对一些对症治疗药物的疗程进行初步的判断,对症治疗药物长期使用不仅疗效不肯定,而且可能增加不良反应,如长期使用质子泵抑制剂控制反酸症状。④转诊医疗时医嘱转录过程是用药差错高发的环节,一些音似的药物、多品规的药物容易发生转录错误。药师通过核查用药,可以促进老年人合理用药,精简用药种类。

5. 多重用药的管理遇到的问题及解决方案 为了避免老年人多重用药,应该在治疗初期尽量选择简单的药物治疗方案,优先考虑非药物治疗。如新发诊断糖尿病的老年人可以先通过饮食、运动控制;出现睡眠障碍问题的患者也建议首先通过改变生活方式、改善睡眠环境等调整睡眠,而不建议立即使用镇静催眠药物。除了多重用药的问题外,老年人还普遍存在治疗不足的情况。中国对老年人冠心病治疗与二级预防情况的调查显示,二级预防药物的应用率分别为抗血小板药 70.3%、调脂药 54.9%、β 受体阻断药 47.5%、ACEI/ARB 29.0%/22.2%,均低于国外的数据。冠心病诊治指南所推荐的二级预防用药是经临床循证医学研究证实能够改善患者症状与预后的重要治疗方法,但中国老年人指南推荐的药物使用率偏低,除了与用药依从性低有关外,与中国老年人更多选择中药治疗也有一定关系。中药市场上治疗同一疾病的可选药品种类繁多,目前又缺少相关诊疗指南对其进行规范化管理,特别是未经过系统培训中医药知识的医师大量使用中成药,也是我国多重用药更难管理的原因之一。

需要药物治疗或调整治疗方案时,药物应该一个一个加用,避免一次性加用过多药物后出现不良反应而不易分析原因。患者服药时间越长,减少药品数的难度就越大。老年人长期服用多种药物,将病情控制在一个相对稳定的状态下,使患者逐渐对药物产生了生理上和心理上的依赖性,同时老年人性格和情绪表现出的孤僻、倔强、消沉等负性情绪,对医师作出的减药调整容易持有抵触心态,即便接受了减药,也可能因为心理暗示导致新的症状产生,不得不恢复习惯用药,甚至需要增加新的药品。因此,对已经存在多重用药的患者进行减药时应缓慢,每次减 1 种药物,观察减药后效果的同时也有利于提高患者依从性。医师和药师面临的最大难题是如何与老年患者沟通,除了做好充分的患者教育工作外,给予患者足够的关心也至关重要,这样可以增加医患间的信任感,解决多重用药的问题也会相对顺利。

第四节　老年人用药的禁忌

老年人用药的禁忌主要从药物应用于老年人风险较大、药物在老年人的常见疾病中存在禁忌证、药物禁用于肾功能不全患者及由于药物相互作用导致的禁忌4方面考虑。实际上,用药禁忌基本上都是相对而言的,老年人在特定的生理病理状态下使用某些药物的风险远超出获益,便认为是存在用药禁忌。

1. 药物的潜在不良反应风险较大　除了 Beers 标准中不建议老年人使用的药物外,还有一些药物应避免应用于老年人。例如便秘是常见的老年综合征,临床应用含大黄、芦荟的泻药已然很普遍,而结肠镜的普及使结肠黑变病由罕见病跨入常见病行列,年龄越大发病率越高。老年人便秘是诱发结肠黑变病的重要因素,而含蒽醌类泻药的应用是加速其发展的因素之一。结肠黑变病虽然是一种良性、可逆性疾病,但也有研究者提出其可以演变为腺瘤性息肉,并发展为结肠癌,提示三者之间密切的关系。一些老年人不了解泻药的不良反应,一旦出现便秘就滥用泻药,不仅便秘没有改善,反而越来越严重。其原因是肠壁内的神经细胞受到泻药造成的腹泻的刺激,为了对抗腹泻保持正常的生理功能,用降低肠壁应激来调节,一旦停用泻药,即使肠壁受到足够的刺激,也不能适时地引起排便反射,长期滥用泻药势必造成顽固性便秘。长期服用蒽醌类泻药还可能造成电解质紊乱、低血钾、维生素缺乏、肠道炎症等。

2. 禁忌证　药品说明书中会对禁忌证及注意事项进行说明,但中国上市药品说明书中关于老年用药的信息极少。老年人的各系统疾病较多,医务工作者在选择药物时应警惕是否存在禁忌。

(1)青光眼:青光眼在老年患者中发病率较高,严重者可导致失明并影响老年人的生活质量。某些药物可引起眼压升高而诱发或加重青光眼,药物引起的青光眼多为原发性开角型青光眼和闭角型青光眼,临床上较易忽视。引起青光眼的药物涉及各个系统疾病用药,为患有青光眼的老年人选择药物时应谨慎,避免严重不良反应。

糖皮质激素眼部和眼周组织给药、静脉给药及吸入给药均可引起眼压升高而产生继发性、开角型青光眼,局部应用比全身应用的危险性更大,尤其是眼周注射长效制剂。目前临床应用的糖皮质激素中,地塞米松和泼尼松具有较强的抗炎活性,但其升高眼压的不良反应发生率也较高。泼尼松片说明书中将青光眼列为禁忌证。抗胆碱药物阿托品、托吡卡胺作为眼科检查的常见辅助用药,有松弛睫状肌和散瞳的作用,可升高眼压,诱发急性闭角型青光眼,青光眼患者禁用;异丙托溴铵用于哮喘和慢性阻塞性肺疾病的治疗,亦有散瞳作用,可诱发闭角型青光眼,与沙丁胺醇合用时,可增加诱发急性闭角型青光眼的可能性。硝酸酯类药物常用于心绞痛的防治,这类药物在有效扩张冠状动脉、改善心肌缺血的同时也扩张视网膜血管,促使房水生成增多,增高眼压而可诱发青光眼,此类药品说明书中已将青光眼列为禁忌证。组胺 H_1 受体拮抗剂氯苯那敏具有较弱的抗胆碱作用,眼压升高可诱发闭角型青光眼,禁用于青光眼患者。一些缓解感冒症状的复方制剂中常含有氯苯那敏,青光眼患者使用时应谨慎。三环类抗抑郁药由于其较强的抗胆碱作用,不建议应用于老年人,青光眼亦是其禁忌证;而新型选择性5-羟色胺再摄取抑制剂(氟西汀、帕罗西汀等)和5-羟色胺去甲肾上腺素再摄取抑制剂(文拉法辛、度洛西汀)已证实可诱发急性闭角型青光眼,通常在数天内发生,虽然说明书中未将青光眼列为禁忌证,但应用于青光眼的老年患者时应谨慎。苯二氮䓬类镇静催眠药物及含有左旋多巴的复方抗帕金森病药物均可升高眼压,说明书中指出青光眼为其禁忌证。

(2)慢性阻塞性肺疾病:β受体阻断药可否应用于慢性阻塞性肺疾病(chronic obstructive pulmonary disease,COPD)患者曾经是一个比较受争议的问题。2009年中国《β肾上腺素能受体阻滞剂在心血管疾病应用专家共识》认为,未合并支气管痉挛的COPD患者仍可以从β受体阻断药治疗中显著获益,但禁用于哮喘或支气管痉挛性COPD;2012年欧洲心力衰竭诊治指南指出β受体阻断药不是心衰合并COPD的禁忌证,应优先使用选择性β1受体阻断药。对于某些COPD患者而言,使用β受体阻断药利大于弊,故COPD并非禁忌证,除非有严重的反应性气道疾病。

此外,其他一些疾病状态也存在用药禁忌,如房室传导阻滞、Q-T间期延长、尿潴留等,老年人在存在这些问题时用药应谨慎,避免使用会诱发或加重病情的药物。

3. 肾功能不全 对于血肌酐水平异常的老年人,在给药前一定要计算肌酐清除率,给药剂量应根据肌酐清除率调整,当肾功能下降至慢性肾脏病3期或更严重时有些药物是禁用的,因为缺少在此类人群中使用的经验,或是药物在体内蓄积易导致严重的不良反应。例如二甲双胍不经过肝脏代谢,以原形从肾脏排泄,因此肾功能降低的老年人在使用时需谨慎,警惕乳酸性酸中毒的致死性不良反应的发生。目前,美国及中国的药品说明书中指出二甲双胍禁用于血肌酐≥133mmol/L(男性)或≥124mmol/L(女性),而英国国家卫生医疗质量标准署(National Institute for Health and Clinical Excellence,NICE)考虑到轻至中度肾功能受损的糖尿病患者使用二甲双胍可以获益,因此放宽了其使用限制,规定肌酐清除率不低于30ml/min可以使用二甲双胍、<45ml/min需减量。别嘌醇的超敏反应(如剥脱性皮炎)与所用剂量相关,同时使用噻嗪类利尿药及肾功能不全是超敏反应的危险因素,因此禁用于肌酐清除率<15ml/min的患者。别嘌醇相关的严重超敏反应与白细胞抗原HLA-B* 5801密切相关,中国汉族人中HLA-B* 5801阳性者比白人高,发生超敏反应的风险更大,老年人肾功能受损或合并使用利尿药的情况较普遍,使用别嘌醇时应谨慎,定期监测肾功能并密切观察是否出现皮疹等不良反应。在不明确老年人肾功能的情况下开具降压药物时,应谨慎选择血管紧张素转化酶抑制剂(angiotensin converting enzyme inhibitor,ACEI),ACEI禁用于Cr>265μmol/L的患者,在开始用药的1周内若Cr的升高幅度>50%也应停药。

4. 药物相互作用 由于老年人多重用药问题普遍存在且不可避免,治疗时应考虑到药物相互作用导致的药效降低或不良反应增加,有些药物相互作用的临床意义不大;有些则需要采取一定措施尽量避免,如调整药物剂量和给药间隔等;还有一些可能导致严重不良事件,不可联合用药。例如含有左旋多巴的复方制剂普遍应用于帕金森病的老年患者,这些老年人一旦发生严重感染应避免选择利奈唑胺,因为合用会导致严重的高血压,需停用利奈唑胺至少2周后可开始左旋多巴治疗。利奈唑胺也禁与抗抑郁药合用,增加5-羟色胺综合征风险,但若必须应用利奈唑胺,应停用抗抑郁药,并在使用利奈唑胺期间密切监测是否出现5-羟色胺综合征的症状。

第五节　老年人药物不良反应的预防和处理

一、药物不良反应的预防

老年人是药品不良反应的高发人群,而且随着年龄的增长,其发生率急剧升高,80岁以上的高龄老年人其药物不良反应发生率可高达50%以上,占死因的第4~6位。因此,加强药学监护、预防不良反应发生,对老年人合理用药、提高有效率及治愈率、降低医疗费用具有重要意义。

1. 避免选择具有潜在不良反应风险的药物　Beers标准详细说明了不适合老年人使用的药物,主要考虑到老年人使用这些药物的潜在不良反应风险较大。在选择药物时,应参考Beers标准,充分评估利弊。避免一次性增加多种药物而导致老年人的用药依从性降低,出现不良反应时难以明确到底是由哪种药物引起的。老年人同时患有多种慢性病,治疗上存在矛盾时,应充分评估使用药物的必要性,避免选择会加重症状的药物。例如老年患者新发糖尿病、动脉粥样硬化症,同时发现大便潜血阳性,在明确消化道情况前,应避免使用小剂量的阿司匹林,其可能加重消化道出血症状。慢性便秘的老年人在选择降压药物时应避免钙离子通道阻滞药,尤其是非二氢吡啶类钙离子通道阻滞药(地尔硫䓬、维拉帕米),这些药物可能加重便秘。

2. 充分做好患者教育　药师应该在老年医疗团队中担任起患者用药教育的责任。正确使用药物,了解用药注意事项可以降低药物不良反应的发生率。老年人的记忆力减退、认知功能受到一定程度的损害,药师在进行用药教育时需耐心,确保患者能够正确理解自己的意思,必要时需要家属及照料者的配合。老年患者的教育需要有针对性,要了解老年人的常用药物、常见病生理状态对药物的影响,主要可以从以下几方面进行。

(1)特殊装置、特殊剂型及用法用量的药物:老年人对于新型的用药装置(如单剂量粉末吸入装置、气雾剂等)接受难度较大,若不能正确使用装置,可能降低疗效甚至发生不良反应。药师应仔细讲解装置的使用方法,并要求患者自行操作,使患者能够掌握使用技巧。使用含有激素的吸入剂,告知患者一定用后漱口,并将漱口水吐掉,防止口腔感染。临床医师在药物剂型方面的知识会相对薄弱,药师应熟练掌握特殊剂型药物的使用注意事项,告知医师和患者哪些药物不可以掰开、研碎胃管给药等。例如有些老年人服用降压药发生低血压,溯源其原因,是患者把不能掰开使用的缓控释降压药掰成半片服用,使药品变成速释普通片剂,服用后由于药物迅速释放,造成血药浓度迅速升高,从而引起低血压。对于吞咽困难或胃管给药的老年人,药师应告知避免使用不可研碎的药物,并协助医师选择替代治疗药物。随着制剂技术的发展,并非所有缓释、肠溶制剂都不可掰开服用,药师应及时更新剂型方面的知识,以更好地服务于临床

(2)告知患者服药的注意事项:一些药物的不良反应在老年人中发生率较高,药师应提前交代患者相关注意事项,尽可能降低不良反应。如 α_1 受体阻断药易导致直立性低血压,老年人在服药期间应注意变化体位时需缓慢,防止跌倒。起效迅速的镇静催眠药(如唑吡坦、佐匹克隆等)应临睡前服用,避免由于起效过快导致跌倒、骨折等。

(3)教育患者如何进行自我监测:老年人在院外服药应掌握一些基本的药物不良反应知

识,能够做到发现时及时就诊,避免严重不良反应。房颤的老年患者需要长期华法林抗凝治疗,华法林的作用受药物、食物、机体状态等多方面因素的影响,除了需要定期监测 INR 外,应注意是否出现大便变黑、尿液变红或变褐、伤口出血长时间不止、眼底出血、皮下出血点、牙龈或鼻出血、咯血、呕血或咖啡样呕吐物、胸痛、呼吸困难、头晕、头痛等症状。

3. 通过调整给药剂量及频次避免不良反应　老年人的生理特点及病理状态决定了其药效学及药动学参数与年轻人不同,给药时应注意调整剂量和给药间隔。老年人由于生理及病理的改变,导致肝、肾功能降低,尤其肾功能受损更为常见。肝、肾功能不全影响药物的代谢和排泄过程,使药物容易在体内蓄积引发不良反应,很多药物在老年人群中应用时应充分考虑到这点,进行剂量调整。目前,并无统一的方法计算肝功能受损时药物的剂量调整,常用的方法为减半剂量或避免使用;在肾功能不全的患者中可使用 Cockcroft-Gault 公式计算肌酐清除率,根据肌酐清除率调整给药剂量及频次。此外,一些神经递质类药物应遵循"小剂量开始,缓慢加量,逐渐停药"的原则,避免由于剂量变化过快,老年人出现不耐受的不良反应;有些撤药症状不典型,且易和老年人的其他原发性疾病症状相混淆,导致误诊。为避免撤药综合征,不可骤停药物,应逐步减量至停药。

4. 调整给药时间及给药速度避免不良反应　通过优化给药时间,可以将药物不良反应对老年人的伤害降至最低。利尿药一般上午给药,若下午给药,老年人起夜次数增多,可能导致跌倒、骨折等严重不良事件发生;具有兴奋作用的药物如糖皮质激素、甲状腺激素等一般也是早上给药,减少发生睡眠障碍的不良反应;而一些神经递质类药物如抗抑郁药,不同人服用后发生不良反应的类型也不尽相同,有的嗜睡,有的兴奋,因此应根据不同的反应调整给药时间;一些药物对胃肠道的刺激较大,服用后可能出现胃部不适、胃痛等症状,如二甲双胍、克拉霉素等,此类药物可餐后服用。老年人在疾病急性期时,为使病情迅速得到控制,常采取静脉给药的方式,但若输注速度控制不当,除了增加心脏负荷外还可能导致严重不良反应的发生。例如氟喹诺酮类的输注时间应至少大于 60 分钟,过快的输注速度可能增加 Q-T 间期延长等严重心律失常不良反应的风险;一些固定配方预混的肠外营养注射液的输注时间应在 12 小时以上,否则增加注射部位反应(如静脉炎)的发生,降低患者依从性。同时,一些肠内营养制剂由于渗透压的问题,初次给药时应以较低的速度给予,根据耐受情况逐渐增加,以达到每日所需能量。

5. 用药过程中密切监测症状及相关指标　即使充分评估用药利弊、选择潜在不良反应风险较小的药物并且调整给药剂量后仍不可能完全避免不良反应,因此,老年人在用药过程中应密切监测不良反应症状及一些生化指标的变化。例如他汀类药物在老年人中广泛应用,有些患者使用后出现肌痛症状,一定警惕横纹肌溶解症的严重不良反应,及时查肌酸激酶(CK)并停药至关重要,否则一旦发生横纹肌溶解症,一方面造成老年人肾脏严重损害,另一方面导致患者卧床而引起血栓、肌肉减少症。一些治疗窗很窄的高危药物如地高辛,老年人使用时更应密切监测中毒症状及血钾水平,定期监测血药浓度,尤其怀疑地高辛中毒时。药物不良反应可以引起生化指标的改变,相反,生化指标的变化也可能增加药物不良反应。华法林的蛋白结合率高达 99%,用药过程中若白蛋白水平降低,会导致游离的华法林浓度显著升高,INR 升高,易发生出血事件。老年人的肾功能容易受到多种因素的影响,在使用 ACEI/ARB 过程中若出现血肌酐水平迅速升高的情况,应考虑停用 ACEI/ARB,防止继续使用导致急性肾衰竭。

6. 药物-药物相互作用及药物-食物相互作用增加不良反应风险 同时使用2种药物发生药物不良事件的风险为13％,5种药物时增加至58％,而使用7种或7种以上药物时药物不良事件的风险则高达82％。同时,在合并用药时应考虑药物-药物相互作用及药物-食物相互作用带来的风险。在分析药物相互作用时应综合考虑患者情况,并不是所有存在相互作用的药物都不可以合用。例如冠状动脉支架置入术后的患者需要联合使用阿司匹林和氯吡格雷双联抗血小板药,防止支架内血栓形成,双联抗血小板药物增加出血风险,但不能因为合用增加出血风险而停用其中之一,这是综合考虑合用获益与风险的结果。充血性心力衰竭患者联合使用ACEI/ARB类药物及螺内酯是很常见的,两种药物均有升高血钾的作用,但联合用药并不是禁忌,考虑到两种药物可以阻断肾素-血管紧张素-醛固酮系统,可改善心室重构,对心衰患者的预后是获益的,合用时监测血钾水平在正常范围内即可。长期服用他汀类的老年人发现幽门螺杆菌感染,拟给予四联抗幽门螺杆菌感染治疗药物时需暂停他汀类药物,考虑克拉霉素与辛伐他汀合用增加横纹肌溶解风险,两药合用的风险远大于停用他汀类2周的风险,因此暂停辛伐他汀是必需的。

7. 强化药物不良反应监测工作 药物不良反应监测特别是正确应对和避免严重药物不良反应造成的伤害,是保证患者用药安全的关键措施之一。通过实施PDCA管理药物不良反应监测工作,可强化药品不良反应监测,特别是通过医院管理层面制订相关措施,可引起医务工作者的高度重视,有效降低不良反应发生率。

二、药物不良反应的处理

1. 明确引起不良反应的药物 确定不良反应是否由药物引起需要通过几条标准来衡量:①用药与不良反应的出现是否存在合理的时间关系;②反应是否符合该药已知的不良反应类型;③停药或减量后,反应是否消失或减轻;④再次使用可疑药物后是否再次出现同样的反应;⑤是否可用合并药物的药理作用、患者病情的进展、其他治疗的影响来解释。同时满足以上5条才可以肯定是药物不良反应,由于实际用药情况更加复杂、混杂因素较多,目前评价药物与不良反应的关联性多为很可能或可能。

老年人一旦出现新的症状,首先应该考虑是否药物导致,因为这是最容易纠正的因素之一。可将近期新开具的药物列出,药师应查阅相关文献资料,掌握哪种药物会导致不良反应。但与老年人的实际情况结合起来判断也较困难,与合并用药较多、多种疾病并存、病情变化快等相互干扰。例如老年人加用他汀类药物后出现氨基转移酶升高,同时合并脂肪肝也有可能导致氨基转移酶异常,即出现的不良反应可以用病情进展来解释,并不能确定一定是由药物导致的。同样,帕金森病患者开始服用左旋多巴复方制剂后发生便秘,药师便认为这是抗帕金森药物的不良反应,实际上帕金森病在病情进展到一定程度后也会出现便秘的症状,为进一步明确便秘的原因,可询问患者服药前是否有类似症状、服药后症状是否加重。这些都提示药师不可将所有不良反应全部归咎于药物,应综合考虑患者的整体情况,避免结论的片面性。

2. 对症处理,判断是否需要停药 应根据不良反应程度及用药的必要性充分考虑获益与风险。急性的、严重不良反应应立即停药,如抗菌药物引起的过敏性休克、硫脲类抗甲状腺药物引起的粒细胞缺乏症,停药的同时应积极给予对症支持治疗,出现粒细胞缺乏症的老年患者应预防感染,必要时可使用粒细胞集落刺激因子。一般的、较轻的不良反应评估后认为用药的获益大于风险,则可以继续用药,针对不良反应给予对症治疗,并继续监测不良反应是否有恶化的趋势。例如部分老年人服用二甲双胍会引起腹泻,可减量后继续服用并观察,一般腹泻症状可自行缓解;一些口服降血糖药可能引起一过性肝功能异常,若氨基转移酶未达到 3 倍以上的升高,可继续用药,同时给予无相互作用的保肝药物,并密切监测肝功能;一些抗抑郁药会引起白细胞及中性粒细胞降低,多发生于开始用药及增加剂量的过程中,若降低程度不大,可继续维持小剂量用药,并监测白细胞及中性粒细胞的变化趋势,稳定后不用停药。

3. 积极寻找替代治疗方案 一旦出现老年人不能耐受的不良反应,停药后积极寻找替代治疗方案是很重要的环节。选择适当药物以避免发生类似的不良反应,有助于提高老年人的用药依从性。选择替代治疗药物时需注意同类药物可能出现类似的不良反应,如钙离子通道阻滞药都可能导致下肢水肿,可选择其他类型的降压药物。有的老年人服用辛伐他汀后出现肝功能异常,考虑他汀类药物在预防心血管事件中的重要作用,应尽量继续他汀类药物的治疗,可选择基本不经肝脏代谢的普伐他汀或瑞舒伐他汀,以减少肝脏不良反应。

4. 积极上报不良反应 积极上报药品不良反应,及时进行分析总结和反馈,不仅能够对医师用药起到警示作用,为临床合理用药提供信息,而且可以减少患者花费,增加用药的安全性,推动合理用药。老年人是药品不良反应发生率较高的人群,做好老年人不良反应的监测和警戒工作意义重大。

(闫雪莲 梅 丹)

第六节 药物治疗方案风险评估和减缓策略

一、药物治疗方案风险评估

临床药师最根本的任务是有效实施药物治疗服务,与临床医师共同完成对药物治疗方案的评估、监测和调整,尽最大努力保证患者用药安全、有效、经济。目前,国内外尚无科学合理的分析评判药物治疗方案的方法。

有研究者提出药物治疗监护中的 PUIA 模式,规范临床药师参与临床工作,并取得了较为满意的效果。PUIA 模式指分别对药理作用(pharmacological action,P)、药物的用法用量(use,U)、药物相互作用(interaction,I)及不良反应(adverse drug reaction,A)进行评估。药师对药物治疗方案风险的评估对患者的用药疗效及安全性至关重要,主要可以从以下几方面考虑。

1. 药物有效性 药物是否能够有效控制或治愈疾病、减少并发症是治疗方案风险评估中重要的部分,药师可协助医师共同完成。药师作为医疗团队中的一员,应具备对药物疗效进行评估的能力,通过用药前后相关指标的监测来评价药物治疗是否有效。

在临床上,患者的年龄、体重、营养状况、病情轻重、疾病发展的阶段很难取得一致,而且往往合并有其他疾病。此外,患者的经济情况、生活条件、工作性质、精神状态等多种因素都会直接或间接地影响药物的疗效。医师对患者的态度、关心患者的程度、语言、表情等,特别是对以自觉症状为主的患者,往往能起着决定性的作用。医师的一举一动、愁容和悦色都能影响患者的思维活动,从而反映到疗效上来,所以观察药物治疗反应是一件十分细致的工作。观察药物治疗反应的流程如图 3-1。

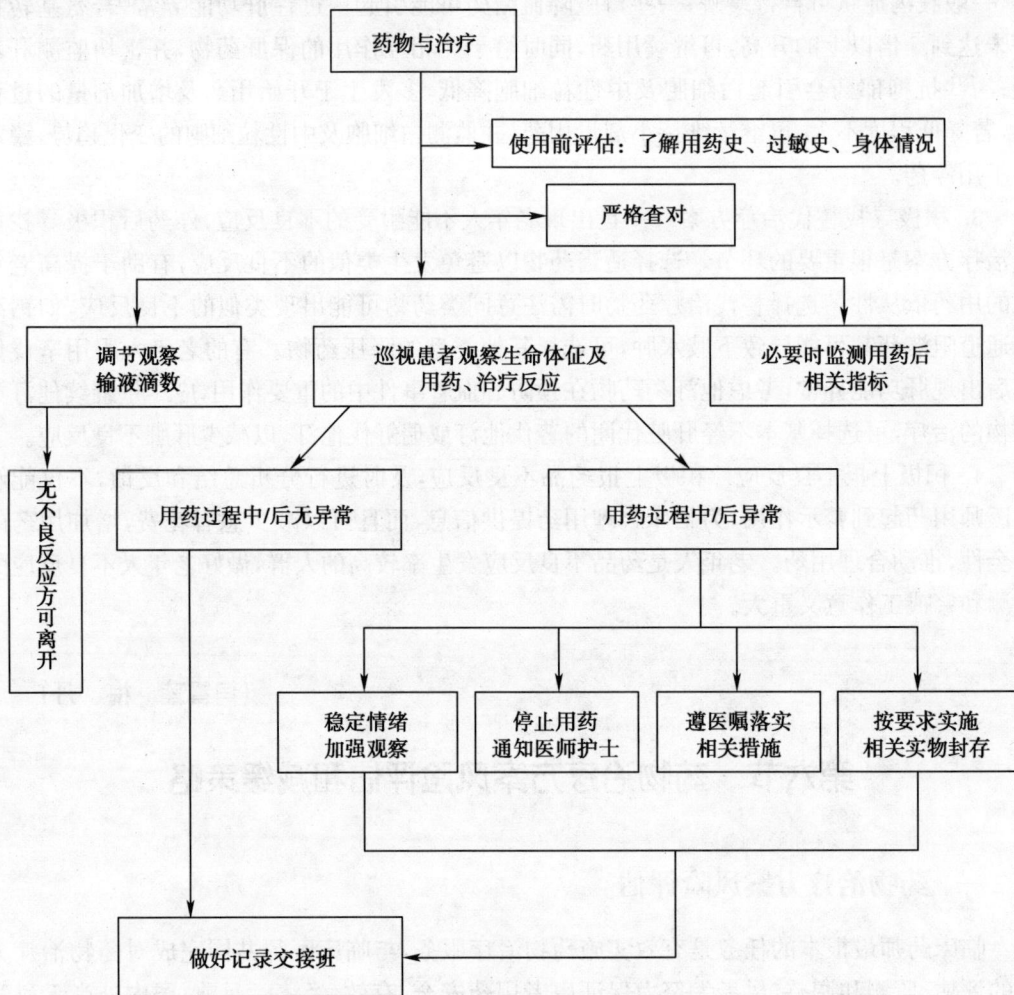

```
                        ┌──────────────┐
                        │   药物与治疗   │
                        └──────┬───────┘
                               │
              ┌────────────────┤
              │                │
              │    ┌───────────▼──────────────────────────┐
              │    │ 使用前评估:了解用药史、过敏史、身体情况 │
              │    └──────────────────────────────────────┘
              │                │
              │        ┌───────▼────────┐
              │        │    严格查对     │
              │        └────────────────┘
              │                │
    ┌─────────┼────────────────┼─────────────────────┐
    │         │                │                     │
┌───▼─────┐ ┌─▼──────────────────────────┐ ┌────────▼──────────┐
│ 调节观察 │ │ 巡视患者观察生命体征及       │ │ 必要时监测用药后    │
│ 输液滴数 │ │ 用药、治疗反应              │ │ 相关指标           │
└───┬─────┘ └──┬──────────────────┬──────┘ └───────────────────┘
    │          │                  │
┌───▼───┐  ┌───▼──────────────┐ ┌─▼──────────────────┐
│无不良反│  │ 用药过程中/后无异常│ │ 用药过程中/后异常    │
│应方可  │  └───┬──────────────┘ └──┬─────────────────┘
│离开    │      │                   │
└───┬───┘      │        ┌──────────┴──────────────────────┐
    │          │        │          │          │          │
    │          │    ┌───▼────┐ ┌───▼────┐ ┌──▼─────┐ ┌───▼────┐
    │          │    │稳定情绪 │ │停止用药 │ │遵医嘱落实│ │按要求实施│
    │          │    │加强观察 │ │通知医师 │ │相关措施 │ │相关实物 │
    │          │    │        │ │护士    │ │        │ │封存    │
    │          │    └───┬────┘ └───┬────┘ └──┬─────┘ └───┬────┘
    │          │        └──────────┴─────────┴──────────┘
    │          │                   │
┌───▼──────────▼───────────────────▼──┐
│          做好记录交接班             │
└─────────────────────────────────────┘
```

图 3-1　观察药物治疗反应流程图

对老年人用药应和儿童一样持慎重态度,护士在给药前必须了解药物的作用、副作用、常用剂量、极量、复方制剂的成分及常用药物所引起的症状,以便于及时观察。要掌握老年人的病情,特别是其意识状态,因有些药物出现不良反应首先表现在神志方面。对体重过低的瘦弱老人更要注意药物的应用剂量,一般主张开始用药量为成人的 $1/3\sim1/2$,而后根据药物反应情况酌情加减。了解老年人的主要脏器功能、既往用药情况及有无药物过敏史,掌握老年人常见病的禁用药物,如青光眼、前列腺肥大患者忌用阿托品类生物碱。下面探讨如何针对不同的给药方法进行疗效观察。

(1)口服给药:要做到安全给药,除严格查对外,患者正确服药到口是关键。一般老年人的记忆力、听力、视力、运动能力有不同程度的减退,加上给药方案逐渐地复杂化,错服药物而造成不良后果者时有发生。常见的情况有:①忘记服药而延误治疗;②错服,将两次药量当一次药量服下或将服药时间弄错,造成药物过量;③误将外用药当成内服药服下,如将栓剂、外用药水口服,也有误将药瓶瓶塞一并服下者;④由于体位不当,吞咽不利引起呛咳以致造成吸入性肺炎。医务人员对特殊药物及特殊给药时间,应向患者交代清楚,协助患者正确服药。一般老年人的胃肠道消化液分泌减少,胃肠蠕动慢,药物吸收相对减慢。易引起胃肠道反应的药物如阿司匹林、吲哚美辛等,应于饭后分发并亲自监督患者吞服,对食管静脉曲张或由于其他原因不能服用颗粒药物者,应给予普通片剂,并将片剂研成粉末后用水调匀再送给患者服用。

(2) 皮下、肌内注射:老年人长期注射的最大问题是注射部位出现硬结,影响药物的吸收。这是由于老年人的皮下毛细血管床较青年人少,血流量减少,药物吸收较慢,加上用药品种多、疗程长,特别是注射深度不够所致。因此,为老年人注射时要注意:①根据老年人注射部位的脂肪层厚薄选择足够长度的针头,使药物能深达肌层;②使用两种以上的药物时注意配伍禁忌,不可随意混在一起注射;③注射时要避开硬结,尽量不在患侧肢体注射,对需长期注射者,应交替使用注射部位。

(3) 静脉注射:由于老年人多合并有心、肺、肾损害,在进行静脉输液时要特别注意输液总量及滴速,以免增加心脏负荷。经静脉滴注药物时应注意:①静脉滴注速度一般以每分钟40~50滴为宜,如为补充血容量,根据心肺功能状况,每分钟滴速可达60~80滴,同时严密监测心肺功能。②对需长期输液者应注意保护静脉,尽量做到穿刺一次成功。③选用静脉一般从远端开始,对刺激性较强的药物如抗癌药,可选择粗静脉进行滴注,并与等渗溶液交替输入,或注入药液后再输入等渗溶液冲洗,以减少对血管壁的刺激。对长期卧床的患者,一般不采用下肢进行静脉穿刺,以免妨碍下肢运动,引起血栓性静脉炎。④老年人的皮肤感觉迟钝,药液外渗不易察觉,常引起局部组织坏死,应加强巡视,仔细观察。若发现药液外渗,立即更换注射部位,必要时即刻进行局部封闭。

总之,老年人因多病共存,常服用多种治疗药物而导致药物不良反应(ADR)的发生概率增加。在老年人用药期间应注意密切观察,一旦发生任何新的症状,包括躯体、认知或情感方面的症状,都应考虑 ADR 或病情进展,因为这两种情况的处理截然不同(前者停药、后者加药)。对于药物治疗的老年人出现新症状,停药受益明显多于加药受益,所以作为现代老年病学中最简单、最有效的干预措施之一,暂停用药原则值得高度重视。一旦发生药物不良反应,要及时停药,必要时请医师诊治。药物不良反应除皮疹、恶心、呕吐等一般症状外,更多见的是老年病五联症——精神症状、跌倒、大小便失禁、不想活动、生活能力丧失。

2. 药物的潜在不良反应风险 临床药师应根据患者的药物治疗方案,随时调整药学监护的重点,对于潜在不良反应风险较大的药物应随时与临床沟通,密切监测不良反应或调整治疗方案。药师应熟悉老年人常见药物不良反应的发生情况,分析患者的内在因素(年龄、性别、遗传、疾病、药物不良反应史等)对药动学及药效学的影响,预测治疗过程中可能出现的较严重的不良反应。有报道显示,老年人不良反应发生率较高的前 3 位药物分别为抗菌药物、心脑血管疾病药物及抗肿瘤药物。大部分抗菌药物均需要根据肌酐清除率来调整给药剂量,若未考虑肌酐清除率而药物过量,易导致药物体内蓄积发生不良反应;抗菌药物选择不当或疗程过长,会诱发肠道菌群失调甚至二重感染等严重不良反应。因此,老年人使用抗菌药物时应高度警惕不良反应发生,选择适当的药物,优化给药剂量,控制疗程。长期使用对乙酰氨基酚控制慢性疼痛时应注意每日剂量,其成人的每日最大剂量不可超过 4g,老年人由于服药种类较多且肝脏代谢功能存在一定程度的降低,每日应尽量不超过 2g,避免长期大剂量服用导致严重的肝损伤。很多老年人会因为下肢水肿自行加用利尿药,尤其是呋塞米等强效利尿药,长期使用很容易引起老年人电解质紊乱及肾功能受损,应权衡利弊后尽量缩短使用时间。

3. **患者的疾病状态与不良反应的关系**　老年人多种慢性病共存,药物与疾病间的相互影响也是复杂的。药师应根据患者的初始状况对病情及治疗过程有整体的了解,对治疗过程中可能出现的严重不良反应有一定的预判性,培养专业敏感性,有利于发现治疗方案中潜在的问题。对于存在感染性疾病的老年糖尿病患者,尤其是进食情况差、高龄的老年人,若选择喹诺酮类抗菌药物,一定密切监测血糖变化及中枢神经系统症状,警惕喹诺酮类药物导致的血糖异常及谵妄,低血糖对于老年人来说可能导致严重的后果,甚至是致命的。头孢哌酮在胆汁中的血药浓度明显高于其他头孢菌素类抗菌药物,有利于胆道感染的消除,临床上多用于肝脏、胆道系统感染,但在肝脏病变或胆道梗阻合并感染时,头孢哌酮的胆道排泄受到抑制,半衰期延长,可能增加其肝功能损伤的不良反应,因此在胆道梗阻解除前应谨慎使用并密切监测肝功能。骨性关节炎是一种退行性病变,在老年人中的发病率很高,NSAIDs应用于骨性关节炎的止痛效果也得到了临床肯定,全球每天至少有 3000 万人在使用 NSAIDs,其中很大一部分是老年人等心血管疾病高危的人群。在为这些患有骨性关节炎的老年患者选择止痛药物时,应考虑到 NSAIDs(尤其是选择性 COX-2 抑制剂)导致心肌梗死、卒中的风险,应使用最低有效剂量,避免长期用药,对于高风险的老年人应尽量避免使用。一些长期卧床的老年人,胃肠道蠕动减慢、进食量少等多种因素易导致便秘,口服矿物油(如液状石蜡油)对通便有一定的作用,但可增加卧床老年人的误吸风险,导致脂质性肺炎。胃食管反流病及骨质疏松症在老年人中均为高发疾病,在制订药物治疗方案时应考虑到双膦酸盐类对食管刺激的严重不良反应,而胃食管反流病可能增加该不良反应的风险,可根据骨质疏松的严重程度选择其他类药物或考虑静脉双膦酸盐类。甲地孕酮因其增加食欲的作用,曾广泛应用于体重降低及恶病质的老年人,但近年来研究显示长期照料老年人使用甲地孕酮不仅不增加体重,反而增加老年人的全因死亡率。

4. **老年人的社会支持情况**　社会支持是指他人提供的一种资源,告知某人他是被爱、被关心、被尊重的,他生活在一个彼此联系且相互帮助的社会网络之中,除了感情支持外,他人还可以提供有形的物质支持和信息支持等。社会支持与社会保障对老年人的晚年生活具有重要意义。社会支持的强弱与老年人的身心健康及生活质量密切相关,与心血管疾病、老年痴呆、抑郁症等都存在一定联系。同样,老年人的社会支持情况也是药物治疗方案风险评估的影响因素之一。调查显示,城乡医疗水平存在较大差异,城市老年人就医相对方便,社会保障完善,老年人的健康意识较强烈,患病后能够尽早就医,对疾病的控制和治疗都较好;而农村医疗水平相对较低,对于慢性病的预防和控制仍不完善,老年人基本无稳定收入,没有相应的社会保障,一旦患病只能靠最基本,甚至最基本的慢性病控制药物都没有使用,加之对医疗保健知识的缺乏,使得病情越来越重。社会支持情况会影响老年人药物治疗的效果、用药依从性等多方面,药师能够充分了解患者的社会支持程度对药物的选择具有重要意义。

对于罹患高血压、糖尿病等需要长期用药的老年人来说,药师应尽可能了解老年人如何获取药物、当地可提供的药物品种等相关信息,以确保老年人用药的连续性。对于痴呆的老年患者,明确是否有照料者,是老伴、儿女还是其他雇佣人员,照料者的认知功能如何,照料时间是否覆盖老人的日常活动时间等多方面的信息是十分重要的。由于痴呆患者用药存在危险性,能否在正确的时间使用正确的药物完全取决于照料者,在选择药物时应尽量选择给药方便、每天1次的药物。为视力较差的老年人选择降血糖药物时,也应询问是否能够正确调整胰岛素笔的刻度,对于独居老人尽量避免一天多针的强化降糖方案,易增加低血糖风险。在为老年人处方华法林前一定明确是否有条件进行INR监测,对于社会支持较差、不能够定期监测的老年人,使用华法林的风险较高。

5. 老年患者家庭用药的安全处置

(1)老年患者口服用药误区

1)错误的用药时间和用药剂量:老年患者的各脏器生理功能降低,机体组织功能进行性减退,如肝、肾功能减弱,致使药物的吸收率降低,药物的代谢转化与排泄减慢,使血中的药物浓度升高,半衰期延长,造成药物蓄积中毒。因此,老年患者的用药量应较中青年患者有所减少。有学者提出,从50岁开始,每增加1岁,剂量应比成人减少1‰,60～80岁应为成人量的3/4,80岁以上为成人量的2/3。用药时间主要根据疾病发作、药动学和药效学的昼夜节律变化来确定最佳用药时间。如医师处方或药品说明书中规定每天3次,很多老年患者按白天早、中、晚服用,将每次服药的间隔时间由8小时缩短为4小时,加大了药品在体内的蓄积,易引起用药的不良反应。

不同药物有不同的服用方法,如控释剂型需整片吞服;乳酸菌素片、硫糖铝片等需嚼碎后吞服,不可服热水;抗血小板聚集药物饭后服用可减少不良反应发生等。因此,服药方法不正确会影响药物疗效甚至导致不良反应发生。同一种药物可因生产厂家不同而有不同的商品名,甚至同名不同药,多数老年人不清楚就会造成多服用和错服药物。大剂量服用或多种药物不适当地同时应用,会因药物之间的相互拮抗作用而降低疗效,有时还会违反配伍禁忌而出现不良反应、增加药物的毒性。

2)错误的用药时间:疾病的发作、加重与缓解具有昼夜节律的变化,药动学有昼夜节律的变化,药效学也有昼夜节律的变化。所以根据时间生物学和时间药理学的原理,选择最合适的用药时间进行治疗。如变异型心绞痛多在0～6点发作,因此主张睡前用长效钙拮抗剂;他汀类调脂药晚上服用,能很好地抑制肝脏的HMG-CoA还原酶而发挥作用。抗生素类药物达到一定的血药浓度和药物峰值才能发挥药效,因此服用时须按时服用。

3)错误的用药姿势:由于老年患者身体虚弱,部分患者躺着服药(如阿仑膦酸钠),导致药物容易黏附在食管壁上,不仅严重影响疗效,还可能刺激食管,引发咳嗽或局部炎症反应,严重的甚至损伤食管壁。

4)错误的服药方式:有些老年患者吃药时习惯干吞。直接吞药不仅会损伤食管,还可能因为没有足够的水帮助溶解而使药物在体内形成结石。有的老年患者习惯餐后服药,服药后又饮水过多,会稀释胃酸,也不利于药物的溶解、吸收。有的老年患者习惯随着茶水服药,但茶水会与药物发生相互作用,牛奶、果汁、可乐等也会与含钠或碳酸钙的制酸剂发生药物反应,引起胃液过度分泌或造成血钙或血磷过高,从而影响疗效。

5)漏服、重复用药或多重服药:一般老年人常并发多种慢性疾病,通常会同时服用几种药品。药品有通用名、商品名、化学名等,一种药品可能有多个不同的名称,不同厂家生产的同种药品的名称、规格、剂量、颜色、大小、形态也不尽相同,有些老年患者难以分清,很有可能认为名称不同的药品就是不同药品,故容易造成漏服、一药重服或多重服药。

6)不恰当的存药方式:药品保管不当会影响疗效甚至变质失效,由于文化程度和生活习惯的不同,有的老年患者将药品不分地点地随处乱放,造成了药品受潮、变质或超过有效期。

7)错误的服药观念:有的老年患者希望服用药物后"立竿见影",如果服用药物的常规剂量未达到他认为理想的效果,就自行加量,易产生严重的不良后果。高血压和糖尿病患者需要长期服药,有的老年患者血压和血糖服药控制正常后,认为病情好转,自行减药或停药,导致血压和血糖急剧升高,病情加重。

8)过分信任广告宣传:部分老年人多病并存,有时需长期服用药物,有的老年人为了使病好得快,听信广告夸大其词,自己到药店买药服用,或听信他人的用药经验,到医院就医直接点名要某种药。

9)随意停用药物:部分老年人当感觉疾病好转时即停用药物,认为长期服用药物会产生耐药性而自行停药。老年患者用药应注意连续性和合理性,有些药物须达到一定的蓄积量才发挥疗效,随意中断治疗会"前功尽弃",因此不要随意停药。

10)追求贵药:有些老年人受"价高质更好"的心态影响,以及崇拜进口产品,认为价格贵的药疗效一定比价格低廉的药效果明显。实际上,药物不论价格高低,对症下药才是好药。一味热衷于贵重药会造成不必要的经济浪费,而且对疾病的治疗大多不能带来理想的效果。同时,不少老年人对价格昂贵的保健品也很热衷,并不知所患的疾病并非保健品所能治疗,如果滥用保健品,反而会扰乱人体的内平衡,引起新陈代谢失调,加重身体负担。

(2)安全处置

1)指导患者正确的服药时间:由于老年患者肝、肾功能的逐渐减退和药物半衰期的作用,老年患者服药必须定时,如医师处方或药品说明书中规定每日3次,就要告知患者这里的1天是指24小时,服用药物应将24小时分成每8小时服用1次。多数口服药物在餐后服,尤其对消化道有不良反应的药物,如铁剂、某些抗生素等;有些药物在空腹或半空腹时服用,如驱虫药、盐类泻药等;有些药在餐前服,如健胃药、收敛药、抗酸药、胃肠解痉药、利胆药等。睡前服用药物是指晚上临睡前服用,有的老年患者认为即天黑后就开始服用或随时睡觉前服用。因此,临床药师应该为老年患者交代清楚,按时服用,否则达不到应有的治疗效果、增加不良反应或导致应用药物过量。

2)传递正确的服药方式:由于习惯或是延髓损伤所引起的吞咽障碍,有的老年患者喝少量的水服药,甚至直接将药物直接吞下,这种方式是错误的。医学专家测试表明,最好选用40~50℃的温水服用,用20ml温水服药,吸收率仅为43%,而用200~250ml温水服药,吸收率可达90%以上。服用较多水时,加速了药物在胃内的排空,有利于药物在肠道内的吸收,但是糖浆类不宜多饮水,以免降低疗效。含钠或碳酸钙的制酸剂不可与牛奶或果汁一起服用,以免刺激胃液过度分泌或造成血钙或血磷过高。有的药物则需舌下含服,有的药物需嚼服才可达到治疗效果。

3)告知药名:同时给老年患者发放几种药物时,应逐一讲清名称,或是一种药物有几种名称时,应告知患者药物的其他名称,反复交代用法、服用时间,或是在药物外包装上贴上服药小标签,清楚地写好服用剂量,或是让患者重复服用方法和剂量,加深其印象,以免漏服、一药重服和多重服药,提高用药安全。

4)指导正确的储存方法:不同的药物其保存方法会不一样,应教会患者很好地保存药物。同时,告知老年患者药物需在有效期内服用,以免服用过期药,造成药物的毒副作用。

5)交代停药注意事项:交代老年患者不得随意增减药物的用量,如长期服用降压药的患者,不得骤然减药或停药,否则造成血压的急剧回升。如需停服,则在医师的指导下逐渐减量,同时不得随意更改剂量,必须遵医嘱服药,定期复查。

6)注意老年人用药的心理因素:60%以上的老年人患有身心疾病,应帮助老年人保持良好的心态,树立战胜疾病的信心,正确面对疾病,提高用药的依从性。同时指导老年人进行合理的饮食、适当的运动、不吸烟、少喝酒、养成良好的生活习惯。家属对老年人用药应实行必要的监护,老年人因视力、听力及行动能力不断减退,自己用药易发生错误。关爱患有慢性疾病的老年人对有效发挥药物疗效至关重要。如将每次所服用的药物预先分放好,并标注清楚早、中、晚的时间,放于老人随手可得的地方,便于老人服用,也可建立服药的日程表或备忘卡。提醒其按时正确服药,绝不能将忘记服用的药物加在下一次以求弥补,这样会因"过量服药"而产生不良反应。还应向老年人广泛宣传必要的用药小常识和技巧。

7)健康教育:随着社会文明的进步,现代医学逐步以预防为主、治疗为辅。健康老年人不需要服用保健药,只要注意调节好日常饮食营养,合理安排好生活、运动,并调整好心理、情绪,即可达到健康长寿之目的。此外,不可相信游医的"祖传秘方",有病要到正规医院就诊。

8)慎用新、奇、特药:近年来,新药、特药不断涌现,由于应用时间较短,其毒副作用、配伍禁忌尤其是远期副作用还没被人们充分认识,老年人慕名吃药,跟着广告走,导致延误治疗、加重病情。

"药能治病,也能致病"。药品本是一类特殊商品,在防病治病中起到重要作用。因为人体的生理、病理及个体差异,加之各种药物在体内的生物利用度、血药浓度、代谢和排泄速度都不同,所以合理用药是成功治疗疾病和减少药物不良反应的关键。由于我国老龄化社会的快速发展,人们已从观念上认识到了人口老龄化的趋势,但对老年人用药的认识尚不完全,因为老年患者对药物选择的同时受社会因素和心理因素的影响,老年人不仅有疾病所致的病理性改变,还有与年龄相关的生理性改变等。有关研究表明,随着年龄增长,躯体疾病的患病率逐渐增多,心理也会受到影响而产生焦虑、抑郁等负性情绪,这些也可导致用药的不安全因素。此外,由于老年患者的文化水平偏低,更容易造成药物不良反应和中毒事件的发生。因此,全社会都要关注老年患者的用药安全问题,从而保证老年慢性病患者的生存和生活质量。

二、药物治疗方案减缓策略

1. 抓主要矛盾,次要治疗药物可暂缓加用　临床治疗过程中,能够分清主要矛盾和次要矛盾是十分重要的,尤其对于老年患者,多种慢性病同时存在,不可能在一次诊疗过程中解决所有问题。在治疗的不同阶段,主要矛盾也可能发生变化,这就要求医务工作者能够根据病情变化随时调整治疗方案。例如老年人患冠状动脉粥样硬化症,需服用小剂量阿司匹林及他汀类进行二级预防,但又发现大便潜血持续阳性,结肠镜检查发现恶性病变,此时的主要矛盾由冠心病变为了结肠癌,考虑肠道手术的安全性,阿司匹林应暂缓加用。老年糖尿病患者使用小剂量的阿司匹林是获益的,但若同时发现幽门螺杆菌阳性,考虑到幽门螺杆菌感染的情况下加用阿司匹林会增加胃溃疡风险,此时抗幽门螺杆菌治疗应该优先于阿司匹林。

2. 对于社会支持差的老年人尽量制订简单易行的治疗方案　对老年患者进行治疗方案评估前,一定要考虑方案的可行性、患者的依从性等多方面因素。老年人在住院期间进行药物调整,应询问其居住地附近是否有综合医院,能否保证治疗方案调整后药物治疗的连续性;若患者居住地较偏远,医疗资源有限,则尽量选择易于获得的基本药物目录中的药品,否则即使住院期间慢性病控制较好,出院后若治疗中断,病情容易反复甚至进一步恶化。还有部分老年人的生活自理能力变差,服药需要别人帮助完成,这些老年人在社会支持不足的情况下用药风险大大增加,为他们制订药物治疗方案一定以简单易行、安全为重,有时一线治疗药物可能并不适合这类患者。如合并痴呆的糖尿病患者,每天多次注射胰岛素或者每天3次口服二甲双胍可能增加低血糖风险,而每天1次的长效磺脲类药物或者噻唑烷二酮类可能更安全、更适合。

3. 临终关怀与姑息医疗 临终关怀是指对生存期有限的疾病终末期患者(通常少于6个月),重点针对其症状进行控制和心理安抚,缓解患者的身心痛苦,帮助患者渡过生命的最后阶段。姑息医疗是指医护人员帮助生存期有限的疾病终末期患者减轻痛苦、提高生活质量,有尊严地渡过人生最特殊的一段时间,而不是无谓地对患者进行高科技的医疗消费及痛苦的医疗干预。姑息医疗是现代医学领域中新的边缘交叉性学科,是人口老龄化的需求和人类文明发展的标志,其需要一个多学科的团队,需要良好的沟通技巧和专业技能。姑息医疗的多学科团队中应有药师的参与,因为老年人在进入姑息医疗阶段前多种慢性病需要药物控制,而在进入姑息医疗阶段后治疗主要以缓解痛苦为主。Beers标准中指出部分不适合老年人使用的药物在姑息医疗中是可以考虑的,如颠茄类药物可用于减少口腔分泌物,强调了对症治疗在姑息医疗中的重要性。一些对因治疗药物(如冠心病二级预防药物、胆碱酯酶抑制剂类抗痴呆药物等)可以减停,作为一种治疗方案的减缓策略,药师应该了解姑息医疗的常用药物。

对于处于生命最后阶段的患者,正确的方法是在病史采集和体格检查后尽量减少患者的痛苦,而不是让患者接受更多的检查。症状的控制可以通过药物和非药物的方法进行。

(1)疼痛控制:首先进行疼痛评估,然后根据不同的疼痛类型和强度制订治疗方案,药物和非药物治疗都可以作为起始治疗。药物治疗是治疗疼痛的最主要的方法,包括阿片类及非阿片类药物以及其他辅助用药如糖皮质激素、抗抑郁药、抗惊厥药和抗组胺药。

(2)恶心和呕吐:恶心和呕吐是疾病进展时通常会出现的症状。多种情况如恶性肿瘤的转移、激惹、焦虑、药物、消化道刺激、机械性梗阻、感染等均会引起恶心和呕吐。很多药物如胃肠动力药、抗组胺药、抗胆碱能药、5-羟色胺拮抗剂和抑酸药均可用来治疗恶心和呕吐。若患者出现规律的恶心、呕吐症状,则应定时给予药物治疗。

(3)便秘:便秘与肠道动力减退和消化道水分丢失有关。水和食物摄入不足、缺乏活动、阿片类药物及其他慢性疾病等均是导致便秘的危险因素。最有效的治疗就是预防,除非有禁忌证,对接受阿片类药物治疗的患者都应采取预防便秘的措施,可应用大便软化剂和促动力药。

(4)呼吸困难:引起呼吸困难的原因很多,包括基础疾病、恶病质等。治疗呼吸困难的目标是减少呼吸困难的感受而不是降低呼吸频率,过分追求降低呼吸频率会导致并发症。支气管痉挛时可给予支气管扩张剂,糖皮质激素可用来治疗呼吸困难伴支气管痉挛、化疗后的肺超敏反应。

第七节 用药剂量调整与不适当用药

一、用药剂量调整

目前,药品说明书中的剂量多指成人剂量,并不完全适合于老年人。基于特殊的身体情况,老年人用药时要首先权衡治疗药物的利与弊,特别要注意持续用药可能带来的不安全因素。

1. 老年人的服药剂量原则 一般来说,老年人的服药剂量应按年龄调整。即60岁的用药剂量是成人用量的3/4,不可自行增加用药剂量;80岁以上只能给予成人剂量的1/2,或按成人剂量的1/5、1/4、1/2、2/3和3/4顺序给予。

如果不知采取何种用药量时,应按说明书提示的最小剂量开始服用,或按医嘱服药。需要注意的是,药物剂量多以毫克(mg)为单位,少数以克(g)为单位,老年人减量服用时,应认真查看药物的剂量单位,以免产生不良后果。此外,老年人因体内平衡作用减弱,致使部分药物产生不良反应,服药后需留心观察有无不适症状,并及时就医。

2. 老年患者的肝、肾功能与药物剂量调整

(1)老年肾脏功能与药物剂量调整:我国普通人群中慢性肾病的发病率大约在11%,而老年慢性肾病的发病率高达36%～40%,其中大部分为肾功能减退。对老年或慢性肾病患者,即使采用标准剂量的治疗方案,某些经肾脏代谢的药物在体内的清除率也明显减慢,血药浓度-时间曲线下面积增大,可能引起严重的毒副作用。

老年肾脏的形态学及功能的改变:人体进入40岁以后,肾脏重量逐渐减轻、体积缩小、皮质变薄;80岁时肾脏的总体面积较20岁时下降18.8%。老化肾被膜增厚,肾小球硬化,硬化的肾小球主要位于浅皮质区,尤其是被膜下,从而造成功能性肾单位减少。存留肾小球大小不一,部分存留肾小球出现代偿性肥大。肾小管数量随增龄也逐渐减少,从40～80岁,功能性肾小管组织减少近40%,肾小管萎缩程度与肾小球硬化数量密切相关。肾间质纤维化程度随年龄的增长也逐渐明显,使肾小管之间的距离加大,间质体积增加。肾血管随增龄改变比较明显,主要为动脉硬化。衰老引起的动脉硬化与高血压、糖尿病引起的动脉硬化在形态学上不容易区分。肾动脉及其大分支可出现粥样硬化,导致肾缺血;细小动脉呈透明硬化;小动脉硬化;叶间动脉内膜呈增殖性硬化。随着形态学的改变,老年肾单位的血流量随之减少,肾血流从40岁以后进行性减少,每10年约减少10%,至90岁时仅为年轻人的50%。肾小球滤过率在40岁以后同样每年减少约10%。50岁以后内生肌酐清除率开始明显下降,80岁的老年人较20岁的年轻人下降约41%。老年人的肾小管浓缩稀释功能明显减退,尿最大浓缩能力在50岁以后每10年约下降5%。

2011年美国国立综合癌症网络(National Comprehensive Cancer Network,NCCN)的《老年肿瘤诊治指南》强调,在临床上使用经肾脏排泄的药物时,要特别注意评估老年患者的肾功能状况。2012年改善全球肾脏病预后组织(Kidney Disease:Improving Global Outcomes,KDIGO)发布的《急性及慢性肾脏病患者药物剂量调整指南》也强调,必须依据患者肾脏功能的状况对治疗药物的剂量进行仔细调整。

肾功能的评估主要是指对肾小球滤过功能的评估,肾小球滤过率(glomerular filtration

rate,GFR)是评估肾小球功能最准确、最重要的参数。目前临床上常根据血肌酐(serum creatinine,Scr)、内生肌酐清除率(creatinine clearance,Ccr)以及血清胱抑素 C 等来反映 GFR 的变化,但其准确性受多种因素影响。Scr 水平在老年人中测定值偏低,常不能真实地反映 GFR 的变化。

Ccr 虽较 Scr 敏感,但在伴有肾功能损害的老年患者中常高估 GFR。另外,在测定 Ccr 时,尿液标本的收集和尿肌酐的测定往往会有较大的误差。胱抑素 C 评估 GFR 的有效性高于 Scr 和 Ccr,但在心绞痛、心肌梗死、哮喘、肿瘤及一些慢性炎症性疾病中,血清胱抑素 C 的水平可明显增高。

eGFR 的计算公式:研究表明,肾功能评估最好采用测定 GFR(mGFR),如放射性核素肾图测定,或采用基于年龄、体重、性别和种族等因素校正 Scr 的推算公式来估算 GFR(eG-FR)。与操作复杂且昂贵的 mGFR 相比,使用 eGFR 更为方便、实用。目前临床上常用的计算 eGRF 的方法公式为改良简化的 MDRD 方程和 CKD-EPI 公式。简化的 MDRD 方程(Scr 的单位为 $\mu mol/L$)为 $mGFR = 186 \times (Scr/88.4) - 1.154 \times 年龄^{-0.203} \times (女性 \times 0.742)$;中国改良简化的 MDRD 方程(Scr 的单位为 $\mu mol/L$)为 $c\text{-}aGFR = 186 \times (Scr/88.4) - 1.154 \times 年龄^{-0.203} \times (女性 \times 0.742) \times 1.233$。CKD-EPI 公式见表 3-1。

表 3-1 CKD-EPI 公式

性别	血肌酐值($\mu mol/L$)	CKD-EPI 方程
女性	$\leqslant 62$	$cGFR = 144 \times (Scr/62)^{-0.329} \times (0.993)^{age}$
	> 62	$cGFR = 144 \times (Scr/62)^{-1.209} \times (0.993)^{age}$
男性	$\leqslant 80$	$cGFR = 141 \times (Scr/80)^{-0.411} \times (0.993)^{age}$
	> 80	$cGFR = 141 \times (Scr/80)^{-1.209} \times (0.993)^{age}$

目前,CKD 防治指南中推荐使用含有多个变量的 CKD-EPI 公式,认为其在评估肾功能以及估算药物剂量方面优于其他公式。尽管如此,在以上公式的推导过程中,均未涵盖大样本的老年人群资料,对老年人尤其是中国老年人肾功能的评估可能仍存在较大偏差。因此,研究学者建议在临床上采用 2~3 种方法对老年患者的肾功能进行综合评估。

尤其是 CKD 4 期(eGFR<30ml/min)以后,患者的全身状况可能会以多种方式影响药物的吸收、蛋白结合、分布、代谢及排泄过程。除 GFR 显著减退导致药物及其代谢产物的清除降低之外,尿毒症毒素以及继发的各种内环境紊乱还可通过改变血浆结合蛋白和(或)肝脏的代谢与水、电解质和酸碱平衡失调,以及改变大分子蛋白或转运酶的活性而影响药物的体内代谢过程。此外,老年或 CKD 患者可经常出现胃肠功能紊乱等,也可导致药物的吸收减少和生物利用度降低。因此,老年或尿毒症患者中药物剂量的调整很难有一个统一而清晰的模式,临床上即便调整了药物剂量,也需要在用药后仔细观察患者是否出现肾脏毒性反应。

临床上对经肾代谢药物剂量的调整一般通过以下步骤进行。首先,需要了解拟使用药物的药动学情况;其次,要评估患者的肾功能和全身营养状况;最后,根据肾功能状况决定用药剂量和方法,如减少剂量、延长给药间隔或两者兼之。

(2)老年肝脏功能与药物剂量调整:老年人的肝脏都发生萎缩,肝细胞减少,结缔组织增加,重量减轻,90岁的老年人其肝脏重量仅为正常人的一半。老年人的血流量较20岁的青年人少40%～50%,因此,肝的新陈代谢和解毒功能降低。有人对老年人进行了磺溴酞钠(BSP)试验,有25%的人出现滞留。在肝功能检查时,虽然丙氨酸氨基转移酶、麝香草酚浊度试验正常,但它的解毒能力和对蛋白质的合成能力降低,以白蛋白减少尤为明显,白蛋白与球蛋白的比例呈1:1[正常值为(1.5～2.5):1]。老年人常伴有低蛋白血症,血浆蛋白结合药物的能力也有所下降,导致血液中的游离型药物浓度增加。

综上所述,对药物使用安全性和治疗剂量影响最明显的是肾脏清除率的降低。一般而言,大多数药物清除率的降低与肾功能的减退基本相当。因此,不少药物在应用之前需要评估患者的肾功能以调整剂量。

二、老年人不适当用药的评价标准

(一) Beers标准(附录1～3)

1991年,美国老年医学会(American Geriatrics Society,AGS)、临床药理学、精神药理学及药物流行病学等专家在回顾相关文献后达成共识,建立了判断老年患者潜在不适当用药比尔斯(Beers)标准。该标准分别在1997年和2003年修订,2012年新增修订版。Beers标准在识别老年患者潜在不适当用药、降低不合理用药和治疗费用等方面发挥了积极作用。20多年来,老年人潜在不适当用药比尔斯标准是老年人处方药物安全性的主要信息来源。为预防老年人用药的副作用和其他药物相关问题,AGS发布最新2012年版Beers标准,更新并扩展了这一重要信息来源。扩展后的AGS更新版老年人潜在不适当用药比尔斯标准明确了对于65岁及65岁以上的老年人风险可能大于益处的药物。

虽然Beers标准为老年人用药提供了很好的参考工具,但是仍有一些缺陷,如:①标准中的很多药物在中国、欧洲国家没有上市或已经被淘汰;②标准中的一些药物是否为老年人绝对避免使用尚有待于商榷,如胺碘酮、阿米替林、多沙唑嗪等;③未涉及药物相互作用。

2012年Beers标准让专家明确了对老年人"潜在不当"的药物和药物种类,医疗提供者为65岁及65岁以上的老年人开药时应考虑避免这些药物。这些药物的副作用风险较高,对老年人来说可能效果不佳,可以替代为更加安全或有效的药物或非药物治疗。

用于治疗老年人常见的14种疾病的药物可能存在潜在的不当,老年人用药时应注意,这些药物可能导致药物相关问题,且不完全有效。但是,这些药物可能是某些老年人的最佳用药选择。医疗提供者需要认真监控药物作用效果,注意副作用的发生。服用这些药物的老年人或其照顾者应注意药物是否有效、是否发生副作用,并及时通知医师。

医疗提供者在决定是否给老年人开药以及开何种药物时可参考AGS的Beers标准,但不应仅依靠标准作出决定,因为标准并不适用于老年人所面临的所有情况,比如标准没有考虑老年人进行姑息治疗或医院治疗的所有特殊情况。

(二) 加拿大不适当用药标准(附录4)

加拿大标准是在1997年由加拿大临床药理学、老年病学、家庭医学和药师等32位顶级专家组成的专家小组在Beers标准的基础上,选择71种老年人不宜使用的药物进行通讯调查。采用1(无临床意义)-4(很有临床意义)个等级评价每种药物潜在ADR的临床意义,最后将临床意义≥3.0分的38种(类)药物作为加拿大标准颁布(但至今未见更新)。其中老年人禁忌药物18种、药物-疾病相互作用药物16种、药物-药物相互作用4种,分老年心血管药物、老年精神病药物、老年镇痛药物和老年其他药物列出。该标准以常用药为主,按临床药物分类,并根据老年人不适当处方行为提出了同等有效或更有效而不良反应少的替代方案,颇有临床参考价值。

(三) STOPP 标准(附录8)

Beers标准中大约有一半的药物是欧洲国家的处方集中没有的,因此限制了Beers标准在欧洲的应用,STOPP标准正好弥补了这一不足。自2008年建立以来,STOPP标准在欧洲国家得到广泛应用,在一定程度上被认为是欧洲的Beers标准。STOPP标准包含65条不适当用药,按系统分为十大类,包括心血管系统、中枢神经系统和精神药物、消化系统、呼吸系统、肌肉骨骼系统、泌尿生殖系统、内分泌系统、增加跌倒风险的药物、治疗性重复用药和镇痛药,每一条都注明了在特定疾病状态下使用某类药物是不适当的,如青光眼患者使用三环类抗抑郁药、心衰患者使用解热镇痛抗炎药等,也包括了药物相互作用,如β受体阻断药与维拉帕米联用、解热镇痛抗炎药和华法林联用等。不足的是,虽然STOPP标准涵盖了多系统的用药,但很多条目都只提及药物类别,并未注明具体的药物名称,容易造成使用上的困难和歧义。

根据一家教学医院的住院老年人ADR分析,不适当药物组的ADR比对照组高2.6倍(18.1% vs 7.0%)。这些不适当药物对老年人弊大于利,是老年人ADR的高危药物,老年人应避免使用或限量使用。STOPP标准、Beers标准和加拿大标准为老年人合理用药提供了指南,临床医师应结合本院的具体情况尽力遵循。目前,老年病学的发展与人口老龄化的进程极不相称,多数医院未设立老年病科,大量老年患者只能住内科,已占内科床位的25%。最近,对美国3家教学医院内科和家庭医学科的经治医师和主治医师进行问卷调查,发现仅19%的医师在给老年人处方时使用了Beers标准,而应用JNC-7指南处理高血压已达82%。因此,需要在继续医学教育中加强老年人用药指南的普及与提高,共同改善老年人不适当药物应用的局面,使老年人少受ADR的危害。老年人特殊的病理生理特点决定了药物在其体内特殊的药效学和药动学过程,如果医务人员对于老年人病理生理的特殊性认识不足,很容易造成临床不合理用药,加上老年人的用药依从性差,盲目使用多种药物或随意更换其他药物,使得在评估老年人的用药安全性和疗效方面更为困难。因此,制定中国老年人合理用药目录,明确老年人高风险药品和注意事项,开展老年人合理用药评估,对于建立合理用药评估体系,保证老年患者的用药安全十分必要。目前首都医科大学的王育琴等已进行了中国老年人疾病状态下潜在不适当用药的初级判断标准(表3-2)的研制,具有重要的指导意义。

表3-2 中国老年人疾病状态下潜在不适当用药的初级判断标准

药物分类和名称	异常状态或疾病	用药风险点	建议
	A级判断标准		
镇静催眠药			
苯二氮䓬类	谵妄	诱发或加重谵妄	避免用于有谵妄高风险者,停药需缓慢

续表

药物分类和名称	异常状态或疾病	用药风险点	建议
	痴呆及认知功能受损	中枢神经系统的不良影响	避免使用
	慢性阻塞性肺疾病	呼吸抑制	*
	睡眠呼吸暂停综合征	呼吸抑制	*
	跌倒或骨折史	精神运动功能受损、跌倒	避免使用，除非其他可选药物不可用
扎来普隆	跌倒或骨折史	精神运动功能受损、跌倒	避免使用，除非其他可选药物不可用
抗精神病药			
抗精神病药	痴呆及认知功能受损	增加痴呆患者的脑血管意外（卒中）及死亡风险	避免用于治疗痴呆患者行为异常，除非药物治疗失败或患者对自己及他人造成威胁
	跌倒或骨折史	共济失调、精神运动功能损伤、晕厥及跌倒	避免使用
	帕金森病	加重帕金森病症状	避免使用
	慢性便秘	加重便秘	避免使用，除非无其他选择
	癫痫或癫痫发作	降低癫痫发作阈值	*
氯丙嗪	晕厥	直立性低血压或心动过缓	避免使用
	谵妄	诱发或加重谵妄	避免用于有谵妄高风险者，停药需缓慢
	直立性低血压	加重直立性低血压，导致摔倒	换用强效抗精神病药如氟哌啶醇，并连续监测血压
奥氮平	晕厥	直立性低血压或心动过缓	避免使用
氟哌啶醇	帕金森病	锥体外系症状	*
抗抑郁药			
抗抑郁药	跌倒或骨折史	共济失调、精神运动功能损伤、晕厥及跌倒	*
三环类抗抑郁药	谵妄	诱发或加重谵妄	避免用于谵妄高风险患者，停药需缓慢
	直立性低血压	加重直立性低血压，导致摔倒	换用选择性5-羟色胺再摄取抑制剂，密切监测血压

续表

药物分类和名称	异常状态或疾病	用药风险点	建议
	青光眼	加重青光眼	换用选择性5-羟色胺再摄取抑制剂
	慢性便秘	加重便秘	避免使用,除非无其他选择
精神兴奋药			
匹莫林	失眠	中枢兴奋作用	避免使用
非甾体抗炎药	心力衰竭	体液潴留,加重心力衰竭	避免使用
	消化性溃疡	加剧原发溃疡,导致新溃疡	避免长期使用,仅在其他药物疗效不佳且同时服用胃黏膜保护剂时才可使用
	肾功能不全	水钠潴留,加重或诱发肾衰竭	避免使用
	凝血障碍或接受抗凝治疗	延长凝血时间或抑制血小板聚集,增加潜在的出血风险	采用非药物治疗,换用对乙酰氨基酚,与胃黏膜保护剂联用
	高血压	水钠潴留,导致高血压	换用对乙酰氨基酚或阿司匹林,密切监测血压
抗高血压药			
非选择性β受体阻断药	哮喘(史)或慢性阻塞性肺疾病(史)	加剧或引起呼吸抑制	换用钙通道阻滞药
多沙唑嗪、特拉唑嗪	晕厥	直立性低血压或心动过缓	避免使用
	压力性或混合性尿失禁	加重尿失禁	女性避免使用
哌唑嗪	压力性或混合性尿失禁	加重尿失禁	女性避免使用
地尔硫䓬、维拉帕米	心力衰竭	体液潴留,加重心力衰竭	避免使用
血管活性药			
去氧肾上腺素	失眠	中枢兴奋作用	避免使用
抗血小板药			
噻氯匹定、氯吡格雷	凝血障碍或接受抗凝治疗	增加出血风险	*
西洛他唑	心力衰竭	体液潴留,加重心力衰竭	避免使用
消化系统用药			
甲氧氯普胺	帕金森病	加重帕金森症状	避免使用
溴丙胺太林	慢性便秘	加重便秘	避免使用,除非无其他选择

续表

药物分类和名称	异常状态或疾病	用药风险点	建议
抗过敏药			
氯苯那敏、氯马斯汀、苯海拉明	慢性便秘	加重便秘	短期使用
异丙嗪	帕金森病	加重帕金森症状	避免使用
激素类药物			
糖皮质激素	谵妄	诱发和加重谵妄	避免用于有谵妄的高风险者,停药需缓慢
	骨质疏松	加重骨流失	*
	消化性溃疡	加重消化性溃疡	*
	糖尿病	加重糖尿病	采用吸入糖皮质激素或支气管扩张剂,密切监测血糖
雌激素(除外阴道用药)	尿失禁(女性)	加重尿失禁	女性避免使用
降血糖药			
吡格列酮、罗格列酮	心力衰竭	体液潴留,加重心力衰竭	避免使用
麻醉药与麻醉辅助用药			
哌替啶(长期使用)	疼痛	跌倒、骨折、药物依赖	采用非药物治疗,若必须行药物治疗,则换用对乙酰氨基酚或可待因、吗啡、羟吗啡酮
胆碱酯酶抑制剂	晕厥	直立性低血压或心动过缓	避免使用
泌尿系统药物			
噻嗪类利尿药	痛风	加重或导致痛风	换用其他降压药
氨苯蝶啶	Ⅳ/Ⅴ期慢性肾病	增加肾损伤风险	避免使用
托特罗定	慢性便秘	加重便秘	避免使用,除非无其他选择
抗胆碱药	谵妄	诱发或加重谵妄	避免用于有谵妄高风险者,停药需缓慢
	认知功能受损	中枢神经系统不良反应,增加痴呆患者的卒中及死亡风险	避免使用
	慢性便秘	加重便秘	避免使用,除非无其他选择
	下尿路症状、良性前列腺增生	尿流变细、尿潴留	男性避免使用
	青光眼	加重青光眼	*

续表

药物分类和名称	异常状态或疾病	用药风险点	建议
		B级判断标准	
镇静催眠药			
三唑仑	失眠	认知障碍和行为异常	采用非药物治疗，或选用半衰期短的苯二氮䓬类药物
右佐匹克隆	跌倒或骨折史	共济失调、损伤神经运动功能、晕厥及跌倒	避免使用，除非无其他安全替代药物
抗精神病药			
硫利达嗪	癫痫或癫痫发作	降低癫痫发作阈值	避免使用
	晕厥	直立性低血压或心动过缓	*
	谵妄	诱发或加重谵妄	避免用于有谵妄高风险者，停药需缓慢
抗抑郁药			
安非他酮、马普瑞林	癫痫或癫痫发作	降低癫痫发作阈值	避免使用
抗高血压药			
利血平	抑郁	加重抑郁	*
	高血压	高剂量可能导致抑郁症和锥体外系反应	换用其他降压药
抗血小板药物			
双嘧达莫	预防脑卒中	无效	换用阿司匹林或噻氯匹定
抗过敏药			
赛庚啶	慢性便秘	加重便秘	短期使用
泌尿系统用药			
奥昔布宁（口服）	慢性便秘	加重便秘	避免使用，除非无其他选择

　　注：＊表示5个国家或地区判断标准中无相关风险建议；药物分类参考2010年版《中华人民共和国药典临床用药须知（化学药品和生物制品卷）》，但"抗胆碱药"参考《新编药物学》第17版

（童荣生　李　刚）

参 考 文 献

［1］Fulton MM，Allen ER. Polypharmacy in the elderly：a literature review［J］. J Am Acad Nurse Pract，2005，17（4）：123-132.

［2］Kaufman DW，Kelly JP，Rosenberg L，et al. Recent patterns of medication use in the ambulatory adult population of the United States：The Slone Survey［J］. JAMA，2002，287（3）：337-344.

［3］Fialova D,Topinkova E,Gambassi G,et al. Potentially inappropriate medication use among elderly home care patients in Europe［J］. JAMA,2005,293(11):1348-1358.

［4］Stoehr GP,Ganguli M,Seaberg EC,et al. Over-the-counter medication use in an older rural community：The MOVIES Project［J］. J Am Geriatr Soc,1997,45(2):158-165.

［5］Weiner DK,Hanlon JT,Studenski SA. Effects of central nervous system polypharmacy on falls liability in community-dwelling elderly［J］. Gerontology,1998,44(4):217-221.

［6］吕玉林,林平,张美丽. 老年患者下呼吸道感染常见病原菌分布及耐药性分析［J］. 中华医院感染学杂志,2014,24(7):1608-1610.

［7］Muir AJ,Sanders LL,Wilkinson WE,et al. Reducing medication regimen complexity. A controlled trial［J］. J Gen Intern Med,2001,16(2):77-82.

［8］李小鹰,王林,于普林,等. 老年人冠心病治疗与二级预防现状调查［J］. 中华老年医学杂志,2012,31(10):909-914.

［9］Inzucchi SE,Bergenstal RM,Buse JB,et al. Management of hyperglycemia in type 2 diabetes：a patient-centered approach：position statement of the American Diabetes Association（ADA）and the European Association for the Study of Diabetes（EASD）［J］. Diabetes Care,2012,35(6):1364-1379.

［10］Bodenner D,Spencer T,Riggs AT,et al. A retrospective study of the association between megestrol acetate administration and mortality among nursing home residents with clinically significant weight loss［J］. Am J Geriatr Pharmacother,2007,5(2):137-146.

［11］张洪泉. 老年药理学与药物治疗学［M］. 北京：人民卫生出版社,2010.

［12］The American Geriatrics Society 2012 Beers Criteria Update Expert Panel. American Geriatrics Society Updated Beers Criteriafor Potentially Inappropriate Medication Use in Older Adults［J］. J Am Geriatr Soc,2012,60(4):616-631.

［13］蹇在金. 老年人不宜使用的药物［J］. 中国实用内科杂志,2011,31(01):17-21.

第四章

老年高血压

第一节 定义和流行病学

一、定义

高血压(hypertension)是一种以体循环动脉压升高为主要特点的临床综合征,是多种心脑血管疾病的重要病因和危险因素,动脉压的持续升高可导致靶器官如心脏、肾脏、大脑和血管的损害,最终导致这些器官的功能衰竭,是心血管疾病死亡的主要原因之一。高血压也是一种随年龄增长而增加的疾病,老年人群中有较高的发病率。

目前国际上公认的高血压诊断标准是根据初次筛查后每2次或更多次就诊时正确测量到的2次或更多次读数的平均值,提出了以下定义:收缩压≥140mmHg、舒张压≥90mmHg。收缩压≥140mmHg且舒张压<90mmHg为单纯性收缩期高血压(isolated systolic hypertension,ISH),是高血压的一种特殊类型,常见于65岁以上的老年人。

二、流行病学

使用处方药以及非妊娠成人到医院就诊,最常见的原因就是治疗高血压。高血压的患病率和发病率在不同的国家和地区或种族之间有差别,发达国家较发展中国家高,寒冷地区高于温暖地区,黑种人高于白种人,城市高于农村。近年来,由于社会经济的快速发展和人们生活方式的变化,世界范围内高血压的发病率有增长趋势。

从2005—2008年进行的美国国家健康和营养检查调查估计,在美国有29%～31%的成人患有高血压。如果换算成人口,则美国的成年人群中有5800万～6500万人患有高血压。

我国自20世纪50年代以来共进行了4次较大规模成人血压情况的调查,高血压的患病率分别为5.11%、7.73%、11.88%和18.8%,总体上呈明显上升的趋势。每5个成人中就有1人患高血压,估计目前全国高血压患者至少2亿。2002年全国糖尿病流行病调查中,20岁以上的人群高血压患病率为26.6%,老年人群(年龄≥65岁)高血压患病率为56.6%,明显高于老年前期45～64岁的36.7%。2013年中国心血管病年报报道,全国心血管疾病患者2.9亿、高血压2.7亿、脑卒中至少700万、心肌梗死250万、心力衰竭450万。在65岁以上的老年人群中,高血压的患病率和升高幅度增加。Framingham研究提示,年龄在 55～65 岁时血压正常者,今后发展为高血压的为 90%。80 岁以上的人群中,高血压的患病率高达 90%以上。我国人群的血压水平从 110/75mmHg 开始,随着血压水平升高而心血管疾病的发病危险持续增加,与血压＜110/75mmHg 比较,血压为 120～129/80～84mmHg 时心血管疾病的发病危险增加 1 倍,血压为 140～149/90～94mmHg 时心血管疾病的发病危险增加 2 倍,血压＞180/110mmHg 时心血管疾病的发病危险增加 10 倍。

老年高血压患者较年轻患者更可能知晓自己有高血压,更可能接受治疗,但在治疗时,老年患者的高血压控制率较年轻患者更低。

第二节 病因和发病机制

一、病因

高血压的病因至今未明,目前认为是在一定的遗传易感性的基础上,由多种后天环境因素所致。

1. 遗传因素 高血压具有明显的家族聚集性。父母双方无高血压、一方有高血压或双方均有高血压,其子女发生高血压的概率分别为 3%、28% 和 46%。约 60% 的高血压患者可询问到有高血压家族史。高血压被认为是一种多基因遗传病,这些基因的突变、缺失、重排和表达水平的差异,亦即多个“微效基因”的联合缺陷可能是导致高血压的基础。那些已知或可能参与高血压发病过程的基因称为高血压的候选基因,据推测可能有 5～8 种。

2. 环境因素 中国人群高血压发病的危险因素包括年龄、超重与肥胖、过度饮酒、高钠低钾膳食、精神紧张及缺乏体力活动等。年龄是高血压的重要因素,无论男女,随着年龄增长,高血压的患病风险明显增加,与 14～24 岁组比较,65～74 岁组男性的高血压风险高达 22 倍、女性的高血压风险增加 57 倍。超重与肥胖明显增加高血压发病的风险,超重者的高血压风险增加 2.5 倍,肥胖者增加 5.3 倍。饮酒量越大,高血压风险越高;每天饮酒 40g,高血压风险增加 1.72 倍。膳食中钠的摄入量与血压水平及患病率密切相关,每人每天食盐摄入每增加 2g,收缩压及舒张压分别增加 2mmHg 及 1.2mmHg。研究表明,钠摄入量每减少 83mmol/L,收缩压及舒张压分别下降了 7.2mmHg 和 3.2mmHg,且降压效果在高血压患者和非高血压患者中同样明显。精神心理因素与血压升高有关系,长期处于高度紧张和心理压力增大时易患高血压,脑力劳动者的高血压患病率比体力劳动者高。

二、发病机制

高血压的发病机制即遗传和环境因素通过什么环节和途径升高血压,目前尚不十分清楚,可能与下述机制有关。对于某一个高血压个体来说,血压升高的机制不同,也可能多种机制参与了高血压的产生。

1. 交感神经活动增强 交感神经在高血压的形成过程中发挥重要作用。交感神经通过释放儿茶酚胺引起外周动脉血管收缩、阻力增加、血压升高,兴奋心脏引起心肌收缩力增强、心率加快、心排血量增加。高血压患者血中的儿茶酚胺水平升高者占 40%。长期精神紧张、焦虑时,刺激中枢神经,导致大脑皮质下神经中枢功能紊乱,引起交感神经与副交感神经间的平衡紊乱,交感神经保持持续的兴奋,末梢神经释放儿茶酚胺增多,引发高血压。

2. **肾素-血管紧张素-醛固酮系统**（renin-angiotensin-aldosterone system，RAAS）激活 肾素是肾小球旁细胞分泌的，激活由肝脏产生的血管紧张素原生成血管紧张素Ⅰ（AngⅠ），血管紧张素Ⅰ在肺血管内皮细胞被血管紧张素转化酶（angiotensin converting enzyme，ACE）转换为血管紧张素Ⅱ（AngⅡ），AngⅡ被蛋白水解酶分解为其他活性片段。AngⅡ是一种强有力的心血管活性物质。近年研究发现，ACE2能够将AngⅡ分解为Ang（1-7）。AngⅡ作用到心脏及血管的AngⅡ受体1亚型（AT_1），引起全身及肾脏血管收缩，升高血压，增加肾小球囊内压及其通透性，系膜细胞收缩致肾小球滤过面积减少，诱导肾脏肥大及细胞增殖，刺激细胞外基质合成及抑制其降解，增加蛋白尿，刺激醛固酮分泌，增加钠的重吸收，促进生长因子和原癌基因的表达等一系列作用，导致血压升高；AngⅡ作用于心脏AT_1受体，引起心肌细胞纤维化。人体内除了循环中的RAAS系统外，组织局部也存在RAAS系统，在心脏、血管重构及靶器官损害中发挥作用。RAAS系统中存在ACE2及Ang（1-7）途径，引起血压下降，对心血管具有保护作用，它与ACE及AngⅡ途径相互作用，调节血压。

3. **肾脏潴留过多钠盐** 肾脏在水钠调节中发挥重要作用，通过调节水钠的多少调节血容量，从而影响血压水平。根据摄入钠盐后血压的反应，分为盐敏感性及盐耐受性高血压两类。盐敏感性高血压患者存在细胞钠离子转运障碍，细胞内的钙离子增多，血管收缩，外周阻力增加，血压升高。老年人随着肾功能的减退，肾脏排钠减少，导致血容量增高，血压升高。盐的过多摄入还引起其他心血管事件增加。我国高血压患者，特别是北方地区盐摄入量高，是高血压发病率高的重要原因。

4. **胰岛素抵抗** 胰岛素抵抗是指体内的胰岛素靶组织细胞对于胰岛素的敏感性及（或）反应性降低的一种病理生理反应。胰岛素促进葡萄糖的摄取及利用受损，导致代偿性胰岛素分泌增加，引起高胰岛素血症，影响电解质代谢，引起细胞内钠增加，AngⅡ刺激醛固酮产生增加，导致水钠潴留，细胞内钠增加引起血管对缩血管物质反应增加，扩血管前列腺素合成减少，引起血管收缩，血压升高。

5. **内皮细胞功能障碍** 内皮细胞具有调节血管舒张和收缩的功能。正常情况下，内皮细胞分泌一定量的舒血管和缩血管活性物质，维持血管的功能。当内皮细胞受损，舒血管活性物质如NO、前列环素等分泌减少，而缩血管活性物质如内皮素、血栓素A_2分泌增加时，导致血管收缩增强，血压升高。长时间血压升高可进一步损伤血管内皮结构和功能，是高血压导致靶器官损害和各种临床并发症的重要原因。

老年人单纯性收缩期高血压除了见于心排血量增加的疾病，例如贫血、甲亢、主动脉瓣关闭不全、动静脉漏等情况外，随着年龄增长，动脉粥样硬化、动脉壁钙盐及胶原蛋白沉积、动脉壁弹力纤维退行性变与其密切相关。动脉壁的僵硬导致从外周反射回波的速度增快，血压的升高进一步引起动脉壁僵硬，损害内皮依赖性的血管扩张作用。

第三节 病理和病理生理

高血压引起的病理改变主要表现在各级动脉及左心室，引起动脉粥样硬化及左室肥厚。随着高血压病程的延长，包括心脏、脑、肾脏及外周动脉血管等重要脏器及血管发生不同程度的受累，出现结构及功能改变。

1. **心脏** 高血压引起冠状动脉粥样硬化及左室肥厚。左室肥厚是影响高血压预后的重要的独立危险因素。

2. 脑　高血压对脑血管的影响包括颈动脉等大动脉及小动脉。血压升高及年龄增长，微小动脉出现微小动脉瘤，血压波动时特别是应激时血压突然升高，诱发小动脉瘤破裂，引起脑出血。

3. 肾脏　高血压引起的肾动脉硬化包括肾外动脉硬化、管腔狭窄，严重时引起肾脏缺血，加快肾功能减退速度，也是顽固性高血压的原因之一。肾内动脉硬化，有效肾单位减少，引发高血压肾病，进一步引起血压升高。

4. 外周动脉　小动脉病变是高血压的重要病理改变。随着年龄增长，大动脉逐渐硬化，其顺应性降低，是老年单纯性收缩期高血压的重要病理基础。

第四节　临床表现和辅助检查

一、症状

高血压患者早期可以没有任何症状，或仅在劳累、情绪变化、紧张时血压升高，休息后血压下降甚至恢复至正常水平。部分患者可有头痛、头晕、头部发胀、颈部不适等非特异性症状。随着病程延长，血压表现为持续升高，在此基础上可以因应激而进一步升高，临床症状并不一定与血压水平相关，但常在血压短期内波动较大时出现，不同患者甚至有一个血压相关症状的临界点，高于此水平时才出现症状。

二、体征

1. 血压升高　首诊体检应测量双上肢血压，如果两侧血压差值收缩压≥20mmHg、舒张压≥10mmHg，应当进一步做血管超声等检查明确原因。老年人脉压常增大，血压波动或服用降压药物时血压也可以正常。测量身高、体重及臀围，计算体重指数，判断肥胖及超重情况。

2. 靶器官损害或并发症表现　高血压除了影响大动脉血管引起动脉硬化、扩张、管腔狭窄外，体检时在髂动脉、腹主动脉、颈动脉等部位可闻及血管杂音。

老年人除了一般高血压患者的临床表现外，还有下列特点：①单纯性收缩期高血压增多，脉压增大：老年人常表现为脉压增大，占高血压的60%，与总体死亡率及心血管事件密切相关；②血压昼夜节律异常：老年人血压昼夜节律异常的发生率高，表现为夜间血压下降幅度＜10%（非杓型）或超过20%（超杓型），这两种变化均导致心、脑、肾等器官受损加重；③直立性低血压：在年龄65岁及65岁以上的人群中总体患病率可达20%～50%，其心脑血管事件也明显增加，应在年龄超过65岁的患者、经历立位头晕或无力的患者或糖尿病患者中检查是否存在直立性低血压（定义为从仰卧位到无助力的直立位时，收缩压下降20mmHg或20mmHg以上）；④餐后血压下降：在居家护理的老年人中发生率为24%～36%，在我国住院的老年患者中发生率为74.7%；⑤清晨高血压：80岁以上的老年人清晨高血压达20%以上，心血管事件发生率增加；⑥并发症多：老年人高血压病程长，随着高血压的病程进展，靶器官出现不同程度的受损，根据靶器官损伤的部位及程度不同，临床表现各异。

三、辅助检查

辅助检查主要包括：①心电图；②X线胸片；③超声心动图；④实验室检查；⑤超声检查；⑥磁共振成像；⑦心肌缺血的评估；⑧脉搏波传导速度（PWV）和踝臂指数（ABI）。

第五节 诊断和鉴别诊断

病史询问应该搜寻那些有助于确定是否存在诱发或加重因素（包括处方药物、非处方性非甾体抗炎药和饮酒）、血压的自然进程、靶器官损伤的程度以及是否存在其他心血管疾病危险因素。高血压的诊断包括血压水平的测量、排除继发性高血压和心血管风险及靶器官损伤的评估。目前血压的测定除诊室血压外，家庭血压测定（HBPM）及动态血压测定（ABPM）在临床上都广泛使用，是诊室血压的有效补充，在新的高血压指南中已经给予肯定，但诊室血压测定值依然是高血压诊断的"金标准"。

一、高血压的评估

根据《中国高血压防治指南2010年修订版》的规定，成年人高血压的定义为在未服用高血压药物的情况下，收缩压≥140mmHg和（或）舒张压≥90mmHg。既往有高血压病史，目前正服用抗高血压药物，即使血压已低于140/90mmHg，仍应诊断为高血压。按血压水平将高血压分为1、2和3级。收缩压≥140mmHg和舒张压<90mmHg单列为单纯性收缩期高血压。若患者的收缩压与舒张压分属不同的级别时，则以较高的分级为准。单纯性收缩期高血压也可按照收缩压水平分为1、2和3级。测量前需休息3~5分钟，至少进行2次测量，间隔1~2分钟进行第2次测定。

家庭血压监测对于预测靶器官损伤的价值优于办公室血压测定，诊室及诊室外血压测定诊断高血压的标准见表4-1。

表4-1 诊室及诊室外血压测定诊断高血压的标准

血压测定	收缩压（mmHg）		舒张压（mmHg）
诊室血压	≥140	和（或）	≥90
动态血压（ABPM）			
日间或清醒	≥135	和（或）	≥85
夜间或睡眠	≥120	和（或）	≥70
24小时	≥130	和（或）	≥80
家庭血压测定	≥135	和（或）	≥85

根据24小时血压监测数据分析，平均夜间血压与日间血压比值应<0.9，也就是夜间时血压下降10%以上（非杓型）或超过20%（超杓型），夜间血压升高10%为"反杓型"，这两种表现者发生无症状性脑梗死及卒中的风险明显升高。夜间/日间血压比值>1者，总死亡率及心血管事件增高。对于夜间血压与日间血压比值的研究结果也有不一致之处，目前比较一致的是夜间血压降低小或无者较下降大者心血管事件多。我国76%的老年人存在血压

节律异常,其中反构型占 27%、非构型占 49%。

二、鉴别诊断

虽然大多数高血压患者为原发性高血压,但在首次就诊时,应该进行全面的检查,除外继发性高血压。继发性高血压占 5%～10%,常见的病因包括肾实质性病变、肾血管病变、内分泌性疾病、睡眠呼吸暂停低通气综合征(obstructive sleep apnea-hypopnea syndrome, OSAHAS)及药物因素等。一项 14～92 岁住院高血压患者的病因分析中,继发性高血压占 14%,其中以肾实质性、肾血管性及原发性醛固酮增多症占多数。OSAHS 所占的比例增多。继发性高血压占血压的比例逐年增高。

三、心血管风险、靶器官损伤及伴发疾病的评估

高血压的心血管风险高低除了与血压水平相关外,还与是否合并其他心血管病危险因素及靶器官损伤程度密切相关,见表 4-2。对于高血压伴有明确的心血管疾病、冠心病、糖尿病等患者,其总体心血管病风险的评估较为简单,为高危或极高危,但是很多高血压患者并不属于此群体,对于他们的分层需要一些模型进行评估,目前常用的有性别、年龄、吸烟习惯、总胆固醇水平及 SBP 的 SCORE 模型(总体冠状动脉风险评估模型)。在欧洲进行了多项评估,评估高血压的 10 年心血管风险(不仅是冠心病),将患者分为低危及高危。在肥胖、糖耐量异常、高甘油三酯血症、早发冠心病家族史等人群中风险更高。其他一些无症状的靶器官损伤指标也有助于患者分层。

表 4-2　高血压的分级

其他危险因素,无症状靶器官损伤或疾病	血压水平(mmHg)			
	正常高值 SBP:130～139 DBP:85～89	高血压 1 级 SBP:140～159 或 DBP:90～99	高血压 2 级 SBP:160～179 或 DBP:100～109	高血压 3 级 SBP:≥180 或 DBP≥110
无		低危	中危	高危
1～2 个	低危	中危	中到高危	高危
≥3 个	低到中危	中危或高危	高危	高危
靶器官损伤,CKD3 期,糖尿病	中到高危	高危	高危	高危到极高危
靶器官损伤,CKD≥4 期,或糖尿病伴靶器官损伤或危险因素	高危	极高危	极高危	极高危

大量流行病学及临床证据表明,高血压显著增加老年人发生缺血性心脏病、脑卒中、肾衰竭、主动脉与外周动脉疾病等靶器官损害的危险,是老年人群致死和致残的主要原因之一。随着病情进展,血压持续升高,造成靶器官损害,最终导致各种并发症。与高血压本身有关的并发症包括心力衰竭、脑出血、高血压脑病、肾小动脉硬化、肾衰竭、主动脉

夹层；与加速动脉粥样硬化有关的包括冠状动脉粥样硬化性心脏病、一过性脑缺血、脑梗死、肾动脉狭窄、周围动脉血管病。老年高血压患者的并发症发生率为40.0%，明显高于非老年人的20.4%。并发症的发生与血压密切相关，收缩压每升高10～12mmHg或舒张压每升高5～6mmHg，脑卒中的危险就增加35%～40%、急性冠状动脉综合征的危险增加20%～25%。与正常血压者比较，老年高血压患者的心力衰竭发生率高2倍、冠心病发生率高3倍。

（孙福成）

第六节　治疗总体安排

一、治疗原则

如果改变生活方式不足以降压，老年高血压患者应该开始药物治疗。降压药物使用的原则：①采用较小的剂量（约为年轻患者的一半）以获得尽可能大的疗效，并使不良反应最小，如有效而不满意，可逐步增加剂量以获得最佳疗效。②有效地防治靶器官损害，最好使用一天1次的长效降压药，即降压的谷/峰比值≥50%。③单药治疗疗效不满意者，可采用两种或两种以上的降压药联合治疗，以使降压效果增大而不增加不良反应。事实上，多数老年人均需使用两种或两种以上的降压药联合治疗。④根据患者的具体情况个体化选择降压药和治疗方案。⑤老年患者可能存在压力感受器和交感神经反应迟缓，以及脑血管自主调节功能受损。因此，在没有高血压急症（emergency）或亚急症（urgency）时，应在数周至数月内逐渐降低血压，而非数小时至数日，以最大限度地减少缺血症状的风险，特别是对于存在直立性低血压的患者。

二、治疗目标

老年高血压患者的首要治疗目标是最大限度地降低长期心血管疾病发病和死亡的总危险。这需要治疗所有已明确的可逆的危险因素，包括吸烟、血脂异常和糖尿病，在治疗高血压的同时，还要合理控制并存的临床情况。

老年人可以从降压治疗中获益已经是不争的事实，但是降压治疗的目标值到底多少比较合适，一直是争论的热点话题。依据国情和一些临床研究，2005年和2010年版《中国高血压防治指南》均提出，≥65岁的老年高血压患者降压治疗收缩压的目标值是150mmHg以下；2012年以前的国外指南（包括美国、欧洲、日本等）均推荐老年人的降压治疗目标值与一般人群一样，即<140/90mmHg，但是近期的一些临床研究发现，老年人及高血压高危人群过度地降低血压并没有带来更多的获益，相反不良事件明显增加。因此美国的JNC8指出，对于≥60岁的高血压患者，降压靶目标值是收缩压<150mmHg和舒张压<90mmHg；<60岁的高血压患者的降压靶目标值收缩压<140mmHg和舒张压<90mmHg。2013年欧洲高血压指南制定了更详细的老年人降压治疗目标值：<80岁的老年患者，收缩压≥160mmHg，应降至140～150mmHg，如能耐受也可考虑收缩压降至<140mmHg；≥80岁的老年患者，收缩压≥160mmHg，应降至140～150mmHg。

三、治疗措施的选择和安排

老年人高血压的治疗包括药物治疗和非药物治疗。

在药物治疗前，要对老年高血压患者先进行非药物治疗，即生活方式的干预。不良的生活习惯是导致血压升高和难以控制的重要原因，通过非药物治疗主要是通过改善生活方式达到降压的目的。轻度的血压升高可以先进行生活方式干预，观察2～3个月，如果血压不达标再进行药物治疗。如果患者有明显的血压升高并伴有临床症状，应在生活方式干预的基础上立即启动药物治疗。改善生活方式的措施包括戒烟、限酒、减轻体重、适当运动、减少钠盐的摄入量、多吃蔬菜和水果、减少食物中饱和脂肪酸的含量和脂肪总量、减轻精神压力和保持心理平衡等。

四、预期治疗结果

高血压是一种起病隐袭、进展缓慢、并发症和合并症多的最常见的心血管疾病，在世界范围内呈增加的趋势。高血压需要坚持长期治疗和控制，甚至需要终身服药。以往的临床研究显示，降压治疗不仅可以改善患者的症状、改善生活质量，更重要的是可以减少和延缓心、脑、肾和外周血管等靶器官的损伤，减少心脑血管事件的发生，降低死亡率。我国每年因心脑血管疾病而死亡的人口数量约300万，其中至少一半与高血压有关。因此降压治疗不仅可以改善症状，更重要的是长期可以减少心脑血管事件。

五、停止治疗

有些Ⅰ期高血压患者得到了良好的控制（往往为单一用药），若干年后出现了这样一个问题：这些患者能否逐渐减少甚至停止降压治疗。对于发生低血压相关症状的患者，也出现了停止治疗的问题。停止治疗后，5%～55%的患者血压仍然保持正常至少1～2年；更多的患者减少使用的药物数量和（或）剂量后血压仍能保持正常。使用多种药物治疗、血压控制良好的患者可逐步地减少药物剂量。

突然中断成功的抗高血压治疗可导致血压相对迅速地、无症状性地回升到治疗前的水平；血压较慢地、无症状性地回升到治疗前的水平；血压反跳伴交感神经过度兴奋的症状和体征；血压升到治疗前的水平。最常见的是，停止抗高血压治疗导致血压在数日至长达6个月的期间内逐渐升高至治疗前的水平。

更有可能耐受停止降压治疗的患者包括那些高血压程度较轻、使用降压药物的种类较少且剂量较低并且依从生活方式改变（如体重减轻和限制钠盐）的患者。对于使用多种降压药物的患者，完全撤药可能难以实现，但更缓和地逐渐减少药物剂量和种类还是有可能的。另外，对于某些患者，能够降低药物剂量可能是由于起始用的剂量过高。

抗高血压治疗撤药综合征是指在应用短效β受体阻断药（如普萘洛尔）或短效α_2受体激动剂（可乐定）进行治疗时，突然停药可导致可能致命的撤药综合征。这种综合征的特征为交感神经活性增加（由于交感神经活性降低期间肾上腺素能受体上调）、血压反跳性升高，以及可能的心绞痛恶化或心肌梗死。以数周时间逐渐停用这些药物可预防撤药综合征，可采取在6～10日的时间内缓慢停用，每2～3日剂量减半。在有基础冠状动脉疾病的患者中，β受体阻断药撤药可能导致心绞痛、心肌梗死或猝死。

第七节　药物治疗方案

一、药物选择和联合

一般来说,有 3 类药物被考虑作为老年高血压患者的一线治疗用药:小剂量的噻嗪类利尿药、长效钙拮抗剂(calcium channel blocker,CCB)(最常用二氢吡啶类)以及血管紧张素转化酶抑制剂(ACEI)或血管紧张素 II 受体拮抗剂(angiotensin II receptor blocker,ARB)。对于老年患者,通常优先采用长效二氢吡啶类或噻嗪类利尿药,因为其可增加降压效果。由这些药物组成的固定复方制剂,可以作为降压治疗的初始用药和维持用药。

1. 利尿药　无论是中国高血压指南还是欧洲高血压指南,均推荐利尿药应作为老年高血压的首选用药,尤其是单纯性收缩期高血压,也适用于合并心力衰竭、水肿者,但应注意低钾血症、血脂升高和高尿酸血症等副作用。常用的利尿药有氢氯噻嗪、氯噻酮、吲达帕胺等。

2. CCB　也是老年高血压的一线用药。它能降低血管外周阻力,有抗血小板聚集、抗动脉粥样硬化、保护血管内皮功能和改善心脏供血的作用,特别适用于老年单纯性收缩期高血压者。但易引起反射性心跳加快,可与 β 受体阻断药联合应用。常用的 CCB 有氨氯地平、硝苯地平、非洛地平等。

3. ACEI　这类药物有较强的扩血管和抗重塑作用,可以逆转左室肥厚,尤适用于高血压合并心力衰竭、左室肥大、心肌梗死后、糖尿病等,但注意咳嗽不良反应的发生。常用的ACEI 有卡托普利、贝那普利、福辛普利等。

4. ARB　通过阻断血管紧张素 II 的 AT_1 受体而发挥降压作用。此外,ARB 对改善心功能、降低蛋白尿有明显的效果,适用于有 ACEI 适应证但不能耐受其副作用者。常用的ARB 有缬沙坦、厄贝沙坦、奥美沙坦等。

5. β 受体阻断药　此类药物能对抗儿茶酚胺类物质,降低心率,减轻心血管张力,从而降低血压。近年来也用于心力衰竭的治疗,可明显改善心功能,提高运动耐量,减少住院率和总死亡率。常用的 β 受体阻断药有美托洛尔、阿替洛尔、比索洛尔等。有证据表明,在没有使用 β 受体阻断药的特定指征(如心力衰竭、心肌梗死)时,不应考虑将其用于高血压的初始治疗,尤其是对于老年高血压患者。

6. α 受体阻断药　尽管目前该类药物不作为老年高血压的一线用药,但是该类药物对老年患者也有较好的疗效,尤其是可增加高密度脂蛋白胆固醇水平,还能减轻前列腺肥大患者的排尿困难症状,但需注意直立性低血压、眩晕、心悸等不良反应。

7. 复方制剂　联合应用降压药是近年来积极倡导的降压治疗措施,尤其对老年人顽固性高血压,联合应用降压药是不可或缺的治疗手段。联合治疗是指应用不同作用机制的降压药,以合适的剂量进行合理的组合,以满足不同高血压患者的需求,不仅可更有效地控制血压,实现降压达标。如果组方恰当,不仅可增加患者的用药依从性,还可以更加全面地保护血管和靶器官,从而更有效地预防心脑血管并发症的发生。

高血压不是一种均匀同质性疾病,其发病不能用单一病因和机制来完整解释,在不同的国家、地区和人群中发病机制不尽一致。另外,高血压是一种病程较长、进展缓慢的疾病,在病程的形成、发展和终末阶段血压升高的机制有较大不同。因此,高血压的治疗应以多种病理生理机制为基础,联合应用多种降压药,从不同角度阻断高血压发生的机制。很多临床研究和荟萃分析显示,单药治疗血压的达标率为 30% 左右,大多数高血压患者需要联合治疗。老年高血压联合治疗的原则是:①小剂量开始:两种药物均应从小剂量开始,如血压不能达标,可将其中的 1 种药物增加剂量,如仍不能达标,再将另一种药物增加剂量或增加第 3 种降压药,必要时可联合使用 4 种或 4 种以上的降压药;②选择可以阻断血压升高的不同机制的药物,避免使用降压机制相近的药物,如 β 受体阻断药与 ACEI 或 ARB 联合应用;③选择降压疗效叠加、不良反应互相减少的降压方案,如 β 受体阻断药与二氢吡啶类 CCB 联合、ACEI 或 ARB 与噻嗪类利尿药联合等;④固定复方制剂的应用:虽然不能调整单个药物的剂量,但服用方便,可以提高患者的依从性和降低治疗的费用。

二、常用药物的使用方法

(一) 利尿药

1. 噻嗪类利尿药　用于控制血压的利尿药主要是噻嗪类利尿药,此类药物尤其适用于老年和高龄老年高血压、单纯性收缩期高血压、伴心力衰竭的高血压和顽固性高血压患者。常用的药物有:

(1)氢氯噻嗪:每日 6.25~25mg,每日口服 1 次。

(2)吲达帕胺:每日 0.625~2.5mg,每日口服 1 次。

(3)吲达帕胺缓释片:每日 1.5mg,每日口服 1 次。

2. 袢利尿药　主要用于高血压伴肾功能不全、高血压伴充血性心力衰竭和难治性高血压的治疗。常用的药物有:

(1)呋塞米:每日 10~80mg,每日口服 1~2 次。

(2)布美他尼:每日 0.5~3mg,每日口服 1~2 次。

(3)托拉塞米:每日 10~80mg,每日口服 1~2 次。

3. 保钾利尿药　此类药物因降压作用弱,通常不单独用于高血压的治疗,常与排钾利尿药联合使用,以增强疗效、减少副作用。但非醛固酮受体拮抗剂螺内酯可用于原发性醛固酮增多症和难治性高血压的治疗,临床上还用于心力衰竭和心肌梗死后,抑制心室重塑。依普利酮(eplerenone)是一种新型的选择性醛固酮受体阻断药,与雄激素和黄体酮受体的相互作用极小,因此引起男性乳房增生的副作用与安慰剂相似,耐受性良好,适应证与螺内酯类似。常用的保钾利尿药有:

(1)阿米洛利:每日 5~10mg,每日口服 1~2 次。

(2)氨苯蝶啶:每日 25~100mg,每日口服 1~2 次。

(3)螺内酯:每日 20~80mg,每日口服 1~3 次。

(4)依普利酮:每日 50~100mg,每日口服 1~2 次。

(二) CCB

CCB 的降压作用特点如下。

1. 降压起效迅速,作用平稳,持续时间长　CCB 可迅速、稳定地降低外周阻力及血压。VALUE 研究发现早期降压达标对高危高血压患者极为重要,在治疗的前 6 个月内,将收缩压控制在 140mmHg 以下,患者发生卒中、心脏疾病的危险性明显降低;氨氯地平组相对于缬沙坦组在降压水平一致时,氨氯地平治疗更早达标。

2. 适用人群广泛 CCB降压的同时不降低甚至增加冠状动脉、脑及肾脏的血流灌注，能有选择性地扩张心脑血管，缓解血管痉挛，保护心肌和脑组织；对肾实质性高血压患者，在血压下降的同时能改善肾功能，减少蛋白尿的产生；突然停药不会引起血压反跳。美国JNC-7指出，二氢吡啶类CCB只有相对禁忌证，没有绝对禁忌证。CCB类药物不会导致电解质、糖脂代谢紊乱；同时使用非类固醇类抗炎药时，不干扰降压效果。其本身不引起水钠潴留，还有轻度的利尿作用，长期应用效果良好。

3. 在亚洲人群中降压疗效较为突出 HOT-CHINA研究中，观察我国高血压患者以非洛地平为基础的降压疗效，随访10周后完成方案的人群血压达标率(舒张压≤90mmHg)为86.97%，且个体差异较小。

4. 对老年患者作用良好 一系列老年高血压临床研究显示CCB的降压作用突出，对老年患者的心血管预后具有显著的作用。在SHEP(老年收缩期高血压项目)、Sys-Eur(欧洲收缩期高血压)、Sys-China(中国收缩期高血压)等临床研究中发现二氢吡啶类CCB使总死亡率下降32%，卒中和心肌梗死的发生率分别下降37%和25%。

常用CCB的名称、剂量、适应证和用法见表4-3。

表4-3 常用CCB的名称、剂量、适应证和用法

常用药物	适应证、用法及用量	剂型、剂量
氨氯地平	高血压及慢性稳定型、变异型心绞痛，老年人及心、肾功能不全者尤佳：5～10mg qd	片剂：5mg
非洛地平	轻-中度高血压，尤其合并哮喘、痛风、糖尿病、心绞痛及心功能不全者：5～10mg bid～tid	片剂：10mg 缓释片：2.5/5mg
拉西地平	治疗高血压：4mg qd，效果不显著时可增至6mg qd	片剂：4mg
尼卡地平	高血压、稳定型心绞痛及脑动脉硬化、脑血栓形成及脑出血后遗症等：20～40mg tid，缓释胶囊可40mg bid	片剂：20mg 缓释胶囊：40mg
硝苯地平	稳定型及变异型心绞痛、轻-中度高血压：10～20mg tid，紧急情况下可舌下含服，控释片30～90mg qd；雷诺病、肺动脉高压：10～30mg tid～qid	片剂：10mg 控释片：20mg；30mg
维拉帕米	阵发性室上速：5～10mg稀释后静脉注射，无效时可20分钟后重复；各种心绞痛、轻、中度高血压及心脏单纯舒张功能不全：40～120mg tid～qid	片剂：40mg；80mg；120mg； 缓释片：240mg 注射剂：5mg；10mg
地尔硫草	各类心绞痛：30～60mg q4～8h，室上速：首次0.25mg/kg iv后缓慢注射；高血压、雷诺病、肺动脉高压：20～40mg tid	片剂：30mg 注射液1ml：10mg

(三) ACEI

ACEI是通过竞争性地抑制血管紧张素转化酶而发挥作用的一类药物。ACEI不仅能降低血压，而且对高血压患者具有良好的靶器官保护作用，在临床中作为一线抗高血压药物已经得到了广泛的应用。常用的ACEI有：

1. 卡托普利 每次12.5～25mg，每日2～3次。对肾功能减退者或老年人，第1日可试用6.25mg，酌情逐渐加量。

2. 依那普利　口服每次 10mg,日服 1～2 次,必要时也可静脉注射以加速起效。可根据患者情况增加至每日 40mg。

3. 贝那普利　开始剂量为每日 1 次,每次 10mg;然后可根据病情增加至每日 40mg,分 1 或 2 次服用。严重肾功能不全或心衰患者或服用利尿药的患者,初始剂量为每日 5mg。

4. 培哚普利　治疗高血压,剂量为每日 4mg,根据需要可于 1 个月后增至每日 8mg,1 次服用。老年患者应以每日 2mg 开始治疗,如需要可以 1 个月后增至每日 4mg。合并充血性心力衰竭的患者,初始剂量为每日早晨口服 2mg,在血压可以耐受的情况下,可增至每日 4mg。

5. 雷米普利　第 1 周每日口服 1 次,每次 1.25mg,逐渐增到每日 2.5～7.5mg。对心肌梗死并发心力衰竭者疗效佳,AIRE 研究观察 2006 例患者心肌梗死后的 3～10 天服用雷米普利可降低心肌梗死早期并发心力衰竭患者的死亡率达 27%。

6. 福辛普利　常用剂量为每日 10～20mg,口服 1 次即可。引起咳嗽的不良反应较少。

7. 赖诺普利　开始剂量为每日 1 次,每次 2.5～5mg,可增加到每日 10～20mg,超过 20mg 药效不再增强。与噻嗪类利尿药合用有协同增效作用。

(四) ARB

ARB 是继 ACEI 后,对高血压、动脉硬化、心肌肥厚、心力衰竭、糖尿病肾病等具有良好作用的新一类作用于肾素-血管紧张素系统(RAS)的重要药物。常用的 ARB 有:

1. 氯沙坦　起始剂量为每天 1 次口服,每次 50～100mg。

2. 缬沙坦　推荐剂量为 80～160mg,每天 1 次口服。用药 2 周内达确切的降压效果,4 周后达最大疗效。

3. 替米沙坦　常用起始剂量为每次 40mg,每日 1 次口服;维持剂量为每次 20～80mg,每日 1 次。每日剂量超过 80mg 并不能提高疗效。

4. 厄贝沙坦　初始剂量和维持剂量为每日 150mg 口服,饮食对服药无影响。一般情况下,厄贝沙坦 150mg 每天 1 次比 75mg 能更好地控制 24 小时的血压。但对某些特殊的患者,特别是进行血液透析和年龄超过 75 岁的患者,初始剂量可考虑用 75mg。

5. 坎地沙坦　成人初始剂量为 4mg,每天 1 次口服;维持剂量一般为 8mg;最大剂量为 16mg。

6. 奥美沙坦　推荐起始剂量为 20mg,每日 1 次口服。对经过 2 周的治疗后仍需进一步降低血压的患者,剂量可增至 40mg。

(五) β 受体阻断药

β 受体阻断药可选择性地与 β 受体结合,竞争性阻断 β 受体,从而拮抗 β 受体激动后所产生的一系列作用。β 受体阻断药适用于不同程度的高血压,尤其是心率较快的中青年患者,也适用于合并有心绞痛、心肌梗死后、快速型心律失常、充血性心力衰竭和妊娠的高血压患者。

1. 非选择性 β 受体阻断药

(1)普萘洛尔:适用于高血压伴心绞痛、心力衰竭、室性心律失常、心肌梗死、肥厚型心肌病以及偏头痛。口服:初始剂量为 5～10mg,每日 3～4 次,剂量应逐渐增加,一日最大剂量为 200mg;静脉注射:缓慢注射每次 1～3mg,必要时 5 分钟后可重复,总量为 5mg。

(2)噻吗洛尔:可用于治疗轻、中度高血压,或作为心绞痛或心肌梗死后的治疗。目前主要用于原发性开角型青光眼、高眼压症、闭角型青光眼的辅助治疗、手术后引起的高眼压反应。口服:初始剂量为 2.5～5mg,每日 2～3 次,根据心率及血压变化增减剂量,维持量通常为一日 20～40mg,一日最大剂量为 60mg。增加药物剂量的间期至少为 7 日。

2. 选择性 β 受体阻断药

(1)阿替洛尔:可用于高血压、心绞痛、心肌梗死、心力衰竭、心律失常、甲状腺功能亢进症以及嗜铬细胞瘤的联合用药。口服:初始剂量为每次 6.25～12.5mg,一日 2 次,按需要及耐受量渐增至 50～200mg。用于慢性心力衰竭的治疗从小剂量开始,逐渐增加剂量。

(2)美托洛尔:用于高血压患者,普通制剂 25～200mg,2～3 次/日口服;缓释制剂 47.5～190mg,1 次/日口服;控释制剂 0.1g/d,早晨顿服或遵医嘱。用于慢性心力衰竭的治疗从小剂量开始,逐渐增加剂量。静脉注射:由于注射给药易出现心率、血压及心排血量的急剧变化,应在心电监测下谨慎使用。

(3)比索洛尔:用于高血压或心绞痛的治疗通常每日 1 次,每次 2.5～10mg。用于慢性稳定型心力衰竭的治疗应从小剂量开始,1.25mg 每日 1 次,用药 1 周,如果耐受性良好,则逐渐增加剂量,最大推荐剂量为 10mg 每日 1 次。

3. α、β 受体阻断药

(1)拉贝洛尔:多用于高血压、妊娠高血压和心绞痛。静脉注射可用于治疗高血压危象,它与单纯 β 受体阻断药相比能降低卧位血压和外周阻力,一般不降低心排血量,可降低立位血压,引起直立性低血压。口服:10mg,2～3 次/日,2 日后根据需要加量,常用维持量为 200～400mg,每日 2 次,饭后服;最大剂量为每日 2400mg。静脉注射:每次 25～50mg,加入 20ml 10%葡萄糖注射液中,于 5～10 分钟内缓慢注射。如降压效果不理想可于 15 分钟后重复 1 次,直至产生理想的降压效果。总剂量不应超过 200mg。

(2)卡维地洛:用于 1、2 级高血压,以及高血压伴有肾功能不全、糖尿病、有症状的心力衰竭。卡维地洛 1995 年被美国 FDA 批准用于原发性高血压,1997 年批准用于治疗充血性心力衰竭。高血压治疗:口服,开始 2 天每次服 12.5mg,每日 1 次;第 3 天以后每次服 25mg,每日 1 次。最大剂量为每日 50mg,分 1～2 次服用。

(刘 蔚)

第八节 药学监护与信息反馈

一、观察疗效

高血压患者进行药物和非药物治疗后是否有效应可从以下几方面进行观察和评价。

1. 症状是否改善。

2. 血压水平是否在降到合适的范围内、是否达标。

3. 靶器官损害的进展情况、临床伴随疾病的控制情况。

这 3 个指标在患者身上不一定能同时表现出来,只要有 1 个指标改善就说明降压治疗已有效。有时降压治疗的有效性还可能以其他形式来体现,因此,把握疗效指标对于判断治疗是否有效至关重要。

二、观察不良反应

每种药物都存在不良反应,在用药过程中应监测药物的不良反应。

1. 利尿药 噻嗪类利尿药的主要不良反应是引起电解质紊乱如低钾血症、低钠血症等,此外噻嗪类药物还可影响血脂、血糖、血尿酸的代谢,多发生在大剂量应用时,一般认为小剂量的氢氯噻嗪(不超过 25mg/d)对糖、脂肪、电解质代谢影响不大。痛风患者需要慎用。保钾利尿药可引起高血钾,与 ACEI、ARB 合用需要监测血钾水平,肾功能不全者禁用。

2. CCB 二氢吡啶类的主要不良反应是引起心率加快、面色潮红、头痛、下肢水肿等。非二氢吡啶类能抑制心肌收缩力及自律性和传导性,不宜在心力衰竭、心脏传导阻滞患者中应用。最好使用长效钙拮抗剂以避免因反射性交感活性增强引起的不良反应。

3. ACEI 主要不良反应是刺激性干咳、低血压、血钾升高、血管性水肿、血肌酐升高等。刺激性干咳的发生率在 10%～20%,与体内的缓激肽增多有关,停用后消失。对高钾血症、妊娠和双侧肾动脉狭窄、肾衰竭(血肌酐＞265μmol/dl 或 3mg/dl)患者禁用。

4. ARB 极少数患者在服用后喉咙发干咳嗽、身体肌肤出现损伤或者肝功能衰退。

5. β受体阻断药 主要不良反应为心动过缓、乏力、四肢发冷,对心肌收缩力、房室传导及窦性心律均有抑制作用,并可增加气道阻力,故严重的心动过缓、心脏传导阻滞、哮喘、慢性阻塞性肺疾病与周围血管病患者禁用。β受体阻断药可增加胰岛素抵抗,掩盖和延长降糖治疗过程中的低血糖反应,1 型糖尿病患者慎用。较高剂量的 β受体阻断药治疗时突然停药会引起停药综合征,因此对于使用 β受体阻断药的患者不应突然停药,应逐渐减药。

三、用药依从性

对于大多数高血压患者而言,药物治疗是一个长期甚至是终身的过程,因为控制高血压的目的不仅仅在于降低患者的血压,而是要全面降低心血管病的发病率和死亡率。高血压的控制不仅要选择有效的抗高血压药物,更需要患者有良好的遵医行为。国内外许多研究报道认为高血压患者的服药依从性差是血压控制不佳的主要原因之一。所谓的用药依从性是指患者严格按医嘱坚持服药的程度,良好的服药依从性是控制高血压的关键。那么如何提高高血压患者的用药依从性呢,可以从以下几方面着手。

1. 正规的健康教育 严格服药的依从性很大程度上与患者对该疾病有关医学知识的了解与认识有关。高血压患者可从医院接受到比较正规的高血压健康教育,可以通过医师和护士的讲解、示范、个别辅导或医院发放的宣传材料获取高血压疾病及用药的相关知识,使患者能够充分认识到抗高血压药物可有效地降低心血管并发症的发病率和死亡率,防止脑卒中、冠心病、心力衰竭和肾衰竭的发生和发展。因此,指导患者严格按医嘱坚持服药具有重要意义。

2. 简化给药方案 老年高血压患者可在医师指导下尽量选择每日服用 1 次的长效降压药,以减少服药次数;也可选用固定的单片复方制剂,可以大大提高患者服药的依从性。

3. 建立良好的医患关系 医务人员应与患者积极沟通,促进相互信任,提高患者服药的依从性。

4. 养成良好的服药习惯 在服药的初期建立各种提醒方式,以便养成按时服药的习惯,比如可以通过家人定时提醒、设定闹钟等方式。

第九节 用 药 指 导

高血压是多种心、脑血管疾病的重要病因和危险因素,影响重要脏器如心、脑、肾的结构与功能,最终导致这些器官的功能衰竭。但是许多患者,特别是老年患者对高血压的危害仍然认识不足,对长期坚持用药不认识、不理解,服药不能持之以恒,服药后血压稍降或症状稍减轻即停药。

血压具有波动性,通常表现为两峰一谷的杓型曲线,即上午 6～8 点和下午 2～4 点血压升高、夜间血压降低,因此医师多建议早晨服药。但是老年人由于血压波动大、杓型曲线消失,甚至表现为反杓型或超杓型曲线,因此需根据老年人的血压波动情况改变服药时间,如果下午或傍晚血压明显升高可以中午服药、夜里血压升高可以晚上睡前服药,但应注意夜间血压过低可诱发脑血管疾病。

老年高血压患者应尽量选择谷/峰比高的长效降压药物,降压药物的谷/峰比越高血压波动性就越小,在长久的降压治疗中心脑血管收益较多。老年人服药过程中应注意直立性低血压,尤其是长期卧床、久病体弱者,在体位变化时应缓慢过渡,从卧位站起要小心,要先伸展手脚,其次抬起上半身,然后再慢慢站起。服用 α 受体阻断药为避免直立性低血压,一般首剂半量,或在睡前服药。一旦血压下降幅度过快或＜90/60mmHg 时要及时卧床,并咨询医师,必要时暂时停服降压药。

在服用一些缓控释制剂(如硝苯地平控释片)时应整粒吞服,不可掰开服用。避免掰开后全天 24 小时的药量瞬间释放造成严重的低血压。

第十节 不合理用药的常见表现及其处理

一、不合理用药的表现

抗高血压药物的不合理应用是高血压控制率较低的原因之一。了解不合理用药,总结不合理用药的常见误区,对于有效防治高血压、提高疾病控制率将大有裨益。高血压药物治疗不合理用药的主要表现如下。

1. 降压药物种类选择不合理 降压药物种类选择不合理主要是由于临床医师对各类降压药物的特点掌握不足,对各类降压药物的相对优势了解不足,因此无法做到选择最适宜的药物种类和剂型。如 CCB 和 ACEI 类药物在降压治疗时,如果患者伴有心力衰竭,则 ACEI 类药物是首选。而 CCB 中,目前只有氨氯地平和非洛地平有较强的循证医学证据。在同一类药物中各品种间也一样有差别,如同样属于 ACEI 类降压药物,贝拉普利和培哚普利降压的谷/峰值相差近 1 倍,因此在降压的强度和平稳性上有所差别。另外,对降压药物剂型选择不合理也较为常见,如以选择缓释或控释制剂为佳却选择了普通制剂,结果导致血压波动较大。因此,掌握各类降压药物的作用特点和制剂特点,结合高血压患者不同的临床表现,才能做到正确选择药物。

2. 降压药物用法不合理 人体血压由于基因、血管紧张素、肾素、醛固酮、自主神经活性的不同,血压类型可分为杓型、非杓型、反杓型和深杓型等。约 80％的患者为具有晨峰现象的"杓型高血压"患者,从晨起收缩压迅速升高 20~50mmHg、舒张压升高 10~15mmHg,在上午 8~10 时达峰,而晚上则开始降低,于睡眠时降至低谷,至次日凌晨 2~3 时最低,即"一峰一谷",血压由日间峰值降低 10%~20%;或有些患者血压在上午 8~10 时、下午 14~16 时各出现 1 次高峰,即"双峰一谷"。因此,为有效、平稳地控制血压,宜在血压峰前给药。对"杓型或深杓型"患者可选择早晨服药,如氨氯地平、左旋氨氯地平、硝苯地平控释片、依那普利、培哚普利、拉西地平、氯沙坦、缬沙坦、厄贝沙坦、索他洛尔等,对"双峰一谷"者可在下午补服 1 次短效的抗高血压药。一般"杓型高血压"者不宜在睡前或夜间服药,以免血压过低(尤其是舒张压决定组织灌注水平的)、血流和血氧灌注不足,导致发生缺血性脑卒中。而少部分患者(约 10%)由于血压昼夜节律异常、动脉粥样硬化、左心功能不全等,血压于夜间降低小于 10%或大于日间血压 20%,血压曲线呈非杓型曲线,称为"非杓型高血压"。患者可能增加左心肥厚和心血管事件的发生危险,实际上"非杓型高血压"者对靶器官的损伤高于"杓型高血压"者。对"非杓型高血压"者,可选择睡前给药,如培哚普利、美托洛尔缓释剂、卡维地洛、氨氯地平、左旋氨氯地平、地尔硫草缓释剂、氯沙坦、缬沙坦。因此,降压药物的使用方法应该和人体时辰规律相符合,这样才能以最小剂量达到最佳效果。

3. 降压药物用量不合理 一些医师看到患者血压很高,急于想将患者的血压尽快降下来,便给予患者超剂量用药或者多次给药,致使患者出现药物不良事件。还有些医师在小剂量开始降压治疗时不能根据患者的反应及时增加剂量,致使患者的血压长时间不能达标,部分患者可能据此而频繁更换药物。

4. 药物联合选用不当 《中国高血压防治指南 2010 年修订版》再次强调:2 级高血压,高于目标血压 20/10mmHg 和(或)伴有多种危险因素、靶器官损害或临床疾患的高危人群,往往初始治疗就需要应用 2 种小剂量的降压药物,如仍不能达到目标血压,可在原药的基础上加量或可能需要 3 种甚至 4 种以上降压药物。HOT、UKPDS 等研究证明,要严格控制血压,约 70%的患者须联合使用 2 种或 2 种以上的降压药。小剂量联合用药不仅使不同作用机制的药物对降压起到协同作用,同时还可减少副作用,使剂量依赖性的不同类降压药物联合达到理想的降压效果。

(1)同类降压药物联合:同类降压药物的不同药品不宜联合应用,因其疗效无法互补,不良反应反而增加。临床上常见尼莫地平与其他 CCB 联合用药。尼莫地平选择性扩张脑血管,对外周血管的扩张作用相对较小,因此很容易在此基础上再联合另一种扩张外周血管的 CCB,这种组合显然是不推荐的。但利尿药则另当别论,补钾和排钾利尿药的联合是合适的,例如小剂量氢氯噻嗪与阿米洛利的联合。

(2)β受体阻断药和 ACEI 联合:由于 β 受体阻断药可以抑制肾素活性,而 ACEI/ARB 的作用机制是阻断肾素-血管紧张素系统(RAS),因此认为两者合用无明显的协同降压作用。《中国高血压防治指南 2010 年修订版》将这一组合列为不常规推荐类,即一般情况下不推荐这种联合用药。但对于一些交感活性增强、高肾素型高血压患者,或合并冠心病、心绞痛、心衰、室上性心律失常的高血压患者仍可选用。

(3)ACEI 和 ARB 联合:曾经推论,肾素-血管紧张素-醛固酮系统(RAAS)的全面阻断,理论上可以带来更强的降压效果以及更好的双重 RAAS 阻断作用。但 ONTARGET 研究结果显示,替米沙坦和雷米普利双重 RAAS 阻断联合治疗方案并没有带来预期的降低心血管事件获益,反而增加了肾脏事件的风险。2009 年加拿大高血压指南指出,除非特殊需要

（如大量蛋白尿的治疗），否则不应该选用 ARB 与 ACEI 的联合方案。《中国高血压防治指南 2010 年修订版》亦指出，这两类药物联合对于减少蛋白尿可能有益，但尚缺乏足够的循证医学依据。

（4）重复用药：患者使用单片复方制剂时，医患应充分沟通，使医师及时掌握单片复方制剂的信息，以避免不合理地加用其中的组分药物，造成重复用药。比如在使用含噻嗪类利尿药的复方制剂基础上进一步加用噻嗪类利尿药，有可能因使用较大剂量的噻嗪类利尿药而出现较严重的不良反应。

5. 降压达标方式掌握不足导致用药错误　高血压患者往往追求快速控制血压，有时用药仅 1 周，血压虽有下降但尚未达标，患者就开始抱怨药物效果不理想。缺乏临床经验的医师可能会在患者出诊时开具多种、大剂量的降压药物，或在复诊时根据患者主诉频繁换药或加药。事实上，平稳、和缓地降压才是血压管理的最佳方式，降压速度切勿操之过急，除非是某些高血压急症（血压突然升高伴严重的症状，或由于血压急剧地显著升高导致靶器官损害的发生）才需要快速降压。血压快速下降可引发重要器官如心、肾、脑供血不足，甚至心脑血管事件发生，尤其是老年患者。观察长效降压药物的最大疗效需要 2～4 周的时间，不能因为 2～3 天内血压无显著降低就否定药物的疗效。临床可以根据患者的血压变化情况逐步调整药物剂量，在数周或 2～3 个月内使患者的血压控制达标。对于 DBP 低于 60mmHg 的冠心病患者，应在密切监测血压的前提下逐渐实现 SBP 达标。

6. 忽略高血压患者其他危险因素的影响导致用药错误　高血压是一种以动脉血压持续升高为特征的进行性"心血管综合征"，因此患者在接受降压治疗时，临床也要充分考虑其是否合并其他危险因素（如高血脂、高血糖、高尿酸等）以及是否已有并发症的存在（如心、肾功能不全等）。要综合分析患者的病情，从多个途径降低高血压患者的总体心血管风险，不能只单纯考虑血压。此外，临床还应注意指导患者进行生活方式调整、降低食盐摄取量、增加高钾和高钙饮食、适当运动、注意减肥和保持良好情绪等。忽视高血压的危险因素，往往会导致用药剂量过大、频繁换药或过多地联合用药。因此，重视对多重危险因素的综合干预（降脂、降糖、降尿酸及戒烟酒等），同时优化降压治疗方案，可最大限度地避免不合理用药。

二、不合理用药的处理

（一）药物选择

在制订用药方案时，要先充分了解患者的病情进展、身体状况、有无合并症及有无药物不良反应史等，然后再进行综合考虑，进行个体化用药。例如高血压合并稳定型心绞痛的患者应选用 β 受体阻断药、血管紧张素转化酶抑制剂（ACEI）或长效 CCB；急性冠状动脉综合征时应选用 β 受体阻断药和 ACEI；心肌梗死后患者应选用 ACEI、β 受体阻断药和醛固酮受体拮抗剂，而不宜首选 CCB。

（二）联合用药

高血压治疗需要多种药物联合应用，小剂量联合用药不仅使不同作用机制的药物对降压起到协同作用，同时还可减少副作用，使剂量依赖性的不同类降压药物联合达到理想的降压效果。例如 ACEI 和 CCB 联合使用在加大降压力度的同时可减少 CCB 引起的脚踝水肿。在制订用药方案时，除了考虑患者的病情及其他基本情况之外，还要考虑药物之间的相互作用,避免使用同种类型的两种药物或作用机制类同的非同一类药物,严格遵守指南中推荐的联合用药类型,使联合用药效果起到协同或相加作用。

(三)用药剂量

用药剂量应根据患者的病情、年龄、肝肾功能等制订个体化给药方案,对于老年人及肝肾功能较差的患者,可适当减少剂量或延长给药间期。初始剂量做到从小剂量开始,根据患者反应适时调整剂量。采用联合用药,避免单药大剂量或多频次。

(四)服药时间

许多临床研究证实,血压在 24 小时内持续、稳定地达标才能有效地预防靶器官损害,达到预防心血管不良事件的目的。有些患者诉说早晨 1 次服用多种降压药物,仍出现午后及晨间血压未被控制的现象,却忽略了其服用的是短效降压药物,当然不能控制一天的血压。还有一些患者白天血压并不高,表现为单纯夜间高血压。对于这些患者,临床应进行 24 小时动态血压监测,充分了解患者的血压变化情况,完善特殊类型高血压的诊断。根据动态血压监测结果选用长效降压药物或灵活调整服药时间。高血压患者不宜在晚间或睡前服用降压药物的传统观点也应改变,特别是对于夜间高血压及单纯夜间高血压的患者,服药时间更要做到个体化,以避免血压巅峰带来的不良影响。

(五)用药疗程

药物疗程的长短取决于病情和治疗目标,对于高血压患者来说,长期、规律用药是控制病情、减少心血管事件的主要方法。要告知患者原发性高血压是终身性疾病,不能随意减药或停药,严格按照医师制订的用药疗程服药,血压出现明显波动时需要及时就医,切莫自己随意调药,以免发生不良事件。

(六)借助检查指标,做到个体化治疗

降压治疗的效果受多重因素的影响,其中人体的代谢类型是主要影响因素之一。随着药物基因组检测的发展,许多降压药物可以通过检测个体代谢类型来判断其在体内的代谢快慢,结合 TDM 检查结果来个体化调整治疗方案将使得治疗效果达到最优。

第十一节　治疗的风险及其处理

一、治疗的风险事件

1. 疾病本身的风险　高血压患者以中老年人群多发,早期无明显的病理改变,体征较少,往往易被患者忽略。心脏和血管是高血压病理生理作用的主要靶器官。长期高血压主要导致心脏肥厚和扩大,心、脑、肾组织缺血。高血压心脏病合并冠状动脉粥样硬化和微血管病变,最终可导致心力衰竭或严重的心律失常,甚至猝死。恶性或急进型高血压病情发展迅速,如不及时给予有效的降压治疗,则预后很差,常死于肾衰竭、脑卒中或心力衰竭。

2. 药品相关差错

(1)用药差错:用药差错是最容易发生的治疗风险,也是最应当防范的风险事件。在药物治疗的每一个环节都有可能发生此类风险事件,主要表现为吃错药、弄错服药剂量及次数、给药方法错误等,例如把甲药当成乙药服用。有些老年人记性差,出现漏服或多服的现

象;有些患者把硝苯地平控释片嚼碎或压碎服用。以上都是用药差错的表现,可能会造成风险事件的发生。

(2)药物不良反应:每种药物都可能会发生不良反应,只是概率大小和严重程度不一样,一般可以预期,并能通过改变用药方案或检测某些指标而避免。例如 ACEI 的主要不良反应为干咳,在中国的发生率为 20%～30%,能耐受的患者可不必停药,对于不能耐受的患者可替换为 ARB。

(3)无效:病情相同的患者服用同样的药物,却可能产生不同的治疗效果,这是因为每个人的生理特点不一样,其体内的代谢过程可能存在较大差异,对某些特殊人群可能根本起不到作用或作用很小。在临床治疗过程中,如果所用的药物无效,超过了一定时间就要考虑更改用药方案,否则就可能发生风险事件。

(4)药物相互作用:有些药物联用会产生不良后果,主要表现为药效下降(相互抵抗)、治疗的过度增强、副作用的相加或增强等。例如 β 受体阻断药与维拉帕米、地尔硫草合用时,可能引起或加重心动过缓或心脏传导阻滞。

3. 护理操作中的风险 护士未对患者的血压、心率、呼吸等进行及时监测;监护仪出现问题未及时发现;操作不熟练;输液过程中观察不及时引起药液外渗或长期使用静脉留置针引起静脉炎;不熟悉危重患者的抢救流程;应急配合能力差、延误抢救等都是治疗过程中的风险因素,其中任意一个环节出现问题都可能导致治疗失败或出现医疗事故。

4. 其他因素 疾病的治疗过程涉及医、护、患、家属等多方面,每个环节都可能对治疗产生决定性影响。除此之外,还有一些因素也可能对治疗产生影响,如患者的经济情况、依从性、精神状态,医师的业务水平,医院的药品储备情况等都是治疗中可能涉及的内容,都需要在治疗时做好评估。

二、治疗风险的处理

1. 疾病本身 医师要对患者的病情做充分了解,进行准确诊断,同时掌握患者疾病发展中存在的潜在危险因素,及时发现病情变化,积极地采取有效措施进行治疗方案的调整。对高血压的相关并发症及时进行检查处理,防止高血压对重要器官的损害。

2. 药品相关差错 临床药师要对患者进行详细的用药教育,仔细交代每种药品的用法用量、服药次数、服用方法及可能发生的不良反应等。患者要严格遵守医嘱,按时、按剂量服药。如果一次漏服,则下一次不要补服,以免过量而出现治疗风险。患者不能随意停药或增减药量,出现任何不适要及时与医师进行沟通交流。遇到与药品有关的任何问题要及时请教医师或药师,做到合理用药。

3. 护理操作中的风险处理 加强护士的业务学习,提高动手操作能力,加强与患者和家属的沟通交流,告知在疾病治疗和护理过程中可能发生的风险,告知患者或家属日常注意事项,关注患者的病情进展。

4. 加强对患者健康生活方式的教育 高血压的控制与健康的生活方式息息相关,药物治疗的同时需要对患者进行健康的生活方式教育,包括饮食、运动、情绪等。部分老年患者还可能出现夏季血压正常、冬季血压升高的情况,都需要对患者进行生活方式的指导。

第十二节 老年高血压治疗中的常见药学问题

一、临床常用降压药的特点

ACEI 和 ARB 是抗高血压治疗的主要药物之一,而各类药物又包括多个品种,这使得临床医师在选择降压药物时往往面临选择困难,经常需要药师提供药物之间的选择信息。下面对 ACEI 和 ARB 常见品种之间的特点进行简单梳理,以便为临床医师选择药物提供参考。

1. ACEI 根据 ACEI 上锌离子配体(巯基、羧基、膦酰基)的不同,目前临床上使用的 ACEI 可以分为三大类:①前体药物,如贝那普利;②肝代谢非前体药物,如卡托普利;③不具肝代谢的非前体药物,如赖诺普利。表 4-4、表 4-5 和表 4-6 分别列出了各种常见 ACEI 的特点。

表 4-4　常用 ACEI 特点一览表

药物	锌配体	前体药	作用持续时间 (小时)	谷/峰比 (T/P)	咳嗽发生率 (%)	食物对吸收的影响
卡托普利	巯基	否	6~12	25	2.4~20	减少(30%~40%)
贝那普利	羧基	是	24	40	1.2	否
西拉普利	羧基	是	24	51	1.6	减少 15%
依那普利	羧基	是	18~24	51	3.5	否
福辛普利	膦酰基	是	24	64	2.2	否
培哚普利	羧基	是	24	35	2.5	否
雷米普利	羧基	是	24	50~63	4.0	否
群多普利	羧基	是	24	50~100	2.9~3.9	否
赖诺普利	羧基	否	24	48	2.9	否

表 4-5　各种常用 ACEI 的用法及代谢情况

通用名	每日常用剂量(mg)/次数	t_{max}(小时)	$t_{1/2}$(小时)	清除部位
卡托普利	25~300/2~3	1~1.5	4	肾
依那普利	2.5~40/2	4	11	肾
贝那普利	5~40/1~2	1.5	10~11	肾-肝
雷米普利	1.25~20/1	2~4	13~17	60%肾、40%粪便
培哚普利	4~8/1	3~4	24	肾
福辛普利	10~40/1	3~6	11.5	50%肝、50%肾
咪达普利	2.5~10/1	6~8	8	肾
西拉普利	1.25~5/1	2	9	肾
赖诺普利	2.5~40/1	6~8	12.6	肾

表 4-6 常用 ACEI 制剂的特点和临床选择特点

药物名称	制剂特点	临床选择特点
卡托普利	口服后迅速吸收，在肝脏内代谢为有活性的初级代谢产物，食物会影响其吸收	卡托普利具有活性成分，口服后 15 分钟即可起效，但其为所有 ACEI 中维持时间最短的，因此需每日给药 2～3 次。其分子结构中因含巯基，对组织中 ACE 的亲和力较低，其抑制作用也较其他 ACEI 弱，疗效相对差一些，但在刺激性干咳的发生率上又高于其他 ACEI。除干咳的副作用以外，因含有巯基，还可引起细胞减少、皮疹和味觉异常
依那普利	前体药物，在肝内被转化成有效药物发挥作用，食物不影响其吸收	口服后在肝酯酶的作用下生成二羧酸活性代谢物依那普利酸，对 ACE 的抑制作用比卡托普利强 10 倍，但不如其他 ACEI。作用维持时间较长，可达 24 小时以上，但少数患者可能每天服药 2 次。长期应用时能逆转左室肥厚和改善大动脉的顺应性
贝那普利	前体药物，进食后服药，延迟贝那普利的吸收，但不影响吸收量和转变为贝那普利拉	口服吸收快，1 小时起效，约 4 小时作用达高峰。血浆消除呈双相：初期消除 $t_{1/2}$ 为 3 小时，末期消除 $t_{1/2}$ 为 22 小时。对血浆中 ACE 的亲和力和喹那普利一样是 ACEI 中最高的。对高血压与心力衰竭有效，能增加肾血流，改善肾功能，对多种慢性肾衰竭如肾小球肾病、间质性肾炎、肾血管硬化、糖尿病肾病等有效，能降低由轻、中度肾衰竭发展到末期的危险性。又为双通道排泄（肝、肾排泄）制剂，老年人服用时药物蓄积很少，因此特别适用于肾功能不全的老年高血压患者
雷米普利	前体药物，在肝内被转化成有效药物发挥作用，食物不影响其吸收	以较低的剂量（雷米普利 1.25～2.5mg）给药时，有效半衰期会比 5～10mg 每日 1 次给药明显延长，这可能同与雷米普利拉结合的酶的作用容易饱和有关。与组织中 ACE 的亲和力低于贝拉普利，但高于培哚普利、福辛普利和卡托普利。其排泄途径为肾脏和肠道，对肾功能不全患者较为适合
培哚普利	前体药物，在肝内被转化成有效药物发挥作用，食物不影响其吸收	培哚普利以其活性成分培哚普利拉发挥作用，培哚普利拉的生成量受饮食的影响。在肝硬化患者，培哚普利拉的生成量并无减少，因此不需要调整剂量。在高血压伴心力衰竭的临床试验中，培哚普利是证据最多的证明有效的 ACEI 类药物
福辛普利	含有膦酰基的 ACE 抑制药，在肝内被转化成有效药物发挥作用，食物不影响其吸收	为唯一含膦酰基的 ACEI 类药物，活性代谢物对组织中 ACE 的抑制强度为卡托普利的 3 倍，但低于其他 ACEI 类药物。在胃肠黏膜和肝脏迅速并完全水解为活性成分福辛普利拉，因亲脂性强，与血浆蛋白的结合率达 95% 以上，血浆 $t_{1/2}$ 约 12 小时，峰值时间为 3 小时。对心、脑 ACE 的抑制作用强而持久，对肾脏 ACE 的抑制作用弱而短暂，这表明它分布在心、脑较多。由肾脏和胆道双通道排泄，减少了药物蓄积的危险
赖诺普利	依那普利拉赖氨酸衍生物，口服时吸收不受食物影响	为依那普利拉赖氨酸衍生物。口服吸收约 30%，生物利用度为 25%，有效血药浓度的 $t_{1/2}$ 为 12 小时。药物以原形经肾排泄，排泄 $t_{1/2}$ 为 30 小时。赖诺普利与 ACE 结合牢固，作用持久，抑制 ACE 的作用与持续时间比依那普利稍强。该药是唯一不经肝脏代谢的 ACE 抑制剂，特别适用于肝功能不全的高血压患者。另外，临床上需 ACEI 迅速发挥作用时应首选赖诺普利

续表

药物名称	制剂特点	临床选择特点
喹那普利	前体药物,在肝内被转化成有效药物发挥作用,食物不影响其吸收	为含羧基的前体药。口服 53%～68% 被迅速吸收,活性代谢物的 ACE 抑制作用比前体药强 3 倍。长期服用疗效不减。与其他 ACEI 前体药物相比,抑制 ACE 的活性与雷米普利拉相似,比培哚普利、依那普利、卡托普利强。由于喹那普利及其二元酸都具有抑制 ACE 的活性,可降低血管紧张素 Ⅱ 和醛固酮的血浆浓度水平。喹那普利对肾血管性高血压的降压效果比卡托普利、依那普利强

2. ARB　该类药物在分子结构中都有苯丙咪唑环,根据每种药物对咪唑环的修饰不同分为二苯四咪唑类(包括氯沙坦、替米沙坦、坎地沙坦、厄贝沙坦)、非二苯四咪唑类(依普沙坦)和非杂环类(缬沙坦)。表 4-7、表 4-8 和表 4-9 分别列出了各种常见 ARB 的特点。

表 4-7　常用 ARB 的药动学特征

药物	生物利用度	活性代谢产物	代谢涉及的肝药酶系	AT_1 受体作用	谷/峰比(T/P)	食物对吸收的影响	蛋白结合率
氯沙坦	33%	EXP3174	CYP2C9,CYP3A4	竞争性	58～78	无	98.7%
缬沙坦	23%	无	无	竞争性	69～76	减少 40%	96%
替米沙坦	42%～57.4%	无	UDP-葡萄糖醛酸转移酶	非竞争性	≥97	无	99.5%
坎地沙坦酯	42%	CV15959	CYP2C9	非竞争性	80	无	99.6%
依普沙坦	13%	无	无	竞争性	67	有或无	98%
厄贝沙坦	60%～80%	无	CYP2C9	非竞争性	>60	无	96%

表 4-8　常用 ARB 的用法及代谢情况

通用名	每日常用剂量(mg)/次数	t_{max}(小时)	$t_{1/2}$(小时)	代谢产物清除部位
氯沙坦	25～100/1	1(3～4)	2(6～9)	尿液(35%)、粪便(60%)
缬沙坦	80～160/1	2～3	7.05	尿液(83%)、粪便(13%)
替米沙坦	20～80/1	0.5～1	24	粪便(>98%)
坎地沙坦酯	4～32/1	3～5	9～13	尿液(33%)、粪便(67%)
依普沙坦	600/1	1～3	4～9	尿液(7%)、粪便(90%)
厄贝沙坦	150～300/1	1.5～3	11～15	尿液(20%)、粪便(80%)

表 4-9 常用 ARB 制剂的特点和临床选择特点

药物名称	制剂特点	临床选择特点
氯沙坦	口服吸收良好，食物不影响其吸收。本品剂量的 14% 在肝脏经 P450 酶转化为活性代谢产物 E3174，血浆蛋白结合率>98%	本品活性代谢产物的活性较母体强 10~40 倍，不抑制血管紧张素转化酶，不促进缓激肽生成，故不产生咳嗽等不良反应。治疗后血压平滑指数>1.0，谷/峰比>50%，适宜一天 1 次给药。对杓型或非杓型高血压患者的晨间血压上升均有抑制作用，对夜间血压不高患者的夜间 SBP、DBP 无明显的降压作用。基础血压越高，降压幅度越大。最大降压效应出现在 3~6 周。对 AT_1 受体的亲和力相对较低，高血压患者停用该药不产生血压的反跳。本品耐受性好，较少因不良反应而停药。部分患者对曾经应用 ACE 或其他药物发生过的血管神经性水肿有"携带"作用
缬沙坦	口服吸收迅速，但吸收总量的个体差异较大，进食减少血药浓度-时间曲线下面积（AUC）约 40%，但几乎不影响其治疗效果	已上市的缬沙坦剂型包括缬沙坦胶囊 80mg、160mg；缬沙坦片 40mg；缬沙坦分散片 80mg。本品为强效、特异性血管紧张素 II 受体拮抗剂，对 AT_1 受体的亲和力比 AT_2 强约 2 万倍。应用单药约 2 小时内起效，4~6 小时达到降压高峰，持续降压作用可达 24 小时。在对高血压患者进行的多剂量研究中，缬沙坦对总胆固醇、空腹甘油三酯、空腹血糖和尿酸水平没有明显影响。肾功能不全及非胆管源性、无淤胆的肝功能不全患者无须调整剂量。服用本品过量导致低血压引起恶性症状应尽快行催吐治疗
替米沙坦	本品口服吸收迅速，肝脏代谢产物无活性。口服剂量与血药浓度峰值不呈线性关系。食物不影响药物吸收	口服后 0.5 小时血浆浓度达峰值，约 3 小时起效。连续用药 4 周后停药，降压作用仍可持续 1 周。本品主要以原形由胆道经粪便排出。替米沙坦与受体的解离常数约为氯沙坦的 1/3，解离 $t_{1/2}$ 是氯沙坦的 3.17 倍。多项临床试验提示替米沙坦在常用的五大类抗高血压药物中有最强的逆转左室肥厚的作用，适用于高危心血管病患者，此外尚有改善肾脏的血流动力学、防止肾小球硬化、减少蛋白尿等作用。经胆道排泄，老年人、肾功能不全患者应用本品不需调整剂量，但严重的肾功能不全患者慎用。不良反应少且轻微，常见不良反应为头痛、眩晕、恶心
坎地沙坦	前体药物坎地沙坦酯吸收迅速，且不受食物影响，在肝脏代谢产生活性产物坎地沙坦发挥降压作用	坎地沙坦为选择性血管紧张素 II 1 型受体拮抗剂，与 AT_1 受体的结合力分别为氯沙坦及氯沙坦活性代谢产物的 80 倍和 10 倍，坎地沙坦与受体结合较氯沙坦牢固。临床使用的有效剂量范围为 8~32mg，在此剂量范围内降压效应与剂量相关，但剂量增至 32mg 以上时降压反应率不再提高。本品的降压谷/峰比值达 80%。在降压治疗中，对降低舒缩压、减少左室重量指数与依那普利有相同的作用。在降低清晨高血压作用方面优于血管紧张素转化酶抑制剂
依普沙坦	富含脂质的食物延缓本品的口服吸收，但不影响吸收总量，无需空腹服用	口服的血药浓度达峰时间年轻人为 1~3 小时，老年为人 2.5 小时。口服一次 600mg，一日 1 次，通常 2~3 周达到最大降压效果，降压效果强于氯沙坦。不经 P450 酶代谢，药物相互作用少。肌酐清除率<60ml/min 的患者用量每日不应超过 600mg，患半乳糖不耐受症、Lapp 乳糖酶缺乏症或葡萄糖-半乳糖吸收不良症的罕见遗传病患者不应服用本品

药物名称	制剂特点	临床选择特点
厄贝沙坦	口服吸收迅速，食物不明显影响其吸收。该药胶囊与片剂等效	本品口服降压作用确切，等同或优于 ACEI、β 受体阻断药及氯沙坦。T/P>60%，可 24 小时平稳降压，可与利尿药或其他降压药联用治疗重度高血压，可使Ⅲ～Ⅳ重度心力衰竭患者的运动耐量及左室射血分数提高。厄贝沙坦经肝、肾双通道排泄，适用于肾功能不全及轻、中度肝功能损害患者

二、引起血压升高的常用药物

1. 非甾体抗炎药　长期或大量服用布洛芬、吲哚美辛、吡罗昔康、美洛昔康等可引起水钠潴留、血容量增加、血压升高或高血压危象。目前认为，肾素-血管紧张素-醛固酮系统是体内的升压系统，而激肽-前列腺素系统是体内的降压系统，两者相互制约，共同调节机体的血压平衡。当长期大量应用非甾体抗炎药致使前列腺素合成受阻时，人体的血压平衡便会失调，引起血压升高。

2. 人促红素　部分患者用药后出现血压升高，与红细胞生长过快、血黏度增加、末梢循环阻力增大有关。

3. 减轻鼻充血剂　盐酸麻黄碱、伪麻黄碱、萘甲唑啉、羟甲唑啉、抗感冒药复方制剂（如商品名为丽珠感乐、联邦伤风素、新康泰克、银得菲等药含伪麻黄碱）可促使鼻黏膜血管收缩，缓解鼻塞，但在滴鼻时过量易发生心动过速、血压升高。

4. 抗肿瘤药　酪氨酸激酶抑制剂索拉非尼、舒尼替尼、西尼替尼均可引起高血压，尤其是舒张压，发生率为 17% 左右。血压升高可能与药物减少肿瘤组织中血管形成的数量、破坏内皮细胞功能、改变 NO 的代谢有关。

5. 抗菌药物　红霉素、利福平、异烟肼、妥布霉素、阿米卡星和呋喃唑酮等虽不直接引起血压升高，但可抑制单胺氧化酶的活性，若与香蕉、牛肝、柑橘、菠萝、腊肉、红葡萄酒、啤酒等富含酪胺的食品同服，会使酪胺难以水解和灭活，蓄积以致刺激血管，使血压升高。

附:典型案例

高血压伴慢性肾功能失代偿的降压策略

一、病史资料

患者郭某，女，72 岁，52kg。因"发现血压升高 20+ 年，心悸、胸闷 10+ 个月"入院。患者 20+ 年前体检时发现血压升高，最高时 170～180/60～70mmHg，伴有头晕、头痛等症状，平时服用"罗布麻、北京 0 号、厄贝沙坦、非洛地平、氨氯地平"等降压药，自诉血压控制不稳定，曾在医院住院诊断为"原发性高血压 3 级 极高危组；高血压肾病；高血压心脏病，心功能Ⅱ级；慢性肾功能不全，失代偿期；高尿酸血症"，经治疗后，症状好转出院。

10+ 个月前患者出现心悸、胸闷，伴有心累、头晕，遂到同一医院治疗，症状无明显缓解，为进一步治疗，遂转院就诊，门诊以"原发性高血压"收入院。入院查体：T 36.1℃，P 61 次/分，R 20 次/分，BP 177/86mmHg。神清，口唇无发绀，颈静脉无充盈、怒张，肝颈征（一）。双肺呼吸音清，未闻及干湿啰音。心界向左扩大，心率 61 次/分，律齐，各瓣膜区未闻及病理性杂音。腹平软，无压痛、反跳痛，肝脾肋下未及，双下肢不肿。入院随机血糖 8.4mmol/L；心电图无明显异常；肾功能 Urea 12.93mmol/L，Cr 280.5μmol/L，肾小球滤过率 25ml/min。患病以来患者无意识丧失，无头痛，无四肢抽搐，无口吐白沫等症状，无胸骨后压榨感，无夜间阵发性呼吸困难，无端坐呼吸，无活动后双下肢水肿，无游走性关节疼痛。入院诊断：高血压；慢性肾功能不全，失代偿期。入院后予苯磺酸氨氯地平片、甲磺酸多沙唑嗪片降压，单硝酸异山梨酯缓释片、银杏达莫注射液、左卡尼汀注射液改善微循环，呋塞米利尿，金水宝胶囊、复方 α-酮酸片保肾等对症支持治疗，病情好转后出院。出院带药为苯磺酸氨氯地平片 10mg po bid，呋塞米 10mg po qd，甲磺酸多沙唑嗪片 2mg po bid。

二、药物治疗分析

高血压与肾脏的关系非常密切，两者存在伴发关系。高血压可引起肾脏损害，后者又使血压进一步升高，并难以控制。肾脏疾病所致的高血压称之为肾性高血压，主要由肾血管疾病（如肾动脉狭窄）和肾实质性疾病（肾小球肾炎、慢性肾盂肾炎、多囊肾等）所致，在肾脏疾病进展过程中可产生高血压，后者又加剧肾脏病变使肾功能减退，形成恶性循环。

高血压患者如出现肾功能损害的早期表现，如微量白蛋白尿或肌酐水平轻度升高，应积极控制血压。WHO/ISH 在特殊人群的治疗中指出，控制血压可延缓患者肾衰竭的进程，有关肾脏疾病患者饮食改变的研究结果提示，慢性肾衰竭和蛋白尿患者应进一步加强降压。

高血压伴慢性肾脏病的患者，饮食及血压控制最为重要。严格控制高血压是延缓肾脏病变进展，预防心血管事件发生风险的关键。目标血压可控制在 130/80mmHg 以下。血管紧张素转化酶抑制剂（ACEI）或血管紧张素受体拮抗剂（ARB）能通过降低血管阻力和血容量两方面降低血压，还可以作用于肾脏组织局部的 RAS，扩张肾小球出、入球小动脉，且扩张出球小动脉的作用强于入球小动脉，改善肾小球内高跨膜压、高滤过、高灌注的现象，延缓肾脏损害的进程；改善肾小球滤过膜对白蛋白的通透性，降低尿蛋白，减少肾小球细胞外基质的蓄积，减轻肾小球硬化。ACEI 保护肾脏的作用并不完全依赖于降低血压，这是其优于其他降压药物的地方，因此对于高血压伴肾脏病的患者，尤其有蛋白尿的患者，应作为首选；如不能达标可加用长效钙通道阻滞药、利尿药或其他降压药物。若肾功能显著受损如血肌酐水平＞3mg/dl，或肾小球滤过率低于 30ml/min 或有大量蛋白尿，使用 ACEI 或 ARB 时可能会导致体内的毒素不能充分滤过肾小球而排出体外，此时宜首选二氢吡啶类钙通道阻滞药；噻嗪类利尿药可替换成袢利尿药（如呋塞米）。

降压药物通常从低剂量开始，如血压未能达到目标，应当根据患者的耐受情况适当增加该药的剂量。如第 1 种药无效，必要时可联合应用 2~3 种降压药物，通常是加用小剂量的第 2 种抗高血压药物，而不是加大第 1 种药物的剂量。

该例患者为高血压伴慢性肾功能失代偿（氮质血症期），Cr 280.5μmol/L，肾小球滤过率 25ml/min，肾功能显著受损，故选用二氢吡啶类钙通道阻滞药氨氯地平片，联合利尿药（呋塞米）和 α 受体阻断药（甲磺酸多沙唑嗪），治疗后血压被有效控制，病情好转后出院。

三、小结

积极控制血压是治疗高血压伴慢性肾脏病患者的关键，治疗该病应监测患者的肾功能，根据患者的实际病情制订合理的个体化给药方案。

（童荣生 李 刚）

参 考 文 献

[1] 中国高血压指南修订委员会. 中国高血压防治指南 2010[J]. 中华高血压杂志,2011,19(8):701-743.

[2] Mancia G,De Backer G,Dominiczak A,et al. 2007 Guidelines for the Management of Arterial Hypertension:The Task Force for the Management of Arterial Hypertension of the European Society of Hypertension (ESH) and of the European Society of Cardiology (ESC)[J]. J Hypertens, 2007, 25(6):1105-1187.

[3] 中华医学会老年医学分会,中国医师协会高血压专业委员会. 老年人高血压特点与临床诊治流程专家建议[J]. 中华老年医学杂志,2014,33(7):689-701.

[4] Mancia G,Fagard R,Narkiewicz K,et al. 2013 ESH/ESC Guidelines for the management of arterial hypertension:the Task Force for the management of arterial hypertension of the European Society of Hypertension (ESH) and of the European Society of Cardiology (ESC)[J]. J Hypertens, 2013, 31(7):1281-1357.

[5] James PA,Oparil S,Carter BL,et al. 2014 Evidence-Based Guideline for the Management of High Blood Pressure in Adults:Report From the Panel Members Appointed to the Eighth Joint National Committee (JNC 8)[J]. JAMA,2013,Dec 18. doi:10. 1001/jama. 2013. 284427.[Epub ahead of print]

[6] 王清,牟燕. 心血管系统疾病[M]. 北京:人民卫生出版社,2012.

[7] 苏定冯,陈丰原. 心血管药理学[M]. 北京:人民卫生出版社,2011.

[8] 童荣生,李刚. 药物比较与临床合理选择[M]. 北京:人民卫生出版社,2013.

[9] Sehrt D,Meineke I,Tzvetkov M,et al. Carvedilol pharmaco-kinetics and pharmacodynamicsin relation to CYP2D6 and ADRB pharmacogenetics[J]. Pharmacogenomics,2011,12(6):783-795.

[10] The ARB Trialists Collaboration. Effects of telmisartan, irbesartan, Valsartan, candesartan, and losartan on cancers in 15 trials enrolling 138 769 individuals[J]. J Hyperten,2011,29:623-635.

第五章

老年冠心病

第一节　定义和流行病学

冠状动脉粥样硬化性心脏病（coronary atherosclerotic heart disease）是指冠状动脉发生粥样硬化引起管腔狭窄或闭塞，导致心肌缺血、缺氧或坏死而引起的心脏病，简称冠心病（coronary heart disease，CHD）。

1979 年世界卫生组织将冠心病分为 5 种临床类型：无症状性心肌缺血（隐匿性冠心病）、心绞痛、心肌梗死、缺血性心肌病和猝死。近年临床上根据发病特点和治疗原则分为两大类：①慢性冠状动脉病（chronic coronary disease，CAD），也称慢性心肌缺血综合征（chronic ischemic syndrome，CIS），包括稳定型心绞痛、缺血性心肌病和隐匿性冠心病；②急性冠状动脉综合征（acute coronary syndrome，ACS），包括不稳定型心绞痛（unstable angina，UA）、非 ST 段抬高型心肌梗死（non-ST-segment elevation myocardial infarction，NSTE-MI）和 ST 段抬高型心肌梗死（ST-segment elevation myocardial infarction，STEMI）。

冠心病是发达国家人口死亡和残疾的一个主要原因。虽然世界上 CHD 的死亡率在过去的 40 年里已有所下降，但在 35 岁以上的人群中，CHD 所致的死亡仍占总死亡的约 1/3 或更多。在 40 岁的人群中，男性患 CHD 的终身风险为 49%，而女性为 32%。对于达到 70 岁的人而言，终身风险在男性为 35%，在女性为 24%。2013 年全球疾病负担研究估计，2013 年在全球范围内有 1730 万例死亡与 CHD 相关，自 1990 年以来增加了 41%。CHD 发病男性早于女性，老年人的发病率性别差异缩小，70% 的老年人有冠状动脉病变，其中半数具有临床表现；冠心病是 65 岁以上老年人最常见的死亡原因。尸检证实 70% 的 70 岁以上老年人患有冠心病，80% 的 CAD 所致的死亡发生在 65 岁以上的老年人；因急性心肌梗死（MI）住院的患者中有 60% 为 65 岁以上的老年人。75 岁以上的老年人中，男性和女性 CHD 的患病率和新发冠状动脉事件的发病率是相似的，但在 75 岁以下的人群中男性则要高于女性。83% 的女性 MI 发生在绝经后，女性在初次发生 MI 后存活的可能性要低于男性。

第二节　病因和发病机制

冠心病的病因是冠状动脉发生粥样硬化引起管腔狭窄或闭塞。究其根本，其发病机制是冠状动脉循环改变引起冠状动脉血流和心肌需求之间不平衡。

心肌的正常做功需要大量的能量和氧气供应。由于血液携氧能力和心肌细胞对于冠状动脉血液内氧气的摄取已接近最大量，当心肌耗氧量增加时，只能依靠冠状动脉血流量的增加来代偿。当其供求关系出现不匹配时，则出现缺血性心肌损害，可表现为心绞痛、心律失常和心功能障碍等。

当冠状动脉管腔存在一定程度的固定狭窄（50％～70％）时，安静休息时冠状动脉的血供尚可满足心肌需求，而运动或情绪激动等因素引起心肌耗氧量增加时会引发心肌血液供求矛盾。通过休息、稳定情绪以减少心肌耗氧量或药物扩张冠状动脉增加血供能够暂时缓解此种矛盾。这是多数稳定型心绞痛形成的机制。如矛盾发生时患者无自觉症状，但有心电异常，则称为无症状性心肌缺血（隐匿性冠心病）。

不稳定型心绞痛的发病机制则更为复杂，包括：①冠状动脉粥样硬化斑块破裂、糜烂或出血，诱发血小板凝聚及血栓形成；②在冠状动脉器质性狭窄的基础上并发异常收缩、痉挛等动力性因素；③微血管栓塞导致急性或亚急性心肌供氧的减少和缺血加重。诱发因素：全身性疾病加重导致心肌耗氧量增加（如发热、甲状腺功能亢进或心律失常），冠状动脉血流减少（如低血压、休克），血氧释放减少（如贫血、低氧血症）。变异型心绞痛（variant angina pectoris）的特征为静息型心绞痛，表现为一过性 ST 段动态改变（抬高），是 UA 的一种特殊类型，其发病机制为冠状动脉痉挛。

如果在冠状动脉血供不足，且侧支循环未能充分建立的情况下冠状动脉血供急剧减少或中段，使心肌严重而持久地急性缺血达 20～30 分钟或以上，即可发生 AMI。大部分心肌梗死是由于冠状动脉斑块破裂引起急性血栓形成导致。冠状动脉血管持续、完全闭塞导致 STEMI。

心肌梗死或慢性缺血、缺氧导致心肌细胞死亡、纤维化等，最终引起心脏扩大、心肌收缩能力下降，可致缺血性心力衰竭。冠状动脉血供急剧减少或中段使心肌损伤，心电稳定性下降，从而诱发心室颤动、心脏停搏、房性心律失常与心功能下降有关。

心肌在缺血、缺氧的情况下，心肌内积聚过多的代谢产物，如乳酸、丙酮酸、磷酸等酸性物质，或类似于激肽的多肽物质，刺激心脏内自主神经的传入纤维末梢，产生疼痛感觉。表现在以自主神经进入水平相同脊髓段的脊神经所分布的区域，即胸骨后及左臂的前内侧与小指。

第三节 病理和病理生理

一、病理

冠状动脉狭窄根据直径变窄的百分率分为 4 级：Ⅰ级，25％～49％；Ⅱ级，50％～74％；Ⅲ级，75％～99％（重度狭窄）；Ⅳ级，100％（完全闭塞）。一般认为，管腔直径减少 70％～75％或以上会严重影响血供，部分 50％～70％者也有缺血意义。

老年冠心病的特点：冠状动脉钙化程度较高、血管病变更弥漫、狭窄程度更重；合并症较多（心衰、慢性阻塞性肺疾病、高血压、糖尿病、外周血管疾病及肾功能不全）。

心肌病变：冠状动脉闭塞后 20～30 分钟，受其供血的心肌即有少数坏死，开始了 AMI 的病理过程。1～2 小时绝大部分心肌呈凝固性坏死，心肌间质充血、水肿，伴多量炎症细胞浸润。以后,坏心肌纤维逐渐溶解,形成肌溶灶,随后渐有肉芽组织形成。病理上,大块的梗死累及心室壁全层或大部分者常见,称为透壁性心肌梗死(transmural myocardial infarction,TMI),是临床上常见的典型 AMI。它可波及心包引起心包炎症;波及心内膜诱致心室腔内附壁血栓形成。

继发性病理变化有在心腔内压力的作用下,坏死心壁向外膨出,可产生心脏破裂(心室游离壁破裂、心室间隔穿孔或乳头肌断裂)或逐渐形成心室壁瘤。坏死组织 1~2 周后开始吸收,并逐渐纤维化,在 6~8 周形成瘢痕愈合,称为陈旧性心肌梗死。

二、病理生理

患者在心绞痛发作之前,常有血压增高、心率增快、肺动脉压和肺毛细血管压增高的变化,反映心脏和肺的顺应性减低。发作时可有左心室收缩力和收缩速度降低、射血速度减慢、左心室收缩压下降、心搏量和心排血量降低、左心室舒张末期压和血容量增加等左心室收缩和舒张功能障碍的病理生理变化。左心室壁可呈收缩不协调或部分心室壁有收缩减弱的现象。

射血分数减低,心率增快或有心律失常,血压下降病情严重者,动脉血氧含量降低。急性大面积心肌梗死者,可发生泵衰竭——心源性休克或急性肺水肿。右心室梗死可因急性右心衰竭的血流动力学变化,心排血量减低,血压下降。

心室重塑作为 MI 的后续改变,包括左心室体积增大、形状改变及梗死节段心肌变薄和非梗死节段心肌增厚,对心室的收缩效应及电活动均有持续不断的影响。

第四节 临床表现和辅助检查

老年人由 CHD 引起的心肌缺血通常表现为劳累后呼吸困难,而不是典型的心绞痛所表现出来的胸痛。缺血合并的心室顺应性降低可导致左心室舒张末期压力一过性增加,从而出现呼吸困难。老年人的心绞痛可表现为后背痛、肩膀痛或上腹烧灼痛,而心绞痛中的胸骨后疼痛在老年人中较少见到。老年人心绞痛的疼痛可能程度较轻、持续时间较短。心肌缺血可引起临床心力衰竭。老年人不伴有 MI 的急性肺水肿可能是严重 CHD 引起的不稳定型心绞痛的临床表现。

对临床证实为急性 MI 的老年患者进行的研究表明,初发症状为胸痛者占 19%~66%、呼吸困难者占 20%~59%、神经系统症状者占 15%~33%、胃肠道症状者占 0%~19%。其他与老年人急性 MI 伴发的症状包括猝死、肢端坏疽、跛行加重、心悸、肾衰竭、虚弱、肺栓塞、烦躁不安和出汗。老年人急性 MI 较年轻人更容易出现死亡、肺水肿、心力衰竭(HF)、左室收缩功能不全、心源性休克、传导障碍需安置起搏器、心房纤颤或房扑以及左室壁、室间隔破裂或乳头肌断裂。

一、症状

稳定型心绞痛的特点为:

1. 部位　主要在胸骨体之后,可波及心前区,界限不很清楚。可放射至左肩、左臂内侧达无名指和小指,或至颈、咽或下颌部。

2. 性质　胸痛常为压迫、发闷或紧缩性,也可有烧灼感,但不像针刺或刀扎样锐性痛,偶伴濒死的恐惧感觉。也可仅觉胸闷不适而非胸痛。

3. 诱因 发作常由体力劳动或情绪激动所诱发,饱食、寒冷、吸烟、心动过速、休克等亦可诱发。疼痛多发生于劳力或激动的当时,而不是劳累之后。典型的心绞痛常在相似的条件下重复发生,但有时同样的劳力只在早晨而不在下午引起心绞痛,可能与晨间交感神经兴奋性增高有关。

4. 持续时间 心绞痛一般持续数分钟至 10 余分钟,多在 3~5 分钟,很少超过半小时。

5. 缓解方式 一般在停止原来诱发症状的活动后即可缓解;舌下含用硝酸甘油等硝酸酯类药物也能在几分钟内缓解。

老年患者心肌缺血时常有不典型症状,表现为疼痛部位不典型,可发生在下颌部到腹部的任何部位,其特点是每次发作多在同一部位、同样原因诱发;疼痛性质不典型,可表现为胸部不适、气促、乏力、颈部紧缩感、上肢酸胀、胃部不适等,故非典型心绞痛的诊断更多依赖于实验室检查。老年患者的症状性冠心病占冠心病总数的 1/3~1/2。

UA 患者胸部不适的性质与典型的稳定型心绞痛相似,通常程度更重、持续时间更长,可达数十分钟,胸痛在休息时也可发生。UA 心绞痛的特点:诱发心绞痛的体力活动阈值突然或持久降低;心绞痛发生频率、严重程度和持续时间增加;出现静息或夜间心绞痛;胸痛放射至附近的或新的部位;发作时可伴有的症状如出汗、恶心、呕吐、心悸或呼吸困难。休息或舌下含服硝酸甘油只能暂时甚至不能完全缓解症状;老年人症状不典型者不少见,尤其在老年女性和糖尿病患者症状不典型。老年患者的非 NSTEMI 发生率高,其病死率也高。

3 种临床表现的不稳定型心绞痛具体见表 5-1。

表 5-1 3 种临床表现的不稳定型心绞痛

静息型心绞痛(rest angina pectoris)	发作于休息时,持续时间通常>20 分钟
初发型心绞痛(new-onset angina)	通常在首发症状 1~2 个月内、很轻的体力活动可诱发(程度至少达 CCSⅢ级)
恶化型心绞痛(acelerated angina)	在相对稳定的劳力性心绞痛基础上心绞痛逐渐增强(疼痛更剧烈、时间更长或更频繁,按 CCS 分级至少增加Ⅰ级水平,程度至少 CCSⅢ级)

AMI 与梗死的面积大小、部位、冠状动脉侧支循环情况密切相关。

1. 先兆 部分患者在发病前数日有乏力,胸部不适,活动时心悸、气急、烦躁、心绞痛等前驱症状,心绞痛发作较以往频繁、程度较剧、持续较久,硝酸甘油疗效差,诱发因素不明显。

2. 症状 性质与心绞痛相同,但诱因多不明显,且常发生于安静时,程度较重,持续时间较长,可达数小时或更长,休息和含用硝酸甘油片多不能缓解。

3. 心律失常、低血压和休克及泵竭 前间壁、前壁 MI 常表现为室性心律失常、泵竭、心性休克(心肌坏死 40%以上)和束支传导阻滞;下壁、正后壁和右心室 MI 常表现为房室传导阻滞、低血压。前壁 MI 如发生房室传导阻滞表明梗死范围广泛,情况严重。室上性心律失常则较少,常发生在心力衰竭患者中。

4. 其他表现 有发热(38℃左右,持续约 1 周)、心动过速、白细胞计数增高和红细胞沉降率增快等,一般在疼痛发生后 24~48 小时出现。恶心、呕吐和上腹胀痛,肠胀气亦不少见,重症者可发生呃逆。

二、体征

心绞痛发作时常见心率增快、血压升高、表情焦虑、皮肤冷或出汗,有时出现第四或第三心音奔马律。可有暂时性心尖部收缩期杂音,为乳头肌缺血以致功能失调引起二尖瓣关闭不全所致。

三、辅助检查

血糖、血脂检查可了解冠心病危险因素;胸痛明显者查血清心肌损伤标志物包括心肌肌钙蛋白 I 或 T、肌酸激酶同工酶(CK-MB),以与 ACS 相鉴别;查血常规有无贫血。

其他辅助检查包括心电图(静息心电图、心电图连续动态监测和心电图负荷试验)、心脏标志物检查、超声心动图、多层螺旋 CT 冠状动脉成像及 MRI 冠状动脉造影、冠状动脉造影和其他侵入性检查、放射性核素检查[心肌显像及负荷试验、放射性核素心腔造影和正电子发射断层心肌显像(PET)]和胸部 X 线检查。

第五节　诊断和鉴别诊断

一、诊断

1. 稳定型心绞痛　根据冠心病危险因素(高血糖、高血压、高胆固醇、吸烟),心绞痛的发作特点,心绞痛发作时心电图检查 ST-T 改变,症状消失后心电图 ST-T 改变亦逐渐恢复可诊断。冠状动脉 CTA 有助于无创性评估冠状动脉狭窄程度及管壁病变性质和分布,冠状动脉造影可明确冠状动脉病变的严重程度,有助于诊断和决定进一步的治疗。

2. UA/NSTEMI 诊断　根据病史、典型的心绞痛症状、典型的缺血性心电图改变以及心肌损伤标志物可作出 UA/NSTEMI 诊断。对 NSTEMI,血清肌钙蛋白测定的诊断价值更大。诊断未明确的不典型患者而病情稳定者,可以在出院前做负荷心电图或负荷超声心动图、核素心肌灌注显像、冠状动脉造影等检查。冠状动脉造影仍是诊断冠心病的重要方法,可以直接显示冠状动脉狭窄程度,对决定治疗策略有重要意义。尽管 UA/NSTEMI 的发病机制类似于急性 STEMI,但两者的治疗原则有所不同,因此需要鉴别诊断。

3. 危险分层　UA/NSTEMI 患者的临床表现严重程度不一,冠状动脉粥样病变的严重程度和病变累及范围不同,同时形成急性血栓(进展至急性 STEMI)的危险性不同。为选择个体化的治疗方案,必须尽早进行危险分层。

不稳定型心绞痛的严重程度分级(Braunwald 分级)见表 5-2。

表 5-2　不稳定型心绞痛的严重程度分级(Braunwald 分级)

严重程度	定义	1 年内死亡或心肌梗死的发生率
Ⅰ 级	严重的初发型心绞痛或恶化型心绞痛,无静息性疼痛	7.3%
Ⅱ 级	亚急性静息型心绞痛(1 个月内发生过,但 48 小时内无发作)	10.3%

续表

严重程度	定义	1年内死亡或心肌梗死的发生率
Ⅲ级	急性静息型心绞痛（48 小时内有发作）	10.8％
临床环境		
A	继发性心绞痛，在冠状动脉狭窄的基础上，存在加剧心肌缺血的冠状动脉以外的疾病	14.1％
B	原发性心绞痛，无加剧心肌缺血的冠状动脉以外的疾病	8.5％
C	心肌梗死后心绞痛，心肌梗死后2周内发生的不稳定型心绞痛	18.5％

不稳定型心绞痛患者死亡或非致死性心肌梗死的短期危险分层见表 5-3。

表 5-3 不稳定型心绞痛患者死亡或非致死性心肌梗死的短期危险分层

项目	高度危险性（至少具备下列 1 条）	中度危险性（无高度危险特征但具备下列任何 1 条）	低度危险性（无高度危险、中度危险特征但具备下列任何 1 条）
病史	缺血性症状在 48 小时内恶化	既往心肌梗死，或脑血管疾病，或冠状动脉旁路移植术，或使用阿司匹林	
疼痛特点	长时间（＞20 分钟）静息性胸痛	长时间（＞20 分钟）静息性胸痛目前缓解，并有高度或中度冠心病可能。静息性胸痛（＜20 分钟）或因休息或舌下含服硝酸甘油缓解	过去 2 周内新发 CCS 分级 Ⅲ 或 Ⅳ 级的心绞痛，但无长时间（＞20 分钟）静息性胸痛，有中度或高度冠心病可能
临床表现	缺血引起的肺水肿，新出现二尖瓣不全杂音或原杂音加重，S3 或新出现啰音或原啰音加重，低血压、心率过缓、心动过速，年龄＞75 岁	年龄＞70 岁	
心电图	静息型心绞痛伴一过性 ST 段改变（＞0.05mV），新出现束支传导阻滞或新出现持续性心动过速	T 波倒置＞0.2mV，病理性 Q 波	胸痛间期心电图正常或无变化
心脏标志物	明显增高（即 cTnT＞0.1μg/L）	轻度增高（即 0.01μg/L＜cTnT＜0.1μg/L）	正常

STEMI 根据典型的临床表现、特征性的心电图改变以及实验室检查发现，诊断并不困难。对老年患者，突然发生严重的心律失常、休克、心力衰竭而原因未明，或突然发生较重而

持久的胸闷或胸痛者,都应考虑本病的可能性,并短期内进行心电图、血清心肌坏死标志物测定等的动态观察以确定诊断。

二、并发症

1. 心室壁瘤(cardiac aneurysm) 见于前间壁、前壁 MI,发生率为 5%～20%。室壁瘤可导致心功能不全、栓塞和室性心律失常。

2. 乳头肌功能失调或断裂(dysfunction or rupture of papillary muscle) 多发生下壁 MI,发生率可高达 50%,可引起心力衰竭,轻症者可恢复,其杂音可消失。乳头肌多部分断裂,心力衰竭明显,可迅速发生肺水肿在数日内死亡。

3. 心脏破裂(rupture of the heart) 多为心室游离壁破裂,造成心包积血引起急性心脏压塞而猝死。也可为心室间隔破裂造成穿孔,可引起心力衰竭和休克而在数日内死亡。心脏破裂也可为亚急性,患者能存活数月。少见,常在发病 1 周内出现。

4. 栓塞(embolism) 可为左心室附壁血栓脱落所致,引起脑、肾、脾或四肢等动脉栓塞。也可因下肢静脉血栓形成部分脱落所致,产生肺动脉栓塞,大块肺栓塞可导致猝死。发生率为 1%～6%,见于起病后 1～2 周。

5. 心肌梗死后综合征(post-infarction syndrome) 于 MI 后数周至数个月内出现,可反复发生,表现为心包炎、胸膜炎或肺炎,有发热、胸痛等症状,可能为机体对坏死物质的过敏反应,发生率约 10%。

三、鉴别诊断

应与主动脉夹层、急性肺动脉栓塞、急性心包炎、急腹症和其他疾病引起的心绞痛或不典型疼痛进行鉴别。

第六节 治疗总体安排

一、病症处理的综合安排

(一)稳定型心绞痛
稳定型心绞痛的处理主要针对冠状动脉病变累及心肌供血的范围和心功能状况。

(二)UA/NSTEMI
是否入院治疗(心电图和心肌标志物正常的低危患者在急诊经过一段时间的治疗观察后可进行运动试验,若运动试验结果阴性则不住院);是否入心脏监护室(cardiac intensive care unit,CCU)加强监测和治疗(对于进行性缺血且对初始药物治疗反应差,以及血流动力学不稳定的患者住 CCU);是否进行有创治疗(危险度分层为中、高度的患者需有创治疗)。

(三)STEMI
强调及早发现、及早住院,并加强住院前的就地处理。

二、治疗目标

(一)稳定型心绞痛
稳定型心绞痛的治疗目标是改善冠状动脉的血供和降低心肌的耗氧量,以改善患者症状,提高生活质量,同时治疗动脉粥样硬化预防心肌梗死和死亡,以延长生存期。

(二) UA/NSTEMI

即刻缓解缺血和预防严重不良反应后果(即死亡或心肌梗死或再梗死)。

(三) STEMI

尽快恢复心肌的血液灌注(到达医院后的 30 分钟内开始溶栓或 90 分钟内开始介入治疗)以挽救濒死的心肌、防止梗死扩大或缩小心肌缺血范围,保护和维持心脏功能,及时处理严重的心律失常、泵衰竭和各种并发症,防止猝死。

三、治疗措施的选择和安排

(一) 稳定型心绞痛

1. 药物治疗

(1)抗心绞痛(心肌缺血):①β 受体阻断药;②硝酸酯类药;③钙通道阻滞药;④其他:曲美他嗪、尼可地尔。

(2)预防心肌梗死,改善预后的药物:①阿司匹林、氯吡格雷;②β 受体阻断药;③他汀类药物;④ACEI 或 ARB。

2. 血管重建治疗 无创检查心肌缺血面积>10%,有创检查左冠状动脉主干病变、类左冠状动脉主干病变,FFR 检查<0.75,心功能不全和 EF 下降需要血管重建治疗。经皮冠状动脉介入治疗(percutaneous coronary intervention,PCI)、冠状动脉旁路移植术(coronary artery bypass graft,GABG)是 2 种血管重建治疗方式,选择需要考虑团队的状况和患者的意愿。

(二) UA/NSTEMI

治疗包括抗缺血治疗、抗血栓治疗和根据危险度分层进行有创治疗。

1. 抗心绞痛(心肌缺血)治疗 同前述"(一)稳定型心绞痛"部分。

2. 抗血栓治疗

(1)抗血小板:①阿司匹林;②ADP 受体拮抗剂:氯吡格雷、普拉格雷、替格瑞洛;③血小板糖蛋白Ⅱb/Ⅲa(GPⅡb/Ⅲa)受体拮抗剂:阿昔单抗、替罗非班、依替巴肽和拉米非班,主要用于计划接受 PCI 术的 UA/NSTEMI 患者。

(2)抗凝治疗:常规应用于中危和高危的 UA/NSTEMI 患者中,常用的抗凝药包括普通肝素、低分子量肝素、磺达肝癸钠(fondaparinux sodium)和比伐卢定(bivalirudin)。

3. 根据危险度分层进行有创治疗 GRACE 风险模型纳入了年龄、充血性心力衰竭史、心肌梗死、静息时的心率、收缩压、血清肌酐、心电图 ST 段偏离、心肌损伤标志物升高以及是否行血运重建等参数,可用于 UA/NSTEMI 的风险评估。

老年患者在住院期间心血管事件的发生率、远期死亡率、PCI 相关的血管并发症和出血风险均高于非老年患者。总体而言,在 PCI 策略的整体获益程度方面,老年与非老年患者相比至少相当,甚至有可能获益程度更大。对于老年患者而言,治疗策略选择应建立在对各种合理的急性期处理和长期治疗的收益/风险进行评估的基础之上。

老年患者 PCI 时另一个关注的问题是避免引起对比剂肾病(CIN)。目前认为 CIN 的危险因素有原有肾功能不全、糖尿病、剂量过大、高龄等。老年冠心病患者是发生 CIN 的高危人群。在 CIN 风险评分量表中,年龄>75 岁是一项重要的评分指标。术前应评估肾功能状态,操作前给予积极的水化治疗[术前 12 小时至术后 6～24 小时给予等渗盐水 1～1.5ml/(kg·h)];尽量选择等渗对比剂;减少术中使用量,建议最大剂量不超过 150ml;术后适当补充液体。总之,老年患者应重视对比剂不良反应的预防、监测和处理,以保证使用安全。

4. 冠状动脉旁路移植术　选择何种血运重建策略主要根据临床因素、术者经验、基础冠心病的严重程度和患者及家属的意愿。手术最大的受益者是病变严重、有多支血管病变的症状严重和左心室功能不全的患者。

5. 其他治疗　ACEI 或 ARB、调脂治疗。

(三) STEMI

1. 监护和一般治疗

(1)急性期卧床休息,保持环境安静,保持大小便通畅。

(2)监测:除颤仪应随时处于备用状态,严重泵衰竭者还需监测肺毛细血管压和静脉压。

(3)吸氧:对有呼吸困难和血氧饱和度降低者给予吸氧。

2. 解除疼痛　吗啡或哌替啶、硝酸酯类药物、β 受体拮抗剂。

3. 抗血栓治疗　同 UA/NSTEMI 部分。

4. 再灌注心肌治疗　起病在 12 小时内,使闭塞的冠状动脉再通,心肌得到再灌注,濒临坏死的心肌可能得以存活或使坏死范围缩小,减轻梗死后的心肌重塑,预后改善,是一种积极的治疗措施。

(1)经皮冠状动脉介入治疗。

(2)溶栓疗法:无条件施行介入治疗或因患者就诊延误、转送患者到可施行介入治疗的单位将会错过再灌注时机,如无禁忌证应立即(接诊患者后的 30 分钟内)行溶栓治疗。

禁忌证:①既往发生过出血性脑卒中,6 个月内发生过缺血性脑卒中或脑血管事件;②中枢神经系统受损、颅内肿瘤或畸形;③近期(2～4 周)有活动性内脏出血;④未排除主动脉夹层;⑤入院时严重且未控制的高血压(>180/110mmHg)或慢性严重高血压病史;⑥目前正在使用治疗剂量的抗凝药或已知有出血倾向;⑦近期(2～4 周)创伤史,包括头部外伤、创伤性心肺复苏或较长时间(>10 分钟)的心肺复苏;⑧近期(<3 周)外科大手术;⑨近期(<2 周)曾有在不能压迫部位的大血管行穿刺术。

溶栓药物的应用:①尿激酶;②链激酶;③重组组织型纤溶酶原激活剂(rt-PA),新型的选择性纤溶酶原激活剂(仅作用于血栓部位)包括替奈普酶、阿替普酶和来替普酶。建议优选选择性纤溶酶原激活剂。

(3)紧急冠状动脉旁路移植术:介入治疗失败或溶栓治疗无效有手术指征者,宜争取6～8 小时内施行紧急 CABG 术,但死亡率明显高于择期 CABG 术。

5. 其他治疗　ACEI 或 ARB、调脂治疗。

6. 抗心律失常和传导障碍治疗

(1)发生室颤或室速时,尽快采用非同步直流电除颤或同步直流电复律。室性期前收缩或室速可用利多卡因、胺碘酮治疗。

(2)对缓慢型心律失常可用阿托品、临时人工心脏起搏器。

(3)室上性快速型心律失常选用维拉帕米、地尔硫䓬、美托洛尔、洋地黄制剂或胺碘酮等,或同步直流电复律治疗。

7. 抗休克治疗 ①补充血容量;②应用升压药(多巴胺、去甲肾上腺素、多巴酚丁胺);③应用血管扩张剂(硝普钠、硝酸甘油静脉滴注);④其他:包括纠正酸中毒、避免脑缺血、保护肾功能,必要时应用洋地黄制剂等。

8. 抗心力衰竭治疗 主要是治疗急性左心衰竭,可用利尿药、血管扩张剂、多巴酚丁胺、短效 ACEI。

9. 右心室心肌梗死的处理 治疗措施与左心室心肌梗死略有不同。右心室心肌梗死引起右心衰竭伴低血压,在血流动力学监测下静脉输液和多巴胺,直到低血压得到纠正或 PCWP 达 15～18mmHg。伴有房室传导阻滞者可予以临时起搏。

四、预期治疗结果

(一)稳定型心绞痛

对稳定型心绞痛除防止心绞痛再次发作外,阻止或逆转粥样硬化进展,预防心肌梗死。

(二)UA/NSTEMI

UA/NESTEMI 的急性期一般在 2 个月左右,在此期间发生心肌梗死或死亡的风险最高。尽管住院期间的死亡率低于 STEMI,但其长期的心血管事件发生率与 STEMI 接近,因此出院后要坚持长期药物治疗,控制缺血症状,降低心肌梗死和死亡的发生。

(三)STEMI

预后与梗死范围的大小、侧支循环产生的情况以及治疗是否及时有关。急性期住院病死率过去一般为 30% 左右,采用监护治疗后降至 15% 左右,采用溶栓疗法后再降至 8% 左右,住院 90 分钟内施行介入治疗后进一步降至 4% 左右。死亡多发生在第 1 周内,尤其在数小时内发生严重的心律失常、休克或心力衰竭者,其病死率尤高。

第七节 药物治疗方案

一、抗心绞痛(心肌缺血)治疗

(一)发作时的治疗

1. 硝酸甘油(nitroglycerin) 可用 0.5mg,舌下含化,1～2 分钟即开始起作用,约半小时后作用消失。每次 0.5mg,必要时每间隔 3～5 分钟可以连用 3 次,若仍无效,可静脉应用硝酸甘油或硝酸异山梨酯。静脉应用硝酸甘油以 5～10μg/min 开始,持续滴注,每 5～10 分钟增加 10μg/min,直至症状缓解或出现明显的副作用(头痛或低血压,收缩压低于 90mmHg 或相比用药前平均动脉压下降 30mmHg),200μg/min 为一般最大推荐剂量。下壁 MI、可疑右室 MI 或明显低血压的 (收缩压低于 90mmHg)患者不适合使用。目前建议静脉应用硝酸甘油,在症状消失 12～24 小时后改用口服制剂。在持续静脉应用硝酸甘油 24～48 小时内可出现药物耐受。硝酸异山梨酯(isosorbide dinitrate)可用 5～10mg,舌下含化,2～5 分钟见效,作用维持 2～3 小时。硝酸甘油有片剂和喷雾剂,由于老年人的唾液减少,特别是用口呼吸的老年人,硝酸甘油舌下含化溶解速度慢,而喷雾剂经口腔黏膜吸收快,几秒钟后作用,可持续 1.5 小时,特别适合老年人心绞痛发作时应用。

2. β受体阻断药 STEMI 患者有剧烈的缺血性胸痛或伴有血压显著升高且其他处理

未能缓解时,也可静脉应用。静脉用药多选择美托洛尔,使用方案如下:①首先排除心力衰竭、低血压(收缩压<90mmHg)、心动过缓(心率<60次/分)或有房室传导阻滞的患者;②静脉推注,每次5mg;③每次推注后观察2~5分钟,如果心率<60次/分或收缩压<100mmHg,则停止给药,静脉注射美托洛尔的总量可达15mg;④末次静脉注射后15分钟,继续口服剂量维持。极短作用的静脉注射制剂艾司洛尔50~250μg/(kg·min),可治疗有β受体拮抗剂相对禁忌证而又希望减慢心率的患者。老年患者应注意严重的心动过缓、血压低等不良反应。

3. 患者可给予吗啡2~4mg静脉注射或哌替啶50~100mg肌内注射,必要时5~10分钟后重复。

(二)缓解期的治疗

可单独选用、交替应用或联合应用下列药物:足量β受体拮抗剂与硝酸酯类药物治疗后仍不能控制缺血症状的患者可口服长效钙通道阻滞药;对心功能不全的患者,应用β受体拮抗剂以后加用钙通道阻滞药应特别谨慎;维拉帕米和β受体拮抗剂均有负性传导作用,不宜联合使用。

1. β受体阻断药 UA/NSTEMI患者应尽早使用,少数高危患者可先静脉使用,后改口服;在已服用β受体拮抗剂仍发生UA的患者,除非存在禁忌证,否则无需停药。STEMI患者无下列情况者,应在发病24小时内尽早常规口服应用:①心力衰竭;②低心排血量状态;③心源性休克的危险性增高(年龄>70岁、收缩压<120mmHg、窦性心动速>110次/分或心率<60次/分);④其他使用β受体拮抗剂的禁忌证(P-R间期>0.24秒、二或三度房室传导阻滞、哮喘发作期或反应性气道疾病)。一般首选心脏选择性的药物。β受体阻断药剂量的个体差异大,老年人应从小剂量开始,逐渐加量。停用本药时应逐步减量,如突然停用有诱发心肌梗死的可能性。

口服β受体拮抗剂的剂量应个体化,用药后要求静息心率为55~60次/分;严重心绞痛患者如无心动过缓症状,可降至50次/分。临床常用的β受体拮抗剂包括美托洛尔(metoprolol)25~100mg,2次/日,缓释片47.5~190mg;比索洛尔(bisoprolol)5~10mg,1次/日。

外周血管疾病及严重抑郁是应用β受体拮抗剂的相对禁忌证。慢性肺源性心脏病患者可谨慎使用高度选择性的β_1受体拮抗剂。

2. 硝酸酯类药 硝酸酯类药物包括硝酸甘油(皮肤贴片5mg,1次/日,注意定时揭去)、二硝酸异山梨酯(普通片5~20mg,3~4次/日;缓释片20~40mg,1~2次/日)和单硝酸异山梨酯(普通片20mg,2次/日;缓释片40~60mg,1次/日)。硝酸酯类药物的不良反应包括头痛、面色潮红、心率反射性加快和低血压等。

3. 钙通道阻滞药 稳定型心绞痛患者使用地尔硫䓬和维拉帕米能减慢房室传导,常用于伴有房颤或房扑的心绞痛患者。维拉帕米(普通片40~80mg,3次/日;或缓释剂240mg/d)、地尔硫䓬(30~60mg,3次/日;缓释制剂90mg,1次/日)这两种药物不能应用于已有严重的心动过缓、高度房室传导阻滞和病态窦房结综合征的患者。对伴有心力衰竭或左室射血分数降低的患者,可选用氨氯地平或非洛地平。外周水肿、便秘、心悸、面部潮红是所有钙通道阻滞药常见的副作用。

4. 其他 曲美他嗪(20~60mg,3次/日)、尼可地尔(2mg,3次/日)。

二、抗栓治疗

老年患者更应进行缺血和出血风险评估,如使用 GRACE、CRUSADE 评分进行风险评估。

(一) 抗血小板治疗

1. 阿司匹林　最佳范围为 $75\sim150mg/d$。其主要不良反应为肠道出血或对阿司匹林过敏,不能耐受阿司匹林的患者可改用氯吡格雷作为替代治疗。除非有禁忌证,所有 ACS 患者均应尽早使用阿司匹林,首次口服非肠溶制剂或嚼服肠溶制剂 300mg,随后 $75\sim100mg$,每日 1 次长期维持。老年患者应注意消化道出血风险。

2. ADP 受体拮抗剂　氯吡格雷首剂可用 $300\sim600mg$ 的负荷量,随后 75mg,1 次/日;普拉格雷首次 60mg 的负荷量,维持剂量为 10mg,1 次/日,禁用于有卒中或短暂脑缺血发作病史和年龄>75 岁者,因出血风险升高;替格瑞洛除有严重的心动过缓者外,首次 180mg 的负荷量,维持剂量为 90mg,2 次/日。

3. 血小板糖蛋白 Ⅱb/Ⅲa(GPⅡb/Ⅲa)受体拮抗剂　阿昔单抗为直接抑制 GPⅡb/Ⅲa 受体的单克隆抗体,在血小板激活起重要作用的情况下,特别是进行介入治疗时,能有效地与血小板表面的 GPⅡb/Ⅲa 受体结合,从而抑制血小板聚集,其口服制剂作用尚不确定。人工合成的拮抗剂包括替罗非班、依替巴肽和拉米非班。老年患者应注意防止出血风险。

各种类型的 ACS 患者均需要联合应用包括阿司匹林和 ADP 受体拮抗剂在内的口服抗血小板药物,负荷剂量后给予维持剂量。65 岁以上的老年 ACS 患者依然可以从阿司匹林和氯吡格雷治疗中获益,并且其绝对和相对获益均比非老年患者更显著。因此,年龄不应该成为限制应用抗血小板治疗的条件,老年患者也应按照 ACS 抗血小板治疗的基本原则接受规范化治疗,且阿司匹林和氯吡格雷长期应用的剂量无需调整。考虑到老年患者消化道等出血的风险可能增大,建议阿司匹林剂的剂量不大于 100mg。ACS 急性期抗血小板药物的首次负荷剂量可酌情减少。在老年 ACS 患者长期抗血小板治疗中,应尽量避免可能影响抗血小板疗效并增加不良反应的药物,如老年患者较常用的非甾体解热镇痛药(NSAIDs)。老年患者尤其需要重视缺血症状和出血风险的评估,加强监测,做好出血风险预防。

静脉应用 GPⅡb/Ⅲa 受体拮抗剂主要用于接受 PCI 的患者,术中使用。

(二) 抗凝治疗

抗凝治疗常规应用于中危和高危的 UA/NSTEMI 患者。

1. 普通肝素　肝素的推荐用量为静脉注射 80U/kg 后,以 $15\sim18U/(kg\cdot h)$ 的速度静脉滴注维持。治疗过程中,在开始用药或调整剂量后 6 小时需监测激活部分凝血酶时间(APTT),调整肝素用量,一般使 APTT 控制在 $45\sim70$ 秒,为对照组的 $1.5\sim2$ 倍。静脉应用肝素以 $2\sim5$ 天为宜,后可改为皮下注射肝素 $5000\sim7500U$,每日 2 次,再治疗 $1\sim2$ 天。肝素在急性 STEMI 中应用视临床情况而定:①对溶栓治疗的患者,肝素作为溶栓治疗的辅助用药,一般使用方法为静脉推注 70U/kg,然后静脉滴注 $15U/(kg\cdot h)$ 维持,每 $4\sim6$ 小时测定 APTT,使 APTT 为对照组的 $1.5\sim2$ 倍。一般在 $48\sim72$ 小时后改为皮下注射 7500IU,每 12 小时 1 次,注射 $2\sim3$ 天。溶栓制剂不同,肝素用法也不同,重组组织型纤溶酶原激活剂(rt-PA)治疗中需充分抗凝,而尿激酶和链激酶只需溶栓治疗后行皮下注射治疗,而不需溶栓前的静脉使用。②对未溶栓治疗的患者,肝素静脉应用是否有利并无充分证据,目前临床较多应用低分子量肝素,可皮下应用,不需要实验室检测,较普通肝素有疗效更肯定、使用方便的优点。

2. 低分子量肝素　具有强烈的抗Ⅹa因子及Ⅱa因子活性的作用,并且可以根据体重和肾功能调节剂量,皮下应用,不需要实验室监测,故具有疗效更肯定、使用更方便的优点。常用药物包括依诺肝素、达肝素和那曲肝素等。相比普通肝素更适合于老年患者。建议年龄≥75岁者,低分子量肝素不用静脉负荷量,直接给予日常剂量。

3. 磺达肝癸钠　是选择性Ⅹa因子间接抑制剂,用于ACS患者的抗凝治疗不仅能有效减少心血管事件,而且大大降低出血风险。皮下注射2.5mg,每日1次,采用保守策略的患者尤其在出血风险增加时作为抗凝药物的首选,适合老年患者。对需行PCI的患者,术中需要追加普通肝素抗凝。

4. 比伐卢定　是直接抗凝血酶制剂,通过直接并特异性地抑制Ⅱa因子活性发挥抗凝作用,可预防接触性血栓形成,作用可逆而短暂,出血事件的发生率降低,适合于老年患者。主要用于ACS患者PCI术中的抗凝,与普通肝素加血小板GPⅡb/Ⅲa受体拮抗剂相比,出血的发生率明显降低。先静脉推注0.75mg/kg,再静脉滴注1.75mg/(kg·h),一般不超过4小时。

三、溶栓治疗

溶栓药物的应用:以纤溶酶原激活剂激活血栓中的纤溶酶原,使转变为纤溶酶而溶解冠状动脉内的血栓。常用:①尿激酶(urokinase,UK)30分钟内静脉滴注150万～200万U。②链激酶(streptokinase,SK)或重组链激酶(rSK)以150万U静脉滴注,在60分钟内滴完。使用链激酶时,应注意寒战、发热等过敏反应。③重组组织型纤溶酶原激活剂(rt-PA)选择性激活血栓部位的纤溶酶原,100mg在90分钟内静脉给予:先静脉注入15mg,继而在30分钟内静脉滴注50mg,其后的60分钟内再滴注35mg(国内有报告用上述剂量的一半也能奏效)。用rt-PA前先用肝素5000U静脉注射,用药后继续以肝素每小时700～1000U持续静脉滴注共48小时,以后改为皮下注射7500U每12小时1次,连用3～5天(也可用低分子量肝素)。老年患者更要警惕脑等重要器官出血的风险。

新型的选择性纤溶酶原激活剂(仅作用于血栓部位)包括替奈普酶、阿替普酶和来替普酶。关于溶栓药物的选择,与非选择性纤溶酶原激活剂(尿激酶和链激酶)比较,建议优选选择性纤溶酶原激活剂。

四、抗心律失常和传导障碍治疗

心律失常必须及时消除,以免演变为严重的心律失常甚至猝死。

1. 发生室颤或持续多形性室速时,尽快采用非同步直流电除颤或同步直流电复律。单形性室速药物疗效不满意时,也应及早用同步直流电复律。

2. 一旦发现室性期前收缩或室速,立即用利多卡因50～100mg静脉注射,每5～10分钟重复1次,至期前收缩消失或总量已达300mg,继以1～3mg/min的速度静脉滴注维持(100mg加入5%葡萄糖溶液100ml中,滴注为1～3ml/min)。在心肌梗死期间,利多卡因仅限于用于治疗威胁生命的室性心律失常,如室性心律失常反复可用胺碘酮治疗。

3. 对缓慢型心律失常,可用阿托品0.5～1mg肌内或静脉注射。

4. 房室传导阻滞发展到二或三度,伴有血流动力学障碍者,宜用临时人工心脏起搏器治疗,待传导阻滞消失后撤除。

5. 室上性快速型心律失常 CCB类药物中,非二氢吡啶类CCB地尔硫草或维拉帕米可作为对β受体阻断药有禁忌的患者的替代治疗,但老年患者需注意潜在的心脏传导系统障碍和心功能减退。尤其是非二氢吡啶类CCB和β受体阻断药联合用药时对传导系统和心肌收缩力的影响更明显,需特别警惕,在老年患者、已有心动过缓或左心室功能不良的患者中应避免联合应用,也可考虑用同步直流电复律治疗。不推荐使用钙通道拮抗剂来治疗急性心肌梗死,在发生急性心肌梗死之前服用钙通道拮抗剂的老年人,在发生急性心肌梗死后应更换为β受体阻断药。预防性服用β受体阻断药以外的其他抗心律失常药物并不会改善急性心肌梗死患者的临床转归。

6. 再灌注性心律失常 各种快速型、缓慢型心律失常均可出现,应做好相应的抢救准备。但出现严重心律失常的情况少见,最常见的为一过性非阵发性室性心动过速,对此不必行特殊处理。

五、抗心力衰竭治疗

主要是治疗急性左心衰竭,可选用血管扩张剂、利尿药、多巴酚丁胺$10\mu g/(kg \cdot min)$静脉滴注或用短效ACEI从小剂量开始等治疗。洋地黄制剂可能引起室性心律失常,宜慎用。由于最早期出现的心力衰竭主要是坏死心肌间质充血、水肿引起顺应性下降所致,而左心室舒张末期容量尚不增大,因此在梗死发生后的24小时内宜尽量避免使用洋地黄制剂。有右心室梗死的患者应慎用利尿药。老年患者的心功能储备降低,更应注意心功能的保护。

六、抗休克治疗

根据休克纯属心源性,抑或尚有周围血管舒缩障碍或血容量不足等因素存在而分别处理。

1. 补充血容量 估计有血容量不足,或中心静脉压和肺动脉楔压低者,用右旋糖酐40或5%～10%葡萄糖溶液静脉滴注,输液后如中心静脉压上升$>18cmH_2O$,PCWP$>15～18mmHg$,则应停止。右心室心肌梗死时,中心静脉压的升高则未必是补充血容量的禁忌。

2. 应用升压药 补充血容量后血压仍不升,而PCWP和CI正常时,提示周围血管张力不足,可用多巴胺[起始剂量为$3～5\mu g/(kg \cdot min)$]或去甲肾上腺素$2～8\mu g/min$,亦可选用多巴酚丁胺[起始剂量为$3～10\mu g/(kg \cdot min)$]静脉滴注。

3. 应用血管扩张剂 经上述处理血压仍不升,而PCWP增高、CI低或周围血管显著收缩以致四肢厥冷并有发绀时,硝普钠$15\mu g/min$开始静脉滴注,每5分钟逐渐增量至PCWP降至$15～18mmHg$;硝酸甘油$10～20\mu g/min$开始静脉滴注,每$5～10$分钟增加$5～10\mu g/min$直至左心室充盈压下降。

4. 其他 治疗休克的其他措施包括纠正酸中毒、避免脑缺血、保护肾功能,必要时应用洋地黄制剂等。为了降低心源性休克的病死率,有条件的医院考虑用主动脉内球囊反搏术或左心室辅助装置进行辅助循环,做选择性冠状动脉造影,施行介入治疗或主动脉-冠状动脉旁路移植手术,可挽救一些患者的生命。

七、改善预后的治疗

1. β受体拮抗剂 作用于心肌的 β_1 受体,能减少心肌耗氧量和改善缺血区的氧供需失衡,缩小 MI 面积,减少复发性心肌缺血、再梗死、室颤及其他恶性心律失常,对降低急性期病死率有肯定的疗效。β受体阻断药是唯一能够降低心肌梗死后死亡率的抗心律失常药物,为减少老年人心肌梗死后发生威胁生命的室性心动过速或室颤的死亡率,有使用可植入式自动心脏复律除颤仪(automatic implantable cardioverter-defibrillator)的指征。

2. 他汀类药物 他汀类药物能有效降低 TC 和 LDL-C,还有延缓斑块进展、稳定斑块和抗炎等调脂以外的作用。所有冠心病患者,无论其血脂水平如何,均应给予他汀类药物,并根据目标 LDL-C 水平调整剂量。他汀类药物在 ACS 患者急性期应用可促使内皮细胞释放一氧化氮,有类硝酸酯的作用,远期有抗炎症和稳定斑块的作用,能降低冠状动脉疾病的死亡率和心肌梗死发生率。无论基线血脂水平如何,ACS 患者均应尽早(24 小时内)开始使用他汀类药物。LDL-C 的目标值为<70mg/dl。

临床上常有的他汀类药物包括辛伐他汀(20~40mg,每晚 1 次)、阿托伐他汀(10~80mg,每晚 1 次)、普伐他汀(20~40mg,每晚 1 次)、氟伐他汀(40~80mg,每晚 1 次)、瑞舒伐他汀(5~20mg,每晚 1 次)等。

3. ACEI 或 ARB 可以使冠心病患者的心血管死亡、非致死性心肌梗死等主要终点事件的相对危险性显著降低。在稳定型心绞痛患者中,合并高血压、糖尿病、心力衰竭或左心室收缩功能不全的高危患者建议使用 ACEI;对 UA/NSTEMI 患者,如果不存在低血压(收缩压<100mmHg 或较基线下降 30mmHg 以上)或其他已知的禁忌证(如肾衰竭、双侧肾动脉狭窄和已知的过敏),应该在第 1 个 24 小时内给予口服 ACEI;对 STEMI 患者,ACEI 改善心肌的重构,减少 AMI 的病死率和充血性心力衰竭的发生。通常在初期 24 小时内开始给药,但在完成溶栓治疗后并且血压稳定时开始使用更理想。一般从小剂量口服开始,防止首次应用时发生低血压,在 24~48 小时内逐渐增加到目标剂量。不能耐受 ACEI 者可用 ARB 替代;不推荐常规联合应用 ACEI 和 ARB;对能耐受 ACEI 的患者,不推荐常规用 ARB 替代 ACEI。心肌梗死后的老年人除非有特定的禁忌证,否则推荐无限期使用 ACE 抑制剂。

常用的 ACEI 类药物包括卡托普利(12.5~50mg,每日 3 次)、依那普利(5~10mg,每日 2 次)、培哚普利(4~8mg,每日 1 次)、雷米普利(5~10mg,每日 1 次)、贝拉普利(10~20mg,每日 1 次)、赖诺普利(10~20mg,每日 1 次)等。

4. 硝酸酯类药物 扩张静脉,降低心脏前负荷,并降低左心室舒张末压,降低心肌耗氧量,改善左心室的局部和整体功能。

5. 钙通道阻滞药 单独应用于 UA 不能预防急性心肌梗死的发生和减低病死率;钙通道阻滞药与 β受体拮抗剂联合应用或两者与硝酸酯类药物联合应用,可有效减轻胸痛,减少近期死亡的危险,减少急性心肌梗死和急诊冠状动脉手术的需要。

八、康复治疗

1. ABCDE 方案 ABCDE 方案对于指导二级预防有帮助:①抗血小板、抗心绞痛治疗和 ACEI;②β受体拮抗剂预防心律失常,减轻心脏负荷等,控制血压;③控制血脂和戒烟;

④控制饮食和糖尿病治疗;⑤健康教育和运动。

2. 近年主张 AMI 患者出院前做症状限制性运动负荷心电图、放射性核素和(或)超声显像检查,对未行血运重建者,如显示心肌缺血或心功能较差,宜行冠状动脉造影检查考虑进一步处理。提倡恢复后进行康复治疗,逐步做适当的体育锻炼,但应避免过重的体力劳动或精神过度紧张。老年人的冠状动脉粥样硬化常累及多支病变,急性心肌梗死的面积较大,并发症较多,再梗死的发生率及病死率均较高,心肌梗死后为争取较好的预后,应重视心脏康复,加强二级预防。

3. 老年人有以下情况者提示可能有多支血管病变的 CHD 和较高的新发冠状动脉事件发生率:①运动诱导的高血压;②运动-血压反应不足;③缺血性 ST 段明显下降(≥2.0mm);④胸前导联和下壁导联均出现缺血性 ST 段下降;⑤运动耐量降低(标准的 Bruce 平板运动运动<6 分钟);⑥运动 6 分钟内出现缺血性 ST 段下降;⑦恢复期间 ST 段持续降低超过 8 分钟。

预测有心肌梗死病史的老年人发生新的冠状动脉事件的高危因素除以上外,还包括:①超声心动图或核素心室显像提示左心室射血分数异常;②超声心动图证实存在左室肥厚;③24 小时动态 ECG 监测显示有复杂性的室性心律失常或隐匿性心肌缺血;④在静息 ECG 上有缺血性 ST 段降低。

(程 标)

第八节 药学监护与信息反馈

一、观察疗效

(一)调血脂药

调脂疗效判定标准:①显效:达以下任一项者,即 TC 下降≥20%;TG 下降≥40%;HDL-C 上升≥10mg/dl;TC-HDL-C/HDL-C 下降≥20%。②有效:TC 下降 10%~<20%;TG 下降 20%~40%;HDL-C 升高 4~<10mg/dl。③无效:未达到有效标准者。④恶化:达以下任一项者,即 TC 上升≥10%;TG 上升≥10%;HDL-C 下降≥4mg/dl。但对于冠心病患者而言,一般认为 LDL-C 降至<2.6mmol/L(100mg/dl)时降脂有效,极高危患者 LDL-C 降至<1.8mmol/L(70mg/dl)更为理想。

(二)抗心肌缺血药

抗心肌缺血药主要是扩张冠状动脉、促进冠状动脉侧支循环、改善心肌代谢、减轻心脏负荷的药物。

1. 心绞痛症状 记录心绞痛的发作状况,包括次数、发作时间、持续时间、程度等参数。显效:同等劳累程度不引起心绞痛发作次数增加及硝酸甘油消耗量均减少 80% 以上;有效:心绞痛发作次数及硝酸甘油消耗量均减少 50%~80%;无效:心绞痛发作次数及硝酸甘油消耗量减少均不到 50%。

2. 静息心电图 适用于有缺血性 ST 段降低和(或)T 波倒置的患者。治疗后 ST 段回升 0.15mV 以上,或主要导联 T 波倒置变浅达 50% 以上,或 T 波由平坦转为直立,均反映治疗有效。

3. 心电图运动试验 应在标准化的运动前后做心电图进行比较。有效标准为静息或运动试验心电图示缺血性 ST 段降低,治疗后回升 0.15mV 以上或运动耐量上升 1 级。运动达 10 分钟或达到最大年龄相关心率而无缺血性心电变化,认为无心肌缺血表现。

4. 动态心电图 24 小时连续记录心电图,适用于症状少或不能进行运动试验的患者。至少记录 2 个反映不同部位心肌的导联,并由计算机分析 24 小时 ST 段降低的量;比较治疗前后 ST 段变化的量,进行统计学分析,作出结论。

(三) 溶血栓、抗凝血和抗血小板药

1. 溶血栓药 评价对于急性心肌梗死纤溶药是否有效的重要指标是再通率,一般以 90 分钟冠状动脉造影为"金指标",现多采用 TIMI Ⅲ级作为纤溶效果的判断标准。但临床治疗中冠状动脉造影受治疗条件的限制,大多采用以下标准来作为判定溶栓是否成功的指标:①心电图抬高的 ST 段于 2 小时内回降>50%;②胸痛 2 小时内基本消失;③2 小时内出现再灌注性心律失常;④血清 CK-MB 酶峰值提前出现(14 小时内)。

2. 抗凝、抗血栓药

(1)抗凝药:冠心病治疗中常用的抗凝药为肝素类药物和华法林。肝素类药物常短期用于 ACS 患者中,对于急性心肌梗死患者,使用肝素类药物后判断疗效的标准为 APTT 在正常高限的 1.5~2 倍。使用法法林的患者 INR 维持在 2~3 被认为有效。

(2)抗血小板聚集药:使用抗血小板聚集药时常通过测定血小板黏附、聚集和释放(包括合成)功能来判定抗栓疗效。抗血栓治疗时常在血小板膜表面和血浆中出现一系列激活标志物,如 GMP-140(P-选择素),并可伴有血小板数量的变化。流式细胞仪也被用来观察血小板的活化状态。血小板膜糖蛋白Ⅱb/Ⅲa 受体拮抗剂阻断引起血小板聚集的最后通路,对它的作用评价主要采用血小板聚集功能,以抑制率为 80% 左右较为理想,还应观察血小板计数、出血时间。

二、给药方法的适宜性

(一) 选择适宜的药物

医务人员首先要对患者的病情、身体状态、有无合并症及有无药物不良反应史等进行详细了解,制订个体化用药方案。例如对于慢性稳定型心绞痛合并糖尿病、心力衰竭、高血压、心肌梗死后左心室功能不全的患者,ACEI 类药物是其共同的适应证。如有禁忌时,可考虑能否使用 ARB 代替。选择治疗药物时要综合考虑近期和远期的治疗效果,做到适宜选择。

(二) 制订适宜的用药剂量

用药剂量应根据患者的病情、年龄、肝肾功能等综合考虑,对于老年人、幼儿及肝肾功能较差的患者,可适当减少剂量或延长用药的时间间隔。例如 β 受体阻断药的剂量应根据患者的个体情况,从较小剂量开始服用,以心率和患者的症状变化来调整剂量。

(三) 正确的给药方法

冠心病治疗药物品种较多,有注射剂、普通片剂、缓控释制剂及舌下含片等,正确的用药方法能更好地发挥药效,控制患者的病情。例如硝酸甘油静脉滴注时,初始剂量为 5μg/min,以后每 5~10 分钟增加 5μg/min,直至症状缓解或收缩压降低 10mmHg,最高剂量一般不超过 80~100μg/min,维持剂量以 10~30 μg/min 为宜,持续 24~48 小时即可,以免产

生耐药性而降低疗效；一旦患者出现头痛或血压降低，应迅速减少剂量。对于口服药物其服用方法同样重要，普通片、缓释片、控释片除了考虑制剂工艺外，还要考虑药物的半衰期、患者的代谢和排泄功能等，服用剂量和次数在不同的患者中差异可能很大。

（四）适宜的服药时间

冠心病患者一般在早晨易发生心绞痛症状，所以硝酸酯类药物最好在清晨醒来马上服用。对白天、夜间、清晨均有心绞痛发作的患者，应采用硝酸异山梨酯每6小时1次，不宜采用每4小时1次。对夜间发作不频繁者，可采用长、短效药物相结合的方法，白天服用硝酸异山梨酯，每天3次，晚间服长效制剂。人体内的胆固醇在午夜和清晨之间合成最旺盛，故他汀类调脂药睡前服用较好。这些都是根据冠心病的发病特点和人体时辰变化对药物服用时间进行的适宜调整。

（五）适宜的用药疗程

药物疗程的长短取决于患者的病情和治疗目标，对于冠心病患者来说，长期、规律用药是控制病情、减少心血管事件的主要方法。其二级预防中的药物除非有禁忌证，都应该是终身服用。例如对非ST段抬高型心肌梗死患者进行抗血小板治疗时，所有患者立即口服阿司匹林300mg，然后75～100mg/d长期维持。对阿司匹林有禁忌证的患者，可用氯吡格雷75mg替代。在使用阿司匹林的基础上，尽早给予氯吡格雷负荷量300mg（保守治疗患者）或600mg（PCI患者），然后75mg/d，至少12个月。停药之前要先找医师进行咨询，不能随意停药。

三、观察不良反应

观察不良反应是药学监护的重点之一，特别是对一些可能发生的不良反应进行预防则可以减少很多损害事件的发生。因此，熟悉冠心病药物的常见不良反应是做好药学监护的基础。

（一）抗血小板聚集药物

临床上常用的抗血小板聚集药物主要有环氧化酶抑制剂、ADP受体拮抗剂、血小板膜糖蛋白Ⅱb/Ⅲa（GPⅡb/Ⅲa）受体拮抗剂和磷酸二酯酶（PDE）抑制剂等。不良反应有许多相似之处，主要表现在：①胃肠功能紊乱，出现恶心、呕吐、腹痛等症状，大剂量长期服用可引起胃炎、隐性出血、加重溃疡形成和消化道出血，甚至危及生命。②血象异常。③瑞氏综合征：是由脏器脂肪浸润所引起的以脑水肿和肝功能障碍为特征的一组综合征，多发生在6个月～15岁的幼儿或儿童，起病迅速。④过敏反应：主要表现为皮肤的过敏反应，表现为皮疹、荨麻疹等。另外如阿司匹林哮喘是由于阿司匹林抑制了花生四烯酸代谢过程中的环加氧酶途径，PG合成受阻，造成脂氧酶代谢产物白三烯增多，导致支气管痉挛而引起的。此外，孕妇服用本品对胎儿及孕妇本身均可能产生不良影响，应避免使用。西洛他唑还有升高血压的作用，服药期间应注意加强对血压的监测。

（二）抗凝药物

临床上常用的抗凝药包括普通肝素（UFH）、低分子量肝素（LMWH）、磺达肝癸钠和比伐卢定等。

肝素的抗凝作用强，但药动学不稳定，个体差异大，常见不良反应为血小板减少症和伴有血栓的血小板减少症，一般发生在开始用药后的第10～15天，曾经用过肝素的患者可能在再次使用后的数小时内发生。肝素的毒性较小,偶见过敏反应、发热、脱发和骨质疏松等,罕见且较为严重的可发生皮肤坏死。

低分子量肝素可发生与肝素相似的轻度和重度出血,血小板减少症的发生率较肝素低。低分子量肝素的个体差异小,一般不需要实验室监测抗凝活性,毒性小,安全,作用时间长。但是由于其抗凝活性检测尚未成熟,故对于严重肾功能不全的患者推荐使用普通肝素。

(三) 溶血栓药

1. **非特异性纤溶酶原激活剂**　常用的有链激酶和尿激酶。链激酶为异种蛋白,具有抗原性,可引起发热、皮疹等过敏反应,避免再次应用链激酶。尿激酶是从人尿或肾细胞组织培养液中提取的一种双链丝氨酸蛋白酶,可以直接将循环血液中的纤溶酶原转变为活性的纤溶酶,为非纤维蛋白特异性,无抗原性和过敏反应。使用链激酶进行溶栓治疗时,由于冠状动脉内血栓的快速溶解可发生再灌注性心律失常,必须严密监测并给予相应处理。溶栓治疗会导致严重出血甚至脑出血,严格掌握溶栓禁忌。使用两药进行溶栓治疗时应与阿司匹林联用。一般可皮下注射低分子量肝素,若给予肝素静脉滴注,需监测 APTT(活化部分凝血酶时间)调整剂量。

2. **特异性纤溶酶原激活剂**　临床最常用的为人重组组织型纤溶酶原激活剂(rt-PA,阿替普酶),选择性更强,半衰期延长,适合弹丸式静脉推注,药物剂量和不良反应均减少,使用方便。已用于临床的 t-PA 的突变体有瑞替普酶(r-PA)、兰替普酶(n-PA)和替奈普酶(TNK-tPA)等。

(四) 抗心肌缺血治疗药物

1. **硝酸酯类及亚硝酸酯类药物**　①头痛是最常见的不良反应,与血管扩张作用相关,剂量较大及初始服药时较易出现,减少剂量或随着应用时间延长,大多数患者症状可缓解;②低血压,要注意监测血压,调整剂量,严重的低血压(收缩压<90mmHg)或血容量不足时应避免使用;③颅内压升高,不建议用于出血性或缺血性卒中急性期,以及其他原因所致的颅内压高的患者;④可引起反射性心率增快,心率>110 次/分时慎用;⑤眼压升高,原发性闭角型青光眼患者应避免使用,如不得不用,需密切监测眼压及眼部症状;⑥长期大剂量使用可致高铁血红蛋白水平升高,重度贫血患者慎用。

2. **β受体阻断药**　①减慢心率,甚至造成严重的心动过缓和房室传导阻滞,禁用于心动过缓或二度Ⅱ型以上房室传导阻滞患者;②导致气道阻力增加,禁用于哮喘或支气管痉挛性慢性阻塞性肺疾病(COPD)患者;③1 型糖尿病患者应用非选择性β受体阻断药可掩盖低血糖的一些症状,如震颤、心动过速;④长期服用若突然停药,可发生高血压、心律失常、心绞痛恶化等不良反应;⑤可产生疲劳、头痛、失眠等精神症状。

3. **钙通道阻滞药**　①最常见的不良反应为外周水肿,二氢吡啶类最常见,常见于踝部,也可发生于手部。钙拮抗剂的血管扩张作用使组织毛细血管压力增高,从而加速血管内液体滤出、组织间液增加,导致外周水肿。与利尿药合用可减轻或消除水肿。②头痛、颜面潮红,随用药时间延长可以减轻或消失,如症状明显或不能耐受,可以考虑换药。③影响肠道平滑肌钙离子的转运可能导致便秘,常见于苯烷胺类如维拉帕米,亦可见于地尔硫䓬。剂量越大,发生程度越重。连续长期使用可逐渐减轻。使用中药缓泻药物可减轻症状,必要时换用其他药物。此外,还可能会发生心动过速或心悸、抑制心肌收缩力等反应。

4. **血管紧张素转化酶抑制剂**　①最常见的是咳嗽,为非剂量依赖性,通常发生在用药 1

周至数个月之内,程度不一,夜间更为多见。咳嗽较重的患者有时需要停药,停药后干咳一般在1周内基本消失。②低血压,最常见于使用大剂量利尿药后、低钠状态、慢性心力衰竭等高血浆肾素活性的患者。多数无症状,少数患者有症状,特别是在首剂给药或加量之后。③ACEI抑制醛固酮分泌,可使血钾浓度升高,较常见于慢性心力衰竭、老年、肾功能受损、糖尿病、补充钾盐或合用保钾利尿药的患者。④急性肾衰竭,用药的最初2个月可增加血尿素氮或肌酐水平,若肌酐上升过高(升高幅度>30%~50%),提示肾缺血,应停药,寻找缺血的病因并设法排除,待肌酐正常后再用。肾功能异常患者应选择经肝肾双通道排泄的ACEI。肌酐>265μmol/L(3mg/dl)的患者宜慎用。⑤血管性水肿,症状不一,从轻度胃肠功能紊乱(恶心、呕吐、腹泻)到发生喉头水肿而呼吸困难及死亡,多发生在治疗的第1个月内,停药后几小时内消失。⑥孕妇服用可能会导致胎儿畸形。

（五）其他类药物

1. 降脂类药物　他汀类药物的主要不良反应包括:①头痛、失眠、抑郁等中枢神经系统症状;②消化不良、腹泻、腹痛及恶心等;③肌病:包括肌痛(不伴随肌酸激酶增高)、肌炎(伴肌酸激酶增高)和横纹肌溶解症(肌酸激酶显著增高,高于正常值上限的10倍,通常出现尿色变深及肌红蛋白尿),通常发生在用药后的8~25周;④肝毒性,包括急性肝衰竭、肝炎、胆汁淤积或无症状性氨基转移酶升高,呈剂量依赖型,通常在用药2周以后出现,停用并采取保肝治疗后多能自行恢复,当肝脏氨基转移酶升高至正常值上限的3倍以上时就需要降低剂量或停药。

2. 代谢类药物　曲美他嗪的不良反应发生率较低,个别可有头晕、食欲缺乏、皮疹等,帕金森综合征患者或有类似疾病的患者禁用,有严重肝功能障碍的患者禁用。由于辅料中有日落黄FCFS(E110)及胭脂红(E124)成分,可能会发生过敏反应。

四、用药依从性

冠心病是一种终身性疾病,其病理损害往往是不可逆的,需要坚持长期的规范治疗才能取得较好的防治效果,因此患者要有规律、良好的用药依从性。但是在治疗过程当中,患者的用药依从性差是一个普遍存在的问题,也是冠心病得不到有效控制的一个重要原因。

（一）用药依从性的影响因素

1. 缺乏用药知识,有的患者认为需要服用的药品太多,方法不够简便,许多患者发现药物没有在短期内产生明显疗效,便不遵医嘱随意增加药量,或者病情好转就停药。有的认为其他药物更有效,有的担心药品说明书上的不良反应而不愿长期用药。有的患者认为只有在胸痛、胸闷时才需用药,无症状时就可停止用药或减少用药,导致疾病反复发作。

2. 家庭成员没有督促患者坚持服药,也没有帮助患者获得知识、提高自信、减少心理压力。

3. 冠心病患者以老年人居多,其自理能力差,往往在服药不久后会忘记。有时未服药却认为已服药,有时已服药却认为未服药。有些患者因不能单独去复诊,当其家属或陪护人员疏忽时,会出现无药可用的情况。

4. 药品费用高,许多低收入的患者因无法长期支付昂贵的药费而放弃服药。

（二）提高患者用药依从性的建议

1. 用药指导　药物治疗是冠心病康复的重要手段,合理用药才能增加疗效。临床药师应指导患者及家属了解所用药物的具体功效、用法、剂量、服用时间、注意事项、不良反应及处理措施,告知患者任何一种药物都有副作用,千万不要因为害怕而随意减量或停用,其后果是非常严重的。也不能因为药品暂时没有达到预期的效果而加量。要严格遵照医嘱定时、定量服药。告知患者要坚持定期检查,掌握病情发展状况。指导患者正确地处理紧急情况,如心绞痛发作时,应立即舌下含服 1 片硝酸甘油片,决不可整粒吞服,含药时不能站立,以免突然晕厥而摔倒。

2. 帮助患者养成良好的生活习惯　冠心病的发生与不健康的生活习惯息息相关,例如抽烟、嗜酒、高盐高脂饮食等,临床药师要指导患者改变不良的生活行为习惯,建立科学文明的生活方式,延缓病情发展,提高患者的生活质量。

(1)改变膳食习惯,肥胖者控制体重,多食各种新鲜绿色和黄色蔬菜、水果、豆制品、植物油。

(2)调整日常生活与工作量,保证充足的睡眠,适当参加体力劳动和身体锻炼,进行有氧运动,避免重体力劳动、精神过度紧张的工作或过长的工作时间。

(3)衣着宽松,注意保暖,避免受凉,随天气变化增减衣服。

(4)戒烟限酒。

(5)保持良好的心理状态,避免情绪过分激动和悲伤,保持心平气和。

临床药师可以将冠心病的疾病知识、用药知识及生活常识印成手册,患者入院时每人发一本,使患者对自身疾病有所了解,正确掌握本病的预防保健知识,了解病因及危险因素,遵照医嘱正确服用药品,改变不良饮食习惯和生活方式,有助于控制冠心病病情,改善预后,提高患者的生活质量。

第九节　用药指导

一、治疗药物用法

(一)抗血小板聚集药物

临床应用较多的抗血小板药物包括阿司匹林、腺苷二磷酸(ADP)受体拮抗剂、静脉糖蛋白Ⅱb/Ⅲa(GPⅡb/Ⅲa)受体拮抗剂等,具体用法见表 5-4 至表 5-7。

表 5-4　阿司匹林的用法用量

	缺血性心脏病	用法用量
阿司匹林单药应用	慢性稳定型心绞痛	如无用药禁忌证,慢性稳定型心绞痛患者都应服用阿司匹林,最佳剂量范围为 100mg/d(75～150mg/d)。对于不能耐受阿司匹林的患者,氯吡格雷 75mg/d 可作为替代治疗
	既往心肌梗死(ST 段抬高和不抬高的 AMI)	阿司匹林 100mg/d(75～150mg/d)长期服用。对于不能耐受阿司匹林的患者,氯吡格雷 75mg/d 可作为替代治疗

缺血性心脏病		用法用量
	择期 PCI	使用阿司匹林 100～300mg/d 预处理 2～3 天,若拟行支架置入术时,术前 6～24 小时加用氯吡格雷 300mg;术后阿司匹林 100～300mg/d 继续长期使用;同时加用氯吡格雷 75mg/d,术后氯吡格雷至少服用 9～12 个月
	冠状动脉旁路移植术 (CABG)	术前阿司匹林 100～300mg/d,术前不需停药;使用血小板 GPⅡb/Ⅲa 受体拮抗剂增加出血,应短时间静脉内注射,并于术前 2～4 小时停用。术前未服用阿司匹林,术后 6 小时内开始口服,75～150mg/d;对阿司匹林有禁忌证者,用氯吡格雷 75mg/d;长期应用
阿司匹林与其他抗血小板药联合应用的情况	冠心病合并糖尿病患者	常规应用阿司匹林 100mg/d(75～150mg/d)
	ST 段抬高的 AMI	(1)立即嚼服阿司匹林 300mg,长期维持剂量为 75～100mg/d。对阿司匹林有禁忌证的患者,可用氯吡格雷 75mg/d 替代 (2)在使用阿司匹林的基础上:①接受溶栓治疗的患者,尽快口服氯吡格雷负荷量 150mg(年龄≤75 岁)或 75mg(年龄＞75 岁),维持量为 75mg/d;接受直接 PCI 的患者,口服氯吡格雷负荷量 300～600mg,维持量为 75mg/d,至少 12 个月。②发病 12 小时后接受 PCI 的患者,参照直接 PCI 用药。③接受溶栓的 PCI 患者,溶栓后的 24 小时内口服 300mg 的负荷量,24 小时后口服 300～600mg 的负荷量,维持量为 75mg/d,至少 12 个月。④未接受再灌注治疗的患者,口服氯吡格雷 75mg/d,至少 12 个月
	非 ST 段抬高的 AMI	(1)所有患者立即口服阿司匹林 300mg,75～100mg/d 长期维持。对阿司匹林有禁忌证的患者,可用氯吡格雷 75mg 替代 (2)在使用阿司匹林的基础上,尽早给予氯吡格雷负荷量 300mg(保守治疗患者)或 600mg(PCI 患者),然后 75mg/d,至少 12 个月 (3)需用血小板 GIPⅡb/Ⅲa 受体拮抗剂的情况有:①冠状动脉造影示有大量血栓,慢血流或无复流和新的血栓并发症;②拟行 PCI 的高危而出血风险较低的患者 (4)计划行冠状动脉旁路移植术(CABG)的患者,至少停用氯吡格雷 5～7 天,除非需紧急手术

表 5-5 ADP 受体拮抗剂的用法用量

药品名称	组别	剂型	剂量(mg/d)	每日用药次数
噻氯匹定	第一代	片剂	250	1～2
		胶囊	250	1～2
		缓释片	250	1～2
氯吡格雷	第二代	片剂	75	1
普拉格雷	第三代	片剂	起始量 30～70；维持量 7.5～15	1

表 5-6 PDE 抑制剂的用法用量

药品名称	剂型	剂量(mg/d)	每日用药次数
双嘧达莫	普通片	25～100	3
	分散片	25～50	3
	冻干粉注射液	0.142mg/(kg·min)	
西洛他唑	普通片胶囊	50～100	3

表 5-7 GPⅡb/Ⅲa 受体拮抗剂的用法用量

药品名称	剂型	作用持续时间(小时)	常用剂量
阿昔单抗	注射液	6	0.25mg/kg iv 后,0.125μg/(kg·min) ivgtt
替罗非班	注射剂	3～8	10mg/kg iv 后,0.15μg/(kg·min) ivgtt
依替巴肽	注射剂	2～4	180μg/kg iv 后,2μg/(kg·min) ivgtt

(二) 抗凝治疗

1. 普通肝素(UFH) 普通肝素的初始剂量可按体重调节,60～70U/kg(最大剂量为 5000U),随后 12～15U/kg 持续静脉输注(最大剂量为 1000U/h)。普通肝素的剂量调整方案可参见表 5-8。治疗结束时采用"断乳"的方法逐渐停用,可能有助于减少反跳性血栓形成及缺血/血栓事件的发生。

表 5-8 肝素的剂量调整方案

APTT	重复推注量(U)	停止静脉滴注的时间	改变滴注速率(ml/h)(U/24h)	下次测 APTT 的时间
<50	5000	0	+3(+2880)	6 小时
50～59		0	+3(+2880)	6 小时
60～85		0	0(0)	次日晨
86～95		0	-2(1920)	次日晨

续表

APTT	重复推注量(U)	停止静脉滴注的时间	改变滴注速率(ml/h)(U/24h)	下次测 APTT 的时间
96～120		30	−2(1920)	6 小时
>120		60	−4(3840)	6 小时

注:首剂 5000U 静脉推注,随后 32 000U/24h 持续输注(40U/ml)。第 1 次测定 APTT 在静脉推注后的 6 小时,根据上述表格调整剂量,再根据最右侧一栏的时间再次测定 APTT。APTT 的范围为 60～85 秒相当于肝素的抗 Ⅹa 活性在 0.35～0.7U/ml

2. 低分子量肝素(LMWH) 与 UFH 相比,LMWH 制剂对凝血酶的抑制程度较小,引起 APTT 延长程度较轻。一般不要求根据抗 Ⅹa 监测来调整药物剂量。LMWH 主要通过肾脏清除,严重肾功能不全可使药物的清除率下降,此时用静脉 UFH 优于 LMWH。

3. 直接抗凝血酶药物 在接受介入治疗的非 ST 段抬高型 ACS 人群中,用直接抗凝血酶药物比伐卢定较联合应用 UFH/LMWH 和 GPⅡb/Ⅲa 抗体拮抗剂的出血并发症少、安全性好、临床疗效相当,但其远期效果尚缺乏随机双盲对照研究。

各种抗凝药物的用法用量见表 5-9。

表 5-9 各种抗凝药物的用法用量

药物	用法
普通肝素	60～70U/kg,静脉弹丸式注射(bolus),最大剂量为 5000U;随后 12～15U/kg 持续静脉输注,最大剂量为 1000U/h。将 APTT 控制在对照值的 1.5～2.5 倍
达肝素(fragmin)	120U/kg,皮下注射,每 12 小时 1 次;最大剂量为 10 000U,每 12 小时 1 次
依诺肝素(lovenox)	1ml/kg,皮下注射,每 12 小时 1 次,首剂可一次性静脉滴注 30mg
那曲肝素(fraxiparin)	0.01ml/kg,皮下注射,每 12 小时 1 次,首剂可一次性静脉滴注 0.4～0.6ml
替罗非班	0.4μg/(kg·min)静脉滴注 30 分钟,续以 0.1μg/(kg·min)静脉滴注 48～96 小时
比伐卢定	首剂按 0.75mg/kg 静脉推注,继以 1.75mg/(kg·h)的速度在整个 PCI 过程期间持续滴注。首剂给药 5 分钟后,必须进行活化凝血时间(ACT)监测,必要时再以 0.3mg/kg 给予额外的静脉推注剂量

(三) 溶栓药物

溶栓药物的用法用量见表 5-10。

表 5-10 溶栓药物的用法用量

药物	用法用量
尿激酶(UK)	30 分钟内静脉滴注≥100 万～150 万 U,溶于 100ml 0.9%氯化钠溶液中,30 分钟内静脉滴入。溶栓结束后的 12 小时皮下注射普通肝素 7500U 或低分子量肝素。冠状动脉内给药剂量减半
链激酶(SK)	150 万 U 静脉滴注,60 分钟内滴完;对其过敏者,可于治疗前 0.5 小时肌内注射 25mg 异丙嗪,同时滴注少量地塞米松(2.5～5mg),可防止发生寒战、发热等不良反应

药物	用法用量
阿替普酶(rt-PA)	①全量 90 分钟加速给药法:首先静脉推注 15mg,随后 0.75mg/kg 在 30 分钟内持续静脉滴注,最大剂量不超过 50mg;最后以 0.5mg/kg 在 60 分钟内持续静脉滴注,最大剂量不超过 35mg。②半量给药法:50mg 溶于 50ml 专用溶剂中,首先静脉推注 8mg,之后 42mg 于 90 分钟内滴完
替奈普酶(TNK-tPA)	一般为 30~50mg 溶于 10ml 0.9% 氯化钠溶液中静脉一次性注入,无需静脉滴注。根据体重调节剂量:体重<60kg 者剂量为 30mg,体重每增加 10kg,剂量增加 5mg,最大剂量为 50mg
瑞替普酶	将 10U 溶于 5~10ml 注射用水中,2 分钟以上静脉推注,30 分钟后重复操作

(四) 硝酸酯类及亚硝酸酯类

目前临床常用的硝酸酯包括短效的硝酸甘油和长效的硝酸异山梨酯(亦称二硝酸异山梨酯)以及单硝酸异山梨酯等,具体用法用量见表 5-11。

表 5-11 冠心病治疗常用的硝酸酯类药物及剂量

名称	剂型	给药方法	用法用量	注意事项
硝酸甘油	普通片剂	舌下含化	心绞痛:一次 0.25~0.5mg,每 5 分钟重复 1 次,总量不超过 1.5mg。若疼痛依然存在,应紧急处理。一日总量不超过 2g。在活动前 5~10 分钟预防性使用	有效期较短,于棕色小玻璃瓶内避光保存,每 3 个月更换 1 批新药。本品舌下含服时,若舌下黏膜干燥,可用水润湿,否则影响药效。含服时为避免加重低血压反应,应取坐位
	控释口颊片	舌下含化	置于口颊犬牙龈上,一次 1mg,也可增至一次 2.5mg,一日 3~4 次	勿置于舌下、咀嚼或吞服,避免睡前服用
	缓释片	口服	一次 2.5mg,每 12 小时 1 次	
	气雾剂	舌下喷雾	一次 0.5~1mg,可在 10 分钟内重复给药	
	注射剂	静脉滴注	非吸附性输液器起始剂量为 5~10μg/min(普通聚氯乙烯输液器 25μg/min),每 3~5 分钟以 5~10μg/min 递增剂量,剂量上限一般不超过 200μg/min。剂量调整主要依据缺血症状和体征的改善以及是否达到血压效应。若缺血症状或体征无减轻,逐渐递增剂量至如下血压效应:既往血压正常者收缩压不应降至 110mmHg 以下,高血压患者其平均动脉压的下降幅度不应超过 25%	①需用 5% 葡萄糖注射液或 0.9% 氯化钠注射液混匀后静脉滴注,不得直接静脉滴注,也不能与其他药物混合,静脉给药时需要避光;②连续静脉滴注 24 小时可产生耐药性,应小剂量间断给药,缺血一旦缓解,即应逐渐减量,并向非耐药剂型的口服药过渡

名称	剂型	给药方法	用法用量	注意事项
	敷贴剂	经皮给药	通常其释出率为 2.5～10mg/24h,一日 1 片,贴于胸前,剂量可以酌情增加	勿用于急性心绞痛发作
硝酸异山梨酯	片剂	口服	①预防心绞痛:一次 5～10mg,一日 2～3 次;②治疗心绞痛:一次 5～10mg,一日 3～4 次,可增至 20～40mg,每 6 小时 1 次;③治疗心力衰竭:一次 5～20mg,每 6～8 小时 1 次	
		舌下含服	用于急性心绞痛发作的缓解,一次 5mg	
	缓释剂型	口服	一次 20～40mg,一日 2 次	需个体化给药,不可掰开或嚼服
	气雾剂	舌下喷雾	一次 2.5mg(4 喷)	喷雾时避免吸气,10 秒内不可吞服
	喷雾剂		一次 1.25～3.75mg(1～3 喷)	
	注射剂	静脉滴注	从 40μg/min 开始,可每 4～5 分钟增加 10～20μg/min,一般剂量为 2～10mg/h,个别可增至 50μg/h	需要严密监测心率和血压,用药个体化
	乳膏剂	外用	按刻度挤出所需长度,均匀涂布于印有刻度的纸上,每格相当于 0.2g 硝酸异山梨酯,将纸片涂药区涂满,即 5cm×5cm 面积,贴在左胸前区,一日 1 次,必要时每 8 小时 1 次,可睡前贴用	需从小剂量开始,逐渐增加剂量
单硝酸异山梨酯	口服常释剂型	口服	一次 10～20mg,一日 2～3 次;严重者可以一次 40mg,一日 2～3 次	
	口服缓释剂型		初始剂量为一次 40～60mg,一日 1 次	晨服,个体化给药
	注射剂	静脉滴注	初始剂量为每小时 1～2mg,最大剂量为每小时 8～10mg	需个体化给药
	喷雾剂	舌下喷雾	①治疗心绞痛发作:一次 5mg;②预防心绞痛发作:一次 5mg,一日 3 次	

(五) β 受体阻断药

所有的稳定型冠心病只要没有禁忌证均需应用 β 受体阻断药,伴陈旧性心肌梗死、心衰或高血压者应优先使用,首选 $β_1$ 受体阻断药,口服从小剂量(约相当于目标剂量的 1/4)开始,逐渐递增,使静息心率降至55～60次/分。对于紧急或严重的状况,如急性前壁心肌梗死伴剧烈的缺血性胸痛或显著的高血压,以及其他处理未能缓解且无禁忌证的患者应静脉应用,静脉给药多选择美托洛尔。具体用法用量见表5-12。

表5-12 β受体阻断药的用法用量

药品	剂型	用法用量	禁忌证
美托洛尔	片剂	美托洛尔平片25～75mg,每日2次;或缓释片50～150mg,每日1次	①有心衰的临床表现(如Killip分级≥Ⅱ级);②伴低心排血量状态如末梢循环灌注不良;③伴心源性休克的较高风险(包括年龄>70岁、基础收缩压<110mmHg、心率>110次/分等),以及二、三度房室传导阻滞。有禁忌证的患者不得应用β受体阻断药,尤其不得静脉应用
	注射液	首剂2.5mg缓慢静脉注射(5～10分钟),必要时30分钟后可重复1次,病情缓解后以口服制剂维持	
比索洛尔		5～10mg,每日1次	
阿替洛尔		12.5～50mg,每日2次	
普萘洛尔		20～80mg,每日2～3次	

(六) 钙通道阻滞药

钙通道阻滞药(CCB)分为二氢吡啶类和非二氢吡啶类,二氢吡啶类包括硝苯地平、氨氯地平、非洛地平等,非二氢吡啶类包括维拉帕米和地尔硫䓬等,均可用于冠心病的治疗。

CCB通过改善冠状动脉血流和减少心肌耗氧量起到缓解心绞痛的作用,对变异型心绞痛或以冠状动脉痉挛为主的心绞痛,硝苯地平是首选,若仍不能有效控制症状,还可与地尔硫䓬合用。地尔硫䓬和维拉帕米能减慢房室传导,常用于伴有心房颤动或心房扑动的心绞痛患者。地尔硫䓬对不稳定型心绞痛有双重发病机制者(固定狭窄和冠状动脉动力性狭窄)疗效更好,一般使用剂量为30～60mg,每日3或4次。维拉帕米因其抑制心肌收缩力和房室传导的作用较强,一般不与β受体阻断药配伍使用,多用于心绞痛合并支气管哮喘不能使用β受体阻断药的患者。

非ST段抬高型心肌梗死患者在没有联合使用β受体阻断药时,应避免使用快速释放的短效二氢吡啶类。

对于不伴有心力衰竭、左室功能障碍或房室阻滞的ST段抬高型心肌梗死患者(STEMI),维拉帕米或地尔硫䓬可用于β受体阻断药无效或有禁忌的快速室性反应。硝苯地平因可反射性增加交感活性,引起心动过速和低血压,禁用于STEMI患者。地尔硫䓬和维拉帕米禁用于伴收缩性左室功能障碍和心力衰竭的STEMI患者。

当稳定型心绞痛合并心力衰竭时,必须应用长效钙拮抗剂,比如氨氯地平、非洛地平等。对于老年人、已有心动过缓或左室功能不良的患者,应避免与β受体阻断药联用。临床常用CCB的用法用量见表5-13。

表5-13 临床常用CCB的用法用量

药品名称	剂型	用法用量
硝苯地片	控释片	30～60mg,1次/天
氨氯地平	普通片	5～10mg,1次/天

续表

药品名称	剂型	用法用量
非洛地平	普通片	5～10mg，1 次/天
尼卡地平	普通片	40mg，2 次/天
地尔硫䓬	普通片	30～90mg，3 次/天
	缓释片或胶囊	90～180mg，1 次/天
维拉帕米	普通片	40～80mg，3 次/天
	缓释片	120～480mg，1 次/天

（七）血管紧张素转化酶抑制剂

ACEI 能逆转左室肥厚及血管增厚，延缓动脉粥样硬化进程，减少斑块破裂和血栓形成，在稳定型心绞痛患者中，合并糖尿病、心力衰竭或左心室收缩功能不全的高危患者应该使用 ACEI。对于不稳定型心绞痛和非 ST 段抬高型心肌梗死患者，使用了 β 受体阻断药和硝酸酯类药物仍不能控制缺血症状的高血压患者应当使用 ACEI。对于 ST 段抬高型心肌梗死患者，发病 24 小时内、伴前壁心肌梗死、肺水肿或左室射血分数＜40% 的应使用 ACEI，不能耐受者可给予 ARB。临床常用 ACEI 的用法用量见表 5-14。

表 5-14　临床常用 ACEI 的用法用量

药品名称	用法用量	分类
卡托普利	12.5～50mg，每日 3 次口服	巯基
依那普利	5～10mg，每日 2 次口服	羧基
培哚普利	4～8mg，每日 1 次口服	羧基
雷米普利	5～10mg，每日 1 次口服	羧基
贝那普利	10～20mg，每日 1 次口服	羧基
西拉普利	2.5～5mg，每日 1 次口服	羧基
赖诺普利	10～20mg，每日 1 次口服	羧基
福辛普利	10～20mg，每日 1 次口服	磷酸基

（八）他汀类降脂药物

调脂药物在治疗冠状动脉粥样硬化中起重要作用，他汀类药物可以进一步改善内皮细胞功能，抑制炎症，稳定斑块，显著延缓病变进展，减少不良心血管事件的发生。

临床研究表明，慢性稳定型心绞痛患者应当进行降脂治疗，建议目标是将 LDL-C 水平降到＜2.60mmol/L（100mg/dl）；对于极高危患者（确诊冠心病合并糖尿病或急性冠状动脉综合征），治疗目标为 LDL-C＜2.07mmol/L（80mg/dl）。对于 ACS 患者，应在入院后的 24 小时内检查血脂，在出院前尽早给予较大剂量的他汀类药物。

为达到更好的降脂效果，在他汀类治疗的基础上，可加用胆固醇吸收抑制剂依扎麦布 10mg/d。高甘油三酯血症或低高密度脂蛋白血症的高危患者可考虑联合服用降低 LDL-C 药物和 1 种贝特类药物（非诺贝特）或烟酸。高危或中度高危患者接受降低 LDL-C 药物治疗时,治疗强度应足以使 LDL-C 水平至少降低 30%～40%。临床常用他汀类药物的用法用量见表 5-15。

表 5-15　临床常用他汀类药物的用法用量

药品名称	常用剂量	注意事项
洛伐他汀	25～40mg,晚上 1 次口服	
辛伐他汀	20～40mg,晚上 1 次口服	
阿托伐他汀	10～20mg,晚上 1 次口服	使用本类药物时,要严密监测氨基转移酶及肌酸激酶等生化指标,及时发现由于药物引起的肝脏损害和肌病
普伐他汀	20～40mg,晚上 1 次口服	
氟伐他汀	40～80mg,晚上 1 次口服	
瑞舒伐他汀	5～10mg,晚上 1 次口服	

(九) 其他治疗药物

1. 代谢类药物　曲美他嗪通过调节心肌能源底物,抑制脂肪酸氧化,优化心肌能量代谢,能改善心肌缺血及左心功能,缓解心绞痛。常用剂量为 60mg/d,分 3 次服用。

2. 钾通道开放剂　尼可地尔与硝酸酯类的药理作用相似,对稳定型心绞痛治疗可能有效。常用剂量为 6mg/d,分 3 次服用。

二、老年用药教育

冠心病在老年人当中的发病率逐年升高,严重影响着老年人的身体健康和生活质量,需要采取积极的方法进行治疗。目前,药物治疗仍是主要措施。长期、规律服药是提高冠心病控制率、降低致死率的重要手段。在实际的治疗过程当中,由于年龄、教育程度低等问题,老年人用药存在很多的误区。比如有的老年人对药品的毒副作用不了解,以为药多吃才管用,在没有征求医师意见的情况下擅自加大剂量,这种做法的危害很大。老年人记忆力差,听力及视力下降,有时会忘记服药,或者已经服药了却以为没有服,而导致漏服或过量服药的问题。因此,要反复强调遵医嘱按时、准确、规律服药的重要性,引起他们的重视。

临床药师应该熟知主要药物的药理作用、注意事项与不良反应的发生及处理措施。指导患者或家属了解常用药物的用法、剂量、不良反应,以及剂量不足或超量应用的危害,提高患者的用药依从性。除了进行常规的用药教育之外,还要针对重点药物的注意事项进行交代。

(一) 抗血小板聚集药物

1. 阿司匹林　应告知患者,服用阿司匹林可能会出现恶心、呕吐、腹痛、腹泻等胃肠道反应。长期服用可能会引起胃溃疡、胃炎及消化道出血等不良反应,还会增加出血的风险。患者在服用该药时,应注意观察是否有黑便、牙龈出血不止、皮下淤青等出血症状。服用阿司匹林肠溶片时不可碾碎或嚼烂,否则会破坏肠溶包衣,使其在胃内即溶解,增加对胃黏膜的刺激性。如果错过用药时间,应在记起时马上服用。如果距离下次服药时间很近,则无需补服,切勿一次服用双倍剂量。

2. ADP 受体拮抗剂　现临床应用最多的为氯吡格雷,应告知患者氯吡格雷可能会引起胃肠道反应(如腹痛、消化不良、便秘或腹泻)、皮疹、皮肤黏膜出血等,如果患者对本品出现了过敏或者是近期有活动性出血者如消化性溃疡或颅内出血等,应将情况及时反映给医师,调整用药方案。告知患者氯吡格雷可能会增加患者术中、术后大出血的危险,因而再行手术之前要将自己正在服用氯吡格雷的情况告知医师。

3. 血小板膜糖蛋白Ⅱb/Ⅲa(GPⅡb/Ⅲa)受体拮抗剂 告知患者在使用本类药物期间可能会出现出血(包括腹膜后出血、肺出血及颅内出血等)、恶心、发热、头痛等过敏反应,患者应注意观察,一旦出现类似情况应及时告知医师。

4. 磷酸二酯酶(PDE)抑制剂 告知患者服用本类药物可能会出现头痛、头晕、心悸及恶心、呕吐、腹痛、腹泻等胃肠道症状。

(二)抗心肌缺血治疗药物

1. 硝酸酯类及亚硝酸酯类药 应告知患者硝酸甘油用于心绞痛的急性发作,是关键时刻的救命药。外出时随身携带硝酸甘油以应急,在家中,硝酸甘油应放在易取之处,以便需要时能及时找到。急性发作时马上停止一切活动,舌下含服硝酸甘油,一次 0.25~0.5mg,每 5 分钟重复 1 次,总量不超过 1.5mg;若疼痛依然存在,应紧急处理。一日总量不超过 2g,同时可在活动前 5~10 分钟预防性使用。注意舌下含服时将药片放于舌根处含化,舌下时应采取坐位,含药后静坐片刻,不可突然站立,因为站立时因血管扩张,血压降低,容易导致脑血管供血不足而发生意外。另外,硝酸甘油见光易分解,以密闭的棕色小玻璃瓶装盛药物。长期随身携带的药物可能会因为受到体温的影响而减少有效期限,所以应每 3 个月左右便更换 1 次。

病情缓解期,患者一般服用长效的单硝酸异山梨酯缓释片等长效制剂,应告知患者心绞痛发作的高峰时间为上午,所以一般来说,早上醒来马上服用抗心绞痛药硝酸酯类、钙离子通道阻滞药及 β 受体阻断药效果较好。

应告知患者服用硝酸酯类容易出现的一些不良反应,比如头痛、低血压及心率加快等。在服药之前首先询问患者以前是否服用过本类药物,有没有不能耐受或不良反应的发生。如果没有,在使用过程中也要严密监测,一旦出现应立即通知医师,采取适当措施。

2. β 受体阻断药 告知患者服用本药可能会减慢心率,所以要对心率进行监测,对于基础心率<60 次/分的患者禁用。β 受体阻断药可使呼吸道阻力增加,诱发和加重哮喘,故服药之前要询问患者有无哮喘史或近期发作哮喘,对于伴有慢性阻塞性肺疾病或哮喘的患者禁用此类药品。本药与硝酸酯类药物具有协同作用,联用时不能突然加大剂量,以防发生直立性低血压。另外,骤然停药可致病情恶化,出现心绞痛、心肌梗死或室性心动过速等症状,应在医师的指导下逐步撤药,整个过程至少需要 2 周。

3. 钙通道阻滞药 告知患者服用本类药物可能会发生外周水肿,常见于踝部,但亦可发生于手部。一旦发生应立即通知医师,可减少剂量、停用药物或联合应用其他药物。服用维拉帕米或地尔硫䓬可能发生便秘,可以同时使用中药缓泻药物以减轻症状,必要时换用其他药物。此外,还可能出现头痛、颜面潮红等症状,告知患者不必过于担心,随着药时间的延长,经血管自动调节机制,症状可以减轻或消失,如症状明显或患者不能耐受,可以停药或换药。

4. 血管紧张素转化酶抑制剂 告知患者服用此类药物可能会发生刺激性的干咳,特别是老年人更易引起,因此,老年人伴有呼吸系统疾病如气管炎、肺气肿等尽量不用本药。老年人服用本药可能会使血钾浓度升高,应严密监测血钾浓度。还要注意过敏反应的发生,例如神经血管性水肿,比较罕见但有致命危险,一旦发生立即停药。另外,还要询问患者有无双侧肾动脉狭窄,患此病者对于本类药品绝对禁用。

(三)其他类药物

1. 降脂类药物 应用本品时血清氨基转移酶可能增高,有肝病病史者服用本品还应定期监测肝功能。如发生血清氨基转移酶增高达正常高限的 3 倍,就需要降低用药剂量或停药。对于老年患者需根据肝、肾功能调整剂量。服用本类药品可能会发生罕见但严重的肌病,包括肌痛、肌炎和横纹肌溶解症,要告知患者服药期间应定期监测血清肌酸激酶,并观察尿液颜色,因为发生横纹肌溶解症时通常会出现尿色变深及肌红蛋白尿。询问患者有没有服用免疫抑制剂如环孢素、红霉素、吉非罗齐、烟酸等,与这些药物联用可增加肌溶解和急性肾衰竭发生的危险。考来替泊、考来烯胺可使本品的生物利用度降低,故应在服用前者 4 小时后服用本品。告知患者人体内的胆固醇合成具有昼夜节律性,午夜和清晨之间合成最旺盛,所以应在晚餐后服药,有助于提高疗效。

2. 代谢类药物 因服用曲美他嗪个别人可有头晕的症状,故应在服药前询问患者有无帕金森综合征或类似疾病,以上患者禁用。另外提醒患者由于辅料中的某些成分,可能会发生皮疹等过敏反应,一旦出现应立即告知医师,以便采取相应措施。

第十节 不合理用药的常见表现及其处理

在冠心病的治疗过程当中,药物治疗起着非常关键的作用,治疗冠心病的药物种类繁多,联合用药方案复杂,加上患此类疾病的大多为老年人,生理情况较为特殊,在临床治疗当中存在很多用药不合理的情况,这不仅会影响疗效,甚至会产生非常严重的不良反应,给患者及家属带来痛苦。

一、不合理用药的表现

(一)药物选择不合理

不合理的药品选择,不仅不利于患者疾病的治疗,甚至可能会对患者的身体造成伤害。例如为患有胃溃疡、胃炎的患者开具阿司匹林,会进一步损害其胃肠功能,甚至引发消化道出血;为哮喘患者开具 β 受体阻断药,会诱发或加剧哮喘的发作。

(二)联合用药不合理

冠心病的治疗方案复杂,很多患者又同时患有其他方面的疾病,药物之间存在着相互作用,可能会产生不良影响。例如长时间将阿司匹林及活血化瘀药一起服用,会容易诱发出血性疾病。患有冠心病与高血压的患者长期服用 ACEI 与保钾利尿药会使血钾异常升高。有些同时服用两种药理作用相似或相同的药物,这样不仅不会增加药物的疗效,反而会增加毒副作用。例如同时使用两种不同剂型的硝酸酯类药物,不仅疗效差,而且更易引起不良反应的发生。

(三)用药剂量不合理

医师对患者的病情评估不准确,对所用药品的用法用量不熟悉,或者是急于控制病情而盲目加大剂量,都可能会造成用药剂量不合理。例如对于老年人或肝、肾功能不全的患者,在用药时没有酌情减小剂量,结果造成药物毒性的蓄积。还有些患者由于治病心切,不按医嘱服药,擅自加大药量,例如硝酸甘油是缓解心绞痛的速效药,个别人因为1次含服不管用,就连服几片,结果反而使疼痛加剧,这是因为大剂量的硝酸甘油会直接造成冠状血管痉挛,甚至还会产生耐药性。

(四)服药时间不合理

人体的生理变化具有昼夜节律性,这一特性会影响药物在人体内的药动学与药效学,致使药物的生物利用度、血药浓度、代谢与排泄等也随之发生变化,选对时间用药,可以更好地发挥药效并减少不良反应的发生。但是有些患者对此没有足够的认识,尤其是老年人,记忆力差,用药依从性差,在一天当中的任意时间服药,减弱了药品的疗效。

(五)用药疗程不合理

很多药物例如抗血小板聚集药物、调脂药物等需要长期甚至终身服用,有些患者以为病情好转了就随意减药、停药,病情反复了又开始吃药,这样反复不仅无效,反而会加剧病情的恶化。

二、不合理用药的判断

(一)没有对冠心病本身进行综合考虑,治疗药物有缺失或没有选择最佳药物

1. 没有针对冠心病的主要病因进行治疗 冠心病的病因有很多,其中高血压、糖尿病、吸烟等又是冠心病患者的主要发病原因,在药物治疗当中,没有考虑患者的原因而制订用药方案,就可判断为不合理用药。例如为冠心病合并高血压的患者制订治疗方案时,没有使用降压药物或者使用后血压没有达到控制标准则为不合理用药,需要调整治疗方案。

2. 没有根据冠心病的分型进行治疗 患者的病情发展不同,治疗原则和预期目标就不同。例如对于慢性稳定型心绞痛患者,抗血小板聚集药物只需阿司匹林或氯吡格雷1种,也不需要进行抗凝和溶栓治疗;而对于心肌梗死的患者就需要使用双联抗血小板治疗,使用肝素进行抗凝治疗,有溶栓指征的患者还要进行溶栓治疗。如果没有按照患者的病情制订恰当的用药方案,就可判断为不合理用药。

3. 没有针对冠心病的并发症进行治疗 冠心病常见的并发症包括冠心病并发心律失常、急性心肌梗死并发心力衰竭、冠心病并发心源性休克等,在治疗时如果没有针对并发症进行用药,例如出现了冠心病并发心律失常,却没有使用抗心律失常药,就可判断为不合理用药。

(二)没有针对具体患者进行个体化给药

患者情况包括患者的年龄、性别、用药史及不良反应史等,患者的病情不同,身体状况不同,即使所患的疾病相同,用药方案也要因人而异。

1. 年龄、性别 患者的年龄、性别不同,生理状况就有差别。例如老年人的生理功能逐渐衰退,胃肠蠕动减慢,影响固体制剂的吸收,药物滞留时间延长,胃肠道不良反应增加;肝清除率下降,血药浓度增加,毒副作用可能会增强,需要调整剂量,肝摄取率高的药物应特别谨慎,如硝酸甘油等。老年人的个体差异大,应制订个体化用药方案,同时老人的依从性较差,用药方案应尽量简化。此外,儿童、孕妇等都有各自特殊的生理特点,制订用药方案时如果没有进行相应的调整,就可判断为用药不合理。

2. 伴发症 冠心病患者尤其是老年人可能同时患有多种疾病,例如高血压、糖尿病、高

血脂、肿瘤、内分泌失调等,如果忽视药物对伴发症的影响,就可能发生不良反应。例如给冠心病合并心动过缓的患者使用β受体阻断药,就会使患者的心率进一步减慢,使病情加剧。如果用药方案没有对伴发症进行考虑,就是不合理用药。

3. 不良反应史　在为患者制订用药方案时,首先应先了解其用药史和不良反应史(包括药物过敏史),医师应当避免使用患者既往有过严重不良反应史特别是过敏史的药品,否则就是不合理用药。

(三) 对药物知识不了解导致不适宜用药

冠心病的治疗当中会同时使用多种药物,如抗血小板聚集药物、抗凝药物、抗缺血治疗药物等,如果不熟悉各种药物的适应证、禁忌证、药动学、药剂学等各方面的知识,就容易产生不合理用药。

1. 适应证　无适应证用药是属于不合理用药的一种表现,例如对于稳定型心绞痛,虽然其冠状动脉常有较为严重的狭窄,但是斑块相对稳定,不易破裂,其心绞痛发作与血栓形成或血小板聚集关系不大,故一般不进行抗凝治疗,如果为稳定型心绞痛患者开具了肝素等抗凝药,就是无适应证用药,属于不合理用药。

2. 禁忌证　很多药物有自己的禁忌证,不适宜用于某种疾病、情况或特定的人群,如为孕妇开具 ACEI 类药物就可能会影响胎儿的发育,可判断为不合理用药。

3. 药剂学　药物的剂型不同,给药途径不同,起效时间不同,疗效也会不同。对于危重患者和急性期发作的患者,一般使用静脉制剂来迅速控制病情,待病情稳定下来再使用口服制剂,否则就是不合理用药。

4. 用药注意事项　使用药品时要遵循用药注意事项,例如使用硝酸甘油注射液时,应用 5% 葡萄糖注射液或 0.9% 氯化钠溶液稀释混合均匀后静脉滴注,不得直接注射,也不能与其他药物混合,否则就是不合理用药。

总之,在冠心病的治疗过程当中,涉及多种药品的使用,需根据患者的病情、生理特点及药品特点制订个体化的给药方案。

三、不合理用药的处理

(一) 药物选择

在制订用药方案时,要先了解患者的病情进展、身体状况、有无合并症及有无药物不良反应史等,然后再进行综合考虑,进行个体化用药。

(二) 联合用药

冠心病的治疗需要多种药物联合应用,制订用药方案时,除了考虑患者的病情及其他基本情况之外,还有考虑药物之间的相互作用,避免两种药物同时使用会减弱药效甚至发生严重不良反应事件。

(三) 用药剂量

用药剂量应根据患者的病情、年龄、肝肾功能等制订个体化给药方案,对于老年人、幼儿及肝肾功能较差的患者,可适当减少剂量或延长用药的间隔时间。

(四) 服药时间

冠心病患者一般在早晨易发生急性心肌梗死、猝死、心绞痛和无症状性心肌缺血等,最好在清晨醒来马上服用抗心肌缺血药物和抗血小板药物,如β受体阻断药、阿司匹林、硝酸酯类。这样可使晨间高峰得到较好的控制，能减少冠心病事件的发生率。而人体内胆固醇午夜和清晨之间合成最旺盛，故调节血脂药应于每日睡前服用。所以在对患者进行用药教育时，要强调正确的用药时间。

（五）用药疗程

药物疗程的长短取决于病情和治疗目标，对于冠心病患者来说，长期、规律用药是控制病情、减少心血管事件的主要方法，所以要告知患者不能随意减药或停药，严格按照医师制订的用药疗程服药。

第十一节　治疗的风险及其处理

一、治疗的风险事件

1. 疾病本身的风险　冠心病患者以中老年人群多发，病情重、变化快，且老年疾病的自觉症状及临床表现多种多样、不典型，易漏诊和误诊。由于患者存在疾病发展的潜在危险因素，如心律失常、心搏骤停等，若未及时发现病情变化，就会延误治疗和抢救时机。

2. 药品相关差错

（1）用药差错：用药差错是最容易发生的差错，也是最应当防范的风险事件。在药物治疗的每一个环节都有可能发生此类风险事件，主要表现为吃错药、弄错服药剂量及次数、给药方法错误等，例如把甲药当成乙药服用。有些老年人记性差，出现漏服或多服的现象；有些患者把琥珀酸美托洛尔缓释片嚼碎或压碎服用。以上都是用药差错的表现，可能会造成风险事件的发生。

（2）药物不良反应：药品不良反应是指在正常的用法用量及给药途径下，发生的与治疗目的无关的对人体不利的反应，是由药物的选择性低造成的。每种药物都可能会发生不良反应，只是概率大小和严重程度不一样，一般可以预期，并能通过改变用药方案或检测某些指标而避免。例如服用他汀类药物进行治疗时可能会发生药物相关性肌病，包括肌痛、肌炎及横纹肌溶解症，需要定期监测 CK 值，并观察患者是否有肌肉触痛、压痛或疼痛的现象，这样就可以避免风险事件的发生。

（3）无效：病情相同的患者服用同样的药物，却可能产生不同的治疗效果，这是因为每个人的生理特点不一样，药品的疗效不是 100% 的，对某些特殊人群可能根本起不到作用或作用很小。在临床治疗过程中，如果所用的药物无效，超过了一定的时间就要考虑更改用药方案，否则就可能发生风险事件。

（4）药物相互作用：有些药物联用会产生不良后果，主要表现为药效下降（相互抵抗）、治疗的过度增强、副作用的相加或增强。例如 β 受体阻断药与维拉帕米、地尔硫䓬合用时，可能引起或加重心动过缓或心脏传导阻滞；洛伐他汀与烟酸合用时，会增加肌病和横纹肌溶解症的风险。

3. 护理操作中的风险　护士未对患者的血压、心率、呼吸等进行及时监测，监护仪出现问题未及时发现，操作不熟练，输液过程中观察不及时引起药液外渗或长期使用静脉留置针引起静脉炎，不熟悉危重患者的抢救流程，应急配合能力差，延误抢救。

4. PCI 手术风险　经皮冠状动脉介入治疗（PCI）已成为目前治疗冠心病的主要手段之

一,具有良好的安全性以及高效、可重复性,但是 PCI 术仍具有一定的手术风险。因此有必要早期评估,最大限度地避免术后风险。

二、治疗风险的处理

1. 疾病本身　医师要对患者的病情充分了解,并给予准确诊断,了解患者存在的疾病发展的潜在危险因素,及时发现病情变化,积极地采取有效措施进行抢救和治疗。

2. 药品相关差错　临床药师要对患者进行详细的用药教育,仔细交代每种药品的用法用量、服药次数、服用方法及可能发生的不良反应等,患者要严格按照医嘱口服给药,严格按时间、按剂量服药。如果一次漏服,则下一次不要补服,以免过量而中毒。使用镇静催眠药易引起头晕、精神不振等,服药后嘱患者卧床休息,避免走动。

患者不能随意停药或增减药量,要及时与医师进行沟通交流。对于一些指标要进行定期的监测,防止不良反应的发生。例如使用抗凝药物时,需要定时监测血小板计数、出凝血时间及凝血酶原时间。

3. 护理操作中的风险处理　加强护士的业务学习,提高动手操作能力,加强与患者和家属的沟通交流,告知在疾病治疗和护理过程中可能发生的风险,告知患者或家属日常注意事项,如保持大便通畅,切忌排便时过度用力,以免诱发心绞痛。要关注患者的病情进展,对于高危或危重患者,对其加强巡护频率,抢救仪器处于备用状态。如患者出现胸闷、心前区不适时,严密观察患者的心率、血压、呼吸及心电图变化,及时通知医师。指导患者进食低盐、低脂、清淡、易消化的饮食,进食不易过快过饱,可少量多餐,禁绝烟酒。

4. PCI 手术风险处理　应早期进行风险评估,重视女性、高龄等高危因素,早期服用 β 受体阻断药,术前纠正心、肾功能不全及贫血等合并症,规范抗血小板治疗,根据肾功能选择造影剂种类,严格掌握辅助治疗措施的适应证,根据风险类型和程度采取不同对策,提高 PCI 的疗效和安全性,其临床意义重大。例如预防支架内血栓形成的方法是术前积极改善心、肾功能,治疗糖尿病;术中采取合理的策略处理分叉病变,尽量避免过长支架的使用,对血栓高危患者采取积极的抗栓策略;术后坚持规范、合理、足够疗程的抗血小板治疗都是预防支架内血栓的重要对策。

第十二节　老年冠心病治疗中的常见药学问题

一、硝酸酯制剂与 β 受体阻断药合用

在冠心病的药物治疗时常合用硝酸酯制剂与 β 受体阻断药。硝酸酯制剂能舒张静脉血管、降低心脏前负荷,兼扩张动脉血管、降低心脏后负荷,可使心肌耗氧量减少,能迅速缓解各型心绞痛的症状。但硝酸酯制剂可引起反射性心率增快,使心肌耗氧量有所增加,降低了抗心绞痛的药效。而 β 受体阻断药通过阻断心脏 $β_1$ 受体过度兴奋,使心肌收缩力减弱、心率减慢、血压降低,以降低心肌耗氧量。两者合用时,β 受体阻断药可对抗硝酸酯制剂所引起的反射性心动过速和心肌收缩力增强,硝酸酯制剂又可缩小 β 受体阻断药所致的心室容积增大和心室射血时间延长。两药合用能协同降低耗氧量,减少用量,副作用也减少。

二、PCI 术后合并房颤患者的抗栓治疗

PCI 已经成为冠心病治疗的重要手段,在过去的 20 年中,PCI 治疗技术迅猛发展,在国内外得到广泛应用,给缺血性心脏病的治疗带来了巨大的进步。PCI 作为一种微创手术具有多种优势,但仍存在一系列的问题,其中之一就是血栓形成。冠心病患者常常合并有糖尿病、高脂血症、吸烟等易导致血栓形成的高危因素,PCI 操作过程中的器械扩张、旋磨等可使冠状动脉斑块破裂,内皮的完整性破坏,组织因子释放,从而启动凝血过程,导致局部血栓形成,最终导致严重的后果。目前药物洗脱支架的广泛应用减少了 PCI 术后的血管再狭窄,但是可以降低血管再内皮化的速度,晚期血栓形成风险进一步增高。PCI 相关抗栓治疗的重要性越来越得到重视,一直是 PCI 指南制定和更新的重点。另一种容易导致血栓形成的疾病是心房颤动(房颤),房颤是一种常见的心律失常,心房丧失收缩功能,血液容易在心房内淤滞从而形成血栓,房颤发生 48~72 小时后,心房内即可能有血栓形成。经食管超声心动图检查发现 14% 的房颤患者左心耳内有血栓,血栓脱落则可导致栓塞(卒中占 80%,外周血栓栓塞占 20%)。房颤是卒中强烈的独立危险因素,具有发病率高、致残致死率高和复发率高的特点。Framingham 研究显示房颤患者的平均年卒中率为 5%,其中 50~69 岁为 1.5%、80~89 岁为 23.5%,非瓣膜病房颤卒中率是普通人群的 2~7 倍,瓣膜病房颤卒中率是普通人群的 17 倍、是非瓣膜病房颤的 5 倍。PCI 术后必须进行抗栓治疗,指南推荐如没有应用抗血小板药物的禁忌证,所有冠心病患者均应该接受抗血小板治疗。ACS(急性冠状动脉综合征)和 PCI 患者则应该进行强化抗栓治疗,除长期服用阿司匹林外,需同时联用氯吡格雷 75mg/d 或普拉格雷 10mg/d 至少 12 个月;如用 DSE(药物洗脱支架)植入者,术后连续应用氯吡格雷或达 15 个月。对于非瓣膜病房颤栓塞风险为中、高危患者的抗栓治疗目前均一致推荐使用华法林,控制 INR(国际标准化比率)于 2~3,由于服用华法林时 INR 容易受多种因素影响而波动,过低致抗栓效果不足,过高则增加出血风险,所以在华法林的应用过程中需持续监测 INR。

三、氯吡格雷合用 PPI 的合理选择

由于氯吡格雷为前体药物,需要通过 CYP2C19 两步转化才能变成有活性的抗栓成分。因此,使用 PPI 治疗时,应尽可能选择对 CYP2C19 抑制效力小的药物。有研究发现,雷贝拉唑虽然是经非酶降解,但其代谢产物雷贝拉唑硫醚对 CYP2C19 具有较强的抑制作用,其抑制常数 K_i 为 2~8μmol/L(通常认为抑制常数 K_i 越小,表示对该同工酶的抑制效力越强),而奥美拉唑对 CYP2C19 的抑制常数 K_i 为 0.4~1.5μmol/L,泮托拉唑对 CYP2C19 的抑制作用较弱(抑制常数 K_i 为 14~69μmol/L)。由于雷贝拉唑硫醚对 CYP2C19 的抑制效力可能会引起具有临床意义的药物相互作用,但该研究仅停留在理论上,因此建议首选泮托拉唑。如果没有泮托拉唑时,建议依次选择雷贝拉唑、埃索美拉唑、兰索拉唑,不推荐使用奥美拉唑。除此之外,换用其他的 ADP 受体拮抗剂也是一种治疗思路,新型的抗血小板药物已上市,普拉格雷或替格瑞洛的代谢不受 CYP2C19 多态性的影响,受 PPI 的影响较小,可考虑在高危患者中代替氯吡格雷。

附：典型案例

氯吡格雷联用 PPI 制剂的药物选择

一、病史资料

患者，男，71 岁。因"活动后胸闷 5$^+$ 年，加重伴胸痛 3 天"入院。20 年前诊断为高血压，长期服药，自诉血压控制可。8 年前发现胆囊结石和慢性萎缩性胃炎，未行特殊治疗。半年前诊断为急性前壁、下壁心肌梗死，出院后间断服药治疗。3 天前患者轻微活动后感明显胸闷，伴心前区疼痛，为闷痛，不伴放射痛，持续半小时以上，舌下含服硝酸甘油并休息后缓解。昨日晚间活动后再次出现上述症状，舌下含服硝酸甘油后症状缓解不明显，症状反复持续至今日，心电图显示正后壁新出现 Q 波，肌钙蛋白及心肌酶谱大幅增高，诊断为"冠状动脉粥样硬化性心脏病 陈旧性前壁、下壁心肌梗死 急性正后壁心肌梗死 室性心律失常 Lowns Ⅰ级 泵衰Ⅲ级；高血压 3 级 极高危组；肝功能异常；胆囊结石；慢性萎缩性胃炎"。

入院后因未急诊 PCI，也失去溶栓指征，因此选择择期 PCI，初始治疗方案给予镇静、通便，强化抗血小板（阿司匹林 100mg＋氯吡格雷 75mg qd）和抗凝治疗，抗缺血，降压，改善心肌重构，阿托伐他汀 20mg qd 降脂、稳定斑块等对症治疗。入院后第 3 天，患者诉夜间上腹部有烧灼感，无恶心、呕吐，临床药师建议加用泮托拉唑 40mg qd 抑酸护胃并建议进行 CYP2C19 基因型检测，临床医师采纳了泮托拉唑治疗，但家属拒绝做基因型检测。入院后第 5 天，患者解便后突发急性肺水肿，立即给予加大吸氧量，呋塞米、地塞米松静脉推注，硝普钠快速泵入，半小时后患者症状较前缓解。入院后第 12 天行冠状动脉造影＋支架植入术，共植入 5 枚支架。入院后第 14 天复查肝功能发现患者的肝功能酶学指标较前升高并超过正常上限值的 3 倍以上，临床药师建议将阿托伐他汀换为瑞舒伐他汀 10mg qd 并同时保肝治疗，临床医师予以接受。后患者的症状逐渐缓解，未诉任何不适，10 天后各项指标基本正常，予以出院。

二、临床药师对病例的分析与参与

1. 针对患者的上腹部不适，建议启动 PPI 抑酸护胃治疗的理由 为减少抗血小板药物对胃肠道的不良影响，美国心脏病学会基金会（ACCF）、美国胃肠病学会（ACG）及美国心脏学会（AHA）于 2008 年联合发表专家共识，建议对接受抗血小板或（和）非类固醇类抗炎药治疗的患者积极应用质子泵抑制剂（PPI）。但 2009 年初的一项大型病例对照研究却显示，联合应用氯吡格雷与 PPI 可能会增加心血管不良事件的发生，促使美国食品药品监督管理局（FDA）和欧洲药品管理局（EMA）对 PPI 与氯吡格雷联用问题发出安全警报。2010 年 11 月 8 日，ACCF/ACG/AHA 对相关文献进行分析和总结后更新了 2008 年版专家共识。新共识充分肯定了氯吡格雷与阿司匹林单独或联合应用在预防心血管事件方面的重要价值，同时也重申此类药物可增加胃肠道出血危险，预防性应用 PPI 可提供有效的胃肠道保护作用。新共识推荐，在临床中应权衡利弊，认真评估患者的心血管获益与胃肠道出血风险。对于出血性并发症危险较大（如有消化道出血史）者，建议预防性应用 PPI；对于存在多种其他出血高危因素者，也考虑应用 PPI 预防胃肠道出血；而对于上消化道出血风险低者，不建议常规预防性应用 PPI 或 H$_2$ 受体拮抗剂。胃肠道出血的高危人群包括曾有胃肠道出血史，高龄，同时接受抗凝剂、类固醇类抗炎药或 NSAIDs（包括阿司匹林）治疗，以及幽门螺杆菌感染者。存在上述多种危险因素者的胃肠道出血危险可进一步增高。与单用抗血小板药物相比,加用 PPI 或 H_2 受体拮抗剂可降低上消化道出血危险,而 PPI 的疗效优于 H_2 受体拮抗剂。2013 年美国急性 ST 段抬高型心肌梗死指南指出,由于对消化道出血的顾虑远高于对药物相互作用的担忧,从临床净效益出发,可考虑联用氯吡格雷与 PPI。

根据指南结合该患者分析,入院时提示陈旧性心肌梗死再发新部位心肌梗死,具有使用双联抗血小板聚集药物的指征。该患者为 71 岁的高龄老人,既往有慢性萎缩性胃炎病史,本次因急性心肌梗死入院,同时接受抗凝药和双联抗血小板治疗,用药第 3 天诉上腹部不适,因此临床药师建议给予 PPI 预防胃肠道出血,临床医师予以接受。该患者出院时未诉上腹部任何不适,说明给予 PPI 有效。

2. 药师建议在 PPI 中选择泮托拉唑的理由　氯吡格雷通过细胞色素 P450(CYP) 同工酶 CYP 3A4 和 2C19 等的代谢,氧化水解形成具有药理活性的硫醇衍生物,该活性代谢产物不可逆地与血小板腺苷二磷酸受体 P2Y12 结合,最终抑制纤维蛋白原受体 GP Ⅱ b/Ⅲ a 活化,从而抑制血小板聚集。PPI 也主要通过 CYP2C19 和 CYP3A4 同工酶在肝脏代谢。PPI 与氯吡格雷合用时可能会因共同竞争 CYP450 同工酶的相同结合位点而发生药物相互作用,其程度取决于与 CYP450 同工酶相对亲和力的大小,高亲和力化合物将与酶结合并抑制低亲和力化合物的生物转化。

Gilard 等设计了一个奥美拉唑联合氯吡格雷的双盲、随机、安慰剂对照临床试验,结果显示,奥美拉唑减低了氯吡格雷的药效。美国 FDA 对长期应用 PPI 的临床数据进行了回顾分析以确定这类药物的风险/获益比,于 2010 年年初发布信息,警告氯吡格雷和奥美拉唑之间的相互作用。Small 等从药动学和药效学的角度研究了质子泵抑制剂(兰索拉唑)对氯吡格雷药效的影响,结果发现兰索拉唑没有影响氯吡格雷代谢初期无活性的羧酸代谢产物的产生,但氯吡格雷和兰索拉唑合用时的血小板聚集抑制率明显低于只给予氯吡格雷。

Juurlink 等发现 PPI 联用氯吡格雷患者 90 天和 1 年内再次心肌梗死的风险增加,但泮托拉唑与再次心肌梗死无相关性。研究者建议接受氯吡格雷治疗的患者应尽可能避免应用泮托拉唑以外的 PPI。Siller-Matula 等的研究显示,主要通过 CYP2C9 代谢而非 CYP2C19 的泮托拉唑及艾美拉唑并不影响氯吡格雷的作用。

关于雷贝拉唑,CYP2C19 的基因多态性对雷贝拉唑的抑酸效果和药物代谢基本没有影响,故认为雷贝拉唑很少产生药物之间的相互作用。但也有研究发现,雷贝拉唑的代谢产物雷贝拉唑硫醚对 CYP2C19 具有较强的抑制作用,其抑制常数 K_i 为 $2\sim8\mu mol/L$(通常认为抑制常数 K_i 越小,表示对该同工酶的抑制效力越强),而奥美拉唑对 CYP2C19 的抑制常数 K_i 为 $0.4\sim1.5\mu mol/L$,泮托拉唑对 CYP2C19 的抑制作用较弱(抑制常数 K_i 为 $14\sim69\mu mol/L$)。由于雷贝拉唑硫醚对 CYP2C19 的抑制效力可能会引起具有临床意义的药物相互作用,但该研究仅停留在理论上。

根据该患者有使用 PPI 的指征,临床药师综合相关文献及患者的情况后建议该患者首选泮托拉唑。如果没有泮托拉唑时,建议依次选择雷贝拉唑、埃索美拉唑、兰索拉唑,不推荐使用奥美拉唑。除此之外,换用其他的 ADP 受体拮抗剂也是一种治疗思路,普拉格雷或替格瑞洛的代谢不受 CYP2C19 多态性的影响,受 PPI 的影响较小,未来或可作为抗血小板治疗的新选择。

3. 建议进行 CYP2C19 基因型检测的理由　患者半年前诊断为急性前壁、下壁心肌梗死,长期间断服用阿司匹林和氯吡格雷抗血小板治疗,此次再次发生心肌梗死,可能与间断服药有关,但不能完全除外是否有氯吡格雷代谢的问题,因此临床药师建议对CYP2C19进行基因型分析,同时通过基因型分析调整用药剂量,可更有针对性地应用氯吡格雷治疗心血管疾病,但患者家属由于经济原因予以拒绝。

4. 患者的肝功能异常时,建议将阿托伐他汀换为瑞舒伐他汀的理由 临床药师考虑阿托伐他汀是前体药,需经肝脏CYP3A4代谢为活性代谢物起作用,氯吡格雷也需要CYP3A4代谢起效,两药联用可加重肝脏负担。而瑞舒伐他汀因其结构中具有一个有极性的甲磺酰胺基基团而具有相对较强的亲水性,仅10%经肝脏代谢,其10%经肾、90%经粪便消除,药物相互作用少,降脂作用强,临床医师予以接受,出院时患者的肝功能明显好转。

5. 鉴于患者的依从性不好,对患者进行用药教育 患者半年前诊断为急性前壁、下壁心肌梗死,由于出院后间断服药治疗导致再次发生心肌梗死,临床药师与患者沟通中发现患者既往依从性不好,对自身疾病的重视性不强,因此给予其耐心的用药教育,告知患者本次入院行PCI共植入5枚支架,因内皮愈合时间较长,建议使用双联抗血小板药物至少1年,同时叮嘱患者要进行出血监测,平时注意口腔、牙龈有无出血迹象,使用软毛牙刷;更重要的是注意有无黑便,有无胃肠道不适,有无皮下瘀血;每个月1次复查血常规。

三、小结

药物相互作用是临床药物治疗中比较复杂的专业问题,临床医师往往需要临床药师来帮助其进行分析判断以求达到合理选择药物。通过对本病例的参与和分析,临床药师总结认为,当患者使用氯吡格雷时,临床医师应权衡利弊,认真评估患者的心血管获益与胃肠道出血风险,谨慎选择PPI。有上消化道出血病史的急性冠状动脉综合征(ACS)患者心血管事件风险较高,双重抗血小板治疗联合PPI可能是平衡风险与收益的最佳选择。使用PPI时应选择对CYP2C19依赖性较小的PPI以避免两药联用引起的不良后果,建议首选泮托拉唑,其次为雷贝拉唑、埃索美拉唑、兰索拉唑,不推荐使用奥美拉唑。同时,新型的抗血小板药物已上市,如替格瑞洛为非前体药物,不经肝脏代谢即有活性,可考虑在高危患者中代替氯吡格雷。

(李　刚　童荣生)

参 考 文 献

[1] 杨小军. 双联抗血小板长期治疗老年冠心病患者的疗效观察[J]. 齐齐哈尔医学院学报,2014,35(3): 390-391.

[2] 王春梅,朱翠玲. 中西医结合治疗冠状动脉粥样硬化性心脏病的疗效观察[J]. 中医学报,2014,29(6): 804-805.

[3] 段季功. 阿托伐他汀联合曲美他嗪治疗冠心病疗效分析[J]. 心血管病防治知识,2014,(3):41-42.

[4] 张亚梅,陈庆伟. 老年灌装动脉粥样硬化性心脏病抗血小板治疗的临床评价[J]. 心血管病学进展, 2011,32(2):220-224.

[5] 中华医学会心血管病学分会. 急性ST段抬高型心肌梗死诊断与治疗指南[J]. 中华心血管病杂志, 2010,38(8):675-687.

[6] 中华医学会心血管病学分会,中华心血管病杂志编辑委员会. 抗血小板治疗的中国专家共识[J]. 中华心血管病杂志,2013,41(3):183-194.

[7] 牟燕,王清. 心血管疾病药物治疗学[M]. 北京:化学工业出版社,2011.

[8] 胡大一. 心血管内科学[M]. 北京:北京科学技术出版社,2010.

[9] 中华医学会心血管病学分会. 硝酸酯在心血管疾病中规范化应用的专家共识[J]. 中华心血管病杂志, 2010,38(9):770-774.

[10] 杨艳敏,方全,王斌,等. 硝酸酯类药物静脉应用建议[J]. 中华内科杂志,2014,53(1):74-78.

[11] 血脂异常老人使用他汀类药物中国专家共识组. 血脂异常老人使用他汀类药物中国专家共识[J]. 中华内科杂志,2010,49(6):535-542.

[12] 吕晓燕. 心血管疾病不合理用药浅析[J]. 中国现代药物应用,2014,8(9):158-159.

[13] 叶晓芬. 药物治疗的风险与处理[J]. 医学与哲学,2014,35(4):1-4.

[14] Juurlink DN,Gomes T,KO DT. A population based study of the drug interaction between proton pump inhibitor and clopidogrel[J]. CMAJ,2009,180(7):713-718.

[15] Siller-Matula JM,Spiel AO,Lang IM. Effects of pantoprazole and esomepra-zole on platelet inhibitor by clopidogrel[J]. Am Heart,2009,157(1):148,e1-e5.

第六章

老 年 房 颤

第一节　定义和流行病学

一、定义

心房颤动（房颤）（atrial fibrillation，AF）是临床实践中最常见的持续性心律失常。除有正常心脏的个体外，受累患者死亡、心力衰竭（heart failure，HF）和血栓栓塞性事件的风险均增加。房颤的临床特点是心悸、脉律绝对不整。根据临床发作特点，房颤分为：①初发房颤：特指首次明确诊断的房颤，包括房颤发作时无症状或症状轻微，难以确定房颤的发作时间、持续时间和既往发作史者；②阵发性房颤：指持续时间＜7 天的房颤，常＜48 小时，多为自限性，但反复发作；③持续性房颤：指持续时间＞7 天的房颤，常不能自行复律，药物复律的成功率较低，常需电复律；④长期持续性房颤：指持续时间＞1 年，药物复律的成功率低，用射频消融等方法仍可转复；⑤永久性房颤：指复律失败，不能维持窦性心律或没有复律适应证的房颤。年龄是导致房颤发生的独立危险因素，65 岁及 65 岁以上的房颤患者称为老年房颤。

二、流行病学

AF 是一个全球性的卫生保健问题，证据显示在全球范围内，AF 的患病率和发病率日益增加。基于世界范围人群研究（$n=184$）的一项系统评价估计 2010 年 AF 患者达 3350 万，每年大约新增 500 万例患者。1990 年，估计的年龄调整患病率（每 100 000 人）是在男性中为 570，在女性中为 360；估计的年龄调整发病率（每 100 000 人年）是在男性中为 61，在女性中为 44。2010 年，患病率增加至 596/100 000 人（男性）和 373/100 000 人（女性），发病率增加至 78/100 000 人年（男性）和 60/100 000 人年（女性）。年龄调整患病率（每 100 000 人）在北美最高（700～775），在日本和韩国最低（250～325）。

房颤是老年人最常见的心律失常之一。AF 的总体患病率为 1%，≥65 岁的患者占 70%，≥75 岁的患者占 45%。中国 AF 的流行病学调查结果显示，AF 的患病率为 0.6%，其中 50～59 岁的人群为 0.5%、80 岁及 80 岁以上的人群为 7.5%，男性略高于女性，据此估计全国约有 AF 患者 800 万人。

第二节　病因和发病机制

一、病因

老年房颤多发生于器质性心脏病患者。房颤的病因和危险因素有增龄、高血压、冠心病、瓣膜病、心力衰竭（心衰）、心肌病、缩窄性心包炎、肺源性心脏病、肥胖、糖尿病等。此外，饮酒、电击、外科手术、急性心肌梗死、肺栓塞及电解质紊乱等亦可引发一过性房颤。研究表明在发达国家中，高血压心脏病和冠状动脉性心脏病是 AF 患者中最常见的基础疾病。其他常见的原因包括乙醇摄入过量、心力衰竭（HF）、心脏瓣膜病（包括瓣膜关闭不全和瓣膜狭窄性病变）以及甲状腺功能亢进。

二、发病机制

AF 通常与某些基础心脏病有关，常见心房增大、心房压力增高、心房浸润或炎症。房颤的发病机制主要涉及两方面：一是房颤的触发因素，包括心动过缓、房性期前收缩或心动过速、房室旁路和急性心房牵拉等；二是房颤发生和维持的基质，指以心房有效不应期缩短和心房扩张为特征的电重构和解剖重构。具体电生理机制包括局灶起源和多子波折返。

第三节　病理和病理生理

一、病理

任何心脏结构的改变都可能引起心房缓慢但逐渐进展的重构，其解剖特征是成纤维细胞增生分化为肌成纤维细胞，以及结缔组织的沉积和纤维化。这种解剖重构继而导致肌束间的电分离和局部传导的异质性，使房颤易于被诱发；并且电重构后的基质存在着多个小的折返环，使房颤能够维持。房颤的持续又会进一步加重心房解剖重构和电重构，使房颤能够长期稳定存在。

二、病理生理

房室结不应期的存在和隐匿性传导，使房颤时心房下传的部分电冲动不能到达心室，心室率多变得完全不规则。此时每搏心排血量也会出现差别，有些心室搏动过弱无法开启主动脉瓣或动脉血压波太小，不能引起周围血管的搏动，造成脉率低于心率，称为"脉搏短绌"。

老年人心室舒张末期容量的 30%～40% 依赖于心房收缩，房颤时心房失去收缩力，心室舒张末期容量将显著减少，如果合并快速心室率，左心室舒张期时间缩短，左心室充盈量将进一步减少，影响心功能。

因血流淤滞，心房内尤其在左心耳部易形成血栓，进而发生体循环栓塞的危险性很高。统计表明，非瓣膜性心脏病者合并房颤，其发生脑卒中的机会较无房颤者高出 5～7 倍。

第四节　临床表现和辅助检查

一、症状

并不是所有 AF 患者都有症状。在那些有症状的患者中,与 AF 相关的症状是多种多样的,采集病史时应重点获取起病时间或察觉日期、发作频率和持续时间、严重程度和属性特征。典型的症状包括心悸、心动过速、疲劳、乏力、头晕、眩晕、运动能力下降、排尿增多或轻度呼吸困难。更严重的症状包括静息状态下的呼吸困难、心绞痛、晕厥前兆,偶尔出现晕厥。另外,一些患者表现为栓塞事件或起病隐匿的右心衰竭(表现为外周水肿、体重增加和腹水)。诱发因素有运动、情绪激动或饮酒。

二、体征

心脏听诊第一心音强度变化不定,心律绝对不规则。当心室率快时可发生脉短绌。

三、心电图

心电图表现包括:①P 波消失,代之以小而不规则的基线波动,形态与振幅均变化不定,称为 f 波,频率为 350～600 次/分。②心室率极不规则,房颤未接受药物治疗、房室传导正常者,心室率通常在 100～160 次/分,药物(儿茶酚胺类等)、运动、发热、甲状腺功能亢进等均可缩短房室结不应期,使心室率加速;相反,洋地黄延长房室结不应期,减慢心室率。③QRS 波群的形态通常正常,当心室率过快,发生室内差异性传导时,QRS 波群增宽变形。

第五节　诊断和鉴别诊断

一、诊断

在病史采集和体格检查的基础上,房颤的确诊主要以心电图为依据,长程心电图对阵发性房颤的诊断具有价值。对于首次确诊的以及症状发生变化的 AF 患者,应行全面的心血管系统检查。检查的异常结果可能提示医务人员 AF 发生的促进因素(例如二尖瓣狭窄杂音)或者 AF 的影响[例如心力衰竭(heart failure,HF)的证据]。

二、并发症

房颤的并发症主要包括脑卒中、心力衰竭、心肌缺血、心动过速性心肌病等,其中脑卒中是房颤引起的最主要、最严重的并发症。

脑栓塞是房颤引发的主要栓塞性事件,也是房颤致死及致残的主要原因,老年人房颤并发脑卒中的 30 天病死率达 24%,且幸存者多遗留身体残疾。有学者的研究结果显示,非瓣膜病房颤患者栓塞事件的年发生率约 5%,是非房颤患者的 2 倍,占所有脑栓塞事件的 15%～20%。老年人房颤并发栓塞的比例更高,其导致的缺血性脑卒中是非房颤患者的 5 倍。50～59 岁的房颤患者脑卒中的年发生率为 1.5%,80～89 岁为 23.5%。我国对平均年龄 70 岁的房颤患者的调查结果显示,缺血性脑卒中的患病率为 5.3%,住院的房颤患者中脑卒中的患病率为 24.8%,80 岁及 80 岁以上者达 32.9%。

目前 CHADS2 评分系统是临床应用最为广泛的评估房颤患者发生缺血性卒中风险的工具,其计分方法如表 6-1 所示。随着 CHADS2 评分的增高,房颤患者未来发生缺血性卒中的风险逐渐增高。

表 6-1 CHADS2 评分系统

	评估指标	分值
C	充血性心力衰竭	1
H	高血压	1
A	年龄＞75 岁	1
D	糖尿病	1
S	卒中或短暂的脑缺血病史	2

三、鉴别诊断

房颤时典型的 f 波可与室上速或房扑伴不规则的传导阻滞作出鉴别。伴完全性束支传导阻滞或预激综合征的房颤,心电图表现可酷似室速,仔细找出 f 波和心室率的明显不规则性有助于确诊房颤。

第六节　治疗总体安排

一、病症处理的综合安排

房颤的治疗主要包括心室率控制、节律控制(药物及非药物)及抗栓治疗,其中心室率控制和抗栓治疗贯穿于房颤治疗的全程。

二、治疗目标

房颤的治疗目标是缓解症状、保护心功能和预防栓塞。

三、治疗措施的选择和安排

(一) 节律与心室率控制

多项研究结果显示,心室率控制和节律控制相比全因死亡、心血管致死和致残率、脑卒中、心衰进展及生活质量间差异均无统计学意义。鉴于老年房颤患者常并发症多,心功能不佳,且目前的复律药物均存在一定的不良反应,对于大多数症状轻的患者,心室率控制是合理的选择。但是,对于初发房颤以及症状较重、房颤发作在 3～6 个月、有复律指征的老年患者可选择药物复律。

(二) 抗栓治疗

CHADS2 评分≥1 分时均应给予口服抗栓药物长期治疗,只有在 CHADS2 评分为 0 分时方可考虑不用抗栓药物。

拟行复律的患者,如房颤持续不超过 48 小时,复律前无需做抗凝治疗;否则应在复律前接受 3 周治疗,心律转复后继续华法林治疗 4 周。

四、预期治疗结果

(一)节律控制

大部分初发房颤患者在 24～48 小时可自动转复窦性心律,持续时间＞7 天的房颤患者自行转复的概率明显降低,药物复律的有效性也随着时间的推移降低。

(二)心室率控制

心室率建议控制目标为＜110 次/分,达标后症状控制不满意者可将心室率目标下调至 80～100 次/分。SOLVD 研究显示,宽松与严格的心室率控制(休息时心室率＜110 次/分与＜80 次/分)相比,两组患者的症状、不良反应和生活质量相似。

(三)抗栓治疗

应用华法林治疗时应将 INR 控制在 2.0～3.0。部分研究和指南建议≥75 岁的患者应采用低强度的华法林抗凝(目标 INR 为 1.6～2.5),但尚缺乏大型临床研究证据。建议对老年患者尤其当年龄≥75 岁时,应权衡脑卒中风险和出血风险,遵循个体化原则选择目标 INR。

第七节 药物治疗方案

一、药物选择和联合

(一)复律和维持窦性心律药物

目前国内最常用的复律药物是胺碘酮、普罗帕酮和伊布利特。有心功能不全或器质性心脏病者,首选胺碘酮;心功能正常或无器质性心脏病者,可首选普罗帕酮,也可用氟卡尼或索他洛尔。复律后预防房颤再次发作,目前国内临床常用的药物有胺碘酮、普罗帕酮、索他洛尔,其中胺碘酮是维持窦性心律疗效最好的药物。盐酸决奈达隆是一种新的抗心律失常药物,DIONYSOS 研究表明虽然其维持窦性心律的效果逊于胺碘酮,但其并发症少于胺碘酮。

(二)控制心室率药物

常用的心室率控制药物有 β 受体阻断药、非二氢吡啶类钙离子拮抗剂、洋地黄类药物及胺碘酮等。β 受体阻断药是无禁忌证患者的首选药物;非二氢吡啶类钙离子拮抗剂是慢性阻塞性肺疾病、哮喘患者的首选;洋地黄类适用于心衰或低血压患者;胺碘酮可用于严重左心功能不全患者的心室率控制,长期维持仅用于其他药物禁忌或治疗无效时。

(三)抗栓药物

目前临床最常用的抗栓药物是华法林,少数情况下可用阿司匹林(表 6-2),具体方案的选择应基于对卒中风险和出血风险的权衡。新型的达比加群酯(直接凝血酶抑制剂)和利伐沙班(Ⅹa 因子抑制剂)已逐渐在临床中应用。

表 6-2 基于 CHADS2 评分的抗栓选择

危险分层	CHADS2 评分	推荐治疗
高危	≥2 分	华法林
中危	1 分	华法林或阿司匹林 100～300mg/d
低危	0 分	阿司匹林 100～300mg/d 或不用药

二、剂量、剂型、给药途径、用药间隔和疗程

(一) 复律和维持窦性心律药物(表 6-3 和表 6-4)

表 6-3 常用的复律药物

	给药途径	剂量
胺碘酮	口服	600～800mg/d,分次口服,直至总量达 10g;然后 200mg/d 维持
	静脉	150mg 静脉注射 10 分钟,然后 1mg/min 维持 6 小时,然后 0.5mg/min 维持 18 小时
普罗帕酮	口服	450～600mg 顿服
伊布利特	静脉	体重>60kg 时 1mg,体重<60kg 时 0.01mg/kg,静脉注射 10 分钟,无效者间隔>10 分钟可重复给药 1 次

表 6-4 常用的维持窦性心律药物

	给药途径	剂量
胺碘酮	口服	400～600mg/d,分次口服,2～4 周;然后 100～200mg/d 维持
	静脉	150mg 静脉注射 10 分钟,然后 1mg/min 维持 6 小时,然后 0.5mg/min 维持 18 小时;24 小时后可减量至 0.25mg/min
普罗帕酮	口服	起始:150～300mg q8h;维持:225～425mg q12h
索他洛尔	口服	40～160mg q12h
决奈达隆	口服	400mg q12h

(二) 控制心室率药物(表 6-5)

表 6-5 常用的控制心室率药物

	静脉制剂(急性期)	口服制剂(长期维持)
β受体阻断药		
酒石酸美托洛尔	2.5～5.0mg 静脉注射 2 分钟,效果不理想者可再重复给药 2 次	6.25～100mg,2 次/天
琥珀酸美托洛尔缓释片	无	23.75～190mg,1 次/天
阿替洛尔	无	3.125～25mg,1～2 次/天
比索洛尔	无	1.25～10mg,1 次/天

	静脉制剂（急性期）	口服制剂（长期维持）
非二氢吡啶类钙离子拮抗剂		
维拉帕米	5～10mg 加入 5% 葡萄糖注射液 20ml 中缓慢静脉注射 3 分钟，效果不理想者 10 分钟后可再重复上述给药 1 次	普通剂型：40～160mg，3～4 次/天 缓释剂型：120～240mg，1～2 次/天
地尔硫䓬	10mg(0.15～0.25mg/kg)用生理盐水或葡萄糖注射液稀释成 10ml，缓慢静脉注射 3 分钟；效果不满意 15 分钟后可重复；5～15μg/(kg·min)静脉滴注维持	普通剂型：15～60mg，3～4 次/天 缓释剂型：90mg，1～2 次/天
洋地黄类		
地高辛	国内无药	0.125～0.25mg，1 次/天
去乙酰毛花苷 C	0.2～0.4mg，5% 葡萄糖注射液稀释后缓慢静脉注射 10 分钟；2～4 小时后可重复上述给药 1 次	无
其他		
胺碘酮	300mg 静脉注射 1 小时，然后 10～50mg/h 维持 24 小时	100～200mg，1 次/天

（三）抗栓药物

应用华法林(国内的主要剂型为 2.5mg 和 3mg)时应使 INR 维持在 2.0～3.0。用药前测定基础 INR，初始剂量一般为 1.0～3.0mg/d，也可通过基因多态性检测(CYP2C9 和 VKORC1)来帮助选择初始剂量。通过监测 INR 调整华法林的剂量，用 2～4 周达到目标 INR。老年患者华法林的清除减少，合并其他疾病或合并用药较多，应加强监测。

应用达比加群酯和利伐沙班时无需检测 INR，但需根据肌酐清除率(CrCl)决定剂量(表 6-6)。

表 6-6　达比加群酯和利伐沙班使用建议

肾功能	达比加群酯	利伐沙班
正常/轻度肾功能不全	150mg，1～2 次/天 (CrCl>30ml/min)	20mg，1 次/天 (CrCl>50ml/min)
中度肾功能不全	75～150mg，2 次/天 (CrCl>30ml/min)	15mg，1 次/天 (CrCl 30～50ml/min)
重度肾功能不全	75mg，2 次/天 (CrCl 15～30ml/min)	15mg，1 次/天 (CrCl 15～30ml/min)
终末期肾病	禁用 (CrCl<15ml/min)	禁用 (CrCl<15ml/min)

（张存泰　肖　幸）

第八节　药学监护与信息反馈

一、观察疗效

（一）控制节律与心室率药物的疗效观察

普罗帕酮、多非利特、索他洛尔或胺碘酮等都可显著减少房颤再发。胺碘酮优于Ⅰ类抗心律失常药物及索他洛尔，可安全用于器质性心脏病包括心衰患者，对阵发性房颤患者24小时转复律可达80%～90%。新型抗心律失常药决奈达隆维持窦性心律的作用低于胺碘酮，其促心律失常作用很低，在无器质性心脏病的稳定患者中比较安全。但决奈达隆明显使中、重度心衰患者的心衰恶化而增加了死亡。决奈达隆可用于非持续性房颤并有心血管病危险因素的患者，减少因心血管事件而导致的住院率，不推荐用于美国纽约心脏病协会心功能分级Ⅲ-Ⅴ级或近期不稳定型Ⅱ级心衰患者。普罗帕酮转复近期再发房颤患者的心律有效，静脉应用的转复时间在用药后的30分钟～2小时，转复率为41%～91%；口服的转复时间为2～6小时，但对持续性房颤及心房扑动的转复率不高。普罗帕酮无效后再用伊布利特转复心房扑动及房颤率高于单用普罗帕酮，但伊布利特治疗组有10%的患者发生非持续性室速。伊布利特对近期发生房颤的患者90分钟内的转复成功率约50%，开始转复的时间为用药后30分钟，对房扑的转复比房颤更有效。

（二）抗栓药物的疗效观察

血栓栓塞是老年人房颤的严重并发症之一，也是预防重点。房颤患者的抗栓治疗包括抗凝和抗血小板治疗，治疗方案的选择应基于对卒中风险和出血风险的利弊权衡。老年心房纤颤并发脑栓塞的疗效判定标准拟定如下：①显效：经抗凝治疗后患者的病症、体征等得到显著改善，不出现脑栓塞致死、血管栓塞等严重病情，同时无出血等严重不良反应；②有效：治疗后患者的体征、症状得到一定改善，无新发栓塞等病情，上消化道、牙龈有轻微出血；③无效：抗凝后患者的体征、症状无明显改善或加重，甚至出现脑栓塞致死、栓塞、脑出血等严重病情。

1. 抗凝治疗

（1）华法林：华法林可减少房颤患者的脑卒中复发率和所有血管事件约50%，同时增加出血风险，但颅内出血无增加，卒中绝对风险的下降超过颅外出血的风险。华法林与阿司匹林预防年龄80～89岁患者卒中的对比研究（WASPO）和伯明翰老年人房颤治疗（BAFTA）研究结果证实了华法林在老年房颤患者预防脑卒中的有效性和安全性，口服华法林将国际标准化比值（INR）控制在2.0～3.0，与对照组相比可使总的卒中风险减少64%，其中缺血性卒中减少67%，总死亡风险减少20%（包括一和二级预防）。

华法林的治疗窗较窄，治疗强度控制不当会导致出血或无效抗凝。国内外房颤诊治指南推荐目标INR为2.0～3.0，在此范围内华法林可发挥预防脑卒中的最大疗效，也能避免出血并发症。INR在1.6～2.5时可发挥80%的最大疗效，＜1.5时几乎无效，＞3.0时出血事件增加，＞5.0时出血事件急剧增加。对老年房颤患者的目标INR的推荐各指南不尽相同，不推荐老年患者的INR＜2.0，因为人群研究结果提示INR为1.5～2.0时卒中风险增加2倍。建议年龄≥75岁的老年人应用华法林预防卒中和体循环栓塞的一级预防的目标INR为1.6～2.5。

(2)达比加群:为新型口服Ⅱ因子抑制剂。RELY 研究结果证实,达比加群 110mg,2次/天的疗效不亚于华法林,且颅内出血及大出血的发生率减低;达比加群 150mg,2 次/天的疗效优于华法林,两者的严重出血发生率相似。因此当适宜口服抗凝药时,达比加群可作为华法林的替代;对于无人工心脏瓣膜、无血流动力学改变的瓣膜性心脏病、无严重肝肾损害的阵发性、永久性房颤及伴有卒中和体循环栓塞风险的患者,达比加群可替代华法林。

(3)阿哌沙班:为新型口服Ⅹa因子抑制剂。全球 5599 例非瓣膜性房颤患者阿哌沙班与阿司匹林预防脑卒中比较研究(AVERROES)的结果证实,不能耐受或不适宜华法林的患者服用阿哌沙班 5mg,2 次/天,减少卒中和体循环栓塞风险的效力优于阿司匹林 81～324mg/d,相对风险降低 55%,两者的主要出血和颅内出血风险相似。

而 ARISTOTLE 研究全球入选 18 201 例非瓣膜性房颤患者,服用阿哌沙班(5mg,2次/天)其预防卒中或体循环栓塞的疗效显著优于华法林,相对风险降低 21%;大出血风险显著降低 31%;全因死亡风险显著降低 11%;颅内出血风险降低 58%。年龄、肾功能和地区等亚组分析结果与整体结果一致。

(4)利伐沙班:为新型口服Ⅹa因子抑制剂。新近揭晓的利伐沙班房颤卒中预防研究(ROCKET-AF)结果证实,在 14 264 例非瓣膜性房颤受试者中(CHADS2 评分＞2 分),利伐沙班 20mg,1 次/天预防房颤患者卒中及非中枢神经系统全身性栓塞的疗效不劣于剂量调整的华法林;且服药人群中,利伐沙班 20mg,1 次/天的疗效优于剂量调整的华法林。主要出血两组比较差异无统计学意义,但利伐沙班使颅内出血、致命性出血事件显著降低。ROCKET-AF 肾功能不全房颤患者亚组分析结果显示,与剂量调整的华法林组比较,中度肾功能不全房颤患者服用利伐沙班 15mg,1 次/天与肾功能正常患者服用利伐沙班 20mg,1次/天的疗效相当;利伐沙班 15mg,1 次/天与剂量调整的华法林比较,大出血事件发生率相当,且利伐沙班显著降低肾功能不全患者致命性出血事件的发生率。

2. 抗血小板治疗　抗血小板治疗可使房颤患者的卒中风险降低 22%。低剂量的阿司匹林(75～100mg)能有效地抑制血小板且安全性优于大剂量应用。阿司匹林可降低卒中风险 19%,缺血性卒中 21%,非致残性卒中 29%。

3. 抗凝与抗血小板治疗对比　华法林与阿司匹林疗效的对比研究结果显示,华法林明显优于阿司匹林,相对危险降低(39%)。BAFTA 研究结果证实华法林(目标 INR 为 2.0～3.0)优于阿司匹林(75mg/d),动脉血栓风险下降 52%,而出血率相似。

联合抗血小板治疗:氯吡格雷合用厄贝沙坦预防房颤患者心血管事件研究(AC-TIVEW)的华法林部分研究结果证实,阿司匹林与氯吡格雷联用的疗效不如华法林,华法林组的卒中风险降低 40%,而出血率相似。但该研究的阿司匹林部分(ACTIVE-A)研究结果证实:在不适宜华法林的患者中,阿司匹林与氯吡格雷联用较单用阿司匹林血管事件和卒中风险降低 28%,但大出血发生率增加。

4. 房颤的预防　炎症可能是房颤发病的重要机制,在流行病学和观察性研究中发现新发或复发性房颤患者的 CRP 和炎症因子水平增高。他汀类应作为房颤上游治疗的一级预防用药,建议用于冠状动脉旁路移植术或联合瓣膜介入后及心脏病患者,特别心衰患者新发房颤的一级预防。血管紧张素转化酶抑制剂和血管紧张素Ⅱ受体拮抗剂抑制血管紧张素Ⅱ的致心律失常作用,包括致心房纤维化、肥厚、离子通道(钙通道重构)及激活氧化应激等。心衰患者服用 ACEI 及 ARB 与安慰剂比较可减少 30%～48%的新发房颤,在高血压患者中可减少 25％的新发房颤。在房颤的二级预防中,ACEI/ARB 可减少房颤复发风险 45％～50％。ACEI 和 ARB 用于心衰和射血分数降低、高血压特别是左室肥厚患者新发房颤的一级预防;用于下述复发房颤患者的二级预防:接受抗心律失常药物治疗或无明显的心脏结构异常已转复的阵发性或持续性房颤。不建议将 ACEI、ARB 和他汀类药用于无心脏病房颤的一级预防。

二、给药方法的适宜性

(一) 控制心室率和节律的药物

1. 慢心室率房颤(心室率<60 次/分) 房颤合并慢心室率患者有症状时,非紧急情况可口服茶碱缓释片治疗。紧急情况下可给予阿托品 0.5～1.0mg 静脉注射;或异丙肾上腺素(急性冠状动脉综合征患者禁用)1mg 溶于 5％葡萄糖溶液 500ml 中缓慢静脉滴注,同时准备安装临时起搏器。

2. 快心室率房颤(心室率>100 次/分) 除血流动力学不稳定的快速房颤建议尽快行电转复外,其他类型房颤的心室率与节律控制药物治疗如下。

(1)心室率控制:症状轻微的老年房颤患者首选心室率控制,常用的心室率控制药物有 β 受体阻断药、非二氢吡啶类钙离子拮抗剂、洋地黄类药物及胺碘酮等。β 受体阻断药是无禁忌证患者的首选药物;非二氢吡啶类钙离子拮抗剂是慢性阻塞性肺疾病、哮喘患者的首选;洋地黄类适用于心衰或低血压患者;胺碘酮可用于严重左心功能不全患者的心室率控制,长期维持仅用于其他药物禁忌或治疗无效时。静脉给药用于急性期心室率控制,口服药则用于长期维持治疗。用药剂量建议个体化,避免发生心动过缓。

血流动力学稳定的房颤患者急性期心室率控制的建议:①目标心室率<110 次/分,达标后症状控制不满意者,建议进行更加严格的控制,将心室率目标下调至 80～100 次/分。②无预激综合征的房颤患者,无应用 β 受体阻断药或非二氢吡啶类钙离子拮抗剂的禁忌证,可给静脉注射艾司洛尔或地尔硫䓬控制心室率;房颤伴心衰或左室功能下降的患者,可静脉注射毛花苷丙或胺碘酮控制心室率;失代偿性心衰患者慎用 β 受体阻断药;有心衰的房颤患者不主张应用非二氢吡啶类钙离子拮抗剂。③预激综合征并房颤患者的心室率控制首选胺碘酮或普罗帕酮;禁用洋地黄类药物、非二氢吡啶类钙离子拮抗剂和 β 受体阻断药。急性期静脉给药后多需口服药物长期维持。长期心室率控制的建议:①β 受体阻断药是无用药禁忌的老年房颤患者的首选;②合并心衰的患者可服用地高辛及 β 受体阻断药;③心室率控制不满意的患者可用地高辛与 β 受体阻断药和(或)非二氢吡啶类钙离子拮抗剂联合治疗,用药剂量根据心室率逐渐调整,联合药物治疗期间建议监测心室率、血压及心功能变化;④地高辛不单独用于非心衰阵发性房颤患者的心室率控制;⑤预激伴房颤或有房颤病史者可应用普罗帕酮或胺碘酮进行心室率控制;⑥胺碘酮仅用于其他药物无效或有禁忌证者。

48 小时内新发房颤转复窦性心律的方法选择见图 6-1。

(2)快速房颤的药物复律:48 小时内新发房颤的转复流程见图 6-1。对心室率过快致心衰加重、心绞痛加重或血流动力学不稳定的患者需尽快电复律。持续性房颤患者在心室率控制后仍有症状或患者期望转复窦性心律者可考虑复律治疗,复律时应进行充分的心室率控制。鉴于房颤很容易复发,因此在复律治疗前应仔细评估转复窦性心律和长期服用抗心律失常药物对患者的获益/风险比。

新发房颤（时间<48小时）

↓

血流动力学不稳定

是　　　　　　　否

紧急电复律　　明显器质性心脏病

是　　　　　　　否

静脉滴注胺碘酮转复　　静脉注射复心律平或伊布列特转复

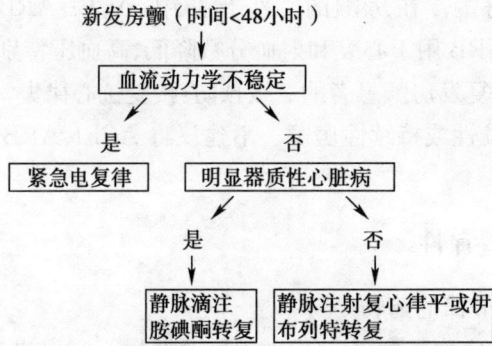

图 6-1　48 小时内新发房颤转复窦性心律的方法

药物复律的成功率低于电复律。常用的房颤复律药物有胺碘酮、普罗帕酮和伊布利特。药物转复建议：①转复前血清电解质和 Q-Tc 间期必须在正常范围内，转复前后需心电监护观察用药过程中可能出现的心律失常，如室性期前收缩、室性心动过速、窦性停搏或房室结阻滞等；②无器质性心脏病的房颤可静脉注射普罗帕酮或伊布利特转复；③器质性心脏病的房颤患者建议用胺碘酮转复；④器质性心脏病的房颤患者在无低血压或充血性心衰时还可用伊布利特转复；⑤预激并发房颤且血流动力学稳定的患者首选胺碘酮，还可酌情选用普罗帕酮或伊布利特静脉注射转复。

（3）维持窦性心律的长期治疗：长期维持窦性心律的主要目的是为了缓解房颤相关症状，减慢病程进展。常用的维持窦性心律药物有 β 受体阻断药、胺碘酮、普罗帕酮及索他洛尔。

维持窦性心律的长期治疗建议：①发作减少即为治疗有效；②一种药物无效可换用其他药物；③抗心律失常药物的促心律失常作用多见；④药物的安全性比有效性更重要；⑤症状不明显或控制心室率后无症状的患者不需常规服用抗心律失常药物；⑥建议永久性房颤患者停用节律控制药物；⑦除预防甲状腺功能亢进和运动诱发的房颤外，β 受体阻断药对预防房颤复发仅中度有效；⑧普罗帕酮可预防无明显器质性心脏病的房颤患者复发，避免用于冠心病或心衰患者；⑨胺碘酮在维持窦性心律方面较普罗帕酮和索他洛尔更有效，一般用于其他药物治疗无效或禁忌时；⑩索他洛尔预防房颤的作用较胺碘酮弱，其致心律失常作用主要原因是 Q-T 间期延长和心动过缓。

（二）老年房颤患者的抗栓治疗

房颤患者抗栓治疗方法的选择见表 6-7。老年房颤患者应根据卒中风险分层和出血风险分层权衡利弊选择抗栓治疗方案，口服华法林时建议推荐目标年龄＜75 岁时 INR 2.0～3.0，年龄≥75 岁时 INR 1.6～2.5（INR 的正常值为 0.9～1.3）。

表 6-7　老年房颤患者的抗栓治疗方法

危险分层	CHADS2	推荐治疗
高危	≥2 分	口服华法林
中危	1 分	口服抗凝药华法林或阿司匹林 100mg/d（HAS-BLED 评分≥3 分，75mg/d）
低危	0 分	阿司匹林 100mg/d（HAS-BLED 评分≥3 分，75mg/d）或不用药

（三）转复窦性心律期间的抗凝治疗

包括转复律前的抗凝治疗和复律后的抗凝治疗。

1. 转复律前的抗凝治疗 ①房颤持续≥48 小时、血流动力学不稳定（心绞痛、心肌梗死、休克、肺水肿）或因患者要求需紧急复律者，复律前应给予静脉普通肝素或低分子量肝素，用药期间行复律治疗；②房颤持续时间＜48 小时，可给予静脉普通肝素负荷量 80U/kg 后以 18U/kg 维持（或低分子量肝素按体质量静脉或皮下给药），同时行复律治疗；③房颤持续时间≥48 小时或持续时间不详、拟择期行药物或电复律的患者，复律前应常规口服抗凝药物 3 周，然后行复律治疗；④房颤持续≥48 小时或持续时间不详、拟择期行药物或电复律的患者，有条件时也可先行食管超声检查，若未发现心房血栓，抗凝及复律同上述②，超声提示心房或心耳有血栓者其抗凝及复律同上述③。

2. 复律后的抗凝治疗 复律后开始口服华法林，并持续 4 周，复律前应用肝素类药物者在 INR 达 2.0 时停用肝素类药物。以下患者应长期口服抗凝药物：脑卒中高危（CHADS2 评分≥2 分）；复律前抗凝治疗 3 周后经食管超声复查血栓仍未消失。华法林的用法及目标 INR 同上。

三、观察不良反应

（一）抗凝药物

1. 非维生素 K 拮抗剂类口服抗凝药

（1）达比加群酯：达比加群酯常见的不良反应与其他各种抗凝药物类似，治疗过程中也不可避免地会出现出血现象，尤其在高剂量应用时，出血的发生率更高。小出血事件的发生具有明显的剂量相关性。其他不良反应达比加群酯与依诺肝素相比无显著性差异。

在推荐剂量（150mg 或 220mg）下，达比加群酯的严重不良反应发生率均为 8%，总不良反应发生率均为 77%，因严重不良反应导致治疗终止的发生率分别为 8% 和 6%。恶心和呕吐的发生率分别为 21%～22% 和 16%～17%；11%～13% 的患者出现便秘和发热；6%～7% 的患者出现低血压、失眠和水肿；1%～4% 的患者出现贫血、眩晕、腹泻、疱疹、头痛、尿潴留、继发性血肿、消化不良和心动过速等症状。

（2）利伐沙班：由于其药理学作用方式，利伐沙班可能会引起一些组织或器官的隐性或显性出血风险升高，可能导致出血后贫血。由于出血部位、程度或范围不同，出血的体征、症状和严重程度（包括可能的致死性结果）将有所差异。出血风险在特定的患者群中可能升高，例如没有控制的重度动脉高血压患者和（或）合并使用其他影响止血作用药物的患者。

治疗中出现的常见不良反应有肝功能异常、贫血、恶心；少见心动过速、血小板增多、头晕、头痛、晕厥、便秘、腹泻、消化不良、肾损害、皮肤瘙痒、皮疹、荨麻疹等。

2. 维生素 K 拮抗剂类口服抗凝药 华法林的不良反应如下。

（1）出血：抗凝治疗可增加患者出血性并发症的风险，因此在治疗前以及治疗过程中应注意对患者的出血风险进行评估，并确定相应的治疗方案。华法林导致出血事件的发生率因不同的治疗人群而异。例如在非瓣膜病房颤患者的前瞻性临床研究中，华法林的目标 INR 为 2～3 时严重出血的发生率为每年 1.4%～3.4%，颅内出血的发生率为 0.4%～0.8%。出血可以表现为轻微出血和严重出血，轻微出血包括鼻出血、牙龈出血、皮肤黏膜瘀斑、月经过多等；严重出血可表现为肉眼血尿、消化道出血，最严重的可发生颅内出血。房颤中抗凝和危险因素（ATRIA）研究中，房颤患者服用华法林颅内出血的年发生率为 0.58%，未抗凝治疗的患者为 0.32%。服用华法林患者的出血风险与抗凝强度有关，还与患者是否为初始用药还是长期抗凝以及是否监测凝血有关。此外，与患者相关的最重要的出血危险因素为出血病史、年龄、肿瘤、肝脏和肾脏功能不全、卒中、酗酒、合并用药尤其是抗血小板药物。目前有多种评估方法应用于临床，其中 HAS-BLED 评分系统被推荐用于房颤患者，评分为 0~2 分者属于出血低风险患者，评分≥3 分时提示患者的出血风险增高。值得注意的是，出血风险增高者发生血栓栓塞事件的风险往往也增高，这些患者接受抗凝治疗的获益可能更大。因此，只要患者具备抗凝治疗的适应证，仍应进行抗凝药物治疗，而不应将出血危险因素视为抗凝治疗的禁忌证。对于此类患者应注意筛查并纠正增加出血风险的可逆性因素，并需加强监测。服用华法林的患者，应该定期综合评估血栓栓塞风险和出血风险。

（2）非出血不良反应：除了出血外，华法林还有罕见的不良反应如急性血栓形成，可表现为皮肤坏死和肢体坏疽。通常在用药的第 3~8 天出现，可能与蛋白 C 和蛋白 S 缺乏有关。此外，华法林还能干扰骨蛋白的合成，导致骨质疏松和血管钙化。

（二）控制心率和节律的药物

1. 老年房颤患者长期治疗中常用的室率控制药物的不良反应

（1）β受体阻断药：表现为房室传导阻滞、窦性停搏、心衰、低血压。禁忌证为支气管哮喘、急性肺水肿、低血压（收缩压<90mmHg）、预激综合征经旁路前传伴房颤。注意合并左室射血分数下降或心衰患者的用药方法参照心力衰竭的治疗原则。

（2）非二氢吡啶类钙离子拮抗剂：表现为房室传导阻滞、窦性停搏、心衰、低血压。禁忌证为充血性心衰、心衰性休克、重度低血压（收缩压<90mmHg）、预激伴房颤、严重的心肌病、室性心动过速、急性心肌梗死。与β受体阻断药或洋地黄同用时应密切观察心率、血压、心功能变化。

（3）地高辛：表现为室性期前收缩、房室传导阻滞、阵发性或加速性交界性心动过速、阵发性房性心动过速伴房室传导阻滞、室性心动过速、室性停搏、心室颤动等。注意应动态监测血药浓度，注意药物间相互作用。

（4）胺碘酮：较其他抗心律失常药对心血管的不良反应少，表现主要有窦性心动过缓、窦性停搏或窦房阻滞、房室传导阻滞，偶有 Q-T 间期延长伴扭转型室性心动过速、低血压。注意心脏副作用与剂量相关，严重时可停药，用升压药、异丙肾上腺素、碳酸氢钠或起搏器治疗；室性心动过速时可用直流电转复；治疗不良反应需 5~10 天，停药后换其他抗心律失常药应注意相互作用；心室率<50 次/分时需减量或停用。疑有中毒时建议行血药浓度测定。

2. 常用房颤复律药物的不良反应

（1）胺碘酮：不良反应见上。注意以 5% 葡萄糖注射液稀释至 1~6mg/ml，>2mg/ml 时需经中心静脉给药；治疗期间密切监护，避免给药速度过快；转复时间相对较长；出现心动过缓时需减慢注射速度或停用。

（2）普罗帕酮：表现有一度房室传导阻滞、室内传导阻滞等。注意转复持续性房颤的效果有限；转复时间一般在用药后的 30~120 分钟；如出现窦房性或房室性高度传导阻滞时，可静脉注射乳酸钠、阿托品、异丙肾上腺素等解救。

（3）伊布利特：表现有多形性室速（危险因素有老年、女性、体质量低、心衰、Q-Tc 间期延长及心率慢）；低血压；缓慢型心律失常。注意用药后维持心电监护至少 4 小时，肝功能障碍者需适当延长，严格监测 Q-Tc 间期、12 导联心电图，直至 Q-Tc 间期恢复到基线水平；开放静脉通道,准备好抢救药物、除颤器和临时心脏起搏。转复时间约在用药后的 30 分钟。停药指征:转复窦性心律,收缩压<90mmHg,室率<50 次/分;二度以上的房室传导阻滞;持续性室速;Q-Tc 间期延长>60 毫秒;支气管痉挛;QRS 时限延长超过 50%;束支传导阻滞;其他严重影响患者健康的临床情况。血流动力学稳定的室速通过补钾、镁和异丙肾上腺素的治疗常能终止,血流动力学不稳定的室速应电复律,同时补钾、镁。原先应用 Ⅰa 或 Ⅲ类抗心律失常药物的患者在用药 5 个半衰期之后方能应用伊布利特,在应用伊布利特 4 小时后方能应用其他抗心律失常药。

3. 老年房颤患者常用的维持窦性心律药物的不良反应

(1)胺碘酮:见上。

(2)普罗帕酮:不良反应见上。注意 QRS 间期延长 25% 以上减量或停用;可使地高辛的血药浓度升高,建议减少地高辛的剂量并检测;降低胺碘酮的代谢速度,两者不宜合用;增加华法林的血药浓度,密切监测 INR 调整华法林的剂量。

(3)索他洛尔:表现有尖端扭转型室性心动过速;心动过缓;Q-T 间期延长;乏力;呼吸困难。清醒状态时心率<50 次/分、二或三度房室传导阻滞、病态窦房结综合征、心源性休克、未控制的心衰、Q-T 间期>450 毫秒、支气管哮喘、血钾<4mmol/L、内生肌酐清除率<40ml/min 禁用。注意起始治疗应在有监护和抢救条件的病房进行,每次给药心电监护 2~4 小时,每日查心电图。避免与能延长 Q-T 间期的药物合用,停用其他能影响 Q-T 间期的药物 2~3 个半衰期之后开始服用本药。长期服药期间需检测肾功能及 Q-T 间期,Q-T 间期>500 毫秒,减量维持在 520 毫秒以内。与钙拮抗剂合用应谨慎。心功能不全者在用洋地黄和(或)利尿药控制心功能不全之后方可用。高龄、心力衰竭患者要减量。

(4)β受体阻断药:不良反应、注意事项同上。

转为永久性房颤后,建议停用胺碘酮、普罗帕酮和索他洛尔,以减少不良反应的发生,如其他药物不理想或禁用,可继续服用胺碘酮用于室率控制。

四、用药依从性

加强对老年患者的用药教育,普及药品知识,是提高老年患者用药依从性的最好办法。

(一)健康教育

健康教育在提高患者的抗凝依从性方面起到至关重要的作用。临床药师应主动了解患者的心理和生理需求,采取有针对性的健康教育,使患者做到坚持服药、用药剂量准确、定期复查。使老年患者在接受过华法林钠抗凝健康教育,获得更全面的药物知识后,了解到严格遵医嘱的重要性和安全性,提高抗凝依从性。

(二)患者及家属教育

告知患者及家属房颤的危害、华法林钠的抗凝意义及影响华法林钠疗效的食物及药物因素。干预措施包括向住院患者发放疾病相关知识手册、病区定期进行讲座、病友现身说法等;对出院患者定期电话、书信或上门随访;组织病友间活动及建立相关疾病网络平台等方法,以促进患者维持健康的自我护理行为。

(三)服药指导

指导患者遵医嘱按时按量服药,不可擅自停药或更改服药剂量。如果服用华法林钠等药物期间因其他疾病就诊需服药时,及时提醒医师自己患有房颤及所服药物名称。

（四）建立抗凝管理体系，定期监测 INR 值

建立房颤患者的华法林钠抗凝随访门诊、建立完善的抗凝服务追踪体系是实现有效抗凝的方法之一，能够更好地提高房颤患者的华法林钠抗凝依从性。在美国，由抗凝药服务中心的药剂师通过电话对抗凝患者进行干预，患者的抗凝相关并发症发生率降低了 39%。专职临床药师负责的随访门诊可以缩短 INR 的达标时间并提高达标的稳定性。

（五）提高患者自我效能，促进患者自我管理

临床药师通过给予患者充分的培训可提高患者的依从性。在对患者进行健康教育的过程中，使患者重视自我效能对华法林钠抗凝依从性的促进作用，用通俗的语言向患者讲解服用华法林钠的重要性、副作用及其注意事项。通过言语劝说帮助患者正确分析服药依从性与 INR 值的关系，请依从性好的患者提供间接经验等方式来提高患者自我效能。

（六）加强医务人员对抗凝治疗的认识

病房应定期组织医务人员参加房颤知识的学习和讨论、参加国际专题会议等，通过多种途径获得最新的治疗进展。医务人员也应自己运用网络等方法学习最新的指南内容，获取房颤治疗的知识后，要正确给予房颤患者相应的抗凝治疗措施，普及华法林钠抗凝治疗的重要性和注意事项，使应用华法林钠抗凝治疗的患者得到规范化的指导。

（七）加强心理护理

临床药师应主动了解患者的需求，当出现不良反应时，应及时给予必要的解释以消除患者的恐惧心理，体贴关心患者，使其以最佳的状态接受治疗。临床药师应提高自身素质和服务质量，加强与患者的沟通，深入了解患者的心理问题，对促进其良好的依从性有重要意义。

房颤患者抗凝治疗的依从性不佳，主要原因是患者缺乏抗凝知识及治疗期间需频繁抽血监测 INR 使者很难坚持，自我效能差，同时担心发生出血的风险，给患者造成了沉重的心理负担。临床药师应采取有针对性的监护措施，做好健康教育，提高房颤患者对华法林钠的正确认识以及建立房颤患者抗凝治疗管理体系，提高房颤患者服用华法林钠抗凝的依从性，更好地提高房颤患者的治疗效果。此外，还应拓宽临床心理学、社会心理学、心理分析等方面的知识，提高临床药师心理干预的知识水平和综合质量，应用于患者的自我管理，从而更好地提高房颤患者对华法林钠抗凝的依从性。

第九节 用药指导

一、治疗药物用法

（一）控制心室率和节律药物的用法

1. 老年房颤患者控制室率常用药物的使用方法见表 6-8。

表 6-8 控制室率常用药物的使用方法[a]

		静脉制剂（急性期室率控制）	口服药物（长期控制心室率）
β受体阻断药[b]	酒石酸美托洛尔	N/A	6.25~100mg，2 次/天
	比索洛尔	N/A	1.25~10mg，1 次/天

续表

		静脉制剂(急性期室率控制)	口服药物 （长期控制心室率）
	阿替洛尔	N/A	3.125～25mg，1～2次/天
	艾司洛尔	0.25～0.5mg/kg 静脉注射 1 分钟。静脉滴注的维持剂量为 0.05mg/(kg·min)，最高静脉滴注剂量为 0.2mg/(kg·min)	N/A
非二氢吡啶类钙离子拮抗剂	维拉帕米	5～10mg 加入 5% 葡萄糖溶液 20ml 中缓慢静脉注射 3 分钟，效果不理想者 10 分钟后可重复上述给药 1 次	40～160mg，3～4 次/天
	地尔硫䓬	10mg(0.15～0.25mg/kg) 用生理盐水或葡萄糖注射液稀释成 10ml，缓慢静脉注射 3 分钟，效果不满意者 15 分钟后可重复；5～15μg/(kg·min)静脉滴注维持治疗	15～60mg，3～4 次/天
洋地黄类	地高辛	N/A	0.125～0.25mg，每日 1 次
	去乙酰毛花苷丙	0.2～0.4mg，5% 葡萄糖注射液稀释后缓慢静脉注射 10 分钟，2～4 小时后可重复上述给药 1 次	N/A
其他	胺碘酮	5mg/kg 稀释后静脉滴注 60 分钟，1mg/min 静脉滴注维持 6 小时后给 0.5mg/min 静脉滴注维持 18 小时	200mg，3 次/天，连续 3～7 天；200mg，2 次/天，连续 7 天；100～200mg，1 次/天，维持治疗

注：[a]老年患者常伴有肝、肾功能不全，请根据肝、肾功能对用药剂量进行相应调整；[b]合并心力衰竭的房颤患者服用 β 受体阻断药时建议按照心衰的治疗原则，即从小剂量开始，2 周剂量递增法给药；N/A：国内目前无药

2. 老年房颤患者常用的复律药物用法见表 6-9。

表 6-9 常用复律药物的使用方法

药物	适应证	用法用量
胺碘酮	器质性心脏病的首选	第 1 个 24 小时用药：5mg/kg 稀释后静脉滴注 60 分钟，1.0mg/min 维持 6 小时，0.5mg/min 维持 18 小时
普罗帕酮	无明显的器质性心脏病的房颤	2mg/kg 静脉注射 10～20 分钟
伊布利特	无器质性心脏病的房扑或房颤；持续时间<90 天的房颤	体质量>60kg：1mg；体质量<60kg：0.01mg/kg；静脉注射 10 分钟以上，心律失常停止后立即停药；无效者在间隔≥10 分钟后重复给药 1 次

3. 老年房颤患者常用的维持窦性心律药物的用法见表 6-10。

表 6-10 维持窦性心律常用药物的使用方法

药物	适应证	用法
胺碘酮	器质性心脏病首选,进行电复律的药物准备	200mg,3 次/天,连续 3～7 天;200mg,2 次/天,连续 7 天;100～200mg,1 次/天,维持治疗
普罗帕酮	无明显的器质性心脏病患者	150～300mg,3 次/天
索他洛尔	预防房颤复发	初始剂量为每次 80mg 口服,5～6 次后可增至每次 120mg,最大每次 160mg,每日 2 次(内生肌酐清除率＞60ml/min)或每日 1 次(内生肌酐清除率为 40～60ml/min)用药
β 受体阻断药	预防甲状腺功能亢进或运动诱发房颤患者的复发	见表 6-5

(二)抗凝药物的使用

1. 华法林

(1)华法林的初始剂量:每日 1 片(每片 2.5mg 或 3.0mg),起效时间为 2～4 天,5～7 天血药浓度达峰值;用药前测定基础 INR 值,用药后的第 3、6 和 9 天复查,根据 INR 调整华法林的剂量,若连续 2 次 INR 达 2.0～3.0(年龄≥75 岁者为 1.6～2.5),可每周测定 2 次,稳定 1～2 周后可每个月测 1 次。

为了减少过度抗凝的情况,通常不建议给予负荷剂量。治疗不紧急(如慢性房颤)而在门诊用药时,由于院外监测不方便,为保证安全性,也不建议给予负荷剂量。某些患者如老年、肝功能受损、充血性心力衰竭和出血高风险患者,初始剂量可适当降低。如果需要快速抗凝,如 VTE 急性期治疗,给予普通肝素或低分子量肝素与华法林重叠应用 5 天以上,即在给予肝素的第 1 天或第 2 天即给予华法林,并调整剂量,当 INR 达到目标范围并持续 2 天以上时,停用普通肝素或低分子量肝素。

(2)剂量调整:治疗过程中剂量调整应谨慎,频繁调整剂量会使 INR 波动。如果 INR 连续测得结果位于目标范围之外再开始调整剂量,1 次升高或降低可以不急于改变剂量而应寻找原因。华法林剂量调整的幅度较小时,可以采用计算每周剂量,比调整每日剂量更为精确。INR 如超过目标范围,可升高或降低原剂量的 5%～20%,调整剂量后注意加强监测。如 INR 一直稳定,偶尔波动且幅度不超过 INR 目标范围上、下 0.5,可不必调整剂量,酌情复查 INR(可数天或 1～2 周)。

2. 达比加群酯 成人的推荐剂量为每日口服 300mg,即每次 150mg,每日 2 次,应维持终身治疗。当肌酐清除率为 15～30ml/min 时推荐剂量为 75mg,2 次/天。

3. 利伐沙班 用于房颤患者降低脑卒中及全身性栓塞性疾病的风险,标准剂量为肌酐清除率＞50ml/min 的患者 20mg/d,肌酐清除率为 15～50ml/min 的患者 15mg/d,而肌酐清除率＜15ml/min 者不推荐使用。

4. 阿哌沙班 口服,5mg,每日 2 次。

5. 依度沙班 最新研究表明依度沙班高剂量组(60mg,1 次/天)较华法林有更好的效果,而出血风险相似;低剂量组(30mg,1 次/天)与华法林组有相同的效果,而出血风险更低。

二、老年用药教育

老年患者往往肝功能下降，且多合并有心力衰竭、肾功能不全、低体重、记忆力下降、痴呆的发病率上升而使得服药的依从性降低，有可能发生口服华法林过量的现象；咀嚼能力降低、维生素 K 的摄入量降低等也有可能造成老年患者对华法林相对敏感。所以老年心房颤动患者在进行治疗时，应当做好用药教育。

(一) 控制心室率治疗的用药教育

常使用洋地黄类药物和 β 受体阻断药。①洋地黄类药物可增强心肌收缩力、减慢心率、改善心功能。常用的洋地黄制剂为地高辛，为口服片剂。由于本类药物使用的安全窗很小，轻度中毒的剂量仅为有效治疗量的 2 倍，注意洋地黄的毒性反应，定期检测肾功能，测定血药浓度有助于洋地黄中毒的诊断。洋地黄毒性反应的表现有食欲缺乏、恶心、呕吐、烦躁、头痛、头晕、视物模糊、黄绿视等，如有应立即停用洋地黄并及时与医师取得联系。②β 受体阻断药可对抗交感神经激活，使心率减慢，心肌收缩力减弱，心肌耗氧量下降。首先从小剂量开始，逐渐增加剂量，适量长期维持；使用期间应观察心率和血压、勤测体重、防止体液潴留；糖尿病患者可能引起低血糖、乏力，应注意。心力衰竭、低血压、心动过缓、支气管痉挛性疾病、外周血管病患者禁用；长期使用如果停用本药应逐渐减量，以免发生交感神经亢进的停药反应。

(二) 抗凝治疗的用药教育

慢性房颤患者有较高的栓塞发生率，应终身抗凝。口服华法林必须做到如下几点：①每晚临睡前服用，不可与其他药同服。②遵医嘱定期检测凝血酶原时间国际标准化比值，以确保血药浓度到一个安全有效的水平。③注意观察有无出现皮肤、黏膜出血征象或突然出现胸闷、胸痛、呼吸困难、语音不清、一侧肢体不灵活等症状，如有应及时报告医师或来院就诊，复查 INR，及时调整抗凝药的剂量。④由于华法林的结构与维生素 K 相似，含维生素 K 丰富的食物可降低本药的作用，应少吃；食物中缺乏维生素 K 或使用广谱抗生素时可使本药的作用加强。⑤非甾体抗炎药可增强华法林的抗凝作用；维生素 K、苯巴比妥、甲丙氨酯、苯妥英钠、利福平、激素类药等可降低华法林的抗凝作用。以上药物如必须使用应勤查 INR以调整华法林的用量。⑥指导患者服药期间尽可能减少食用影响药物疗效的食物，如菠菜、生菜、白菜、豆油、猪肝、番茄等含维生素 K 较高的食物，应告知患者平衡饮食。此外，因患者大多合并器质性心脏病，应指导低盐、低脂饮食，少量多餐，保持大便通畅，预防便秘。控制干扰华法林作用的各种因素，忌烟、酒，部分药物干扰华法林的作用，要避免同时服用。⑦指导患者学会观察出血症状，加强自我保护和预防出血，避免各种外伤，如用软毛牙刷刷牙、常修剪指甲防止抓伤、谨防跌倒、避免侵入性检查治疗等。

第十节 不合理用药的常见表现及其处理

一、不合理用药的表现

(一) 合并用药不合理

药物相互作用常常使药物联用时发生疗效改变、不良反应增加等。如胺碘酮与普萘洛尔、维拉帕米等合用作用相加,可引起心率减慢,加重房室传导阻滞,严重时致心脏停搏。华法林与西咪替丁合用可降低华法林的代谢,延长华法林的半衰期,增加其血药浓度,增强华法林的抗凝血作用,易引起出血并发症。Ⅳ类钙拮抗剂维拉帕米在很多情况下与地高辛联合用药,可提高地高辛的血药浓度,增加地高辛的不良反应。因此联合用药时需要结合患者的病情,调整给药剂量,以免干扰治疗,加重病情。

(二)药品选择不合理

在心律失常的处理中,容易想到按其种类进行治疗,但在某些情况下,病因治疗特别重要。如肺源性心脏病时常见心律失常,但用抗心律失常药疗效不佳,若因疗效不满意而加大药的用量,则可致毒性反应。只有在控制肺部感染后,症状才易消失。

如有心衰的房颤患者应用非二氢吡啶类钙拮抗剂,失代偿的心衰并房颤患者静脉应用非二氢吡啶类钙拮抗剂会加重血流动力学障碍,不推荐使用。

(三)用药指征不明确

如房颤的治疗中不重视心房颤动的类型、心脏结构及有无器质性心脏病,全面评估前盲目进行复律或控制心室率,不依分类、发作特点的不同采取不同的干预措施,伴或不伴心力衰竭时心房颤动的治疗不区别对待。

(四)给药剂量不合理

老年人对药物的反应与成年人不同。老年人的生理功能和代偿适应能力逐渐衰退,对药物的代谢和排泄功能降低,药物耐受性较差,故用药剂量也应比成年人小。如老年妇女对肝素钠较敏感,用药期间容易出血,且可引起骨质疏松和自发性骨折,应减量并加强用药随访。

抗凝剂应用强度不足,多数未系统监测 INR,引起出血并发症,造成很多严重的并发症。即使通过频繁的监测,使用华法林的患者仍有 1/3 的时间以上不处于目前控制范围(INR 2.0～3.0)内,因此临床上急需开发出抗凝效果好且安全性更高的新型抗凝药。比如治疗窗口窄,停药率高,患者的用药依从性差,剂量反应的个体差异大,需要频繁血检监测INR,如果抗凝不足卒中的风险增加,如过度又会使出血风险增加,并且还容易受多种药物和食物的影响,从而导致临床上即使正确剂量也会出血现象;而且其半衰期长,起效还慢,出血风险也随年龄的增加而增大。最新的四大临床试验结果表明新型口服抗凝药物在抗凝效果以及出血风险上均优于华法林,但目前还未建立常规的监测方法,无特异性拮抗剂,难以评估和逆转,而且其他相关的毒副作用不明,同时对于尿毒症患者或者进行透析的患者目前FDA 不推荐使用。

(五)用药方案不合理

如使用口服胺碘酮对房颤患者进行复律时,没有根据胺碘酮在体内的分布特征进行治疗方案的合理制订,按照 0.2g 每日 3 次给予药物复律明显不符合胺碘酮的药动学特点。

(六)其他

执行方案不当是导致不合理用药的原因之一。某些抗心律失常药物如利多卡因、维拉帕米、地尔硫草、胺碘酮等,若需快速注射(bolus),一般以 5～10ml 液体稀释;有些药物不需稀释,如普罗帕酮等;还有些药物静脉注射后需立即注射 5～10ml 液体冲洗,如 ATP 等。另外 ATP 的半衰期为 0.5 分钟左右,推注速度要求几秒钟内完成,如下医嘱时不标注清楚极易造成护士操作出现不合理使用。其次,缺乏提升患者依从性的实质举措也是发生不合理用药的重要因素。如华法林等传统抗凝治疗药物的治疗窗较窄、需定期抽血监测国际标准化比率（INR）、饮食或合并用药不当可能对药物疗效产生明显的增减作用等，造成患者的依从性不佳，从而出现不合理用药。

二、不合理用药的判断

（一）是否符合老年患者的病理生理特点

1. 老年人群的生理特点　老年患者由于机体发生老化以及合并有功能障碍等，导致生理上表现出积累性、普遍性、渐进性和危害性，伴随着老年人的各种组织器官老化和衰退，上述表现属于不可逆性的，是人体衰老的必然结果。

2. 病理特点　老年患者在生理储备、生化功能与组织学上出现病理改变时，由于机体的敏感性降低，临床症状和体征表现常具有不典型、不明显、病情恶化突然等情况。

3. 心理特点　随着机体的器官功能渐进性衰退以及老年人以慢性疾病为主，病程较长，老年患者的心理状态发生了改变，多数伴有记忆功能的降低、抑制能力下降、感情容易波动、易怒、忧郁或者焦虑等孤僻性格。

治疗过程中若不根据老年患者特殊的病理生理特点来用药，则判定为不合理。

（二）是否符合老年患者的疾病特点

老年患者多数合并有慢性疾病，有的患者可能合并高血压、糖尿病、冠心病、慢阻肺等多种慢性病，因此接受多种药物治疗，用药具有长期性、多样性的特点，造成了药物对患者机体的影响较为复杂，药物的不良反应发生率较高。若未按不同病因考虑，在心律失常的处理中容易想到按其种类进行治疗，但在某些情况下，病因治疗特别重要。如肺源性心脏病时常见心律失常，但用抗心律失常药疗效不佳，若因疗效不满意而加大药的用量，则可致毒性反应。只有在控制肺部感染后，症状才易消失。按不同机制考虑用药在治疗心律失常时，判明其发生机制对运用药物很有价值。

（三）是否符合老年患者的治疗药物特点

药物相互作用在体内分为药效学及药动学两方面，所以可能相加而增强药物效用，也可能是相互抵消，甚至是相反结果而发生不良反应。如一种抗心律失常药物的作用可能不是单一的，索他洛尔既有肾上腺素受体阻断药（Ⅱ类）的作用，又能延长 Q-T 间期（Ⅲ类）；胺碘酮同时表现Ⅰ、Ⅱ、Ⅲ和Ⅳ类的作用；奎尼丁同时兼具Ⅰ、Ⅲ类的作用。若不根据药物的适应证用药，盲目地联合用药或重复给药则会导致药物不良反应加重，给患者的健康和经济造成双重损害。

三、不合理用药的处理

1. 用药个体化原则　以药效学变化规律为参考，个性化选药，动态化调整。选择个性化服药时间，更适合于那些临床指标变化特殊的患者。根据老年患者的具体病情进行综合分析，作出正确诊断，明确用药指征并制订合理的治疗方案，包括患者用药的选择、用药剂量、用药疗程及合适的给药途径。比如老年患者易并存肝、肾功能减退，药物的起始剂量和维持剂量较正常低；用药期间维持内环境稳定，尤其保持血钾及血镁水平正常。

2. 治疗优先原则　老年患者合并有躯体慢性疾病，但是当突发急性病症时要优先治疗急症，比如肺源性心脏病合并心律失常用抗心律失常药疗效不佳时，若因疗效不满意而加大药的用量,则可致毒性反应。只有在控制肺部感染后,症状才易消失。

3. 用药简单原则 老年患者虽然合并疾病较多,但是注意在用药过程中药物要少而精,避免不必要的重复用药和联合用药,既减轻了患者的经济负担,同时可以减少因药物相互作用而发生不良反应。多药物的联合使用应控制在 2～3 种最为适宜,在使用方式上应尽可能采取长效制剂药物,减少老年人容易忘记服药的弊端。

4. 用药减量原则 老年患者生理特性和药理特性的变化使得其对药物的敏感程度提高,药物的安全范围缩小,耐受性降低,因此除抗生素可以足量应用外,其他药物的剂量应酌情减量。

5. 饮食调节原则 老年患者由于机体长期处于病理状态,大多数缺乏蛋白质,饮食上需要多增加蛋白质摄入,对食物进行选择和搭配,尽可能多摄取维生素等,但是合并有糖尿病的患者应注意控制好饮食以确保降血糖药物的疗效。

6. 当药物不能满意控制心室率时,可采用经导管消融房室结,并植入永久性心脏起搏器来达到控制心室率的目的。

7. 抗心律失常的静脉用药要掌握"三点一线",严密观察患者的情况、心电监测情况、血压等生命体征变化情况,以及静脉给药的情况,包括浓度、速度和用药总量等。既要尽快纠正心律失常,又要规避药物不良反应。

8. 病情平稳后,要进一步规范用药,配合非药物疗法,有效预防心律失常,并科学评价后续治疗——药物、介入或外科手术等。半衰期短的药物静脉滴注的同时,要口服半衰期较长的药物,保证疗效平稳过渡。为避免血药浓度波动不平稳或者剂量与病情变化不匹配,需滴注的静脉用药最好不用半衰期较长的药物。有些急性心血管病在最初住院期,为便于尽快调整至合适的剂量,也可先用半衰期较短的口服药,待病情平稳后再换用长效药物。

9. 要掌握药物吸收、分布、代谢及排泄的规律性,结合患者的具体情况与治疗目标,才能更安全、有效地用药。半衰期较短的药物,应该每日多服几次(2～3 次或以上)。一般经过 5 个半衰期能消除 95% 的药物浓度,经过 7 个半衰期能消除 99% 的药物浓度。对于合并肝、肾功能不良者,应避免大量应用主要在相应器官代谢的药物。

10. 以药效学变化规律为参考,个性化选药,动态化调整。选择个性化服药时间,更适合于那些临床指标变化特殊的患者。例如某些房颤患者,在某个特定的时间段中发病较多,最好在其易发时间前加上药物吸收及其起效的时间,合理提前给药。

随着医学科学的发展,不少观点也在改变,用药的"合理性"与"不合理性"在不断变化。总之,临床医师要做到用药合理化,必须掌握疾病的规律和药物的规律,才能发挥药物的治疗作用,减免药物的副作用,更好地为临床服务。

第十一节 治疗的风险及其处理

一、治疗的风险事件

(一)用药差错

未明确诊断,未科学评估病情的危险程度、治疗的效/险和效/价比值,未在循证医学临床指南的指导下,未同时结合患者的意向性形成指南-医患之间的互动,制订与施行不合理的临床决策。

如当房颤合并预激综合征时,静脉应用β受体阻断药、洋地黄、钙拮抗剂、腺苷及利多卡因时,将减慢房室结的传导而加快房室旁路的前传,是为禁忌。

(二) 药物不良反应增加

1. 出血　高龄是房颤患者发生缺血性脑卒中的危险因素,同时也是应用华法林抗凝治疗出血的独立危险因素。出血并发症最常出现在治疗的前3个月内,严重出血的独立危险因素有年龄>65岁、脑卒中史、消化道出血史、肾功能不全(血肌酐>132.6μmol/L)和严重贫血(血细胞比容<30%)。无危险因素的患者(低危)12个月内大出血的发生率为1%,而危险因素≥3的高危患者出血发生率为30%。

2. 促心律失常　在现有的房颤治疗药物中,不论是Ⅰ与Ⅲ类,还是Ⅱ与Ⅳ类,或是洋地黄类;也不论是传统的,还是近年研发的,几乎所有药物在一定条件下均可发生致心律失常作用。

促心律失常作用的发生明显受整体心脏状况和肝、肾功能的影响,如奎尼丁引起的猝死是安慰剂的2～3倍,主要发生在心功能障碍患者,很少见于正常心脏。在肝衰竭时,扭转型室速也增加。Ⅰ类药在LVEF<35%和>35%的患者中促心律失常分别为43%和26%,所以Ⅰ类药不宜用于明显的心肌缺血和心功能障碍者。Ⅲ类药中索他洛尔的促心律失常随剂量上升,促心律失常多发生在开始用药的24～48小时,72小时后渐为减少。

3. 器官损害　碘为胺碘酮的主要成分之一,由于药物的脂溶性,使其具有显著的肺毒性、致甲状腺功能异常以及视力损害的不良反应。决奈达隆可能引起罕见但严重的肝脏损害。

4. 抗心律失常药决奈达隆增加死亡和严重的心血管事件风险　决奈达隆增加严重的心血管事件风险,包括永久性房颤(AF)患者使用时可能死亡。

(三) 无效

先天性华法林抵抗的患者对华法林不敏感,需要高出平均5～20倍的剂量才能达到抗凝疗效或无效。

二、治疗的风险因素

(一) 合并疾病多,用药种类繁杂

老年患者多数合并有慢性疾病,有的患者可能合并高血压、糖尿病、冠心病、慢阻肺等多种慢性病,因此接受多种药物治疗,用药具有长期性、多样性的特点,造成了药物对患者机体的影响较为复杂,药物不良反应发生率较高。

(二) 服药依从性差

老年患者的服药依从性指的是患者的服药行为同医嘱的遵从程度的情况。老年患者由于记忆力下降,注意力不集中,用药种类、服药次数复杂,容易发生多服、漏服以及误服的情况,而且患者心理状况的改变造成了其对医师的不信任,或者出现不良反应后拒绝服用药物,部分患者还会由于经济状况等因素无法坚持服药,此外部分老年人群的文化程度较低也是导致服药依从性降低的原因之一。

(三) 缺乏合理用药的知识

老年患者受到文化水平的限制以及年龄的影响常缺乏用药常识,存在着靠经验服药、滥用药物以及不合理用药的情况,用药的不安全因素增加,部分患者会表现出知识和行为互相分离的现象,患者了解了用药的常识,但是不具有正确的态度,而且心理上的原因会造成患者趋向于迷信"名药""贵药""洋药"等情况,希望用药物可以治愈某些疾病,认为药物用得越多、越贵就会对疾病的治疗效果越明显。

(四)药物的量效关系受遗传因素影响

达到同一 INR 水平,白种人和黄种人对华法林的耐受剂量明显不同,主要遗传因素包括:①华法林相关的药物基因多态性。国内外均有大量研究发现,编码细胞色素 CYP2C9 和维生素 K 氧化还原酶 C1 某些位点的多态性可导致对华法林的需求量减少,还可能与副作用增加有关。②华法林的先天性抵抗,先天性华法林抵抗的患者需要高出平均 5～20 倍的剂量才能达到抗凝疗效,可能与华法林和肝脏受体的亲和力不同有关。③凝血因子的基因突变。

(五)药物的量效关系受环境因素的影响

药物、饮食、各种疾病状态均可改变华法林的药动学,因此,服用华法林的患者在加用或停用任何药物包括中药时应加强监测 INR。S-华法林异构体比 R-华法林异构体的抗凝效率高 5 倍,因此干扰 S-华法林异构体代谢的因素更为重要。保泰松、磺吡酮、甲硝唑及磺胺甲氧嘧啶抑制 S-华法林异构体的代谢,均可明显增强华法林对凝血酶原时间的作用。而西咪替丁和奥美拉唑抑制 R-华法林异构体的清除,仅轻度增强华法林的作用。胺碘酮是 R 和 S 两种华法林异构体代谢清除的强抑制剂,可以增强华法林的抗凝作用。增强肝脏对华法林清除的药物有巴比妥、利福平、卡马西平,可抑制其抗凝作用。长期饮酒可增加华法林的清除。饮食中摄入的维生素 K 是长期服用华法林的患者的主要影响因素之一,应建议患者保持较为稳定的维生素 K 摄入量,发生明显变化时应该加强监测。服用华法林的患者应避免与非甾体消炎药同时服用,包括环氧合酶-2 选择性非甾体消炎药和某些抗生素。避免与抗血小板药物同时服用,除非获益大于出血危险,如急性冠状动脉综合征(ACS)患者或近期置入支架的患者。可以影响华法林作用的疾病包括长期腹泻或呕吐、乏氧状态、化疗、发热和甲状腺功能亢进等;最重要的是肝功能异常,慢性肾功能不全时华法林的剂量需求也会降低。

三、治疗风险的处理

(一)出血风险的预防

为了减少出血风险,预防老年房颤患者应用华法林抗凝治疗的出血事件,应重视以下几方面:①用药前要识别出血高危患者。高龄(≥75 岁)、未控制的高血压、心肌梗死或缺血性心脏病、脑血管病、贫血或出血史以及合用抗血小板药物,符合上述条件中的 3 项以上者就属于高危患者,其严重出血率达 5.4%～9.0%。②慎选高龄患者的 INR 范围。房颤抗凝治疗的 INR 目标值为 2.0～3.0,靶目标为 2.5;75 岁以上的老年人 INR 为 1.6～2.5;75 岁以上的患者 INR 为 1.6～2.0,中位数为 1.8;80 岁以上的老年人最佳 INR≤1.8。③用药开始的 2 周内需每周测定 2 次 INR,然后减少为每周 1 次,INR 稳定后改为每个月 1 次。要密切观察出血征象(尤其是用药后的 3 个月内),还要教育患者了解并尽量不用影响华法林疗效的食物和药物。对于无条件定期监测 INR 者,勿用华法林治疗。④合并冠心病的老年房颤患者的抗血栓治疗有 3 种方案:单用阿司匹林、单用华法林和阿司匹林联合华法林。年龄≤

75岁,不合并其他卒中高危风险者可单用阿司匹林(75～325mg/d),合并稳定型冠心病的老年房颤患者单用华法林(INR 1.5～2.5)能获得满意的抗栓效果。在急性冠状动脉综合征期间,必须应用抗凝与抗血小板药物,可根据患者的情况联用阿司匹林和华法林或再加用氯吡格雷,但须密切观察出血情况,病情稳定后可恢复华法林单用。接受经皮冠状动脉介入治疗(PCI)的老年房颤患者在术前要停用华法林,改用肝素或低分子量肝素加阿司匹林和(或)氯吡格雷,但术后应尽早恢复华法林加氯吡格雷治疗,至少用9～12个月。如病情稳定无冠状动脉事件发生,此后可长期单用华法林。药物洗脱支架(DES)术后,出血风险高者也可用阿司匹林＋氯吡格雷,预防卒中的疗效优于各自单用,但不如华法林。⑤医师在应用华法林前给患者做VKORC1和CYP2C9基因型测定,以便更好地选择华法林的初始剂量;计算机(PARMA5、ADWAC)推算的华法林剂量与医师经验选择的剂量相比,可提高INR达标率及减少静脉血栓事件。⑥注意与华法林有明显相互作用的药物。

(二)严重出血的处理

严重出血或INR明显升高,需急诊手术时应快速逆转抗凝作用,除停服华法林外,立即给予维生素 K_1 2.5～5.0mg口服或缓慢静脉注射,6小时左右可终止抗凝作用,并依据情况的紧急程度补充新鲜冷冻血浆和(或)凝血酶原浓缩物,必要时根据INR重复使用,每12小时给1次维生素 K_1 。凝血障碍者静脉注射凝血酶原浓缩物、Ⅶa浓缩物可在15分钟左右使INR恢复正常,

(三)INR异常升高或出血情况需采取的措施

INR＞3.0～4.5(无出血并发症),适当降低华法林的剂量(5%～20%)或停服1次,1～2天后复查INR,当INR恢复到目标值以内后调整华法林的剂量并重新开始治疗;或加强监测INR是否能恢复到治疗水平,同时寻找可能使INR升高的因素。4.5＜INR＜10.0(无出血并发症),停用华法林,肌内注射维生素 K_1 (1.0～2.5mg),6～12小时后复查INR,INR＜3后重新以小剂量的华法林开始治疗。INR≥10.0(无出血并发症),停用华法林,肌内注射维生素 K_1 (5mg),6～12小时后复查INR,INR＜3后重新以小剂量的华法林开始治疗。若患者具有出血高危因素,可考虑输注新鲜冷冻血浆、凝血酶原浓缩物或重组凝血因子Ⅶa。

(四)避免抗心律失常药物致心律失常作用的措施

1. 应及时了解抗心律失常药物的心脏药理特性、相关的临床随机试验结论及其对临床的启示,学习和掌握抗心律失常药物治疗的最新指南,严格掌握抗心律失常治疗的适应证。

2. 应积极纠正或改善抗心律失常药物的应用环境,如改善心脏功能与心肌缺血、纠正电解质紊乱及改善肝肾功能等,减少这些不良临床因素所诱发的致心律失常作用。

3. 如确定使用抗心律失常药物,应从小剂量开始,逐渐增加剂量,联合使用时应扬长避短、趋利避弊、合理配伍,同时应做好密切的临床观察,有条件者可行Holter监测,及时发现致心律失常作用。

4. 由于ⅠA与Ⅲ类药物引起的尖端扭转型室速常有Q-T间期延长,故监测用药过程中的Q-Tc或运动试验的Q-Tc有助于预防其致心律失常作用,一般Q-Tc延长25%即为停药指征。但监测Q-Tc是否有助于避免胺碘酮的致心律失常作用尚不明确。

一旦发现或高度怀疑抗心律失常药物发生了致心律失常作用,首先应立即停药观察。如果是室性期前收缩恶化为非持续性或持续性室速,停药后一般会自行消失;对于停药后仍

不消失且无 Q-T 间期延长者,必要时可考虑尝试利多卡因或胺碘酮。若是尖端扭转型室速或连续发作性室速伴有血流动力学障碍者,应实施电复律并及时纠正可能存在的低钾血症。针对尖端扭转型室速的药物选择,应特别避免选用延长 Q-T 间期的任何药物。此外,还可采用药物(异丙肾上腺素)或起搏方法提高心率、静脉应用硫酸镁等方法控制扭转室速。洋地黄中毒引起的快速型心律失常通常不宜用电复律,而应以补充钾盐、苯妥英钠或利多卡因或特异性地高辛 Fab 片段治疗,若发生了室颤则有电复律指征。对于缓慢型心律失常,可给予阿托品或异丙肾上腺素,必要时应行临时心脏起搏治疗。

(五)华法林的替代治疗

若口服华法林无效或效果差者可考虑服用新型口服抗凝药物,在抗凝效果以及出血风险上新型口服抗凝药物均优于华法林,但目前还未建立常规的监测方法,无特异性拮抗剂,难以评估和逆转。

根据现有的循证医学证据,新型口服抗凝药有望成为除华法林外用于预防房颤患者脑卒中的另一种选择,但是仍需要大量的临床研究进一步明确其疗效/风险、监测拮抗的方法以及毒副作用。

第十二节 老年房颤治疗中的常见药学问题

一、房颤复律的药物选择

药物复律主要用于新近发生的阵发性房颤和部分持续性房颤,特别是 48 小时以内的阵发性房颤。多项临床研究发现,Ⅰ和Ⅲ类抗心律失常药物均可以有效复律。ⅠA 类药物如奎尼丁、普鲁卡因胺及氟卡尼等虽然 2006 年 ACC/AHA 房颤指南有推荐,但目前临床很少应用;ⅠC 类药物指南推荐普罗帕酮,对新近发生的房颤转复效果较好,而对持续数天的房颤作用有效,该药因有负性肌力作用,不能用于心功能不全、房室传导阻滞及左室肥厚患者;Ⅲ类药物指南推荐胺碘酮、多非利特、伊布利特,其中胺碘酮对新发房颤的复律效果低于ⅠC 类药物,但是对于持续 1 周以上的房颤效果优于ⅠC 类药物,用于器质性心脏病和心功能不全患者相对安全。伊布利特和多非利特对于发作时间超过 1 周以上的房颤复律效果良好,对于心房扑动的转复好于房颤。新近在欧美上市的决奈达隆 2006 年指南没有推荐,但目前临床研究显示该药的不良反应较胺碘酮少,疗效优于胺碘酮。对于症状不明显的房颤患者也可口服抗心律失常药物进行心律转复,如年轻人无器质性心脏病患者可用普罗帕酮;老年人或有器质性心脏病患者用胺碘酮或多非利特。电复律前应用胺碘酮、氟卡尼、普罗帕酮可以增加电复律的成功率并预防房颤复发。

二、房颤复律的抗凝治疗

房颤持续时间<48 小时,复律前不允许抗凝,复律后遵照卒中风险进行抗栓治疗;房颤持续时间>48 小时或房颤持续时间未知时,传统的抗凝方案是复律前 3 周、复律后 4 周应用华法林,并将 INR 维持在 2.0~3.0;房颤持续时间>48 小时,需要紧急房颤转复时,经食管超声检查未发现血栓,在复律前静脉注射或持续滴注普通肝素,检测 APTT 为正常值的 1.5~2.0 倍即可转复,且复律后口服华法林,在 INR 达到 2.0~3.0 时停用肝素,并继续用华法林4周;如果经食管超声检查发现有血栓,则按传统常规进行华法林抗凝治疗,并在下次复律前进行食管超声检查。低分子量肝素在房颤复律期间的应用价值目前尚缺乏足够的证据。房颤复律后长期的抗栓策略应根据其卒中风险进行选择。

三、特殊人群的房颤抗凝治疗

1. 围术期抗栓治疗　围术期存在有出血风险的患者,术前停用华法林,停用时间<1周的患者不需应用肝素替代。但是对于机械瓣置换术后及血栓栓塞的高危者或停用华法林>1周的患者,需应用普通肝素或低分子量肝素替代治疗。术前6小时、术后12小时以后恢复用肝素。

2. 冠心病房颤患者的抗凝治疗　心脏介入治疗术前应停用华法林,以避免引起穿刺部位出血,这时可以用阿司匹林,但是在术后应尽早恢复应用华法林。

3. 妊娠合并房颤的抗凝治疗　孕妇处于高凝状态,尤其对机械瓣置换术后及血栓栓塞的高危患者,进行抗凝治疗更为重要。华法林可通过胎盘,妊娠头3个月用药有较高的致畸率(15%~25%)。肝素不通过胎盘,对胎儿无致畸作用,在妊娠期可替代华法林抗凝,临产时可停用,若无出血现象,产后6小时后可恢复使用。孕期应用抗凝药物必须做好监测,定期进行超声检查,并密切观察有无出血并发症。

4. 急性脑卒中的房颤患者的抗凝治疗　急性脑卒中的房颤患者在开始抗凝治疗前应行头颅CT或MRI除外脑出血的可能性。如无出血征象,可在3~4周后开始抗血栓治疗;如有出血征象则禁用抗凝治疗。如脑梗死面积较大,抗凝治疗开始的时间应进一步延迟。在短暂性脑缺血发作的患者,头颅CT或MRI除外新发脑梗死或脑出血后,应尽早给予华法林抗凝治疗。

附:典型案例
房颤患者使用胺碘酮复律发生不良反应

一、病史资料

患者杨某某,女,71岁,158cm,48kg,BMI 19.23kg/m^2。因"胸闷、心悸2年,胸痛1天"入院。2年前确诊为病态窦房结综合征(慢快型)伴完全性右束支传导阻滞。1年前发现空腹血糖升高。10天前出现脑梗死。1天前出现胸骨中、下段压榨样疼痛伴濒死感,心电图显示ST段抬高,肌钙蛋白及心肌酶谱全面升高,诊断为"冠心病 急性ST段抬高型心肌梗死(前壁)泵衰Ⅱ级"。药师经询问患者,得知其长期规律口服阿司匹林和氯吡格雷抗血小板治疗,近期相继发生脑梗死和心肌梗死,建议将氯吡格雷换成替格瑞洛,同时检测CYP2C19基因型。本次治疗方案:阿司匹林和替格瑞洛(90mg bid)抗血小板聚集、抗凝、扩血管、阿托伐他汀调脂(40mg qn)、美托洛尔控制心室率(12.5mg bid)、地高辛强心(0.125mg qd)及氢氯噻嗪利尿(12.5mg qd)等治疗。治疗2周患者病情平稳后成功安置起搏器,围术期停用替格瑞洛7天。术后第1天,心电图显示阵发房颤心律,给予口服胺碘酮0.2g tid复律,医师将阿托伐他汀40mg改为20mg qn调脂。药师建议将阿托伐他汀换成瑞舒伐他汀,检测CYP3A4基因型,家属拒绝。用药第4天,加用替格瑞洛90mg bid抗血小板聚集。用药第1~5天Q-T间期逐渐延长,因患者为房颤心律,采用"识别最短和最长的R-R间期,计算各自情况下的Q-Tc间期,取两者平均值"的方法计算Q-Tc最长达490毫秒,未达到停药指征,药师建议加强 Q-Tc 监测。用药第 6 天,胺碘酮减量为 0.2g bid,患者仍是阵发性房颤心律,换用美托洛尔缓释片 23.75mg qd 控制心室率。用药第 9 天,患者诉心前区不适感,心电监护示短阵室速,室性期前收缩二联律 R-on-T,即刻心电图提示 Q-Tc 延长至 540 毫秒,发生 TdP。立即停用胺碘酮并持续监护 Q-Tc 间期;立即静脉推注硫酸镁 2.5g 缩短 Q-Tc 间期,然后给予镁极化液缓慢静脉滴注;调节起搏心率至 80 次/分;急查血钾 3.6mmol/L。经上述抢救患者的 Q-Tc 逐渐缩短为 480 毫秒,心率为 102 次/分,房颤心律。经镁极化液治疗 5 天后,血钾恢复至 4.5mmol/L,Q-Tc 下降至 470 毫秒,病情好转,择期行支架植入术。

二、Q-T 间期延长的病因分析

1. 胺碘酮蓄积引起 Q-T 间期延长　胺碘酮的药动学特点是半衰期长,起效慢,并且有蓄积作用,长期服用因蓄积可导致 Q-Tc 延长和窦性心动过缓。胺碘酮近乎完全通过肝脏代谢,CYP3A4 是其主要代谢酶,CYP3A4 被抑制或诱导将影响其使用的安全性和有效性。阿托伐他汀是前体药,需经肝脏 CYP3A4 代谢为活性代谢物起作用,替格瑞洛主要通过 CYP3A4 代谢失活,两者均竞争胺碘酮代谢酶 CYP3A4,可能是导致胺碘酮蓄积的主要原因。本例口服胺碘酮用法合理,累积用量 4.6g 即出现 Q-Tc 间期延长和 TdP,而患者住院期间肝功能正常,因此不考虑肝功能异常引起 CYP3A4 代谢酶合成障碍,表明存在竞争代谢使得胺碘酮蓄积。另外,基因表达类型的不同也会对药物的代谢产生明显的影响。编码 CYP3A4 的基因如果出现 DNA 甲基化将使其表达降低,从而抑制胺碘酮的正常代谢而导致药物蓄积,因此 CYP3A4 基因多态性检测可为了解胺碘酮的代谢提供有力支持。但该患者拒绝检测 CYP3A4 基因型,未能得知其代谢基因型。

2. 危险因素促发 Q-T 间期延长　胺碘酮引发 TdP 多有诱因,如低血钾、心动过缓等心脏疾病或与其他可延长 Q-T 间期的药物合用等。患者近期 4 次检测血钾水平偏低(4.06、3.90、3.63 和 3.6mmol/L),均未达到心肌梗死患者不低于 4.5mmol/L 的要求,TdP 发作时血钾接近低限。加之服用的氢氯噻嗪可引起低血钾,口服补钾治疗的同时血钾水平仍然较低。因此认为低血钾是本例患者胺碘酮导致 Q-T 间期延长的主要诱因。另外,该患者为老年女性,发生 TdP 的危险高于男性或年轻患者(<65 岁);加之有心肌缺血、心肌梗死和心衰,其心脏的病理生理改变可引起心肌复极异常,这些将加重 Q-T 间期延长而促发 TdP。

三、临床药师的作用

1. 考虑氯吡格雷疗效不佳,建议进行 CYP2C19 基因型分析,换成替格瑞洛。患者长期服用阿司匹林和氯吡格雷抗血小板治疗,仍发生心肌梗死和脑梗死,提示氯吡格雷的临床疗效不佳,该患者可能是 CYP2C19 慢代谢型或存在氯吡格雷抵抗现象,药师建议对 CYP2C19 进行基因型分析,但患者家属拒绝。故建议换用替格瑞洛,替格瑞洛不是前药,不需经 CYP2C19 代谢而直接发挥作用。此外,阿托伐他汀和氯吡格雷是前体药,均需经肝脏 CYP3A4 代谢为活性代谢物起作用。两药联用在疗效上有无相互影响仍存在争议,但可能加重肝脏负担或增加肌病发生风险,也支持停用氯吡格雷。医师采纳药师的建议。

2. 启用胺碘酮时,建议将阿托伐他汀换成瑞舒伐他汀并检测 CYP3A4 基因型。胺碘酮和替格瑞洛经 CYP3A4 代谢失活,而阿托伐他汀要经 CYP3A4 代谢成活性物质起效,后两药均可导致胺碘酮代谢障碍而蓄积。替格瑞洛是患者必须应用的药物,故考虑将阿托伐他汀换成瑞舒伐他汀来降低胺碘酮蓄积的风险,因为瑞舒伐他汀基本不经肝脏代谢,药物相互作用少。医师采取将阿托伐他汀的剂量减半,此方案并没有从实质上解决问题。CYP3A4

是多种药物的代谢酶,从基因类型判断 CYP3A4 的功能将对调整药物治疗方案有重要意义。

3. 参与胺碘酮的药学监护。胺碘酮是已知可诱发 TdP 的药物,有监测 Q-T 间期的指征。药师建议在治疗开始之前实施 ECG 和血清钾检查;治疗期间推荐监测氨基转移酶和 ECG;如果发现 Q-Tc 延长,应进行跟踪监测,直到 Q-Tc 恢复正常。美国心脏协会/美国心脏病学会 2010 年发表的院内获得性 LQTS 防治建议中,推荐 Q-Tc 的正常值男性为 470 毫秒、女性为 480 毫秒。不论女性或男性,Q-Tc>500 毫秒都属于明显的异常,需停药。本例患者胺碘酮治疗的第 5 天 Q-Tc 间期延长至 490 毫秒,无停药指征,建议加强 Q-Tc 监测。由于疏忽 Q-Tc 的跟踪监测,用药第 9 天发作 TdP 时 Q-Tc 已达到 540 毫秒。住院期间多次检测血钾水平偏低,口服补钾效果不佳,发作 TdP 时血钾为 3.6mmol/L。药师分析,如果发现 Q-Tc 延长及时补钾、补镁并提高起搏心率,将可能避免不良反应的发生,这可能与医务人员对胺碘酮的不良反应认识不足有关。对于心肌梗死患者早期给予镁极化液稳定心电活动,对于预防恶性室性心律失常非常重要,同时可避免低血钾的发生,积极消除诱因很关键。

4. 药师询问患者病史和家族史了解潜在基因异常。基因突变所致的亚临床遗传性 LQTS 是药物性 LQTS 的重要危险因素之一。该患者发生药物获得性 LQTS 后,药师仔细询问患者个人史和家族史,得知患者及其一级亲属未发生过不明原因的晕厥或过早猝死,考虑遗传性 LQTS 的可能性小。否则需建议对所有的一级亲属进行 12 导联心电图检查,并应考虑进行先天性 LQTS 的基因检测。

5. 患者教育。药师告知患者避免使用导致 Q-T 间期延长并诱发 TdP 的药物,并告知其他相关的药物和潜在的药物相互作用的信息。

四、小结

本例患者存在严重的心肌缺血是 TdP 发生的基础;低血钾是其主要危险因素;联合用药竞争 CYP3A4 代谢酶导致胺碘酮蓄积是 TdP 发生的直接原因;临床发现 Q-Tc 延长后未及时给予补钾、补镁等处理,疏忽 Q-Tc 的跟踪监测,最终导致 TdP 发生不可避免。临床药师建议,需提高医务人员对胺碘酮不良反应的认识;应重视胺碘酮与其他药物的相互作用;早期识别和处理易感患者的易感因素很关键;使用胺碘酮时需加强 Q-Tc 监测,掌握 LQTS 的急救方法。

（童荣生　李　刚）

参 考 文 献

[1] Chugh SS, Havmoeller R, Narayanan K, et al. Worldwide epidemiology of atrial fibrillation: a Global Burden of Disease 2010 Study[J]. Circulation, 2014, 129: 837.

[2] Camm AJ, Kirchhof P, Lip GY, et al. Guidelines for the management of atrial fibrillation: the Task Force for the Management of Atrial Fibrillation of the European Society of Cardiology (ESC)[J]. Eur Heart J, 2010, 31(19): 2369-429.

[3]《老年人心房颤动诊治中国专家建议》写作组,中华医学会老年医学分会,《中华老年医学杂志》编辑委员会. 老年人心房颤动诊治中国专家建议[J]. 中华老年医学杂志,2011,30(11):894-908.

[4] 中华医学会心血管病学分会,中国老年学会心脑血管病专业委员会,中国生物医学工程学心律分会.

心房颤动抗凝治疗中国专家共识[J]. 中华内科杂志,2012,51(11):916-921.

[5] 刘梅林. 老年心血管病学[M]. 北京:人民军医出版社,2011.

[6] 郑立文,刘晨,文应峰,等. 华法林对老年非瓣膜房颤抗凝疗效及安全性评价[J]. 中国老年学杂志, 2011,3(14):2739-2740.

[7] 中华医学会心血管病学分会,中国老年学学会心脑血管病专业委员会. 华法林抗凝治疗的中国专家共识[J]. 中华内科杂志,2013,1(52):76-82.

[8] Carom AJ,Kirchhof P,Lip GY,et al. Guidelines for the management of atrial fibrillation:The Task Force for the Management of Atrial Fibrillation of the European Society of Cardiology(ESC)[J]. Eur Heart J,2010,31(1):2369.

[9] 左惠娟,苏江莲,林运,等. 住院心房颤动患者抗凝治疗依从性及疾病管理需求分析[J]. 中华医学杂志, 2010,90(32):2246-2249.

[10] Connolly SJ,Eikelboom J,Joyner C,et al. Apixaban in patients with atrial fibrillation[J]. N Eng J Med,2011,364(9):806-817.

[11] 吴岩峰,丁红,刘庆萍,等. 基因指导下的抗凝治疗[J]. 中国卒中杂志,2014,4(9):304-308.

[12] Prince Kannankeril,Dan M. Roden,Dawood Darbar. Drug-Induced Long QT Syndrome[J]. Pharmacol Rev,2010,62(4):760-781.

第七章

老年心力衰竭

第一节 定义和流行病学

一、定义

心力衰竭(简称心衰)是一种复杂的临床综合征,是由于心脏的收缩功能和(或)舒张功能发生障碍,不能将静脉回心血量充分排出心脏,导致静脉系统血液淤积,动脉系统血液灌注不足,从而引起心脏循环障碍综合征。此种综合征集中表现为肺瘀血、腔静脉瘀血。根据心脏的收缩射血功能,将其分为收缩性心衰、舒张性心衰及混合性心衰,临床以收缩性心衰常见。

二、流行病学

心衰患者中以老年人最为多见,美国一项社区研究表明,美国的 500 万心衰患者有 80％是老年人。虽然老年与心衰有着密切联系,但老年心衰还未被大规模研究。而老年心衰的临床表现及治疗具有其特殊性,临床医师对此应有高度的重视。

心衰是心血管疾病的终末期表现和最主要的死因,已成为 21 世纪心血管领域的两大挑战之一。而随着老龄化社会的日趋加速,老年心衰的发病率将会逐步上升。欧洲心脏病学会近年来通过对 51 个国家的统计发现,在约 10 亿人群中至少 1500 万例为心衰患者,而在老年人群中其发病率高达 10％～20％。我国多个省市的心血管人群监测也显示心衰的患病率随年龄增长而升高,35～44 岁、45～54 岁、55～64 岁和 65～74 岁年龄组的发病率分别为 0.4％、1.0％、1.3％和 1.3％。

心衰可导致老年人频繁住院,生活质量下降,寿命减少。收缩性心衰的 5 年平均死亡率将近 50％,舒张性心衰的 5 年平均死亡率较收缩性心衰稍有降低。无论是收缩性心衰还是舒张性心衰,在≥65 岁的患者中其预后均较差。尽管在过去的 20 年中心衰的总体生存率有所提高,但在老年患者中的改善并不明显。

第二节 病因和发病机制

一、病因

西方国家多项研究表明,冠心病、高血压、糖尿病为心衰的主要原因。在我国,老年人引起心衰的最主要的原因是冠心病,其次为高血压心脏病和肺源性心脏病。随着年龄的增长,钙化性心脏瓣膜病也是引起高龄老年人心衰的重要原因。其他如胃肠道功能减退所致的贫血、增龄引起的动脉硬化累及肾脏而导致的慢性肾脏功能不全、慢性阻塞性肺气肿、肺栓塞等均可引起老年心衰。研究表明,在老年心衰中,同时患有两种或两种以上的疾病者高达65%,以冠心病伴肺源性心脏病和高血压心脏病最为多见。

二、发病机制

老年心衰的诱因与其他年龄段的心衰大致相同,常以感染、急性心肌缺血、快速型心律失常多见。

1. 感染 以呼吸道感染为其主要诱因,这主要与老年人支气管平滑肌和腺体萎缩、肺气肿和肺泡纤维化、肺活量减少等有关;其他系统感染次之。

2. 心肌缺血 心绞痛或无痛性心肌缺血、心内膜下或小面积心肌梗死均可诱发心衰。老年人由于冠状动脉储备能力低下,心肌缺血时极易发生心肌收缩力下降从而引起心衰。

3. 心律失常 各种心律失常皆可诱发心衰,但以快速型心律失常为常见,可使心肌耗氧量增加,心排血量减少,心功能受损。

4. 情绪变化 老年患者的反应迟钝,活动受限,易产生抑郁、孤独、悲观、失望等精神情绪变化,也可以成为心衰的诱因。

5. 药物影响 老年患者多病共存,常同时合用多种药物,其中的某些药物或它们之间的相互作用也会影响心功能,如β受体阻断药、非二氢吡啶类钙通道阻滞药、抗心律失常、抗肿瘤药物等具有负性肌力作用的药物。雌激素、皮质激素、非甾体抗炎药可引起水钠潴留而诱发或加重心衰。

6. 其他 随着老年人各项身体功能的减退,心脏储备功能下降,自主调节能力衰退,对成年人影响不大的负荷即可诱发老年人心衰,如排便、排尿困难,气候变化,输液速度过快等。老年人新发心衰时也应考虑是否存在甲状腺功能异常。

第三节 病理和病理生理

随着年龄的增长,老年人的动脉、毛细血管发生硬化,心脏本身也产生退行性改变:心室壁僵硬、心肌顺应性及收缩力下降、窦房结功能下降、内皮细胞功能下降、线粒体 ATP 产生减少、对 β 肾上腺素的反应降低、心脏储备能力减退,进而致心排血量逐渐下降。正常成年人 30 岁后每增长 1 岁,心排血量将减少 1%。无心衰的老年人心脏指数为 2.85L/(min·m²)±0.11L/(min·m²),轻度心衰为 2.34L/(min·m²)±0.06L/(min·m²),重度心衰为 2.07L/(min·m²)±0.09L/(min·m²)。但心脏超声检查显示 40%～80% 的老年心衰患者具有正常或接近正常的射血分数。

老年患者心衰多表现为左室舒张功能障碍、顺应性下降。舒张性心衰的心肌细胞直径增加,肌纤维密度增高,具有较大的被动张力,其对钙离子及胶原纤维的敏感性也相应增加。研究证实,虽然此时心室的充盈压呈增高趋势,但其舒张功能及顺应性是降低的。

老年人随增龄出现呼吸功能减退、肺瘀血、肺通气及换气功能异常、低心排血量等原因容易出现低氧血症。心脏传导系统亦发生退行性改变,心衰时心率可以不增快,即使在运动和发热等负荷情况下,心率增快也不明显。增龄渐次发生的系统动脉硬化累及肾动脉,肾小球滤过率降低,加之心衰所致的低排血量和低氧血症可进一步加重肾功能障碍,致使水钠潴留及电解质、酸碱失衡,最终导致心肾联合受损,即心肾综合征。2010年发表的专家共识表明心脏和肾脏其中一个器官的急性或慢性功能障碍可能导致另一个器官的急性或慢性功能损害。

总之,老年人心衰的病理生理特点较为复杂,主要还是低心排血量、低氧血症造成重要脏器的供血、供氧能力显著降低,导致肺、肝、肾等脏器功能发生障碍,其中以心肾综合征最为常见。

第四节 临床表现和辅助检查

一、临床表现

(一)症状

一些老年人由于消极的精神状态或存在运动障碍性疾病(如脑血管病后遗症、关节病等)以及视力减退等原因,日常活动量减少,心衰症状往往不典型。

1. 呼吸系统 老年人的肺血管发生代偿性变化,典型的呼吸困难较少,重症肺水肿所致的粉红色泡沫痰也少见,多表现为咳嗽、咳痰、气促。

2. 心血管系统 老年人心衰有时以心律失常或夜间心绞痛为首发症状。

3. 消化系统 心衰所致的胃肠道瘀血与低氧血症可表现为食欲缺乏、上腹胀痛不适、恶心、呕吐等消化道症状,严重时会出现上消化道出血。

4. 神经系统 疲乏无力或头晕常是老年人心衰最初出现的症状,加重时可出现各种神经及精神症状。

5. 肾脏系统 伴随肾功能减退及心功能本身的改变,老年人心衰可最先表现为水肿、少尿与夜尿增多。心衰时有效循环血流量不足,肾血流量减少,肾小球滤过率降低,水钠潴留,同时体静脉压增高,组织液会吸收减少,故而出现水肿、少尿;卧床休息后静脉回流增多及肾血流量相对增加,水肿亦部分被吸收,夜尿增加。

(二)体征

老年人心衰时体征多变,其特征易被并存疾病所掩盖,临床中以肺部啰音、直立性低血压、水肿、第三心音(S_3)或第四心音(S_4)、舒张期奔马律最为多见。

二、辅助检查

1. 生物学标志物

(1)B型钠尿肽(BNP)和N末端B型钠尿肽(NT-proBNP)(Ⅰ,A):单纯舒张功能不全时,NT-proBNP的平均水平随着心功能的减退而增高。NT-proBNP诊断不同年龄组心衰的参考值见表7-1。

(2)肌钙蛋白(cTn)(Ⅰ,A):临床用于诊断急性心肌梗死,同时也可以对心衰危险做进一步分层。

表 7-1 **NT-proBNP 诊断不同年龄组心衰的参考值**

心力衰竭		NT-proBNP
无		$<300pg/ml$
有	年龄<50 岁	$>450pg/ml$
	年龄 50~75 岁	$>900pg/ml$
	年龄>75 岁	$>1800pg/ml$

(3)ST2(Ⅱa,B):可溶性 ST2 增加与心衰程度呈正相关,并与心脏重塑有关,在急、慢性心衰研究中是 BNP、NT-proBNP 等的有力补充。

(4)甲状旁腺素(PTH):可作为预测总体心衰和非缺血性心衰的标记物。

(5)其他如半乳糖凝集素-3、肾上腺髓质素、髓过氧化物酶等标记物在心衰诊断和评估预后方面的作用尚在探索中。

2. 胸片(Ⅱa,C) 胸片对轻度心衰伴肺部疾病的诊断价值有限。

3. 超声心动图 心衰时超声心动图也根据心衰的类型不同而表现不一。

4. 心电图 心衰时心电图有时表现为 PtfV1 阳性:心电图 V_1 导联 P 波终末电势,又称 Morris 指数。

5. 其他 心脏磁共振(CMR)、冠状动脉造影、核素心室造影及核素心肌灌注和(或)代谢显像、负荷超声心动图、经食管超声心动图、心肌活检等。

第五节 诊断和鉴别诊断

一、诊断

老年心衰因其多种疾病并存以及症状缓和且不典型,诊断大多相对滞后。详细询问病史并对患者进行更为仔细的体格检查以明确是否存在心衰,如缺少心衰的体征,则需进一步的实验室检查提供证据。心力衰竭的诊断评估见表 7-2。

表 7-2 **心力衰竭的诊断评估**

Ⅰ级

全血细胞计数

血生化检查:电解质、肌酐、尿素氮、空腹血糖、钙、镁、肝功能、血脂

促甲状腺激素(TSH)

尿常规

胸片、心电图、超声心动图

心绞痛和明显的心肌缺血者进行心导管和冠状动脉造影,除非患者不能耐受

Ⅱ级

血清铁、铁蛋白

抗核抗体、类风湿因子

如有怀疑,可进行人类免疫缺陷病毒、淀粉样变性、嗜铬细胞瘤的相关检查

筛选呼吸睡眠紊乱

评估准备进行血供重建的心肌缺血患者不能解释的心力衰竭

所有进行冠状动脉造影的患者可能或很可能存在心肌缺血时则是潜在的血供重建患者

诊断不明而影响治疗时应进行心内膜心肌活检

Ⅲ级

常规检查血液循环中的神经激素水平,如去甲肾上腺素

常规信号平均心电图检查

心内膜心肌活检作为心力衰竭患者的常规检查

注:Ⅰ级评估法适用于多数心力衰竭患者;Ⅱ级评估法适用于一些患者,目前仍存争议;Ⅲ级评估法为非常规,对一些患者可能有害无益(摘自 Hunt SA, et al. ACC/AHA 2005 guideline update for the diagnosis and management of chronic heart failure in the adult-summary article.)

表 7-2 中的内容应用于成年人心衰的诊疗,多数条款适用于老年心衰,但应用过程中应考虑导致心衰的潜在危险因素、共存疾病、心脏和非心脏功能损伤程度及患者本人的意愿。

二、鉴别诊断

如何正确区分收缩性和舒张性心力衰竭在老年心衰的诊疗中至关重要。当临床症状、体征不能区分两者时,可通过上述影像学检查评估左心室功能,其中超声心动图因其无创且价格相对低廉广为应用于老年心衰的诊断,它同时也可以提供心脏收缩和舒张功能、评估心室大小、室壁厚度、室壁运动、瓣膜功能和心包疾病。冠状动脉造影也是评估左心室功能的好方法,但因老年人多病共存,需做个体化评估。放射性核素血管造影可提供精确的左心室功能、心腔大小及瓣膜反流情况。磁共振所提供的信息与其相似,但使用较少且费用较高。

第六节 治疗总体安排

目前心衰治疗的新观念为早期干预、积极预防、防治结合。此观念针对多种疾病共存的老年人尤其适用。老年人心衰的病因复杂,必须通过各种检查手段探明多种病因及其主要矛盾所在,尽早施治,祛除各种诱发因素,如控制感染,纠正贫血或营养不良,改善心肌缺血,降低心脏前后负荷,纠正水、电解质紊乱及酸碱失衡等。其次需加强支持疗法,给予合理的饮食、护理(包括医院及家庭护理)对老年心衰的治疗会起到积极作用。

一、休息

老年心衰的治疗多主张限制运动,使精神和体力得到充分调整。休息可减少身体所需要的血流量,增加肾血流和冠状动脉血供,有利于静脉血回流和增强心肌收缩力,改善心肌功能。心力衰竭Ⅱ级的患者应严格限制体力活动,心力衰竭Ⅲ级应卧床休息。但并不主张长期卧床,否则对患者的恢复和预后不利,且容易导致骨质疏松、静脉血栓等并发症。

二、饮食

宜进食清淡、易消化、低热量和低胆固醇的食物,还应注意补充多种维生素。心衰时胃

肠道瘀血致使肠道菌群利用食物生成 B 族维生素减少,因此更应注重 B 族维生素的补充。血浆蛋白低下者的蛋白摄取量≥1.0~1.5g/(kg·d)。限制钠盐摄入量有助于减轻心脏负荷,老年人心衰时的每天摄入总量应限制在 2g 以下。

三、镇静药物的应用

焦虑和烦躁时可适当使用镇静药物以保证充分休息。

四、骨骼肌锻炼

心力衰竭患者适度的骨骼肌锻炼可增加骨骼肌的氧合能力,提高患者的自主生活能力。

五、液体摄入量

心衰患者的液体摄入量须限制在 1.5L/d。但因治疗中应用利尿药物等,则应根据进食量、尿量、肾功能、电解质等多方面适度调整液体量。

六、其他

心力衰竭患者均要戒烟,严重心力衰竭患者禁止饮酒。氧疗是心力衰竭时十分必要的治疗措施,但应适度,重度充血性心力衰竭过度氧疗可使血流动力学恶化。提倡接种抗流感和抗肺炎球菌感染疫苗来减少感染机会,目前国内虽有共识,但尚未推广普及。

第七节 药物治疗方案

老年心衰患者往往合并多脏器功能异常,其疾病复杂多变,治疗用药种类繁多,故选择药物应时刻将安全放在首位,选择不增加死亡率及心肌耗氧量、较少引起心律失常及血压过低和电解质紊乱(如低血钾、低血镁、稀释性低钠血症等)的治疗措施。

图 7-1 为中国心衰指南 2014 推荐的慢性收缩性心衰药物治疗路径。

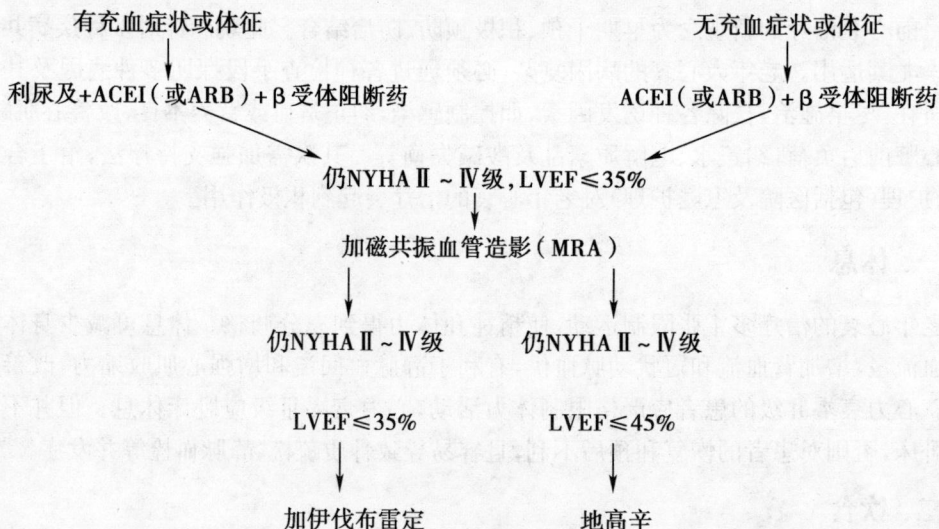

有充血症状或体征　　　　　　　　　　无充血症状或体征

利尿及+ACEI(或ARB)+β受体阻断药　　　　ACEI(或ARB)+β受体阻断药

仍NYHA Ⅱ～Ⅳ级,LVEF≤35%

加磁共振血管造影(MRA)

仍NYHA Ⅱ～Ⅳ级　　　　　　仍NYHA Ⅱ～Ⅳ级

LVEF≤35%　　　　　　　　LVEF≤45%

加伊伐布雷定　　　　　　　　地高辛

图 7-1　中国心衰指南 2014 推荐的慢性收缩性心衰药物治疗路径

一、利尿药（Ⅰ,C）

利尿药可迅速缓解心衰症状。它通过抑制肾小管特定部位钠或氯的重吸收,减轻心衰时的水钠潴留、减少血容量、减轻周围组织及内脏水肿、减轻心脏前负荷及肺瘀血。利尿后钠的大量排出使血管壁张力降低,减轻后负荷,增加心排血量从而改善左室功能。适用于有体液潴留证据的所有心衰患者。一般由小剂量起始,逐渐增加剂量直至尿量增加,以体重每天减轻 0.5～1.0kg 为宜。一旦症状缓解、病情稳定,即以最小剂量长期维持(单用利尿药治疗不能维持长期临床稳定)。每天的体重变化是最可靠的监测利尿药效果和调整利尿药剂量的指标。

临床常用的利尿药见表 7-3。

表 7-3 临床常用的利尿药

药物	作用部位/机制	起始剂量	日最大剂量	日常用剂量
袢利尿药				
呋塞米	髓袢升支厚壁段:抑制 Na^+-K^+-$2Cl^-$ 转运	20～40mg,1 次/天	120～160mg	20～80mg
布美他尼	同上	0.5～1mg,1 次/天	6～8mg	1～4mg
托拉塞米	髓袢升支粗段:抑制 Na^+-K^+-$2Cl^-$ 转运	10mg,1 次/天	100mg	10～40mg
噻嗪类利尿药				
氢氯噻嗪	远曲小管:抑制 NaCl 共转运	12.5～25mg,1～2 次/天	100mg	25～50mg
美托拉宗	同上	2.5mg,1 次/天	20mg	2.5～10mg
保钾利尿药				
螺内酯	集合管:醛固酮拮抗剂	20～40mg,1 次/天	120mg	20～100mg
阿米洛利	集合管:抑制 Na^+ 重吸收	2.5mg[1]/5mg[2],1 次/天	20mg	5～10mg[1]/10～20mg[2]
氨苯蝶啶	同上	25mg[1]/50mg[2],1 次/天	200mg	100mg[1]/200mg[2]
血管加压素 V_2 受体拮抗剂				
托伐普坦	2 型加压素受体拮抗剂	7.5～15mg,1 次/天	60mg	7.5～30mg

注:[1],与 ACEI 类或 ARB 类合用时的剂量;[2],不与 ACEI 类或 ARB 类合用时的剂量

二、血管紧张素转化酶抑制剂（ACEI）（Ⅰ,A）

ACEI 是被证实能降低心衰患者病死率的一类药物,也是循证医学证据最多的药物。该类药物通过抑制 ACE 减少血管紧张素Ⅱ生成而抑制 RAAS;并抑制缓激肽降解而增强缓激肽活性及缓激肽介导的前列腺素生成,使血管扩张,改善血流动力学;同时可减低心衰时神经-体液代偿机制的不利影响,改善心室重塑。

1. 适应证　所有心衰患者均需应用,包括无症状性心衰,除非有禁忌证或不能耐受。

2. 禁忌证 血管神经性水肿及对 ACEI 过敏者应禁用。具备以下情况需慎用:双侧肾动脉狭窄,血肌酐>265.2μmol/L(3mg/dl),血钾>5.5mmol/L,伴症状性低血压(收缩压<90mmHg),左心室流出道梗阻(如主动脉瓣狭窄、梗阻性肥厚型心肌病)等。

3. 使用方法 尽早使用,从小剂量开始,逐渐递增,直至达到最大耐受量或靶剂量,一般每隔1～2周剂量倍增1次。开始服用药物后的1～2周内查肾功能、电解质,后定期复查,长期维持,终身用药。

4. 注意事项及不良反应 老年心衰的使用剂量及疗程需个体化,调整到合适剂量应终身维持使用,用药过程中密切监测血压,以免血压过低影响重要组织器官的血流灌注。避免同时使用保钾利尿药,若必须合用,应监测血钾及肾功能,如肌酐升高>30%则减量,如持续升高则停用。常见的不良反应有低血压、肾功能恶化、高钾血症(与血管紧张素Ⅱ抑制有关)、咳嗽、血管性水肿(与缓激肽积聚有关)。

临床常用的 ACEI 及剂量见表 7-4。

表 7-4 临床常用的 ACEI 及剂量

药物	起始剂量	目标剂量
卡托普利	6.25mg,3 次/天	25～50mg,3 次/天
依那普利	2.5mg,2 次/天	10mg,2 次/天
福辛普利	5～10mg,1 次/天	40mg,1 次/天
赖诺普利	2.5～5mg,1 次/天	20～40mg,1 次/天
喹那普利	10mg,2 次/天	40mg,2 次/天
雷米普利	1.25～2.5mg,1 次/天	10mg,1 次/天
培哚普利	2mg,1 次/天	4～8mg,1 次/天
贝那普利	2.5mg,1 次/天	10～20mg,1 次/天
西拉普利	0.5mg,1 次/天	1～2.5mg,1 次/天

三、β 受体阻断药(Ⅰ,A)

心衰时慢性肾上腺素能系统的激活对心肌细胞的损伤介导心室重塑、心肌 β 受体下调、心肌收缩和舒张期张力增高、耗氧量增加和舒张功能受损。β 受体阻断药可减轻儿茶酚胺对心肌的毒性作用,使 β 受体信号转导通路上调,增加心肌收缩力,改善舒张功能,减少心肌细胞 Ca^{2+} 内流,降低心肌耗氧量和代谢,减慢心率和控制心律失常,防止、减缓和逆转肾上腺素能介导的心室重塑和内源性心肌细胞收缩功能异常。

1. 适应证 伴 LVEF 下降的无症状性心衰患者,无论有无心肌梗死均可应用。有症状或曾有症状的 NYHA Ⅱ～Ⅲ级、LVEF 下降、病情稳定的慢性心衰必须终身应用,除非有禁忌证或不能耐受。NYHA Ⅳ级的心衰患者在严密监护和专科医师的指导下也可应用。伴二度及二度以上的房室传导阻滞、活动性哮喘和反应性呼吸道疾病者禁用。

2. 禁忌证 支气管痉挛性疾病、严重的心动过缓、二度及二度以上的房室传导阻滞、严重的周围血管性疾病和重度急性心衰。合并有喘息性支气管炎、重度肺气肿、心脏传导障碍及重度心力衰竭的患者应慎用或禁用 β 受体阻断药,原则上 β 受体阻断药不与维拉帕米合用。

3. 使用方法 在充分使用 ACEI、利尿药及洋地黄类药物控制心衰以及血流动力学稳定的基础上,待患者体重恒定时从小剂量开始使用(一般为目标剂量的 1/8),每 1～4 周增加剂量,直至达最大耐受量或靶剂量。在注意以上要素的基础上,初始用药仍可出现心衰加重,这多因其对肾血流的影响导致水肿加重所致,此时如使用利尿药好转,则可继续使用 β 受体阻断药,长期使用 3 个月左右以后血流动力学可明显好转。

4. 注意事项及不良反应 用药早期出现轻微的不良反应(如心动过缓、轻度体液潴留)一般不需要停药,可延迟增加药量的时间直至不良反应消失。起始剂量如引起体液潴留,应加大利尿药的用量,直至恢复治疗前的体重后再继续增量。在起始剂量或增加剂量的 24～48 小时内可能出现低血压,通常无症状,可自行消失。此时应考虑停用影响血压的药物,如血管扩张剂、利尿药、ACEI 等。如出现低血压伴低灌注症状,则应减量或停用 β 受体阻断药。用药期间如有心衰加重,应加大利尿药的剂量。如考虑心衰加重与使用或加量 β 受体阻断药有关,则暂时减量或退回前一个剂量;如无关,则无需停用。用药期间应定期监测心电图,如出现心动过缓或房室传导阻滞(如心率下降至 55 次/分以下,或伴有眩晕等症状,或有二或三度房室传导阻滞)应减量甚至停用。对于不能耐受 β 受体阻断药的患者,可以使用其他减慢心率的药物以达到改善心功能和心衰死亡率。对于不能耐受或使用后心率仍大于 70 次/分者,可加用伊伐布雷定(降低心率的同时能改善心衰患者的终点事件发生率)控制心室率。

临床常用的 β 受体阻断药及剂量见表 7-5。

表 7-5　临床常用的 β 受体阻断药及剂量

药物	初始剂量	目标剂量
琥珀酸美托洛尔	11.875～23.75mg,1 次/天	142.4～190.0mg,1 次/天
比索洛尔	1.25mg,1 次/天	10mg,1 次/天
卡维他洛	3.125～6.25mg,2 次/天	25～50mg,2 次/天
酒石酸美托洛尔	6.25mg,2～3 次/天	50mg,2～3 次/天

四、醛固酮受体拮抗剂(Ⅰ,A)

醛固酮在心肌细胞外基质重塑中起重要作用,衰竭心脏的心室醛固酮生成及活化增加,且与心衰的严重程度成正比。应用 ACEI 可降低醛固酮水平,但长期应用的心衰患者常出现"醛固酮逃逸"现象,即醛固酮水平不能保持稳定持续的降低,而醛固酮受体拮抗剂有阻断醛固酮的作用,故两者合用抑制醛固酮的不良作用。单独使用醛固酮受体阻断药时即可使 NYHA Ⅱ～Ⅳ级心衰患者和梗死后心衰患者显著获益,亦可降低心衰心脏性猝死率。常用药物有螺内酯、依普利酮。

1. 适应证 LVEF≤35%、NYHA Ⅱ～Ⅳ级的患者;已应用 ACEI 类或 ARB 类药物和 β 受体阻断药治疗,仍持续有症状者(Ⅰ,A);AMI 后、LVEF≤40%、有心衰症状或既往有糖尿病的患者(Ⅰ,B)。

2. 使用方法 小剂量起始,逐渐加量,尤其是螺内酯,不推荐大剂量使用。

3. 注意事项及不良反应 高钾血症（血钾＞5.0mmol/L）、肾功能受损［血肌酐＞221μmol/L(2.5mg/dl)］或肾小球滤过率（eGFR）＜30ml/(min·1.73m²)时不宜使用。使用时应监测血钾及肾功能，如血钾或(和)血肌酐升高，应视病情减量或停用。避免同时使用非甾体抗炎药物和环氧化酶-2抑制剂，特别是老年人。使用螺内酯可引起男性乳腺增生，具有可逆性，停药后消失。依普利酮的临床试验局限于相对年轻的心肌梗死后心衰患者，相关结果也显示在＞65岁的老年人中获益不大，因此要小心谨慎使用，尤其是肾功能不全时。

常用的醛固酮受体拮抗剂及剂量见表7-6。

表7-6 常用的醛固酮受体拮抗剂及剂量

药物	初始剂量	目标剂量
依普利酮	12.5mg，1次/天	25～50mg，1次/天
螺内酯	10～20mg，1次/天	20mg，1次/天

五、血管紧张素Ⅱ受体拮抗剂（ARB）（Ⅰ，A）

血管紧张素Ⅱ受体拮抗剂与经ACE和非ACE途径产生的AngⅡ和AngⅡ的1型受体（AT₁R）结合，从而阻断和改善因AT₁R过度兴奋导致的不良反应，如血管收缩、水钠潴留、组织增生、胶原沉淀、促进细胞坏死和凋亡等，这些因素均在心衰的发生、发展中起作用。ARB还可以通过加强AngⅡ与AngⅡ的2型受体的结合发挥作用。因此，理论上其阻断AⅡ的作用更完全。临床试验证明，ARB治疗心衰有效，但其效应是否相当或优于ACEI尚未定论，因此在心衰的治疗中仍不宜以ARB取代ACEI。

1. 适应证 用于不能耐受ACEI类药物、咳嗽反应和血管性水肿的患者，也可以用于经利尿药、ACEI、β受体阻断药治疗后症状改善不满意，且不能耐受醛固酮受体拮抗剂的有症状的心衰患者。

2. 使用方法 小剂量起始，逐步增量至目标剂量或可耐受的最大剂量。ARB可以和ACEI合用。

3. 注意事项及不良反应 与ACEI相似，可引起低血压、肾功能不全、高钾血症等，使用时应监测血压（包括不同体位的血压）、肾功能、血钾等。与ACEI不同的是不良反应少，极少数患者出现血管性水肿。

常用的ARB及剂量见表7-7。

表7-7 常用的ARB及剂量

药物	起始剂量	目标剂量
坎地沙坦	4mg，1次/天	32mg，1次/天
缬沙坦	20～40mg，1次/天	80～160mg，2次/天
氯沙坦	25mg，1次/天	100～150mg，1次/天
厄贝沙坦	75mg，1次/天	300mg，1次/天
替米沙坦	40mg，1次/天	80mg，1次/天
奥美沙坦	10mg，1次/天	20～40mg，1次/天

注：坎地沙坦、缬沙坦、氯沙坦已有临床试验证实可降低心衰患者的病死率

六、地高辛（Ⅱa,B）

地高辛是治疗心衰的传统药物,用于临床已有 200 多年的历史。其通过抑制 Na^+,K^+-ATP 酶,使细胞内的 Na^+ 升高、K^+ 降低,促进 Na^+-Ca^{2+} 交换,使相应细胞内的 Ca^{2+} 升高,增强心肌收缩力,提高左心室射血分数,降低肺毛细血管楔压。此外,地高辛可直接抑制肾小管对钠的重吸收,并间接提高肾脏灌注,使肾功能得到改善。目前认为地高辛用于心衰的治疗最主要是其对多种神经内分泌激素的影响。它通过抑制迷走神经传入神经纤维细胞的 Na^+,K^+-ATP 酶,增加迷走神经张力,抑制交感神经活性,提高颈动脉窦压力感受器的敏感度,进一步降低交感神经活性和肾素-血管紧张素-醛固酮系统活性,使周围血管扩张,外周阻力下降,减轻醛固酮的水钠潴留。同时降低窦房结自律性,减慢窦性心律,减慢房室结传导速度,延长房室有效不应期,从而减慢房扑、房颤时的心室率。

1. 适应证　适用于中、重度以收缩功能不全为主,尤其是伴有心脏扩大、窦速或室上性快速型心律失常的心衰患者。对慢性充血性心力衰竭已使用利尿药、ACEI 或 ARB、β 受体阻断药和醛固酮受体拮抗剂,左室射血分数≤45％,心衰症状仍不能缓解者同样适用。对伴心房颤动而心室率快者疗效更好。

2. 使用方法　起始即给予维持量 $0.125\sim0.25mg/d$,约 5 个半衰期(5～7 天)后可达稳态血药浓度,如病情较重者,可先使用速效静脉制剂,即去乙酰毛花苷注射液 $0.2\sim0.4mg$ 稀释后静脉缓慢推注,使用后 10 分钟起效,0.5～2 小时达峰,间隔 4～6 小时可重复给药,此后持续口服地高辛。老年人或肾功能受损者宜使用小剂量,$0.125mg/d$ 或 $0.125mg/$隔天,并与利尿药、ACEI 或 β 受体阻断药合用,临床上更应针对心、肾功能情况采取个体化用药。

3. 注意事项及不良反应　已使用地高辛者不宜轻易停用。心功能 NYHA Ⅰ级者不宜使用地高辛。肥厚型心肌病无心衰症状者首选 β 受体阻断药,合并房颤伴有心衰时可适量使用地高辛。对心包缩窄所致的心衰无效。肺源性心脏病伴快速房颤或感染已控制而心衰症状未纠正时慎用。高度房室传导阻滞者禁用,或在安装人工心脏起搏器时使用。急性心肌梗死发生后的 24 小时内慎用。临床应用应注意地高辛与其他药物的相互作用,如地高辛与胺碘酮、硝苯地平等合用可增高其药物浓度,故使用时地高辛宜减半。与阿卡波糖合用时使地高辛的吸收减少,同时阿卡波糖可吸附地高辛,从而影响其吸收。硝普钠能促进地高辛在肾小管的分泌,使其药物浓度下降。红霉素可阻断地高辛被肠内细菌代谢为无强心作用的物质。质子泵抑制剂通过升高胃内 pH,抑制胃酸对地高辛的破坏,使地高辛的生物利用度增加。铝制剂通过提高胃内 pH,减少地高辛的吸收。促进胃肠动力药可减少地高辛在小肠上端的吸收。当心衰患者存在低钾、低镁、高钙、酸中毒、心肌缺氧、肾功能减退、严重的心肌病变、甲状腺功能低下及老龄、低体重时,即使血清地高辛浓度正常($0.5\sim2.0\mu g/ml$),使用时也可中毒,此种情况下初始剂量可减为每天或隔天 0.125mg,药物浓度可维持在 $0.5\sim1.0mg/ml$。

七、奈西利肽（脑利钠肽）（Ⅱa,B）

奈西利肽是重组人脑利钠肽,可直接扩张静脉和动脉,特别是冠状动脉,从而降低前后负荷,且无正性肌力作用。同时它还可以通过扩张入球小动脉,收缩出球小动脉,增加肾小球滤过率,减少远段和近段肾小管钠的回收,产生利尿、排钠作用。此外,奈西利肽有改善神经内分泌的功能,抑制 RAAS 和交感神经系统活性,使去甲肾上腺素水平下降,抑制肾素活性和醛固酮水平。

1. 适应证 适用于容量负荷过重和(或)中心静脉压升高的急性代偿性心衰患者,不适用于低心排血量患者,用药安全,但不能改善预后。

2. 使用方法 最常使用的推荐剂量为静脉注射 $2\mu g/kg$ 的负荷量,其后以 0.01 或 $0.0075\mu g/(kg \cdot min)$ 持续泵入,一般不超过 48～72 小时;也可以静脉注射 $1\mu g/kg$ 的负荷量,其后从 $0.005\mu g/(kg \cdot min)$ 起始静脉滴注,最大剂量为 $0.03\mu g/(kg \cdot min)$。奈西利肽对血清钠、钾均无明显影响,对肾功能不全者无需调整剂量。VMAC 研究表明奈西利肽的起始剂量超过 $0.01\mu g/(kg \cdot min)$ 可引起血肌酐升高,但不增加急性肾衰竭和透析。

3. 注意事项及不良反应 一般情况下耐受性良好,低血压是最常见的不良反应,且呈剂量依赖性,因此使用过程中需监测血压,如出现低血压,应及时减少剂量或停药。心源性休克和收缩压<90mmHg 者禁用。心脏低充盈压、瓣膜狭窄、限制型心肌病、梗阻性心肌病、心脏压塞、缩窄性心包炎禁用。奈西利肽慎与其他药物共用一条静脉通路。

八、伊伐布雷定

伊伐布雷定可特异性地抑制心脏窦房结起搏电流,降低窦房结发放冲动的频率,从而减慢心率。因心率下降,舒张期延长,冠状动脉血流量增加,从而改善心绞痛及心肌缺血。其效应呈剂量依赖性。

1. 适应证 适用于窦性心律的充血性心力衰竭者,使用 ACEI 或 ARB、β 受体阻断药、醛固酮受体拮抗剂已达到推荐剂量或最大耐受量,心率仍≥70 次/分,并持续存在心衰(NYHA Ⅱ～Ⅳ级)症状者。不能耐受 β 受体阻断药,心率≥70 次/分的有心衰症状者也适用。

2. 使用方法 起始剂量为 2.5mg,每日 2 次;根据心率调整剂量,最大剂量为 7.5mg,每日 2 次。患者静息状态下的心率控制在 60 次/分左右,不宜低于 55 次/分。

3. 注意事项及不良反应 不良反应少见,如出现心动过缓、光幻症、视物模糊、心悸、胃肠道反应时,应警惕不良反应。

九、其他药物

1. 血管扩张剂 直接作用的血管扩张剂(如硝酸酯类、盐酸类衍生物、硝普钠)或 α 受体阻断药因其可降低心脏前后负荷,多用于心衰的治疗,A-HeFT 试验曾提出硝酸酯类和肼屈嗪合用可能对非洲裔美国人有益。

2. 米力农 适用于对洋地黄、利尿剂、血管扩张剂治疗无效或效果欠佳的各种原因引起的急、慢性顽固性充血性心力衰竭。血压正常、无低灌注征象的急性心衰患者禁用。因 OPTIME-CHF 研究表明米力农可增加不良反应事件及病死率,故临床应用尚有争议。

3. 钙通道阻滞药 大多数钙通道阻滞药应避免用于慢性充血性心力衰竭者,特别是短效的二氢吡啶类以及具有负性肌力作用的非二氢吡啶类。因该类药物不能改善心衰症状和活动耐量,短期应用可致肺水肿和心源性休克,长期应用可加重心功能恶化,增加死亡率。但对心衰合并高血压或心绞痛,其他药物不能控制而需使用钙通道阻滞药时,首选氨氯地平或非洛地平,因研究证明两者长期使用虽不能提高生存率,但安全性好。

4. 能量代谢药物 因心衰患者长期使用利尿药可导致维生素及微量元素缺乏,从而引起心肌细胞能量代谢障碍而加重心衰,因此部分改善心肌能量代谢的药物如曲美他嗪、左卡尼汀、辅酶 Q_{10} 等应用于临床,但仍缺乏循证医学证据。近年国内外冠心病指南中推荐使用此类药物,所以心衰伴有冠心病的患者考虑使用。

5. 抗凝和抗血小板药物 慢性心衰时出现血栓栓塞的风险较低,故一般不需常规抗凝或抗血小板治疗。单纯性扩张型心肌病患者伴心衰时,如无其他适应证,不需加用阿司匹林。如心衰患者伴其他系统基础疾病或伴血栓栓塞高危因素,可根据情况加用抗血小板和(或)抗凝药。

6. 肾素抑制剂 血浆肾素活性是动脉粥样硬化、糖尿病和心力衰竭等患者发生心血管事件和预测死亡率的独立危险因素之一。此类药物如雷米吉仑、依那吉仑等特异性肾素抗体以及肽类肾素拮抗剂,因其口服生物利用度低、作用时间短、费用高等缺点未能应用于临床。新一代口服非肽类肾素抑制剂阿利吉仑通过直接抑制肾素降低血浆肾素活性,并能阻断噻嗪类利尿药、ACEI、ARB 类药物所致的肾素堆积,有效降压且对心率无明显影响,但目前不推荐用于 ACEI、ARB 类药物的替代。

7. 他汀类药物 他汀类药物在冠心病一和二级预防中的作用得到肯定,但在心衰中的治疗价值尚不明确,2 项试验研究也仅为中性结果。有研究表明,心衰时使用他汀类药物可引起不利作用:因血清脂蛋白是天然的、非特异性的内毒素缓冲剂,因此心衰时较高的胆固醇水平是有益的;他汀类药物可减少辅酶 Q_{10} 合成,后者为线粒体氧化呼吸链的基本组成,从而恶化心肌功能;他汀类药物可以通过干扰甲羟戊酸通路,减少含硒蛋白质的表达,易诱发肌病综合征。目前不推荐他汀类药物用于治疗心衰,但可用于基础疾病为冠心病者。

8. 不推荐使用的药物 噻唑烷二酮类(格列酮类)降血糖药可致心衰加重,并增加心衰患者住院风险。非甾体抗炎药和环氧化酶-2 抑制剂可致水钠潴留、肾功能损伤加重、心衰加重,故以上药物不推荐使用。

(王 超 王 林)

第八节 药学监护与信息反馈

一、观察疗效

(一) 治疗效果的评估

1. NYHA 心功能分级 可用来评价心衰治疗后症状的变化。

2. 6 分钟步行试验 可作为评估运动耐力和劳力性症状的客观指标,或评价药物治疗效果。

3. 超声心动图 LVEF 和各心腔大小的改变可为评价治疗效果提供客观指标。

4. 利钠肽测定 动态测定能否用来指导心衰的治疗尚有争论,临床研究的结果也不一致。中等质量的证据显示利钠肽指导治疗可以降低<75 岁患者的病死率、降低中期(9~15 个月)心衰住院风险,故可作为评价治疗效果的一种辅助方法(Ⅱa 类,B 级)。虽然利钠肽

在治疗过程中下降则病死率和住院率风险均下降,但需注意某些晚期心衰患者的利钠肽水平可能正常,或因肥胖及 HF-PEF 存在假性正常的利钠肽水平。联合多项生物指标检测的策略可能对指导心衰的治疗有益。

5. 生活质量评估　心衰患者的治疗目标之一为改善生活质量(QOL)。QOL 评分对住院或非住院心衰患者的生存率有预测价值。QOL 量表分为普适性量表和疾病特异性量表。最常用的普适性量表为 36 条简明健康问卷(SF-36)。疾病特异性量表中较常用的有明尼苏达心衰生活质量量表(MLHFQ)和堪萨斯城心肌病患者生活质量量表(KCCQ)。哪种类型的量表更适用于慢性心衰患者尚无定论,有研究显示 SF-36 联合 MLHFQ 可预测心衰患者的短期及长期病死率。

(二) 疾病进展的评估

综合评价疾病进展包括:①症状恶化(NYHA 分级加重);②因心衰加重需要增加药物剂量或增加新的药物;③因心衰或其他原因需住院治疗;④死亡。病死率尤其全因死亡率是评估预后的主要指标,大型临床试验设计均以生存率来评价治疗效果,已对临床实践产生重要影响。住院事件在临床和经济效益方面最有意义,故最近的临床研究中均已将住院率列为评估疾病进展及预后的又一个主要指标。

(三) 预后的评估

以下临床参数有助于判断心衰的预后和存活:LVEF 下降、NYHA 分级恶化、低钠血症及其程度、运动峰耗氧量减少、血细胞比容降低、心电图 QRS 增宽、慢性低血压、静息心动过速、肾功能不全[血肌酐升高、估算的肾小球滤过率(eGFR)降低]、不能耐受常规治疗,以及难治性容量超负荷。此外,心衰住院期间 BNP 和(或)NT-proBNP 水平显著升高或居高不降,或降幅<30%,均预示再住院和死亡风险增加。其他标志物如可溶性 ST2 和半乳糖凝集素-3 对利钠肽的预后评估作用有一定的补充价值。

二、观察不良反应

(一) 血管紧张素转化酶抑制剂(ACEI)的不良反应

1. 与血管紧张素 Ang Ⅱ 抑制有关的不良反应

(1)有症状的低血压:可通过调整其他有降压作用的药物(如减少硝酸酯类、钙通道拮抗剂或其他扩张血管药物)的用量、减少利尿药的用量、减少 ACEI 的用量来预防与调节。

(2)肾功能变化:ACEI 治疗初期血肌酐或血钾可有一定程度的增高,但如果血肌酐<265mmol/L(3mg/dl)和血钾<6.0mmol/L,且患者没有症状,则不需要特殊处理,但要加强观察。若血肌酐持续性升高,应将 ACEI 减量,并完善双侧肾动脉造影等辅助检查,必要时请临床专家会诊,明确患者的肾功能损害是否与 ACEI 的服用有关,作出相应的处理。

2. 与缓激肽聚集有关的不良反应

(1)咳嗽:必须排除其他原因引起的持续性干咳(如心功能不全引起的肺瘀血);若咳嗽不严重,患者可耐受,不应轻易把 ACEI 调整为 ARB,因为在慢性心衰的治疗中,ACEI 的作用地位高于 ARB,除非严重影响患者生活质量的持续咳嗽可用 ARB 代替 ACEI。

(2)血管神经性水肿:发生率较低,且发生的概率与药物的用量无剂量依赖性关系。因有致死的风险,一旦怀疑为血管神经性水肿,应立即停药,并告知患者终身避免使用 ACEI 类。

（二）β受体阻断药的不良反应

应用早期如出现某些不严重的不良反应一般不需停药，可延迟加量直至不良反应消失。起始治疗时如引起体液潴留，应加大利尿药的用量，直至恢复治疗前的体重，再继续加量。

（1）低血压：一般出现于首剂或加量的24～48小时内，通常无症状，可自动消失。首先考虑停用可影响血压的药物如血管扩张剂，减少利尿药的剂量，也可考虑暂时将ACEI减量。如低血压伴有低灌注的症状，则应将β受体阻断药减量或停用，并重新评定患者的临床情况。

（2）体液潴留和心衰恶化：用药期间如心衰有轻或中度加重，应加大利尿药的用量。体液潴留一般在β受体阻断药治疗开始的3～5天出现，如不处理，可使病情恶化，故应告知患者每日称体重，如果在3日内体重增加大于2kg，应立即加大利尿药的用量，同时注意在整个β受体阻断药的使用过程中必须保持干体重，避免病情反复。如病情恶化，且与β受体阻断药的应用或加量相关，宜暂时减量或退回至前一个剂量；如病情恶化与β受体阻断药应用无关，则无需停用，应积极控制使心衰加重的诱因，并加强各种治疗措施。

（3）心动过缓和房室传导阻滞：如心率低于55次/分，或伴有眩晕等症状，或出现二或三度房室传导阻滞，应减量甚至停药。

（三）利尿药的不良反应

1. 电解质丢失较常见，如低钾血症、低镁血症、低钠血症，这些电解质的紊乱容易诱发心律失常，尤其是在RAAS过度激活时尤其容易发生。合并使用ACEI或保钾利尿药（如醛固酮受体拮抗剂螺内酯）能预防钾盐、镁盐的丢失，小剂量的螺内酯（25mg/d）与ACEI及襻利尿药是安全的。低钠血症时应注意区别缺钠性低钠血症和稀释性低钠血症，前者发生在大量利尿后，属于容量减少性低钠血症，可出现直立性低血压、尿比重减少等，治疗应给予补充钠盐；后者按利尿药抵抗处理。

2. 利尿药的使用可激活内源性神经内分泌系统，特别是RAAS系统和交感神经系统，故应与ACEI或血管紧张素受体拮抗剂（ARB）以及β受体阻断药联用。

3. 出现低血压和肾功能恶化。应区分是利尿药的不良反应，还是心衰恶化或低血容量的表现。前者与容量减少有关，应减少利尿药的用量；而后者减少利尿药的用量反而加重病情，应继续维持所有利尿药，并短期内使用多巴胺等短期增加终末器官灌注的药物。

（四）血管紧张素Ⅱ受体拮抗剂（ARB）的不良反应

与ACEI相似，可能引起低血压、肾功能不全和高血钾等；开始应用及改变剂量的1～2周内，应监测血压（包括不同体位的血压）、肾功能和血钾。此类药物与ACEI相比，不良反应（如干咳）少，极少数患者也会发生血管性水肿。以下情况禁用：已经给予ACEI和醛固酮受体拮抗剂的患者；双侧肾动脉狭窄的患者；血钾浓度>5.5mmol/L、血肌酐>265μmol/L、严重主动脉瓣狭窄的患者。

（五）醛固酮受体拮抗剂的不良反应

1. 高钾血症　血钾>5.5mmol/L时，螺内酯或依普利酮的剂量可调整为20mg，隔日1次；若血钾>6.0mmol/L，应立即停药，密切监测血生化变化，必要时给予针对高钾血症的治疗。

2. 肾功能受损　血肌酐>220μmol/L（2.5mg/dl），剂量调整为25mg，隔日1次，并密切观察；若超过310μmol/L（2.5mg/dl），立即停药，密切监测血生化报告，必要时针对肾功能恶化的治疗。

3. 男性乳房压痛或增生症　为可逆性，停药后消失。依普利酮的此不良反应少见，不能耐受者可替换螺内酯治疗。

（六）地高辛的不良反应

洋地黄的治疗量大约是其中毒剂量的 60%，而洋地黄的中毒量约为洋地黄致死量的 60%。洋地黄中毒的诱因很多，但最重要的仍是患者的心功能状态和心肌损伤的程度。但地高辛是正性肌力药物中唯一的长期治疗不增加病死率的药物，其主要不良反应见于大剂量使用时，而治疗心衰时往往不需要大剂量，故地高辛总体来说是安全的，并且耐受性良好。洋地黄中毒的主要表现如下。

1. 胃肠道反应　畏食、恶心、呕吐，有的患者表现为腹泻，极少数表现为呃逆。上述表现若发生在心衰一度好转或发生在洋地黄增加剂量后，排除其他药物的影响，则应考虑洋地黄中毒。

2. 心律失常　服用洋地黄的过程中心律突然转变，如由规则变为不规则、由不规则变为规则、突然显著变快或变慢，都是诊断考虑洋地黄中毒的线索。其中毒可表现为各种类型的心律失常，最具代表性的心律失常是房性心动过速伴房室传导阻滞及非阵发性交界性心动过速伴房室分离。房颤患者若出现成对的室性期前收缩，应视为洋地黄中毒的特征性表现。多源性室性期前收缩呈二联律及双向性或双重性心动过速也具有诊断意义。

3. 心功能再度恶化　经过洋地黄治疗后心衰一度好转，但在继续使用洋地黄的过程中无明显诱因心功能再次恶化，应怀疑强心苷中毒。

4. 其他　神经性系统表现为头痛、失眠、眩晕等，视觉改变表现为黄视、绿视等。

三、重视患者用药的依从性

老年患者随着年龄的增大，各项功能减退，记忆力明显减退，服药的依从性差，漏服及错服药物的情况屡见不鲜。老年患者对心衰的病理生理及治疗策略了解甚少，很多人几乎一无所知。他们往往对心衰治疗的短期症状改善与长期预后的关系不明确，一旦心衰的心累、呼吸困难、下肢水肿等症状好转后，就停用相关药物，造成病情反复发作，预后差。部分老年患者长期形成西药有毒副作用、中药无毒的观念，对西药有抗拒心理，又由于 ACEI 类引起干咳、β 受体阻断药引起心率减慢等药物副作用的客观存在，更加重了老年患者对西药的抗拒心理，所以往往更信赖改善短期症状有效的中成药类制剂，这种患者往往预后差、病死率高。总之，医学知识的缺乏、对医务人员缺乏信任、经济因素、社会因素、文化程度等多方面的因素，共同造成了老年心衰患者的服药依从性差。这就需要医务工作者加强对患者及其看护者的用药教育，向他们讲解慢性心衰的基本病理及治疗策略，出院前详细向患者交代服药的种类、用法用量、疗程及可能出现的不良反应的预防等知识。最好能与患者一起讨论，针对每个患者的具体情况实施教育计划。

第九节　用药指导

慢性心力衰竭已经成为心血管中最多见、危害最大的心脏病，而此类疾病的治疗是针对病因及症状给予调整用药。因此，在加强患者对疾病的认识、对治疗方法和治疗过程进行了解的同时，让患者掌握治疗用药的使用方法，提高患者的依从性，对患者的预后起到非常重要的作用。

（一）用药指导

向患者及家属强调严格遵医嘱服药、不随意增减或撤换药物的重要性。如服用洋地黄者教会患者识别其中毒反应并及时就诊；用血管扩张剂者告知改变体位时动作不宜过快，以防止发生直立性低血压。同时将所用药物的名称、剂量、用药目的、长期服用的注意事项和主要不良反应告知患者，提高患者的自我监测能力。

（二）教育患者观察药效及可能出现的不良反应

患者在用药期间学会观察药效可以极大地增强患者治疗的信心，临床药师除了指导患者正确用药外，教会患者如何观察药物治疗效果也十分重要。同样，对不良反应的及时发现可以减轻药物对机体的损害，这也与患者的及时告知息息相关。以常用的心力衰竭治疗药物为例。

1. 应用洋地黄　洋地黄在改善心力衰竭患者的临床症状上是患者能够自我体会到的，其药效的判断能够通过患者的心功能分级表现出来，因此，告知患者洋地黄在改善心功能时的表现可以让患者清楚自己的治疗效果。另外，老年患者、缺血性心肌病、房室传导阻滞患者等极易发生洋地黄中毒，用药前或用药期间要教育患者监测有无消化道症状、神经系统症状、色觉异常，并查心率及心律，心率突然出现＜60 次/分或＞120 次/分或节律变为规则或不规则时立即来院就诊或报告医师，遵医嘱停药、补钾或抗心律失常。

2. 应用利尿药　应用利尿药的主要作用是抑制钠和水的重吸收，排出体内过多的水分，减轻或消除水肿，减轻心脏的容量负荷。常用制剂分为排钾和保钾利尿药两大类。应用利尿药期间应观察、记录患者的 24 小时尿量、体重变化并监测电解质，注意有关不良反应并及时预防。钾盐会对胃黏膜产生刺激作用，因此应指导患者饭后服用。另外，在非紧急情况下，利尿药的应用时间应以选择在早晨或日间为宜，避免夜间排尿过频而影响患者休息。螺内酯有类雌激素作用，对于男性患者要注意有无乳房发育等药物不良反应的发生，指导患者合理用药。

3. 应用血管扩张剂　血管扩张剂主要是降低心脏前后负荷，以改善瘀血和（或）增加心排血量。常用药物有硝普钠、硝酸酯类、ACEI 类。静脉使用硝普钠时需要避光，每 6 小时更换 1 次，给药时应严密监测血压，随血压变化而及时调整药物的滴速。硝酸酯类易引起头痛、面色潮红，由于它的降血压作用和个体差异的不同，初次使用的患者一定要放慢滴速以减少不良反应的发生。ACEI 类会引起患者的刺激性咳嗽或血管神经性水肿等症状，应及时向患者说明，以免误诊或影响药物剂量的调整而延误病情。

（三）建立长期服药的依从性

疾病对于个体来说是一种心理应激过程，与其相伴的是心理适应与应对，慢性心力衰竭患者面对药物治疗的烦琐往往产生厌烦、沮丧心理。要指导家属对患者的这些心理给予谅解，一切从理解、方便患者的角度出发，帮助并监督患者的院外用药情况。与其谈心、交流，提高自身对药理及疾病相关知识的了解，帮助患者建立长期服药的依从性，使患者增强治疗疾病的信心，提高其对医务人员的信任度。

第十节　不合理用药的常见表现及其处理

一、不合理用药的表现

（一）用药剂量不合理

在老年心衰的治疗中，正确使用药物的剂量对改善疾病的症状及预后、预防不良反应及毒副作用的发生有非常重要的意义。而在这些药物中,有的药物的治疗剂量与中毒剂量非常接近,如地高辛;有些药物需要在初始时使用小剂量,待病情稳定后逐渐将剂量翻倍递增,如β受体阻断药及 ACEI;有些药物需要在整个治疗过程中不断调整剂量,如利尿药,心衰控制平稳后,利尿药的用量可减少,但在治疗过程中如出现体液潴留再次加重,就必须将利尿药的剂量再次加大,以减轻循环的负荷,同时也可与其他抗心衰药物产生协同作用。有的药物药理作用机制相近,但需要不同的剂量才能达到相同的治疗效果,如 ACEI 与 ARB,同为阻断 RAAS 系统,抑制血管紧张素 II 的生物活性来达到治疗效果,但前者阻断血管紧张素 II 的生成,后者阻断血管紧张素 II 与受体的结合,在治疗心衰上,必须使用大剂量 ARB才能起到使用小剂量 ACEI 的临床效果。

(二) 用药时机不合理

在老年慢性心衰的药物治疗中,应该严格把握相关药物的使用时机,才能达到良好的治疗效果及减少药物使用的风险。例如在β受体阻断药的使用上,必须在患者达到干体重(即能平卧、肺部无明显的湿啰音、体重 3～5 日无明显变化)时才能使用,且在急性心衰期不能使用,因为急性心衰发作时,交感神经兴奋引起的心率加快起到了增加心排血量的代偿功能,这种代偿在急性心衰发作时保持患者周围组织的循环灌注是有益的。如 ACEI 则应在慢性心衰一旦诊断明确,确定无禁忌证的情况下立即给药,因为越早使用,对患者的预后越有益,若用药时机延后,可能会延误患者的病情。又如心衰患者中利尿药的合理使用是其他治疗心衰的药物取得成功的关键因素之一,如果利尿药使用不足造成体液潴留,会降低心衰患者对 ACEI 的反应,增加使用β受体阻断药的风险,而如果利尿药的减量或停用时机不合适,则可能造成循环体液的过度丢失,造成低血容量性低血压甚至休克的风险。

(三) 联合用药不合理

在治疗心衰的药物中,联合使用是比较常见的情况。有些药物的经典联用具有很好的协同治疗作用,例如 ACEI 与β受体阻断药的联用、长期使用 ACEI 或 ARB 后出现"醛固酮逃逸"现象后与螺内酯的联用等情况,对治疗慢性心衰获益较多。但有些抗慢性心衰药物的联合使用尚处于评估观察阶段,无明显的获益或降低治疗风险的证据,故联合使用需谨慎。例如 ACEI 与 ARB 的联合使用,目前现有的临床试验结论并不一致,尚有很多争议,ESC指南和 ACC/AHA 指南分别将其列为 IIa 与 IIb 类推荐、B 级证据,根据 VALIANT 试验,AMI 后并发心衰的患者不宜联合使用这两类药物。而如果在 ACEI 加 ARB 的基础上再联合醛固酮的方案,目前专家一致认为,上述三药的安全性证据尚不足,且肯定会进一步增加肾功能异常和高钾血症的危险,故不推荐。而在抗慢性心衰药物与其他类药物的联合使用,也应注意可能影响治疗效果的药物联用。例如非甾体抗炎药可能引起钠潴留、外周血管收缩,从而减弱利尿药和 ACEI 的疗效,并增加其毒性;而大多数 CCB(氨氯地平与非洛地平除外)、皮质激素、I 类抗心律失常药物、辅酶 Q_{10}、生长激素、甲状腺素等与治疗心衰的药物之间可能产生相互作用,故不推荐联合使用。

二、不合理用药的处理

临床药师在审核医嘱的过程中,全面评估患者的病理生理状态,掌握患者病情发展的阶段,并熟练掌握各种抗心衰药物的适应证、剂量及调整方案、禁忌证等内容,及时对不合理使用的情况进行调整。

1. 严格把握药物适应证,对剂量进行个体化调整　如慢性心衰患者同时合并有原发性高血压,在钙通道阻滞药(CCB)类药物的选择上,应尽量避免使用地尔硫䓬、维拉帕米及短效二氢吡啶类药物,因为这类药物具有负性肌力作用,可能抑制心脏收缩和激活内源性神经内分泌作用,短期导致肺水肿和心源性休克,长期应用使心衰患者心功能恶化及死亡的风险增加。所以在这种情况下,尽量选择临床试验证实安全性较好、对生存率无明显影响的氨氯地平及非洛地平。各类抗心衰药物的使用剂量应严格遵循相关指南推荐的剂量(包括初始剂量及靶剂量),有条件时应结合药物基因组检测结果和 TDM 结果做个体化剂量调整。详细的剂量推荐参见本章前面章节的相关内容。

2. 药物使用时机的调整　例如 ACEI 与 β 受体使用先后顺序的问题。目前一般认为 ACEI 应先于 β 受体阻断药使用,因为 ACEI 是最早证明能降低心衰病死率的药物,故以后的临床试验均以 ACEI 为治疗为基石,且 ACEI 能扩张血管,易使血流动力学稳定,为 β 受体阻断药的使用创造有利条件。但在一项比索洛尔与依那普利的对照试验中,两组的疗效及安全性均相似,说明 ACEI 与 β 受体阻断药使用顺序的先后并不十分重要,最重要的是这两类药物的联合使用才能达到最大的效益。因此,在大多数心衰患者中,没有必要改变先 ACEI 后 β 受体阻断药的使用顺序,但应在 ACEI 低、中等剂量时及时加用 β 受体阻断药,这样既有利于患者病情的稳定,又能早期发挥两药的协同作用。

3. 不合理联合用药的调整　如 ACEI 的使用过程中应避免与可能加重肾脏损害的药物联用;使用地高辛时,如果同时使用排钾利尿药,应及时加用补钾药物,避免室性心律失常副作用的发生;应避免同时使用 ACEI、ARB、醛固酮受体拮抗剂这 3 种升高血钾的药物,避免产生高钾血症引起的副作用等。

第十一节　治疗的风险及其处理

一、治疗的风险事件

(一)药物不良反应的风险

在治疗老年心衰的药物中,血管扩张剂所引起头痛、面部潮红;ACEI 引起干咳及在特殊患者(如双侧肾动脉狭窄)中可能出现的肾功能损害加重;在使用 β 受体阻断药的过程中可能出现心衰加重、房室传导阻滞等风险。

(二)药物相互作用的风险

在老年心衰的药物治疗过程中,两种或两种以上的药物联用十分普遍。这时,无论通过什么途径(相同或不同途径、同时或先后给药),都有可能发生药物间的相互作用,但目前研究较多的仍然是以两种药物的联合为主。在治疗心衰的药物联用中,其对治疗的影响可分为有益、有害、无关几种情况。

相互作用有害的两种药物联合使用后,可能发生一些异常的反应,干扰治疗,加重病情。例如老年慢性心衰合并支气管哮喘的患者,同时使用琥珀酸美托洛尔缓释片与沙丁胺醇气雾剂,因为气道上尚分布有少量 β_1 受体,被前者阻断后,沙丁胺醇舒张气道的作用可能会减弱;如 ACEI 与醛固酮受体拮抗剂的联合使用,有临床试验证明可进一步减低慢性心衰的病死率,但两药都有升高血钾的作用,可能出现高血钾引起心律失常的风险,但目前慢性心衰的治疗中仍推荐在严密监测血钾的情况下联用两药;但若是 ACEI 联合醛固酮受体拮抗剂的基础上再加 ARB 的方案,虽临床试验证实可能获益,但三药合用的安全性证据尚不足,且有进一步增加肾功能损害和高血钾的风险,故不推荐。

(三) 药物治疗失败的风险

由于心脏或其他器官的多种器质性病变在病程的中、后期都有可能出现心功能不全的表现,而老年患者往往同时合并心血管系统、呼吸系统、内分泌系统等多种疾病,若一味地强调药物控制心衰的症状及预后,不强调病因及诱因的祛除与纠正,可能会导致心功能持续恶化,最终出现无法逆转的顽固性心衰。如扩张型心肌病,若乙醇为发病诱因,应告诫患者积极戒酒;如为冠心病引起的缺血性心肌病,则应积极给予冠状动脉支架的安置,改善心肌的缺氧缺血;如房室传导阻滞伴完全性左束支阻滞的患者,QRS 波宽度＞150 毫秒者,则应安置三腔起搏器(CRT),尽量恢复左、右心室激动顺序的同步化,比单纯使用药物的内科治疗在降低住院率及改善远期预后方面有明显的优势。

(四) 老年患者治疗依从性差的风险

老年人由于身体各项生理功能的逐渐减退,对周围事物的认知能力也处于逐渐混乱的状态。而慢性心衰的治疗用药比较复杂,使老年患者不明白何时服用何种药物,常根据自己的判断而改变用药方案。例如未按要求对 β 受体阻断药逐渐翻倍加量,出现窦性心动过缓;在使用 ACEI 的过程中不监测肾功能,造成药物性肾功能损害;因为轻度的干咳就把 ACEI 换为 ARB 等情况,均可导致药物效力降低或达不到预期的治疗效果,易出现不良反应,甚至会造成潜在的危害。

二、治疗风险的处理

(一) 加强对患者的教育

在老年心衰患者中,应积极与患者及其监护人沟通,详细向其交代患者的病情特点,具体服用药物的种类、疗程,服药过程中可能出现的不良反应的症状及表现,药物剂量的调整方案等内容。特殊患者应向其讲明心脏介入治疗对疾病治疗的意义,积极给予药物以外的治疗。教育老年心衰患者平时生活中戒烟、戒酒;饮食上控制盐、水的摄入;适当进行有氧运动,避免剧烈的无氧运动等。

(二) 药物的合理使用

在药物的选择上,尽量选择指南推荐、循证证据支持的药物,如 β 受体阻断药尽量选择琥珀酸美托洛尔缓释片、比索洛尔片等,避免使用普萘洛尔等药物。在药物的使用上,应严格把握药物的适应证与禁忌证,积极预防联合用药中可能出现的有临床危害的药物相互作用,严格把握药物停用或剂量调整的时机,尽量把药物治疗作用外的风险降到最低。

第十二节 老年心衰治疗中的常见药学问题

一、心力衰竭患者利尿药的正确使用

常用的利尿药有袢利尿药和噻嗪类利尿药。首选袢利尿药如呋塞米或托拉塞米,特别适用于有明显的体液潴留或伴有肾功能受损的患者。呋塞米的剂量与效应呈线性关系,剂量不受限制,但临床上也不推荐最大剂量。噻嗪类仅适用于有轻度体液潴留、伴有高血压而肾功能正常的心衰患者。氢氯噻嗪 100mg/d 已达最大效应(剂量-效应曲线已达平台期),再增量也无效。新型利尿药托伐普坦是血管加压素 V_2 受体拮抗剂,具有仅排水不利钠的作用,对伴顽固性水肿或低钠血症者疗效更显著。具体用法为从小剂量开始,逐渐增加剂量直至尿量增加,以体重每天减轻 0.5~1.0kg 为宜。一旦症状缓解、病情得到控制,即以最小有效剂量长期维持,并根据体液潴留的情况随时调整剂量(表 7-8)。每天体重的变化是最可靠的监测利尿药效果和调整利尿药剂量的指标。

表 7-8　慢性 HF-REF 常用的利尿药及剂量

药物	起始剂量	每天最大剂量	每天常用剂量
袢利尿药			
呋塞米	20~40mg,1 次/天	120~160mg	20~80mg
布美他尼	0.5~1.0mg,1 次/天	6~8mg	1~4mg
托拉塞米	10mg,1 次/天	100mg	10~40mg
噻嗪类利尿药			
氢氯噻嗪	12.5~25.0mg,1~2 次/天	100mg	25~50mg
美托拉宗	2.5mg,1 次/天	20mg	2.5~10.0mg
吲达帕胺[a]	2.5mg,1 次/天	5mg	2.5~50mg
保钾利尿药			
阿米洛利	2.5mg[b]/5.0mg[c],1 次/天	20mg	5~10mg[b]/10~20mg[c]
氨苯蝶啶	25mg[b]/50mg[c],1 次/天	200mg	100mg[b]/200mg[c]
血管加压素 V_2 受体拮抗剂			
托伐普坦	7.5~15.0mg,1 次/天	60mg	7.5~30.0mg

注:[a]:吲达帕胺是非噻嗪类磺胺类药物;[b]:与血管紧张素转化酶抑制剂(ACEI)或血管紧张素受体拮抗剂(ARB)合用时的剂量;[c]:不与 ACEI 或 ARB 合用时的剂量

二、心力衰竭患者 β 受体阻断药的正确使用

1. 在没有禁忌证的前提下,不论是否已使用 ACEI 或血管紧张素 Ⅱ 受体拮抗剂,心衰患者均应尽早启动 β 受体阻断药治疗。

2. β 受体阻断药初始从小剂量开始滴定,逐渐增加到可耐受剂量或目标剂量,递增剂量时速度不宜过快,可根据不同病因调整速度,如缺血性心衰或高血压致心衰宜快、扩张型心肌病致心衰应放缓。

3. 当心衰患者的病情发生反复或恶化时,医师首先需明确是否与应用 β 受体阻断药或 β 受体阻断药剂量增减过快等有关。排除其他可能病因或诱因后,再考虑个体化调整 β 受体阻断药用量的方案。

4. 轻、中度阻塞性肺疾病、非发作阶段的支气管哮喘等患者可按照指南推荐使用,选用高选择性(β_1 受体)、脂溶性或脂水双溶性的 β 受体阻断药更佳。

5. 不能应用于抢救急性心力衰竭患者,包括难治性心力衰竭患者须静脉给药者。

6. 须告知患者症状改善常在治疗 2～3 个月才出现,即使症状不改善,亦能防止疾病的进展。

7. 虽然 β 受体阻断药能影响脂质代谢,增加胰岛素抵抗,掩盖低血糖的症状,但有资料表明糖尿病患者获益更多,而且选择性 β_1 受体阻断药对糖代谢的影响非常小,因此心力衰竭伴糖尿病的患者仍可应用。

8. 对没有哮喘病史的慢性阻塞性肺疾病患者应用 β 受体阻断药是安全的,同样可以降低患者的死亡率。

附:典型案例

老年慢性心衰患者利尿药的使用

一、病史资料

患者,男,44 岁。因"反复胸闷、气紧、心累 3^+ 年,复发伴上腹部胀痛 1 天"入院。入院前 3^+ 年患者无明显诱因出现腹胀、胸闷、气紧、心累、心慌,无双下肢水肿、端坐呼吸、咳嗽、咯血等,遂来医院就诊。心脏彩超提示全心内径增大;心肌组织呈疏松网络样改变,心肌致密层回声变薄,最薄处约 4mm;左室显著增大;左室下壁节段性运动异常;左室收缩功能轻度降低,限制性舒张功能降低;心肌致密层呈网格样改变,不除外心肌致密化不全;二尖瓣中度关闭不全;三尖瓣重度关闭不全;少量心包积液。考虑诊断为心肌致密化不全性心肌病 心脏长大 窦性心律 心功能 Ⅳ 级。经美托洛尔 6.25mg bid 控制心室率、螺内酯 20mg bid 利尿、拜阿司匹林 100mg qd 抗栓等处理,好转出院,出院后继续口服福辛普利片 5mg qd、螺内酯片 20mg qd、氢氯噻嗪片 12.5mg bid、地高辛 0.125mg qd、酒石酸美托洛尔 6.25mg bid 治疗。后因经济原因,自行停用福辛普利。后上述病情出现反复,常于劳累及受凉后复发。1 天前无明显诱因出现上述症状复发,伴上腹部胀痛、心悸,无恶心、呕吐、反酸、嗳气,无胸痛、双下肢水肿、端坐呼吸、咳嗽、咯血等,为求进一步治疗,遂来就诊,门诊以"扩心病、心衰、心律失常"收入心内科。病程中患者精神欠佳,食欲差,大便未见明显异常,体重变化不详。近 3 天每天小便量约 800ml。

入院后给予呋塞米注射液 20mg iv 联合口服呋塞米片 20mg po qd 和螺内酯片 20mg po bid 利尿,单硝酸异山梨酯 30mg qd,硝普钠 25mg＋多巴胺 40mg＋多巴酚丁胺 10mg＋5％葡萄糖注射液 250ml 静脉泵入扩血管,同时以毛花苷丙 0.2mg 静脉推注改善心功能,门冬氨酸钾镁 0.596g tid 补钾,福辛普利 10mg qd 改善心室重构,监测体重和尿量。

入院第 3 天,患者体重变化不大,但尿量偏少,24 小时尿量为 1000ml,调整利尿药,改为呋塞米 20mg bid、螺内酯 40mg bid,继续观察患者的体重和尿量情况。入院第 6 天,24 小时尿量为 1600ml,心功能稳定,无明显的水钠潴留,加用美托洛尔缓释片 11.875mg qd 改善预后,同时将毛花苷丙 0.2mg 静脉推注改为地高辛 0.125mg qd 改善心功能。入院第 7 天,24 小时尿量为 1700ml,诉心累明显减轻,双下肢不肿,电解质正常,继续当前治疗方案。入院第 10 天,24 小时尿量为 2000ml,诉心累、腹胀缓解,利尿药继续当前方案,将地高辛改为 0.125mg qod 改善心功能。入院第 12 天,24 小时尿量为 1800ml,患者病情好转,予以出院。

出院医嘱:①防止受凉感冒,注意休息,出院后 2 周复查电解质、心电图;②心内科门诊随访。出院带药:呋塞米 20mg qd,螺内酯 20mg bid,地高辛 0.125mg qod,福辛普利 10mg qd,美托洛尔 11.875mg qd,拜阿司匹林 100mg qd,曲美他嗪 20mg tid,单硝酸异山梨酯

30mg qd。

二、临床药师对利尿药使用的建议

本例患者为慢性充血性心力衰竭,心功能Ⅳ级。入院时胸闷、气紧明显,同时伴上腹部胀痛,因此立即给予利尿药和洋地黄改善症状。由于初始方案中利尿药的剂量偏小,患者的症状改善不明显,后予以调整剂量,患者的尿量增加,症状明显改善。后心功能稳定,无明显的水钠潴留时加用改善预后的药物,患者病情好转予以出院。因此,心衰患者及时给予恰当剂量的利尿药,对于改善症状和提高患者的生活质量是十分重要的。

1. 利尿药的选择 心衰患者选择利尿药时以袢利尿药作为首选;噻嗪类仅适用于轻度体液潴留、伴高血压和肾功能正常的心衰患者。袢利尿药应用呈剂量依赖性,可增加15%～25%(噻嗪类为5%～10%)的钠排泄,并增加自由水的清除(噻嗪类倾向于减少自由水的清除)。另外在肌酐清除率(CrCl)<30～40ml/min 时,噻嗪类利尿药无效。因此,髓袢利尿药是多数心力衰竭患者应用的优选。

噻嗪类利尿药可以优选应用于高血压性心力衰竭合并轻度体液潴留的患者,因为噻嗪类利尿药可以加强抗高血压作用。明显的体液潴留伴有肾功能受损时选择袢利尿药(剂量与效应呈线性关系)。

本例患者对利尿药比较敏感,入院时给予呋塞米联合螺内酯,尿量较前增加,但症状改善不明显,后将利尿药的剂量翻倍,患者明显尿量增加,症状好转,因此未给予噻嗪类利尿药。

2. 利尿药的开始和维持治疗 对于门诊心衰患者,应从小剂量开始,逐步加量直至尿量排出增加和体重下降,通常以体重每日下降 0.5～1kg 为宜。利尿药的剂量应当根据患者每日尿量和体重的变化加以调整,如体重增加超过 0.5kg/d,则要增加利尿药的剂量,特别是在 1～3 天内体重增加超过 2kg 时需要及时调整利尿药的剂量。

本例患者自入院以来体重变化不明显,当 24 小时尿量在 1800～2000ml 时,心衰症状缓解,心功能改善明显,因此对于心衰患者监测体重和尿量是至关重要的。

3. 利尿药抵抗 当一个有体液潴留的患者使用中等剂量的利尿药不能取得预期疗效时,通常被认为出现了利尿药抵抗。在将患者定义为利尿药"抵抗"之前,需要排除可逆性因素的影响,例如是否饮食中钠盐摄入过多,导致袢利尿药发挥了利钠作用,却没有减少细胞外液的容量。另外,有一些患者需要轻度的周围组织水肿来保持足够的心排血量,因此在一部分患者即使达到了理想的细胞外液量,仍会表现为轻度的组织水肿。但一般来说,给予利尿药抵抗的患者使用更强效的利尿药或联合使用利尿药会取得一定效果。

本例患者虽然没有明显的利尿药抵抗现象,但在临床中利尿药抵抗的现象是经常会遇到的,当出现利尿药抵抗时,应该立即采取联合给药或者改变给药方式。

4. 利尿药的应用是静脉还是口服给药、静脉注射还是静脉维持 与静脉推注相比,持续静脉滴注利尿药的最大优点是由于避免了利尿药浓度的迅速变化,从而避免了用药间歇期氯化钠潴留的出现。其次,持续静脉滴注可能较其他用法更为有效。且持续静脉滴注使得药物峰浓度不至于太高,患者的耳毒性等不良反应发生率也较低。由于持续静脉滴注袢利尿药激活交感神经和肾素-血管紧张素系统的作用相对较弱,故对于血流动力学不稳定又需要利尿的患者可能是最佳的方式。

5. 利尿药应用的注意事项 合理使用利尿药是治疗心力衰竭成功的关键因素之一。

用量不足会导致体液潴留,降低血管紧张素转化酶抑制剂(ACEI)反应,增加使用β受体阻断药的危险;不恰当的大剂量应用则导致血容量不足、低血压和肾功能不全。

利尿药的不良反应为电解质丢失、神经内分泌激活、低血压和氮质血症,因此在长期给药期间应注意监测。一旦病情控制(肺部啰音消失、水肿消退、体重稳定),即以最小有效量长期维持。

在长期维持期间,仍应根据体液潴留情况随时调整剂量。每日体重的变化是最可靠的检测利尿药效果和调整利尿药剂量的指标。在利尿药治疗的同时,应适当限制钠盐和水的摄入量。

6. 关于醛固酮受体拮抗剂 该类药物在心衰的治疗中为Ⅰ类推荐的适应证:中、重度心衰,Ⅲ、Ⅳ级患者;及AMI后并发心衰的患者。心衰中应用此类药物的目的是"生物学治疗",而不是作为利尿药。其剂量不宜过大,如螺内酯的起始剂量为10mg/d,最大剂量为20mg/d,有时也可隔日给予。

(李 刚 童荣生)

参 考 文 献

[1] Ronco C, Mccullough P, Anker SD, et al. Cardio-renal syndromes: report from the consensus conference of the acute dialysis quality initiative[J]. Eur Heart J, 2010, 31:703-711.

[2] 中华医学会心血管病学分会,中华心血管病杂志编辑委员会. 中国心力衰竭诊断和治疗指南 2014[J]. 中华心血管病杂志,2014,42(2):98-110.

[3] Matsue Y, Suzuki M, Seya M, et al. Tolvaptan reduces the risk of worsening renal function in patients with acute decompensated heart failure in high-risk population[J]. J Cardiol, 2013, 61(2):169-174.

[4] Bui AL, Grau-Sepulveda MV, Hernandez AF, et al. Admission heart rate and in-hospital outcomes in patients hospitalized for heart failure in sinus rhythm and in atrial fibrillation[J]. Am Heart J, 2013, 165 (4):567-574.

[5] Cullington D, Goode KM, Clark AL, et al. Heart rate achieved or beta-blocker dose in patients with chronic heart failure: which is the better target[J]. Eur J Heart Fail, 2012, 14(7):737-747.

[6] McMurray JJ, Adamopoulos SD, Anker SD, et al. ESC Guidelines for the diagnosis and treatment of acute and chronic heart failure 2012: The Task Force for the Diagnosis and Treatment of Acute and Chronic Heart Failure 2012 of the European Society of Cardiology[J]. Eur Heart J, 2012, 33:1787-1847.

[7] 重组人脑利钠肽多中心研究协作组. 重组人脑利钠肽治疗心力衰竭安全性和疗效的开放性随机对照多中心临床研究[J]. 中华心血管病杂志,2011,39:305-308.

[8] Fotino AD, Thompson-Paul AM, Bazzano LA. Effect of coenzyme Q10 supplementation on heart failure: a meta-analysis[J]. Am J Clin Nutr, 2013, 97:268-275.

[9] Zhang L, Lu Y, Jiang H, et al. Additional use of trimetazidine in patients with chronic heart failure meta-analysis[J]. J Am Coll Cardiol, 2012, 59:913-922.

[10] 苏文亭,张健. 利尿药在慢性心力衰竭治疗中的应用[J]. 中华心血管病杂志,2011,39(8):782-784.

[11] ESC Guidelines for the diagnosis and treatment of acute and chronic heart failure 2012[J]. European Heart Journal, 2012, 33:1787-1847.

第八章

老年脑卒中

第一节 定义和流行病学

一、定义

脑卒中（stroke）是指由于急性脑循环障碍所导致的局限性或全面性脑功能缺损综合征，又称急性脑血管病事件、脑血管意外或脑中风，包括脑梗死（cerebral infarct）、脑出血（intracerebral hemorrhage，ICH）及蛛网膜下腔出血（subarachnoid hemorrhage，SAH）等综合征。脑梗死又称缺血性脑卒中，是指各种原因所致的脑部血液供应障碍，致脑组织缺血、缺氧性坏死，出现相应的神经功能缺损，根据脑梗死的发病机制以及临床表现，通常又把脑梗死分为脑血栓形成、脑栓塞以及腔隙性脑梗死；脑出血是指原发性非外伤性脑实质内出血；蛛网膜下腔出血通常为脑底部或脑表面的病变血管破裂，血液直接流入蛛网膜下腔引起的一种临床综合征。脑出血及蛛网膜下腔出血又称为出血性脑卒中。缺血性脑卒中与出血性脑卒中的病因和发病机制不同，治疗原则迥异，但临床症状相似，在临床诊断上应仔细鉴别。

二、流行病学

脑卒中具有高发病率、高致残率、高复发率以及高死亡率的特点。《中国心血管病报告2013》显示，我国脑血管疾病的发病率呈上升趋势，年龄标化后的所有类型的脑卒中的发病率为 601.9/10 万，男性为 775.9/10 万，女性为 435.5/10 万。脑卒中发病与环境因素、饮食习惯和气候（纬度）等因素有关，我国脑卒中发病率的总体分布呈现城市高于农村、北方高于南方、东部沿海高于西部高原的特征。2010 年脑卒中已经成为我国第 1 位的死亡原因。脑卒中的残疾率、死亡率以及卒中复发率均随年龄的增长而升高：脑卒中的首次发病者约有 2/3 是在 60 岁以上的老年人口，75 岁以上的发病率是 45～54 岁组的 5～8 倍，大约年龄每增加 10 岁，发病率翻 1 番。而在存活者中有 50%～70% 不同程度地丧失劳动能力，其中、重度致残者约占 40%，是我国老年人致残的主要原因。

最近的流行病学研究显示，我国缺血性卒中占 66.4%、脑出血占 23.6%、SAH 仅占 10% 左右。

第二节　病因和危险因素

一、病因

脑或全身性血管病变、心脏病和血流动力学改变及血液系统疾病均与脑卒中的发生有关，全身性血管病变是引起脑卒中的主要原因，如动脉粥样硬化、动脉炎等，仅少部分卒中是脑血管局部病变如动脉瘤、血管畸形或创伤所致。

1. 脑梗死　目前根据病因，采用 TOAST 分型把脑梗死分为大动脉粥样硬化型、心源性栓塞型、小动脉闭塞型、其他病因型及不明原因型 5 种类型。其中大动脉粥样硬化型脑梗死多由于颈部或颅内大血管内动脉粥样硬化斑块导致的管腔狭窄或血栓形成而致病，是脑梗死的常见类型，又称脑血栓形成。心源性栓塞型又称脑栓塞，是由脑外来源的栓子导致的脑供血动脉的栓塞从而致病，其临床表现和影像学检查与大动脉粥样硬化型脑梗死相同。小动脉闭塞型脑梗死多发生于大脑半球或脑干深部的小穿通动脉，因高血压、糖尿病等因素导致管腔闭塞，其供血动脉组织发生小的梗死灶，因最终梗死部位经坏死、液化并经细胞吞噬作用形成小空腔，故称腔隙性脑梗死。

2. 脑出血　约 60% 的脑出血为高血压合并小动脉粥样硬化导致，约 30% 由动脉瘤或动-静脉畸形所致，其他少见的原因有血液病、脑淀粉样血管病变。在老年患者中，不能忽视服用抗栓药物（抗凝剂、大剂量的抗血小板药物）、脑梗死治疗期间的溶栓药物治疗所致的脑出血。而老年人脑叶出血的常见病因是大脑淀粉样血管病，通常不伴有全身性的淀粉样变，并且容易复发。

3. 蛛网膜下腔出血　颅内动脉瘤是最常见的病因（占 50%～80%），其中先天性粟粒样动脉瘤约占 75%，还可见高血压、动脉粥样硬化所致的梭形动脉瘤及少见的感染性动脉瘤。血管畸形、颅内肿瘤、血液系统疾病以及抗凝药物治疗的并发症亦是常见的病因，但约有 10% 的 SAH 患者病因不明。

二、危险因素

流行病学调查发现，脑卒中的发生及发展与许多因素密切相关。其危险因素大致分为两类，一类是不可干预的，如年龄、性别、遗传及种族等；另一类是可干预的，包括高血压、心脏病、糖尿病、血脂异常、吸烟、酗酒、颈动脉狭窄、高同型半胱氨酸血症等。通过对危险因素的干预，可以降低脑卒中的发病率和死亡率。因此，充分认识上述可干预的危险因素是防治脑卒中的重要前提。

1. 高血压　高血压是公认的脑卒中最重要的和独立的危险因素，无论收缩压和（或）舒张压增高，均与脑出血或脑梗死的发病风险呈线性正相关。

2. 心脏病　心脏病是脑卒中确定的危险因素，约 75% 的缺血性卒中死亡患者伴心脏病，有效防治心脏病可降低脑血管事件的发生率。

3. 糖尿病　糖尿病是缺血性脑卒中独立的危险因素，但过于严格的血糖控制可增加低血糖发生的风险从而加重脑损伤。

4. 血脂异常　目前大规模流行病学研究提示，血清总胆固醇（total cholesterol）、低密度脂蛋白（low density lipoprotein）、甘油三酯（triglyceride）升高，高密度脂蛋白（high density

lipoprotein)降低与缺血性卒中有相关性;也有较多研究表明,过低的总胆固醇和低密度脂蛋白(LDL)与脑出血风险增高有相关性。他汀类调脂药物的使用可显著降低缺血性脑卒中的发病率和死亡率。

5. 吸烟　吸烟可增加缺血性脑卒中的风险约 2 倍,主要影响全身血管和血液系统,如加速动脉粥样硬化的进展、升高纤维蛋白原水平、促使血小板聚集、降低高密度脂蛋白水平等,尼古丁还可以刺激交感神经,使血管收缩和血压升高。

6. 酗酒　长期大量酗酒不仅明显增高出血性卒中的风险 4~6 倍,并且也明显增高缺血性卒中的风险。目前没有研究证实少量饮酒可以预防卒中。

7. 颈动脉狭窄　65 岁以上的人群中有 7%~10% 的男性和 5%~7% 的女性颈动脉狭窄 >50%,而中、重度颈动脉狭窄可明显增加缺血性卒中的风险。

8. 高同型半胱氨酸血症　是老年人偶发性卒中的一个独立危险因素,口服叶酸、维生素 B_6 和维生素 B_{12} 可降低血浆半胱氨酸水平,但尚无研究证实降低同型半胱氨酸水平的治疗可以减少卒中发生率。

第三节　病理和病理生理

一、脑梗死的病理和病理生理

临床上根据局部脑组织发生缺血性坏死的机制,可将脑梗死分为脑血栓形成、脑栓塞以及血流动力学机制所致的脑梗死 3 种主要的病理生理学类型。

1. 脑血栓形成的病理和病理生理　脑血栓形成是最常见的一类缺血性脑卒中,80% 发生于颈内动脉系统,20% 发生于椎基底动脉系统。好发血管依次为颈内动脉、大脑中动脉、大脑后动脉、大脑前动脉及椎基底动脉,好发部位为动脉分叉或转弯处。缺血、缺氧性损害最终导致神经细胞坏死和凋亡,急性脑梗死的治疗必须在发病早期进行。有效挽救缺血半暗带脑组织的治疗时间称为治疗时间窗,目前急性缺血性卒中溶栓治疗的时间窗一般不超过发病 6 小时、机械取栓治疗的时间窗不超过 8 小时。超过治疗时间窗后的血液再通治疗不仅不能挽救缺血半暗带,反而可能因继发性出血(出血转化)或再灌注损伤等加重脑损伤。

2. 脑栓塞的病理和病理生理　引起脑栓塞的栓子常栓塞于颅内血管的分叉处,最常见于颈内动脉系统,特别是大脑中动脉上部的分支最易受累,而椎基底动脉系统少见。脑栓塞的病理改变与脑血栓形成基本相同,但由于栓塞性梗死发展较快,没有时间建立侧支循环,因此脑栓塞临床发病更快,局部缺血常更严重,且出血性梗死更为常见,占 30%~50%。并且除脑梗死外,还能发现身体其他部位如肺、脾、肾、肠系膜、四肢及皮肤、巩膜等部位的栓塞证据。

3. 血流动力学改变所致脑梗死的病理生理　梗死区域的供血动脉没有发生急性闭塞,但由于近端大血管存在严重的狭窄加上血压下降,导致局部脑组织低灌注,从而出现缺血性坏死,占急性脑梗死的 10%~20%,多发生于脑相邻的较大血管供血区之间,如大脑中动脉与大脑前动脉之间的边缘带。病理过程与脑血栓形成相同,纠正血流动力学异常如低血压、休克或心脏病等可以改善神经系统缺血症状。血流动力学改变所致的脑梗死多发生于老年患者,因老年患者常合并低血压、颅内或颈内动脉狭窄等疾病,特别在老年人外科手术失血、麻醉或血管扩张药物使用不当时出现此类脑卒中。

二、脑出血的病理

高血压脑出血的易受累血管为大脑中动脉深穿支豆纹动脉、基底动脉脑桥支、大脑后动脉丘脑支等。约70%的高血压脑出血发生在基底核的壳核及内囊区,脑叶、脑干及小脑出血各占10%。非高血压脑出血多位于皮质下。当出血量大时可破入侧脑室、第三脑室或蛛网膜下腔等。

三、蛛网膜下腔出血的病理和病理生理

导致蛛网膜下腔出血的动脉瘤多位于Willis环及其主要分支血管的分叉处。当血流入蛛网膜下腔,可导致一系列病理生理改变:

(1)血流直接刺激痛觉敏感结构引起头痛,颅内压升高加剧头痛。

(2)颅内压升高导致脑血流急剧下降引起意识丧失,甚至发生脑疝。

(3)血液凝固后导致脑脊液回流受阻引起急性阻塞性脑积水,后期出现交通性脑积水和脑室扩张。

(4)血细胞分解产生炎症物质引起化学性脑膜炎,分解产物直接刺激引起下丘脑功能紊乱,血液释放血管活性物质导致血管痉挛,严重的血管痉挛可导致脑梗死。

(5)动脉瘤出血常位于蛛网膜下腔,一般不造成局灶性脑损害,神经系统检查少发现局灶体征。

第四节　临床表现和辅助检查

一、症状

脑卒中的症状可能是短暂的(持续几秒到几分钟),或可能持续更长时间。如果大脑发生不可逆性损伤和出现梗死,症状和体征可无限期持续。不幸的是,神经系统症状并不能准确地反映是否存在梗死,且这些症状的持续时间并不能提示缺血的病因。

老年脑卒中的临床表现因卒中的类型、病灶的部位等差异较大,"突发的无力、突发的语言困难、突发的视力丧失、突发的眩晕以及突发的严重头痛"这5个突发事件是卒中的警示征象,对上述症状的警惕可以提高对卒中患者的早期识别。常见的卒中症状有偏身的面部及肢体运动与感觉的异常,吞咽、吐词及语言功能障碍,平衡异常与行走不稳,严重的眩晕与呕吐,眼球运动异常以及视力改变,头痛,突然出现的认知功能下降,精神症状、意识障碍甚至昏迷。老年人因全身反应迟钝,对疼痛的阈值较高,所以头痛的症状往往不如年轻人典型,如蛛网膜下腔出血时可无明显的剧烈头痛,甚至无任何头痛症状,有时仅表现为嗜睡、烦躁或谵妄等精神症状。症状的不典型使患者容易延误就诊时机,也为临床早期诊断以及及时治疗带来许多困难。根据卒中的类型和具体的病灶部位,临床症状表现如下:

(一)脑梗死的临床症状

老年人最常见的脑梗死类型为脑血栓形成,脑血栓形成常在安静或睡眠中发病,部分病例发病前曾出现过1次或多次TIA作为前驱症状,如一过性肢体麻木、无力等,因TIA呈可逆性,自然缓解后容易被忽视。患者的临床表现取决于梗死灶的部位和大小。椎基底动脉闭塞则临床症状较重,出现眩晕、呕吐、四肢瘫痪、共济失调、昏迷和高热等症状,是严重的脑血管事件。

（二）脑出血的临床症状

老年人脑出血多见男性患者，寒冷的季节或气温骤变时发病率较高，患者多有高血压既往史，多由情绪激动、大便用力或大量酗酒而诱发，突然发病，发病后数分钟或数小时症状就迅速出现并达高峰，出现头痛、呕吐和不同程度的意识障碍，如嗜睡或昏迷。临床症状以及病情程度因出血部位以及出血量而伴有不同程度的偏身瘫痪、感觉异常及失语等，因老年人的脑细胞代偿能力较差，所以症状较中青年患者重，易出现并发症。

（三）蛛网膜下腔出血的临床症状

典型的蛛网膜下腔出血的症状为剧烈的头痛及呕吐，也多于剧烈活动中出现，并常伴有短暂的意识障碍、癫痫发作、项背痛或下肢痛、畏光等，严重者发病后即出现昏迷，患者多不伴有或仅伴有较轻的瘫痪及感觉异常。但老年人发生 SAH 时可并不伴有剧烈的头痛，少数老年人以胸腹痛或腰及下肢疼痛就医，意识障碍多见并更严重，部分患者以突发的精神症状为主。

二、辅助检查

借助影像学检查，获得脑卒中的定位以及定性诊断不再困难，既往常用的一些辅助检查方法如腰椎穿刺及脑脊液检查目前已较少用于脑卒中的诊断。常用的辅助检查手段包括脑 CT、脑磁共振（MRI）、CT 血管成像（CTA）、磁共振血管成像（MRA）、血管造影（DSA）和其他检查（包括血液检查、B 超检查、TCD 和腰椎穿刺及脑脊液检查）。

第五节　诊断和鉴别诊断

一、诊断

对急性脑卒中患者作出诊断时应立即明确以下问题：是不是脑卒中；出血性及缺血性卒中的判断与鉴别；如是缺血性卒中，是否有溶栓治疗的适应证。

（一）脑梗死的诊断

常见的脑梗死类型的诊断要点分述如下。

1. 脑血栓形成　多有高血压或动脉粥样硬化的病史，常于安静状态下或睡眠中发病，大多数无明显的头痛和呕吐，起病较缓慢，症状多逐渐进展。CT 或 MRI 检查发现梗死灶可明确诊断。

2. 脑栓塞　急骤发病，数秒至数分钟症状达高峰，出现偏瘫、失语等局灶神经功能缺损，症状较重，瘫痪多较完全，并有栓子来源的基础疾病的证据等。CT 或 MRI 提示出血性脑梗死、大面积脑梗死支持诊断。

3. 腔隙性脑梗死　多有高血压病史，急性或亚急性起病，多无意识障碍，症状较轻或无症状，常见单纯感觉性卒中或单纯运动性轻偏瘫等。CT 或 MRI 可见小的梗死灶。

（二）脑出血的诊断

常于活动或情绪激动时发病，发作时血压急剧升高，伴头痛、呕吐等颅内压升高的症状，病情进展迅速，常出现意识障碍、偏瘫等局灶神经症状。结合 CT 检查可迅速作出诊断。

(三) 蛛网膜下腔出血的诊断

突然发生的持续性剧烈头痛、呕吐、脑膜刺激征阳性,伴或不伴意识障碍,无局灶神经系统体征,应高度怀疑蛛网膜下腔出血。结合 CT 或血性脑脊液等证据可临床确诊。

二、并发症

脑卒中患者可因意识丧失、长期卧床、吞咽功能异常以及病变导致的神经功能异常等情况易合并多种并发症,特别在老年患者中更为常见。临床常见的并发症分述如下:①颅内压升高及脑疝;②出血转化;③癫痫;④感染;⑤上消化道出血;⑥深静脉血栓形成;⑦脑血管痉挛。

三、鉴别诊断

脑卒中患者多以突发的神经系统症状起病,症状相似,但不同类型卒中的治疗方案不同、临床观察要点和预后各异,需要尽快作出诊断并相互鉴别。脑梗死、脑出血及 SAH 的鉴别要点见表 8-1。部分颅内占位性病变如颅内肿瘤、硬膜下血肿和脑脓肿也可导致偏瘫等局灶神经症状,头部影像学检查可以鉴别。低血糖、糖尿病高渗性昏迷、肝性脑病、药物中毒等也可导致意识障碍,应仔细询问病史并与脑卒中相鉴别。

表 8-1 脑梗死、脑出血及蛛网膜下腔出血的鉴别诊断

	脑梗死	脑出血	蛛网膜下腔出血
常见病因	动脉粥样硬化	高血压	动脉瘤
发病速度	10 余小时到数天	数十分钟到数小时	急骤
发病时的血压	升高	显著升高	正常或轻度升高
头痛	多无	常见,较明显	剧烈头痛或腰背痛
意识障碍	无或较轻	重症持续昏迷	一过性
局灶神经系统体征	有	有	无
头部 CT	起病初期病灶可不能显示,后呈低密度梗死灶	脑实质内高密度出血灶	蛛网膜下腔高密度出血灶

第六节 治疗总体安排

一、病症处理的综合策略

脑卒中作为老年人的常见疾病,其防治是一个综合性工作,包含教育、预防、急性期治疗措施和康复等。综合治疗强调卒中的一级预防和二级预防,对危险因素的干预是减少老年脑卒中发病率和再发率的重要措施;加强卒中的公众教育不仅可以提高对卒中患者的识别,还能加快患者发病后的转运速度;在急性发病期的患者则应强调发病后数小时内的早期处理以减少死亡率和致残率;强调卒中单元在急性卒中患者治疗中的作用;强调根据每个患者的具体病情制订综合的治疗和康复方案。

二、治疗目标

1. 急性发作期的治疗目标　减少患者的死亡率,减少残疾,尽早开始卒中的二级预防和康复治疗,以减少再发卒中的危险。

2. 脑卒中一、二级预防的目标　控制卒中的危险因素,减少卒中的发病率和复发率。

三、治疗措施的选择

(一) 脑梗死的急性期治疗

对于急性缺血性卒中患者力争发病后尽早选用最佳治疗方案,挽救缺血半暗带,强调超早期治疗,并针对老年患者基础疾病多、多器官功能减退和易出现并发症的特点制订个体化治疗方案;在早期开展康复治疗,并尽早开始卒中的二级预防。

1. 超早期溶栓治疗　起病 4.5 小时内,80 岁以下的患者如有溶栓适应证并排除禁忌证的应给予溶栓治疗,并且越早治疗获益越大、风险越低。超早期溶栓治疗已经获得了有力的循证医学证据,并获得国内外多项指南的推荐。我国指南推荐的药物有重组组织型纤溶酶原激活物(rt-PA)阿替普酶及尿激酶。"2012 年中国重组组织型纤溶酶原激活剂静脉溶栓治疗缺血性卒中专家共识"认为,>80 岁且起病 3 小时内的脑卒中患者仍可从 rt-PA 治疗中获益。起病 6 小时内的急性缺血性脑卒中可考虑尿激酶静脉溶栓治疗或进行动脉溶栓治疗。

2. 降纤治疗　老年患者因出血风险大、合并症较多,多因存在禁忌而不能接受溶栓治疗,当此类患者如存在高纤维蛋白血症,可有选择性地考虑降纤治疗。常用于降纤治疗的药物有降纤酶、巴曲酶。

3. 抗血小板治疗　未行溶栓的脑梗死患者应在起病 48 小时内开始抗血小板治疗,患者在溶栓后的 24 小时内不宜使用抗血小板治疗以避免增加出血风险。抗血小板治疗的副作用同溶栓治疗,但单用时出血风险降低。

4. 抗凝治疗　除心源性脑栓塞外,目前国内外指南均不推荐急性期应用抗凝药物来预防卒中复发以及阻止病情恶化或改善预后。常用的药物有低分子量肝素、肝素以及华法林等,目前新型口服抗凝药物如达比加群、利伐沙班、阿加曲班等均被试验性地用于缺血性脑血管病的抗凝治疗,其疗效和安全性获得部分研究结果的肯定,尚有待于更多循证医学证据的支持。

5. 脑保护治疗　急性脑卒中特别是缺血性脑卒中患者,抗自由基损伤、抗再灌注损伤和促进侧支循环建立的药物理论上可以保护脑细胞,提高对缺血、缺氧的耐受性。但多数脑保护治疗的药物均未获得循证医学的支持。目前"2010 年中国急性缺血性脑卒中诊疗指南"中提及的可能有效的脑保护药物有依达拉奉、尤瑞克林、丁苯酞、胞磷胆碱等,临床可以根据情况选择使用。

6. 一般治疗　主要包括维持生命体征和处理并发症的多种对症治疗方案,需要考虑老年人多器官功能不全、合并基础疾病、易出现并发症等特点。具体的措施包括:

(1)血压:急性缺血性脑卒中患者高血压的调控应遵循个体化、慎重、适度的原则。在发病 24 小时内维持较高的血压对改善缺血组织的灌注很重要,急性脑卒中合并低血压时可考虑扩容及升压治疗。

（2）血糖：因应激反应或合并糖尿病，脑卒中急性期高血糖较常见，应常规监测血糖。

（3）吸氧与呼吸支持：合并低氧血症的患者（血氧饱和度低于92%或血气分析提示缺氧）应给予吸氧，气道功能严重障碍者应给予气道支持（气管插管或切开）及辅助呼吸。

（4）体温控制：约1/3的急性脑卒中患者在发病初期会出现发热，与下丘脑体温调节中枢受损、合并感染、吸收热以及脱水等相关。发热与卒中的预后不良有关，应积极明确发热的原因并给予退热治疗。中枢性发热患者以物理降温为主，必要时给予人工亚冬眠。

（5）心脏监测与合并心脏疾病的处理：老年患者常合并心脏病，脑卒中急性期24小时内应常规行心电图或动态心电监护检查，必要时检查心肌损伤标记物（肌酸激酶和肌钙蛋白）。在治疗过程中应及时发现心脏损伤，并避免使用增加心脏负担的药物，注意输液量和输液速度，对于高龄或原有心脏疾病的患者，甘露醇的用量应减半或使用呋塞米替代等措施。

7. 急性期并发症的处理

（1）脑水肿：大面积脑梗死患者脑水肿严重，水肿的高峰期为发病后3～5天，应降低颅内压、维持足够的脑灌注和预防脑疝。可使用甘露醇、甘油果糖、呋塞米及白蛋白等。内科治疗无效时可考虑外科开颅减压手术治疗。

（2）出血转化：急性缺血性脑卒中发生症状性出血转化时应按照脑出血处理，停用一切可导致出血的药物。待出血转化病情稳定7～10日后方考虑恢复抗血小板或抗凝治疗，对于年老体弱或有高出血风险的患者可使用抗血小板治疗替代抗凝治疗。

（3）癫痫：目前指南均不推荐脑梗死患者急性期给予预防性抗癫痫治疗，患者如出现癫痫发作时给予相应处理。

（4）其他颅外并发症的处理：脑卒中急性期易合并肺部、泌尿系统等感染，但均不推荐预防性抗感染治疗，应以积极预防为主，如早期评估和处理吞咽困难及误吸的问题、避免长期留置尿管等。老年患者在重症脑卒中时易发生应激性溃疡，应常规给予静脉抑酸治疗。对于有深静脉血栓形成高风险的患者，应鼓励患者尽早活动或进行瘫痪肢体的被动运动，抬高下肢，避免瘫痪侧下肢静脉输液，如无禁忌证应给予预防性抗凝治疗，首选低分子量肝素，剂量为4000U左右，每天1次皮下注射。

8. 康复治疗　应早期进行，患者的生命体征稳定、意识恢复后就可开始制订康复方案，并遵循个体化原则，制订短期和长期的治疗计划，增进神经功能恢复，降低致残率。

（二）脑出血的急性期治疗

脑出血的治疗原则为安静卧床、脱水降颅内压、调整血压、加强护理防治并发症并减少疾病复发。

1. 内科治疗　脑出血患者应强调严格卧床2～4周。对于脑出血的血压控制以降低颅内压治疗为首选，急性期血压维持在160/90mmHg或平均动脉压为110mmHg，恢复期则应积极把血压控制在正常范围内。一般止血药物对高血压动脉硬化性脑出血的作用不大。但如有凝血功能障碍，如老年人常见的药源性凝血功能异常导致脑出血时，应针对性地给予止血药物，如肝素并发脑出血可用鱼精蛋白中和、华法林并发脑出血可用维生素 K_1 拮抗。脑叶出血在卒中早期即易出现癫痫发作，也应给予预防性抗癫痫治疗。内科对症支持治疗可参考脑梗死的处理。

2. 外科治疗　严重的脑出血应早期外科手术治疗以挽救患者的生命，但外科治疗较内科治疗通常增加严重残疾的风险，故应严格评估手术适应证。脑出血外科治疗的适应证包括：①基底核区中等量以上的出血；②小脑出血或合并明显的脑积水；③重症脑室出血；④合并血管畸形、动脉瘤等血管病变。

(三) 蛛网膜下腔出血的急性期治疗

SAH 的急性期治疗目的是防治再出血、降低颅内压、防治继发性脑血管痉挛、寻找出血原因、治疗原发病和预防复发。SAH 患者的主要死因为再发出血和 SAH 诱发的脑血管痉挛，故预防再出血和脑血管痉挛是治疗的关键。破裂动脉瘤的外科或血管内治疗是预防 SAH 再出血的最有效的方法。除了控制血压、绝对卧床等一般处理外，并可适当使用抗纤溶药物，如氨基己酸、氨甲苯酸等。早期口服或静脉泵入尼莫地平能有效减少 SAH 引发的脑血管痉挛。SAH 急性期易并发癫痫，应预防性使用抗惊厥药。

(四) 脑卒中危险因素的干预与卒中的一、二级预防

脑卒中的一级预防是指首次脑血管病发病的预防，即对有卒中倾向、尚无卒中病史的个体，通过早期改变不良的生活方式，积极控制各种可控的危险因素，达到使脑血管病不发生或推迟发生的目的。脑卒中的二级预防是指再次卒中发病的预防。

1. 卒中的一级预防及危险因素干预　包括高血压、高脂血症、糖尿病、心房颤动、无症状性颈动脉狭窄、高同型半胱氨酸血症、吸烟、酗酒等不良生活习惯。

2. 脑卒中的二级预防　虽然 TIA 患者的神经系统症状是可逆性的，但因 TIA 反复发作后近期发作缺血性脑卒中的风险极高，达 10%～20%，通常对短暂性脑缺血发作（TIA）患者也进行脑卒中的二级预防。脑卒中的二级预防仍然强调对危险因素的干预，基本与一级预防相同，但控制标准更为严格、态度更为积极。

四、临床预后

在全部年龄组中，急性脑卒中 1 个月内的平均死亡率为 20%～30%，而老年人的死亡率最高。其中脑出血的急性期病死率最高，为 30%～40%。卒中的发生部位和严重程度决定患者的生存率。神经系统体征的严重程度是最重要的存活预测指标，可通过 NIH 卒中评分量表进行量化，评分高于 20 分者提示预后非常差。老年患者不仅容易合并严重的并发症，并且恢复更慢。

(一) 脑梗死的预后

脑血栓形成的病死率为 10%，致残率达 50% 以上，存活者中 40% 以上可复发。脑栓塞急性期的病死率为 5%～15%，心肌梗死所致的脑栓塞预后较差，存活的脑栓塞患者多遗留严重的后遗症。如不能消除栓子来源，10%～20% 的患者在起病后的 1～2 周内再发，再发的病死率高。腔隙性脑梗死的预后一般良好，但复发率较高。

(二) 脑出血的预后

脑出血的总体预后较差，急性期死亡率较高，预后与出血量、出血部位、意识状态以及有无并发症有关。但出血吸收后神经功能可相对恢复良好，致残率低于脑梗死。一般高血压脑出血控制好血压后复发风险较低。

(三) SAH 的预后

SAH 的总体预后较差，病死率高达 45%，存活者亦有很高的残疾率。动脉瘤破裂导致的 SAH 死亡率最高；动静脉畸形破裂导致者多可恢复，再出血风险亦低。

（白丽娟　王朝晖　成　蓓）

第七节 药学监护与信息反馈

一、观察疗效

脑卒中是由于脑血管疾病引起的突然发生的或迅速发展的局灶性神经功能缺失,如偏瘫、失语等,持续时间可超过 24 小时,是目前世界各国导致死亡的 3 个主要疾病之一。

老年脑卒中起病突然,并迅速出现神经功能缺失,可在数秒至数日内症状达到高峰。其诊治重在根据发病时间、临床表现、病因及病理进行分型分期,综合全身状态,实施个体化治疗。在超急性期和急性期采取积极、合理的治疗措施尤为重要。治疗是否有效主要表现在以下几点。

(一) 生命体征平稳

治疗是否有效,患者存活是前提。卒中患者常有意识障碍、呼吸困难等,可危及生命,所以必须在保证患者生命安全的条件下进行后续治疗。维持患者的生命体征,即维持患者基础的呼吸、心率、血压和体温,氧饱和度(≥95%),血容量,水、电解质平衡及内环境的稳定。对于脑梗死患者不主张过度干预血压,尤其是在发病早期,过度干预容易影响脑灌注压。各国指南对维持血压指标有异,我国卒中指南规定发病 24 小时后血压仍应维持在 160/100mmHg 较为合适。

(二) 神经功能恢复情况

1. 溶栓治疗是目前治疗缺血性脑卒中最有效的手段,因此对所有发病在 6 小时以内的缺血性脑卒中患者,只要没有溶栓的禁忌证,均应积极地给予静脉溶栓或动脉溶栓,在短时间内使闭塞的血管再通,恢复局部供血,从而挽救半暗带脑组织,缩小梗死范围,避免脑组织坏死产生偏瘫、偏盲、失语等后遗症。

2. 出血性脑卒中的治疗主要是对有指征的患者及时清除血肿、积极降低颅内压、保护血肿周围的脑组织。脑出血 CT 扫描示血肿灶为高密度影,边界清楚;在血肿被吸收后显示为低密度影。

3. 无论是缺血性还是出血性脑卒中,在积极治疗后,均应评价患者的神经功能恢复情况,包括意识水平、定向力、语言能力、眼球运动范围、面部表情及肢体活动情况等。临床药物疗效评分常依照《脑卒中患者临床神经功能缺失程度评分标准》(1995),分别在治疗前、1个月后进行评分并判断疗效。基本痊愈:功能缺失评分减少 90%～100%,病残程度 0 级;显著进步:功能缺失评分减少 46%～89%,病残程度 1～3 级;好转:功能缺失评分减少16%～45%;无效:功能缺失评分减少或增加 15%。此外,还常用格拉斯哥昏迷评定(Glasgow coma standard,GCS)、神经功能缺损评分(nerve functional failure,NF)、生活能力状态(activity of daily living,ADL)、日常生活活动量表(Barthel index,BI)、生存质量(quality of life index,QLI)等指标来评定其恢复情况。

(三) 合并症的控制与治疗

老年脑卒中患者大多有不同程度的慢性疾病及引起脑血管病的各种危险因素,当发生脑血管病时,往往促发原有疾病的加重或引发新的病症,在治疗脑血管病的同时,应积极地防治合并症,使脑血管病的治疗达到更有效的水平。

1. 颅内压增高　是急性脑卒中的常见并发症,是脑卒中患者死亡的主要原因之一。通过药物或手术治疗,降低颅内压,防止脑疝形成。

2. 血压的调控　脑卒中患者多伴有血压升高。由于合并高血压的机制及相关因素比较复杂,在处理高血压时,应根据患者的病因、病理分型及原有血压情况进行个体化治疗,缓慢、平稳地将血压降到较理想的水平,以利于脑血管病的总体治疗和康复,故通常只有当收缩压＞200mmHg 或舒张压＞110mmHg 时才需要降低血压。但应强调的是,当老年患者合并心肌缺血、心力衰竭、肾衰竭、主动脉夹层以及蛛网膜下腔出血时应综合评估病情,积极控制血压在安全范围内。有适应证进行或已经进行早期溶栓治疗的患者,其血压应控制在180/100mmHg 以内。推荐在卒中发病 24 小时内静脉微泵使用短效降压药物控制血压,如拉贝洛尔、尼卡地平,严密监测血压变化,且血压下降水平不应超过原有血压水平的 15％,并严格观察降压治疗后患者的脑灌注情况。需要注意的是,老年患者易合并急性尿潴留、疼痛和烦躁等精神症状也可导致血压升高,此类因素导致的血压升高不应使用降压药物。对于长期服用降压药物的患者,在发病 24 小时内应停止常用的口服降压药物,待病情稳定并排除误吸风险后再恢复使用。

3. 肺部感染及肺水肿　约 5.6％的卒中患者合并肺部感染。早期识别和处理卒中患者的吞咽和误吸问题,对预防吸入性肺部感染有显著作用。对已有肺部感染的患者,主要通过抗生素治疗和氧疗及呼吸支持。神经源性肺水肿应针对原发的脑卒中进行病因治疗,以降颅内压和保护脑细胞为主要手段。

4. 血糖改变　半数以上急性脑血管病患者的血糖均增高,血糖增高可以是原有糖尿病的表现或是应激性反应。高血糖可见于各种类型的急性脑血管病,当患者的血糖增高超过11.1mmol/L 时,应将血糖控制在 7.8～10mmol/L,推荐使用的降血糖药物为胰岛素,并密切监测血糖,注意避免低血糖的发生。发生低血糖时应积极给予 10％～20％葡萄糖溶液静脉或口服补充纠正低血糖。

脑卒中常见的合并症还有吞咽困难,上消化道出血,尿潴留,尿失禁与尿路感染,脑卒中后抑郁与焦虑状态,心脏损害,急性肾衰竭,水、电解质紊乱,深部静脉血栓形成与肺栓塞等。对合并症的有效控制与治疗能降低患者的死亡率,减轻靶器官的损害,改善病情及预后。

(四) 远期预后及生存质量

脑卒中患者在病情稳定之后应及早进行康复训练。早期坐位能力、进食能力的训练,为患者离开脑血管病病房进行下一步的康复打下基础;通过康复治疗如站立平衡训练、转移训练、步行能力训练及自行进食、如厕、洗澡、整容洗漱、交流能力等训练,提高患者的肢体运动功能及日常生活能力,以达到生活能力自理、回归家庭与社会的目的。

脑卒中复发率高,一旦再次复发,病情会更为凶险,常因反复发作而死亡。因此,应积极控制与脑卒中相关的危险因素进行卒中的二级预防,包括高血压、脂代谢异常、高血糖、肥胖、心脏病、饮酒、吸烟、不良饮食习惯等。

二、给药方法的适宜性

脑卒中的治疗不能一概而论,应根据不同的病因、发病机制、临床类型、发病时间等确定针对性强的治疗方案,实施以分型、分期为核心的个体化治疗。缺血性脑卒中在一般内科支持治疗的基础上,可酌情选用改善脑循环、脑保护、抗脑水肿降颅内压等措施。重点是急性期的分型治疗,腔隙性脑梗死不宜脱水,主要是改善循环;大面积脑梗死应积极治疗脑水肿降颅内压,防止脑疝形成。脑出血的治疗主要是对有指征者应及时清除血肿、积极降低颅内压、保护血肿周围的脑组织。

(一) 缺血性脑卒中

目前临床使用的治疗药物主要分为以下几类:溶栓药物、降纤药物、抗血小板聚集药物、抗凝药物和神经保护药物等。

1. 溶栓药物 脑梗死早期用溶栓药物可使阻塞的血管再通,挽救缺血脑组织,是目前治疗脑梗死最重要的方法。溶栓治疗的时机(即治疗时间窗)是影响疗效的关键,发病后越早接受溶栓治疗则疗效越好,一般在脑 CT 扫描未显示低密度灶之前进行溶栓治疗为最佳条件。目前溶栓治疗一般主张在 4.5～6 小时以内,给药方法分为静脉滴注和选择性动脉注射。动脉溶栓较静脉溶栓治疗有较高的血管再通率,但其优点被耽误的时间所抵消。目前两种方式的优劣没有定论。

根据溶栓药物的研究进展,可将目前临床使用的溶栓药物分为 3 代产品:第一代以尿激酶、链激酶为代表;第二代以组织型纤溶酶原激活物(t-PA)和重组组织型纤溶酶原激活物(rt-PA)为代表;第三代溶栓药物则包括瑞替普酶、重组去氨普酶和替奈普酶等。

组织型纤溶酶原激活物(t-PA)专一性地对血凝块特异性溶栓,而且很少产生全身纤溶状态和抗凝状态,是其与链激酶和尿激酶的根本区别。重组组织型纤溶酶原激活物(rt-PA)是目前国内外溶栓的首选药物,疗效肯定。

溶栓应严格掌握适应证与禁忌证:

(1)适应证:①年龄为 18～75 岁;②发病在 6 小时以内;③脑功能损害的体征持续存在超过 1 小时,且比较严重(NIHSS 7～22 分);④脑 CT 已排除颅内出血,且无早期脑梗死低密度改变及其他明显的早期脑梗死改变;⑤患者或家属签署知情同意书。

(2)禁忌证:①既往有颅内出血,包括可疑蛛网膜下腔出血;近 3 个月有头颅外伤史;近 3 周内有胃肠或泌尿系统出血;近 2 周内进行过大的外科手术;近 1 周内有不可压迫部位的动脉穿刺。②近 3 个月有脑梗死或心肌梗死史,但陈旧性小腔隙未遗留神经功能体征者除外。③严重的心、肾、肝功能不全或严重的糖尿病患者。④体检发现有活动性出血或外伤(如骨折)的证据。⑤已口服抗凝药,且 INR>1.5;48 小时内接受过肝素治疗(APTT 超出正常范围)。⑥血小板计数<$100×10^9$/L,血糖<2.7mmol/L(50mg)。⑦血压:收缩压>180mmHg 或舒张压>100mmHg。⑧妊娠。⑨不合作。

2. 降纤药物 降纤治疗是急性超早期的主要治疗措施,主要目的是溶解血栓和预防血栓的再发生。对于不适合 rt-PA 溶栓治疗的患者可以选择降纤治疗。目前临床使用的降纤药物为蛇毒制剂、克栓酶和安克洛酶等。

3. 抗血小板聚集药物 脑卒中患者体内存在着诸多激活血小板的因素,使血液处于高凝状态,加大了血栓发生的可能性。临床上选用抗血小板聚集药物改善血液的高凝状态,以达到治疗和预防缺血性脑卒中的目的。常用的抗血小板聚集的药物包括阿司匹林、氯吡格雷、双嘧达莫和西洛他唑等。该类药物也可作为卒中的二级预防用药,可明显改善预后,防止复发。

4. 抗凝治疗 抗凝治疗的药物则包括普通肝素、低分子量肝素和香豆素类药物华法林等。对于心房颤动(包括阵发性)的缺血性脑卒中和短暂性脑缺血发作(TIA)患者,或诊断明确的其他心源性卒中患者(如充血性心功能不全、心肌梗死、瓣膜病变等),推荐使用华法林作为缺血性脑病的二级预防用药。

5. 神经保护药物 神经保护剂是通过抑制异常的神经元损伤的生化过程来保护缺血细胞的药物的总称。常用的神经保护剂包括钙通道拮抗剂(如尼莫地平)、自由基清除剂(如依达拉奉)、谷氨酸拮抗剂、阿片样物质拮抗剂(如纳洛酮)、细胞膜稳定剂(如胞磷胆碱)等。

临床上除了应用以上常用的药物以外,常常还会应用诸如活血化瘀药、改善微循环、扩充血容量的药物等。

(二)脑出血

1. 调控血压 脑出血患者的血压控制并无一定的标准,应视患者的年龄、既往有无高血压、有无颅内压增高、出血原因、发病时间等情况而定。一般可遵循下列原则:

(1)脑出血患者不要急于降血压,因为脑出血后的血压升高是对颅内压升高的一种反射性自我调节,应先降颅内压后,再根据血压情况决定是否进行降血压治疗。

(2)血压≥200/110mmHg 时,在降颅内压的同时可慎重平稳地进行降血压治疗,使血压维持在略高于发病前的水平或 180/105mmHg 左右。收缩压在 170~200mmHg 或舒张压 100~110mmHg,暂时尚可不必使用降压药,先脱水降颅内压,并严密观察血压情况,必要时再用降压药。血压降低幅度不宜过大,否则可能造成脑低灌注。收缩压<165mmHg 或舒张压<95mmHg 不需降血压治疗。临床常用拉贝洛尔、尼卡地平。

(3)血压过低者应升压治疗,以保持脑灌注压。

2. 控制脑水肿,降低颅内压 颅内压升高是脑出血患者死亡的主要原因,因此降低颅内压为治疗脑出血的重要任务。脑出血的降颅内压治疗首先以高渗脱水药为主,如甘露醇或甘油果糖、甘油氯化钠等,注意尿量、血钾及心肾功能。可酌情选用呋塞米(速尿)。建议尽量不使用类固醇,因其副作用大,且降颅内压效果不如高渗脱水药。

3. 止血药物 一般不需要,若有凝血功能障碍,可应用,时间一般不超过 1 周。

(三)蛛网膜下腔出血

蛛网膜下腔出血发生后,如有外科手术的适应证时,应当以脑血管造影证实病变后手术治疗为最佳。药物治疗主要包括:

1. 对症治疗

(1)降低颅内压:适当限制液体入量、防治低钠血症、过度换气等都有助于降低颅内压。临床上主要是用脱水剂,常用的有甘露醇、呋塞米、甘油果糖或甘油氯化钠,也可以酌情选用白蛋白。若伴发的脑内血肿体积较大时,应尽早手术清除血肿,降低颅内压以抢救生命。

(2)纠正水、电解质平衡紊乱:注意液体出入量平衡。适当补液补钠、调整饮食和静脉补液中晶体胶体的比例可以有效预防低钠血症。低钾血症也较常见,及时纠正可以避免引起或加重心律失常。

(3)对症治疗:烦躁者予镇静药,头痛予镇痛药,注意慎用阿司匹林等可能影响凝血功能的非甾体消炎镇痛药物或吗啡、哌替啶等可能影响呼吸功能的药物。痫性发作时可以短期采用抗癫痫药物如地西泮、卡马西平或者丙戊酸钠。

2. 防治再出血

(1)调控血压:祛除疼痛等诱因后,如果平均动脉压>125mmHg 或收缩压>180mmHg,可在血压监测下使用短效降压药物使血压下降,保持血压稳定在正常或者起病前的水平。可选用钙离子通道阻滞药、β受体阻断药或 ACEI 类等。

（2）抗纤溶药物：常用氨基己酸（EACA）、氨甲苯酸（PAMBA）或氨甲环酸。抗纤溶治疗可以降低再出血的发生率，但同时也增加 CVS 和脑梗死的发生率，建议与钙离子通道阻滞药同时使用。

3. 防治脑动脉痉挛及脑缺血

（1）维持正常血压和血容量：血压偏高给予降压治疗；在动脉瘤处理后，血压偏低者首先应祛除诱因如减少或停用脱水和降压药物；给予胶体溶液（白蛋白、血浆等）扩容升压；必要时使用升压药物如多巴胺静脉滴注。

（2）尼莫地平：钙拮抗剂对预防 SAH 后的迟发性血管痉挛效果肯定，可以降低由血管痉挛引起的致残率和死亡率。

4. 防治脑积水　发生急性梗阻性脑积水时应积极进行外科穿刺引流治疗，清除血凝块。同时加用脱水剂，给予乙酰唑胺等药物减少 CSF 分泌，酌情选用甘露醇、呋塞米等。

三、观察不良反应

（一）治疗缺血性脑卒中的药物

1. 溶栓药物

（1）出血：包括颅内出血和颅外出血。颅内出血分为单纯性出血和出血性脑梗死，是急性缺血性卒中溶栓治疗最常见和最危险的并发症。溶栓的主要并发症是脑出血、梗死灶的出血转化、身体其他部位出血、再灌注损伤和脑水肿、血管再闭塞等。因此在溶栓治疗时应密切观察病情变化，如果出现病情加重，应立即做 CT 扫描，发现脑出血立即停药，并进行相应处理。

（2）过敏反应：常见的过敏反应有哮喘、荨麻疹、局部或全身皮肤发红、发热、寒战、头痛及周身疼痛等，应立即停药。

还有报道可能出现血管性水肿、神经毒性等不良反应。

2. 降纤药物与抗凝药物　降纤药物与抗凝药物的主要不良反应均为出血反应。

（1）降纤药物：巴曲酶的不良反应主要为注射部位出血、创面出血，偶有轻度皮下瘀斑、鼻出血。部分患者还可能出现头痛、头晕、耳鸣、恶心、呕吐、上腹不适、皮疹、发热等。还可能导致休克，较为罕见。

降纤酶的不良反应相对较少，个别患者用药后可能出现少量皮下瘀斑、鼻出血或牙龈出血。两者均可能致肝功能异常，巴曲酶还可能致肾功能异常。

（2）抗凝药物：普通肝素发生出血的不良反应多由药物过量所致，出血部位可能是消化道、泌尿系统、皮肤黏膜甚至颅内。普通肝素还可能导致过敏反应，表现为突发的寒战、发热、心悸、恶心、血压下降，也可以出现哮喘、荨麻疹和呼吸困难，常见于用药的 5～10 分钟之内。其他不良反应还包括肝素相关性的血小板减少、骨质疏松、血嗜酸性粒细胞增多等。

与肝素相比较，低分子量肝素只有微弱的增加血管通透性及抑制血小板功能的作用，所以引起出血并发症及继发性血小板减少的可能性很小。有少数患者会出现过敏反应，通常表现为皮疹、恶心、呕吐、腹泻等，一般只需将低分子量肝素减量即可。如果出现全身大量皮疹、血压低、尿中或大便中带血，甚至神志不清时应及时停药，并进行处理。

华法林常见的不良反应为出血反应，可发生在任何部位，特别是泌尿道和消化道，主要由于药物过量所致。比较少见的不良反应有恶心、呕吐、腹泻、瘙痒性皮疹、过敏反应及皮肤坏死。长期口服华法林时,必须定期监测 INR 值,调整药物剂量,老年患者的 INR 安全窗为 1.5~2.5,75 岁以上的老年患者为 1.5~2.0。还应注意其他药物及食物对华法林的影响和相互作用,如需加用其他药物时,要在专业医师或药师的指导下进行。

使用上述药物,治疗前及给药期间应定期检查凝血功能,包括血纤维蛋白原和其他出血及凝血功能的检查,一旦出现出血和可疑出血,应停止给药,并采取输血或其他措施进行治疗。

3. 抗血小板聚集药物

(1)阿司匹林最常见的不良反应为胃肠道反应如胃肠道功能紊乱,导致恶心、呕吐、腹痛、腹泻等。大剂量长期服用还可引起胃炎、隐性出血,加重溃疡形成和消化道出血。还可能出现阿司匹林哮喘、水杨酸反应、过敏反应、瑞氏综合征等。

(2)氯吡格雷的不良反应主要为消化道反应,多数为暂时性、可耐受的,主要表现为腹痛、腹泻、消化不良和便秘等。还可能导致上呼吸道感染、呼吸困难、支气管炎等呼吸系统;头痛、眩晕、抑郁、疲倦,甚至颅内出血等中枢神经系统;肝毒性、皮疹、泌尿生殖系统和心血管系统的不良反应。

4. 神经保护药物

(1)钙通道拮抗剂尼莫地平的不良反应较少,常见的为外周水肿、头晕、头痛、耳鸣、胃肠道不适、一过性低血压、皮疹等。还有一些少见的不良反应,如心律失常、呼吸困难、肝功能异常等。

(2)自由基清除剂依达拉奉严重的不良反应主要有肝功能异常、黄疸、急性肾衰竭、少尿、血小板减少及弥散性血管内凝血(DIC)。还可能出现过敏、消化道不适、血细胞异常、发热、血脂异常等不良反应。

(3)细胞膜稳定剂胞磷胆碱的主要不良反应有失眠、皮疹,偶尔出现头痛、兴奋、痉挛等;比较少见的有恶心、肝功能异常、热感;罕见食欲缺乏、一过性复视、一过性血压波动、休克等。

(二)治疗脑出血与蛛网膜下腔出血的药物

1. 甘露醇的不良反应中水和电解质紊乱最为常见,快速大量静脉注射甘露醇可引起体内的甘露醇积聚,血容量迅速大量增多(尤其是急、慢性肾衰竭时),导致心力衰竭(尤其有心功能损害时)、稀释性低钠血症,偶可致高钾血症。输注不当可能加重少尿、组织脱水,并可引起中枢神经系统症状;寒战、发热、头晕、视物模糊、口渴、排尿困难、血栓性静脉炎,甘露醇外渗可致组织水肿、皮肤坏死,过敏引起皮疹、荨麻疹、呼吸困难甚至过敏性休克;渗透性肾病(或称甘露醇肾病)主要见于大剂量快速静脉滴注时,常见于老年肾血流量减少及低钠、脱水患者。

2. 甘油果糖在大量、急速输入时可产生乳酸性酸中毒;偶见尿潜血反应、血色素尿、血尿。

3. 甘油氯化钠在使用时可能出现血尿或血红蛋白尿,其发生率与滴注速度过快有关,故应严格控制滴注速度(2~3ml/min)。一旦发生血尿或血红蛋白尿,应及时停药,2 日内即可消失。严重心力衰竭者禁用。心脏病或心力衰竭患者慎用。老年患者中严重肾功能不全的,会因排泄减少使本药在体内积聚,引起血容量明显增加,加重心脏负荷,诱发或加重心力衰竭。

4. 氨基己酸的不良反应偶有腹泻、腹部不适、结膜充血、鼻塞、皮疹、低血压、呕吐、胃灼热感及尿多等反应；过量使用时可形成血栓。

5. 氨甲苯酸的不良反应极少见，偶有头晕、头痛、眼部不适，长期应用有血栓形成倾向，目前未见报道。

四、用药依从性

老年脑卒中患者用药知识缺乏致用药风险增加。老年脑卒中患者为预防复发，常需服用降压、降脂、降糖和抑制血小板聚集类等药物。据调查显示，绝大部分老年脑卒中患者伴有高血压、冠心病、糖尿病等疾病，大部分患者的用药种类在 3 种以上，最多达 13 种，且并不知道药物间、食物与药物间的相互作用，部分患者有自行购买药物或服用保健品的现象，仅 1/4 的患者做到定期监测血压、血糖，在出现不适时能及时就诊或处理。结果表明，用药相关知识缺乏、安全用药意识淡薄、用药种类繁多、缺少用药指导和医疗服务等因素导致老年脑卒中复发。

1. 重视用药风险教育可提高患者的用药依从性。调查显示，老年脑卒中患者部分有中途自行停药、随意增减药物、随意改变服药时间或间隔时间的现象。医护人员需重视患者出院前的用药风险教育，强调疾病的严重性与临床表现不一定成正比，尤其是老年患者，反应相对迟钝，有时会掩盖疾病的临床表现，告知坚持连续用药的必要性和重要性，提高自我风险认知。告知其在欲停药或增减剂量或服用其他专科的药物或保健品前必须先到医院或社区门诊复诊或征得医务人员同意，以免造成病情反复或不良后果。

2. 加强医药护配合，指导患者规范用药。临床药师参与，药师发药时提供重点或特殊药物警示和告知，出现什么情况时应及时就诊。责任护士在患者出院时提供用药小贴士，遵医嘱在药盒上用醒目的颜色写明服用剂量、时间、方法，同时落实健康教育，以提高患者的用药依从性，避免患者出院后出现用药错误。

3. 建议居家患者每周将服药情况与用药小贴士进行核查，在出现不适或异常症状时及时检查有无用药错误现象，及时更正，确保居家老年脑卒中患者安全用药。

4. 社区中初发脑卒中或反复发作居家脑卒中的患者开展以家庭为中心的健康管理模式可提高社区慢性病患者的服药和遵医行为，由患者或患者家属负责及时告知社区医护人员，必要时由医院通知，交由社区医护人员落实跟踪管理。

5. 对依从性差的患者或初次发病者作为高危人群进行管理，出院后的 1 周内社区医护人员上门评估和服务，半年内每个月 1 次。

第八节　用药指导

一、治疗药物用法

（一）缺血性脑卒中

1. 溶栓药物

（1）尿激酶：100 万～150 万 U，溶于生理盐水 100～200ml 中，持续静脉滴注 30 分钟。

(2)rt-PA:剂量为 0.9mg/kg(最大剂量为 90mg),先静脉推注 10%(1 分钟),其余剂量连续静脉滴注,60 分钟内滴完。

(3)溶栓治疗时的注意事项:将患者收到 ICU 或者卒中单元进行监测。定期进行神经功能评估,在静脉滴注溶栓药物的过程中 1 次/15 分钟,随后的 6 小时内 1 次/30 分钟,此后 1 次/60 分钟,直至 24 小时。患者出现严重的头痛、急性血压增高、恶心或呕吐,应立即停用溶栓药物,紧急进行头颅 CT 检查。及时进行血压的监测,溶栓的最初 2 小时内 1 次/15 分钟,随后的 6 小时内 1 次/30 分钟,此后 1 次/60 分钟,直至 24 小时。如果收缩压≥185mmHg 或者舒张压≥105mmHg,更应多次检查血压,可酌情选用 β 受体阻断药如拉贝洛尔等;如果收缩压>230mmHg 或舒张压>140mmHg,可静脉滴注硝普钠。溶栓治疗后的 24 小时内一般不用抗凝、抗血小板药,24 小时后无禁忌证者可用阿司匹林 300mg/d,共 10 天,以后改为维持量 75～100mg/d。不要太早放置鼻胃管、导尿管或动脉内测压导管。

(4)建议:对经过严格选择的发病 3 小时内的急性缺血性脑卒中患者应积极采用静脉溶栓治疗,首选 rt-PA,无条件采用 rt-PA 时可用尿激酶替代。发病 3～6 小时的急性缺血性脑卒中患者可应用静脉尿激酶溶栓治疗,但选择患者应该更严格。对发病 6 小时以内的急性缺血性脑卒中患者,在有经验和有条件的单位可以考虑进行动脉内溶栓治疗研究。基底动脉血栓形成的溶栓治疗时间窗和适应证可以适当放宽。超过时间窗溶栓多不会增加治疗效果,且会增加再灌注损伤和出血并发症,不宜溶栓。恢复期患者应禁用溶栓治疗。

2. 降纤药物

(1)巴曲酶:首次剂量 10U 溶于生理盐水 100ml 中静脉缓慢滴注,第 3 天和第 5 天重复使用 5U 或 10U 静脉滴注。下列情况首次用量可用 20U,以后维持量每次 5U:1)给药前血纤维蛋白原浓度达 400mg/dl 以上;2)重症突发性耳聋患者,药液使用前用 100ml 以上的生理盐水稀释,静脉滴注 1 小时以上。

(2)降纤酶:首次剂量 5～10U 溶于生理盐水 100ml 中静脉缓慢滴注,第 3 天和第 5 天重复使用 5U。

(3)注意事项:降纤药物具有降低纤维蛋白原的作用,用药后可能有出血或止血延缓现象,因此治疗前及治疗期间应对患者进行血纤维蛋白原和血小板凝集情况的检查,并密切注意临床症状。给药治疗期间出现出血或可疑出血时,应终止给药,并采取输血或其他措施。

如患者有动脉或深部静脉损伤时,该药有可能引起血肿。因此,使用本制剂后,临床上应避免进行星状神经节封闭、动脉或深部静脉等的穿刺检查或治疗。对于浅表静脉穿刺部位有止血延缓现象发生时,应采用压迫止血法。

为使患者理解使用本制剂后发生出血的可能性,因此必须将以下事项告知患者注意:手术或拔牙时,使用本制剂前应和医师讨论;到其他医院或部门就诊时,应将使用本制剂的情况告知医师;用药期间应避免从事可能造成创伤的工作。

(4)建议:脑梗死早期(特别是 12 小时以内)可选用降纤治疗;高纤维蛋白原血症患者更应积极降纤治疗。药物使用应严格掌握适应证、禁忌证。

3. 抗凝药物

(1)普通肝素:可用 6250U(50mg)静脉注射,每 4 小时 1 次;或 12 500～24 000U 加入 5%或 10%葡萄糖溶液中静脉滴注,速度以每小时 100U 为宜。此药也可供皮下注射。

(2)低分子量肝素:4100U,腹壁皮下注射,1～2 次/天,连用 10 天。

(3)华法林:第 1 日 4~6mg,以后每日用 2~4mg。

(4)注意事项:普通肝素、低分子量肝素禁止肌内注射;普通肝素在使用时需测定 PT、APTT 来调节用量,以便使凝血时间维持在正常对照值的 1 倍(一般以延长到 20~30 分钟为度)。低分子量肝素治疗期间一般无需监测凝血状态;长期口服华法林时必须定期监测 INR 值,调整药物剂量,老年患者的 INR 安全窗为 1.5~2.5,75 岁以上的老年患者为 1.5~2.0。还应注意其他药物及食物对华法林的影响和相互作用,如需加用其他药物时,要在专业医师或药师的指导下进行。

用药期间应密切观察患者有无出血或可疑出血,根据患者的情况及时调整药物剂量或停药。使用肝素出现出血,可静脉注射鱼精蛋白,浓度为 2mg/ml(5ml 1% 鱼精蛋白溶液加生理盐水 20ml 混合)。

长期抗凝治疗的患者,术前应暂停抗凝治疗 2 天,以防术后出血,必要时术前 3~5 小时注射维生素 K。如系急症手术则需进行严格的止血和防出血处理,术后 24~48 小时后无出血征象时可继续抗凝治疗。

(5)建议:一般急性脑梗死患者不推荐常规立即使用抗凝剂;使用溶栓治疗的患者,一般不推荐在 24 小时内使用抗凝剂;如果无出血倾向、严重的肝肾疾病、血压>180/100mmHg 等禁忌证时,下列情况可考虑选择性使用抗凝剂:①心源性梗死(如人工瓣膜、心房纤颤、心肌梗死伴附壁血栓、左心房血栓形成等)患者容易复发卒中。②缺血性卒中伴有蛋白 C 缺乏、蛋白 S 缺乏、活性蛋白 C 抵抗等易栓症患者;症状性颅外夹层动脉瘤患者;颅内外动脉狭窄患者。③卧床的脑梗死患者可使用低剂量的肝素或相应剂量的 LMW 预防深静脉血栓形成和肺栓塞。

4. 抗血小板聚集药物

(1)阿司匹林:急性期的推荐剂量为 150~300mg/d,直至二级预防开始。二级预防的推荐剂量为 75~300mg/d。ASA 的治疗剂量宜个体化,每日 1 次,晚餐后服用。

(2)氯吡格雷:急性期的首日负荷量为 300mg,之后 75mg/d。

(3)双嘧达莫:50mg,每天 3 次;或 75mg,每天 2 次。

(4)注意事项:用药期间应注意出血监护,定期监测血象和异常的出血情况,既往有消化道溃疡或出血的患者禁用阿司匹林。

(5)建议:多数无禁忌证的不溶栓患者应在卒中后尽早(最好 48 小时内)开始使用阿司匹林;溶栓患者应在溶栓 24 小时后使用阿司匹林或阿司匹林与双嘧达莫缓释剂的复合制剂;对不能耐受阿司匹林者,用氯吡格雷等其他抗血小板药物。

5. 神经保护药物

(1)钙通道拮抗剂尼莫地平:防治蛛网膜下腔出血所致的脑动脉痉挛及脑缺血,常用剂量为 10~20mg/d,静脉滴注 1mg/h,共 10~14 天。在静脉给药 5~14 天后改为口服,60mg,每天 4 次。防治脑供血不足只用口服尼莫地平即可,剂量为 40mg,每天 3 次。脑水肿和颅内压升高者禁用。

(2)自由基清除剂依达拉奉:一次 30mg,每日 2 次。加入适量生理盐水中稀释后静脉滴注,30 分钟内滴完,1 个疗程为 14 天以内。尽可能在发病后的 24 小时内开始给药。高龄患者尤其是>80 岁的患者慎用(已有多例死亡病例报道),使用时应密切关注患者的肝、肾功能,可能致肝、肾损害。

(3)细胞膜稳定剂胞磷胆碱:静脉滴注,一日0.2～1g,用5%或10%葡萄糖注射液稀释后缓缓滴注。肌内注射,一日0.2g,1或2次注射。用于脑梗死急性期意识障碍患者时,最好在卒中发作后的2周内开始给药。只有在静脉滴注或注射困难时才做肌内注射,并在最小限量内使用。

(二) 脑出血与蛛网膜下腔出血

1. 调控血压　过去常用的药物为硝酸甘油和硝普钠,后来发现硝酸酯及硝普钠因可导致颅内压升高,不推荐用于脑出血及缺血性卒中急性期。现在常用拉贝洛尔和尼卡地平等。

(1)拉贝洛尔:①静脉推注:一次25～50mg加入10%葡萄糖注射液20ml中,于5～10分钟内缓慢推注,如降压效果不理想可于15分钟后重复1次,直至产生理想的降压效果。总剂量不应超过200mg,一般推注后的5分钟内出现最大作用,约维持6小时。②静脉滴注:本品100mg加5%葡萄糖注射液或0.9%氯化钠注射液稀释至250ml,静脉滴注速度为1～4mg/min,直至取得较好效果,然后停止滴注,有效剂量为50～200mg,但对嗜铬细胞瘤患者可能需300mg以上。

(2)尼卡地平:用生理盐水或5%葡萄糖注射稀释后,以盐酸尼卡地平计,0.01%～0.02%(1ml中的含量为0.1～0.2mg)溶液进行静脉滴注,这时以每分钟0.5～6μg/kg的滴注速度给予。从每分钟0.5μg/kg开始,将血压降到目标值后,边监测血压边调节滴注速度。

2. 控制脑水肿,降低颅内压　常用药物为甘露醇或甘油果糖、甘油氯化钠、呋塞米等。

(1)甘露醇:20%甘露醇125～250ml快速静脉滴注,每6～8小时1次,一般情况以应用5～7天为宜。

(2)甘油果糖:250～500ml/d缓慢静脉滴注,主要作为甘露醇的替代药物用于肾功能不全者。

(3)呋塞米:一般用20～40mg静脉注射,每6～8小时1次,与甘露醇交替使用可减轻两者的不良反应。

3. 抗纤溶药物

(1)氨基己酸:12～18g溶于5%葡萄糖溶液500ml中静脉滴注,每12小时1次,10天后改为口服,3周后再减量。或4～6g溶于5%葡萄糖溶液500ml中静脉滴注,4小时内滴完,以达到饱和量;以后1g/h,滴注12～24小时,再改为口服,2g,每天3次,连续用6周。

(2)氨甲苯酸:100～200mg溶于5%葡萄糖溶液或生理盐水中静脉注射,每日2～3次;或400～800mg静脉滴入,每日1次。

抗纤溶治疗可以降低再出血的发生率,但同时也增加CVS和脑梗死的发生率,建议与钙离子通道阻滞药同时使用。

二、老年用药教育

缺血性脑卒中复发率高,亟需进行预防,目前预防药物主要包括抗血小板聚集药、降压药、降脂药。其中证据最多的药物为抗血小板聚集药物,有研究指出抗血小板治疗对常见血管事件的二级预防均有效,可使再发风险明显下降。

高血压是脑卒中的重要、常见、可控制的独立危险因素。流行病学研究表明,收缩压和舒张压在正常范围内血压越低,发生脑卒中事件的危险性越低,因而合理使用降压药控制血压可明显降低脑卒中的复发率。

降脂药对缺血性脑卒中的二级预防也有着不可替代的地位,根据 2008 年欧洲卒中组织(ESO)缺血性卒中治疗指南的建议,缺血性卒中或短暂性脑缺血发作患者若胆固醇升高、并发冠心病或有源于动脉粥样硬化的证据,应当选用他汀类药物;推断为动脉粥样硬化起源的缺血性卒中或短暂性脑缺血发作患者,如果没有预先存在的使用他汀类的指征,为降低血管事件的发生风险,仍然需要给予他汀类药物治疗。

老年脑卒中患者的用药教育主要包括以下几方面。

1. 保持健康的生活方式。劝诫患者戒烟、限酒,享受低盐、低脂肪和低热量饮食,由蔬菜、水果、豆类、鱼、粗制大米或面粉构成的食品中富含不饱和脂肪酸、胡萝卜素、维生素 E,可降低脑卒中复发的风险。适量运动可以降低血压,减轻体质量,减慢脉率,升高高密度脂蛋白胆固醇(HDL-C),降低低密度脂蛋白胆固醇(LDL-C),从而可以预防动脉硬化,降低脑卒中复发。

2. 重视用药风险教育。在患者出院前需告知患者用药风险,强调疾病的严重性与临床表现不一定成正比,尤其是老年患者,反应相对迟钝,有时会掩盖疾病的临床表现,告知坚持连续用药的必要性和重要性,不能中途自行停药、随意增减药物、随意改变服药时间或间隔时间。告知其在欲停药或增减剂量或服用其他专科的药物或保健品前必须征得医务人员同意,以免造成病情反复或不良后果。

3. 抗血小板聚集药阿司匹林肠溶片、氢氯吡格雷片一般一日 1 次,固定时间,以晚上服用效果更优;老年患者一般会加用 PPI 制剂,宜餐前 0.5~1 小时服用效果较佳。服药期间患者应密切注意有无出血包括隐性出血的任何体征,如牙龈出血、瘀斑、血尿、黑便等,一旦出现,及时复查血常规和大便隐血,观察血小板计数、血红蛋白的变化情况。

4. 接受降压治疗的患者应注意按医师规定的时间服用药物,不应随意更换或增减药物。用药期间患者应定期测量血压,一般来说将血压控制在 140/90mmHg 以下,不应过低。如果在降压过程中出现头晕、乏力、嗜睡等症状,应注意是否出现脑供血不足;并注意药物相关的不良反应如水肿、头痛等,及时与医务人员联系。

5. 降脂药常用他汀类药物。在使用过程中,应定期监测肝、肾功能,观察有无肌痛症状。发生严重不良反应时应及时停药,咨询专业医师。

第九节　不合理用药的常见表现及其处理

一、不合理用药的表现

目前不合理用药主要包括以下几方面。

1. 药物选择不合理　如溶栓药仅适用于缺血性脑卒中,不能用于出血性脑卒中的治疗。超过时间窗使用溶栓药物多不会增加治疗效果,且会增加再灌注损伤和出血并发症,不宜选用。恢复期患者应禁用溶栓治疗。脑卒中康复期应选长效降压药。

2. 用法用量不合理　心源性脑卒中患者常使用华法林,对老年患者,华法林适宜从小剂量开始,定期监测 INR 值,调整剂量,将 INR 值调整在 1.5~2.5,75 岁以上的老年患者为1.5~2.0。给药剂量过大可导致出血。

3. 给药途径不合理,未选择最佳给药途径 老年脑卒中患者急性期常伴有吞咽困难,尽量选择非口服给药方式;脑出血急性期降压选择舌下含服硝苯地平或肌内注射利血平等药物降压,降压过快可加重脑缺血,宜选择药物静脉降压,以便根据血压水平调整药物剂量。普通肝素、低分子量肝素禁止肌内注射,可导致局部疼痛、血肿。

4. 给药时间不当,不利于药物的药效发挥 如依那普利、喹那普利等血管紧张素转化酶抑制剂(ACEI)类药物应在睡前 1~2 小时给药,因人体晚间血管紧张素分泌较高,夜间服用 ACEI 类药物拮抗作用强,血压控制好;如饭后立即服用,受胃肠食物的影响,此类药物的生物利用度将减低 50%。阿司匹林肠溶片、氯吡格雷等抗血小板药物建议睡前服用。心脑血管事件的高发时段为上午 6~12 点,而肠溶阿司匹林服用后需 3~4 小时达到血药浓度高峰;加之夜间人体活动少,血液黏稠,血小板易于聚集,因此肠溶阿司匹林晚上服用效果更好。

5. 药物配伍不合理 如肝素与卡那霉素、阿米卡星、柔红霉素、乳糖酸红霉素、硫酸庆大霉素、氢化可的松琥珀酸钠、多黏菌素 B、多柔比星、妥布霉素、万古霉素、头孢孟多、头孢哌酮、头孢噻吩钠、氯喹、氯丙嗪、异丙嗪、麻醉性镇痛药存在配伍禁忌。在使用低分子量肝素抗凝时,同时服用解热镇痛剂量的阿司匹林(及其衍生物)、非甾体抗炎药(全身用药)等可增加出血倾向。

二、不合理用药的判断

可以从以下方面判断用药是否合理:药物的使用是否符合说明书中规定的适应证,是否存在禁忌证,用法用量是否符合说明书,是否对其需要监测的指标定时进行了监测,是否考虑到了患者的病理生理特点进行个体化给药,是否综合考虑了所使用药物之间的相互作用等。

三、不合理用药的处理

发现不合理用药,临床药师及医师应及时干预,尤其是发挥临床药师的积极作用,提高治疗的安全性、有效性和经济性。

1. 及时停药,更换药物。低分子量肝素一般优于普通肝素,但严重的肾功能不全患者不宜使用,可更换为普通肝素。

2. 调整用法用量。银杏达莫(含双嘧达莫)与氢氯吡格雷或者阿司匹林同属抗血小板药,患者尤其是老年患者在使用阿司匹林或氯吡格雷时,银杏达莫应适当减量或停用。

3. 更换给药途径。脑出血急性期降血压不宜使用口服药物,应选择静脉给药,以方便控制血压水平。

4. 注意交代患者用药时间。加强患者的用药教育,交代患者合适的用药时间,如依那普利、阿司匹林等宜晚上睡前服用,PPI 制剂宜餐前 0.5~1 小时使用。

5. 医护人员应严格掌握药品的适应证与禁忌证,掌握药物的相互作用,减少应相互作用导致的不良反应或药效不佳等情况。氯吡格雷与部分 PPI 制剂(如奥美拉唑和兰索拉唑)同在肝脏经 P450 酶代谢,合用可能降低氯吡格雷抗血小板聚集的作用,增加不良反应,应选择对其影响较小的泮托拉唑。

6. 临床药师积极参与治疗,加强患者的用药监护,也可以减低不合理用药的发生。

第十节　治疗的风险及其处理

一、治疗的风险事件

1. 误诊　患者家属不能准确提供重要病史,首诊医师问诊不仔细,体格检查不全面,诊断思维局限,对临床资料缺乏全面综合分析,医护人员水平有限,是误诊的重要原因。

2. 并发症的出现　急性缺血性脑卒中超早期介入动脉溶栓治疗是目前急性脑梗死最重要的治疗方法,但治疗后可能出现脑出血、血管再通后再闭塞、血管狭窄、溶栓后凝血功能障碍导致的颅外出血等并发症。脑卒中患者住院期间很容易合并医院感染,以肺部感染发生率最高,会明显增加患者的病死率。

3. 用药的不依从性　主要表现在忘记服药或不按时服药;认为病已好转自动停药;不按规定剂量服药(自行减少剂量或增大剂量);害怕出现不良反应不敢服药;服药有困难而不服药;药物味道、口感不佳不愿服药;认为疗效不好而不服药;由于药价较贵舍不得服药;一时找不到进口药,国产药又不愿服用等。如有的患者血压高时就服药,血压正常时就停药,间断和无规律的治疗不仅造成血压较大幅度的波动,而且加重了动脉硬化和对心脏、脑、肾脏等器官的损害;有的患者预防使用降血脂的他汀类药物,血脂降至正常后就停止使用,易导致脑卒中的复发。

二、治疗的风险因素

1. 治疗失败。老年人发生脑卒中的患者大多生理功能都处于衰退阶段,加之脑卒中本身也是一种比较危重的疾病,及脑卒中的预后还需要长期的药物治疗和其他辅助治疗,因此,短期内治疗失败的风险概率是很高的,这需要临床高度重视。

2. 病情发展变化或原有的基础疾病导致治疗过程中出现并发症或疾病的转归。老年脑卒中患者多合并有高血压、糖尿病、动脉粥样硬化等基础疾病。缺血性脑卒中溶栓过程中出现脑出血等并发症与患者的年龄、基础疾病、梗死发生的部位、血管闭塞的持续时间、脑梗死的严重程度以及脑组织缺血的持续时间等因素有关。

老年脑卒中患者发生肺部感染的因素主要有长期卧床,大多生活不能够自理,年龄较大,全身器官功能均出现了不同程度的衰退,在脑卒中后就更加重了对脏器功能的损害。大脑皮质受损,常出现一定程度的意识障碍,并且伴有肢体功能障碍,例如偏瘫、全瘫、皮肤感觉功能的减弱或者消失、生理反射的减退,直接导致其机体免疫功能的下降,会使分泌物容易滞留到其肺部及气管内,就会造成阻塞,进而导致肺部感染的发生。

3. 用药的依从性与患者的性格、文化水平,对疾病的认识,用药相关知识缺乏,安全用药意识淡薄,用药种类繁多,服药方法对药物疗效的影响,缺少用药指导和医疗服务等都有密切的关系。如患者对自己所患的疾病认识不足,不明确疾病与依从性用药的关系,不清楚随意更换或停止服药的风险,易导致不重视用药依从性。患者病情复杂,用药品种太多,时间太长,也难以遵从医嘱。

4. 患者之间的个体差异。不同的脑卒中患者,年龄不同,所患的基础疾病也不同。有的患者可能合并高血压,有的合并糖尿病,有的可能合并有多种基础疾病。不同患者对同一种药物的反应也可能不同，可能与患者的基因型有关。

缺血性脑卒中溶栓后发生脑出血也存在个体差异，有报道指出≥70 岁的患者溶栓后症状性颅内出血的风险显著增高（>7%）。有的患者常规剂量使用氯吡格雷可能效果不佳，氯吡格雷是一种前体药物，口服后经代谢为 2-氧氯吡格雷，与血小板膜表面的 P2Y12 受体结合，发挥抗血小板作用。氯吡格雷抵抗的机制涉及多方面，其中 CYP3A4 及 CYP2C19、P2Y12、ABCB1 基因多态性在血小板对氯吡格雷的反应中扮演着重要角色。P2Y12H2 单倍体携带者、CYP3A4 低活性者、ABCB1 基因变异易于发生动脉粥样硬化性疾病，并且对氯吡格雷的治疗效应降低。EXCELSIOR 等研究及多项荟萃分析均表明 CYP2C19*2、CYP2C19*3、CYP2C19*4 基因携带者对氯吡格雷反应差，其心血管事件不良预后、支架内再栓塞、缺血事件再发率较正常人升高 16%～20%。

三、治疗风险的处理

1. 误诊。对患者的病情、病史进行详细询问并采用影像学辅助检查、分析可以有效降低误诊率。发现误诊后应及时调整治疗方案，以改善患者预后，减少或者避免医疗纠纷。

2. 密切关注患者治疗过程中临床体征的变化，出现病情恶化或其他新的临床体征应及时进行相关检查，积极处理出现的并发症，保证患者用药安全，改善预后。如在患者发生肺部感染后进行痰培养，选择适宜的抗生素进行治疗。

3. 提高患者的用药依从性可从以下方面着手：医师根据病情尽量简化治疗方案，医护人员重视对患者的用药教育，对于老年患者尽量交代清楚用法用量、服用时间及可能产生的不良反应，必要时在服药袋上标示清楚，防止患者错服或漏服，同时交代清楚不依从用药的风险，鼓励患者坚持按治疗方案用药，如有病情发展或欲更换药物，应及时咨询专业医师或药师。

4. 重视治疗方案的个体化，达到最佳治疗效果。脑卒中后使用降压药，可以根据患者合并的基础疾病来选择。如钙通道阻滞药适用于合并轻度慢性心力衰竭的患者；β 受体阻断药适用于合并交感兴奋、快速型心律失常的患者；利尿药则适用于合并心、肾功能不全的患者，降压的同时可以适量降低颅内压；而 α 受体阻断药对心、脑、肾的血液供应无明显影响，但能降低血液黏稠度、改善胰岛素抵抗，适用于高血脂、糖耐量异常者。

第十一节　老年脑卒中治疗中的常见药学问题

一、缺血性卒中和 TIA 患者抗血小板治疗的药物选择

1. 非心源性卒中　临床推荐：①抗血小板药物优于口服抗凝药物，可选氯吡格雷（75mg/d）或阿司匹林（75～150mg/d）。对于高危患者，氯吡格雷优于阿司匹林。②考虑出血风险，不推荐常规使用阿司匹林联合氯吡格雷；但对于 ACS 或 1 年内冠状动脉内支架置入的患者，应联合氯吡格雷（75mg/d）和阿司匹林（100～300mg/d）。

2. 心源性卒中

（1）心脏瓣膜病：①合并风湿性心脏病二尖瓣病变的患者，无论是否合并心房颤动，都不建议在抗凝的基础上加抗血小板药物；②对已规范口服抗凝的风湿性二尖瓣病变的缺血性

卒中或 TIA 患者，仍出现复发性栓塞事件时，可加用抗血小板治疗；③对有缺血性卒中或 TIA 病史的二尖瓣脱垂或二尖瓣钙化患者，可单用抗血小板治疗。

（2）人工瓣膜置换后：应用抗凝药物仍发生卒中而无出血高风险的患者，在华法林的基础上可加阿司匹林 100mg/d，保持国际标准化比值（INR）为 2.0～3.0。

（3）卵圆孔未闭（PFO）：①既往有缺血性卒中或 TIA 的 PFO 患者可用抗血小板治疗；②隐源性卒中和 PFO 或房间隔膜部瘤患者给予阿司匹林 50～300mg/d。

3. 卒中急性期　①未溶栓治疗且无阿司匹林禁忌证的患者发病后尽早应用阿司匹林 150～300mg/d，急性期后阿司匹林 75～150mg/d；②溶栓治疗者，阿司匹林等抗血小板药物应在溶栓后的 24 小时内开始使用；③对于不能耐受阿司匹林者，用氯吡格雷等其他抗血小板药物；④对缺血性卒中再发的高危患者如无高出血风险，缺血性卒中或 TIA 后的第 1 个月内阿司匹林 75mg/d 联合氯吡格雷 75mg/d 优于单用阿司匹林。

二、临床常用的神经保护类药物

对于急性缺血性脑卒中来说，及时采取神经保护措施，打断脑卒中对脑神经的损害，有利于脑卒中患者病情的恢复，是不可或缺的治疗手段。目前常用的用于保护神经的药物可以分为钙拮抗剂、自由基清除剂、炎症反应抑制剂、γ-氨基丁酸（GABA）受体激动剂、谷氨酸受体拮抗剂等。临床常用的药物有氟桂利嗪、尼莫地平、尼卡地平等。

三、自由基清除剂的临床评价

自由基参与了动脉粥样硬化和脑缺血后神经细胞的损害过程，所以自由基清除剂通过减少自由基的生成而起到脑保护作用。目前临床上常用的自由基清除剂有丁苯酞软胶囊、依达拉奉、胞磷胆碱以及某些中药制剂等。丁苯酞软胶囊是一个作用比较全面的治疗脑卒中的药物，在发病之后的任何时间均可以开始使用。根据现有的临床治疗经验，为了防止脑部神经的损伤，建议发病后越早使用效果越好。

附：典型案例

脑卒中患者急性期药物静脉溶栓

一、病史资料

患者，男，56 岁。因"突发左侧肢体无力 3 小时"入院。入院当日患者于晨起后洗漱时起病，表现为左侧肢体无力、活动欠灵活，但言语清晰、意识清楚，无头晕、呕吐，在当地医院输液后无好转遂转来我院。既往高血压病史 5 年，血压最高达 180/110mmHg，不规律服用降压药物，血压波动在 140～160/95～105mmHg；否认冠心病、心房颤动等慢性病病史；否认外伤及手术史；近期无出血史。吸烟 30 余年，饮酒 30 余年。入院查体：BP 185/105mmHg，神志清楚，言语流利，双瞳等大等圆、光敏，伸舌稍偏左，左侧上、下肢肌力Ⅲ～Ⅳ级，右侧肢体肌力Ⅴ级，双侧病理征未引出。心电图可见缺血性改变。影像学检查：①MRI 平扫 T1WI 及 T2WI 图像未见明显的异常信号改变；Flair 序列亦未见明显异常；在 DWI 显示右侧颞叶区可见片状高信号，边缘模糊；PWI 显示为右侧颞叶（右侧大脑中动脉供血区）低灌注。②MRA 可见右侧大脑中动脉近端闭塞。③CT 检查见部分梗死灶，未见出血。综合考虑，决定先行降压，立即行静脉 rt-PA 治疗的准备。该患者经降压后即刻给予静脉 rt-

PA 治疗,2 小时后右侧肢体活动能力有所恢复,血压波动在 150～172/80～94mmHg,血糖波动在 6.0～8.0mmol/L。同时在溶栓治疗的 24 小时后给予阿司匹林抗栓、阿托伐他汀稳定斑块、氧自由基清除剂和神经保护药物保护脑细胞。经治疗 2 周后,患者的左侧肢体肌力 IV级,NIHSS 评分 4 分,规律服用降压药物后血压控制在 140～150/75～90mmHg,空腹血糖波动在 5.0～5.8mmol/L,餐后血糖波动在 7.0～7.6mmol/L,给予带药出院。

二、临床药师对于治疗中的建议

1. 患者从发病至诊断评估完成已 4 小时,该患者应首先采取何种治疗?

(1)静脉溶栓治疗:对缺血性脑卒中发病 3 小时内(ⅠA)和 3～4.5 小时(ⅠB)的患者,应根据适应证严格筛选患者,尽快静脉给予 rt-PA 溶栓治疗(ⅠA)。

(2)静脉溶栓治疗的适应证:年龄为 18～80 岁;发病 4.5 小时以内(rt-PA)或 6 小时内(尿激酶);脑功能损害的体征持续存在超过 1 小时,且比较严重;脑 CT 已排除颅内出血,且无早期大面积脑梗死的影像学改变;患者或家属签署知情同意书。禁忌证:既往有颅内出血,包括可疑蛛网膜下腔出血;严重的心、肝、肾功能不全或严重的糖尿病患者;体检发现有活动性出血或外伤的证据;已口服抗凝药,且 INR>1.5;血小板计数低于 $100×10^9$/L;血糖<2.7mmol/L;收缩压>180mmHg 或舒张压>100mmHg;妊娠;不合作。

(3)静脉溶栓的常用药物选择:rt-PA 是 FDA 批准、国内外指南一致推荐的静脉溶栓的首选药物;发病 6 小时内的缺血性脑卒中患者如不能应用 rt-PA 可考虑尿激酶;2007AHA/ASA 指南不推荐静脉链激酶治疗卒中(ⅢA)。

2. 采用静脉溶栓治疗,血压需降至多少?

血压升高的脑卒中患者死亡/卒中再发风险是血压正常患者的 0.7～1.2 倍,合理降压符合脑血管病的病理生理需要,但脑卒中急性期过度降压(>20%)反而预后不佳。指南对于急性期控制血压的建议:准备溶栓者,血压应控制在收缩压<180mmHg、舒张压<100mmHg。血压高的患者,如果别的方面适合 rt-PA 治疗,在溶栓治疗开始之前要降压,使收缩压≤185mmHg、舒张压≤110mmHg(ⅠB)。一个合理的降压目标是在卒中后的最初 24 小时内将血压降低大约 15%。除非舒张压>120mmHg 或收缩压>220mmHg,否则不需要使用降压药物(ⅠC)。该患者入院时血压为 180/105mmHg,应该给予一定的降压治疗后再行溶栓。

3. 该患者如何给予他汀类药物治疗?

缺血性脑卒中或/TIA 伴胆固醇升高,并发冠状动脉疾病或有动脉粥样硬化发生的证据,应根据 NCEP 指南Ⅲ进行管理,包括生活方式的改变、饮食控制和药物治疗。推荐使用他汀类药物,卒中一级预防根据患者的危险分层决定血脂的目标值:将 LDL-C 降到 2.59mmol/L(100mg/dl)或比基线 LCL-C 水平下降 30%～40%;对于已经发生心血管事件或高危的高血压患者、糖尿病患者,LDL-C 应降到 2.59mmol/L(80mg/dl)以下(ⅠA)。卒中的二级预防推荐更积极的强化他汀类药物治疗,降低 LDL-C 至少 50% 或 LDL-C 降到 1.81mmol/L(70mg/dl)以下。他汀类药物分为亲脂性和亲水性药物,对于轻微肝功能异常的患者以选择亲水性药物为主,如瑞舒伐他汀、普伐他汀、氟伐他汀等,亲脂性药物主要有阿托伐他汀、辛伐他汀等。

三、小结

脑卒中患者在急性期内对溶栓药物的使用需要做到选药恰当、使用及时、用量准确。临床药师在参与过程中需要给医师及时提供这方面充分的循证医学证据,以便形成最佳的治疗方案。脑卒中患者的长期治疗对于远期预后有非常大的影响,临床药师更应该发挥药学监护者的作用,对患者进行充分的用药和生活方式的教育,让患者充分遵从医嘱、正确使用药物,对药物治疗有全面系统的把控,确保治疗方案的完整实施。

（童荣生 李 刚）

参 考 文 献

[1] 成蓓. 老年病学[M]. 北京:科学出版社,2009.

[2] 刘鸣,张苏明. 中国急性缺血性卒中诊治指南 2010[J]. 中华神经科杂志,2010,43:146-153.

[3] 王拥军,张苏明. 中国缺血性脑卒中和短暂性脑缺血发作二级预防指南 2010[J]. 中华神经科杂志, 2010,43:154-160.

[4] 徐安定,王拥军. 重组组织型纤溶酶原激活剂静脉溶栓治疗缺血性卒中中国专家共识(2012 版)[J]. 中华内科杂志,2012,51:1006-1010.

[5] 田新平,谢海雁,沈悌. 现代老年医学概要[M]. 第 6 版. 北京:中国协和医科大学出版社,2012.

[6] Jauch EC,Saver JL,Adams HP Jr,et al. Guidelines for the early management of patients with acute ischemic stroke:a guideline for healthcare professionals from the American Heart Association/American Stroke Association[J]. Stroke,2013,44:870-947.

[7] Kernan WN,Ovbiagele B,Black HR,et al. Guidelines for the prevention of stroke in patients with stroke and transient ischemic attack:a guideline for healthcare professionals from the American Heart Association/American Stroke Association[J]. Stroke,2014,45:2160-2236.

[8] 中华医学会神经病学分会神经康复学组,中华医学会神经病学分会脑血管病学组,卫生部脑卒中筛查与防治工程委员会办公室. 中国脑卒中康复治疗指南(2011 完全版)[J]. 中国康复理论与实践,2012, 18(4):301-318.

[9] 胡小辉,姚长江. 急性缺血性脑卒中 t-PA 溶栓治疗不良反应与误用研究进展[J]. 中国实用神经疾病杂志,2012,15(12):76-78.

[10] Topcuoglu MA,Arsava EM,Ay H. Antiplatelet resistance in stroke[J]. Expert Rev Neurother,2011, 11(2):251-263.

[11] Dharmasaroja PA,Muenqtaweepongsa S,Dharmasaroja P. Intravenous Thrombolysis in Thai Patients with acute ischemic stroke:role of aging[J]. J Stroke Cerbrovasc Dis,2013,22(3):227-231.

第九章

老 年 肺 炎

随着人口老龄化的加剧,肺炎这一老年人的健康杀手已成为一个主要的医学、社会问题。与<65岁的人群相比,≥65岁的老年人群所患的肺炎具有不同的临床特点。老年肺炎的诊断常常被延迟,若能针对其特点采取必要的措施,进行积极预防、早期诊断、合理治疗,对于提高对老年肺炎的诊治水平、改善预后、降低死亡率、减低医疗费用等都具有重要意义。

第一节　定义和流行病学

一、定义与分类

肺炎按照发病地点过去传统分为3种:①社区获得性肺炎(community-acquired pneumonia,CAP):是指在社区环境中罹患的感染性肺实质炎症,包括在社区感染而在住院后(通常限定为入院48小时内或在潜伏期内)发病者;②护理院获得性肺炎(nursing home acquired pneumonia,NHAP):其发生率、严重程度和预后等方面界于CAP和HAP之间;③医院获得性肺炎(hospital-acquired pneumonia,HAP):指患者入院≥48小时后发生的肺炎,且入院时未处于潜伏期。HAP又可再分为早发HAP(住院5天)和晚发HAP(住院>5天)。近10余年来,发现肺炎住院患者通常是由于多种耐药(multidrug- resistant,MDR)病原菌引起,其原因包括在院外广泛使用广谱口服抗生素、门诊输注抗生素增加、过早让患者从急诊室出院、老年人增加及过度使用免疫调节治疗。目前根据是否存在MDR病原菌所导致的感染将肺炎分为社区获得性肺炎(CAP)和卫生保健相关性肺炎(health care-associated pneumonia,HCAP),HCAP包括医院获得性肺炎(HAP)和呼吸机相关性肺炎(ventilation-associated pneumonia,VAP)。HCAP可以由下述1种或多种情况界定:静脉内治疗、伤口护理或既往30日内静脉内化疗;居住在疗养院或其他长期护理机构;既往90日内持续2日或2日以上在急症诊疗医院住院;既往30日内去医院或血液透析诊所就诊。

二、流行病学

美国研究显示,成人CAP的总发病率为每年每1000人中发生5.16~6.11例,CAP发病率随年龄增长而增加。该病具有季节性,更多的病例发生于冬季的数月中。肺炎的发病率男性高于女性,黑种人高于白种人。不同地区的CAP病因不同,但肺炎链球菌(*Strepto-*

coccus pneumoniae）仍是世界各地社区获得性细菌性肺炎的最常见的病因。2005年，肺炎加流感在美国最常见的死亡原因中排第8位，而在加拿大排第7位。在美国，超过60 000例患者死于肺炎。需要住院治疗的CAP患者的死亡率最高，这类患者的30日死亡率高达23%。地理位置不同，死亡率同样有所不同（美国/加拿大为7.3%、欧洲为9.1%、拉丁美洲为13.3%）；但在对混杂变量进行调整后，这些差异往往会减小。CAP患者1年内的全因死亡率高达28%。鉴于人口老龄化，预计CAP的负担还会增加。

国外资料显示，社区获得性肺炎在非老年护理院人群中的年发病率为25～44/1000人口，为非老年人群的4倍。在慢性病护理院的老年人群中年发病率更高达33～114/1000人。肺炎在老年患者尸检中的发现率为25%～60%。北京医院的资料显示，60岁以上的尸检中存在肺炎者占45%。中国人民解放军总医院统计146例老年肺炎尸检病例，占同期老年尸检的31.1%。老年肺炎的死亡率高，据国外报道老年人社区获得性肺炎的死亡率达30%，而对于护理院获得性肺炎的死亡率可达57%。据统计，1996—2001年全国呼吸系统疾病死亡人数占总死亡人数的18%，仅次于心脑血管病和癌症，位居第3位。在众多的呼吸道疾病中，肺炎是主要死因。70岁以上的肺炎患者病死率>25%。

第二节　病因和发病机制

一、免疫系统的改变

双肺持续暴露于微粒和微生物中，这些物质会出现在上呼吸道，然后通过微量误吸进入下呼吸道。尽管如此，下呼吸道通常由于肺部的防御机制而保持无菌状态。这些宿主防御可被分为先天性（非特异性）和获得性（特异性）两类。CAP的发生提示宿主防御的缺陷、暴露于毒力特别高的微生物或大量的细菌定植。

老年人免疫系统中抗原提呈细胞向T细胞提呈和处理抗原的能力下降不明显；单核巨噬细胞、中性粒细胞趋化、黏附和吞噬能力影响不大。与此相反，老年人的体液免疫明显下降，主要表现为具有高亲和力的中和抗体减少和自身反应性抗体增加。虽然老年人循环血液中的T淋巴细胞数量无明显下降，但由T淋巴细胞介导的免疫反应的能力是下降的。

二、误吸

大约有一半的健康成年人在睡眠过程中可吸入少量口咽分泌物。正常口咽部分泌物致病菌负荷低，有力的咳嗽、活跃的纤毛转运系统及正常的体液和细胞免疫机制使得气道免受反复临床感染。但是对于老年人其气道的黏液纤毛廓清能力下降，而且部分老年人同时合并有容易导致吸入的疾病。在发生老年肺炎的患者中，隐性误吸的发生率很高。有研究显示，CAP患者中有71%存在隐性误吸而对照组仅有10%的误吸发生率。对于痴呆患者和卒中患者发生误吸的频次也增加。另外据目前证据显示无论是鼻胃管、胃造瘘管还是小肠管（幽门后置管）管饲都不能减少误吸的发生；事实上，因误吸导致的肺炎发生率及肺炎死亡率的增加与应用管饲是相关的。总之，误吸是老年人肺炎的一个重要的发病机制，对于患有神经科疾病的老年患者，其声门功能受损害，经鼻胃管、胃造瘘管似乎并不能减少吸入性肺炎的发生风险。

三、上气道寄植菌的误吸

在老年人中，上气道普遍寄植有革兰阴性菌（肠杆菌科细菌、铜绿假单胞菌）及革兰阳性菌（金黄色葡萄球菌）。有研究证实，在急诊病房中有 60%～73% 的老年危重患者上气道寄植革兰阴性菌，在护理院中有 22%～37% 的老年患者上气道寄植革兰阴性菌；在护理院中大约有 12% 的老年人上气道寄植有金黄色葡萄球菌。导致下气道及上气道细菌寄植的因素有应用抗菌药、气管插管、吸烟、营养不良、外科手术及各种严重的内科疾病、各种导致唾液分泌减少的药物如抗抑郁药、治疗帕金森病的药物、利尿药、降压药及抗组胺药等均与口咽部的革兰阴性菌寄植有关。牙周疾病和牙菌斑明确与护理院获得性吸入性肺炎相关，适当的口腔护理及在没有牙齿的老年人中吸入性肺炎的风险是较低的。

四、合并症

合并症是老年人肺部感染及其预后的一个重要的决定性危险因素，恶性肿瘤、糖尿病、慢性呼吸系统疾病、慢性肾衰竭、慢性心力衰竭等均可增加下呼吸道感染的风险。

五、药物

1. 研究显示，接受胃酸抑制疗法（包括质子泵抑制剂和 H_2 受体阻断药）的患者发生 CAP 的风险增加。

2. CAP 与使用抗精神病药之间存在关联，尽管其机制仍不明确。一项病例对照研究表明，使用抗精神病药使需要住院治疗的较年长人群的肺炎发生风险增加约 60%。另一项病例对照研究发现，相较于过去使用的药物，当前使用的非典型抗精神病药物（OR 2.61，95%CI 1.48～4.61）或典型抗精神病药物（OR 1.76，95%CI 1.22～2.53）的 CAP 风险呈剂量依赖性增加。非典型抗精神病药物发生致命性 CAP 的风险增加（OR 5.97，95%CI 1.49～23.98）。

3. 研究显示，吸入型糖皮质激素治疗 COPD 与肺炎之间存在关联，但另一些研究未提示这一结果。

第三节　临床表现和辅助检查

一、临床表现

1. 症状　在老年人中，肺炎可以是潜在的，它的发生可以没有寒战、咳嗽、咳痰，可以很轻微。其临床表现和严重程度也不成比例。老年肺炎患者常缺乏咳嗽、咳痰、发热、寒战、胸痛等肺炎的特征性表现，代之以谵妄、意识状态下降、嗜睡、食欲缺乏、恶心、腹痛、腹泻、尿失禁、淡漠、虚弱等神经系统和消化系统的非特异性症状，这是老年肺炎的一个重要特点。在有些情况下，老年肺炎患者的唯一表现可能是"难以解释的慢性基础疾病的急性加重"，例如充血性心力衰竭或慢性阻塞性肺疾病的恶化。呼吸急促（呼吸频率＞20 次/分）及心动过速（心率＞100 次/分）可见于大约 2/3 的老年肺炎患者，并且先于其他临床表现 3～4 天出现。

2. 体征 肺部体征也常不典型,可因脱水、浅快呼吸、痰鸣音、鼾音等呼吸道传导音的干扰而改变,常不具备诊断意义;典型的肺实变少见,主要多表现为干湿啰音及呼吸音减低。并发胸腔炎时可听到胸膜摩擦音,并发感染中毒性休克时可有血压下降及其他脏器衰竭的相应体征。

二、辅助检查

1. 血常规 白细胞增多和核左移在老年肺炎中相对少见,并且对于老年肺炎诊断的敏感性相对较低。但是目前认为外周血白细胞升高和核左移、白细胞减少、淋巴细胞减少等是不良预后的因素。

2. 血气分析 动脉血气分析不仅可以发现低氧血症,还可以发现是否存在高碳酸血症。ATS 指南建议对于所有的严重肺炎患者或既往患有慢性肺病的肺炎患者住院时需要查动脉血气分析。因为老年患者的肺功能储备下降,出现高碳酸血症的频率会更高。这一建议同样适用于医院获得性肺炎。对于不需要住 ICU 或内科监护病房的患者仅需要监测外周血氧饱和度。

3. 血生化 查肝肾功能、电解质。常见氨基转移酶升高、低钠血症、低蛋白血症及肾功能异常等非特异性的异常指标。其中低蛋白血症和肾衰竭与死亡率升高相关。

4. 炎症指标 C-反应蛋白(CRP)常升高,虽然 CRP 对细菌感染的特异性较低,但对发现肺炎的敏感性高;在老年人中 CRP 正常基本可排除肺炎。在抗感染治疗过程中若 CRP 浓度持续升高往往提示预后不良,抗感染治疗不充分,并发肺炎旁胸腔积液或脓肿。降钙素原(PCT)发现肺炎的敏感性较低,有研究显示对于 50~85 岁的肺炎患者仅有 54% 的敏感性。

5. D-二聚体(D-dimer) D-dimer 水平增高,提示感染的严重度、凝血受累及是否合并肺动脉栓塞,其动态变化对判断老年重症肺炎的预后具有重要的意义。

6. 病原学检查 对于老年肺炎患者病原学诊断是至关重要的。对于老年肺炎患者是否应该进行痰病原学分析目前尚存在争议(如 IDSA 推荐该项检查,而 ATS 则不推荐),实际上对于老年患者常常因为太虚弱或意识障碍而不能留取满意的痰标本,因此痰病原学检查的诊断价值较低。痰直接涂片,光镜下观察细胞数量,若每低倍镜下鳞状上皮细胞<10 个、白细胞>25 个,或每低倍镜下鳞状上皮细胞:白细胞<1:2.5,被认为是"合格"的痰标本。用该合格的痰标本做定量培养分离的致病菌或条件致病菌浓度$\geqslant$ 10^7 cfu/ml,可以认为是肺部感染的致病菌;$\leqslant 10^4$ cfu/ml 则为污染菌;介于两者之间需要重复痰培养;如连续分离到相同的细菌,浓度为 $10^5 \sim 10^6$ cfu/ml 连续 2 次以上,也可认为是致病菌。对于经过人工气道吸引的痰标本培养细菌浓度$\geqslant 10^5$ cfu/ml 可以认为是致病菌。

7. 胸腔积液培养 胸腔积液培养到细菌则基本可认为是肺炎致病菌。由于血和胸腔积液的标本采集均经过皮肤,故其结果须排除操作过程中皮肤细菌的污染。

8. 支气管镜检查 老年人对于支气管镜检查的耐受性较好,对于治疗效果不佳的老年肺炎患者或者免疫缺陷宿主应该进行支气管镜检查。有研究显示,大约 2/3 的支气管肺泡灌洗液可以获得有意义的病原体,从而改变了 55% 的老年肺炎患者的治疗方案。通过支气管镜检查能诊断之前未被怀疑的分枝杆菌感染或发现一些不常见的病原体,以及非感染性疾病所导致的肺部浸润影。经支气管镜吸引,吸引物培养细菌浓度 $\geqslant 10^5$ cfu/ml 可以认为是致病菌;如肺泡灌洗液培养细菌浓度 $\geqslant 10^4$ cfu/ml、防污染的支气管肺泡灌洗液细菌浓度 $\geqslant 10^3$ cfu/ml,可以认为是致病菌。

9. 血清学检查 在常规抗感染治疗反应差、回顾性研究及流行病学研究时可以查病原的血清学抗体。目前指南在疾病初始并不推荐该项检查。

10. 影像学检查 胸片检查可以明确肺炎的存在,评估疾病的范围,发现潜在的并发症如空洞、肺炎旁胸腔积液或脓肿。胸片还可以发现既往肺部病变如慢性阻塞性肺疾病肺部病变、陈旧性肺结核、间质性肺疾病、支气管扩张或可能存在的肺癌等。X 线胸片或(和)胸部 CT 检查多呈小片状或斑片状影,少数呈大片状、网状影。

11. 其他 对于住院的社区获得性肺炎和护理院获得性肺炎患者推荐血培养和尿军团菌抗原检测。若肺炎患者血和痰培养分离到相同的细菌可以确定为肺炎的病原菌。还可应用 PCR 检测肺炎衣原体、肺炎支原体及常见的呼吸道病毒。但临床仅用于分枝杆菌及肺孢子菌的检测,对其他病原体的检测还仅限于实验室研究。尿肺炎链球菌荚膜抗原检测有助于诊断肺炎链球菌肺炎,对于无菌血症的肺炎患者其敏感性为 64%～69%,对于伴有菌血症的肺炎球菌肺炎患者其敏感性为 77%～100%。该检测的特异性为 82%～97%。该检测的缺点是对于无菌血症的肺炎链球菌肺炎的敏感性较低,及在急性肺炎球菌感染的 1 个月后仍有很高的阳性率。

第四节 诊断和鉴别诊断

老年人由于临床表现较年轻人不典型或与基础疾病的表现相混淆,因此极易漏诊和误断,而这种延误常常会带来老年肺炎的高死亡率。但是,只要能透过现象看本质,多方兼顾,提高对疾病的认识,仍然能够在早期作出诊断,降低死亡率。诊断中,关键是充分了解老年人的基础病史,重视老年人易患肺炎的危险因素,掌握老年肺炎的隐匿性和不典型表现,对其保持足够的警惕,对一些非呼吸系统症状如一般健康状况的恶化、心力衰竭的发生和加重、神志和意识的改变、突然休克等,当一般原因不能解释时,应想到肺炎的可能性,及时进行各种检查,包括临床体检、胸部 X 线检查、各种实验室检查及细菌学检查。

第五节 治疗总体安排

一、确定肺炎的诊断是否成立

老年肺炎的诊断同"指南"中的标准。首先需把肺炎与上呼吸道感染和下呼吸道感染区分开来;其次应把肺炎与其他类似于肺炎的疾病如肺结核、肺癌、急性肺脓肿、肺血栓栓塞症及非感染性肺部浸润影等区分开来。社区获得性肺炎的临床诊断依据:①新近出现的咳嗽、咳痰或原有的呼吸道疾病症状加重,并出现脓性痰,伴或不伴胸痛;②发热;③肺实变体征和(或)闻及湿啰音;④WBC $> 10 \times 10^9$/L 或 $< 4 \times 10^9$/L,伴或不伴中性粒细胞核左移;⑤胸部 X 线检查显示片状、斑片状浸润性阴影或间质性改变,伴或不伴胸腔积液。以上 1～4 项中

的任何 1 项加第 5 项,除外非感染性疾病可作出诊断。卫生保健相关性肺炎、医院获得性肺炎、呼吸机相关性肺炎的临床诊断依据:胸部 X 线检查出现新的或进展的肺部浸润影加上下列 3 个临床症状中的 2 个或 2 个以上可以诊断为肺炎:①发热超过 38℃;②血白细胞增多或减少;③脓性气道分泌物。因为无典型的临床表现(谵妄、无发热、咳嗽;无有意义的体征)使老年医院获得性肺炎的诊断非常困难。对于住院的老年患者在出现不能解释的认知功能改变,潜在的慢性病病情恶化(如充血性心力衰竭、糖尿病、帕金森病等),无法解释的呼吸困难、呼吸急促、心动过速及动脉血氧饱和度下降时,必须高度怀疑是否存在医院获得性肺炎。

二、评估严重程度

目前评价严重程度有肺炎严重指数(pneumonia severity index,PSI)评分和 CURB-65 [包括意识障碍(confusion)、血尿素氮(urea)水平、呼吸频率(respiratory rate)、血压(blood pressure)],但因老年人的临床表现不典型,其是否适用于老年人还有待于循证医学的研究,VAP 采取的临床肺部感染评分(CPIS)(附录 9)可以作为治疗效果的评价。目前我国重症肺炎的诊断标准是:①意识障碍;②呼吸频率 >30 次/分;③$PaO_2<60mmHg$、$PaO_2/FiO_2<300$,需行机械通气治疗;④血压 $<90/60mmHg$;⑤胸片显示双侧或多肺叶受累,或入院 48 小时内病变扩大 $\geqslant50\%$;⑥尿量 $<20ml/h$ 或 $<80ml/4h$,或急性肾衰竭需透析治疗。另外,年龄 >65 岁、基础疾病较重或相关因素较多、白细胞数 $>20\times10^9/L$ 或 $<4\times10^9/L$、或中性粒细胞计数 $<1\times10^9/L$、$PaCO_2>50mmHg$、血肌酐 $>10\mu mol/L$ 或血尿素氮 $>7.1mmol/L$、血红蛋白 $<90g/L$ 或血细胞比容 <0.30、血浆白蛋白 $<25g/L$ 也可作为重症肺炎的诊断依据。

三、确定病原体

根据上述病原学检查结果确定致病菌和是否存在多重耐药菌(multi-drug resistence,MDR),但每一种诊断检查都有其局限性。对于医院获得性肺炎、免疫抑制宿主肺炎和对抗感染治疗无反应的重症肺炎仍应积极采用各种手段确定病原体。在初始治疗前分析最可能的致病菌,尤其是 MDR 菌,对初期经验性治疗十分重要。可以根据全国或地区细菌监测数据,结合木单位的观察以及患者的个休情况(危险因素)判断致病菌。迄今为止,肺炎链球菌仍然是老年社区获得性肺炎(达 58%)和护理院获得性肺炎(30%)的最主要的病原菌,据报道对于住 ICU 的老年肺炎患者中,分别有 14% 的社区获得性肺炎和 9% 的护理院获得性肺炎是由肺炎链球菌感染导致的。肺炎链球菌感染的危险因素有肺部有共存的基础疾病、肝病、酗酒等。流感嗜血杆菌也是老年人社区获得性肺炎和护理院获得性肺炎的最常见的致病菌之一,可导致 14% 的老年人社区获得性肺炎和护理院获得性肺炎及 7% 的住 ICU 的老年人重症社区获得性肺炎和护理院获得性肺炎。金黄色葡萄球菌可导致 7% 的社区获得性肺炎和 4% 的护理院获得性肺炎,特别是耐甲氧西林金黄色葡萄球菌(methicillin resistant Staphylococcus aureus,MRSA)在护理院获得性肺炎中更常见。由于在护理院人群中 MR-SA 的寄植率不断增加,而且 MRSA 寄植导致全身感染的可能性较大,MRSA 导致的肺炎可能会更常见。与金黄色葡萄球菌感染相关的其他肺部疾病包括肺脓肿、脓胸,以及继发于呼吸道病毒感染的细菌性肺炎。对于肠杆菌科细菌,无论是寄植还是感染都与患者并存基础病的数量和严重程度相关。在社区环境中,革兰阴性杆菌感染主要见于体弱和慢性病患者,而铜绿假单胞菌的存在往往提示有支气管扩张症的存在。非典型病原菌感染不仅见于老年社区获得性肺炎,还见于护理院获得性肺炎。常见的病原体有军团菌、肺炎衣原体、肺炎支原体、立克次体等。多数研究都提示肺炎支原体感染在老年人中是非常罕见的。在ICU 的重症老年社区获得性肺炎中未见由肺炎支原体感染导致的患者。军团菌是老年肺炎中最常见的非典型病原菌。有研究显示军团菌导致的社区获得性肺炎的患病率在不同地区差别较大,波动于 1.8%～24%。由于军团菌感染的诊断试验的低到中度的敏感性,军团菌感染的发病率很可能被低估。血清学检查的敏感性为 40%～60%;痰标本直接免疫抗体染色的敏感性为 30%～70%,特异性为 94%～99%;痰培养的敏感性达 80%;尿军团菌抗原检测的敏感性为 79%～83%;如果仅考虑军团菌血清型 1 感染,其敏感性可达 94%。对于重症社区获得性肺炎及护理院获得性肺炎必须要考虑是否为军团菌感染导致。军团菌肺炎表现为全身性疾病、肌痛、腹泻、乏力、头痛、1/3 的患者有咳嗽和咯血、25%～25%的老年患者伴意识状态改变,其他相关症状有心动过缓、肝损害、低钠血症等,但上述症状与其他原因导致的重症肺炎无法鉴别。体征方面缺少肺部体征。在社区获得性肺炎和护理院获得性肺炎的住院患者中有 2%～32%的患者由病毒感染导致,最常见的病毒包括流感病毒、呼吸道合胞病毒及副流感病毒。对于老年患者还需要考虑 HIV 病毒及分枝杆菌、奴卡菌、非结核分枝杆菌、真菌等机会致病菌感染的可能性,尤其当抗感染治疗效果差时。

第六节 药物治疗方案

一、抗感染治疗

老年肺炎的抗菌治疗原则上遵守"早期""适当""足量""短程"的原则。宜选用静脉给药途径。具体关于何种情况下选择哪一类抗菌药物,我国和许多其他国家都有指南详述(如ATS、IDSA、BTS)。老年人与年轻人在抗菌药物选择的具体方案上差别不大,仅在 IDSA指南中包括了单独一章老年肺炎,其中唯一的修正是关于老年人应用氨基糖苷类抗菌药治疗可疑铜绿假单胞菌感染可以导致治疗结果恶化。

1. 早期适当治疗 老年肺炎以混合感染多见,常有耐药菌,治疗必须及时,任何延误都可能是致命的。有研究表明,就诊 8 小时内开始抗菌药物治疗可降低老年肺炎的 30 天病死率;8 小时后,每延长 1 小时都会增加病死率。大量研究表明,起始抗生素治疗是否适当是决定预后的关键因素。

2. 分析最可能的致病菌,重点考虑 MDR 菌 采取经验性治疗研究发现,既往使用过的抗生素及其种类与细菌耐药性显著相关。长时间应用多种广谱抗生素可以改变患者正常微生物的寄生,杀死敏感的非致病菌,导致 ESBL 和(或)MRSA 的出现;而老年患者的免疫力低下,常常不能有效清除这些致病菌,致使 MDR 菌的感染率和病死率明显增加。老年CAP 与青年患者在致病菌、病情特点、身体状况等方面存在很大差异。首先应对患者的免疫状况、基础疾病及临床表现等进行全面评估,然后考虑患者是否存在误吸,选用的抗生素应确保覆盖主要致病原如肺炎链球菌、革兰阴性肠杆菌等。重症肺炎(CAP 或 HAP)还需考虑军团菌感染;同时还须充分考虑到药物的安全性问题,并注意对不良反应的监测。CAP 的抗生素经验性治疗见表 9-1。

表 9-1　CAP 的抗生素经验性治疗

门诊患者

- 身体健康及过去的 3 个月内未用过抗生素

  大环内酯类抗生素(克拉霉素 500mg po bid)或

  阿奇霉素(首剂 500mg po,第 2 天 250mg qd)或

  多西环素(doxycycline)(100mg po bid)

- 伴随疾病或过去的 3 个月内未用过抗生素

  选用另一类抗生素

  一种呼吸喹诺酮类(莫西沙星 400mg po qd)或

  左氧氟沙星(750mg po qd)

  一种 β-内酰胺类(高剂量的阿莫西林 1g tid)或

  阿莫西林/克拉维酸(2g bid)或

  头孢曲松(1~2g iv qd)

  头孢泊肟(200mg po bid)

  头孢呋辛(500mg po bid)加一种大环内酯类抗生素[a]

- 具有高耐大环内酯类药物细菌[b] 的地区,选用以上伴随疾病用药

住院,但未住 ICU

  一种呼吸喹诺酮类(莫西沙星 400mg po 或 iv qd)或

  左氧氟沙星(750mg po 或 iv qd)或吉米沙星(320mg po qd)

  一种 β-内酰胺类[c](头孢他啶 1~2g iv bid)或

  头孢曲松(1~2g iv qd)、氨苄西林(1~2g iv q4~6h)

  选择使用厄他培南(1g iv qd)加一种大环内酯类[d]

  [口服克拉霉素或阿奇霉素(首次 1g,然后 500mg iv qd)]

住 ICU

一种 β-内酰胺类[e](头孢他啶 1~2g iv q8h)或

头孢曲松(2g iv qd)、氨苄西林/舒巴坦(2g iv q8h)加阿奇霉素或呼吸喹诺酮类(同以上住院用药)

特殊考虑

- 如果考虑铜绿假单胞菌感染

  一种抗肺炎链球菌和抗铜绿假单胞菌,β-内酰胺类[哌拉西林/他唑巴坦(4.5g iv q6h)、头孢吡肟(1~2g iv q12h)、亚胺培南(500mg iv q6h)、美罗培南(1g iv q8h)]加环丙沙星(400mg iv q12h)或左氧氟沙星(750mg iv qd)

  上述 β-内酰胺类加氨基糖苷类[阿米卡星(15mg/kg qd)或妥布霉素(1.7mg/kg qd)]和阿奇霉素

  上述 β-内酰胺类加氨基糖苷类加抗球菌的氟喹诺酮类药物

- 如果考虑 CA-MRSA

  加用利奈唑胺(600mg iv q12h)或万古霉素(15mg/kg,加到 1g iv q12h)

注:[a]:多西环素可替代大环内酯类;[b]:分离病原菌 25%的最低抑菌浓度(MIC>16μg/ml);[c]:对青霉素过敏者换用氟喹诺酮类药物;[d]:多西环素可替代大环内酯类;[e]:对青霉素过敏者换用氟喹诺酮类药物加氨曲南(2g iv q8h);CA-MRSA:社区耐甲氧西林金黄色葡萄球菌;ICU:加强治疗病房;MDR:多重耐药

HAP 的最初经验性治疗分为两类：①无多重耐药已知危险因素的、早发的、任何严重程度的肺部感染，可能的病原体为肺炎链球菌、嗜血流感杆菌、甲氧西林敏感金黄色葡萄球菌（MSSA）和敏感的肠道革兰阴性杆菌（大肠埃希菌、肺炎克雷伯杆菌、变形杆菌和沙质黏雷杆菌），ATS 推荐使用头孢曲松或左氧氟沙星、莫西沙星、环丙沙星或氨苄西林加舒巴坦或厄他培南。②对晚发的、有多重耐药危险因素的所有重症肺炎（VAP），常为多重耐药的铜绿假单胞菌、产 ESBL 的肺炎克雷伯杆菌和不动杆菌感染，ATS 推荐采用抗铜绿假单胞菌头孢菌素（CEF、CTD）或抗铜绿假单胞菌碳青霉烯类或 β-内酰胺类加酶抑制剂（P/T）＋抗铜绿假单胞菌氟喹诺酮类（环丙沙星、左氧氟沙星）或氨基糖苷类（阿米卡星、庆大霉素或妥布霉素）；MRSA 所致的重症肺炎采用利奈唑胺或万古霉素；军团菌所致的重症肺炎采用大环内酯类或氟喹诺酮类。如果分离到产 ESBL 肠杆菌科细菌，则应避免使用第三代头孢菌素，最有效的药物是碳青霉烯类；铜绿假单胞菌感染推荐联合用药，单药治疗易发生耐药；对不动杆菌最具抗菌活性的是碳青霉烯类、舒巴坦、黏菌素和多黏菌素；厌氧菌感染在老年肺部感染中常见和具有独特性，对有隐性吸入者，应考虑覆盖这类细菌。HCAP 的抗生素经验性治疗见表 9-2。

表 9-2　医疗保健相关性肺炎（HCAP）的抗生素经验性治疗

无 MDR 危险因素的患者
头孢曲松（1～2g iv qd）或
莫西沙星（400mg iv q24h）、环丙沙星（400mg iv q8h）
或左氧氟沙星（750mg iv q24h）或
氨苄西林/舒巴坦（3g iv q6h）或
厄他陪南（1g iv q24h）
有 MDR 危险因素的患者
● 一种 β-内酰胺类
头孢他啶（2g iv q8h）或头孢吡肟（2g iv q8～12h）或
哌拉西林/他唑巴坦（4.5g iv q6h）
亚胺培南（500mg iv q6h 或 1g iv q8h）或
美罗培南（1g iv q8h）加上
● 具有抗革兰阴性杆菌的药物
庆大霉素或阿米卡星（20mg/kg qd）或妥布霉素（7mg/kg q24h）或
加环丙沙星（400mg iv q8h）或
左氧氟沙星（750mg iv qd）加上
● 抗革兰阳性球菌的药物
利奈唑胺（600mg iv q12h）或万古霉素（15mg/kg，加到 1g iv q12h）

3. 足够、合理的剂量和恰当的治疗疗程　老年肺部感染的抗生素治疗也需要使用合理的剂量，以保证最大疗效，防止耐药菌产生。治疗剂量不足不仅不能杀灭细菌，导致临床治疗失败，而且还诱导耐药菌的产生。目前全球已达成共识，除铜绿假单胞菌外，恰当的初始

治疗应努力将疗程从传统的 14～21 天缩短至 7 天。

在老年肺炎中,应注意区分是否存在吸入性因素,因为吸入性肺炎在老年人中是非常常见的。吸入性肺炎多为厌氧菌和需氧菌混合感染,致病菌主要为厌氧菌、革兰阴性杆菌,以厌氧菌、肺炎链球菌、金黄色葡萄球菌、革兰阴性杆菌为主。治疗时应选择覆盖厌氧菌的抗菌药物,并注意加强吸痰、吸氧和呼吸支持治疗。

由于老年人的免疫功能减退和经常使用广谱高效抗生素,或长期接受糖皮质激素治疗的慢性阻塞性肺疾病,很容易出现菌群失调,而继发二重感染,肺部真菌感染亦较常见。临床上对体质较弱又需要使用第三代头孢菌素、碳青霉烯类抗生素、第四代头孢菌素等抗生素时,可考虑联合使用氟康唑预防二重感染;如痰培养发现肺部真菌感染,应立即停用抗生素,给予氟康唑治疗。

二、其他治疗

老年肺炎往往存在并发症,如呼吸衰竭、胸腔积液、心力衰竭、电解质紊乱、休克、消化道出血、多脏器功能衰竭等。在老年肺炎的治疗过程中,应给予全身支持疗法,包括充足的营养,水、电解质平衡及免疫调节剂的应用。①老年人的脏器功能减弱,口渴中枢不敏感,平时饮水不多,患肺炎时易出现脱水、电解质紊乱,治疗中应注意酌情补液以纠正水、电解质紊乱;②严密观察病情,注意血压、脉搏、体温、呼吸、神态等变化,一旦出现休克还应积极进行抗休克治疗;③老年肺炎患者应住院治疗,卧床休息,注意保暖,鼓励患者做深呼吸、咳嗽,或由别人叩击背部促进排痰,也是很重要的治疗措施;④在控制感染的同时配合吸氧,给予必要的营养,警惕合并症的发生;⑤VAP 患者尽早拔除气管插管,加强吸痰和引流,防止意外拔管进行再插管,尽早使用无创呼吸机治疗。

三、治疗后的并发症

病情严重的 CAP 除可并发呼吸衰竭、休克、多脏器功能衰竭、出血和原有基础疾病的急性发作外,最重要的是迁徙感染、肺脓肿和胸腔积液。迁徙感染如脑脓肿或心内膜炎往往被医师忽视。肺脓肿与吸入有关或者由单一细菌引起如 CA-MRSA、铜绿假单胞菌(少见)和肺炎链球菌。吸入性肺炎都是厌氧菌和需氧菌混合感染,治疗应建立有效的引流,抗生素应覆盖已知或可能的病原菌。明显的胸腔积液及时诊断并为处理做好准备。如果胸腔积液的 pH<7.0、葡萄糖<2.2mmol/L、乳酸脱氢酶(LDH)>1000U/L 或找到细菌或培养出细菌,就应该做充分的引流,必要时置入胸腔闭式引流管。

HAP 的并发症除了死亡以外,最主要的并发症是机械通气时间延长,从而导致住 ICU 的时间和住院时间延长,导致住院费用增加。很少患者并发坏死性肺炎(通常由铜绿假单胞菌引起),其可以引起肺出血。最常见的是坏死性感染导致支气管扩张和肺间质瘢痕形成,这种并发症医师往往未予重视。患者处于高代谢状态,引起营养不良、肌肉萎缩和全身衰弱,需要长时间才能恢复,甚至导致不能独立活动及需要长期家庭护理。

四、对初始治疗失败的分析和处理

老年肺炎患者经过抗生素治疗 3 天后,对治疗效果反应慢、无效或恶化,就要想到:①患者是不是感染? ②如果是感染,那么选用的抗生素治疗病原菌对吗? ③是不是又出现新的院内病原菌的感染？首先因引起肺部阴影的疾病很多,如 COPD 和肺大疱、肺间质纤维化、ARDS 或充血性心衰、肺癌、过敏性肺炎、肺动脉栓塞、风湿免疫病的肺部表现、肺结核、胸膜疾病、炎性假瘤等均可误诊为肺炎,要进行鉴别;其次尽管是 CAP,初始选择的药物是正确的,治疗无效的原因是否出现了选择性耐药菌或者因并发肺脓肿或肺内小脓肿阻止抗生素到达病原菌;另外要考虑是不是选择抗生素不正确或抗生素的用量不够或间隔时间过长;还有尽管是肺炎,但引起肺炎的致病菌不是细菌而是其他病原菌如结核或真菌等;还有是不是院内肺内或肺外超级感染持续存在。所以对所有引起治疗延迟反应、无效或恶化的情况,均要仔细分析和鉴别,必要时再复查胸部 CT 或行气管镜检查,以明确原因。

老年 VAP 的治疗失败很常见,特别是 MDR 菌感染。用万古霉素治疗 MRSA 肺炎的失败率为 40%。无论采用何种治疗方案,铜绿假单胞菌治疗的失败率达 50%。目前还没有不动杆菌属感染治疗的失败率的统计数据。采用指南推荐的三药联合治疗方案可减少不恰当的治疗(表 9-2)。在治疗过程中出现 β-内酰胺酶耐药是重要的失败原因,特别是铜绿假单胞菌、肠杆菌属和不动杆菌属。原有病原菌引起 VAP 复发的原因是气管插管表面形成生物被膜,其内的病原菌重复吸入造成的。但铜绿假单胞菌所致 VAP 的复发有 50% 是由新的病原菌引起的。万古霉素的局部药物浓度不够可能是万古霉素治疗失败的原因。

治疗失败后的病原菌诊断很困难,在鉴别诊断中一定要考虑到是由新的病原菌感染或存在肺外感染引起肺炎,还是药物的毒性作用。动态 CPIS 评分(附表 9)可更准确地反映临床治疗效果,重复细菌的定量培养可证明微生物的治疗效果。治疗 3 天后,CPIS 值仍保持不变或增加预示治疗失败,氧合改善是 CPIS 中最敏感的指标。

五、治疗效果随访

无基础疾病的 CAP 肺炎患者经治疗 2～4 天,体温下降和血白细胞计数恢复正常,体征持续时间长,胸片变化较慢,需要 4～12 周完全吸收,是由病情的严重程度或者并存的基础疾病决定的。如果病情好转或已出院,4～6 周后再复查胸片。如果肺炎复发,特别是在同一部位,要警惕存在肿瘤的可能性。

VAP 如果抗生素治疗有效,治疗 48～72 小时后患者的病情好转,但胸片检查可能阴影加重,因此治疗早期通过胸片的变化来判断病情变化是无益的。如临床情况好转,无需复查胸片。但对于重症病例,每几天进行复查胸片是合适的,如患者的病情好转并且稳定,几周内没有必要复查胸片。

六、关于老年肺炎治疗需要考虑的问题

1. 是否都应该联合应用 β-内酰胺类和大环内酯类抗菌药抗感染治疗？

目前对于＞65 岁的社区获得性肺炎或护理院获得性肺炎老年患者,美国和英国指南推荐的一线治疗方案包括联合应用 β-内酰胺类和大环内酯类抗菌药(或多西环素)或抗铜绿假单胞菌的氟喹诺酮(门诊患者用口服,住院患者用静脉)。一项纳入 12 945 例因为社区获得性肺炎入院的 65 岁以上老年患者的回顾性研究显示,与单独应用非抗铜绿假单胞菌的第三代头孢菌素治疗相比,无论是联合应用大环内酯类和第二代头孢菌素或非抗铜绿假单胞菌的第三代头孢菌素,还是单独应用氟喹诺酮治疗的患者具有更低的 30 天死亡率(死亡率下降 26%～36%)。但有瑞士的研究者认为在还没有证实会获益的情况下联合用药会导致

抗菌药滥用，它们只在具有明确军团菌感染的危险因素、军团菌抗原检测阳性或对 β-内酰胺类抗菌药初始治疗 48～72 小时反应差的重症肺炎患者中开始联合应用大环内酯类抗菌药治疗。

2. NHAP 应该按照 CAP 还是按照 HAP 治疗？

与老年社区获得性肺炎相比，老年护理院获得性肺炎更有可能继发于痴呆或心脑血管疾病，从而存在更差的功能状态及卧床状态；而且存在合并症、谵妄状态和功能状态受损均与老年人更高的死亡率相关。事实上，目前研究显示与老年社区获得性肺炎患者相比，老年护理院获得性肺炎患者具有更高的病情严重度评分和更高的死亡率。目前研究也发现革兰阴性菌导致的护理院获得性肺炎并没有之前的研究报道的那么多。肺炎链球菌仍然是迄今为止最常见的致病菌。MSSA 和 MRSA 应该被考虑为护理院获得性肺炎可能的致病菌。对于卧床患者或具有误吸高风险的患者，应给予足量的覆盖革兰阴性菌的抗菌药（第三代头孢菌素或抗铜绿假单胞菌的头孢菌素）。

七、预防

增强体质，注意防寒保暖；应加强营养，注意蛋白质、维生素的补充，借以增强免疫功能；减少危险因素如吸烟、酗酒等；对于年龄＞65 岁者应接种流感疫苗和肺炎球菌疫苗。

（方保民）

第七节　药学监护与信息反馈

一、观察疗效

通常初始治疗后的 48～72 小时应对病情和诊断进行评价。有效的治疗反应首先表现为体温下降，呼吸道症状亦可以有改善，白细胞恢复和 X 线胸片病灶吸收一般出现较迟。凡症状明显改善，不一定考虑痰病原学检查结果如何，仍可维持原有治疗。症状显著改善后，胃肠外给药者可改用同类或抗菌谱相近或对致病原敏感的制剂口服给药，采用序贯治疗。

需要注意的是，老年肺炎患者由于机体免疫力差、合并的基础疾病多，抗感染治疗时症状、体征或实验室检查指标（如血常规中的白细胞、中性粒细胞数值以及胸片、CT 等结果）往往改善较慢，这就会造成抗菌药物的使用时间不必要地延长；也会因担心药物不良反应而过早停药，造成病情反复，故对于老年肺炎患者应及时评估疗效。①给予初始治疗后应密切观察老年患者咳嗽、咳痰、发热、呼吸困难等症状、体征的变化，监测血常规（白细胞、中性粒细胞）、胸部 X 线片、肺部 CT、特异性病原学检查、药敏试验等；②可于用药 48～72 小时后评估疗效，最长可延至 5 天，此时如症状、体征或实验室检查结果均无改善，应及时更换抗菌药物；③慢性支气管炎急性发作患者的咳嗽、咳痰症状只要恢复至平时的稳定状态即可认为治疗有效；④症状改善后，应及时采用序贯疗法，由静脉注射换用口服给药。

二、给药方法的适宜性

早期治疗对于老年肺部感染患者至关重要,4～8小时内开始抗菌药物治疗可显著降低老年肺炎患者的病死率、缩短其住院时间,且对于病情严重的可疑患者,即使肺炎诊断尚不确定,也应在4小时内开始抗菌药物治疗。

选择静脉给药还是口服给药,需要考虑多种因素,包括患者的敏感程度、疾病的严重程度、患者的既往疾病以及可能影响口服药物分布与吸收的有关问题。通常口服抗生素以生物利用度好、不良反应小为佳。静脉给药注意审核给药间隔、溶液配伍、给药剂量(依据老年患者的肌酐清除率)是否适宜。

三、观察不良反应

1. 肝功能　青霉素类、头孢菌素类、大环内酯类、喹诺酮类、四环素类药物部分或全部由肝脏代谢,用药过程中需监测患者的肝功能,关注丙氨酸氨基转移酶、天冬氨酸氨基转移酶值等肝功能指标的变化,及时发现药物对肝功能的损害,并注意肝功能损害对药物代谢的影响,必要时调整药物剂量。

2. 肾功能　青霉素类、头孢菌素类(特别是第一、第二代头孢菌素)、部分喹诺酮类、氨基糖苷类、四环素类、磺胺类、两性霉素B,万古霉素等均大部分从肾脏排泄或有不同程度的肾毒性,用药过程中需监测患者的肾功能,观察血肌酐、尿素氮指标的变化,必要时做24小时尿肌酐测定,计算老年患者的内生肌酐清除率。对于氨基糖苷类、两性霉素B、万古霉素这些肾毒性大的药物,用药时还需进行治疗药物浓度监测,并关注尿常规,以尽早发现肾功能损害;同时注意肾功能损害对药物排泄的影响,及时依据肾功能情况调整给药剂量。

3. 耳毒性　氨基糖苷类和两性霉素B有可能造成内耳结构性损伤,如联合使用其他耳毒性药物如水杨酸类、利尿药等则会加重耳毒性,导致短暂性或者永久性听力丧失,因此对原有听力障碍的老年患者应避免使用此类药物。如确需使用,应及时关注患者的耳鸣、耳胀、眩晕等耳毒性征兆,及时给予对症处理。

4. 静脉炎　静脉炎是静脉输液的常见并发症,老年人因血管硬化、弹性减弱,更易引起静脉炎。头孢菌素类致静脉炎的发生频率较高,使用时应提醒护士做好防护措施,关注患者是否有注射局部发红、疼痛、肿胀,沿静脉走向出现红线等静脉炎的症状。

5. 巨幼细胞贫血　磺胺类药物可阻断叶酸代谢,干扰叶酸合成,使用时应防止发生巨幼细胞贫血,用药过程中应加强血细胞形态检查的监测。

6. 精神异常　喹诺酮类药物可引起神经系统紊乱和精神异常。该类药物的脂溶性高,能通过血脑屏障进入大脑组织,可抑制γ-氨基丁酸(GABA)与受体结合,从而提高中枢神经系统的兴奋性。老年患者是发生神经系统不良反应的高危人群,使用该类药物时应关注患者是否出现头痛、眩晕、耳鸣、听力下降、视力下降、烦躁、抽搐及癫痫发作等精神症状,及时停药。

四、用药依从性

抗感染治疗期间应重视老年患者的用药依从性,向其详细讲解药物的具体使用方法,告知目前的治疗方案是按照疾病的临床表现、轻重缓急、患者的生理生化特点、药物的药理作用、药动学特点、临床治疗目标等来确定的,服药次数、每次用药剂量和用药间隔不能随意变动,更不能自己随意加服其他药物,以免造成疗效降低或出现不良反应。

第八节 用 药 指 导

一、治疗药物用法

应熟悉常用治疗药物的药理作用,掌握其药动学和药效学特点,与医师、护士等通力合作,选择适宜的溶媒、正确的给药剂量和给药频次,结合患者的自身情况制订个体化给药方案。在此基础上,向患者详细说明药物的用法用量、可能的不良反应等,告知患者应严格按药品说明书及医嘱用药。

二、老年用药教育

口服抗菌药物如青霉素类、头孢菌素类、大环内酯类、喹诺酮类、四环素类、磺胺类时应注意其胃肠道反应。应告知老年患者,大部分抗菌药物尤其是胃肠道刺激性较小或食物会影响其吸收的药物,尽量在饭前空腹服用,以促进药物吸收,如头孢克洛、阿奇霉素等;某些胃肠道刺激性较大的药物可在饭后服用,以减少胃肠道不适,如红霉素、磺胺类药物等。

喹诺酮类、四环素类可引起光敏反应,使用这些药物时应告知患者尽可能避免或减少接受日光照射,尤其是夏季在强光下不宜时间过长,过敏体质的患者最好避免使用光敏性药物。

第九节 不合理用药的常见表现及其处理

一、不合理用药的表现

(一) 抗菌药物使用不合理

1. 给药时间、频次 抗菌药物的给药时间、给药频次不当是目前临床常见的不合理用药现象。

抗菌药物的给药间隔取决于其半衰期、PK/PD 及抗生素后效应(post antibiotic effect, PAE)。根据抗菌药物的后两个特征,将其分为浓度依赖性抗生素及时间依赖性抗生素两大类。抗生素的抗菌活力依赖于体内活性药物的浓度能够持续大于最低抑菌浓度,而抗生素的体内半衰期一般较短,浓度依赖性抗生素一般采用每天 1 次的给药方法往往达不到稳态血药浓度,反而诱导细菌产生耐药性。因此,原则上浓度依赖性抗菌药物应将其单个剂量集中使用,适当延长给药间隔,以提高血药峰浓度;而时间依赖性抗菌药物其效果主要取决于血药浓度超过所针对细菌的最低抑制浓度(MIC)的时间,与血药浓度关系不大,故其给药原则上应缩短间隔时间,使 24 小时的内血药浓度高于致病菌 MIC 至少 60%,或者 1 个给药间隔期内超过 MIC 的时间必须 $>40\%\sim50\%$,方可达到良好的杀菌效果。

青霉素类、头孢菌素类、碳青霉烯类、克林霉素、部分大环内酯类抗生素属时间依赖性抗生素,其杀菌效果主要取决于血药浓度超过最低抑菌浓度(MIC)的时间(t),$t>$MIC 在 24

小时内超过 50％ 时可达临床有效,当血药浓度在达到 MIC 的 4～5 倍时杀菌率即处于饱和,此时再提高给药剂量不会提高杀菌效果,反而会引起不良反应发生率增加。因此时间依赖性抗生素的用药原则是将时间间隔缩短,不必每次大剂量给药,一般每 3 或 4 个半衰期给药 1 次,日剂量分 3 或 4 次给药,日剂量 1 次给药无法满足抗菌要求且极易使细菌产生耐药性。

氨基糖苷类、氟喹诺酮类、甲硝唑等 PAE 长的抗菌药多属于浓度依赖性抗菌药,其杀菌活力及临床疗效与血药浓度呈正相关,药物浓度越高,杀菌率越高,杀菌范围越广,这些药物可在日剂量不变的情况下有较宽的投药间隔。目前,氨基糖苷类每日 1 次的给药方案可以增强组织穿透力及感染组织中的抗菌药物浓度,同时由于谷浓度降低,能减少耳、肾毒性等不良反应的发生率,抑制耐药菌的发生。氟喹诺酮类如氧氟沙星、环丙沙星等由于半衰期较长和较明显的 PAE,给药间隔时间可延长为 12 小时,而头孢曲松、氟罗沙星、罗红霉素、阿奇霉素因其半衰期较长,均可每天 1 次给药。

2. 抗感染疗程　抗感染治疗一般可于热退和主要呼吸道症状明显改善后的 3～5 天停药,但疗程视不同病原体、病情严重程度而异,不宜将肺部阴影完全吸收作为停用抗菌药物的指征。老年患者在症状已改善、痰培养仍有少量病原菌时可视为定植菌,停用抗菌药物。对铜绿假单胞菌等非发酵菌的抗感染疗程要充足,一般为 21 天,否则易导致感染复发。

（二）溶媒选择不合理

老年患者多合并多种基础疾病,在抗感染治疗的同时会联合使用多种治疗药物,医师在开具静脉药物医嘱或护士在配制静脉输液时,有时会忽视溶媒的选择。静脉药物配制时应选用正确或合适的溶媒,否则会影响药物的治疗效果或引起不良后果。青霉素、阿莫西林/克拉维酸钾在葡萄糖偏酸性的溶液中易发生分解变质,宜用生理盐水;卡泊芬净注射液不可选用葡萄糖溶液作为溶媒;注射用厄他培南只能选用生理盐水来溶配药物。

（三）口服药物剂型选择不合理

高龄老年人由于脑功能的衰退,吞咽功能易有障碍,有时需将较大的片剂磨碎后服用。如通过胃管给药,也需将药片磨碎或将胶囊中的颗粒倒出后再给药,但需注意,缓释制剂一般不能磨碎,否则会改变药物的释放速度。药师如发现医嘱中有使用缓释片进行胃管给药时,应建议改用其相应的速释剂型。

二、不合理用药的判断

应依据相关治疗指南,结合患者的病情严重程度、年龄、合并疾病、既往用药史、药物和食物过敏史、疾病诊断、主要的可能致病菌等个体特点,具体治疗药物的药动学和药效学特征,对患者的药物治疗方案进行合理审查,及时发现不合理用药现象。

三、不合理用药的处理

对于抗菌药物的应用,应熟悉常用抗菌药物的药理学和药动学特点,严格遵循药动学及其药效学指导用药,从而提高药物的针对性和有效性;积极推广序贯治疗,节省时间,节省相关医疗资源;认真对待抗菌药物的循环应用,减少耐药性的产生和药物的毒副作用,以便在临床上获得更好的效果。

第十节 治疗的风险及其处理

一、治疗的风险事件

文献报道,抗微生物药物是引起过敏性休克的第一危险药物。药物致过敏性休克的发生不可预测,与药物的剂量大小无关,属 B 型药品不良反应(ADR),发生后如不及时抢救,有死亡的危险。老年肺炎患者由于病情重、耐受性差、多合并基础疾病,需联合使用多种药物,过敏性休克的发生风险增加。

二、治疗的风险因素

刘峰等对 191 例药物致过敏性休克不良反应的文献进行分析,发现 50 岁以上的患者共有 88 例,占全部过敏性休克病例的 46.07%;172 例由静脉给药引起,占 90.05%,远高于其他给药途径;抗菌药物所占的比例最大;过敏性休克导致死亡的病例中,有 5 例是由使用抗菌药物引起的,占 45.45%;其中 β-内酰胺类(头孢菌素类)4 例,占抗菌药的 80%。提示老年患者由于用药多、用药机会大、免疫能力和体质均较青年人有所差异,同时多数伴有心、脑血管疾病,对药物的代谢和反应具有较大差异,是发生过敏性休克的高发人群。在老年肺炎的治疗过程中,静脉给予抗菌药物,特别是临床使用频率高、过敏反应发生率亦高的 β-内酰胺类抗菌药物时,需密切监护,警惕药源性过敏性休克的发生。

三、治疗风险的处理

为减少老年肺炎患者药源性过敏性休克的发生:①使用抗菌药物时应严格掌握适应证。②关注药物相互作用,谨慎联合用药。③根据患者的病情正确选择给药途径,能口服用药者尽量避免静脉给药;对于老年患者,特别是患有严重疾病及多脏器功能衰退者,不论是静脉滴注还是口服,均应多加注意。④用药前应仔细询问患者的药物过敏史、家族过敏史、既往用药史、药物不良事件处置史等。⑤使用青霉素类药物,无论采取何种给药途径,用药前必须皮试;有青霉素过敏者禁行皮试。头孢菌素类药物在注射前应使用拟用药物进行皮试,皮试阳性者禁用。对于碳青霉烯类及单环 β-内酰胺类抗菌药物,建议严格按照药品说明书中的要求谨慎使用,最好在用药前用拟用药物进行皮试。

发生过敏性休克时应立即停用致敏药物,就地抢救。过敏性休克的抢救流程包括:①立即皮下或肌内注射 0.1% 肾上腺素 0.2~0.5ml,此剂量可每 15~20 分钟重复注射;②脱离变应原,结扎注射部位近端肢体或对发生过敏的注射部位采用封闭治疗(肾上腺素 2~5ml 封闭注射);③苯海拉明或异丙嗪 50mg 肌内注射;④地塞米松 5~10mg 静脉注射,继之以琥珀酸氢化可的松 200~400mg 静脉滴注;⑤氨茶碱静脉滴注,剂量为 5mg/kg;⑥抗休克治疗:吸氧、快速输液、使用血管活性药物强心等;⑦注意头高脚低位,维持呼吸道通畅。

在过敏性休克的抢救中应特别注意:①迅速识别过敏性休克的发生;②积极治疗,维护呼吸道通畅。

第十一节　老年肺炎治疗中的常见药学问题

一、药物不良反应的判断和处理

临床医师日常工作较为繁忙,对于药品不良反应的重视程度不足。药师应以患者为中心,在深入临床参与药物治疗的过程中,积极宣讲药物不良反应的知识,及时发现并收集药品不良反应信息,并对其进行判断和评价,提高医务人员及患者认知药物警戒信号的能力,减少药源性损害。

典型案例:患者,男,79 岁。主因"腹痛 29 小时,咳嗽、咳痰 15 天,憋气 1 周"于由消化内科转入呼吸内科。既往慢性肾功能不全病史 7 年余,目前规律血液透析(隔日 1 次)。否认药物、食物过敏史。入院后给予注射用盐酸头孢吡肟 2g 静脉滴注,每 12 小时 1 次抗感染。入院第 7 天患者出现烦躁情绪,时有胡言乱语。

头孢吡肟主要经肾脏排泄,肾功能不全、尿毒症患者和老年患者则可因药物清除率的降低导致药物蓄积,发生相关不良反应。神经毒性反应为头孢吡肟的少见不良反应,主要表现为精神症状,如烦躁不安、言语混乱、谵妄、昏迷及阵发性癫痫和脑电图异常放电等。但与其他头孢菌素类抗生素相比,头孢吡肟的神经毒性反应更为常见,且与患者的肾功能、年龄、给药剂量、合用肾毒性药物、神经精神病病史等密切相关,其中肾功能不全(肾衰竭)是最重要的危险因素。

药师分析该患者既往肾功能不全病史 7 年余,现隔日血液透析,目前头孢吡肟的用量偏高,考虑其神经系统异常可能为头孢吡肟蓄积所致,故建议依据说明书将盐酸头孢吡肟减量至 0.5g 静脉滴注,每 24 小时 1 次。但医师考虑患者存在高龄、长期卧床、血液透析、体力差等多种院内感染的危险因素,将盐酸头孢吡肟减量至 1g 静脉滴注,每 12 小时 1 次。此后患者持续烦躁、胡言乱语,并于入院第 9 天出现嗜睡状态,时有呼之不应,对答不切题,四肢肢体不自主抽动,各项生命体征正常,药师再次建议停用盐酸头孢吡肟,遂于当日停用。停药后患者神志略好转,呼之能应,四肢不自主运动减轻。5 天后患者神志清楚,对答切题,四肢不自主运动消失。

二、潜在药物相互作用

老年肺炎患者多合并多种基础疾病,需联合使用多种药物,药师可灵活运用相关专业知识,协助临床医师从品种繁多的合并用药中及时发现并处理潜在的不良药物相互作用,保障患者的用药安全。

典型案例:患者,女,94 岁。主因"发热伴咳嗽、脓痰 4 天"入院。患者既往脑梗死并继发癫痫病史 4 年,长期口服丙戊酸钠缓释片控制癫痫。否认药物、食物过敏史。入院后给予美罗培南抗感染;继续使用地高辛片、酒石酸美托洛尔片、胰岛素、丙戊酸钠缓释片等治疗基础疾病。入院时监测 VPA 的血药浓度为 $31.03\mu g/ml$。入院第 8 天患者发作癫痫,嘴角、四肢不自主抽动,监测 VPA 的血药浓度为 $7.99\mu g/ml$。

碳青霉烯类药物与 VPA 存在严重的不良相互作用,且该相互作用的程度和发生时间未能完全确定,目前认为两者之间的相互作用无法通过监测丙戊酸的血药浓度或调整剂量来监控。文献报道,美罗培南与 VPA 存在突发的、严重的、非剂量依赖性的药物相互作用,可使 VPA 的血药浓度明显降低,增加患者癫痫的发作危险。因此,2010 年欧洲药品管理局(EMA)药品安全性报告及多数文献报道中均建议避免联合应用碳青霉烯类药物和 VPA。故药师建议避免合用美罗培南和 VPA,调整抗感染药物或抗癫痫药物。遂于入院第 9 天停用美罗培南,给予头孢哌酮/舒巴坦＋左氧氟沙星联合抗感染治疗,继续丙戊酸钠缓释片 250mg bid 控制癫痫,并积极给予降糖、补充蛋白、补钾等对症支持治疗,此后患者病情稳定,监测 VPA 的血药浓度逐渐升高至 49.42μg/ml,未再发作癫痫。

三、治疗药物浓度监测

根据临床药物治疗的需要进行治疗药物浓度监测,并依据其临床诊断和药动学、药效学的特点设计个体化给药方案是临床药师的工作职责之一。

典型案例:患者,男,77 岁,体重 75kg。主因"阵发性咳嗽、咳痰伴喘憋 8 年,加重 7 天"入院,入院时右上肢 PICC 置管。患者入院后反复高热,PICC 导管尖端培养示耐甲氧西林凝固酶阴性葡萄球菌,菌落数＞15 个,遂给予注射用万古霉素抗感染。

依据 2009 年《成人万古霉素治疗与监测实践指南》,万古霉素的血清谷浓度是监测疗效的最准确而实用的方法。推荐万古霉素的血清谷浓度维持在 10mg/L 以上,对于复杂感染,则为 15~20mg/L;应监测万古霉素的血清谷浓度来降低肾毒性。

结合该患者高龄、长期置管、病情危重等特点,为确保万古霉素的疗效、降低肾毒性的发生,药师协同医师拟定其万古霉素的目标治疗谷浓度维持在 10~15mg/L,并建议于万古霉素达稳态血药浓度后(如每日 2~3 次给药,第 4 次剂量后可达稳态浓度)检测万古霉素的谷浓度(给药前取血),依据血清谷浓度水平调整给药剂量。患者万古霉素的初始给药剂量为 0.5g,每日 1 次,2 日后监测其谷浓度为 8.73mg/L,未达到目标浓度,遂加量至 0.5g,每 12 小时 1 次,继续监测万古霉素的谷浓度为 11.81mg/L。

四、肾功能与抗菌药物给药剂量

肾功能不全的感染患者,特别是老年患者,应根据其肾功能情况适当调整给药剂量。肾小球滤过率(GFR)[≈内生肌酐清除率(Ccr)]是临床常用的评估肾功能损害程度及调整给药剂量的依据。目前多采用 Cockcroft-Gault 公式计算患者的 Ccr:Ccr(m/lmin)＝[(140－年龄)×体重(kg)×88.4]/[72×血清肌酐浓度(μmol/L)](男性),Ccr(女性)＝Ccr(男性)×0.85。

典型案例:患者,男,83 岁。主因"咳嗽、咳痰 3 个月,发热 1 周"入院。入院后给予注射用亚胺培南-西司他丁钠 0.5g ivgtt q6h 抗感染,继续尿毒清颗粒、复方 α-酮酸片治疗肾功能不全;苯磺酸氨氯地平片降压;螺内酯、呋塞米利尿;并积极祛痰、止咳、营养支持等对症治疗。患者入院时血肌酐为 474.2μmol/L,根据 Cockcroft 公式计算其内生肌酐清除率(Ccr)约为 6.79ml/min,提示肾功能重度损害。故入院第 2 天,药师建议依据其 Ccr 将亚胺培南的给药剂量减量为 0.5g q12h,医师采纳建议,于当日更改医嘱。此后观察患者无发热,咳嗽、咳痰明显好转,继续监测血肌酐维持在 431.7~376.6μmol/L。

(王东晓)

参 考 文 献

［1］ Rybak M，Lomaestro B，Rotschafer JC，et al. Therapeutic monitoring of vancomycin in adult patients：a consensus review of the American Society of Health-System Pharmacists，the Infectious Diseases Society of America，and the Society of Infectious Diseases Pharmacists［J］. Am J Health Syst Pharm，2009，66 (1)：82-98.

［2］ Houck PM，Bratzler DW，Nsa W，et al. Timing of antibiotic administration and outcomes for Medicare patients hospitalized with community-acquired pneumonia［J］. Arch Intern Med，2004，164(6)：637-644.

［3］ 邓美玉，张令晖，刘勇谋. 首剂抗生素应用时间对老年重症肺炎预后的影响［J］. 临床肺科杂志，2010，15 (3)：323-324.

［4］ Metersky ML，Sweeney TA，Getzow MB，et al. Antibiotic timing and diagnostic uncertainty in medicare patients with pneumonia：is it reasonable to expect all patients to receive antibiotics within 4 hours? 2006［J］. Chest，2009，136(5 Suppl)：e30.

［5］ 陈子安，雷招宝，李庆. 头孢吡肟致神经毒性反应 78 例中外文献分析［J］. 中国药房，2011，(8)：3726-3729.

［6］ 张迪，王茂义，吕晶. 头孢吡肟致脑病 1 例并文献分析［J］. 中国药房，2010，21(40)：3831-3832.

［7］ Naeije G，Lorent S，Vincent JL，et al. Continuous epileptiform discharges in patients treatedwith cefepime or meropenem［J］. Arch Neurol，2011，68(10)：1303-1307.

［8］ Bragatti JA. Cefepime-induced neurotoxicities［J］. Cent Nerv Syst Agents Med Chem，2008，(8)：229-233.

［9］ Park MK，Lim KS，Kim TE，et al. Reduced valproic acid serum concentrations due to drug interactions with carbapenem antibiotics：overview of 6 cases［J］. Ther Drug Monit，2012，34(5)：599-603.

第十章

老年支气管哮喘

第一节　定义和流行病学

　　支气管哮喘(简称哮喘)是常见的慢性呼吸道疾病之一。哮喘没有一个公认的准确定义,部分原因是症状缺乏特异性。从病理学角度看,哮喘可能被大致描述为"一种气道的慢性炎症性疾病"。然而,这种描述忽略了哮喘中气流阻塞时重时轻的特点,也未能将哮喘与其他气道炎症性疾病(如慢性支气管炎或细支气管炎)相区分。将炎症及支气管高反应性的关键作用与特征性临床症状相结合的定义更加适用。例如哮喘可能被定义为"一种常见的气道慢性疾病,较为复杂,其特征为可变且反复出现的症状、气流阻塞、支气管高反应性及基础炎症"。哮喘的这些特征性的相互作用,决定了哮喘的临床表现和严重程度及其对治疗的反应。

　　由于在各研究中哮喘的定义和收集资料的方法各不相同,从而无法精确评估哮喘的患病率。美国疾病控制中心的数据显示,从 20 世纪 80 年代早期到 90 年代中期,美国的哮喘患病率有所增加。从那之后哮喘患病率更平稳地增加,在 2001—2009 年间,年龄校正后的哮喘患病率从 7.3% 增加到了 8.2%。在日本 20～64 岁的人群中哮喘患病率为 4.7%～6.4%,65 岁以上的人群为 9.7%,在 75 岁以上的人群中则达到 10.9%。WHO 评估,估计 2004 年有多达 3 亿的各年龄段的个体患有哮喘;到 2025 年,预计全世界的这一数据会增加到 4 亿。据估计,全球每死亡 250 人,约有 1 人是因哮喘所致,其中大部分可以通过最佳医疗处理预防。哮喘的直接(如住院和药物费用)和间接(如工作或学习的时间损失)经济费用是相当可观的。有研究显示,在 65 岁及 65 岁以上的老年人中,哮喘患病率估计为 4%～8%。另外一项报告估计,超过 200 万的哮喘患者年龄在 65 岁及 65 岁以上。近年来在老年哮喘患者中因哮喘死亡的人数呈上升趋势,而非老年患者中哮喘的病死率在逐渐下降,老年患者因哮喘住院和死亡的比例明显高于其他年龄段的患者。如何提高对老年哮喘的诊断、治疗和管理水平受到广泛关注,成为亟待解决的问题。

第二节　危险因素与诱发因素

　　老年哮喘可能的危险因素和诱发因素与其他年龄段中哮喘的诱发因素相似。老年哮喘患者需花时间询问有关诱发因素的情况,因为超过 1/3 的老年哮喘患者报告有运动引发的

244

哮喘症状,1/2报告动物接触、粉尘或烟气暴露诱发了呼吸系统症状,超过2/3的患者报告其呼吸系统症状存在季节性恶化。

1. 特应症(是指一类与遗传密切相关的速发型变态反应,也就是过敏性体质对环境中常见的抗原产生IgE类抗体应答的倾向性,对变态反应性疾病的易感性)　是老年哮喘的重要促发因素。尽管从儿童期到老年期,特应性症状的患病率、IgE水平、变应原皮肤试验阳性率都在下降,但仍约有1/4的老年患者至少有1种变应原皮肤试验结果阳性,约有3/4的老年哮喘患者对1种或多种常见的室内变应原(如蟑螂、猫、狗、螨虫等)过敏。总IgE水平高或针对猫或螨抗原的特异性IgE水平高的年龄较大的患者更可能出现气道高反应性(bronchial hyperresponsiveness,BHR),或者在2~3年的随访期中发生BHR,这与较年轻的患者相同。对蟑螂过敏的老年哮喘患者的哮喘症状更为严重,后来的肺功能下降可能更迅速。在瑞典和芬兰,室内潮湿和真菌生长是成年新发哮喘(adult-onset asthma)的危险因素。

2. 吸烟　在诊断为哮喘的老年患者中,可有多达一半的患者是正在吸烟者或既往吸烟者。吸烟是COPD和肺气肿的主要病因,但在老年哮喘患者中,吸烟也能够增加IgE抗体的生成、增高气道反应性,并增加痰中炎性标志物的生成。吸烟不是老年患者发生哮喘的主要危险因素,但可促使病情难以控制。

3. 刺激物暴露　刺激物暴露也能增加哮喘的发病风险。除了环境中的香烟烟雾外,木材燃烧炉和室内使用生物质燃料(如木材、农业废弃物)产生的烟也与成人哮喘的发生有关。在成人哮喘中,约1/4属于工作相关性哮喘(work-related asthma)。生活在美国北加利福尼亚的老年女性的哮喘与以下职业有关:艺术、装潢、摄影、技术、医务工作、食品制备、清洁、社会服务工作和服务工作。粉尘、汽油、蒸汽、烟气或感光剂暴露与哮喘也有关联。室外空气污染尤其是颗粒物污染与哮喘发作有关,也会增加呼吸系统疾病的住院数量。一项有关空气污染对老年呼吸系统影响的研究显示,每日哮喘入院率在寒冷季节与二氧化氮和二氧化硫增加高度相关,并且与常年黑烟增加高度相关。臭氧含量也可能促成发生老年哮喘。

4. 共存疾病　老年哮喘患者常见一些已知的和未知的共存疾病,这些共存疾病有可能会降低患者对哮喘治疗药物的依从性,从而加重哮喘的病情。一项针对美国第三次全国健康和营养调查(Third National Health and Nutrition Examination Survey,NHANES Ⅲ)的分析显示,不考虑COPD与哮喘重叠的情况下,老年哮喘患者中有20%合并心力衰竭、20%有心肌梗死病史、45%合并高血压。

5. 肥胖　肥胖已被认为是老年女性哮喘的危险因素,肥胖似乎也可在男性中预测哮喘,但其相关性没有在女性中的那么强烈。

6. 药物　治疗共存疾病的某些药物可能是哮喘的危险因素,或者可能使哮喘加重。一些治疗高血压、冠心病、青光眼和关节炎的药物可能会使潜在哮喘发作,如局部或全身β受体阻断药、阿司匹林或非甾体抗炎药(NSAIDs)。停用相关药物可能会改善哮喘控制。虽然女性成年新发哮喘的发生率随绝经而下降,但与未使用绝经后激素类药物(单用雌激素或联用雌、孕激素)的女性相比,使用者的哮喘发病率增加至2倍。

哮喘患病率随年龄增长而增高。随着年龄增长,呼吸系统的功能逐渐发生改变。呼吸功能在女性20岁、男性25岁时达到高峰,此后逐渐出现肺内气体陷闭增加、胸壁的顺应性下降、呼吸肌功能下降,表现为功能残气量、呼气流速等通气功能受损,弥散功能降低及动脉血氧分压的轻度下降,以及运动能力的降低。另外,因常年暴露于粉尘、香烟烟雾等环境因素中,肺部的免疫功能也会发生改变,将出现获得性免疫系统的功能受损,导致自身免疫性疾病和肿瘤的发病风险增加,伤口愈合减慢,对感染的抵抗能力下降。老年人肺内的中性粒细胞增加,CD4/CD8 比值上升,气道上皮表面衬液中的抗氧化物质减少。老年哮喘患者的气道炎症反应以中性粒细胞为主,自身免疫反应在发病过程中起重要作用,变应性反应相对较弱。

　　老年哮喘患者可分为青少年时发病的持续型和中年以后发病的晚发型两种类型。持续型哮喘指在 40 岁以前发病的哮喘,遗传因素起主要作用,通常存在变应性反应,以 Th2 和嗜酸性粒细胞炎症反应为主;晚发型哮喘指在 40 岁之后发病的哮喘,氧化应激、端粒缩短等参与发病过程,变应性反应不明显,没有明显的家族聚集性,除 Th2 和嗜酸性粒细胞炎症反应外,Th1、Th17、中性粒细胞炎症反应也发挥重要作用。老年哮喘患者中半数以上为晚发型哮喘,有研究显示 60 岁以上的哮喘患者中约 60% 为 45 岁以后发病。

第三节　病理和病理生理

　　气道重塑是哮喘后期的重要病理表现。在老年哮喘患者中,持续型患者患病时间越长,阻塞性通气功能障碍越明显,提示气道重塑越严重。老年患者因机体弹性纤维减少、脊柱弯曲、关节活动能力减低而导致胸廓硬化,对肺内支气管的牵引力下降,细支气管管径变小。吸烟者则出现小气道功能的明显受损。上述因素导致即使在哮喘稳定期,老年哮喘患者也长期存在末梢气道的狭窄。老年哮喘通常伴有换气分布不均,可导致换气功能的下降。

第四节　诊断和鉴别诊断

　　间歇性喘鸣、咳嗽、胸闷等哮喘症状在老年患者中与年龄较小的患者中并无不同,但老年患者可能较少向医师报告因气流受限造成的呼吸困难。老年患者可能存在中至重度的气流受限,但是并未向医师报告自己存在呼吸困难,而只是提及喘鸣、胸闷或咳嗽,这可能是由于他们适应了症状长期存在。提示存在哮喘的线索包括鼻塞、鼻溢、喷嚏和眼痒,它们可能提示过敏性疾病;没有瘙痒和喷嚏的情况下鼻塞和嗅觉丧失,它们可能提示鼻息肉。在不吸烟的老年患者中,慢性咳嗽也是哮喘的另一个重要线索。门诊就诊的老年哮喘患者的胸部体检常是阴性结果,因此在有哮喘样症状史的患者中,即使没有发现呼气相哮鸣音、呼气时间延长或胸壁过度膨胀,也不能排除哮喘。而当发现患者鼻黏膜苍白、水肿或存在鼻息肉时,则哮喘的可能性增加。

一、诊断标准

　　1. 反复发作喘息、气急、胸闷或咳嗽,多与接触变应原、冷空气、物理或化学性刺激以及病毒性上呼吸道感染、运动等有关。

　　2. 发作时在双肺可闻及散在或弥漫性的、以呼气相为主的哮鸣音,呼气相延长。

　　3. 上述症状和体征可经治疗后缓解或自行缓解。

　　4. 除外其他疾病所引起的喘息、气急、胸闷和咳嗽。

5. 临床表现不典型者(如无明显的喘息或体征),应至少具备以下 1 项试验阳性:①支气管激发试验或运动激发试验阳性;②支气管舒张试验阳性,FEV_1 增加≥12％,且 FEV_1 增加的绝对值≥200ml;③呼气流量峰值(PEF)的日内(或 2 周)变异率≥20％。符合第 1～4 条或第 4、第 5 条者可以诊断为哮喘。

长期以来老年哮喘存在诊断不足的问题,约半数的老年哮喘患者未能得到正确诊断。当出现夜间呼吸困难、咳嗽、喘鸣等症状时,老年人易将哮喘表现当做老化的表现。在 110 名老年人中的调查发现,69％的人认为呼吸困难是年龄增长导致的。随着年龄增长,机体对低氧和高二氧化碳的敏感性下降,即使血气指标有明显变化仍可以没有呼吸困难的表现。另外,因日常活动的减少使呼吸困难的症状不明显,将呼吸困难当做其他合并疾病的表现,肺功能检查率低,认为老年哮喘的发病率低等也是老年哮喘诊断率低的原因。

老年哮喘患者自觉症状少,诊断时通常已经为疾病的中、后期,可逆性较小。日常活动的减少可作为早期预警信号,在没有呼吸困难表现之前即开展深入的检查,6 分钟步行试验可能有一定帮助。老年哮喘需要鉴别诊断的疾病众多,主要包括慢性阻塞性肺疾病、心功能不全、缺血性心脏病、肺癌、反流性食管炎、误吸、血管炎、支气管扩张等疾病。当老年患者有吸烟和(或)生物粉尘暴露史时,应注意诊断有无哮喘-慢性阻塞性肺疾病重叠综合征。

二、分期

根据临床表现,哮喘可分为急性发作期、慢性持续期和临床缓解期。慢性持续期是指每周均不同频度和(或)不同程度地出现症状(喘息、气急、胸闷、咳嗽等);临床缓解期是指经过治疗或未经治疗症状、体征消失,肺功能恢复到急性发作前的水平,并维持 3 个月以上。

三、分级

1. 哮喘控制水平的分级　分级评价哮喘控制水平可用于指导临床治疗,以取得更好的疗效。控制水平分级见表 10-1。

表 10-1　控制水平分级

	完全控制 (满足以下所有条件)	部分控制 (在任何 1 周内出现以下 1～2 项特征)	未控制 (在任何 1 周内)
白天症状	无(或≤2 次/周)	＞2 次/周	
活动受限	无	有	
夜间症状/憋醒	无	有	出现≥3 项部分控制特征
需要使用缓解药的次数	无(或≤2 次/周)	＞2 次/周	
肺功能(PEF/FEV_1)	正常或≥正常预计值(或本人最佳值)的 80％	＜正常预计值(或本人最佳值)的 80％	
急性发作	无	≥每年 1 次	在任何 1 周内出现 1 次

2. 哮喘急性发作时的分级 哮喘急性发作是指喘息、气促、咳嗽、胸闷等症状突然发生，或原有症状急剧加重，常有呼吸困难，以呼气流量降低为其特征，常因接触变应原、刺激物或呼吸道感染诱发。老年哮喘急性发作常见的诱发因素包括呼吸道感染、接触变应原、胃食管反流、充血性心衰、药物等。呼吸道病毒感染是最主要的诱因，而增龄引起肺部和免疫系统的变化使老年人发生肺部感染的风险增加，并且使疫苗的预防作用下降。哮喘急性加重的程度轻重不一，可在数小时或数天内出现，偶尔可在数分钟内危及生命，故应对病情作出正确评估，以便给予及时有效的紧急治疗。哮喘急性发作时病情严重程度的分级见表10-2。

表 10-2 哮喘急性发作时病情严重程度的分级

临床特点	轻度	中度	重度	危重
气短	步行、上楼时	稍事活动	休息时	
体位	可平卧	喜坐位	端坐呼吸	
讲话方式	连续成句	单词	单字	不能讲话
精神状态	可有焦虑,尚安静	时有焦虑或烦躁	焦虑烦躁	嗜睡或意识模糊
出汗	无	有	大汗淋漓	
呼吸频率	轻度增加	增加	常>30 次/分	
辅助呼吸肌活动及三凹征	常无	可有	常有	胸腹矛盾运动
哮鸣音	散在,呼吸末期	响亮,弥漫	响亮,弥漫	减弱,乃至无
脉率(次/分)	<100	100~120	>120	脉率变慢或不规则
奇脉	无,<10mmHg	可有,10~25mmHg	常有,>25mmHg（成人）	无,提示呼吸肌疲劳
最初支气管舒张剂治疗后 PEF 占预计值或个人最佳值的%	>80%	60%~80%	<60%或<100L/min 或作用持续时间<2 小时	
PaO_2(吸空气,mmHg)	正常	≥60	<60	<60
$PaCO_2$(mmHg)	<45	≤45	>45	>45
SaO_2(吸空气,%)	>95	91~95	≤90	≤90
pH				降低

注:只要符合某一严重程度的某些指标,而不需满足全部指标,即可提示为该级别的急性发作

四、相关诊断试验

肺功能测定有助于确诊哮喘,也是评估哮喘控制程度的重要依据之一。在老年患者中,根据症状通常会低估疾病的严重程度。虽然老年患者肺功能结果的可靠性下降,但肺功能仍是评价老年哮喘病情严重程度的重要客观指标。在老年人群中,第1秒率低于70%相当常见,利用 Z 指数等其他指标可能有助于评价老年人通气功能的受限程度。老年患者对 β

受体激动剂的反应差,可导致气道可逆试验出现假阴性结果。由于气道反应性随年龄增长而增加,老年患者中若乙酰甲胆碱气道激发试验结果为阴性则有助于除外哮喘,但阳性结果对哮喘的诊断意义下降。老年哮喘患者疾病的进展不伴随总 IgE 水平的升高,但变应原特异性 IgE 会随着环境抗原暴露时间的延长而增加。可通过变应原皮试或血清特异性 IgE 测定证实哮喘患者的变态反应状态,以帮助了解导致个体哮喘发生和加重的危险因素,也可帮助确定特异性免疫治疗方案。

第五节　治疗总体安排

一、老年哮喘的治疗

虽然哮喘目前尚不能根治,但以抑制炎症为主的规范治疗能够控制哮喘的临床症状。有效治疗哮喘一般应注意个性化需求,持续治疗;药物治疗预防和(或)缓解症状的有效方式;药物治疗的副作用及如何处理;症状未出现时进行预防性治疗以减轻炎症,症状出现时及早治疗。

老年哮喘患者对治疗的依从性差,发生哮喘急性发作的频率高,住院治疗的比例大,病死率高,他们通常需要更高剂量的激素,应长期维持治疗,临床上很难停药。老年哮喘治疗中的难点包括哮喘与其他引起喘息的疾病的鉴别困难、疾病出现症状晚、应用吸入装置困难、β受体激动剂疗效降低等。

老年哮喘患者的成功管理也基于以下 4 个主要部分:病情监测、患者教育、环境因素控制、药物治疗。NAEPP 和全球哮喘防治创议(Global Initiative for Asthma,GINA)推荐,首先确定哮喘严重程度,由此指导初始治疗方法,根据随后的哮喘控制水平评估结果,逐级调整治疗方案。

(一) 长期治疗方案的确定

老年哮喘的治疗应以患者的病情严重程度为基础,根据其控制水平类别分级选择适当的治疗方案。哮喘药物的选择既要考虑药物的疗效及安全性,也要考虑患者的实际状况(如经济收入和当地的医疗资源等)。要为每例初诊患者制订哮喘防治计划,定期随访、监测,改善患者的依从性,并根据患者的病情变化及时修订治疗方案。哮喘患者的长期治疗方案分为 5 级,见图 10-1。

对以往未经规范治疗的初诊哮喘患者可选择第 2 级治疗方案,哮喘患者症状明显,应直接选择第 3 级治疗方案。从第 2～5 级治疗方案中都有不同的哮喘控制药物可供选择。而在每一级中都应按需使用缓解药物,以迅速缓解哮喘症状。如果使用含福莫特罗和布地奈德的单一吸入装置进行联合治疗时,可作为控制和缓解药物应用。

如果使用该分级治疗方案不能够使哮喘得到控制,治疗方案应该升级直至达到哮喘控制为止。当哮喘控制并维持至少 3 个月后,治疗方案可考虑降级。建议减量方案:①单独使用中至高剂量吸入型激素的患者,将吸入型激素的剂量减少 50%;②单独使用低剂量激素的患者,可改为每日 1 次用药;③联合吸入型激素和 LABA 的患者,将吸入型激素的剂量减少约 50%,仍继续使用 LABA 联合治疗。当达到低剂量联合治疗时,可选择改为每日 1 次联合用药或停用 LABA,单用吸入型激素治疗。通常情况下患者在初诊后的 2～4 周回访,

降级 ←	治疗级别	升级 →		
第1级	第2级	第3级	第4级	第5级
哮喘教育、环境控制				
按需使用短效β₂-受体激动剂	按需使用短效β₂-受体激动剂			
控制性药物	选用1种	选用1种	加用1种或以上	加用1种或2种
	低剂量ICS	低剂量ICS+LABA	中高剂量ICS+LABA	口服最小剂量糖皮质激素
	白三烯调节剂	中高剂量ICS	白三烯调节剂	抗IgE治疗
		低剂量ICS+白三烯调节剂	缓释茶碱	
		低剂量ICS+缓释茶碱		

注：ICS：吸入糖皮质激素；LABA：长效β₂-受体激动剂

图 10-1 根据哮喘病情控制分级制订治疗方案

以后每1~3个月随访1次。出现哮喘发作时应及时就诊,哮喘发作后的2~4周内进行回访。

对于低经济收入的哮喘患者,视其病情严重程度不同,长期控制哮喘的药物推荐使用:①吸入型低剂量激素;②口服缓释茶碱;③吸入型激素联合口服缓释茶碱;④口服激素和缓释茶碱。这些治疗方案的疗效与安全性需要进一步的临床研究,尤其要监测长期口服激素可能引起的全身不良反应。

65岁以上的老年人中半数以上同时患有至少3种疾病。老年哮喘患者与普通老年人相比,鼻炎、鼻窦炎、慢阻肺、糖尿病、心血管疾病、脑血管疾病、关节炎、骨质疏松的发病率更高,同时应用的药物数量也更多。合并症的药物治疗可能使哮喘症状加重,如治疗高血压时应用的β受体阻断药、ACEI类药物,治疗青光眼的噻吗洛尔等外用β受体阻断药,治疗关节炎时应用的NSAID类药物均有可能使哮喘症状加重。同时,哮喘治疗药物也可能使合并症的症状加重,常见的包括β受体激动剂导致的震颤、心律不齐、高血压、低钾血症,茶碱类药物导致的胃食管反流、失眠、震颤,糖皮质激素导致的高血压、糖尿病、骨质疏松等疾病的恶化。因此,在制订长期治疗方案时要兼顾老年哮喘患者合并症的治疗及药物间的相互作用。

（二）急性发作的处理

哮喘急性发作的治疗取决于发作的严重程度以及对治疗的反应。治疗的目的在于尽快缓解症状、解除气流受限和改善低氧血症,同时还需要制订长期治疗方案以预防再次急性发作。

对于具有哮喘相关死亡高危因素的患者,需要给予高度重视,这些患者应当尽早到医疗机构就诊。高危患者包括:①曾经有过气管插管和机械通气濒于致死性哮喘的病史;②在过去的1年中因为哮喘而住院或急诊;③正在使用或最近刚刚停用口服激素;④目前未使用吸入型激素;⑤过分依赖速效β₂受体激动剂,特别是每个月使用沙丁胺醇(或等效药物)超过1

支的患者;⑥有心理疾病或社会心理问题,包括使用镇静剂;⑦有对哮喘治疗计划不依从的历史。

轻度和部分中度急性发作的患者可以在家庭或社区卫生所治疗。家庭或社区中的治疗措施主要为重复吸入速效 β_2 受体激动剂,在第 1 小时每 20 分钟吸入 2~4 喷。随后根据治疗反应,轻度急性发作可调整为每 3~4 小时 2~4 喷,中度急性发作每 1~2 小时 6~10 喷。如果对吸入 β_2 受体激动剂反应良好(呼吸困难显著缓解,且疗效维持 3~4 小时),通常不需要使用其他药物;如果治疗反应不完全,尤其是在控制性治疗的基础上发生的急性发作,应口服激素(泼尼松龙 0.5~1mg/kg 或等效剂量的其他激素),必要时去医院就诊。

部分中度和所有重度急性发作的患者均应去急诊室或医院治疗。除氧疗外,应重复使用速效 β_2 受体激动剂,可通过有压力定量气雾剂的储雾器给药,也可通过射流雾化装置给药。推荐在初始治疗时间断续(每 20 分钟)或连续雾化给药,随后根据需要间断给药(每 4 小时 1 次)。联合使用 β_2 受体激动剂和抗胆碱能制剂(如异丙托溴铵)能够取得更好的支气管舒张作用。茶碱的支气管舒张作用弱于 SABA,不良反应较大,应谨慎使用。对规律服用茶碱缓释制剂的患者,静脉使用茶碱应尽可能监测茶碱的血药浓度。中、重度哮喘急性发作应尽早使用全身用激素,特别是对速效 β_2 受体激动剂初始治疗反应不完全或疗效不能维持,以及在口服激素的基础上仍然出现急性发作的患者。口服激素与静脉给药的疗效相当,副作用小。推荐用法为泼尼松龙每日 30~50mg 或等效的其他激素。严重的急性发作患者或口服激素不能耐受时,可采用静脉注射或滴注,如甲泼尼龙 80~160mg 或氢化可的松 400~1000mg 分次给药。地塞米松因半衰期较长,对肾上腺皮质功能的抑制作用较强,一般不推荐使用。静脉给药和口服给药的序贯疗法有可能减少激素的用量和不良反应,如静脉使用激素 2~3 天,继之口服激素 3~5 天。

重度和危重哮喘急性发作患者经过上述药物治疗,临床症状和肺功能无改善甚至继续恶化,应及时给予机械通气治疗,其指征主要包括意识改变、呼吸肌疲劳、$PaCO_2 \geqslant 45mmHg$(1mmHg=0.133kPa)等。可先采用经鼻(面)罩无创机械通气,若无效应及早行气管插管机械通气。严重的哮喘急性发作意味着哮喘管理的失败,这些患者应当给予密切监护、长期随访,并进行长期哮喘教育。大多数哮喘急性发作并非由细菌感染引起,应严格控制抗菌药物使用指征,除非有细菌感染的证据,或属于重度或危重哮喘急性发作。

二、老年哮喘的管理

老年哮喘患者的管理比非老年患者更加复杂,需要考虑这个年龄群体独有的一些问题,包括多种合并症、同时应用多种药物、功能状态的下降、健康保险、经济条件、是否有理解能力的明显下降等。成功的哮喘管理目标是:①达到并维持症状的控制;②维持正常活动,包括运动能力;③维持肺功能水平尽量接近正常;④预防哮喘急性加重;⑤避免因哮喘药物治疗导致的不良反应;⑥预防哮喘导致的死亡。

哮喘治疗中,规范的规律用药是保证治疗效果的重要手段。一项对 5017 名 50 岁以上女性的调查发现,65 岁后患者对治疗的依从性显著降低。主要原因包括对疾病和治疗知识的缺乏,对药物尤其是吸入型糖皮质激素副作用的担心,视力、理解能力及操作能力的下降,与医师沟通不足,忘记药物的用法用量等。老年患者可能难以保持吸入装置的清洁,已发现其常用的吸入装置可定植铜绿假单胞菌、MRSA、洋葱伯克霍尔德菌、链球菌等。因此老年哮喘患者需要更多的药物应用指导,可改善依从性及吸入装置洁净度。有研究发现,在老年哮喘患者开始应用ICS后的3个月后再次指导吸入型药物的用法可明显改善患者治疗半年后的肺功能。呼吸系统的康复训练和护理是老年哮喘患者治疗中的重要方面,但经常被忽视。早期筛查抑郁状态及理解能力下降、对于抑郁症等老年常见的精神心理疾病给予及时治疗,这些有助于明显改善老年哮喘患者的治疗依从性及生活质量。

　　建立医患之间的合作关系是实现有效的哮喘管理的首要措施,其中对患者进行哮喘教育是最基本的环节。哮喘教育是一个长期、持续的过程,需要经常教育,反复强化,不断更新,持之以恒。教育内容包括:①通过长期规范治疗能够有效控制哮喘;②避免触发、诱发因素的方法;③哮喘的本质、发病机制;④哮喘的长期治疗方法;⑤药物吸入装置及使用方法;⑥自我监测,确定并减少危险因素接触;⑦哮喘先兆、哮喘发作的征象和相应的自我处理方法,如何及何时就医;⑧哮喘防治药物的知识;⑨如何根据自我监测结果判定控制水平来选择治疗;⑩心理因素在哮喘发病中的作用。

　　哮喘治疗的目标是达到并维持哮喘控制。老年哮喘的管理目标应该更注重于提高生活质量,而不是改善长期预后。大多数患者或家属通过医患合作制订的药物干预策略能够达到这一目标,患者的起始治疗及调整是以患者的哮喘控制水平为依据的,包括评估哮喘控制、治疗以达到控制,以及监测以维持控制这样一个持续循环的过程。

　　年龄增长伴随的生理变化使老年哮喘成为一个哮喘的独特表型。在临床诊疗过程中,需要按照每个老年人的自身情况进行个体化的诊治和指导,制订简明清晰的长期治疗方案,根据病情及时调节ICS、支气管扩张剂和白三烯受体拮抗剂等的用法用量,不能应用吸入型药物时可考虑应用口服制剂或贴剂。在老年哮喘的长期治疗过程中,需要兼顾同时存在的多种合并症及药物相互作用。建立良好的医患合作关系,耐心的沟通与反复多次用药指导有助于提高老年哮喘患者的治疗依从性及生活质量。

第六节　药物治疗方案

　　治疗哮喘的药物可以分为控制药物和缓解药物。①控制药物:是指需要长期每天使用的药物。这些药物主要通过抗炎作用使哮喘维持临床控制,其中包括吸入型糖皮质激素(简称激素)、全身用激素、白三烯调节剂、长效 β_2 受体激动剂(LABA,须与吸入激素联合应用)、缓释茶碱、色甘酸钠、抗IgE抗体及其他有助于减少全身用激素剂量的药物等。②缓解药物:是指按需使用的药物。这些药物通过迅速解除支气管痉挛从而缓解哮喘症状,其中包括速效吸入型 β_2 受体激动剂、全身用激素、吸入型抗胆碱能药物、短效茶碱及短效口服 β_2 受体激动剂等。

一、激素

　　激素是最有效的控制气道炎症的药物,给药途径包括吸入、口服和静脉应用等,吸入为首选途径。吸入型激素(ICS)是目前哮喘治疗方案中的基石,即使是轻度持续的哮喘患者中,早期应用ICS可预防疾病向重症发展,有助于呼吸功能改善。老年哮喘患者发生哮喘急性发作的频率更高,住院治疗的比例大,需要更高剂量的激素才能控制症状。

　　1. 吸入给药　吸入型激素是长期治疗哮喘的首选药物,能减轻气道炎症,使机体对 β

受体激动剂的反应更加敏感。吸入型激素的局部抗炎作用强;通过吸气过程给药,药物直接作用于呼吸道,所需的剂量较小;通过消化和呼吸道进入血液后药物的大部分被肝脏灭活,因此全身不良反应较少。多数成人哮喘患者吸入小剂量激素即可较好地控制哮喘,过多增加吸入型激素的剂量对控制哮喘的获益较小而不良反应增加。由于吸烟可以降低吸入型激素的效果,故吸烟患者须戒烟并给予较高剂量的吸入型激素。吸入型激素的剂量与预防哮喘严重急性发作的作用之间有非常明确的关系,所以严重哮喘患者长期大剂量吸入激素是有益的。有研究显示,因哮喘急性加重入院的老年哮喘患者,出院后有40%未应用ICS,年龄越大不使用ICS的比例越高,这可能与老年哮喘患者的病死率高有关。增加老年哮喘患者ICS的使用率是改善老年哮喘患者疗效的重要措施。

吸入型激素在口咽局部的不良反应包括声嘶、咽部不适和念珠菌感染,吸药后应及时用清水含漱口咽部。成人哮喘患者每天吸入低至中等剂量的激素不会出现明显的全身不良反应,长期高剂量吸入激素后可能出现的全身不良反应包括皮肤瘀斑、肾上腺功能抑制和骨密度降低等。老年人对全身用激素引起的骨质疏松等副作用更加敏感。近期的一项meta分析显示,使用中、低剂量的吸入型激素与骨折无关,但吸入高剂量的激素时骨折的风险轻度增加。也有研究发现长期使用吸入型激素轻度增加骨折的风险。伴有活动性肺结核的哮喘患者可以在抗结核治疗的同时给予吸入型激素治疗。

气雾剂给药:临床上常用的吸入型激素有4种,包括二丙酸倍氯米松、布地奈德、丙酸氟替卡松等。国际上推荐的吸入型激素的每天剂量见表10-3。我国哮喘患者所需的吸入型激素剂量比表10-3中推荐的剂量要小一些。一般而言,使用干粉吸入装置比普通定量气雾剂方便,吸入下呼吸道的药物量较多。溶液给药:布地奈德溶液经以压缩空气为动力的射流装置雾化吸入,对患者吸气配合的要求不高,起效较快,适用于轻至中度哮喘急性发作时的治疗。

表 10-3　常用吸入型糖皮质激素的每天剂量与互换关系

药物	低剂量(μg)	中剂量(μg)	高剂量(μg)
二丙酸倍氯米松	200~500	500~1000	>1000~2000
布地奈德	200~400	400~800	>800~1600
丙酸氟替卡松	100~250	250~500	>500~1000
环索奈德	80~160	160~320	>320~1280

老年哮喘患者选择吸入装置应结合患者的最大吸气流速、理解力、手的握力、是否能做到吸气与喷雾同步等多种因素。吸气配合差,最大吸气量低时可考虑应用储雾罐。握力下降时应用定量喷雾吸入器(pMDI)因不易固定、按压力不足等原因困难较大,可考虑干粉吸入剂(DPI)。在pMDI、DPI应用均有困难时,可考虑应用超声雾化装置等吸入治疗。

2. 口服给药　适用于轻、中度哮喘发作,慢性持续性哮喘大剂量吸入型激素联合治疗无效的患者和作为静脉应用激素治疗后的序贯治疗。一般使用半衰期较短的激素(如泼尼松、泼尼松龙或甲泼尼龙等)。对于激素依赖型哮喘,可采用每天或隔天清晨顿服给药的方式,以减少外源性激素对下丘脑-垂体-肾上腺轴的抑制作用。泼尼松的维持剂量最好每天≤10mg。长期口服激素可以引起骨质疏松症、高血压、糖尿病、下丘脑-垂体-肾上腺轴的抑制、肥胖症、白内障、青光眼、皮肤菲薄导致皮纹和瘀斑、肌无力。对于伴有结核病、寄生虫感染、骨质疏松、青光眼、糖尿病、严重忧郁或消化性溃疡的哮喘患者，全身给予激素治疗时应慎重并须密切随访。长期甚至短期全身使用激素的哮喘患者可感染致命的疱疹病毒，应引起重视，尽量避免这些患者暴露于疱疹病毒是必要的。

尽管全身使用激素不是一种经常使用的缓解哮喘症状的方法，但是对于严重的急性哮喘是需要的，因为它可以预防哮喘的恶化、减少因哮喘而急诊或住院的机会、预防早期复发、降低病死率。推荐剂量为泼尼松龙 30～50mg/d，共 5～10 天。具体使用要根据病情的严重程度，当症状缓解或其肺功能已经达到个人最佳值，可以考虑停药或减量。地塞米松因对垂体-肾上腺的抑制作用大，不推荐长期使用。

3. 静脉给药　严重急性哮喘发作时，应静脉及时给予琥珀酸氢化可的松（400～1000mg/d）或甲泼尼龙（80～160mg/d）。无激素依赖倾向者可在短期（3～5 天）内停药；有激素依赖倾向者应延长给药时间，控制哮喘症状后改为口服给药，并逐步减少激素用量。

二、β₂ 受体激动剂

此类药物较多，可分为短效（维持 4～6 小时）和长效（维持 12 小时）β₂ 受体激动剂，后者又可分为速效（数分钟起效）和缓慢起效（30 分钟起效）2 种。

1. 短效 β₂ 受体激动剂（简称 sABA）　常用药物如沙丁胺醇和特布他林等。吸入给药，可供吸入的 sABA 包括气雾剂、干粉剂和溶液等。这类药物松弛气道平滑肌的作用强，通常在数分钟内起效，疗效可维持数小时，是缓解轻至中度急性哮喘症状的首选药物，也可用于运动性哮喘。如每次吸入 100～200μg 沙丁胺醇或 250～500μg 特布他林，必要时每 20 分钟重复 1 次。1 小时后疗效不满意者应向医师咨询或去急诊。

压力型定量手控气雾剂（pMDI）和干粉吸入装置吸入不适用于重度哮喘发作；其溶液（如沙丁胺醇、特布他林、非诺特罗及其复方制剂）经雾化泵吸入适用于轻至重度哮喘发作。这类药物应按需间歇使用，过量应用可引起骨骼肌震颤、低血钾、心律失常等不良反应。长期、单一应用 β₂ 受体激动剂可造成细胞膜 β₂ 受体的向下调节，表现为临床耐药现象，故应予避免。

2. 长效 β₂ 受体激动剂（简称 LABA）　这类 β₂ 受体激动剂舒张支气管平滑肌的作用可维持 12 小时以上。目前在我国临床使用的吸入型 LABA 有 2 种：①沙美特罗：经气雾剂或碟剂装置给药，给药后 30 分钟起效，平喘作用维持 12 小时以上。推荐剂量为 50μg，每天 2 次吸入。②福莫特罗：经吸入装置给药，给药后 3～5 分钟起效，平喘作用维持 8～12 小时或以上。平喘作用具有一定的剂量依赖性，推荐剂量为 4.5～9.0μg，每天 2 次吸入。吸入型 LABA 适用于哮喘（尤其是夜间哮喘和运动诱发哮喘）的预防和治疗。福莫特罗因起效较快，可按需用于哮喘急性发作时的治疗。

近年来不推荐长期单独使用 LABA，推荐联合使用吸入型激素和 LABA 治疗哮喘。这两者具有协同的抗炎和平喘作用，可获得相当于（或优于）应用加倍剂量的吸入型激素时的疗效，并可增加患者的依从性、减少较大剂量的吸入型激素引起的不良反应，尤其适合于中至重度持续性哮喘患者的长期治疗。

三、抗胆碱药物

虽然老年人对 β 受体激动剂的反应差，但对抗胆碱药物的敏感性没有下降。吸入型抗胆碱药物如异丙托溴铵,其舒张支气管的作用比 β₂ 受体激动剂弱,起效也较慢,但长期应用不易产生耐药,对老年人的疗效不低于年轻人,有研究发现老年哮喘患者对异丙托溴铵的治疗反应好于沙丁胺醇。噻托溴铵在持续维持哮喘患者的肺功能改善方面与沙美特罗作用相似,若患者对短效支气管扩张剂反应良好,则预示着该患者对噻托溴铵有良好的治疗反应。总体而言,吸入型抗胆碱药物对老年患者是安全、有效的,吸入型长效抗胆碱药物有可能作为一线治疗的辅助药物,在老年哮喘的治疗中发挥重要作用,尤其适用于老年哮喘患者同时合并慢性阻塞性肺疾病时的治疗。本品有气雾剂和雾化溶液 2 种剂型。经 pMDI 吸入异丙托溴铵气雾剂,常用剂量为 20～40μg,每天 3～4 次;经雾化泵吸入异丙托溴铵溶液的常用剂量为 50～125μg,每天 3～4 次;噻托溴铵的常用剂量为 18μg,每日 1 次。

四、白三烯调节剂

目前在国内应用的主要是半胱氨酰白三烯受体拮抗剂,是除吸入型激素外唯一可单独应用的长期控制药,可作为轻度哮喘的替代治疗药物和中至重度哮喘的联合治疗用药。本品可减轻哮喘症状、改善肺功能、减少哮喘的恶化,但其作用不如吸入型激素,也不能取代激素。作为联合治疗中的一种药物,本品可减少中至重度哮喘患者每天吸入激素的剂量,并可提高吸入型激素治疗的临床疗效。联用本品与吸入型激素的疗效比联用吸入型 LABA 与吸入型激素的疗效稍差,但本品服用方便,尤其适用于阿司匹林哮喘、运动性哮喘和伴有变应性鼻炎的哮喘患者的治疗。本品使用较为安全,偶见肝功能异常、皮疹等,通常口服给药。孟鲁司特 10mg,每天 1 次。

五、茶碱

在过去的 50 年间,使用茶碱治疗哮喘已经历了几个周期的狂热和冷遇。一些广泛传播的临床实践指南将茶碱列为"非首选"替代治疗,因有较新的药物可用,人们顾虑该药物的风险/获益比,这些因素导致茶碱不常被开具。然而,与其他如吸入型糖皮质激素和长效 β 受体激动剂联用的长期维持性药物相比,茶碱具有成本较低的优势。

传统上,茶碱被归类为一种支气管扩张剂,但其控制慢性哮喘的能力似乎不能仅由支气管扩张的轻度活性来解释。茶碱具有舒张支气管平滑肌及强心、利尿、扩张冠状动脉、兴奋呼吸中枢和呼吸肌等作用,这些作用可能促进其作为一种预防性抗哮喘药物的疗效。现有 4 种临床情况可能需考虑使用茶碱:①对于使用常规剂量的 ICS 未充分控制哮喘的患者或加用 LABA 不能提供获益或实际引起控制恶化时,作为辅助性维持治疗;②对于更适应口服治疗方案而非吸入性方案且 ICS 疗效不充分的患者,作为初始维持治疗;③当 ICS 给药困难或麻烦(如年幼的儿童或学龄前儿童或高龄)时,作为初始维持治疗;④对于重症监护病房中(ICU)积极使用吸入型 β₂ 受体选择性激动剂联合异丙托溴铵和(或)静脉使用镁且给予全身用糖皮质激素后没有反应的患者,作为辅助性急性治疗,不过缺乏证据支持其在该情况下有获益。

茶碱口服制剂包括氨茶碱和控(缓)释型茶碱,用于轻至中度哮喘发作和维持治疗,一般剂量为每天 6～10mg/kg。口服控(缓)释型茶碱后昼夜血药浓度平稳,平喘作用可维持 12～24 小时,尤其适用于夜间哮喘症状的控制。联合应用茶碱、激素和抗胆碱药物具有协同作用。但本品与 β₂ 受体激动剂联合应用时易出现心率增快和心律失常,应慎用并适当减少剂量。静脉给药:氨茶碱加入葡萄糖溶液中缓慢静脉注射[速度不宜超过 0.25mg/(kg·min)]或滴注,适用于哮喘急性发作且近 24 小时内未用过茶碱类药物的患者,负荷剂量为 4～6mg/kg,维持剂量为 0.6～0.8mg/(kg·h)。

由于茶碱的"治疗窗"窄,以及茶碱的代谢存在较大的个体差异,可引起心律失常、血压下降,甚至死亡,在有条件的情况下应监测其血药浓度,及时调整浓度和滴速。茶碱有效、安全的血药浓度范围应在 6～15mg/L。影响茶碱代谢的因素较多(如发热性疾病、妊娠,抗结核治疗可以降低茶碱的血药浓度);而肝脏疾患、充血性心力衰竭以及合用西咪替丁或喹诺酮类、大环内酯类等药物均可影响茶碱的代谢而使其排泄减慢,增加茶碱的毒性作用;老年人合并疾病多,同时应用多种药物,若应用茶碱时应注意药物之间的相互作用,酌情调整剂量。多索茶碱的作用与氨茶碱相同,但不良反应较轻。

六、抗 IgE 治疗

抗 IgE 单克隆抗体(omalizumab)可应用于血清 IgE 水平增高的哮喘患者。目前主要用于经过吸入型激素和 LABA 联合治疗后症状仍未控制的严重哮喘患者。抗 IgE 单克隆抗体对于老年哮喘患者是一种安全、有效的治疗,在老年哮喘患者的治疗中可能发挥良好作用。老年哮喘患者疾病的进展不伴随总 IgE 水平的升高,但变应原特异性 IgE 会随着环境抗原暴露时间的延长而增加。抗 IgE 单克隆抗体虽然未降低老年哮喘患者的血清总 IgE 水平,但可以减少哮喘急性发作和缓解药物的应用,改善患者的症状,在中、重度哮喘患者的治疗中效果良好。有研究发现部分长期应用激素的老年患者在应用抗 IgE 单克隆抗体后可停止激素治疗。该药的价格昂贵,使其临床应用受到限制,远期疗效与安全性有待于进一步的观察。

七、其他治疗哮喘药物

1. 抗组胺药物　口服第二代抗组胺药物(H_1 受体拮抗剂)如酮替芬、氯雷他定等具有抗变态反应作用,在哮喘的治疗中作用较弱,可用于伴有变应性鼻炎的哮喘患者的治疗。这类药物的不良反应主要是嗜睡。

2. 中医中药　采用辨证施治,有助于临床缓解期哮喘的治疗。

(潘明鸣　方保民)

第七节　药学监护与信息反馈

一、观察疗效

哮喘管理的 4 个基本要素是症状和肺功能的常规监测、患者教育、控制诱发因素和治疗共病、药物治疗。哮喘治疗的目标是降低症状带来的损伤,将哮喘相关的各种不良结局(如住院治疗、肺功能的丧失)的风险降至最低,以及使哮喘药物治疗的不良反应最小化。依据患者的病情严重程度、控制分级等选择合理的哮喘治疗方案后,应密切关注患者的喘息、气急、胸闷、咳嗽等症状是否改善。如无改善,应提醒并协助医师依据患者的病情及时调整治疗方案。

二、给药方法的适宜性

治疗哮喘的药物包括激素、β_2 受体激动剂、茶碱、白三烯受体调节剂、抗胆碱药物等。其中激素是最有效的控制气道炎症的药物,其给药途径包括吸入、口服和静脉应用等,吸入为首选途径。β_2 受体激动剂(SABA、LABA)、抗胆碱药物(如异丙托溴铵)也多采用吸入方式给药,茶碱、白三烯受体调节剂多为口服给药。应依据不同药物的特点评价给药方式是否适宜。

三、观察不良反应

茶碱可导致恶心、呕吐及心率加快等茶碱中毒的表现,β_2 受体激动剂多导致心悸、手抖等不良反应,吸入型激素则可引起局部如口咽部念珠菌感染、声嘶等不良反应。药物治疗期间应密切观察老年患者是否出现上述药物相关不良反应,及时与临床医师沟通,给予对症处理。

四、用药依从性

虽然哮喘目前尚不能根治,但以抑制炎症为主的规范治疗能够控制哮喘的临床症状。治疗哮喘的药物可以分为控制药物和缓解药物,缓解药物可按需使用,但控制药物必须长期每天规律使用才可达到哮喘的有效控制。

临床上多数老年患者因症状缓解或出现不良反应而擅自减量、停药,用药依从性差,导致哮喘症状反复发作。故药物治疗期间应反复向患者宣教,详细讲解不同哮喘治疗药物的具体用法用量,提高老年患者的依从性。

第八节 用 药 指 导

医务工作者应使患者在哮喘管理中成为积极合作的伙伴。理想状态下,患者应该在门诊直接接受教育,同时有来自医疗团队的其他成员、急诊科医务人员、药剂师和有组织的项目的帮助。然而,有证据表明,来自初级保健医疗机构临床医师的直接一对一的教育特别有效。患者教育能够减少因哮喘住院的次数、改善日常生活能力及提高患者满意度。一个积极并受过良好哮喘教育的患者可以在自身哮喘的诊疗中发挥很大的作用。患者必须学习如何监测自己的临床症状及肺功能;他们必须明白哪些因素会诱发其哮喘发作以及如何避免或减少暴露于诱发因素;而且他们必须知道所服用的药物及如何正确使用吸入器。如果患者规律用药有困难,就需要帮助他们改变方法以提高依从性。

一、明确哮喘治疗药物的分类,强调依从性

治疗哮喘的药物可以分为控制药物和缓解药物。

1. 控制药物　主要通过抗炎作用使哮喘维持临床控制,其中包括吸入型糖皮质激素(简称激素)、全身用激素、白三烯调节剂、长效 β_2 受体激动剂(LABA,须与吸入型激素联合应用)、缓释茶碱、色甘酸钠、抗 IgE 抗体及其他有助于减少全身用激素剂量的药物等。

2. 缓解药物　主要通过迅速解除支气管痉挛从而缓解哮喘症状,其中包括速效吸入型β_2受体激动剂、全身用激素、吸入型抗胆碱能药物、短效茶碱及短效口服β_2受体激动剂等。

缓解药物可按需使用,控制药物需长期每天规律使用。应向患者详细讲解不同哮喘治疗药物的具体用法用量,强调长期规律用药的重要性。

二、避免吸入型激素的不良反应

雾化吸入激素常可导致口干、口腔异味、声嘶、局部念珠菌感染等不良反应,应告知患者吸入激素类药物后要及时用清水含漱口咽部,强调要深部漱口,以缩短激素类药物在口咽部的停留时间,减少不良反应的发生。

三、正确使用吸入装置药物

吸入装置药物的正确使用对于老年患者的哮喘控制非常重要。很多老年哮喘患者坚持每天规律服药,但哮喘症状控制不佳,药师在与其沟通的过程中发现导致哮喘症状反复的原因在于未能正确使用吸入装置药物。虽然每天规律吸入,但由于方法不正确,药物不能到达肺部发挥疗效。对于老年患者,年龄增长导致记忆力及理解力减退,因此药师应帮助老年患者详细阅读吸入装置药物的说明书,反复演练不同吸入制剂的正确用法,充分发挥药物疗效。

四、确定并减少危险因素接触

尽管对已确诊的哮喘患者应用药物干预,对控制症状和改善生活质量非常有效,但仍应尽可能避免或减少接触危险因素,以预防哮喘发病和症状加重。

许多危险因素可引起哮喘急性加重,被称为"触发因素",包括变应原、病毒感染、污染物、烟草烟雾、药物、职业性致敏因素等。应教育老年患者减少对危险因素的接触,以改善哮喘控制并减少治疗药物的需求量。

第九节　不合理用药的常见表现及其处理

一、不合理用药的常见表现

老年支气管哮喘治疗过程中的不合理用药主要表现为:

1. 单独、长期、过量使用β_2受体激动剂。该类药物用药后很快产生效果,常使患者或医务人员忽视了气道炎症的控制,而是单独、长期、过量使用β_2受体激动剂,特别是SABA。用药的后果将导致心悸、手抖等β_2受体激动剂的不良反应增多,掩盖了气道炎症,β_2受体数量减少和敏感性下降,产生受体耐受,疗效下降。

2. 症状缓解后立即停药。多数老年哮喘患者不了解哮喘的本质及疾病发展过程、规律,缺少长期规范的治疗干预,只满足哮喘急性发作时的短期治疗,症状缓解后立即擅自停药,导致事倍功半,难以达到哮喘控制的目的。

3. 联合应用β_2受体激动剂和茶碱时未能及时调整药物剂量。茶碱、β_2受体激动剂均为支气管扩张剂,可缓解支气管痉挛,缓解哮喘患者的气喘症状。由于作用机制不同,两者联合应用可强化支气管扩张作用。但两者联合应用时易出现心率增快和心律失常等不良反应,如单独希望增加疗效,联合使用常规治疗剂量的 β_2 受体激动剂和茶碱则可诱发更多的不良反应。

4. 用药方案缺少个体化,未能及时依据病情变化及疗效调整治疗方案。

5. 常规应用抗菌药物。大多数哮喘急性发作并非由细菌感染引起,应严格控制抗菌药物的使用指征,除非有细菌感染的证据,或属于重度或危重哮喘急性发作。如老年患者无明确的细菌感染证据而滥用抗菌药物,不仅增加不必要的医疗负担,还会增加药物不良反应、菌群失调和细菌耐药等医源性风险。

二、不合理用药的处理

哮喘急性发作的治疗取决于发作的严重程度以及对治疗的反应。治疗的目的在于尽快缓解症状、解除气流受限和低氧血症,同时还需要制订长期治疗方案以预防再次急性发作。而长期治疗方案需以患者的病情严重程度为基础,根据其控制水平类别选择适当的治疗方案。

因此,对于老年哮喘患者,应正确评估其病情严重程度、哮喘控制水平,明确不同种类的哮喘治疗药物的药理特点,依据其病情特点给予个体化的治疗方案;杜绝滥用抗菌药物;加强患者疾病和用药教育,强调用药依从性;合理联合使用不同的支气管扩张剂;出现药物相关不良反应时及时停用可疑药物。

第十节 治疗的风险及其处理

一、治疗的风险事件

茶碱具有舒张支气管平滑肌的作用,并具有强心、利尿、扩张冠状动脉、兴奋呼吸中枢和呼吸肌等作用,是常用的支气管扩张药物。但茶碱的"治疗窗"窄,且其代谢存在较大的个体差异,如血药浓度过大,可出现恶心、呕吐、易激动、失眠等不良反应,甚至出现发热、脱水、惊厥症状,严重的可发生呼吸、心搏骤停而致死。

二、治疗的风险因素

影响茶碱代谢的因素较多,如发热性疾病、抗结核治疗可以降低茶碱的血药浓度;而肝脏疾患、充血性心力衰竭以及合用西咪替丁或喹诺酮类、大环内酯类等药物均可影响茶碱的代谢而使其排泄减慢,增加茶碱的毒性作用。

老年哮喘患者肝肾功能减退、多合并心脏疾病、联合应用多种治疗药物,发生茶碱中毒反应的风险增加,应引起临床医务人员的重视,并酌情调整剂量。

三、治疗风险的处理

在使用茶碱控制哮喘的过程中,应密切监测茶碱的血药浓度,及时调整给药剂量,静脉给药时注意调整浓度和滴速,维持茶碱的血药浓度在安全范围内。中华医学会《支气管哮喘防治指南》(2008 年)推荐茶碱的有效、安全血药浓度范围为 $6\sim15\text{mg/L}$。

多索茶碱的作用与氨茶碱相同,但不良反应较轻;双羟丙茶碱的作用较弱,不良反应也较少,可作为氨茶碱的替代药物。

第十一节 老年支气管哮喘治疗中的常见药学问题

一、β受体激动剂治疗哮喘长期使用的安全性

吸入型β受体激动剂是治疗急性哮喘发作的首选支气管扩张剂,然而,关于这类药物是否可以安全地用于长期维持治疗,还是仅保留用于急性症状的控制仍存在争议。目前已有反对长期使用这类药物的3个论据:可能增加死亡率;哮喘控制可能变差;使用吸入型ICS可以获得相同或更好的疗效。

现有临床证据表明,长期使用短效β受体激动剂与其他哮喘治疗联合使用时对死亡率并没有很大的影响;长期使用长效β受体激动剂(LABA)可有效地改善肺功能、增加患者的无症状日;在大部分患者中,按定期计划给予β受体激动剂相比于"按需"计划给药并不会恶化哮喘控制或增加并发症;沙美特罗和福莫特罗可能诱发对沙丁胺醇的支气管扩张作用耐受。此外,长期使用沙美特罗可使其对支气管收缩刺激的保护作用下降;不应该开具LABA处方作为单药疗法用于哮喘;由吸入型糖皮质激素(ICS)单药疗法转换至使用LABA单药疗法可以导致哮喘控制的失败,因此不建议这种做法;长期使用LABA治疗具有减少吸入型ICS剂量的潜力研究证据不足。

美国FDA已要求对所有含沙美特罗、福莫特罗或茚达特罗的产品加上"黑框警示",因为"在使用LABA治疗哮喘的儿科和成人患者中(导致需住院治疗的)哮喘症状严重发作风险增加,并且在部分患者中引起了死亡。"FDA警告,在不同时使用长期哮喘控制药物(如ICS)的情况下,使用LABA作为单药疗法是哮喘治疗的禁忌。另外,FDA建议对于正在使用长期哮喘控制药物(如ICS)但未得到充分控制的患者,LABA应该仅被用作辅助治疗。一旦哮喘得到控制并维持,则建议进行"降级"治疗,如果可能的话,在不影响哮喘控制的情况下停用LABA。

综上,临床药师和临床医师应该对接受LABA治疗的患者进行密切监测,并告知他们已报道在少数患者中观察到相关事件的风险增加。

二、糖皮质激素抵抗型哮喘的药物治疗

糖皮质激素(GC)抵抗型哮喘是指对高剂量的GC无反应且无混杂因素的慢性哮喘患者。临床上将GC抵抗型哮喘定义为第1秒用力呼气容积(FEV_1)低于75%预计值且在给予足够剂量和疗程的GC治疗(如泼尼松龙40mg/d,持续1~2周)后FEV_1不能获得15%的改善。

在作出GC抵抗型哮喘的诊断前,必须排除其他影响因素,如药物治疗不依从、持续抗原暴露的隐匿性职业性哮喘、胃食管反流、阿司匹林或非甾体抗炎药(NSAID)敏感和暴露、变应性支气管肺曲菌病、未诊断的食物过敏、不可逆性气流阻塞等。

目前GC抵抗型哮喘的最佳治疗尚不清楚。治疗策略包括更高剂量和更长疗程的全身GC治疗、非GC药(如β肾上腺素激动剂、抗胆碱能药、抗白三烯药物、奥马珠单抗及色甘

酸)和非药物治疗(如避免触发因素和支气管热成形术)。关于抗 IL-3 和抗 IL-5 治疗的小型临床试验显示在部分 GC 抵抗型哮喘患者中有一定益处,但需要更多有临床意义结局的证据来支持这些新型治疗。

三、哮喘和慢性阻塞性肺疾病患者的高血压治疗

由于高血压、哮喘和慢性阻塞性肺疾病(COPD)在老年人群中的患病率很高,所以哮喘或 COPD 患者的高血压治疗是一个常见问题。一些抗高血压药物会诱发哮喘发作,这可能使高血压的治疗变得困难。

哮喘患者使用 β 受体阻断药可导致支气管阻塞加重及气道反应性增加,还可拮抗吸入型或口服 β 受体激动剂(如沙丁胺醇或特布他林)的作用。即使因治疗青光眼而局部眼部给予非选择性 β 受体阻断药,也会导致哮喘发作。尽管更具 $β_1$ 受体选择性的阻断药对肺功能的临床影响似乎不那么严重,但是对于严重的气道阻塞或基线肺功能水平显著降低的支气管哮喘患者,即使是选择性 $β_1$ 受体阻断药也应慎用。

血管紧张素转化酶(ACE)抑制剂并非哮喘或 COPD 患者高血压治疗的一线用药。尽管哮喘患者气道阻塞加重并不是严重问题,但也曾有数例哮喘恶化的病例报道。然而,只要临床医师意识到患者可能发生相对不常见的加重气道阻塞的并发症,这些药物也并非禁用于存在这些疾病的患者。当需要阻断肾素-血管紧张素系统时,血管紧张素 II 受体阻断药也是一种选择。

哮喘患者使用利尿药治疗高血压是有效的,但如果同时使用能驱使钾离子进入细胞内的吸入型 $β_2$ 受体激动剂以及会增强尿钾排泄的口服皮质类醇,可能会引起严重的低钾血症。此外,利尿药导致的代谢性碱中毒可抑制通气驱力,这可能使低氧血症的程度加重。对于合并非水肿性高血压的哮喘或 COPD 患者,仅给予其低剂量的噻嗪类利尿药(氢氯噻嗪 12.5~25mg/d)是最安全的。

钙通道阻滞药(尤其是二氢吡啶类,如硝苯地平和尼卡地平)是哮喘患者高血压治疗的理想药物。除了可有效降低血压外,此类药物理论上还具有以下优势:抵抗气管支气管平滑肌的肌肉收缩、抑制肥大细胞脱颗粒作用并可能增强 β 受体激动剂的支气管扩张作用。在哮喘患者的高血压初始治疗中,单用小剂量的噻嗪类药物或联用钙通道阻滞药是优选方案。

四、茶碱血药浓度监测与影响因素

茶碱具有平喘作用快、疗效好等特点,但其药动学的个体差异大,相同的给药剂量下,疗效、毒副作用表现相差大,尤其对于老年人,因自身体质和耐药性的不同,更容易引起中毒症状。因此,对于长期使用茶碱的老年哮喘患者,临床药师应给予个体化的药学监护,密切监测茶碱的血药浓度并及时调整给药方案,防止毒性作用的发生。

当茶碱的血药浓度$<10μg/ml$ 时,茶碱兼具抗炎和免疫调节作用;当血药浓度$>20μg/ml$ 时,易引发心脏毒性和中枢神经毒性,早期多见头痛、恶心、呕吐和失眠,少见消化不良、震颤和眩晕;当血药浓度$>20μg/ml$ 时,可出现心动过速、心律失常;当血药浓度$>40μg/ml$ 时,可引起发热、失水、惊厥等,严重者甚至呼吸、心搏骤停而致死。

(一) 茶碱的血药浓度监测

茶碱的疗效和毒性与峰值血清浓度密切相关。对接受茶碱单药治疗的患者,使峰值血

清浓度为 10～20mg/L 的剂量曾被证实是改善症状和减少补救治疗需求的最佳剂量。然而,血清浓度低至 5mg/L 的水平时即可检测到该药的支气管扩张作用、抗炎作用和免疫调节作用;此外,对某些患者而言,血清浓度为 5～10mg/L 可能就已足够,尤其是在患者还接受 ICS 的情况下。临床推荐应用一种茶碱制剂,调整使其峰值浓度达 10～15mg/L;推荐所应用的给药间隔不使药物浓度在波峰和波谷间发生较大波动。指南推荐目标血清浓度为 5～15mg/L,但未详细说明此为波峰水平还是波谷水平。波峰与波谷的区别很重要,因为随着血清浓度的波动,5～15mg/L 的波谷浓度足以使得波峰浓度高于 20mg/L,进而导致中毒。

2006 年中华医学会呼吸病学分会《支气管哮喘防治指南》推荐茶碱的有效治疗浓度范围为 6～15mg/L,欧洲呼吸病学会则推荐为 10～12mg/L。茶碱缓释胶囊的说明书中指出,老年患者对茶碱的清除率可能会有不同,需监测其血药浓度并维持在 7.5～12.5μg/ml。

(二)影响茶碱血药浓度的因素

茶碱主要在肝脏由细胞色素酶 P450 1A2 代谢,较小程度上由 P450 3A3 和 P450 2E1 代谢。遗传因素、共存疾病(如急性肺水肿、心力衰竭、肺源性心脏病、发热超过 38.9℃持续 24 小时以上、甲状腺功能减退症、肝病、肾功能减退,以及脓毒症伴多器官衰竭)、环境因素及其他可改变这些同工酶活性的药物均会影响茶碱的代谢。降低茶碱清除率的危险因素包括年龄>60 岁、近期戒烟者、加用抑制茶碱代谢的药物(如西咪替丁、环丙沙星、红霉素、他克林)或停止同时应用的增强茶碱代谢的药物(如卡马西平、利福平)。当茶碱的代谢率降低时,必须适当降低每日总剂量以防过度蓄积和中毒。

食物可使茶碱制剂的吸收速率及药物峰浓度急剧升高,而在空腹时服用无水茶碱片会使吸收速率显著下降。临床应优先选择缓释片或胶囊,一日 2 次;或选择无水茶碱片,晚餐时服用,一日 1 次。市售的不同制剂的吸收特征可能存在相当大的差异,当变更生产厂家时应注意观察疗效和不良反应并进行血药浓度监测。

附:典型案例

高龄患者茶碱中毒的原因分析

患者,男,80 岁。主因"反复咳嗽、咳痰 30 余年,伴喘息 3 年,加重 1 个月"入院。入院后给予注射用头孢匹胺钠抗感染、盐酸氨溴索注射液雾化吸入祛痰、茶碱缓释胶囊 0.1g po bid 平喘。入院第 2 天患者喘息较重,将茶碱缓释胶囊加量为 0.2g po bid。入院第 3 天患者诉恶心、反酸,加用西咪替丁胶囊。入院第 6 天患者喘息较前好转,但诉头痛、恶心、心悸,心率为 126 次/分,急查茶碱的血药浓度为 23μg/ml。

H_2 受体阻断药包括西咪替丁、雷尼替丁、法莫替丁等,因化学结构不同,对肝药酶 CYP 的影响也不同。西咪替丁的化学结构中含有咪唑环,可非特异性地抑制所有的 CYP,其中对 CYP3A4 的抑制作用最强。文献报道,联合使用西咪替丁和茶碱,可使口服茶碱的清除率降低约 23%,茶碱的稳态血药浓度增加约 32%。而法莫替丁的化学结构中无咪唑环,理论上对茶碱的影响最小。

分析该患者为 80 岁的老年患者,入院第 2 天将茶碱缓释胶囊加量,入院第 3 天加用西咪替丁,入院第 6 天出现头痛、恶心、心悸,茶碱的血药浓度显著高于其有效治疗浓度范围,考虑为茶碱过量导致的中毒反应,且与茶碱和西咪替丁的药物相互作用密切相关。因此于入院第 6 天将茶碱缓释胶囊减量为 0.1g po bid，停用西咪替丁胶囊，给予法莫替丁片。此后患者的头痛、恶心、心悸症状逐渐缓解，入院第 10 天复查茶碱的血药浓度为 11μg/ml。

（王东晓）

参 考 文 献

[1] 中华医学会呼吸病学分会哮喘学组. 支气管哮喘防治指南（支气管哮喘的定义、诊断、治疗和管理方案）[J]. 中华结核和呼吸杂志，2008,31(3):177-185.

[2] Global strategy for asthma management and prevention 2014 (revision). www. ginasthma. org.

[3] Fukutomi Y, Nakamura H, Kobayashi F, et al. Nationwide cross-sectional population-based study on the prevalences of asthma and asthma symptoms among Japanese adults[J]. Int Arch Allergy Immnol, 2010,153:280-287.

[4] Madeo J, Li ZH, Frieri M. Asthma in the geriatric population[J]. Allergy Asthma Proc, 2013, 34: 427-433.

[5] Al-Alawi M, Hassan T, Chotirmall SH. Advance in the diagnosis and management of asthma in older adults[J]. The American Journal of Medical, 2014,127:370-378.

[6] Kalache A, Keller I. The WHO perspective on active ageing[J]. Promot Educ, 1999, 6(4):20-23, 44, 54.

[7] Bousquet J, Dahl R, Khaltaev N. Global Alliance against Chronic Respiratory Diseases[J]. Eur Respir J, 2007,29(2):233-239.

[8] Maykut RJ, Kianifard F, Geba GP. Response of older patients with IgE-mediated asthma to omalizumab: a pooled analysis[J]. J Asthma, 2008,45(3):173-181.

[9] Mathur SK, King MJ, Braman SS, et al. Asthma in the elderly: currentunderstanding and future research needs—a report of a National Institute on Aging (NIA) workshop[J]. J Allergy Clin Immunol, 2011, 128(3 Suppl):S4-S24.

[10] Chotirmall SH, Watts M, Branagan P, et al. Diagnosis and management of asthma in older adults[J]. J Am Geriatr Soc, 2009,57(5):901-909.

[11] Gibson PG, McDonald VM, Marks GB. Asthma in older adults[J]. Lancet, 2010,376(9743):803-813.

[12] Viswanathan RK, Mathur SK. Role of allergen sensitization in older adults[J]. Curr Allergy Asthma Rep, 2011,11(5):427-433.

[13] Laurino RA, Barnabe V, Saraiva-Romanholo BM, et al. Respiratoryrehabilitation: a physiotherapy approach to the control of asthma symptoms and anxiety[J]. Clinics (Sao Paulo), 2012, 67 (11): 1291-1297.

[14] Barnes PJ. Theophylline for COPD[J]. Thorax, 2006,61(9):742.

[15] Watanabe S, Yamakami J, Tsuchiya M, et al. Anti-inflammatory effect of theophylline in rats and its involvement of the glucocorticoid-glucocorticoid receptor system[J]. J Pharmacol Sci, 2008,106(4):566.

[16] Ward AJM, McKenniff M, Evans JM, et al. Theophylline: an immunomodulatory in asthma[J]? Am Rev Respir Dis, 1993,147(3):518.

[17] Korematsu S, Miyahara H, Nagakura T, et al. Theophylline-associated seizures and their clinical characterizations[J]. Pediatr Int, 2008,50(1):95.

[18] 王秀兰，贺正一，刘颖. 临床药物治疗学（呼吸性疾病）[M]. 北京：人民卫生出版社，2007:23-21.

[19] 上海知了信息咨询有限公司(CICA). CDR 用药手册[M]. 香港：中国国际出版社，2008:468.

第十一章

老年慢性阻塞性肺疾病

第一节　定义和流行病学

一、定义

慢性阻塞性肺疾病(chronic obstructive pulmonary disease,COPD)简称慢阻肺,是一种以持续气流受限为特征的可以预防和治疗的疾病,其气流受限多呈进行性发展,与气道和肺组织对烟草烟雾等有害气体或有害颗粒的慢性炎症反应增强有关。慢阻肺主要累及肺脏,但也可引起全身(或称肺外)的不良效应。慢阻肺可存在多种合并症。急性加重和合并症影响患者整体疾病的严重程度。

肺功能检查对确定气流受限有重要意义。在吸入支气管舒张剂后,$FEV_1/FVC<70\%$表明存在持续气流受限。慢性咳嗽、咳痰常早于气流受限许多年存在,但非所有具有咳嗽、咳痰症状的患者均会发展为慢阻肺,部分患者可仅有持续气流受限改变,而无慢性咳嗽、咳痰症状。

二、流行病学

COPD是一种严重危害人类健康的常见病、多发病,严重影响患者的生命质量,病死率较高。由于COPD患病率高且病程呈慢性,患者经常就诊、频繁因急性加重住院,并需要长期治疗(如氧疗、药物治疗),因此使用了大量医疗资源,并给患者及其家庭以及社会带来沉重的经济负担。COPD的人群患病率在5%以上,且发病率和死亡率均较高。据"全球疾病负担研究项目(The Global Burden of Disease Study)"估计,2020年慢阻肺将位居全球死亡原因的第3位。根据世界银行/世界卫生组织预计,至2020年COPD将成为世界疾病经济负担的第5位。COPD是美国排名第3位的死因,每年造成120 000多人死亡,在美国位于前10位的致死性疾病中,冠心病、脑卒中的死亡率在不断下降,而COPD是唯一一个死亡率不断上升的疾病,与心脏疾病及脑卒中的死亡率不断下降形成了强烈的对比。2004年我国一项COPD横断面调查(BOLD)显示,我国年龄>40岁的人口中COPD患病率为8.2%,约4000万人。慢阻肺患者每年发生0.5~3.5次急性加重,慢阻肺急性加重(acute exacerbation of chronic obstructive pulmonary disease,AECOPD)是慢阻肺患者死亡的主要原因,也是治疗费居高不下的重要原因。

第二节　病因和发病机制

一、病因

引起慢阻肺的危险因素包括个体易感因素和环境因素,两者相互影响。

(一) 个体因素

某些遗传因素可增加慢阻肺发病的危险性,即慢阻肺有遗传易感性。已知的遗传因素为 α-抗胰蛋白酶缺乏,重度 α-抗胰蛋白酶缺乏与非吸烟者的肺气肿形成有关,迄今我国尚未见 α-抗胰蛋白酶缺乏引起肺气肿的正式报道。

(二) 环境因素

1. 吸烟　吸烟是慢阻肺最重要的环境发病因素。尽管到目前为止慢阻肺的发病机制尚未完全明晰,但是吸烟是国际研究公认的导致慢阻肺最重要的因素之一。吸烟者的肺功能异常率较高,烟草中含有数十种有害物质,吸烟者死于慢阻肺的人数多于非吸烟者。被动吸烟也可能导致呼吸道症状及慢阻肺的发生。孕妇吸烟可能会影响胎儿肺脏的生长及其在子宫内的发育,并对胎儿的免疫系统功能有一定影响。

2. 空气污染　化学气体(氯、氧化氮和二氧化硫等)对支气管黏膜有刺激性和细胞毒性作用。空气中的烟尘或二氧化硫明显增加时,慢阻肺急性发作显著增多。其他粉尘也刺激支气管黏膜,使气道的清除功能遭受损害,为细菌入侵创造条件。大气中直径为 $2.5\sim10\mu m$ 的颗粒物即 PM(particulate matter)2.5 和 PM10 可能与慢阻肺的发生有一定关系。

3. 职业性粉尘和化学物质　当职业性粉尘(二氧化硅、煤尘、棉尘和蔗尘等)及化学物质(烟雾、变应原、工业废气和室内空气污染等)的浓度过大或接触时间过久时,均可导致慢阻肺的发生。接触某些特殊物质、刺激性物质、有机粉尘及变应原也可使气道反应性增加。

4. 生物燃料烟雾　生物燃料是指柴草、木头、木炭、庄稼秆和动物粪便等,其烟雾的主要有害成分包括碳氧化物、氮氧化物、硫氧化物和未燃烧完全的碳氢化合物颗粒与多环有机化合物等。使用生物燃料烹饪时产生的大量烟雾可能是不吸烟妇女发生慢阻肺的重要原因。生物燃料所产生的室内空气污染与吸烟具有协同作用。

5. 感染　呼吸道感染是慢阻肺发病和加剧的重要因素,病毒和(或)细菌感染是慢阻肺急性加重的常见原因。

6. 社会经济地位　慢阻肺的发病与患者的社会经济地位相关,室内外空气污染程度不同、营养状况等与社会经济地位的差异也许有一定的内在联系;低体重指数也与慢阻肺的发病有关,体重指数越低,慢阻肺的患病率越高。

二、发病机制

慢阻肺的发病机制尚未完全明了,吸入有害颗粒或气体可引起肺内氧化应激、蛋白酶和抗蛋白酶失衡及肺部炎症反应。慢阻肺患者肺内的炎症细胞以肺泡巨噬细胞、中性粒细胞和 $CD8^+T$ 细胞为主,激活的炎症细胞释放多种炎症介质,包括白三烯 B_4、IL-8、肿瘤坏死因子-α(TNF-α)等,这些炎症介质能够破坏肺的结构和(或)促进中性粒细胞炎症反应。自主神经系统功能紊乱(如胆碱能神经受体分布异常)等也在慢阻肺的发病中起重要作用。

第三节　病理和病理生理

一、病理

慢阻肺特征性的病理学改变存在于气道、肺实质和肺血管。在中央气道,炎症细胞浸润表层上皮,黏液分泌腺增大和杯状细胞增多使黏液分泌增加。在外周气道内,慢性炎症反应导致气道壁损伤和修复的过程反复发生,导致气道壁结构重塑、胶原含量增加及瘢痕组织形成,这些病理改变造成气道狭窄,引起固定性气道阻塞。

慢阻肺患者典型的肺实质破坏表现为小叶中央型肺气肿,涉及呼吸性细支气管的扩张和破坏。病情较轻时这些破坏常发生于肺的上部区域,但随着病情的发展,可弥漫分布于全肺并破坏毛细血管床。

二、病理生理

在慢阻肺的肺部病理学改变基础上,出现相应的慢阻肺特征性病理生理学改变,包括黏液高分泌、纤毛功能失调、小气道炎症、纤维化及管腔内渗出、气流受限和气体陷闭引起的肺过度充气、气体交换异常、肺动脉高压和肺源性心脏病,以及全身不良效应。黏液高分泌和纤毛功能失调导致慢性咳嗽和多痰,这些症状可出现在其他症状和病理生理异常发生之前。肺泡附着的破坏使小气道维持开放能力受损,这在气流受限的发生中也有一定作用。

随着慢阻肺的进展,外周气道阻塞、肺实质破坏和肺血管异常等降低了肺气体交换能力,产生低氧血症,并可出现高碳酸血症。

慢阻肺晚期出现肺动脉高压,进而产生慢性肺源性心脏病及右心衰竭,提示预后不良。慢阻肺还可以导致全身不良效应,包括全身炎症反应和骨骼肌功能不良,并促进或加重合并症的发生等,导致患者的活动能力受限加剧、生命质量下降、预后变差,因此具有重要的临床意义。

第四节　临床表现和辅助检查

一、症状

COPD 的 3 个主要症状是呼吸困难、慢性咳嗽和咳痰,最常见的早期症状是劳力性呼吸困难,较少见的症状包括喘息和胸闷。但是所有这些症状都可能单独出现,且程度不同。慢性咳嗽和咳痰常先于气流受限多年而存在,然而有些患者也可以无慢性咳嗽和咳痰的症状。常见症状如下:

1. 呼吸困难　这是慢阻肺最重要的症状,患者常描述为气短、气喘和呼吸困难等。早期仅在劳力时出现,之后逐渐加重,严重者甚至休息时也感到气短。

2. 咳嗽　通常为首发症状,初起咳嗽呈间歇性,早晨较重,以后早晚或整日均有咳嗽,少数病例虽有明显的气流受限但无咳嗽症状。

3. 咳痰　咳嗽后通常咳少量黏液性痰,部分患者在清晨较多,合并感染时痰量增多,表现为咳脓性痰。

4. 喘息和胸闷　部分患者特别是重症患者有明显的喘息,听诊有广泛的吸气相或呼气相哮鸣音,胸部紧闷感常于劳力后发生,与呼吸费力和肋间肌收缩有关。

5. 其他症状　在慢阻肺的临床过程中,特别是程度较重的患者可能会发生全身性症状,如体重下降、食欲减退、外周肌肉萎缩和功能障碍、精神抑郁和(或)焦虑等,长时间的剧烈咳嗽可导致咳嗽性晕厥,合并感染时可咳血痰。

二、体征

慢阻肺的早期体征可不明显,随着疾病进展及病情加重,查体可发现以下体征。

1. 视诊及触诊　桶状胸,表现为胸部过度膨胀、前后径增大等,常见呼吸变浅、频率增快、辅助呼吸肌(如斜角肌和胸锁乳突肌)参加呼吸运动,重症患者可见胸腹矛盾运动、三凹征,患者不时用缩唇呼吸以增加呼出气量,低氧血症患者可出现黏膜和皮肤发绀,伴有右心衰竭的患者可见下肢水肿和肝大。

2. 叩诊　肺过度充气可使心浊音界缩小、肺肝界降低,肺叩诊可呈过度清音。

3. 听诊　双肺呼吸音可减低,呼气延长,可闻及干啰音,双肺底或其他肺野可闻及湿啰音,心音遥远,剑突部心音较清晰响亮。

三、辅助检查

1. 肺功能检查　肺功能检查是判断气流受限的重复性较好的客观指标,是判断患者是否患有 COPD 的"金标准",对慢阻肺的诊断、严重程度评价、疾病进展、预后及治疗反应等均有重要意义。气流受限是以 FEV_1 和 FEV_1/FVC 降低来确定的。患者吸入支气管舒张剂后的 $FEV_1/FVC<70\%$,可以确定为持续存在气流受限,进而诊断为慢性阻塞性肺疾病。

2. 胸部 X 线检查　X 线检查对确定肺部并发症及与其他疾病(如肺间质纤维化、肺结核等)相鉴别具有重要意义。主要 X 线征象为肺过度充气:肺容积增大、胸腔前后径增长、肋骨走向变平、肺野透亮度增高、横膈位置低平、心脏悬垂狭长、肺门血管纹理呈残根状、肺野外周血管纹理纤细稀少等,有时可见肺大疱形成。

3. 胸部 CT 检查　CT 检查在诊断 COPD 的过程中具有越来越重要的作用,特别是在鉴别诊断时,CT 具有检查全面彻底、分辨率高的特点,明显提高临床诊断率。高分辨率 CT 对辨别小叶中心型或全小叶型肺气肿及确定肺大疱的大小和数量有很高的敏感性和特异性,对预计肺大疱切除或外科减容手术等的效果有很高的参考价值。

4. 脉搏氧饱和度(SpO_2)监测和血气分析　慢阻肺稳定期患者如果 FEV_1 占预计值%<40%,或临床症状提示有呼吸衰竭或右心衰竭时应监测 SpO_2。如果 $SpO_2<92\%$,应该进行血气分析检查,判断患者是否存在缺氧和(或)二氧化碳潴留以及病情的严重程度。

5. 实验室检查　没有一项实验室检查可诊断 COPD,但有时某些试验可排除呼吸困难和共病的其他病因。

对呼吸困难患者检查有无贫血是一个重要步骤。测量脑钠肽(BNP)或氨基末端脑钠肽前体(NT-proBNP)的浓度有助于评估疑似心力衰竭(HF)。根据对其他诊断的临床怀疑程度,可适当选择血糖、尿素氮、肌酐、电解质、钙、磷和促甲状腺激素等检查。

肾功能正常的稳定期 COPD 患者,血清碳酸氢盐水平升高可间接确定慢性高碳酸血症的存在。慢性高碳酸血症时,血清碳酸氢盐水平通常会因代偿性代谢性碱中毒而升高,异常结果必须通过动脉血气测定确认。

所有有症状且肺量计检查显示持续性气流阻塞的成人患者都应检测是否存在 α_1-抗胰蛋白酶(AAT)缺乏。AAT 缺乏可能性尤其高的亚群包括年轻人(如年龄≤45 岁)出现肺气肿、非吸烟者或吸烟极少者出现肺气肿、胸片上以肺底部改变为主的肺气肿或有家族史的肺气肿。但是,其他方面"典型"的 COPD 患者也可能存在 AAT 缺乏。AAT 的血清水平低于 $11\mu mol/L$(比浊法的测定结果为约 57mg/dl)结合重度缺乏的基因型即可作出诊断。

第五节　诊断和鉴别诊断

一、诊断

根据以下情况对患者的病情作出诊断:

1. 危险因素　患者有吸烟史、职业性或环境有害物质接触史。
2. 既往史　包括哮喘史、过敏史、儿童时期呼吸道感染及其他呼吸系统疾病。
3. 家族史　慢阻肺有家族聚集倾向。
4. 发病年龄和好发季节　多于中年以后发病,症状好发于秋、冬寒冷季节,常有反复呼吸道感染及急性加重史,随着病情进展,急性加重次数逐渐增多。
5. 合并症　心脏病、骨质疏松、骨骼肌肉疾病和肺癌等。
6. 慢阻肺对患者生命质量的影响　多为活动能力受限、劳动力丧失、抑郁和焦虑等。
7. 慢性肺源性心脏病病史　慢阻肺后期出现低氧血症和(或)高碳酸血症,可合并慢性肺源性心脏病和右心衰竭。

二、并发症

1. 自发性气胸　如有突然加重的呼吸困难并伴有明显的发绀,患侧肺部叩诊为鼓音,听诊呼吸音减弱或消失,应考虑并发自发性气胸。
2. 慢性呼吸衰竭　常在急性加重时发生,其症状明显加重,发生低氧血症或高碳酸血症可具有缺氧和二氧化碳潴留的临床表现,往往呼吸功能严重受损,在某些诱因如呼吸道感染、分泌物干结潴留的作用下,通气和换气功能障碍进一步加重,可诱发呼吸衰竭。
3. 慢性肺源性心脏病和右心衰竭　低氧血症和二氧化碳潴留以及肺泡毛细血管床破坏等均可引起肺动脉高压。在心功能代偿期,并无右心衰竭的表现。当呼吸系统病变进一步加重,动脉血气恶化时,肺动脉压显著增高,心脏负荷加重,加上心肌缺氧和代谢障碍等因素,可诱发右心衰竭。
4. 睡眠呼吸障碍　慢阻肺患者睡眠时通气降低较为明显,尤其是患者清醒状态下动脉血氧分压已经低达 8.00kPa(60mmHg)左右时,睡眠中进一步降低,就更为危险。患者的睡眠质量降低,可出现心律失常和肺动脉高压等。

第六节　治疗总体安排

一、病症处理的综合安排

COPD 的主要表现为逐渐进展的咳嗽、喘憋、呼吸困难,发作呈季节性,秋、冬季明显,合并感染时常急性发作。因此,患者在日常生活中要注意保暖,避免感冒,积极戒烟,加强营养,适当进行体育锻炼,提高身体抵抗力。当患者出现咳嗽、咳痰、喘憋等症状,特别是有吸烟史者,应积极到医院进行就诊,在医师的指导下进行肺功能检查,了解肺功能情况。如果诊断患有 COPD,还应进行胸部 CT 检查了解肺气肿情况,在医师的指导下给予适当的药物,包括止咳、祛痰、抗感染、扩张支气管以及免疫营养支持治疗,并坚持长期服用药物,特别是雾化吸入剂,以保证治疗效果,促进疾病早日康复。

二、治疗目标

慢阻肺疾病防治全球倡议(Global Initiative for Chronic Obstructive Lung Disease,GOLD)2013 指出 COPD 的治疗目标是:①缓解咳嗽、咳痰、呼吸困难、喘憋症状;②改善缺氧状态,提高运动能力,改善运动耐量;③改善健康状态,提高生活质量;④防止疾病进展,减少急性加重频率;⑤减少死亡率和致残率,降低经济负担。

三、治疗措施的选择和安排

(一) COPD 稳定期患者的治疗措施

1. 教育与管理　对稳定期慢阻肺患者进行积极的教育与管理可以提高慢阻肺患者和照护人员对慢阻肺的认识及自身处理疾病的能力,更好地配合管理,加强预防措施,减少反复加重,维持病情稳定,提高生命质量。具体包括:

(1)宣传及教育督促患者戒烟:大力宣传烟草危害,对于吸烟者制订严格的戒烟方案,配合家属进行监督,劝导患者戒烟并预防复吸,提高戒烟效果,减低烟草危害。

(2)通过宣传教育使患者了解慢阻肺的病理生理与临床基础知识,提高自我防病治病的能力。

(3)通过宣教,教会患者一些特殊的管理方法,如药物的应用技巧、雾化吸入的原理及雾化器的使用方法等。

(4)学会自我控制病情的技巧,如正确咳嗽、缩唇呼吸、腹式呼吸、储物罐的应用等。

(5)教育患者了解自己的病情、及时赴医院就诊的时机。

(6)加强社区管理与合作,与社区医师定期随访管理。

2. 综合评估　慢阻肺评估是根据患者的临床症状、急性加重风险、肺功能异常的严重程度及并发症情况进行综合评估,其目的是确定疾病的严重程度,包括气流受限的严重程度、患者的健康状况和未来急性加重的风险程度,最终目的是指导治疗。

(1)症状评估:采用改良版英国医学研究委员会呼吸问卷(Breathlessness Measurement using the modified British Medical Research Council,mMRC)对呼吸困难的严重程度进行评估(表 11-1),或采用慢阻肺患者自我评估测试(COPD assessment test,CAT)问卷进行评

估(表 11-2)。

(2)肺功能评估:应用气流受限的程度进行肺功能评估,即以 FEV_1 占预计值%为分级标准。慢阻肺患者气流受限的肺功能分级分为 4 级(表 11-3)。

(3)急性加重风险评估:上一年发生≥2 次急性加重史者,或上一年因急性加重住院 1次,预示以后频繁发生急性加重的风险大。

表 11-1 改良版英国医学研究委员会呼吸问卷(mMRC)

呼吸困难评价等级	呼吸困难严重程度
0 级	只有在剧烈活动时感到呼吸困难
1 级	在平地快步行走或步行爬小坡时出现气短
2 级	由于气短,平地行走时比同龄人慢或者需要停下来休息
3 级	在平地行走约 100m 或数分钟后需要停下来喘气
4 级	在平地行走约 100m 或数分钟后需要停下来喘气;因为严重呼吸困难而不能离开家,或在穿脱衣服时出现呼吸困难

表 11-2 慢阻肺患者自我评估测试问卷(分)

我从不咳嗽	1 2 3 4 5 6	我总是在咳嗽
我一点痰也没有	1 2 3 4 5 6	我有很多很多痰
我没有任何胸闷的感觉	1 2 3 4 5 6	我有很严重的胸闷感觉
当我爬坡或上一层楼梯时,没有气喘的感觉	1 2 3 4 5 6	当我爬坡或上一层楼梯时感觉严重喘不过气来
我在家里能够做任何事情	1 2 3 4 5 6	我在家里做任何事情都很受影响
尽管我有肺部疾病但对外出很有信心	1 2 3 4 5 6	由于我有肺部疾病,对离开家一点信心都没有
我的睡眠非常好	1 2 3 4 5 6	由于我有肺部疾病睡眠相当差
我精力旺盛	1 2 3 4 5 6	我一点精力都没有

表 11-3 肺功能分级标准

分级	分级标准
Ⅰ级(轻度)	FEV1/FVC<70% FEV1≥80%预计值 有或无慢性咳嗽咳痰症状
Ⅱ级(中度)	FEV1/FVC<70% 50%≤FEV1<80%预计值 有或无慢性咳嗽咳痰症状
Ⅲ级(重度)	FEV1/FVC<70% 30%≤FEV1<50%预计值 有或无慢性咳嗽咳痰症状
Ⅳ级(极重度)	FEV1/FVC<70% FEV1<30%预计值或 FEV1≥50%预计值 伴有慢性呼吸衰竭

慢性阻塞性肺疾病患者的综合评估具体见图 11-1 和表 11-4。

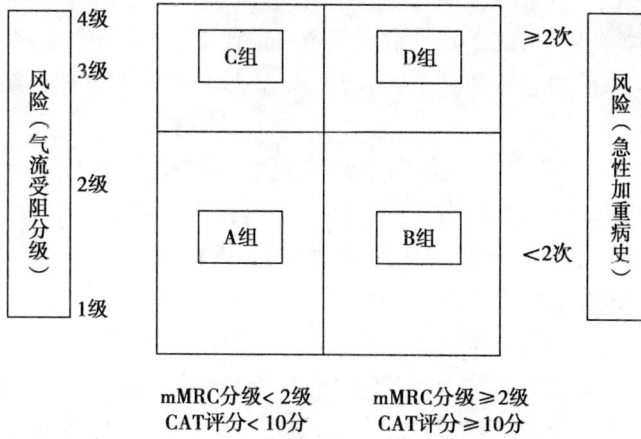

图 11-1　慢阻肺综合评估示意图

表 11-4　慢性阻塞性肺疾病患者的综合评估

组别	特征		肺功能 分级（级）	急性加重 （次/年）	呼吸困难 分级（级）	CAT 评分 （分）
	风险	症状				
A 组	低	少	Ⅰ～Ⅱ	＜2	＜2	＜10
B 组	低	多	Ⅰ～Ⅱ	＜2	≥2	≥10
C 组	高	少	Ⅲ～Ⅳ	≥2	＜2	＜10
D 组	高	多	Ⅲ～Ⅳ	≥2	≥2	≥10

3. 药物治疗　COPD 患者的药物治疗用于预防和控制症状,减少急性加重的频率和严重程度,提高运动耐力和生命质量。

GOLD 建议根据疾病的严重程度逐步增加治疗,如没有出现明显的药物不良反应或病情恶化,则应在同一水平维持长期的规律治疗。根据患者对治疗的反应及时调整治疗方案。常用治疗药物如下:

(1)支气管舒张剂:支气管舒张剂可松弛支气管平滑肌、扩张支气管、缓解气流受限,是控制慢阻肺症状的主要治疗措施。短期按需应用可缓解症状,长期规则应用可预防和减轻症状、增加运动耐力,但不能使所有患者的 FEV_1 得到改善。

1)β_2 受体激动剂:主要有短效制剂如沙丁胺醇和特布他林等,主要用于缓解症状,按需使用。长效制剂有福莫特罗(formoterol),作用持续 12 小时以上,较短效 β_2 受体激动剂更有效且使用方便。茚达特罗(indacaterol)是一种新型长效 β_2 受体激动剂,2012 年 7 月已在我国批准上市,该药起效快,支气管舒张作用长达 24 小时,经临床验证可以明显改善肺功能和呼吸困难症状、提高生命质量、减少慢阻肺急性加重。

2)抗胆碱药:主要品种有短效制剂异丙托溴铵(ipratropium)气雾剂,可阻断 M 胆碱受体,该药不良反应小,长期吸入可改善慢阻肺患者的健康状况。长效制剂噻托溴铵(tiotropium bromide)可以选择性地作用于 M_3 和 M_1 受体,作用时间长达 24 小时以上,长期使用可增加深吸气量、减低呼气末肺容积,进而改善呼吸困难,也可减少急性加重频率。

3)甲基黄嘌呤类药物(茶碱类):可解除气道平滑肌痉挛,在治疗慢阻肺中应用广泛。该药还有改善心排血量、舒张全身和肺血管、增加水盐排出、兴奋中枢神经系统、改善呼吸肌功能及某些抗炎作用。

(2)激素:糖皮质激素是慢阻肺患者的常用药物,具有抗炎作用,可减轻呼吸道炎症、扩张支气管、改善患者的呼吸功能状态。慢阻肺稳定期长期应用吸入型激素治疗并不能阻止其 FEV_1 的降低趋势。长期规律地吸入激素适用于 FEV_1 占预计值%<50%(肺功能Ⅲ和Ⅳ级)且有临床症状及反复加重的慢阻肺患者。

吸入型激素和 β_2 受体激动剂联合制剂已经广泛应用于临床,研究结果提示联合应用较分别单用的效果好,目前已有氟替卡松/沙美特罗、布地奈德/福莫特罗两种联合制剂。对肺功能 FEV_1 占预计值%<60%的患者规律吸入激素和长效 β_2 受体激动剂联合制剂,能改善症状和肺功能,提高生命质量,减少急性加重频率。对慢阻肺患者不推荐采用长期口服激素及单一吸入型激素治疗。

(3)磷酸二酯酶 4(PDE-4)抑制剂:PDE-4 抑制剂的主要作用是通过抑制细胞内的环腺苷酸降解来减轻炎症。该类药物中罗氟司特(roflumilast)已在某些国家被批准使用,每日 1 次口服。

(4)其他药物

1)祛痰药(黏液溶解剂):痰液增多是慢阻肺患者的重要特征,慢阻肺患者的气道内产生大量黏液分泌物,可促使其继发感染,并影响气道通畅,应用祛痰药有利于气道引流通畅,改善通气功能。常用药物有盐酸氨溴索、乙酰半胱氨酸等。

2)抗氧化剂:慢阻肺患者的气道炎症导致氧化负荷加重,促使其病理生理变化,应用抗氧化剂(N-乙酰半胱氨酸、羧甲司坦等)可降低疾病反复加重的频率。

3)免疫调节剂:该类药物对降低慢阻肺急性加重的严重程度可能具有一定作用,但尚未得到确证,不推荐作为常规使用。

4)中医治疗:中医中药在慢阻肺的治疗中越来越受到重视,对慢阻肺患者根据辨证施治的中医治疗原则治疗获得了较好的疗效,某些中药还具有祛痰、支气管舒张和免疫调节等作用。

4. 非药物治疗

(1)氧疗:慢阻肺稳定期患者进行长期家庭氧疗,可以提高慢性呼吸衰竭患者的生存率,对血流动力学、血液学特征、运动能力、肺生理和精神状态都会产生有益的影响。氧疗的具体指征为:①PaO_2≤55mmHg 或 SaO_2≤88%,有或无高碳酸血症;②PaO_2 为 55~60mmHg 或 SaO_2<89%,并有肺动脉高压、心力衰竭水肿或红细胞增多症(血细胞比容>0.55)。长期家庭氧疗一般是经鼻导管吸入氧气,流量为 1.0~2.0L/min,每天吸氧的持续时间>15 小时。

(2)无创机械通气支持:无创通气已广泛用于中、重度慢阻肺稳定期患者。无创通气联合长期氧疗对某些患者,尤其是在日间有明显高碳酸血症的患者有较好效果。慢阻肺合并阻塞性睡眠呼吸暂停综合征的患者,应用持续正压通气在改善生存率和住院率方面有明确益处。

（3）康复治疗：呼吸康复锻炼是 COPD 患者康复治疗的重要内容。COPD 患者长期缺氧，导致全身器官功能减退，患者的运动能力下降，生活质量持续减退。随着康复医学的发展，COPD 患者的康复治疗越来越受到临床重视。大量研究提示，肺康复治疗可以明显改善患者的呼吸功能状态，提高患者的运动能力和运动耐力，降低致残率。康复治疗包括健康宣教、呼吸肌训练、骨骼肌肉训练、营养支持、精神治疗和教育等多方面的措施。健康宣教包括 COPD 的预防与保健、训练患者有效咳嗽，促进分泌物清除；呼吸体操、缩唇呼吸及腹式呼吸的训练等。肌肉训练有全身性运动和呼吸肌锻炼，前者包括步行、登楼梯、踏车等。营养支持的要求应达到理想体重，同时避免摄入高糖和高热量的饮食，以免增加二氧化碳负荷。营养支持治疗和用药指导也发挥了重要的作用。

（4）外科治疗

1）肺大疱切除术：该手术对有指征的患者可减轻呼吸困难程度和改善肺功能。

2）肺减容术：该手术通过切除部分肺组织，减少肺过度充气，改善呼吸肌做功，可以提高患者的运动能力和健康状况。

3）支气管镜肺减容术：支气管镜肺减容术目前已经广泛开展，该手术可轻微改善肺功能、活动耐量和症状，但术后慢阻肺急性加重、肺炎和咯血情况相对较多，需要选择严格的手术适应证。

4）肺移植术：该手术对适宜的慢阻肺晚期患者可以改善肺功能和生命质量，但手术难度和费用较高，难以推广应用。

总之，慢阻肺稳定期的处理原则根据病情的严重程度不同，选择的治疗方法也有所不同。

（二）慢性阻塞性肺疾病（COPD）急性加重期患者的治疗

慢阻肺急性加重是指患者以呼吸道症状加重为特征的临床事件，其症状变化程度超过日常变异范围并导致需要改变药物治疗方案。

1. 慢阻肺急性加重的原因　引起慢阻肺急性加重最常见的有气管、支气管感染，主要为病毒、细菌感染。一些患者表现出急性加重的易感性，每年急性加重＞2 次，被定义为频繁急性加重。

2. 慢阻肺急性加重治疗的目标　减轻急性加重的病情和症状，预防再次急性加重的发生。

3. 慢阻肺急性加重的诊断和严重程度评价

（1）临床表现：慢阻肺急性加重的主要表现有气促加重，常伴有喘息、胸闷、咳嗽加剧、痰量增加、痰液颜色和（或）黏度改变及发热等，也可出现全身不适、失眠、嗜睡、疲乏、抑郁和意识不清等症状。当患者出现运动耐力下降、发热和（或）胸部影像学异常时也可能为慢阻肺急性加重的征兆。气促加重，咳嗽、痰量增多及出现脓性痰常提示有细菌感染。

（2）诊断

1）临床症状：AECOPD 患者表现为喘憋、呼吸困难加重，并伴有喘息、胸闷、咳嗽加剧、痰量增加、痰液颜色和（或）黏度改变及发热等。对于严重的慢阻肺患者，意识变化是病情恶化和危重的指标，一旦出现需及时送医院救治。至今还没有一项单一的生物标志物可用于慢阻肺急性加重的诊断和评估，期望将来会有有关标志物的检查协助慢阻肺的诊断。

2）实验室检查：血白细胞计数通常对了解 COPD 患者的肺部感染有一定帮助，部分患者白细胞计数增高和(或)中性粒细胞核左移。

3)肺功能:急性加重期间不推荐进行肺功能检查,因为患者无法配合且检查结果不够准确。肺功能检查是评估患者病情严重程度的重要指标,如果患者 FEV_1 <1L,提示患者病情严重。

4)动脉血气分析:是评价患者病情严重程度的重要指标。静息状态下在海平面呼吸空气的条件下, PaO_2 <60mmHg 和(或) $PaCO_2$ >50mmHg 提示有呼吸衰竭;如 PaO_2 <50mmHg、 $PaCO_2$ >70mmHg、pH<7.30 提示病情严重,需进行严密监护或入住 ICU 行无创或有创机械通气治疗。

5)胸部影像学和心电图检查:胸部 X 线检查有助于鉴别慢阻肺急性加重与其他具有类似症状的疾病,心电图对诊断心律失常、心肌缺血和右心室肥厚有所帮助。

6)细菌学检查:细菌学检查可以指导临床医师有针对性地进行抗感染治疗。当慢阻肺患者症状加重、有脓性痰时,应给予抗生素治疗,若患者对初始抗生素治疗反应不佳,则应进行痰培养及细菌药物敏感性试验。降钙素原Ⅲ是细菌感染的特异性标志物,可能有助于决定是否使用抗生素。

4. 治疗　慢阻肺急性加重的治疗目标为减轻急性加重的临床表现,预防再次急性加重的发生。根据慢阻肺急性加重和(或)伴随疾病的严重程度,患者可以行院外治疗或住院治疗,病情严重者应入住 ICU 治疗。

(1)院外治疗:慢阻肺急性加重早期、病情较轻的患者可以在院外治疗。院外治疗包括适当增加以往所用支气管舒张剂的剂量及频度,单一吸入短效 β_2 受体激动剂或联合应用吸入短效 β_2 受体激动剂和短效抗胆碱药物。对较严重的病例可给予较大剂量的雾化治疗数日,如沙丁胺醇 2500μg、异丙托溴铵 500μg 或沙丁胺醇 1000μg 加用异丙托溴铵 250～500μg 雾化吸入,每日 2～4 次。

急性加重患者全身使用激素和抗生素对治疗有益,泼尼松龙每日 30～40mg,连用 10～14 天,也可用激素联合 SABA 雾化吸入治疗。慢阻肺症状加重特别是有脓性痰液时应积极给予抗生素治疗。抗生素的选择应依据患者急性加重的严重程度及常见的致病菌,结合患者所在地区致病菌及耐药菌的流行情况选择敏感的抗生素,疗程为 5～10 天。

(2)住院治疗:病情严重的慢阻肺急性加重患者需要住院治疗,到医院就医或住院治疗的指征为:①症状明显加重,如突然出现静息状况下的呼吸困难;②重度慢阻肺;③出现新的体征或原有体征加重(如发绀、意识改变和外周水肿);④有严重的伴随疾病(如心力衰竭或新近发生的心律失常);⑤初始治疗方案失败;⑥高龄;⑦诊断不明确;⑧院外治疗无效或条件欠佳。

慢阻肺急性加重患者收入 ICU 的指征为:①严重的呼吸困难且对初始治疗反应不佳;②意识障碍(如嗜睡、昏迷等);③经氧疗和无创机械通气,低氧血症(PaO_2 <50mmHg)仍持续或呈进行性恶化和(或)高碳酸血症($PaCO_2$ >70mmHg)无缓解甚至恶化和(或)严重的呼吸性酸中毒(pH<7.30)无缓解甚至恶化。

主要治疗原则:根据患者的临床症状、体征、血气分析和胸部影像学等指标评估病情的严重程度,采取相应的治疗措施。

(1)氧疗:氧疗是治疗慢阻肺急性加重期住院患者的一个重要部分,氧流量调节以改善患者的低氧血症、保证 88%～92%的氧饱和度为目标,氧疗 30～60 分钟后应进行动脉血气分析,以确定氧合满意而无二氧化碳潴留或酸中毒。Venturi 面罩(高流量装置)较鼻导管提供的氧流量更准确,但患者难以耐受。

(2)抗菌药物:COPD 患者急性加重经常是细菌或病毒感染,但急性加重期是否应用抗菌药物仍存在争议。目前推荐抗菌药物治疗的指征为:①呼吸困难加重、痰量增加和脓性痰是 3 个必要症状;②脓性痰在内的 2 个必要症状;③需要有创或无创机械通气治疗。

抗生素的选择非常重要,对于反复发生急性加重、严重的气流受限和(或)需要机械通气的患者应进行痰培养,因为此时可能存在革兰阴性杆菌(如假单胞菌属或其他耐药菌株)感染并出现抗菌药物耐药。抗菌药物最好给予口服治疗。呼吸困难改善和脓痰减少提示治疗有效。抗菌药物的推荐治疗疗程为 5～10 天。

初始抗菌治疗的建议:①对无铜绿假单胞菌危险因素者,主要依据急性加重的严重程度、当地的耐药状况、费用和潜在的依从性选择药物,病情较轻者推荐使用青霉素、阿莫西林加或不加用克拉维酸、大环内酯类、氟喹诺酮类、第一或第二代头孢菌素类抗生素,一般可口服给药;病情较重者可用 β-内酰胺类/酶抑制剂、第二代头孢菌素类、氟喹诺酮类和第三代头孢菌素类。②有铜绿假单胞菌危险因素者需要静脉用药,可选择环丙沙星、抗铜绿假单胞菌的 β-内酰胺类,不加或加用酶抑制剂,同时可加用氨基糖苷类药物。③应根据患者病情的严重程度和临床状况是否稳定选择使用口服或静脉用药,静脉用药 3 天以上,如病情稳定可以改为口服。

(3)支气管舒张剂:短效支气管舒张剂雾化吸入治疗较适用于慢阻肺急性加重期的治疗,对于病情较严重者可考虑静脉滴注茶碱类药物,由于茶碱类药物的血药浓度个体差异较大、治疗窗较窄,监测血清茶碱浓度对评估疗效和避免发生不良反应都有一定意义。由于 β_2 受体激动剂、抗胆碱能药物及茶碱类药物的作用机制及药动学特点不同,且分别作用于不同级别的气道,所以联合用药的支气管舒张作用更强。

(4)激素:住院的慢阻肺急性加重患者宜在应用支气管舒张剂的基础上口服或静脉滴注激素,要权衡疗效及安全性确定激素的剂量,建议口服泼尼松 30～40mg/d,连续用 10～14 天后停药,对个别患者视情况逐渐减量停药;也可以静脉给予甲泼尼龙 40mg,每日 1 次,3～5 天后改为口服。

(5)辅助治疗:在监测出入量和血电解质的情况下适当补充液体和电解质,注意维持液体和电解质平衡,注意补充营养,对不能进食者需经胃肠补充要素饮食或给予静脉高营养;对卧床、红细胞增多症或脱水患者,无论是否有血栓栓塞性疾病史,均需考虑使用肝素或低分子量肝素抗凝治疗。此外,还应注意痰液引流,积极排痰治疗(如刺激咳嗽、叩击胸部、体位引流和湿化气道等),识别及治疗合并症(如冠心病、糖尿病和高血压等)及其并发症(如休克、弥散性血管内凝血和上消化道出血等)。

(6)机械通气:对于 COPD 急性加重存在二氧化碳潴留的患者应积极给予机械通气辅助治疗。病情较轻、神志清醒、自主呼吸良好的患者可首选无创通气,可改善缺氧、降低 $PaCO_2$、降低呼吸频率及呼吸困难程度、减少呼吸机相关性肺炎等并发症和住院时间,更重要的是降低病死率和插管率。对于患者的呼吸衰竭仍进行性恶化,出现危及生命的酸碱失衡和(或)意识改变时,宜用有创机械通气治疗,待病情好转后,可根据情况采用无创通气进行序贯治疗。

四、慢阻肺与合并症

(一) 心血管疾病

1. 缺血性心脏病　慢阻肺患者合并缺血性心脏病较为常见,治疗此类患者的缺血性心脏病应按照缺血性心脏病指南进行。无论是治疗心绞痛或是心肌梗死,应用选择性 β 受体阻断药治疗是安全的。治疗此类患者的慢阻肺应按照慢阻肺的常规治疗进行。合并不稳定型心绞痛时应避免使用高剂量的 β 受体激动剂。

2. 心力衰竭　这也是常见的慢阻肺合并症,约有 30% 的慢阻肺稳定期患者合并不同程度的心力衰竭,心力衰竭恶化要与慢阻肺急性加重进行鉴别诊断。心力衰竭、慢阻肺和哮喘是患者呼吸困难的常见原因,易被混淆。治疗此类患者的心力衰竭应按照心力衰竭指南进行。

3. 心房颤动　这是最常见的心律失常,慢阻肺患者中心房颤动的发生率增加。治疗心房颤动应按照常规心房颤动指南进行。慢阻肺的治疗应按照慢阻肺的常规治疗进行,但应用大剂量的 $β_2$ 受体激动剂治疗时应格外小心。

4. 高血压　高血压是慢阻肺患者最常见的合并症,治疗慢阻肺患者的高血压应按照高血压指南进行,可选用选择性 $β_1$ 受体阻断药。治疗此类患者的慢阻肺应按照慢阻肺的常规治疗进行。

总之,目前尚无证据表明,慢阻肺与上述 4 种心血管疾病同时存在时,心血管疾病的治疗或慢阻肺的治疗与常规治疗会有所不同。

(二) 骨质疏松

骨质疏松是慢阻肺的主要合并症,多见于肺气肿患者。慢阻肺患者合并骨质疏松时,应按照骨质疏松常规指南治疗骨质疏松;骨质疏松患者合并慢阻肺时,其稳定期治疗与常规治疗相同。全身应用激素治疗显著增加骨质疏松的风险,应避免在慢阻肺急性加重时反复使用激素治疗。

(三) 焦虑和抑郁

常发生于较年轻、女性、吸烟、FEV_1 较低、咳嗽、圣乔治呼吸问卷评分较高及合并心血管疾病的患者,应分别按照焦虑和抑郁及慢阻肺指南进行常规治疗,要重视肺康复对这类患者的潜在效应,体育活动对抑郁症患者通常有一定的疗效。

(四) 肺癌

肺癌是轻度慢阻肺患者死亡的最常见原因。慢阻肺患者合并肺癌的治疗应按照肺癌指南进行,但由于慢阻肺患者的肺功能明显降低,肺癌的外科手术常受到一定限制;肺癌患者合并慢阻肺的治疗与慢阻肺的常规治疗相同。

(五) 感染

重症感染尤其是呼吸道感染在慢阻肺患者中常见。慢阻肺患者合并感染时,应用大环内酯类抗生素治疗可增加茶碱的血浓度,反复应用抗生素可能增加抗生素耐药的风险。如慢阻肺患者在吸入激素治疗时反复发生肺炎,则应停止吸入激素治疗,以便观察是否为吸入激素导致的肺炎。

(六) 代谢综合征和糖尿病

慢阻肺患者合并代谢综合征和糖尿病较为常见,且糖尿病对疾病进展有一定影响。治疗此类患者的糖尿病应按照糖尿病常规指南进行,糖尿病患者合并慢阻肺时的治疗也与慢阻肺的常规治疗相同。

五、预期治疗结果

COPD 患者经过早期治疗和积极的康复治疗,能明确改善患者的全身缺氧状态,降低急性发作次数,改善心肺功能,提高运动能力和运动耐力,改善生活质量,减少致残率和死亡率,降低经济负担。

第七节　药物治疗方案

药物选择和联合

按照 GOLD,常用治疗 COPD 的药物、剂量、剂型及给药途径、给药间隔及疗程如下(首选雾化吸入治疗)。

(一) 支气管扩张剂

1. β_2 受体激动剂

(1)短效制剂:主要有沙丁胺醇和特布他林等,为短效定量雾化吸入剂,数分钟内起效,15～30 分钟达到峰值,疗效持续 4～5 小时,每次剂量为 100～200μg(每喷 100μg),24 小时内不超过 8～12 喷。主要用于缓解症状,按需使用。

(2)长效制剂:福莫特罗(formoterol)为长效定量吸入剂,作用持续 12 小时以上,较短效 β_2 受体激动剂更有效且使用方便,吸入福莫特罗后 1～3 分钟起效,常用剂量为 4.5～9μg,每日 2 次。茚达特罗(indacaterol)是一种新型长效 β_2 受体激动剂,2012 年 7 月已在我国批准上市,该药起效快,支气管舒张作用长达 24 小时,每日 1 次吸入 150μg 或 300μg 可以明显改善肺功能和呼吸困难症状、提高生命质量、减少慢阻肺急性加重。

2. 抗胆碱药　主要品种有异丙托溴铵(ipratropium)气雾剂,可阻断 M 胆碱受体,定量吸入时开始作用的时间较沙丁胺醇等短效 β_2 受体激动剂慢,但其持续时间长,30～90 分钟达最大效果,可维持 6～8 小时,使用剂量为 40～80μg(每喷 20μg),每日 3～4 次。该药不良反应小,长期吸入可改善慢阻肺患者的健康状况。

噻托溴铵(tiotropium bromide)是长效抗胆碱药,可以选择性地作用于 M_3 和 M_1 受体,作用时间长达 24 小时以上,吸入剂量为 18μg,每日 1 次。长期使用可增加深吸气量,减低呼气末肺容积,进而改善呼吸困难,提高运动耐力和生命质量,也可减少急性加重频率。

3. 茶碱类药物　可解除气道平滑肌痉挛,在治疗慢阻肺中应用广泛。该药还有改善心排血量、舒张全身和肺血管、增加水盐排出、兴奋中枢神经系统、改善呼吸肌功能及某些抗炎作用。

(二) 激素

慢阻肺稳定期长期应用吸入型激素治疗并不能阻止其 FEV_1 的降低趋势。COPD 急性发作时可以全身应用激素,住院的慢阻肺急性加重患者宜在应用支气管舒张剂的基础上口服或静脉滴注激素,建议口服泼尼松 30～40mg/d,连续用 10～14 天后停药,对个别患者视情况逐渐减量停药;也可以静脉给予甲泼尼龙 40mg,每日 1 次,3～5 天后改为口服。常用的吸入型激素主要有布地奈德。

(三)联合制剂

吸入型激素和 β_2 受体激动剂联合应用较分别单用的效果好,目前已有氟替卡松/沙美特罗、布地奈德/福莫特罗两种联合制剂。FEV_1 占预计值%＜60％的患者规律吸入激素和长效 β_2 受体激动剂联合制剂,能改善症状和肺功能,提高生命质量,减少急性加重频率。不推荐对慢阻肺患者采用长期口服激素及单一吸入型激素治疗。

(四)磷酸二酯酶 4(PDE-4)抑制剂

PDE-4 抑制剂的主要作用是通过抑制细胞内的环腺苷酸降解来减轻炎症。该类药物中罗氟司特(roflumilast)已在某些国家被批准使用,每日 1 次口服罗氟司特虽无直接舒张支气管的作用,但能够改善应用沙美特罗或噻托溴铵治疗的患者的 FEV_1。对于存在慢性支气管炎、重度至极重度慢阻肺、既往有急性加重病史的患者,罗氟司特可使需用激素治疗的中、重度急性加重的发生率下降 15％～20％。

(五)其他药物

1. 祛痰药(黏液溶解剂) 慢阻肺患者的气道内产生大量黏液分泌物,可促使其继发感染,并影响气道通畅,应用祛痰药似有利于气道引流通畅,改善通气功能。常用药物有盐酸氨溴索、乙酰半胱氨酸等。

2. 抗氧化剂 慢阻肺患者的气道炎症导致氧化负荷加重,促使其病理生理变化,应用抗氧化剂(N-乙酰半胱氨酸、羧甲司坦等)可降低疾病反复加重的频率。

综合以上药物特点,GOLD 推荐的 COPD 联合治疗方案见表 11-5。

表 11-5 慢阻肺稳定期的起始治疗药物推荐方案

组别	首选方案	备选方案	替代方案
A 组	SAMA(需要时)或 SABA(需要时)	LAMA 或 LABA 或 SAMA 和 SABA	茶碱
B 组	LAMA 或 LABA	LAMA 和 LABA	SAMA 或 SABA 茶碱
C 组	ICS+ LAMA 或 LABA	LAMA 和 LABA	PDE-4 抑制剂
			SAMA 和(或)SABA
D 组	ICS+ LAMA 或 LABA	ICS 和 LAMA	羧甲司坦
	或 ICS+ LAMA 和 LABA	SAMA 和(或)SABA	
		ICS+ LABA 和 PDE-4 抑制剂茶碱	
	或 LAMA 和 LABA		
	或 LAMA 和 PDE-4 抑制剂		

注:SAMA:短效抗胆碱能药;SABA:短效 β_2 受体激动剂;LAMA:长效抗胆碱能药;LABA:长效 β_2 受体激动剂;ICS:吸入型激素;PDE-4:磷酸二酯酶 4 抑制剂;替代方案中的药物可单独应用或与首选方案和次选方案中的药物联合应用;各栏中的药物并非按照优先顺序排序

第八节　药学监护与信息反馈

一、观察疗效

在 COPD 的治疗过程中,要对患者所用的药物进行密切观察,包括应用药物的种类、作用特点、疗效。例如患者的咳嗽、咳痰以及喘憋症状是否好转,痰量是否减少,听诊患者双肺的呼吸音是否好转,双肺的干湿啰音是否好转,哮鸣音是否减轻,患者的肺功能是否好转;当合并感染时,经过止咳平喘、排痰等治疗,患者的血象是否好转、胸部 X 线胸片病灶是否吸收等,以判断患者的治疗效果。

二、给药方法的适宜性

COPD 稳定期患者的给药方法首选吸入给药,如短效 β_2 受体激动剂沙丁胺醇和特布他林,长效制剂福莫特罗(formoterol)、茚达特罗(indacaterol),以及抗胆碱药异丙托溴铵(ipratropium)气雾剂、噻托溴铵(tiotropium bromide)、联合制剂氟替卡松/沙美特罗、布地奈德/福莫特罗等。雾化吸入的最大优点是起效快、使用方便、副作用少,便于患者应用,提高患者治疗的依从性。

三、观察不良反应

COPD 患者大多都是中老年人,存在不同程度的器官功能减退,因此在 COPD 的治疗过程中,观察所用药物的不良反应,提高用药安全性是临床医师的重要工作之一。常用药物的不良反应见表 11-6。

表 11-6　COPD 常见治疗药物的副作用

药物名称	常见副作用
β_2 受体激动剂	心动过速、躯体震颤、恶心、头痛、头晕
抗胆碱药	口苦、口干
吸入糖皮质激素	口腔念珠菌感染、声嘶、皮肤挫伤、骨质疏松、痤疮
甲基黄嘌呤	(茶碱)心律失常、惊厥、头痛、失眠、恶心
磷酸二酯酶 4 抑制剂	恶心、食欲下降、腹疼、腹泻、睡眠障碍、头痛

举例:患者王某某,男,74 岁,患慢性支气管炎、COPD、高血压、前列腺增生。本次住院因为慢阻肺急性加重(AECOPD),经治疗后病情稳定好转,咳嗽、喘憋好转,活动能力提高。但患者诉近几日感觉声嘶、心慌、咽部不适,临床药师了解病情后立即和主管医师、护士取得联系,并再次向患者了解病情,了解患者的用药情况。经过仔细询问病史和患者的用药情况,得知患者是 COPD 患者,每日仍喘憋和呼吸困难,目前除服用止咳化痰药物外,目前应用舒立迭(沙美特罗/替卡松)吸入治疗 10 余天,服用剂量为 $250/50\mu g$,本药应该是每次 1 吸,每天 2 次。但是该患者感觉喘憋症状缓解不理想,自行将该药改成每次 2 吸,每天 2 次。由于加大了激素的剂量,患者的喘憋症状好转,但是由于每次 2 吸,加大了 β_2 受体激动剂的

用量,导致患者心率加快而出现心慌、心悸等不适,同时患者由于自理能力较差,每次用药后没有立即漱口或漱口不彻底,导致患者出现口腔溃疡和声嘶。因此,主管医师、护士、临床药师、患者充分沟通后,建议患者改用 500/50μg 剂型,同时强调每次用药后一定充分漱口,并要求家属及陪护监督执行。患者上述症状很快好转。

四、用药依从性

COPD 患者提倡长期吸入疗法以控制病情,患者治疗的依从性对治疗效果有直接影响。因此要加强与患者的交流沟通,普及 COPD 疾病的健康宣传教育,让患者了解雾化吸入的重要性和必要性,同时要让患者充分了解雾化吸入器的正确应用方法以及常见副作用,如舒立迭应用后可以引起声嘶和口腔真菌感染,用后要立即漱口,以及 β_2 受体激动剂用量过大会引起心慌等,做到合理用药,提前预防,提高患者治疗的依从性。

第九节 用药指导

一、治疗药物用法

(一)支气管扩张剂

1. β_2 受体激动剂

(1)短效制剂:主要有沙丁胺醇和特布他林等,吸入后数分钟内起效,15～30 分钟达到峰值,疗效持续 4～5 小时,每次剂量为 100～200μg(每喷 100μg),24 小时内不超过 8～12 喷。

(2)长效制剂:福莫特罗(formoterol)的作用持续 12 小时以上,吸入福莫特罗后 1～3 分钟起效,常用剂量为 4.5～9μg,每日 2 次。茚达特罗(indacaterol)每日 1 次吸入 150 或 300μg。

2. 抗胆碱药 主要品种有异丙托溴铵(ipratropium)气雾剂,使用剂量为 40～80μg(每喷 20μg),每日 3～4 次。噻托溴铵(tiotropium bromide)是长效抗胆碱药,可以选择性地作用于 M_3 和 M_1 受体,作用时间长达 24 小时以上,吸入剂量为 18μg,每日 1 次。

3. 茶碱类药物 可解除气道平滑肌痉挛,在治疗慢阻肺中应用广泛。该药还有改善心排血量、舒张全身和肺血管、增加水盐排出、兴奋中枢神经系统、改善呼吸肌功能及某些抗炎作用。

缓释型或控释型茶碱每日口服 1～2 次,每次 0.2g 可以达到稳定的血浆浓度,对治疗慢阻肺有一定效果;静脉滴注每次 0.3g,1 次/天。

应用西咪替丁、大环内酯类药物(红霉素等)、氟喹诺酮类药物(环丙沙星等)和口服避孕药等均可增加茶碱的血浓度,增加不良反应发生率。

(二)激素

住院的慢阻肺急性加重患者宜在应用支气管舒张剂的基础上口服或静脉滴注激素,建议口服泼尼松 30～40mg/d,连续用 10～14 天后停药,对个别患者视情况逐渐减量停药;也可以静脉给予甲泼尼龙 40mg,每日 1 次,3～5 天后改为口服。雾化吸入激素:布地奈德每次 100～200μg,2～3 次/天;雾化吸入:2～4mg＋生理盐水 4～6ml,雾化吸入,每天 2～

3次。

（三）联合制剂

氟替卡松/沙美特罗有两种制剂：250/50μg 和 500/50μg，根据病情选用不同制剂，每天2次，每次1吸。布地奈德/福莫特罗有 160/4.5μg 和 320/4.5μg，根据病情选用不同制剂。主要适应于 FEV$_1$ 占预计值％＜50％（Ⅲ和Ⅳ级）且有临床症状及反复加重的慢阻肺患者。

（四）磷酸二酯酶 4（PDE-4）抑制剂

孟鲁司特每次 10mg，1 次/天。罗氟司特（roflumilast）口服，每次 500μg，1 次/天。罗氟司特可使需用激素治疗的中、重度急性加重的发生率下降 15％～20％。

定量气雾剂的吸入方法见图 11-2。

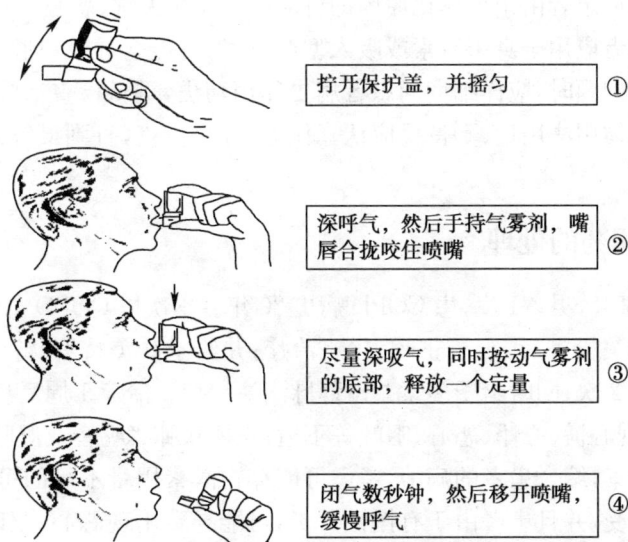

拧开保护盖，并摇匀	①
深呼气，然后手持气雾剂，嘴唇合拢咬住喷嘴	②
尽量深吸气，同时按动气雾剂的底部，释放一个定量	③
闭气数秒钟，然后移开喷嘴，缓慢呼气	④

图 11-2　定量气雾剂的吸入方法

二、老年用药教育

1. 健康宣教，让患者了解 COPD 疾病的发病原因与危险因素，做到积极预防、主动防御。

2. 向老年患者介绍 COPD 常用治疗药物的原理、使用方法及注意事项。

3. 向患者介绍药物的常见不良反应及判断方法，做到早发现、早纠正、早预防。

4. 向患者介绍 COPD 治疗药物与生活习惯、其他药物的相互作用，如吸烟、饮酒对药物的影响，以及西咪替丁、大环内酯类药物（红霉素等）、氟喹诺酮类药物（环丙沙星等）和口服避孕药等均可增加茶碱的血药浓度等，提高患者的用药安全意识。

第十节　不合理用药的常见表现及其处理

一、不合理用药的表现

1. 疾病症状未缓解，如咳嗽、喘憋、呼吸困难等症状无明显改善。

2. 出现明显的并发症，如高热、皮疹等。

3. 出现肝、肾或血液系统功能损伤。

4. 心律失常，如心动过速、室性期前收缩。

5. 恶心、呕吐、腹疼、腹泻。

6. 口腔溃疡、声嘶。

二、不合理用药的判断

当患者出现上述不适或器官功能损伤时，应及时查找原因，包括药物应用类型、剂量、服用方式等。COPD患者的常用药物主要包括β_2受体激动剂、抗胆碱药、茶碱类药物，上述药物在剂量应用过大或患者由于个体化原因即可能出现心律失常、恶心、呕吐等不适或症状缓解不明显等。当患者应用全身用激素或吸入型激素时，可能会导致口腔溃疡和声嘶或全身感染等。出现上述问题时，应详细询问患者病史和用药史，重新检查治疗方案和应用药物，针对每个药物的具体用法用量、不良反应认真比对，逐个排查，直到最终发现导致不良反应的药物。

三、不合理用药的处理

举例：患者张某某，男，71岁，患COPD病史20年。本次以COPD急性发作入院。主诊医师给予查体及相关检查后，给予止咳、化痰治疗；并给予沙美特罗/替卡松（250/50μg）治疗，每次1吸，每天2次；同时给予多索茶碱静脉滴注治疗。治疗1周后患者的喘憋、咳嗽症状未见缓解，并出现心慌、心悸、恶心、呕吐等不适；查体双肺哮鸣音及湿啰音未见明显好转。回顾患者的治疗方案，综合患者的病情，考虑可能存在激素用量不足的可能性，患者还可能存在对氨茶碱不耐受，并且患者由于有慢性胃炎，可能导致出现恶心、呕吐等表现。给予舒立迭500/50μg，每次1吸，每天2次，停用氨茶碱治疗，给予中药化痰治疗。3天后患者病情好转。

结合本病例，考虑患者主要是由于激素用量不足、患者对氨茶碱药物不耐受，给予调整治疗后，患者的病情很快缓解，提示临床用药不合理。

第十一节　治疗的风险及其处理

一、治疗的风险事件

COPD治疗过程中常见的风险事件包括高血压、心功能不全加重、肝肾功能损伤、血糖波动、消化道出血、声嘶、恶心、呕吐、震颤、过敏反应、前列腺肥大加重导致排尿不畅等。

二、治疗的风险因素

COPD患者常合并高血压、冠心病、心功能不全、肝肾功能不全、糖尿病、消化不良、前列腺肥大等疾病，而治疗COPD的药物如β_2受体激动剂、抗胆碱药、茶碱类药物以及激素等均有可能引起血压升高、心律失常、心功能不全、血糖波动和肝肾功能损伤，特别是当合并其他治疗药物时，如当茶碱合并应用西咪替丁、大环内酯类药物（红霉素等）、氟喹诺酮类药物（环丙沙星等)等均可增加茶碱的血浓度,增加不良反应发生率。因此在治疗过程中应密切观察患者的病情变化,了解药物的常见不良反应及配伍禁忌,提高对治疗风险事件的警惕性。当患者有糖尿病、消化性溃疡等疾病时,如果同时应用激素,应警惕血糖波动、消化道出血的可能性。

三、治疗风险的处理

当患者出现以上不良反应时,应密切观察病情,积极查找病因,重新设计或调整治疗方案,并采取相应的治疗不良反应的措施如停药或减量、保护肝肾功能、抗过敏、控制血压、缓解心脏负担等,尽快控制病情。

第十二节 老年慢阻肺治疗中的常见药学问题

一、支气管扩张剂在慢阻肺稳定期的应用价值

支气管扩张剂是控制 COPD 症状的主要治疗措施。主要作用是扩张支气管,缓解 COPD 的喘憋、呼吸困难症状,改善肺功能,提高运动能力和生活水平。治疗过程中首选吸入疗法,如何选择 β_2 受体激动剂、抗胆碱药、茶碱类药物以及激素等药物取决于患者的病情以及患者个体对药物的反应,短期按需应用支气管扩张剂可缓解症状,长期规律使用可以预防和减轻症状。吸入长效支气管扩张剂更为方便有效。提倡联合应用支气管扩张剂和吸入型糖皮质激素。

二、茶碱的常见不良反应

茶碱的不良反应较多,常见有心悸、心动过速、呼吸急速、高血糖、恶心、呕吐、头痛、失眠、易怒等。因此在氨茶碱的应用过程中要密切观察,监测茶碱的血药浓度对估计疗效和不良反应有重要意义,血液中的茶碱浓度>5mg/L 即有治疗作用,>15mg/L 时不良反应明显增加。

三、抗胆碱能药物的常见不良反应

抗胆碱能药物的常见不良反应有心动过速、心悸、头痛、头晕、骨骼肌震颤、尿潴留、口干、恶心、呕吐或皮疹,以及舌、唇、面部神经性水肿等。

以上不良反应临床并不多见,只要注意药物的用量,一般不会出现。

四、福莫特罗/布地奈德的正确使用与常见不良反应

该药是长效 β_2 受体激动剂福莫特罗和吸入型激素布地奈德的联合制剂,具有起效快、疗效持久、效果明显、使用方便的特点。正常情况下每日 1~2 次,每次 1 吸用药。

该药吸入后 1~3 分钟起效,15 分钟达血药浓度峰值,药效持续时间为 8~12 小时。

该药的常见不良反应有心悸、心动过速、头痛、恶心、眩晕、肌肉痉挛性震颤、皮疹、口腔念珠菌感染、声嘶、血糖升高等。

附：典型案例

老年慢性阻塞性肺疾病伴多种疾病的医嘱重整

患者徐某某，男，70岁，患支气管炎、COPD、消化性溃疡、糖尿病、高血压、冠心病、心功能不全。本次因肺部感染、COPD急性发作入院。入院后查体：呼吸急速，喘息，双肺呼吸音粗，可闻及双肺哮鸣音和细湿啰音；查血常规：WBC 16.2×10^9/L，中性粒细胞比例89%，淋巴细胞比例8%；血气分析：pH 7.24，PaO_2 56mmHg，$PaCO_2$ 78mmHg。给予抗感染（头孢西丁2g q8h）、环丙沙星0.4g、氨茶碱0.3g静脉滴注；沙美特罗/替卡松500/50μg，每天2次及噻托溴铵18μg，每日1次雾化吸入。同时给予降血压、降血糖、保护胃黏膜（西咪替丁）治疗。3天后患者的喘憋症状好转，但是出现心慌、心悸、血压升高、血糖波动，既往的降血糖药物控制效果不佳。主管医师根据患者的症状，联合临床药师对患者的病情及治疗进行综合分析，经反复分析研究，参考相关资料，得出结论：患者本次发病主要是COPD急性发作，给予氨茶碱、β_2受体激动剂、抗胆碱能药物以及激素联合治疗，虽然COPD病情好转，但是由于患者合并有消化性溃疡、糖尿病、高血压、心功能不全等并发症，而氨茶碱、β_2受体激动剂、抗胆碱能药物均能引起心动过速、心悸等不适，并且患者应用了西咪替丁、环丙沙星等药物，该药物均能引起氨茶碱的血药浓度升高，导致氨茶碱的副作用如心慌、心悸等症状增加。患者应用了吸入型激素，会引起血糖波动，导致血糖控制不理想。因此给予停用环丙沙星治疗，同时将氨茶碱改为多索茶碱0.2g治疗。血糖不稳定建议适当加大降血糖药物的用量。因为患者还存在消化性溃疡，建议停用西咪替丁，改为奥美拉唑治疗。继续观察病情。3天后患者病情好转。

（刘前桂　陈　峥）

参 考 文 献

[1] GOLD Executive Committee Global strategy for the diagnosis, management, and prevention of chronic obstructive pulmonary disease(Revised 2011). www.goldcopd.com.

[2] Zhang N, Wang C, Yao W, et al. Prevalence of Chronic Obstructive Pulmonary Disease in China. A Large, population-based Survey[J]. Am J Respir Crit Care Med, 2007, 176(8): 753-760.

[3] Perera PN, Arestong EP, Sherrill DL, et al. Acute exacerbations of COPD in the United States: inpatient burden and predictors of costs and mortality[J]. COPD, 2012, 9(2): 131-141.

[4] Chen YH, Yao WZ, Cai BQ, et al. Economic analysis in admitted patients with acute exacerbation of chronic obstructive pulmonary disease[J]. Chin Med J, 2008, 12(7): 587-591.

[5] 中华医学会呼吸病学分会慢性阻塞性肺疾病学组. 慢性阻塞性肺疾病诊治指南（2013年修订版）[J]. 中华结核和呼吸杂志, 2013, 36(4): 1-10.

[6] Koutsokern A, Stolz D, Loukides, et al. Systemic Biomarkers in Exacerbations of COPD: The Evolving Clinical Challenge[J]. Chest, 2012, 141(2): 396-405.

[7] 郭爱敏, 韩江娜, 王萍, 等. 肺功能状态和呼吸困难问卷用于慢性阻塞性肺疾病的信度与效度研究[J]. 中华结核和呼吸杂志, 2010, 3: 251-255.

[8] Fabbri LM, Calverley PM, Lzquierdo-Alonso JL, et al. Roflumilast in moderate-to-server chronic obstructive pulmonary disease treated with long acting bronchodilators: two randomized clinical trials[J].

Lancet,2009,374(9691):695-703.

[9] 柳涛,蔡柏蔷.慢性阻塞性肺疾病诊断、处理和预防全球策略(2011 修订版)介绍[J].中国呼吸与危重监护杂志,2012,11(1):1-12.

[10] 成人慢性气道疾病雾化吸入治疗专家组.成人慢性气道疾病雾化吸入治疗专家共识[J].中国呼吸与危重症监护杂志,2012,11(2):105-110.

[11] Woodhead M,Blasi F,Ewig S,et al. Guidelines for the management of adult lower respiratory tract infections-summary[J]. Clin Microbiol Infect,2011,17(Suppl 6):1-24.

[12] Jong YP,Uil SM,Grotjohan HP,et al. Oral or iv prednisolone in the treatment of COPD exacerbations: a randomized,controlled,double-blind study[J]. Chest,2007,132:1741-1747.

[13] Han MK,Martinez FJ. Pharmacotherapeutic approaches to preventing acute exacerbationas of chronic obstructive pulmonary disease[J]. Proc Am Thorac Soc,2011,8:356-362.

第十二章

老年肺血栓栓塞症

第一节　定义和流行病学

一、定义

肺栓塞(pulmonary embolism,PE)是来自全身静脉系统或右心的内源性或外源性栓子(如血栓、肿瘤、空气或脂肪)阻塞肺动脉及其分支,引起肺循环和呼吸功能障碍的临床和病理生理综合征。肺栓塞可分为急性或慢性。急性肺栓塞患者通常在肺血管被阻塞后即刻出现症状和体征;相反,慢性肺栓塞患者往往因肺动脉高压而在数年间出现缓慢进展的呼吸困难。

肺栓塞最常见的类型是肺血栓栓塞(pulmonary thromboembolism,PTE),PTE的血栓主要来源于深静脉血栓形成(deep venous thrombosis,DVT)。PTE与DVT是静脉血栓栓塞(venous thromboembolism,VTE)在两个不同发病阶段、不同部位的临床表现形式,即PTE和DVT实质上是同一种疾病。

二、流行病学

美国一项研究纳入 20 年间发生的超过 4200 万例死亡患者,发现近 60 万例死亡患者(约 1.5%)曾被诊断为肺栓塞,推测其中 20 万例患者的死亡原因为肺栓塞。由于所有肺栓塞中超过一半很可能未得到诊断,这些结果无疑低估了肺栓塞的真实发病率。将计算机断层扫描肺血管造影(CT-PA)引入常规临床实践影响了对肺栓塞发病率的估计;CT-PA 引入后,估计的肺栓塞发病率由 62.1 例/10 万人增至 112.3 例/10 万人。

多项研究证实肺栓塞的发生率、死亡率随着年龄的增长而增高。有研究报告,40%的老年肺栓塞是通过尸检发现的,说明老年肺栓塞的发病率长期以来被低估。根据美国卫生及公共服务部 2009 年的数据,PE 是发病率排名第 3 位的心血管疾病。美国尸体解剖研究表明,在不明原因死亡的住院患者中,大约 60%死于肺栓塞,其误诊率高达 70%。

我国有 35 家医疗单位参加的多中心研究分析 75 140 例外周血管疾病患者发现,深静脉炎和静脉曲张分别占 11.6%和 9.6%。北京地区心血管病医院连续 900 例的尸检资料发现,肺段以上的肺栓塞占心血管疾病的 11.0%。在老年人群中,PE 的发病率随年龄的增长而增高,在 65~69 岁发生率每年增高 1.8%,在 85~89 岁发生率每年增高 3.1%。

第二节　易患因素

PE 与 VET 有着相同的易患因素,反复发作的 PE/VTE 患者可能存在着遗传性凝血-纤溶系统功能障碍。在老年 PE/VTE 患者中,存在遗传性原因者比较罕见,多数老年 PE/VTE 存在的危险因素仍是获得性的,称为易患因素。80％以上的患者都存在着至少 1 个易患因素。

其中,增龄是 PE/VTE 重要的危险因素,随着患者年龄的增长,PE 的发生率逐渐上升。急性肺栓塞患者的平均年龄为 62 岁,大约有 65％的患者年龄为 60 岁以上;80 岁以上的患者其发病率比 50 岁以下的高 8 倍。高龄患者发生 PE 后死亡率亦较成年人高,共病和衰弱是导致老年患者死亡率及 PE 治疗不良反应升高的重要原因。其他常见的易患因素见表 12-1。

归纳现有的老年肺栓塞危险因素研究,包括如下因素:年龄＞70 岁、瘫痪、长期卧床、肥胖、行下肢骨科手术后、全身麻醉＞30 分钟、静脉血栓形成的病史、恶性肿瘤病史、肿瘤化疗期间及遗传性血液高凝状态。

表 12-1　静脉血栓的易患因素

易患因素	患者相关	环境相关
强(OR＞10)		
髋部骨折		√
髋部或膝关节置换		√
普外科大手术		√
中等强度(OR 2～9)		
膝关节镜手术		√
中心静脉置管		√
化疗		√
慢性心力衰竭或呼吸衰竭	√	
恶性肿瘤	√	
脑卒中	√	
既往下肢 DVT 史	√	
弱(OR＜2)		
卧床＞3 天		√
增龄	√	
腹腔镜手术	√	
肥胖等	√	
静脉曲张	√	

注:摘自 2008 年的 ESC 肺栓塞指南:Task Force. Guidelines on the diagnosis and management of acute pulmonary embolism. European Heart Journal,2008,29:2276-2315.

第三节　病理和病理生理

大部分 PE 的栓子来自下肢深静脉系统,小部分来源于右心、盆腔静脉、肾静脉与上肢静脉。大部分肺栓塞均为多发性的。来自深静脉系统的栓子脱落并走行到肺时,较大的栓子可能在肺动脉或肺叶动脉造成严重的血流动力学损害;较小的栓子则可能继续走行至脏层胸膜,进而引起胸膜炎症,导致胸痛。

急性肺栓塞的主要病理生理改变是血流动力学失衡,以及神经反射和体液调节的肺血管收缩因素。较大的栓塞和(或)多重栓塞使得肺血管阻力突然增加,导致右心室无法负担的后负荷。患者往往迅速出现电机械分离,而后猝死,也可能出现晕厥、低血压、休克直至死亡等一系列急性右心室衰竭进展的表现。同时,室间隔向左膨出致使左心室舒张功能受损,进一步减少体循环心排血量。PE 患者的呼吸困难往往是由血流动力学紊乱引起的缺氧导致的。许多因素导致了缺氧,例如低心排血量使得进入肺循环的静脉血氧饱和度下降、未阻塞的肺毛细血管通气/血流比不匹配。还有 1/3 的患者因左、右心房压力梯度倒置,可引起卵圆孔开放右向左分流,导致更严重的低氧血症,并增加异常栓塞和卒中的风险。"肺梗死"是指小型栓子栓塞肺动脉远端造成的病理改变,一般对血流动力学影响不大,但可导致局部肺泡出血,引起咯血、胸膜炎和中等量的胸腔积液。

第四节　急性肺栓塞的临床表现、自然病程和患病概率评估

急性肺栓塞的临床表现症状多不特异,且个体差异较大,因此实验室及影像学检查对于 PE 的诊断及鉴别诊断相当重要。

一、临床表现

PE 的临床表现无特异性。虽有报道提示,PE 的常见症状在老年人中较少出现,但统计资料表明,70 岁以上的老年患者仍常有与年轻人同样的典型临床表现,如呼吸困难、胸膜痛、咳嗽、心悸、焦虑等症状和呼吸急促、心动过速等体征(表 12-2)。

表 12-2　肺栓塞的症状和体征

症状	概率
呼吸困难	73%
胸痛	66%
咳嗽	37%
咯血	13%
体征	
呼吸增快	70%
啰音	51%

症状	概率
心动过速	30%
第四心音	24%
第二心脏增强（P_2增强）	23%
休克	8%

注：摘自 Stein PD,et al. Am J Cardiol,1991,68:1723；Stein PD,et al. Chest,1991,100:598.

在老年患者中,呼吸急促（呼吸频率>16 次/分钟）、胸膜炎性胸痛、心动过速是最常见的症状和体征,在所有患者中均单独或合并存在。肺栓塞受累的动脉数目、栓塞程度,有无造成肺组织坏死决定了患者的症状。只有 20% 的老年患者表现为呼吸困难、胸痛、咯血。如果呼吸困难不存在,肺栓塞的诊断则难以成立。如果患者在表现为极度呼吸困难时存在昏厥或休克,多提示大块 PE 肺梗死的存在。大约 33% 的老年患者有胸膜渗出,通常是单侧的;大约 67% 的渗出液为血性的（红细胞计数>100 000/ml）,必须与癌症和创伤相区别。但是,不少老年肺栓塞患者的临床表现是非特异性症状,包括持续低热、精神状态变化、无呼吸道症状或类似于呼吸道感染的表现,老年人对症状的反应常迟钝和对症状的误解可能是导致老年人 PE 误诊、漏诊率高的原因。

DVT 与 PE 的关系密切,约 50% 的近端 DVT 患者可患 PE 但无临床症状,约 80% 因缺乏症状而不能及时诊断。因此,对下肢肿胀、小腿痛等应高度重视并应做相关检查,这是诊断 DVT 和 PE 的重要线索。

PE 的症状往往并不特异,需要和其他心肺疾病仔细鉴别,例如充血性心力衰竭、缺血性心脏疾病、心脏压塞、主动脉夹层、哮喘、肺炎、慢性阻塞性肺疾病急性加重（AECOPD）、胸膜炎、气胸等。Stain 等回顾性分析了 68 例 65 岁以上的 PE 患者的临床表现,发现呼吸困难、胸痛、心动过速是最常见的症状和体征,在所有患者中均单独或合并存在。然而老年人对症状的反应常较迟钝,比年轻人更容易忽视新症状的出现,这主要是由于年龄或伴存其他常见的心肺疾病。

二、自然病程

多数 PE 发生在 DVT 发病后的 3～7 天,但亦有 10% 的患者在出现 DVT 症状后的 1 小时即发生 PE,临床上大部分死亡的急性肺栓塞病例没有被诊断。5%～10% 的 PE 患者会出现低血压或休克。另外在没有出现休克的患者当中,50% 可查出右心功能受损或右心功能不全。栓塞发生后,在大约 2/3 的患者中肺灌注不良可自行缓解。大部分死亡病例（>90%）都没有接受有关肺栓塞的治疗,而未经治疗的肺栓塞死亡率约为 30%。复发性栓塞是最常见的死亡原因。尚不清楚未经治疗的幸存者的并发症发生率,但似乎较高。

三、患病概率评估

单个症状、体征和常规检查的敏感性和特异性都有限,但将这些因素联合起来,便能对可疑的 PE 患者进行患病概率评估。患病概率评估可以帮助临床决策以及预防 PE 复发,是

PE 诊治中的关键步骤。目前,临床上较为常用的方法是 Wells 标准(表 12-3),该标准根据 DVT 的症状和病史得分将患者患急性肺栓塞的可能性分为高、中和低 3 组,PE 的患病概率分别为高危 65%、中危 30% 和低危 10%。后又出现了简化版 Wells 评估标准,其危险分层可分为可能性大或可能性不大两类。

表 12-3 Wells 诊断标准和简化 Wells 标准

DVT 症状(下肢肿胀、触痛)	分值
除 PE 外,无更可能的诊断	3.0
心率>100 次/分	1.5
制动 3 天以上或在 4 周以内的外科手术	1.5
既往 DVT 病史	1.5
咯血	1.0
恶性肿瘤	1.0
总分	12.5
PE 可能性(传统 Well 标准)	
高可能性(65%)	>6.0
中可能性(30%)	2.0~6.0
低可能性(10%)	<2.0
简化 Well 标准	
可能性较大	>4.0
可能性不大	<4.0

注:摘自 van Belle A,Buller HR,Huisman MV,et al. For the Christopher Study Investigators. Effectiveness of managing suspected pulmonary embolism using an algorithm combining clinical probability,Ddimer testing,and computed tomography[J]. JAMA,2006,295:172-179.

第五节 实验室检查、辅助检查和诊断策略

一、实验室检查

常用的实验室检查有以下几项:

1. D-二聚体(D-dimer) D-二聚体是交联的血纤维蛋白的降解产物,其具有良好的敏感性和阴性预测值,但特异性和阳性预测较差。由于许多原因可导致 D-二聚体升高,D-二聚体阳性的敏感性不高但特异性较高,即当 D-二聚体水平为正常时,该检查方法可以排除急性肺栓塞。通过 D-二聚体检测方法的敏感性和特异性,再根据 PE 患者的栓塞程度及验前概率(表 12-4),我们可以得出 PE 的验后概率。

表 12-4 可疑 PE D-二聚体阴性者的验后概率

D-二聚体测量阴性	PE 验前概率		
	低可能性	中可能性	高可能性
定量快速 ELISA	0.5%～2%	5%～6%	19%～28%
半定量胶乳凝集	0.7%～3%	7%～8%	24%～36%
红细胞凝集试验	1%～5%	13%～14%	45%～65%

注:摘自 Uptodate. Diagnosis of acute pulmonary embolism(Feb 2013)

2. 动脉血气　动脉血气分析和脉搏血氧饱和度测量对于 PE 的诊断作用有限。

3. 血清肌钙蛋白　水平升高与肺栓塞患者的死亡风险增加相关。一项纳入 20 项观察性研究(1985 例患者)的 meta 分析阐明了这一点,该分析发现肌钙蛋白 I 或肌钙蛋白 T 水平升高的患者短期死亡风险升高(OR 5.24,95%CI 3.28～8.38)或肺栓塞所致的死亡风险升高(OR 9.44,95%CI 4.14～21.49)。但与急性心肌损伤之后的肌钙蛋白升高相比,血清肌钙蛋白对于鉴别 PE 意义有限。

4. 脑型利钠肽(brain natriuretic peptide,BNP)　导致 BNP 升高的原因较多(慢性心功能不全、肾衰竭和脑外伤等),故作为 PE 的诊断性试验其特异性与敏感性均较差。BNP 或 N 端前脑钠肽(NT-proBNP)水平可能有提示 PE 预后的作用。

根据 3 项 meta 分析,BNP 或 NT-proBNP 升高可预测右心室功能不全和死亡率。例如一项纳入 16 项研究的 meta 分析发现,BNP 高于 100pg/ml 的患者短期死亡率升高至 6 倍,而 NT-proBNP 高于 600ng/L 的患者短期死亡率升高至 16 倍。BNP 和 NT-proBNP 可能预测其他不良结局。一项纳入 73 例诊断为急性肺栓塞的连续患者观察性研究发现,血清 BNP 水平高于 90pg/ml(就诊 4 小时内取样)与心肺复苏、机械通气、血管加压治疗、溶栓治疗和取栓术及死亡有关。通过血清 BNP 水平低于 50pg/ml 识别出了 95% 的良性临床病程的患者。

5. 低钠血症　就诊时存在低钠血症与死亡率和再入院率升高相关。一项回顾性队列研究证实了这一点,该研究纳入 2 年间出院的 13 728 例主要诊断为肺栓塞的患者。与血清钠水平高于 135mmol/L 的患者相比,血清钠水平为 130～135mmol/L 的患者的 30 日死亡率升高(OR 1.53,95%CI 1.33～1.76)或血清钠水平低于 130mmol/L 的患者的 30 日死亡率升高(OR 3.26,95%CI 2.48～4.29)。血清钠高于 135mmol/L,介于 130～135mmol/L 和低于 130mmol/L 组的患者的 30 日绝对死亡率分别为 8%、13.6% 和 28.5%。30 日内再入院的情况也更常见于低钠血症患者。

6. 乳酸　乳酸水平增高可能在预测急性肺栓塞患者的死亡方面具有一定的价值。一项纳入 270 例在急诊室诊断为急性肺栓塞的患者的单中心研究发现,乳酸水平升高(>2mmol/L)的患者与乳酸水平较低的患者相比,前者的死亡率更高(17.3% *vs* 1.6%)。血浆乳酸水平与全因死亡相关(HR 11.67,95%CI 3.32～41.03),独立于休克或低血压、右心室功能不全或肌钙蛋白 I 水平升高。需要进一步研究以验证乳酸水平是否为急性肺栓塞患者死亡的准确预测因子。

二、辅助检查

1. CT 肺血管造影或 CT-PA 即静脉注射增强造影剂之后行肺部螺旋 CT 扫描正被越来越多地用于疑诊 PE 的患者 CT-PA 检查过程较快,检查无需特殊准备,较为方便,并且有较高的特异性及安全性。若 CT-PA 结果与临床不一致,应安排其他检查。

2. 通气/灌注核素扫描(V/Q 显像) 目前高质量的前瞻性研究 PIOPED 评估了通气灌注核素扫描的诊断价值,不能确认或排除 PE 时需进行进一步的检查。

3. 动脉造影 肺动脉造影是确诊急性肺栓塞的"金标准"。在造影药物的比衬下,肺动脉及其分支的充盈缺损与截断提示栓子的存在。

4. 下肢静脉超声 在进行 PE 的诊断、评估时需要进行下肢静脉超声检查,明确患者是否合并 VTE。另外,多次静脉超声检查随访可以用于已停止抗凝治疗的患者的静脉血栓监测。

5. 心电图 心电图诊断 PE 一定存在限制。另外,新发房性心律失常、右束支传导阻滞以及病理性 Q 波提示着较差的 PE 预后。

6. 超声心动图 超声心动图可用于需快速证实是否行溶栓治疗的可疑 PE 的诊断。

三、评估策略

疑诊 PE 的患者其临床状况可能千差万别,1 位 85 岁出现低血压、低氧血症的疑诊患者与 1 位 60 岁生命体征平稳的疑诊患者显然不应该采取相同的诊断治疗策略,而制订个体化诊疗计划的第一步应该是依照严重程度对患者进行分层。目前较为广泛使用的评估 PE 危险程度的评估工具是肺栓塞严重程度指数(pulmonary embolism severity index,PESI,表 12-5)与其简化版本 SPESI(表 12-6)。ESC 指南建议,对疑有 PE 者进行 PESI 评估后按高危或非高危策略进行后续的诊疗措施。

表 12-5 肺栓塞严重程度指数(pulmonary embolism severity index,PESI)

临床特征	分值
年龄	X(如 65)
男性	10
恶性肿瘤病史	30
心脏衰竭	10
慢性肺部疾病	10
脉搏≥110 次/分	20
收缩压<100mmHg	30
呼吸频率≥30 次/分	20
动脉血氧饱和度<90%	20
温度<36℃	20
精神状态改变	60

续表

严重程度		
Ⅰ级	低危	＜66
Ⅱ级	低危	66～85
Ⅲ级	高危	86～105
Ⅳ级	高危	106～125
Ⅴ级	高危	＞125

注：摘自 Aujesky D,Obrosky DS,Stone RA,et al. Derivation and validation of a prognostic model for pulmonary embolism. Am J RespirCrit Care Med,2005,172:1041.

表 12-6　简化肺栓塞严重程度指数(simplified pulmonary embolism severity index,SPESI)

临床特征	分值
年龄＞80 岁	1
恶性肿瘤病史	1
慢性阻塞性肺疾病	1
脉搏≥110 次/分	1
收缩压＜100mmHg	1
动脉血氧饱和度＜90％	1
危险程度	
低危	0
高危	＞1

注：摘自 Jiménez D,Aujesky D,Moores L,et al. Simplification of the pulmonary embolism severity index for prognostication in patients with acute symptomatic pulmonary embolism. Arch Intern Med,2010,170:1383.

1. 高危诊断策略（图 12-1）　高危 PE 疑诊患者（参照 SPESI）首先考虑 CT-PA 检查。若患者有 CT-PA 禁忌，且存在血流动力学紊乱、心源性休克、急性瓣膜功能不全、心脏压塞和主动脉夹层等情况，应做心脏超声检查；经胸超声可能发现急性栓塞造成的右室超负荷及肺动脉高压和右室血栓；另外，若患者可耐受，则应尽可能安排经食管超声检查，可能直接观察肺动脉中的栓子情况。应避免对生命体征不稳定者进行传统的经皮肺动脉造影，因为会增加患者死亡的风险。下肢静脉超声明确有无 DVT 有助于诊断决策的制订。

2. 非高危诊断策略（图 12-2）　对于大多数低危患者（参照 SPESI），不建议将 CT 作为筛查手段。正确方法是首先做患病概率评估，并结合 D-二聚体检查，可排除急诊科 30％ 的疑诊患者。对于 D-二聚体水平增高者，仍可选择 CT，CT 发现肺段及肺段以上的梗死可考虑 PE 的诊断。V/Q 显像仍然是疑诊 PE 排查的有效检查手段，特别是对于 D-二聚体增高及有 CT 相对禁忌证的患者，V/Q 显像是首选。

```
        ┌──────────────┐
        │  高危疑诊PE   │
        └──────┬───────┘
               │
        ┌──────┴───────┐
        │ 是否可行CT检查 │
        └──────┬───────┘
        ┌──────┴───────────────────────┐
        │                              │
┌───────────────┐              ┌──────────────┐
│ 否；心脏超声：  │              │   可；安排CT  │
│ 是否右室超负荷  │              └──────┬───────┘
└───────┬───────┘                     │
   ┌────┴────┐                  ┌──────┴───────┐
   │         │                  │ 是否有PE征象  │
┌──────┐ ┌────────┐             └──────┬───────┘
│无；不 │ │有；经治 │          ┌─────────┴─────────┐
│支持溶 │ │疗后可   │          │                   │
│栓及栓 │ │否行CT   │      ┌───────┐          ┌───────┐
│子切除 │ │检查     │      │  有   │          │  无   │
└──────┘ └───┬────┘      └───┬───┘          └───┬───┘
      ┌──────┴──────┐        │                   │
   ┌──────┐ ┌──────────┐ ┌────────┐      ┌──────────┐
   │可；安 │ │不可；支持 │ │证实PE； │      │搜寻其他可能│
   │排CT   │ │溶栓及栓子 │ │支持溶栓 │      │原因；不支持│
   └──────┘ │切除      │ │及栓子切 │      │溶栓及栓子 │
            └──────────┘ │除      │      │切除      │
                         └────────┘      └──────────┘
```

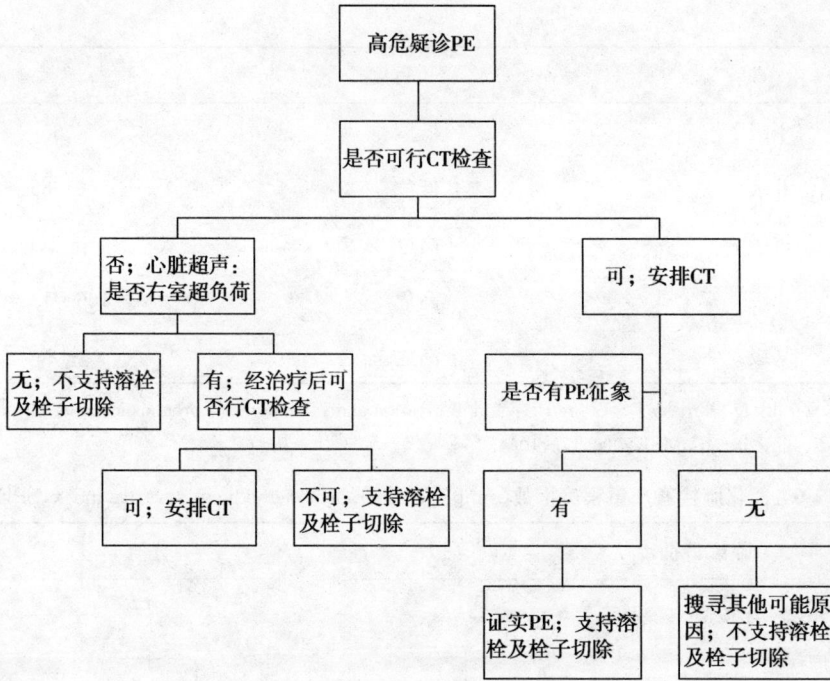

图 12-1　高危疑诊 PE 诊断策略

［引自：Guidelines on the diagnosis and management of acute pulmonary embolism. European Heart Journal,2008,29:2276-2315.］

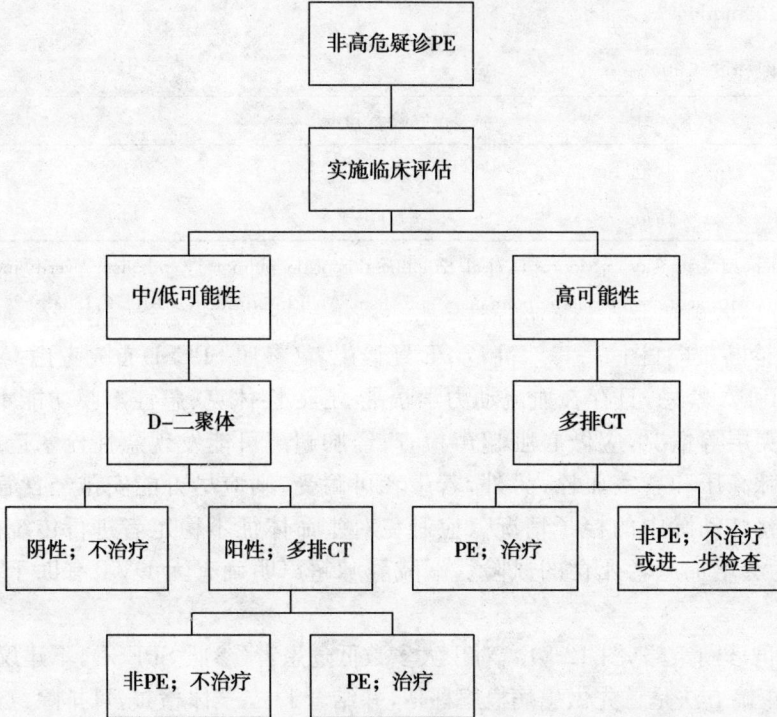

```
        ┌──────────────┐
        │  非高危疑诊PE │
        └──────┬───────┘
               │
        ┌──────┴───────┐
        │  实施临床评估 │
        └──────┬───────┘
        ┌──────┴───────────────────┐
        │                          │
┌──────────────┐            ┌──────────────┐
│  中/低可能性  │            │   高可能性    │
└──────┬───────┘            └──────┬───────┘
       │                          │
┌──────┴───────┐            ┌──────┴───────┐
│  D-二聚体    │            │    多排CT     │
└──────┬───────┘            └──────┬───────┘
  ┌────┴────┐             ┌────────┴────────┐
┌────────┐ ┌──────────┐ ┌────────┐   ┌──────────┐
│阴性；  │ │阳性；多排 │ │PE；治疗 │   │非PE；不治│
│不治疗  │ │CT        │ └────────┘   │疗或进一步 │
└────────┘ └────┬─────┘              │检查      │
          ┌─────┴──────┐             └──────────┘
       ┌────────┐ ┌────────┐
       │非PE；  │ │PE；治疗 │
       │不治疗  │ └────────┘
       └────────┘
```

图 12-2　非高危疑诊 PE 诊断策略

［引自：Guidelines on the diagnosis and management of acute pulmonary embolism. European Heart Journal,2008,29:2276-2315.］

第六节　治疗总体安排

PE 是常见而又致命的疾病,若此类患者不接受相应治疗,则死亡率高达 30％。大部分死亡出现在初始栓塞事件后的数小时以内,接受包括抗凝药治疗在内的治疗措施可使该病的死亡率下降 3％～8％,故应尽早让患者接受合适的治疗。

PE 患者的临床表现差异很大,治疗也应个体化。所有临床医师应该考虑的问题包括:①是否进行抗凝治疗,剂量、疗程如何;②是否进行溶栓治疗;③是否进行上腔静脉滤网安置;④是否进行静脉切开手术;⑤患者可否在门诊进行治疗。

PE 的治疗措施包括呼吸支持、血流动力学支持、抗凝、溶栓、上腔静脉滤网安置、栓子切除术等方面。

一、支持治疗

1. 呼吸支持　若患者存在低氧血症,应考虑行氧疗。严重的低氧血症或呼吸衰竭应积极建立人工气道并安排机械通气,另外有右心室功能不全者插管后容易出现低血压。

2. 血流动力学支持　若 PE 患者存在低血压时应进行血流动力学支持。低血压的粗略定义即收缩压低于 90mmHg 或者收缩压较基线水平下降 40mmHg。确切地讲,是否进行血流动力学支持在某种程度上取决于基线血压以及低灌注的临床表现(意识状态的改变、无尿或少尿)。

目前尚无针对急性肺栓塞致休克患者静脉升压药物选择的 RCT,临床需要根据个体化患者考虑。去甲肾上腺素、多巴胺、多巴酚丁胺可能都是有效的。

二、抗凝治疗

详见本章第七节。

三、溶栓治疗

1. 溶栓治疗的指征　不是所有确诊 PE 的患者都可以进行溶栓治疗,溶栓治疗虽然可以改善早期血流动力学,但增加大出血风险,因此需要结合患者的价值观仔细衡量溶栓治疗的风险与获益。溶栓治疗与抗凝治疗相比,不能明显改善患者的长期生存率以及栓塞复发风险,一项荟萃分析显示了溶栓治疗不能显著性地降低死亡率(3.5％ vs 6.1％;RR 0.7,95％CI 0.37～1.31);另一项荟萃分析显示,相比抗凝治疗,急性 PE 患者溶栓治疗后的大出血概率增加(9.0％ vs 5.7％;RR 1.63,95％CI 1.00～2.68)。溶栓的指征为 PE 患者出现持续性低血压或休克时(收缩压低于 90mmHg 或者收缩压较基线水平下降 40mmHg)、严重的低氧血症、V/Q 扫描发现大面积灌注缺损、CT 发现严重栓塞、右房/右室内自由浮动的血栓等。

2. 常用的溶栓药物　目前研究较多的溶栓药物是重组人组织型纤溶酶原激活剂(rt-PA)、链激酶(streptokinase,SK)和重组人尿激酶(recombinant human urokinase,UK)。一般通过静脉通道给药,虽然常规上给予负荷剂量并安置静脉置管,但这两种措施并没有广泛的循证医学依据支持。在溶栓治疗期间需对治疗过程进行清晰的记录、仔细审查潜在的禁忌证、外周静脉输注、继续其他支持疗法同时停止输注肝素。

3. 剂量与用法　tPA：100mg 静脉注射，使用时间超过 2 小时。链激酶：在最初的 30 分钟内静脉注射 25 万 U，之后的 24 小时以 10 万 U/h 输注。密切监测低血压、过敏反应、哮喘和过敏性反应，轻度不良反应可降低输注速度。尿激酶：在最初的 10 分钟内静脉注射 4400U/kg，之后的 12 小时以每小时 4400U/kg 的速率输注。

四、静脉滤网

静脉滤网在 20 世纪 60 年代面世，30 年前发展出了经皮释放技术。滤网通常放置在下腔静脉的肾下段；如果肾下段的 IVC 发现血栓，则需要放置到更高的位置。永久的 IVC 滤网能提供终身预防 PE 的效果，但是它也有早期并发症（如插入部位血栓）和晚期并发症（反复的 DVT 事件以及血栓后综合征）。在一项 RCT 中，400 例 DVT 患者（伴或不伴 PE）接受抗凝治疗（普通肝素对低分子量肝素加 1 种口服抗凝药）或抗凝联合腔静脉滤网治疗。在开始的 12 天中，滤网位置良好的 PE 发病率为 1.1%，单用抗凝剂为 4.8%（$P=0.03$）。但在 2 年的随访中，差异已经不明显，而且 12 天内的总死亡率没有差异（每组均为 2.5%）。ESC 指南仅推荐静脉滤网使用于那些有抗凝绝对禁忌证以及 VTE 复发危险高的患者，一旦患者可接受抗凝治疗，就应该移除静脉滤网。

五、栓子切除术

当患者存在溶栓治疗指征但溶栓失败或未成功者，可考虑行栓子切除术。切除术可通过介入手段以及外科手术进行。介入手术术式包括流变导管取栓术、旋转取栓术、吸引取栓术、血栓粉碎术以及低剂量超声溶栓术。外科血栓切除术需要有相当经验的手术医师以及体外循环装置，所以使用受到限制。目前各种术式之间相互比较的资料较少，优劣尚无定论。

综上，对于疑诊及确诊 PE 的患者，所有治疗的目的是稳定生命体征，预防再次栓塞事件的发生，从而改善生存率，提高生存质量。抗凝治疗是急性肺栓塞的主要治疗，除抗凝治疗外，其他治疗措施包括支持治疗、溶栓治疗、上腔静脉滤网以及血栓切除术。所有无抗凝禁忌证的 PE 疑诊患者，都需要考虑经验性抗凝治疗。在完成全面的临床评估后，若患者已排除 PE，需停止抗凝治疗。若患者的 PE 诊断被证实，应继续进行抗凝治疗。不能接受抗凝治疗的，或接受抗凝治疗会导致较高的出血风险者，可考虑安置上腔静脉滤网。若患者的临床症状较重，需仔细考虑是否确实需要进行溶栓治疗。对于需要行溶栓治疗的重症患者，但溶栓未成功或有溶栓禁忌证者，可考虑行栓子切除术。

第七节　抗凝治疗方案

一、初始抗凝治疗

1. 初始抗凝治疗策略　抗凝治疗是急性肺栓塞的主要治疗方法，研究发现未治疗的急性肺栓塞死亡率近 30%，大部分死亡事件发生在栓塞事件发生后的数小时内，而通过迅速、有效的抗凝治疗可使死亡率下降 3%～8%。PE 患者如若不能在 24 小时内接受理想的抗凝治疗,复发概率较前者升高 25%。Wells 评分为高可能性者,若无抗凝禁忌证,应立即开始抗凝治疗;中可能性、无禁忌证且排查过程预计超过 4 小时者应立即抗凝;低可能性者、无禁忌证且排查过程预计超过 24 小时者应立即抗凝。

2. 出血风险评估　抗凝治疗过程中发生出血事件的高危因素有年龄>65 岁、既往出血病史、血小板减少、抗血小板治疗、抗凝控制不佳、近期手术、经常跌倒,以及既往有卒中、糖尿病、贫血、癌症、肾衰竭、肝衰竭和酗酒。存在 1 个危险因素的为中度出血风险(之后前 3 个月为 3.2%,之后 1 年为 1.6%),存在 2 个或 2 个以上的为高度出血风险(之后前 3 个月为 12.8%,之后 1 年为 6.5%)。

3. 初始抗凝治疗原则　①充分、持续、迅速地抗凝对于预防 24 小时内再发 PE 非常重要;②急性期过后的持续治疗时间取决于医师对再栓塞风险的评估,除非有特殊情况如出血风险过大、手术以及其他风险,建议长期抗凝治疗。

4. 抗凝药物种类　普通肝素、低分子量肝素、磺达肝癸钠。

5. 药物选择

(1)低分子量肝素皮下注射:根据现有证据,对于血流动力学稳定的急性 PE 患者,低分子量肝素优于皮下或静脉注射普通肝素。

(2)普通肝素:相较于使用低分子量肝素,初始抗凝治疗使用普通肝素的临床效果相似。但使用上较为不便,需要不断进行抗凝监测且有较高的风险导致血小板减少症,因而在大多数情况下临床使用低分子量肝素进行 PE 的初始抗凝治疗。

以下情况可考虑使用普通肝素静脉注射:①持续性低血压的急性 PE 患者:该部分患者使用低分子量肝素的证据不足,而支持使用普通肝素的证据较多;②出血风险较高者:可考虑使用静脉注射普通肝素,因其作用时间短,有确切的对抗药物(鱼精蛋白);③预计将要进行溶栓治疗的患者:临床上溶栓治疗的同时不进行抗凝治疗,因此在溶栓治疗前进行抗凝有必要选择作用时间较短的药物(静脉注射普通肝素);④皮下吸收可能有问题的患者(如肥胖、全身水肿):静脉注射肝素无需皮下吸收。

6. 低分子量肝素的抗凝品种、剂量、用法　目前常用的低分子量肝素包括依诺肝素、亭扎肝素、达肝素钠、那屈肝素、阿地肝素以及瑞维肝素。

(1)用法用量

1)依诺肝素:皮下注射,1mg/kg,每 12 小时 1 次;或者 1mg/kg,每天 1 次。肿瘤患者、严重肥胖患者(体重指数>30 或体重>100kg 者)首选每 12 小时 1 次的方案。

2)达肝素钠:皮下注射,200U/kg,每天 1 次(每日最高剂量不超过 18 000U),疗程一般为 30 天。由于在肥胖患者(体重>90kg)中达肝素钠的抗凝能力达不到治疗效果,故建议使用依诺肝素或亭扎肝素,而非达肝素钠。

3)那屈肝素:皮下注射,171U/kg,每天 1 次(每日最高剂量不超过 17 100U)。出血风险较高者可考虑改为皮下注射,86U/kg,每 12 小时 1 次,同时进行抗Ⅹa 水平监测。由于在肥胖患者(体重>100kg)中那屈肝素的抗凝能力达不到治疗效果,故建议此类患者使用依诺肝素或亭扎肝素,而非那屈肝素。

4)亭扎肝素:皮下注射,其常用剂量为 17U/kg,每日 1 次。禁忌证:年龄超过 70 岁且合并肾功能不全者。

(2)药物监测:大部分使用低分子量肝素的 PE 患者并不需要进行抗Ⅹa 水平监测,然而针对肥胖、低体重者以及妊娠期 PE 患者进行抗Ⅹa水平监测是有必要的,应在使用低分子量肝素后的 4 小时测定抗Ⅹa水平。若使用依诺肝素或那屈肝素一天 2 次,则治疗性的抗Ⅹa目标值为 0.6～1.0U/ml;若使用依诺肝素一天 1 次,Ⅹa目标值为应＞1.0U/ml;若使用达肝素钠一天 1 次,Ⅹa目标值为应＞1.05U/ml;若使用那屈肝素一天 1 次,Ⅹa目标值为应＞1.3U/ml;使用亭扎肝素一天 1 次,Ⅹa目标值为应＞0.85U/ml。

7. 普通肝素静脉注射的剂量、用法　大部分常规用法均为持续给药,该方法出现大出血的风险小于断续给药。普通肝素静脉注射的方案较多,其中一种是基于患者体重的方案:推注 80U/kg,继而给予 18U/(kg·h)持续静脉注射。该法较使用固定剂量方案(推注 5000U,继而给予 1000U/h 持续静脉注射),能更快地在 24 小时内达到治疗性的 APTT。在使用普通肝素静脉注射抗凝的过程中,必须随时根据 APTT 结果调整输注剂量。

二、长期抗凝策略

对于大多数急性 PE 来说,普通肝素、低分子量肝素或者磺达肝癸钠多用于急性期的抗凝治疗,在渡过栓塞 48 小时之后往往需要转入长期口服抗凝治疗。口服维生素 K 拮抗剂可以抑制维生素 K 依赖的凝血因子(Ⅱ、Ⅶ、Ⅸ、Ⅹ)。作为最为普遍应用和最广泛研究的口服维生素 K 拮抗剂,长期华法林治疗已被多项随机试验证实可十分有效地预防 PE 复发与 DVT 等血栓事件。

1. 华法林治疗的起始

(1)使用低分子量肝素或磺达肝癸钠的当天或第 2 天便可开始华法林治疗,但切忌不可早于上述初始抗凝药物的使用。起始华法林的时间早晚与患者的预后关系不大。

(2)开始低分子量肝素和华法林联合抗凝至少 5 天后,且 INR 达到治疗区间(2～3)后停用低分子量肝素(对于活动性癌症患者,推荐低分子量肝素使用 3 个月)。

(3)华法林的使用剂量:①低剂量开始:≤5mg;②年龄≤74 岁:5mg;③年龄为 75～84 岁:4mg;④年龄≥85 岁:3.5mg。具体见表 12-7。

表 12-7　老年患者华法林治疗起始阶段的剂量

治疗天数	INR	华法林的剂量(mg)
1		4
2		4
3		4
4	＜1.3	5
	1.3～1.49	4
	1.5～1.69	3
	1.7～1.89	2
	1.9～2.49	1
	＞2.5	暂停华法林,每日监测 INR,直到 INR＜2.5;之后从 1mg 开始

2. 华法林的使用时间　①对由可逆性因素(如手术、使用雌激素等)引起的 PE 患者,推荐使用 3 个月。②对无诱因的 PE,抗凝治疗至少 3 个月。此后对患者进行风险/获益评估,

以决定是否进行长期抗凝治疗。③对出血风险较低的患者以及第二次发生但无诱因的患者,均推荐长期抗凝治疗。④CHEST 2009 研究显示,对于无诱因的老年 PE 患者,如其能耐受 6～12 个月的抗凝治疗,且没有出血的并发症,长期抗凝治疗能够获益。

3. 其他长期抗凝药物 其他新型抗凝药物(如凝血酶抑制剂达比加群和 Xa 因子抑制剂瑞伐沙班)尚缺少关于 PE 复发预防的有力证据,暂不推荐用于老年 PE 的长期预防。

第八节 药学监护与信息反馈

一、抗栓治疗方案评价

肺栓塞的药物治疗包括溶栓治疗、抗凝及长期抗凝治疗。对于老年肺栓塞患者,应首先依据其病情危险程度评价其抗栓治疗方案是否合理。

1. 溶栓治疗 对于有心源性休克和(或)持续性低血压表现的高危肺栓塞患者,溶栓治疗是一线治疗。对非高危患者不推荐常规溶栓治疗。但对于一些中危患者,在全面考虑出血风险后,可给予溶栓治疗。溶栓治疗不用于低危患者。症状出现后的 48 小时内启动溶栓治疗获益最大,但溶栓治疗对症状出现 6～14 天的患者仍有效。

2. 抗凝治疗 对于确诊肺栓塞和处于诊断过程中但是评估为高、中度临床患病概率的患者,应立即应用普通肝素、低分子量肝素或选择性 Xa 因子抑制剂磺达肝癸钠(fondaparinux)抗凝治疗。除伴有出血或严重肾功能不全的高危患者外,皮下注射低分子量肝素或磺达肝癸钠优于普通肝素,应作为首选治疗。普通肝素、低分子量肝素和磺达肝癸钠抗凝治疗应持续 5 天以上。

对于血流动力学不稳定的高危患者不推荐使用低分子量肝素。磺达肝癸钠的禁忌证为肌酐清除率<20ml/min 的严重肾衰竭。

3. 长期抗凝治疗 大部分患者应用维生素 K 拮抗剂。维生素 K 拮抗剂应尽早应用,最好在抗凝剂治疗的当天开始应用。当国际标准化比值(INR)连续 2 天以上维持在 2.0～3.0 时,应停止应用非口服抗凝剂。

二、抗栓治疗的靶目标值监测

1. 肝素 所有使用普通肝素静脉注射治疗的患者必须接受持续的抗凝水平检测,主要监测目标为 APTT,对于大多数患者来说 APTT 的治疗区间为对照 APTT 值的 1.5～2.5 倍。抗凝治疗能否有效的重要依据是进行抗凝的头 24 小时内 APTT 水平位于治疗区间。如果初始抗凝阶段 APTT 未达到治疗区间,其影响可能持续数个月。

2. 低分子量肝素 在使用低分子量肝素的患者中,除诸如肥胖、低体重、肾功能不全和妊娠等特殊情况外,大多数患者无需监测抗 Xa 水平。抗 Xa 水平应在给药后的 4 小时测定。抗 Xa 水平的目标值为低分子量肝素每天 2 次,0.6～1.0U/ml;诺肝素或那屈肝素每天 1 次,>1.0U/ml;依诺肝素每日 1 次,>1.05U/ml;达肝素钠每日 1 次,>1.3U/ml;那屈肝素每日 1 次,>0.85U/ml。

(1)肥胖:研究表明,当患者的体重高达 144kg 或 165kg 时,使用正常剂量的依诺肝素或亭扎肝素仍能达到治疗性的抗 Ⅹa 水平。对于肥胖患者不建议选择达肝素和那屈肝素。

(2)低体重:低体重(女性<45kg,男性<57kg)似乎会增加低分子量肝素的抗凝作用,这可能会导致出血风险的增加,但该观点目前证据支持较少。然而低体重患者使用 LM-WH,应根据实际体重选择剂量并定期监测抗 Ⅹa 活性。

(3)肾功能不全:轻、中度肾功能不全者(肌酐清除率为 30~80ml/min)使用低分子量肝素并不需调整剂量;相反,严重的肾功能不全者(肌酐清除率<30ml/min)因为抗 Ⅹa 活性将显著累加,一般不用低分子量肝素治疗(它们通常被视为与 UFH 代替)。

如果依诺肝素用于严重肾功能不全的患者,应每天减量 50%,并监测抗 Ⅹa 活性。那屈肝素几乎完全依赖于肾脏清除,其在严重肾功能不全的情况下(肌酐清除率<30ml/min)禁忌使用,因为它会积聚并增加出血风险。若患者存在中度肾功能不全(肌酐清除率为 30~50ml/min),可考虑基于抗 Ⅹa 监测调整剂量。

3. 华法林 目前最常用的华法林监测方法仍是监测 INR。华法林治疗 PE 的区间为 INR 2.5~3.0,低于此范围 DVT、PE 风险增加,高于此范围出血风险大量增加。当患者使用华法林起始治疗时,可每天监测 INR,直到其稳定于治疗范围内,之后可每 2~3 日复查 1 次。任何情况下需要进行剂量调整则可进行更为频繁的 INR 检查,直到再次达到稳定的剂量。

需要注意的是,许多日常食物中含有较多的维生素 K(表 12-8),患者食用后可增进凝血功能。另外,相当多的药物可增进或减弱华法林的药效(表 12-9),在临床用药中应予注意,避免因其用药过程中的 INR 剧烈波动。

表 12-8 部分食物中的维生素 K 含量

高维 K 含量	中维 K 含量	中、低维 K 含量	低维 K 含量
抱子甘蓝	芦笋	香蕉	蔓越莓汁
甜菜	豆类	鹰嘴豆	葡萄柚
新鲜芥末	西兰花	玉米	绿茶
新鲜萝卜	白菜	水果	
冻萝卜	胡萝卜	橄榄油	
新鲜芥兰	芹菜	花生油	
冻芥兰	生菜	辣椒	
菠菜	菜籽油	紫菜	

表 12-9 增进华法林抗凝效果的动植物药

名称	效用	名称	效用
首蓿	香豆素成分	小白菊	抑制血小板聚集
白芷	香豆素成分	墨角藻	抗凝血作用
大料	香豆素成分	大蒜	与华法林的相互作用
山金车	香豆素成分	姜	抑制血小板活性

续表

名称	效用	名称	效用
阿魏	香豆素成分体内抗凝	银杏	抑制血小板活性
芹菜	香豆素成分	人参、三七	减少血液凝固
洋甘菊	香豆素成分	辣根	刺激花生四烯酸代谢产物的合成
胡芦巴	香豆素成分	甘草	抑制血小板活性
丁香	丁香酚强烈抑制血小板活性	花椒	香豆素成分

三、给药方法的适宜性

肺栓塞的抗栓药物包括溶栓药物、肝素类抗凝药物及维生素 K 拮抗剂,应依据不同的药物特点评价给药方式是否适宜。

目前临床研究认可的溶栓药物及治疗方案包括链激酶、尿激酶 12～24 小时给药方案及快速给药方案,重组组织型纤溶酶原激活剂 2 小时给药方案及 0.6mg/kg 静脉滴注 15 分钟以上(最大剂量为 50mg)给药方案。

已批准用于急性肺栓塞治疗的低分子量肝素类药物有依诺肝素(enoxaparin)、亭扎肝素(tinzaparin)和磺达肝癸钠,均为皮下注射给药。

维生素 K 拮抗剂主要用于长期抗凝治疗,故为口服给药,常用药物为华法林。影响华法林药效的药物见表 12-10。

表 12-10 影响华法林药效的药物

增进抗凝效果	抑制抗凝效果
对乙酰氨基酚	抗甲状腺药物
胺碘酮	硫唑嘌呤
抗血小板药物	卡马西平
大环内酯类抗生素	灰黄霉素
非甾体抗炎药	氟哌啶醇
喹诺酮类	口服避孕药
甲状腺激素	苯巴比妥
甲氧苄啶/磺胺甲噁唑	
选择性 5-羟色胺再摄取抑制剂	

四、观察不良反应

除血小板减少、氨基转移酶升高等外,出血是肺栓塞患者抗栓治疗最为常见、最为主要的不良反应。药物治疗期间应密切监测凝血指标,如 APTT、INR 等,观察患者普通肝素及低分子量肝素注射部位及牙龈、结膜部位皮肤、黏膜等是否出现瘀斑、瘀点等出血现象，定期监测大便潜血，注重预防，对于已发生的出血事件应根据严重程度及时作出相应的处理。

五、用药依从性

2008 年欧洲心脏病学会（ESC）急性肺栓塞诊治指南推荐，对于暂时或可逆性易患因素导致的肺栓塞，推荐抗凝时程为 3 个月；对于不明原因的肺栓塞，建议抗凝至少 3 个月；对于首次发生、不明原因的肺栓塞，同时患者的出血风险小，而且愿意接受长期抗凝治疗，可推荐无限期抗凝治疗；对于大部分再次发生的不明原因的肺栓塞，推荐无限期抗凝治疗。

多数老年肺栓塞患者因抗凝治疗时间长、惧怕出血风险等，未能坚持长期规范的抗凝治疗，治疗过程中擅自停药、减量抗凝药物，致使其再发栓塞的风险增加。应向患者说明长期抗凝治疗的目的是预防再发的致命性及非致命性 VTE 事件，详细讲解抗凝药物的正确服用、监测方法，消除顾虑，正确用药，保证最佳抗凝治疗效果的同时尽量减少出血风险。

（刘怡欣　董碧蓉）

第九节　用 药 指 导

一、治疗药物用法

临床常用的低分子量肝素类药物的具体用法用量为依诺肝素（enoxaparin）1.0mg/kg，每 12 小时 1 次；或 1.5mg/kg，每天 1 次。亭扎肝素（tinzaparin）175U/kg，每天 1 次。磺达肝癸钠对于体重<50kg、50～100kg 和>100kg 者的剂量分别为 5mg、7.5mg 和 10mg，每天 1 次。

口服抗凝药物主要为维生素 K 拮抗剂华法林，长期口服华法林抗凝治疗的过程中应维持较恒定的饮食结构，密切监测 INR 并及时依据 INR 变化调整给药剂量。2008 年欧洲心脏病学会（ESC）急性肺栓塞诊治指南推荐华法林的起始剂量为 5～10mg，但需要注意的是，该起始剂量并不适合中国人群。

二、老年用药教育

出血是抗凝治疗最为常见的不良事件，老年人是发生出血事件的高危人群。因此应向老年肺栓塞患者详细说明进行抗凝治疗的获益，同时对其进行全面的出血风险评估，告知患者应密切监测使用抗凝药物后可能出现的症状和体征（如注射部位的瘀斑、瘀点，牙龈、结膜部位皮肤、黏膜出血，便血）和实验室检查指标（如 APTT、INR、大便潜血）变化，使其正确看待抗凝治疗的获益和风险，正确使用抗凝药物，增强依从性，保证抗凝治疗疗效的同时尽可能减少出血风险。

口服华法林抗凝治疗期间应保持较稳定的饮食结构，定期监测 INR，并及时依据 INR

调整给药剂量,不可擅自改变给药剂量或停药。需要使用其他药物或服用新的食物时,应咨询医师或药师,避免因药物、食物相互作用导致严重出血事件的发生。

(王东晓 郭代红)

第十节 治疗的风险及其处理

一、治疗的风险事件

无论初始进行抗凝治疗还是长期维持的抗凝治疗,出血是抗凝治疗的最为常见、最为主要的风险,除此以外抗凝治疗中还有可能出现血小板减少、氨基转移酶升高等风险,这里不再详细展开。从普通肝素及低分子量肝素注射部位的瘀斑、瘀点,到牙龈、结膜部位皮肤、黏膜出血,再到致命的消化道及颅内大出血,临床工作者对于抗凝治疗中的出血事件首先应该注重预防,对于已发生的出血事件应根据严重程度作出相应的处理。

二、治疗的风险因素

系统回顾显示,年龄>75 岁;同时使用抗血小板药物(如阿司匹林、氯吡格雷、非甾体抗炎药);多种其他药物治疗(即多重用药);未控制的高血压;出血史(如消化性溃疡、脑出血);控制不佳的抗凝治疗史等,均是抗凝过程中出现严重出血事件的高危因素。有以上风险的患者在进行 PE 治疗的过程中,应仔细权衡抗凝获益与出血风险。

针对可能长期使用华法林抗凝的患者,ESC 提出 HAS-BLED 评分以评估抗凝过程中的出血风险(表 12-11):得分为 0~2 者,每 100 患者发生出血的概率为 1.13%,得分为 4 者,每 100 患者发生出血的概率为 8.70%。

表 12-11 HAS-BLED 出血风险评估

高血压(收缩压>160mmHg)	+1
肾功能异常[血液透析、移植、血肌酐≥200mmol/L(2.6mg/dl)]	+1
肝功能异常(慢性肝脏疾病、胆红素>正常上限的 2 倍、AST/ALT/ALP>3 正常上限的 3 倍)	+1
脑卒中史	+1
出血史	+1
INR 不稳定(之前使用华法林 INR<2 或>3)	+1
老龄(年龄>65 岁)	+1
长期使用抗血小板药、NSAIDs 或消炎药	+1
药物滥用和(或)酗酒	+1

三、治疗风险的处理

在初始抗凝治疗阶段使用低分子量肝素皮下注射及肝素静脉注射时,严密监测患者的出血症状,通过定期监测 APTT 及抗 X a 水平迅速调整抗凝药物的剂量可有效减少不良事件的发生,如有明显的出血倾向,可暂时停止抗凝药物的使用。如考虑出现严重的消化道出血及颅内出血,应严密监测患者的生命体征,保持内环境稳定,在停止抗凝的基础上权衡利弊可给予鱼精蛋白(初始 10mg 静脉注射,根据症状追加剂量,10 分钟内 50mg,2 小时内不宜超过 100mg)。

在使用华法林进行长期抗凝的阶段,如出现 INR 过高或出血倾向,可按以下方案处置(表 12-12)。

表 12-12　2008 年 ACCP 对于华法林过量的建议

INR	出血情况	治疗策略
<5	无明显出血	不改变华法林的剂量,或者停服 1 次,或者减小华法林的剂量
5~9	无明显出血	停用华法林 1~2 次,监测 INR,待 INR 到达目标范围后开始恢复使用。如果患者的出血风险较高,可停用华法林 1 次的同时服用口服维生素 K_1(1~2.5mg)
>9	无明显出血	停用华法林,口服维生素 K_1(3~5mg),密切监测 INR,必要时可重复使用 K_1,待 INR 到达目标范围后开始恢复使用
任意	急诊手术和拔牙时需要快速降低 INR	停用华法林,口服维生素 K_1(2~5mg),INR 将在 24 小时内降低
任意	出现危及生命的出血或严重的华法林过量	停用华法林,可用新鲜冷冻血浆和凝血酶原浓缩物缓慢静脉注射,同时静脉推注维生素 K_1(10mg),必要时重复,密切监测 INR

(刘怡欣　董碧蓉)

第十一节　不合理用药的常见表现及其处理

肺栓塞治疗的目标是抢救生命,稳定病情,使肺血管再通。老年肺血栓栓塞症的有效治疗包括抗凝和溶栓治疗。对高度可疑肺栓塞者包括高龄患者应立即开始抗凝治疗,防止血栓蔓延和复发。其中,溶栓治疗主要用于血流动力学不稳定者的急性大面积肺栓塞。低分子量肝素(low molecular heparin,LMWH)的副作用小,疗效好,适应证广。华法林(warfarin)可口服,但起效慢,抗凝疗程应足够长,抗凝强度的 INR 应保持在 2~3。抗血小板药物如阿司匹林不适合单独作为静脉血栓栓塞症的抗凝治疗。

药物治疗过程中的不合理用药现象主要表现为抗凝药物的不合理应用,包括溶栓治疗的时机不恰当、药物选择不合理、给药剂量不适宜、忽视药物相互作用、缺乏必要的用药监测等。药师应熟悉老年肺血栓栓塞症的发病原因、用药目的、方法,熟悉所用药物的药理作用、配伍禁忌、常用剂量及不良反应,给予患者全程药学监护,及时对患者的抗凝治疗方案进行合理评价,协同医师依据不同抗凝药物的作用特点及患者的年龄、肝肾功能等个体特点选择适宜的抗凝药物,针对肝素、华法林等特殊治疗药物进行个体化用药监测,出现 INR 不达标、INR 异常升高、出血等药物相关不良事件时,及时从药学角度进行判断并给予合理的用药建议,与临床医师密切合作,正确给药。

第十二节　老年肺栓塞治疗中的常见药学问题

一、肺栓塞抗凝药物的作用特点及不良反应

（一）UFH 和 LMWH

1. UFH（肝素）　　UFH 是自猪肠黏膜或牛肺组织中提取、纯化得到的一种酸性黏多糖。

UFH 对凝血的 3 个阶段都有抑制作用，但不能溶解已形成的血栓。最大的优点是经静脉注射后可即刻产生抗凝作用，但口服无效，同时因其生物活性无法预测，故使用过程中需实验室检查监测。

UFH 的主要不良反应是出血，多由使用过量所致，轻者出现皮肤黏膜出血，重者甚至出现可危及生命的颅内出血。出现这些情况时应立即停用 UFH，情况严重的须使用鱼精蛋白中和。UFH 的另一个严重不良反应是血栓性血小板减少，其临床表现类似于患者存在高凝状态，易使临床医师误以为 UFH 使用不足而加大剂量，结果适得其反。因此，在使用 UFH 的过程中应加强监测，若见患者的血小板计数迅速下降，同时发现有新的血栓形成，则应立即停用 UFH 并配合使用溶栓疗法或口服抗凝药物治疗。

UFH 与香豆素及其衍生物、阿司匹林等非甾体抗炎药物、双嘧达莫、右旋糖酐、肾上腺皮质激素、促肾上腺皮质激素、依他尼酸、尿激酶或链激酶等共同使用时会增加患者的出血危险。UFH 与卡那霉素、阿米卡星、硫酸庆大霉素、氯丙嗪和异丙嗪等存在配伍禁忌。

2. LMWH（低分子量肝素）　　LMWH 是由 UFH 经解聚和分离后得到的，具有很高的抗凝血因子 Ⅹa 活性和一定的抗凝血因子 Ⅱa 活性。与 UFH 相比，LMWH 具有皮下注射后吸收完全、生物利用度高（>80%）、半衰期较长、不良反应小和一般不需实验室检查监测的优点。

LMWH 的主要不良反应为注射部位的瘀点和瘀斑等，一般不需特殊处理，减量即可；并有引起患者血小板减少和骨质疏松的危险。另外，LMWH 不能抑制已与血块结合的凝血酶。

（二）华法林

华法林是目前临床上最常用的维生素 K 拮抗剂。华法林为香豆素类口服抗凝药物，结构与维生素 K 相近，系通过干扰肝脏合成依赖于维生素 K 的凝血因子 Ⅱ、Ⅷ、Ⅸ、Ⅹ而抑制血液凝固的。

华法林口服后易被吸收、生物利用度高，但起效慢，不能用于急性抗凝治疗，多用于急性期使用肝素类药物后的维持抗凝治疗或预防治疗。

使用华法林治疗期间，需有规律地监测国际标准化比值（international normalized ratio，INR），并根据 INR 调整剂量，同时应关注华法林药效作用的基因多态性及药物相互作用。华法林在体内可透过胎盘而产生致畸作用，故孕妇禁用。此外，哺乳期妇女以及有出血倾向、严重的肝功能不全或肝硬化、未经治疗或未能控制的高血压患者都不能使用华法林。

华法林的主要不良反应为出血，一般为皮肤、牙龈和胃肠道出血，严重者可出现脑出血，故老年患者使用华法林应适当减量。如出现严重出血，应立即停用华法林，同时酌情使用维生素

K 或凝血酶原复合物予以解救。

（三）新型抗凝药物

理想的抗凝药物应具备以下特征：抗凝效果好，安全性高；特异性强；药效学与药动学可预测；迅速起效和消除；固定剂量用药；有效治疗窗宽；无需实验室检查监测；口服途径给药；与食物和其他药物没有相互作用。就现有的抗凝药物看，DTI 和 FⅩa 抑制剂最接近，也最符合这些特征。

1. DTI 目前临床应用的 DTI 有水蛭素、比伐卢定、阿加曲班、达比加群酯。其中，水蛭素的抗凝作用较肝素类药物强，但出血危险也更大；比伐卢定可安全地用于肾损害患者，但只能经静脉内给药，不适合长期和门诊患者用药；阿加曲班具有良好的量效关系，抗凝作用和安全性都可预测，药物相互作用较少，但同样不可口服；达比加群酯是新一代口服抗凝药物，其疗效与华法林相当，但出血危险明显降低。

2. FⅩa 抑制剂 FⅩa 抑制剂可选择性地抑制 FⅩa，通过减少凝血酶生成而产生抗血栓作用。与常用药物及食物间的相互作用很小，无需调整剂量和用药监测。可分为间接 FⅩa 抑制剂（磺达肝癸钠）和直接 FⅩa 抑制剂（利伐沙班、阿哌沙班）两类。利伐沙班是第一个可口服的直接 FⅩa 抑制剂，对 FⅩa 具有高度的选择性，但对血小板聚集没有直接影响，具有生物利用度高、量效关系稳定、抗凝效果可预测、无需监测抗凝活性、与食物和药物的相互作用小、临床使用方便等特点，是迄今为止较为理想的口服抗凝药物；阿哌沙班是另一个直接 FⅩa 抑制剂，经肝、肾双通道代谢，故可用于有轻至中度肝或肾损害的患者；磺达肝癸钠是首个选择性抑制 FⅩa 的抗血栓药物，属于间接 FⅩa 抑制剂，主要通过肾脏排泄，肾病患者用药需要调整剂量，仍可能导致 HIT。

二、华法林的药学监护

（一）规律监测 INR

肺栓塞患者急性期应用肝素和华法林重叠至少 5 天，INR 达 2.0 的 24 小时后停用肝素，继续口服华法林抗凝治疗，抗凝强度维持在 INR 2.0～3.0。急性肺栓塞坚持抗凝至少 3 个月。对反复发生肺栓塞的患者，如果没有出血高风险，建议终身抗凝治疗。

ACCP 指南中明确规定，应用华法林治疗时必须监测 INR，并根据 INR 数值调整华法林的用量。我国华法林的起始剂量一般从每日 3mg 开始，用药前必须测定基线 INR，用药的第 1 和第 2 天可以不测定 INR，第 3 天必须测定 INR，根据 INR 值确定下次服用的华法林剂量。

美国病理学会建议，开始应用华法林的第 1 周至少测定 4 次 INR，此后每 2～3 天测 1 次，直到达到目标值并稳定（连续 2 次在治疗范围内）后，1 个月内每周查 1 次 INR，逐渐过渡到每个月测定 1 次 INR；ACCP 建议 INR 的检查间隔时间不超过 4 周。

如患者的健康状况改变、罹患其他疾病、新服用影响华法林代谢的药物、饮食结构改变（如富含维生素 K 的绿色蔬菜所占的比例减少或增加）时，需重新调整华法林的服用剂量和监测 INR。

（二）华法林的药物、食物相互作用

除年龄、现有疾病外，许多因素如饮食、合用药物均可影响患者对华法林的疗效反应。这些相互作用可致抗凝作用减弱或致严重出血，应避免联合使用。在必须合用时，应在用药开始、调整剂量、治疗结束时对患者进行有效的用药监护。按相互作用的强度分级，华法林

的食物、药物相互作用见表12-13。

表12-13 华法林的药物、食物相互作用

[American College of Chest Physicians Evidence-Based Clinical Practice Guidelines(8th edition)]

相互作用等级	抗感染药	心血管用药	抗炎药、止痛药、免疫制剂	中枢神经系统用药	消化系统用药及食物	中草药	其他药物
			增强华法林的作用				
强	环丙沙星 复方磺胺甲噁唑 红霉素 氟康唑 利奈唑胺 甲硝唑 咪康唑口服凝胶 咪康唑阴道栓 伏立康唑	胺碘酮 氯贝丁酯 地尔硫䓬 非诺贝特 普罗帕酮 普萘洛尔 磺吡酮（双向作用，先增强后抑制）	保泰松 吡罗昔康	乙醇（存在肝损伤时）恩他卡朋	西咪替丁 鱼油 芒果 奥美拉唑		促蛋白合成类固醇 齐留通（平喘药）
中等	阿莫西林/克拉维酸 阿奇霉素 克拉霉素 伊曲康唑 左氧氟沙星 四环素	阿司匹林 氟伐他汀 奎尼丁 罗匹尼罗 辛伐他汀	对乙酰氨基酚 阿司匹林 塞来昔布 右丙氧芬 干扰素 曲马多	双硫仑 水合氯醛 氟伏沙明 苯妥英钠（双向作用，先增强后抑制）氟西汀	葡萄柚	丹参 枸杞子 当归	氟尿嘧啶 吉非替尼 紫杉醇 他莫昔芬 托特罗定
弱	阿莫西林 氯霉素 加替沙星 咪康唑（局部用）诺氟沙星 氧氟沙星 沙奎那韦	丙吡胺 吉非贝齐 美托拉宗	吲哚美辛 来氟米特 罗非昔布 舒林酸 托美丁	非尔氨酯	奥利司他		阿卡波糖 环磷酰胺/甲氨蝶呤/氟尿嘧啶 异环磷酰胺 曲妥珠单抗
极弱	头孢孟多 头孢唑林 磺胺异噁唑	苯扎贝特 肝素	左旋咪唑 甲泼尼龙 萘丁美酮	西酞普兰 舍曲林 喹硫平	雷贝拉唑		依托泊苷/卡铂 左炔诺孕酮

续表

	减弱华法林的作用					
强	灰黄霉素 萘夫西林 利巴韦林 利福平		美沙拉嗪	巴比妥酸盐 卡马西平	高维生素K含量的食物 鳄梨(大量)	巯嘌呤
中等	双氯西林	波生坦	硫唑嘌呤	豆奶 硫糖铝	人参	螯合剂 流感疫苗 多种维生素补充剂 雷洛昔芬
弱		替米沙坦	柳氮磺吡啶			环孢素 阿维A酯
极弱	氯唑西林、替考拉宁	呋塞米		丙泊酚	绿茶	

(三) 基因多态性与华法林的个体化用药

目前,临床上确定华法林的需求剂量时并没有充分考虑遗传因素的影响,常造成患者严重的出血并发症并增加患者的经济负担。华法林的靶酶 VKORC1(维生素 K 还原化物还原酶亚基 1)和代谢酶 CYP2C9 的基因遗传多态性是影响华法林需求剂量差异性的主要因素,CYP2C9 和 VKORC1 的多态性可被用来预测抗凝治疗中华法林的安全剂量。

研究表明,CYP2C9*3 杂合体者华法林的日维持剂量比 CYP2C9*1 纯合体者明显降低,抗凝过量的发生率明显增加,达稳定剂量-效应关系的时间显著延长,但治疗初始阶段出血的风险并没有增加;中国汉族人群 VKORC1-1639 以 AA 型居多(而西方高加索人群 AA 型最少),GG 型少见,且 VKORC1-1639G→A 的变异使患者所需的华法林用量是显著减少的,因此中国汉族人群 GG 型所需的华法林平均用量为 2.03mg/INR、AA 型为 1.44mg/INR,INR 控制在 2.0~3.0 时,中国人群华法林的平均维持剂量(3.3mg/d)比白种人所需的剂量(6mg/d)低约 50%。

目前国内外已设计出针对上述两个等位基因不同基因型组合情况下华法林的日维持剂量公式,如 Miao 等针对中国人群的研究中纳入了 178 例华法林维持剂量稳定且 INR 控制在目标范围(1.5~3.0)内的患者,结合 CYP2C9、VKORC1 的基因型、年龄和体重模拟了多重回归模型:剂量 = 6.22 - 0.011(年龄) + 0.017[(体重) - 0.775(CYP*3) - 3.397(KORC1-x1) - 4.083(VKORC1-x2)]。其中剂量的单位为 mg,年龄的单位为年,体重的单位为 kg;CYP*3 基因型如果为 *1/*3 则代入 1,如果为 *1/*1 则代入 0;VKORC1 的基因型若为 AA 则在 VKORC1-x1 和 VKORC1-x2 位置分别代入 0 和 1,若基因型为 GA 则分别代入 1 和 0,若基因型为 GG 则分别代入 0 和 0。

虽然这些研究结果和剂量公式的广泛应用还需要在更多的人群中进行临床随机试验并对其治疗初期和治疗中的反应进行评估,但已提示我们在华法林抗凝治疗中,应在积极测定 INR 的基础上,结合 CYP2C9 和 VKORC1 基因多态性来确定华法林的需求剂量,实现个体化用药,减少出血并发症。

附:典型案例

高龄患者华法林药学监护

患者,女,87岁。主因"反复咳嗽、咳痰、发热2个月余"入院。既往慢性持续性房颤10余年,长期口服华法林钠抗凝治疗,国际标准化比值(INR)维持在2.0～3.0。入院后给予替考拉宁、头孢哌酮钠/舒巴坦钠、氟康唑联合抗感染治疗,以及祛痰、营养支持等治疗。入院第5天给予华法林钠片0.625mg qd,入院第7天后监测INR为1.33,入院第13天INR为2.43,入院第20天INR上升为5.1,服药期间未调整华法林钠片的给药剂量,遂于当日停用华法林钠片,并临时给予维生素K_1注射液10mg肌内注射,继续监测INR值逐渐降低,停药后第7天为3.68、第10天为1.88、第19天为1.22,患者病情稳定,无血尿、黑便、皮下瘀血等出血事件发生。

审查该患者抗凝治疗期间的药物治疗医嘱,分析导致其INR异常升高的原因为:

1. 氟康唑　氟康唑是肝药酶CYP2C9抑制剂,而华法林的代谢主要依赖肝药酶CYP2C9,两者合用可导致华法林的代谢减低,体内的华法林血药浓度升高,抗凝作用增强。Turrentine报道,6名服用华法林6个月以上的女性患者,服用氟康唑150mg后,第2天凝血酶原时间(PT)升高11%,第5天PT升高34%,第8天PT升高2%,半数患者的INR超过4或发生出血。

2. 头孢哌酮　华法林为口服维生素K拮抗药,通过抑制维生素K环氧化物还原酶的活性阻止维生素K被循环利用,并使维生素K依赖性凝血因子无法激活,从而发挥抗凝作用。头孢哌酮的分子中含有N-甲硫四氮唑侧链,该结构在体内代谢过程中影响维生素K的合成;头孢哌酮在体内几乎不代谢,40%以上自胆管经肠道排出,可抑制肠道正常菌群,抑制维生素K的肠道合成,使维生素K依赖的凝血因子合成减少,因此联合使用头孢哌酮/舒巴坦钠和华法林可增强华法林的抗凝作用。

该患者院外长期口服华法林,INR值稳定并维持在2.0～3.0。本次入院后给予替考拉宁、头孢哌酮钠/舒巴坦钠、氟康唑抗感染治疗,自入院第5天开始加用口服华法林钠片,给药剂量与其院外长期口服剂量相同,治疗期间饮食规律,用药15天后INR升高至5.1,显著高于其抗凝治疗的INR靶目标范围(2.0～3.0)。结合上述分析,考虑与氟康唑、头孢哌酮钠/舒巴坦钠及华法林的潜在药物相互作用相关。

(王东晓　郭代红)

参 考 文 献

[1] Greinacher A,Warkentin TE. The direct thrombin inhibitor hirudin[J]. Thromb Haemost,2008,99(5):819-829.

[2] Warkentin TE,Greinacher A,Koster A. Bivalirudin[J]. Thromb Haemost,2008,99(5):830-839.

[3] Eriksson BI,Dahl OE,Rosencher N,et al. Dabigatran etexilate versus enoxaparin for prevention of venous thromboembolism after total hip replacement:a randomised,double-blind,non-inferiority trial[J]. Lancet,2007,370(9591):949-956.

［4］Eriksson BI,Dahl OE,Rosencher N,et al. Oral dabigatran etexilate vs subcutaneous enoxaparin for the prevention of venous thromboembolism after total knee replacement:the REMODEL randomized trial ［J］. J Thromb Haemost,2007,5(11):2178-2185.

［5］Connolly SJ,Ezekowitz MD,Yusuf S,et al. Dabigatran versus warfarin in patients with atrial fibrillation ［J］. N Engl J Med,2009,361(12):1139-1151.

［6］Clayton RA,Gaston P,Howie CR. Oral rivaroxaban for the prevention of symptomatic venous thromboembolism after elective hip and knee replacement［J］. J Bone Joint Surg Br,2010,92(3):468-468.

［7］ROCKET AF study investigators. Rivaroxaban — once daily,oral,direct factor Ⅹa inhibition compared with vitamin K antagonism for prevention of stroke and embolism trial in atrial fibrillation:rationale and design of the ROCKET AF study［J］. Am Heart J,2010,159(3):340-347.

［8］Raghavan N,Frost CE,Yu Z,et al. Apixaban metabolism and pharmacokinetics after oral administration to humans［J］. Drug Metab Dispos,2009,37(1):74-81.

［9］Reynolds NA,Perry CM,Scott LJ. Fondaparinux sodium:a review of its use in the prevention of venous thromboembolism following major orthopaedic surgery［J］. Drugs,2004,64(14):1575-1596.

［10］Karthikeyan G,Mehta SR,Eikelboom JW. Fondaparinux in the treatment of acute coronary syndromes: evidence from OASIS 5 and 6［J］. Expert Rev Cardiovasc Ther,2009,7(3):241-249.

［11］Chong BH,Chong JJ. Heparin-induced thrombocytopenia associated with fondaparinux［J］. Clin Adv Hematol Oncol,2010,8(1):63-65.

［12］Millican EA,Lenzinipa,Milligan PE,et al. Genetic-based dosing in orthopedic patients beginning warfarin therapy［J］. Blood,2007,110(5):1511-1515.

［13］Miao L,Yang J,Huang C,et al. Contribution of age,body weight and CYP2C9 and VKORC1 genotype to the anticoagulant response to warfarin:proposal for a new dosing regimen in Chinese patients［J］. Eur J Clin Pharmacol,2007,63(12):1135-1141.

［14］Turrentine MA. Single-dose fluconazole for vulvovaginal candidiasis:impact on prothrombin time in women taking warfarin［J］. Obstet Gynecol,2006,107(2 Pt 1):310-313.

第十三章

老年良性前列腺增生和膀胱过度活动症

第一节　良性前列腺增生

一、定义和流行病学

(一) 定义

良性前列腺增生(benign prostatic hyperplasia,BPH)是引起中老年男性排尿障碍的最为常见的一种良性疾病。主要表现为以组织学上的前列腺间质和腺体成分的增生、解剖学上的前列腺增大(benign prostatic enlargement,BPE)、尿动力学上的膀胱出口梗阻(bladder outlet obstruction,BOO)和以下尿路症状(lower urinary tract symptoms,LUTS)为主的临床症状。

(二) 流行病学

21~30岁的正常男性的前列腺平均重量为20g,此后前列腺重量几乎不发生变化,除非出现BPH。然而,由于BPH的流行,尸检中50岁以上男性的前列腺平均重量增加。

组织学上诊断的前列腺增生患病率随年龄增长而增加,31~40岁、51~60岁和80岁以上的男性的患病率分别为8%、40%~50%和80%以上。在巴尔的摩衰老纵向研究(BLSA)中,比较了尸检时特定年龄段病理学确诊的BPH患病率与基于病史和直肠指检结果的临床BPH患病率。结果发现,在所有年龄段的男性中,临床患病率与尸检患病率具有良好的一致性。

在比较不同组间临床BPH的患病率时,一个主要的难点是缺乏统一的BPH定义。奥姆斯特德县研究发现,中或重度下泌尿道症状(lower urinary tract symptoms,LUTS)在男性40~49岁、50~59岁、60~69岁和70~79岁组的患病率分别为26%、33%、41%和46%。在502例年龄为55~74岁且无前列腺癌的社区男性组中,以前列腺体积超过30ml且高国际前列腺症状评分(international prostate symptom score,IPSS)为标准,BPH的患病率为19%。然而,如果以前列腺体积超过30ml、高IPSS评分、最大尿流速率低于10ml/s和排泄后残余尿量超过50ml为标准,则BPH的患病率仅为4%。

有研究表明似乎亚洲人较美洲人更易于产生中至重度BPH相关症状。

二、病因和发病机制

BPH发生的具体机制尚不明确,可能多种因素都与BPH发生存在因果关系。BPH的发生必须具备年龄增长及有功能的睾丸两个重要条件。相关因素有雄激素及其与雌激素的相互作用、前列腺的雄激素受体发生了改变、前列腺间质-腺上皮细胞的相互作用、间质生长因子的调节异常、炎症细胞、细胞死亡减少、干细胞增加、遗传易感性等。

三、病理和病理生理

(一)病理

McNeal 将前列腺分为外周带、中央带、移行带和尿道周围腺体区。所有 BPH 结节发生于移行带和尿道周围腺体区。早期尿道周围腺体区的结节完全为间质成分;而早期移行带结节则主要表现为腺体组织的增生,并有间质数量的相对减少。间质组织中的平滑肌也是构成前列腺的重要成分,这些平滑肌以及前列腺尿道周围组织受肾上腺素能神经、胆碱能神经或其他酶类递质神经支配,其中以肾上腺素能神经起主要作用。在前列腺和膀胱颈部有丰富的 α 受体,尤其是 α_1 受体,激活这种肾上腺素能受体可以明显提高前列腺尿道阻力。

(二)病理生理

BPH 导致后尿道延长、受压变形、狭窄和尿道阻力增加,引起膀胱高压并出现相关的排尿期症状。随着膀胱压力的增加,出现膀胱逼尿肌代偿性肥厚、逼尿肌不稳定并引起相关的储尿期症状。如梗阻长期未能解除,逼尿肌则失去代偿能力。继发于 BPH 的上尿路改变如肾积水及肾功能损害,其主要原因是膀胱内压力升高。

四、临床表现和辅助检查

BPH 的临床表现为下尿路症状(LUTS),包括尿频、夜尿、排尿踌躇、尿急和尿流无力,这些症状通常在数年内缓慢出现并逐步进展,然而这些并非 BPH 的特异性症状。此外,这些症状与通过直肠检查或经直肠超声评估前列腺大小所发现的前列腺增大的相关性较差。这种差异很可能归因于随年龄增长而出现的膀胱功能改变和前列腺移行区增大(直肠检查中并非总是明显)。

BPH 患者也可能会有血尿。然而,临床医师不能因为存在 BPH 而不对患者的血尿实施进一步评估,尤其是因为年龄较大的男性更可能有严重的疾病,如前列腺癌或膀胱癌。

通常人们把老年男性的 LUTS 都归因为前列腺疾病,特别是 BPH。但是,目前认为BPH 引起的 LUTS 只是所有老年男性 LUTS 的一部分,还应考虑膀胱其他疾病(如 OAB、逼尿肌功能低下、间质性膀胱炎)、肾脏疾病(如肾小管功能障碍)以及神经系统疾病(如下丘脑功能障碍)。所以,需要泌尿外科医师用整体的观念来理解 LUTS。另外,有 LUTS 的中老年男性还容易有性功能障碍,并且与 LUTS 的严重程度相关。

五、诊断和鉴别诊断

(一)诊断

以下尿路症状为主诉就诊的 50 岁以上的男性患者,首先应该考虑 BPH 的可能性。为明确诊断,需做以下临床评估。

1. 初始评估

(1)病史询问(medical history)(推荐)

1)下尿路症状的特点、持续时间及其伴随症状。

2）手术史、外伤史，尤其是盆腔手术或外伤史。

3）既往史：包括性传播疾病、糖尿病、神经系统疾病、可能与夜尿症有关的心脏疾病病史。

4）药物史：可了解患者目前或近期是否服用了影响膀胱出口功能或导致 LUTS 的药物。

5）患者的一般状况。

6）国际前列腺症状评分（IPSS，）：IPSS 是目前国际公认的判断 BPH 患者症状严重程度的最佳手段。IPSS 是 BPH 患者下尿路症状严重程度的主观反映，它与最大尿流率、残余尿量以及前列腺体积无明显的相关性。

IPSS 患者分类如下（总分为 0～35 分）：轻度症状，0～7 分；中度症状，8～19 分；重度症状，20～35 分。

7）生活质量（QOL）评分：QOL 评分（0～6 分）是了解患者对其目前 LUTS 水平的主观感受，其主要关心的是 BPH 患者受 LUTS 困扰的程度及是否能够忍受，因此又叫困扰评分。

以上两种评分尽管不能完全概括下尿路症状对 BPH 患者生活质量的影响，但是它们提供了医师与患者之间交流的平台，能够使医师很好地了解患者的疾病状态。

（2）体格检查（physical examination）（推荐）

1）外生殖器检查：除外尿道外口狭窄或其他可能影响排尿的疾病（如包茎、阴茎肿瘤等）。

2）直肠指诊（digital rectal examination，DRE）：DRE 是 BPH 患者的重要检查项目之一，需在膀胱排空后进行。

3）局部神经系统检查（包括运动和感觉）：肛周和会阴外周神经系统的检查以提示是否存在神经源性疾病导致的神经源性膀胱功能障碍。

（3）尿常规（urinalysis）（推荐）：尿常规可以确定下尿路症状患者是否有血尿、蛋白尿、脓尿及尿糖等。

（4）血清前列腺特异抗原（PSA）（推荐）：血清 PSA 不是前列腺癌特有的，前列腺癌、BPH、前列腺炎都可能使血清 PSA 升高。另外，泌尿系统感染、前列腺穿刺、急性尿潴留、留置导尿、直肠指诊及前列腺按摩也可以影响血清 PSA 值。

（5）前列腺超声检查（prostate ultrasonography）（推荐）：超声检查可以了解前列腺的形态、大小、有无异常回声、突入膀胱的程度，以及残余尿量（postvoid residual volume）。经直肠超声（transrectal ultrasonography，TRUS）还可以精确测定前列腺的体积。经腹部超声检查可以了解膀胱壁的改变以及有无结石、憩室或占位性病变。

（6）尿流率检查（uroflowmetry）（推荐）：尿流率检查有两项主要指标（参数），即最大尿流率（maximum flow rate，Q_{max}）和平均尿流率（average flow rate，Q_{ave}），其中最大尿流率更为重要。但是最大尿流率下降不能区分梗阻和逼尿肌收缩力减低，必要时行尿动力学等检查。最大尿流率存在个体差异和容量依赖性。

2. 根据初始评估结果需要的进一步检查

（1）排尿日记（voiding diary）（可选择）：以夜尿或尿频为主的下尿路症状患者应记录排尿日记，24 小时排尿日记不仅可发现饮水过量导致的排尿次数增加，而且也有助于鉴别尿崩症、夜间多尿症和膀胱容量减少。

（2）血肌酐（creatinine）（可选择）：BPH 导致的膀胱出口梗阻可以引起肾功能损害、血肌酐升高。

（3）静脉尿路造影（intravenous urography）检查（可选择）：如果下尿路症状患者同时伴有反复泌尿系统感染、镜下或肉眼血尿、怀疑肾积水或者输尿管扩张反流、泌尿系统结石，应行静脉尿路造影检查。应该注意，当患者对造影剂过敏或者肾功能不全时禁止行静脉尿路造影检查。

（4）尿道造影（urethrogram）（可选择）：怀疑尿道狭窄时建议此项检查。

（5）尿动力学检查（urodynamics）（可选择）：对引起膀胱出口梗阻的原因有疑问或需要对膀胱功能进行评估时建议行此项检查。BPH 患者拟行手术及微创治疗前如出现以下情况，建议行尿动力学检查：①尿量≤150ml；②50 岁以下或 80 岁以上；③残余尿＞300ml；④怀疑有神经系统病变或糖尿病所致的神经源性膀胱；⑤双侧肾积水；⑥既往有盆腔或尿道的手术史。

（6）尿道膀胱镜（urethrocystoscopy）检查（可选择）：怀疑 BPH 的患者合并尿道狭窄、膀胱内占位性病变时建议行此项检查。通过尿道膀胱镜检查可了解以下情况：①前列腺增大所致的尿道或膀胱颈梗阻的特点；②膀胱颈后唇抬高所致的梗阻；③膀胱小梁及憩室的形成；④膀胱结石；⑤残余尿量测定；⑥膀胱肿瘤；⑦尿道狭窄的部位和程度。

（7）上尿路超声检查（upper urinary tract ultrasonography）检查（可选择）：可了解肾、输尿管有无扩张、积水、结石或占位性病变。在尿常规分析异常、大量残余尿、肾功能不全或有泌尿系统疾病病史的患者推荐该检查。

3. BPH 诊断流程图（图 13-1）

（二）并发症

尿潴留；血尿；反复泌尿系统感染；膀胱结石；继发性上尿路积水（伴或不伴肾功能损害）；腹股沟疝；严重的痔疮或脱肛。

六、治疗总体安排

（一）病症处理的综合安排

下尿路症状是 BPH 患者的切身感受，最为患者本人所重视。由于患者的耐受程度不同，下尿路症状及其所致的生活质量下降是患者寻求治疗的主要原因和治疗措施选择的重要依据。应充分了解患者的意愿，向患者交代包括观察等待、药物治疗和外科治疗在内的各种治疗方法的疗效与副作用。

（二）治疗目标

BPH 患者药物治疗的短期目标是缓解患者的下尿路症状；长期目标是延缓疾病的临床进展，预防并发症的发生。在减少药物治疗副作用的同时保持患者较高的生活质量是 BPH 药物治疗的总体目标。

七、药物治疗方案

1. α 受体阻断药

（1）概述：美国 FDA 批准用于治疗 BPH 症状的 5 种长效 $α_1$ 肾上腺素受体拮抗剂为特

```
                                          ┌──────────→ IPSS评分
                              问卷调查 ────┤
                                          └──────────→ QOL评分
                                                              ┌──→ LUTS特点
                                          ┌──→ 一般病史 ──────┤
                                          │                   └──→ 手术药物史
                  推荐检查项目   病史询问 ┤                   ┌──→ DRE及外生殖器检查
                              尿常规分析   └──→ 体格检查 ─────┤
                              血清PSA检查                     └──→ 会阴部神经检查
                              前列腺超声检查
                              尿流率检查

怀疑BPH
伴有或不伴有LUTS                排尿日记
                              血肌酐
                              静脉尿路造影
                  可选检查项目   尿道造影
                              尿动力学检查
                              尿道膀胱镜检查
                              上尿路超声检查

                  不推荐检查项目  CT
                              MRI
```

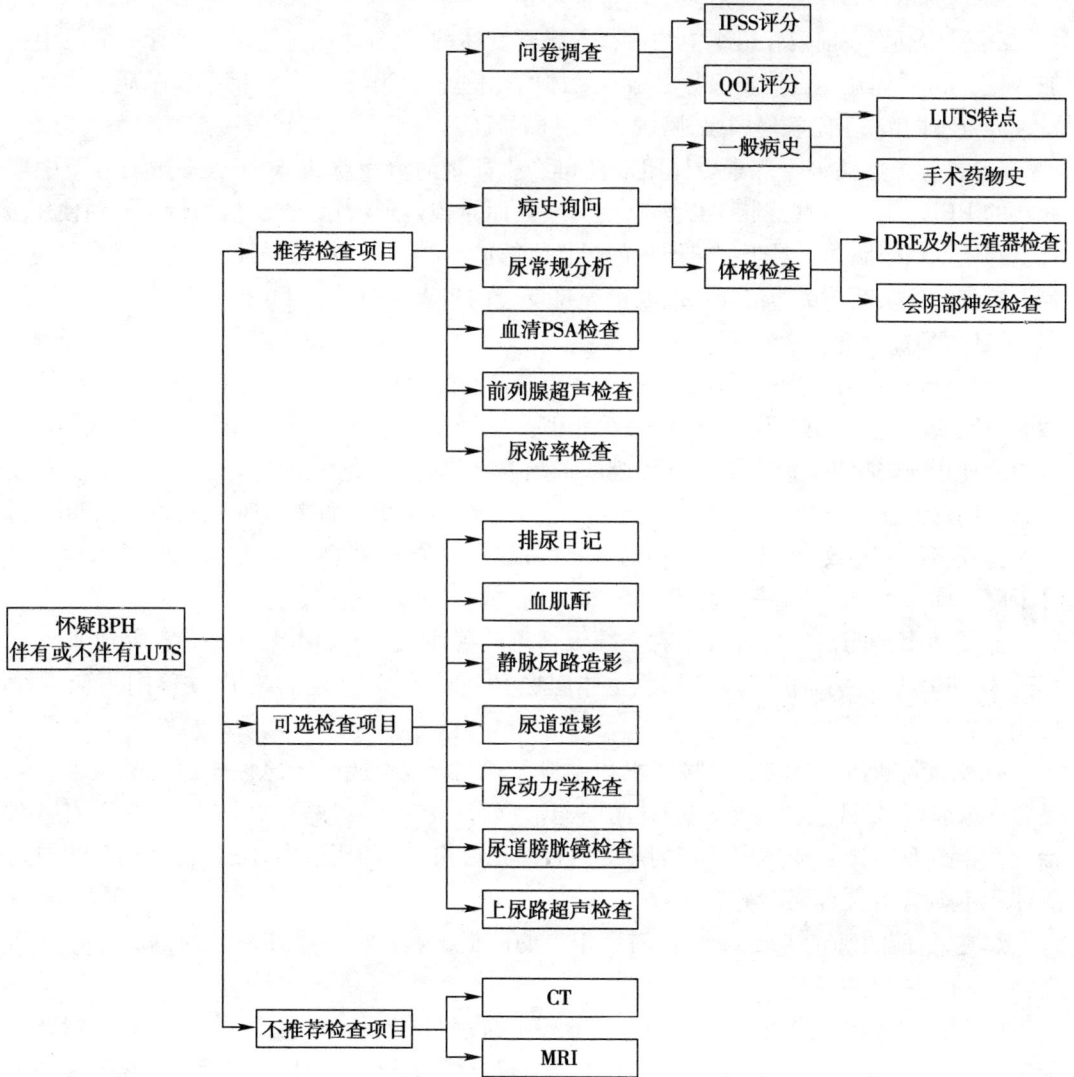

图 13-1　BPH 诊断流程图

拉唑嗪、多沙唑嗪、坦洛新、阿夫唑嗪和赛洛多辛。根据尿路选择性可将 α 受体阻断药分为非选择性 α 受体阻断药（酚苄明）、选择性 α_1 受体阻断药（多沙唑嗪、阿夫唑嗪、特拉唑嗪）和高选择性 α_1 受体阻断药（坦索罗辛、萘哌地尔）。赛洛多辛是一种新的高选择性 α_1 受体阻断药，其对 α_{1A} 受体的亲和性显著高于 α_{1D} 和 α_{1B} 受体（$\alpha_{1A} > \alpha_{1D} > \alpha_{1B}$）。哌唑嗪是一种短效 α_1 肾上腺素受体拮抗剂，一般不用于 BPH 的治疗，因为需要频繁给药且可能有更多的心血管副作用。

（2）机制与特点：α_1 肾上腺素受体拮抗剂（如特拉唑嗪）通过松弛膀胱颈、前列腺被膜及前列腺尿道的平滑肌来缓解膀胱出口梗阻的动力性梗阻。

α_1 受体在前列腺和膀胱底分布丰富，而在膀胱体分布稀少。在增生的前列腺组织中，这些受体的密度增加。已有 α_1 肾上腺素受体的 3 种亚型特征的描述：1A、1B 和 1D。特拉唑嗪、多沙唑嗪和阿夫唑嗪拮抗这 3 种受体亚型的亲和力相似，而坦洛新则显示出对 α_{1A} 和

α_{1D} 受体具有相对选择性。赛洛多辛是一种对 α_{1A} 受体有相对选择性的受体拮抗剂。

α_{1A} 受体亚型在前列腺组织中约占肾上腺素受体的 70%，而 α_{1B} 受体在血管平滑肌中更加多见。α_{1D} 受体亚型占前列腺肾上腺素受体的比例少于 30%，且位于前列腺基质中。现已发现 α_{1D} 受体存在于膀胱逼尿肌、膀胱颈及脊髓骶区。

（3）推荐意见：α 肾上腺素受体阻断药可产生即刻的治疗益处，对于大多数有轻至中度症状的 BPH 男性，这些症状足以影响生活质量而希望得到治疗，建议初始治疗单独使用 α 肾上腺素受体阻断药。对于症状严重的男性、前列腺较大（>40g）的男性及使用最大剂量 α 肾上腺素受体阻断药单药治疗不能获得充足反应的患者，建议使用 α 肾上腺素受体拮抗剂和 5α-还原酶抑制剂联合治疗。

（4）临床疗效：目前不同种类的 α_1 受体阻断药间的直接对照研究较少，但是获批准的几种 α_1 肾上腺素受体阻断药的有效性似乎相似。一项 meta 分析纳入了发表于 1998 年 10 月以前的使用阿夫唑嗪、特拉唑嗪、多沙唑嗪或坦洛新进行的试验，提供了这些药物的有效性和副作用的概述。6333 例男性参与安慰剂对照试验，507 例男性参与对比研究。结果表明药物比安慰剂更有效，并且各种药物的有效性相似。在接受药物治疗的男性患者中，症状评分下降 30%～40%，尿流率提高 16%～25%。

α_1 受体阻断药治疗后的数小时至数天即可改善症状，但采用 IPSS 评估症状改善应在用药 4～6 周后进行。连续使用 α_1 受体阻断药 1 个月无明显的症状改善则不应继续使用。

α_1 受体阻断药不影响前列腺体积和血清 PSA 水平，不能减少急性尿潴留的发生。但是急性尿潴留 BPH 患者接受 α_1 受体阻断药治疗后，成功拔除尿管的机会明显高于安慰剂治疗。年龄不影响 α_1 受体阻断药的疗效。在短期（1 年内）的研究中，BPH 患者的基线前列腺体积不影响 α_1 受体阻断药的疗效。

总之，目前的研究结果显示，在剂量相当的前提下，各种 α_1 受体阻断药的临床疗效相近，副作用有一定的不同。

（5）副作用和相互作用：在上述 meta 分析中，各种药物的副作用不同。在临床试验中，因阿夫唑嗪和坦洛新的副作用而停药的比例与安慰剂相近（4%～10%），而因特拉唑嗪和多沙唑嗪的副作用而停药的男性则要增加 4%～10%。最重要的副作用是直立性低血压和眩晕。特拉唑嗪和多沙唑嗪一般开始给药需在就寝时（以减少开始用药后不久出现的姿势性头晕目眩），且在数周内逐渐增加剂量。如果有药物漏服，通常需要重新调整剂量。

降压作用可对有高血压的年龄较大的男性有用，但需要仔细监测。α_1 肾上腺素受体阻断药用于高血压的单药治疗时可能会增加心力衰竭的发生率。坦洛新、阿夫唑嗪和赛洛多辛引起低血压和晕厥的可能性比特拉唑嗪或多沙唑嗪低。不同的 α_1 受体拮抗剂对血压的不同影响可能是由于它们对 α_{1A} 受体亚型的不同阻断作用。

特拉唑嗪和多沙唑嗪的降血压作用可因同时使用磷酸酯酶 5（PDE-5）抑制剂（西地那非或伐地那非）而加强。使用较低剂量的特拉唑嗪或多沙唑嗪且未出现直立性血压改变的男性患者，只要给药时间间隔至少 4 小时，可以使用 PDE-5 抑制剂进行治疗。坦洛新 0.4mg/d 的剂量似乎不会显著加强西地那非的降血压作用。

α_1 受体阻断药的其他常见副作用包括无力和鼻充血，特别是坦洛新和赛洛多辛可影响射精。在一项研究中，坦洛新使 90% 以上的患者均数射精量减少、35% 无法射精；而这一问题在使用 10mg 阿夫唑嗪的患者中没有出现。赛洛多辛可引起约 28% 的患者逆行射精。

2. 5α-还原酶抑制剂

(1)作用机制和 5α-还原酶的分型:5α-还原酶抑制剂通过抑制体内的睾酮向双氢睾酮(DHT)转变,进而降低前列腺内双氢睾酮的含量,达到缩小前列腺体积、改善下尿路症状的治疗目的。

5α-还原酶有两类同工酶:①Ⅰ型 5α-还原酶:主要分布在前列腺以外的组织中(例如皮肤或肝脏);②Ⅱ型 5α-还原酶:前列腺内的主要 5α-还原酶类型,起主要作用。

非那雄胺抑制Ⅱ型 5α-还原酶。度他雄胺可抑制Ⅰ型和Ⅱ型 5α-还原酶(双重阻滞药),可能比非那雄胺更强效。

(2)推荐意见:5α-还原酶抑制剂适用于治疗前列腺体积增大同时伴中至重度下尿路症状的 BPH 患者。对于具有 BPH 高临床进展风险的患者,5α-还原酶抑制剂可用于防止 BPH 的临床进展,包括减少急性尿潴留或 BPH 需要接受手术治疗的风险。与 α 受体拮抗剂不同,5α-还原酶抑制剂不需要调整剂量。非那雄胺的起始剂量和维持剂量均为一次 5mg,一日 1 次。同样,度他雄胺的起始剂量和维持剂量均为一次 0.5mg,一日 1 次。

(3)临床疗效:目前研究认为非那雄胺和度他雄胺在临床疗效方面相似。有研究显示前列腺体积越大、基线 PSA 水平越高,度他雄胺起效越快。

非那雄胺可以缩小前列腺体积 20%～30%,降低 IPSS 15%,提高最大尿流率 1.3～1.6ml/s,并能将 BPH 患者发生急性尿潴留和需要手术治疗的风险降低 50% 左右,同时还能显著减少低级别前列腺癌的发生率。

度他雄胺缩小前列腺体积 20%～30%,降低 IPSS 20%～30%,提高最大尿流率 2.2～2.7ml/s,BPH 患者急性尿潴留和需要手术干预的风险分别降低 57% 和 48%,同时能显著减少低级别前列腺癌的发生率。

5α-还原酶抑制剂对前列腺体积较大和(或)血清 PSA 水平较高的患者治疗效果更好。5α-还原酶抑制剂的起效时间相对较慢,随机对照试验的结果显示使用 6～12 个月后获得最大疗效。其长期疗效已得到证实,连续药物治疗 6 年疗效持续稳定。

(4)副作用和相互作用:主要副作用是性欲减退及射精或勃起功能障碍,发生率为 4%～6%。接受非那雄胺治疗的男性血清 PSA 浓度可下降约 50%,为患者解读结果时必须记住这一可能的改变。

3. M 受体拮抗剂 一些 BPH/LUTS 男性可能发生与膀胱过度活动症相关的尿频、尿急和尿失禁。

M 受体拮抗剂通过阻断膀胱毒蕈碱(M)受体(主要是 M_2 和 M_3 亚型),缓解逼尿肌过度收缩,降低膀胱敏感性,从而改善 BPH 患者的储尿期症状。托特罗定、索利那新是目前临床常用的药物,其他药物还有奥昔布宁等。

BPH 患者以储尿期症状为主时,M 受体拮抗剂可以单独应用。治疗过程中,应严密随访残余尿量的变化。M 受体拮抗剂可以改善 BPH 手术后的储尿期症状,但是目前缺乏大样本研究的支持。建议应用 M 受体拮抗剂仅限于排尿后残余尿量低的男性。

M 受体拮抗剂的不良反应包括口干、头晕、便秘、排尿困难和视物模糊等,多发生在用药 2 周内和年龄 >66 岁的患者。欧美多数研究显示残余尿量 >200ml 时 M 受体拮抗剂应慎重应用;逼尿肌收缩无力时不能应用。尿潴留、胃潴留、闭角型青光眼以及对 M 受体拮抗剂过敏者禁用。

4. 植物制剂　对 BPH 的植物制剂治疗在中国和欧洲常用。1997 年在德国该类药占到用于前列腺病态的药物治疗总花费的 70%，但目前仍没有一种植物制剂被美国 FDA 批准用于前列腺病态的治疗。如同大多数治疗 BPH 的药物一样，草药疗法也有很大的安慰剂效应。

从黑麦（*Secale cereale*）花粉中制备的普适泰已在 4 项临床试验中进行了评估。结果表明普适泰能改善症状，但不影响尿流率、残余尿或前列腺大小。

非洲臀果木提取物是一种非洲李树树皮的提取物。一项纳入 18 项随机对照试验的 meta 分析指出，活性治疗组出现改善症状的可能性是安慰剂组的 2 倍以上，且前者的最大尿流率提高 23%。

植物制剂的作用机制复杂，难以判断具体成分的生物活性与疗效的相关性。以循证医学原理为基础的大规模随机对照临床研究可推动植物制剂在 BPH 治疗中的临床应用。

5. 中药　目前应用于 BPH 临床治疗的中药种类很多，取得了一定的临床疗效，具体请参照中医或中西医结合学会的推荐意见开展治疗。在进行更多的草药研究之前，建议西医使用 α 肾上腺素受体阻断药和 5α-还原酶抑制剂，而非不经"辨证论治"的草药治疗。

6. 联合治疗

（1）α_1 受体阻断药联合 5α-还原酶抑制剂

1）推荐意见：α_1 受体阻断药联合 5α-还原酶抑制剂联合治疗适用于有中-重度下尿路症状并且有前列腺增生进展风险的 BPH 患者。采用联合治疗前应充分考虑具体患者 BPH 临床进展的危险性、患者的意愿、经济状况、联合治疗带来的费用增长及副作用等。

2）临床疗效：目前已有多项关于 α_1 受体阻断药与 5α-还原酶抑制剂联合治疗的前瞻性随机对照研究，其中最为著名的是 MTOPS 和 CombAT 研究。这些长期（1 年以上）的研究结果证实了联合治疗在降低前列腺增生临床进展风险方面优于任何一种单独药物治疗，在下尿路症状以及最大尿流率的改善方面有更好的疗效；而且与 α_1 受体阻断药相比，联合治疗可以降低患者急性尿潴留或 BPH 需要接受手术治疗的风险。在缩小前列腺体积方面，联合治疗与 5α-还原酶抑制剂效果相似。

（2）α_1 受体阻断药联合 M 受体拮抗剂：α_1 受体阻断药和 M 受体拮抗剂联合治疗 BPH 的下尿路症状，既改善排尿期症状，又缓解储尿期症状，从而提高治疗效果。

1）推荐意见：以储尿期症状为主的中、重度 LUTS 患者可以联合 α_1 受体阻断药和 M 受体拮抗剂进行治疗。联合治疗方案有两种：先应用 α_1 受体阻断药，如果储尿期症状改善不明显时再加用 M 受体拮抗剂；或者同时应用 α_1 受体阻断药和 M 受体拮抗剂。联合治疗前后必须监测残余尿量的变化。

2）临床疗效：α_1 受体阻断药能缓解 BPH 患者中 79% 的排尿期症状，但仅能缓解 34% 的储尿期症状。α_1 受体阻断药治疗 BPH 患者 LUTS 4~6 周时，如果储尿期症状改善不明显，加用 M 受体拮抗剂能够显著改善尿急、尿频、夜尿等症状，不增加急性尿潴留的发生率。目前多数研究中联合治疗的疗程为 4~12 周。

有研究显示，α_1 受体阻断药与 M 受体拮抗剂联合治疗的疗效明显优于 α_1 受体阻断药单独应用。TIMES 研究表明，托特罗定联合坦索罗辛治疗男性 BPH 患者 12 周，可以显著改善 IPSS，降低尿急次数、夜尿次数和急迫性尿失禁次数等。尤其是前列腺体积>29ml 和血清 PSA>1.3ng/ml 的 BPH 患者,联合治疗相比单独药物治疗更有优势。

(张耀光)

八、药学监护与信息反馈

(一) 观察疗效

一般来说,疗效观察指标主要包括 IPSS、尿流率检查和残余尿测定,必要时每年进行 1 次直肠指诊和血清 PSA 测定。

1. α_1 受体阻断药　治疗后的数小时至数天即可改善症状,但采用 IPSS 评估症状改善应在用药 4~6 周后进行。连续使用 α_1 受体阻断药 1 个月无明显的症状改善则不应继续使用。一项关于坦索罗辛治疗 BPH 长达 6 年的临床研究结果表明,α_1 受体阻断药长期使用能够维持稳定的疗效。同时 MTOPS 和 CombAT 研究也证实了单独使用 α_1 受体阻断药的长期疗效。

2. 5α-还原酶抑制剂　目前研究认为非那雄胺和度他雄胺在临床疗效方面相似。5α-还原酶抑制剂对前列腺体积较大和(或)血清 PSA 水平较高的患者治疗效果更好。5α-还原酶抑制剂的起效时间相对较慢,随机对照试验的结果显示使用 6~12 个月后获得最大疗效。其长期疗效已得到证实,连续药物治疗 6 年疗效持续稳定。5α-还原酶抑制剂能减少 BPH 患者血尿的发生率。

对这类患者的随访可以在开始服药后的 3 个月,应该特别关注血清 PSA 的变化并了解药物对性功能的影响。

3. M 受体拮抗剂(同时也用于膀胱过度活动症的治疗)　BPH 患者以储尿期症状为主时,M 受体拮抗剂可以单独应用,对膀胱功能有突出的作用。托特罗定用药后 1 小时和 5 小时的主要作用是增加了残余尿量,反映了膀胱的不全排空以及逼尿肌压力的降低。治疗过程中,应严密随访残余尿量的变化。

4. 植物制剂　如普适泰等适用于 BPH 及相关下尿路症状的治疗。有研究结果提示其疗效和 5α-还原酶抑制剂及 α_1 受体阻断药相当,且没有明显的副作用。但是植物制剂的作用机制复杂,难以判断具体成分的生物活性与疗效的相关性。以循证医学原理为基础的大规模随机对照临床研究对进一步推动植物制剂在 BPH 治疗中的临床应用有着积极的意义。

5. 中药　目前应用于 BPH 临床治疗的中药种类很多,取得了一定的临床疗效,具体请参照中医或中西医结合学会的推荐意见开展治疗。

6. 激素类　BPH 的发病与性激素调节有关。目前认为随着年龄的增长,前列腺组织内的 DHT 因降解减慢而含量增加,导致腺体增生。抗雄激素能使雄激素受体受到抑制,阻止雄激素或 DHT 与受体结合,从而使前列腺达到不同程度的缩小,减轻梗阻。

7. 联合治疗

(1)α_1 受体阻断药联合 5α-还原酶抑制剂:目前已有多项关于 α_1 受体阻断药与 5α-还原酶抑制剂联合治疗的前瞻性随机对照研究,其中最为著名的是 MTOPS 和 CombAT 研究。这些长期(1 年以上)的研究结果证实了联合治疗在降低前列腺增生临床进展风险方面优于任何一种单独药物治疗,在下尿路症状以及最大尿流率的改善方面有更好的疗效;而且与

α₁ 受体阻断药相比，联合治疗可以降低患者急性尿潴留或 BPH 需要接受手术治疗的风险。在缩小前列腺体积方面，联合治疗与 5α-还原酶抑制剂效果相似。

（2）α₁ 受体阻断药联合 M 受体拮抗剂：α₁ 受体阻断药和 M 受体拮抗剂联合治疗 BPH 的下尿路症状，既改善排尿期症状，又缓解储尿期症状，从而提高治疗效果。α₁ 受体阻断药能缓解 BPH 患者中 79% 的排尿期症状，但仅能缓解 34% 的储尿期症状。α₁ 受体阻断药治疗 BPH 患者 LUTS 4～6 周时，如果储尿期症状改善不明显，加用 M 受体拮抗剂能够显著改善尿急、尿频、夜尿等症状，不增加急性尿潴留的发生率。目前多数研究中联合治疗的疗程为 4～12 周。

TIMES 研究表明，托特罗定联合坦索罗辛治疗男性 BPH 患者 12 周，可以显著改善 IPSS，降低尿急次数、夜尿次数和急迫性尿失禁次数等。尤其是前列腺体积＞29ml 和血清 PSA＞1.3ng/ml 的 BPH 患者，联合治疗相比单独药物治疗更有优势。国内也有类似的报道。

8. 随访　在患者症状没有加剧、没有发展到具有外科绝对手术指征的状况下，随访计划可以是服药后的 6 个月进行第 1 次随访，之后每年 1 次。

（二）给药方法的适宜性

1. 掌握适宜药物治疗的持续时间　BPH 为终身性疾病，须坚持长期药物治疗乃至终身。BPH 的症状是循渐性和持续性的，5α-还原酶抑制剂的作用可逆，停药后其血浆 DHT 和前列腺体积可以复旧和反弹，因此维持用药的时间必须长久，甚至终身，不宜间断用药。非那雄胺、爱普列特起效慢，见效时间为 3～6 个月，连续 6 年后疗效趋于平稳，BPH 症状严重者、尿流率严重减慢者、残余尿量较多者不宜选用，推荐应用度他雄胺。此外，普适泰（舍尼通）一般服用 3 个月起效，最佳疗程为 6 个月。

2. α 受体阻断药使用的适宜性　在应用中宜注意下列问题：①α 受体拮抗药有微弱的抗高血压作用，老年人对降压药的耐受性差、压力感受器反应障碍，故易产生直立性低血压，所以医师在给老年人处方盐酸特拉唑嗪时应从 1mg 用起，嘱睡前服用。②特拉唑嗪、阿夫唑嗪对严重的肝肾功能不全者慎用。③α 受体拮抗药在服用首剂或增加剂量的 12 小时内，或在停药时，可出现眩晕、虚弱或低血压，应避免驾驶或操作机械。并存帕金森或帕金森叠加综合征、脑干卒中、骨髓病变的老年患者应慎用 α₁ 受体阻断药。

3. 5α-还原酶抑制剂使用的适宜性　5α-还原酶抑制剂非那雄胺、依立雄胺和度他雄胺用药后的常见不良反应有性欲降低、勃起功能障碍、精液量减少等，所以使用前应将风险告知患者，由患者决定是否应用此类药物治疗。对有意保持性功能的患者尽量不用 5α-还原酶抑制剂。非那雄胺、依立雄胺起效慢，对 BPH 症状严重者、尿流率严重减慢者、残余尿量较多者不宜选用，推荐应用度他雄胺。

4. 联合用药的适宜性　5α-还原酶抑制剂和 α 受体阻断药常联合使用，长期联合用药治疗的疗效优于单药治疗。但治疗指征必须明确，中国 BPH 诊治指南推荐意见指出，联合治疗适用于有前列腺增大、下尿路症状、疾病临床进展风险大、PSA 和症状严重的 BPH 者，并依据前列腺体积大小、PSA 确定预防性应用 5α-还原酶抑制剂或联合治疗。5α-还原酶抑制剂适用于临床确诊前列腺增生＞40g 者，使膀胱最大容量得到改善。对低尿量的 BPH 患者，可能存在前列腺癌等其他泌尿系统疾病，联合用药前必须排除。对严重尿量减少或尿潴留患者密切监测其堵塞性尿道疾病。

（三）观察不良反应

1. α_1 受体阻断药　对这类患者开始服药后的 1 个月内应该关注药物副作用，如果患者有症状改善的同时能够耐受药物副作用，就可以继续该药物治疗。

α_1 受体亚型的选择性和药动学等因素影响药物的副作用发生率。常见的副作用包括头晕、头痛、乏力、困倦、直立性低血压、异常射精等。直立性低血压更容易发生在老年、合并心血管疾病或同时服用血管活性药物的患者中。服用 α_1 受体阻断药的患者接受白内障手术时可能出现虹膜松弛综合征（intraoperative floppy iris syndrome），因此建议在白内障手术前停用 α_1 受体阻断药，但是术前多久停药尚无明确标准。

特拉唑嗪可以使血细胞比容、血红蛋白、白细胞、总蛋白浓度减少，它提示该药具有使血液稀释的可能性。尽管特拉唑嗪引起阴茎异常勃起的报道很少见，但应告知患者如果出现这种症状，应立刻通知医师，以避免应用特拉唑嗪而导致的永久性勃起功能障碍。

坦索罗辛对 α 肾上腺素能受体有较高的亲和力，可使射精时膀胱颈部关闭失控，输精管道收缩乏力，会导致射精功能障碍。逆行射精的发生率和药物剂量有关，且显著高于其他 α 受体拮抗剂。

2. 5α-还原酶抑制剂　最常见的副作用包括勃起功能障碍、射精异常、性欲低下和其他如男性乳房女性化、乳腺痛等。为规避男性关注的药品不良反应，临床治疗中宜：①用前应将风险告知患者，由患者抉择；②对有意保持性功能的患者尽量不用 5α-还原酶抑制剂；③大部分反应于停药后消失，应对患者加强健康教育和药学监护。本类药物禁用于孕妇与可能怀孕的妇女，因为当孕妇服用该药后可引起男性胎儿外生殖器异常。

3. M 受体拮抗剂　开始服药后的 1 个月内应该关注药物副作用，如果患者有症状改善的同时能够耐受药物副作用，就可以继续该药物治疗。不良反应包括口干、头晕、便秘、排尿困难和视物模糊等，多发生在用药 2 周内和年龄＞66 岁的患者。欧美多数研究显示残余尿量＞200ml 时 M 受体拮抗剂应慎重应用；逼尿肌收缩无力时不能应用。尿潴留、胃潴留、闭角型青光眼以及对 M 受体拮抗剂过敏者禁用。

4. 植物药制剂　包含花粉类制剂与植物提取物两大类。此类药物可以缓解症状，且不良反应较少。

前列康不良反应少，少数患者用药后有轻度便溏，一般不影响继续治疗。

5. α_1 受体阻断药和 5α-还原酶抑制剂联合治疗　患者可能面临两种药物所造成的副作用，总的副作用发生率高于单独药物治疗。

6. α_1 受体阻断药和 M 受体拮抗剂联合治疗　可能出现两类药物各自的不良反应，但是不会导致有临床意义的残余尿量增加（6～24ml），不显著影响 Q_{max}。对于有急性尿潴留史、残余尿量＞200ml 的 BPH 患者，M 受体拮抗剂应谨慎联合使用。

（四）用药依从性

1. 患者服药依从性的影响因素

（1）文化水平、经济因素、年龄：依从性的高低与个人的文化知识水平有一定的关系，不同文化程度的患者对前列腺增生相关知识的知晓情况存在明显差异。一般来说，患者的文化水平越高，依从性越高。经济因素会影响用药的依从性，经济收入较低的 BPH 患者无法持续服用价格较为昂贵的药品，其用药依从性较经济收入高的 BPH 患者低。年龄也是影响依从性的一个十分重要的原因，在一定年龄范围内服药依从性随年龄增长而升高，而后又会随年龄增长而有所下降。

(2)态度和信念:患者对疾病的态度直接影响了服药依从倾向,从而影响着依从行为。患者具有良好的健康治疗信念,可促使其坚持用药治疗。害怕药物副作用(治疗 BPH 时使用药物可能会出现头晕、恶心、性欲减退等副作用)而自行停药或减量可能出现反跳,导致病情反复无常,从而使部分患者害怕用药治疗。还有患者害怕产生药物依赖,使服药依从性下降。以患者的感受为核心基础的健康信念模式认为,患者主观感受所患疾病的危害性越高时,其按照医嘱执行的可能性就越高;患者认为遵从医嘱配合治疗会获取健康时,其依从性就高。

(3)治疗方案:患者服用的药物种类繁多,每天用药的频率高,疗程长,则会造成一定负担。个别患者即使明白坚持用药的关键性,但因实际行动的意志力薄弱而造成拒服或漏服导致依从性下降。并且大部分 BPH 患者年龄较大,记忆力有所下降,复杂的用药方案可能会导致患者用药错误或忘记服药等。有研究结果显示,BPH 患者药物治疗的药物持有率为 0.56%,依从性好的患者比例为 33.07%。

2. 提高良性前列腺增生患者服药依从性的策略

(1)加强健康教育:健康教育是预防和控制 BPH 的基础和前提。正确的健康信念有利于提高患者的服药依从性。我们可通过书面指导、个别咨询、团体指导等方式加强对患者服药知识方面的教育,使患者充分理解治疗的意义和遵守医嘱的重要性。

(2)合理用药:因为治疗 BPH 的药物品种多样,要根据不同患者的不同需求合理简化使用药物,尽量减少不良反应的发生。决定用药方案时要根据患者的经济收入能力,使用相符的治疗药物,保证患者有能力购药并用够疗程。

(3)加大随访力度,保证患者坚持用药:由于治疗 BPH 药物的起效要有一定的时间,部分患者由于服用药物没有使病症得到好转而放弃用药;部分患者也会因见有所好转而停止用药;部分人则因工作等原因忘记服药等皆会降低药物的依从性。所以应加大随访力度,定期访问患者,了解其用药情况,对于放弃用药者,应告知其危险性和服药的重要性,及时提醒和劝导患者坚持用药,提高药物依从性和治疗质量。

九、用药指导

(一) 治疗药物用法

1. α_1 受体阻断药

(1)哌唑嗪(prazosin):成人常用量为口服,一次 0.5～1mg,每日 3 次;逐渐按疗效调整为一日 6～15mg,分 2～3 次服用。

(2)特拉唑嗪(terazosin):良性前列腺增生(BPH)根据患者的反应来调整给药剂量。初始剂量为睡前服用 1mg,且不应超过,以尽量减少首剂低血压事件的发生。1 周或 2 周后每日剂量可加倍以达预期效应。

常用维持剂量为每日一次 5～10mg,给药两 2 周后症状明显改善。到目前为止,还没有足够的数据表明剂量超过每日一次 10mg 会引起进一步的症状缓解。

(3)阿夫唑嗪(alfuzosin):口服,建议首剂量在睡前服用。通常成人的常用剂量为一次 1 片(2.5mg),一日 3 次;老年患者的起始剂量为每日早、晚各 1 片,最多增至一日 4 片(10mg)。肾功能损伤患者的起始剂量为一次 1 片(2.5mg),一日 2 次,随后根据临床反应调整剂量。轻度及中度肝功能损伤患者的起始剂量为一次 1 片(2.5mg),一日 1 次;随后根据临床反应增至一次 1 片,一日 2 次。

(4)多沙唑嗪(doxazosin):成人常用的起始剂量为口服 1mg,每天 1 次,1~2 周后根据临床反应和耐受情况调整剂量;首剂及调整剂量时宜睡前服用。维持量为 1~8mg,每日 1 次,但超过 4mg 易引起直立性低血压。国外研究资料提示本品的最大使用剂量至 16mg/d。

如果服用多沙唑嗪缓释片,应用足量的水将药片完整吞服,不得咀嚼、掰开或碾碎后服用。

(5)坦索罗辛(tamsulosin):缓释胶囊成人每日 1 次,每次 1 粒(0.2mg),饭后口服。根据年龄、症状的不同可适当增减。

(6)酚苄明(phenoxybenzamine):给药须按个体化原则,根据临床反应和尿中的儿茶酚胺及其代谢物含量调整剂量。开始时每日 1 次 10mg(1 片),一日 2 次,隔日增加 10mg(1 片),直至获得预期临床疗效或出现轻微的 α 受体阻断的不良反应。以 20~40mg(2~4 片),每日 2 次维持。因其不良反应多,现使用较少。

(7)赛洛多辛(silodosin):成人每次 4mg(1 粒),每日 2 次,早、晚餐后口服,可根据症状酌情减量。

2. 5α-还原酶抑制剂

(1)非那雄胺(finasteride):口服推荐剂量为每次 5mg(1 片),每天 1 次,空腹服用或与食物同时服用均可。

肾功能不全患者的剂量:对于各种程度不同的肾功能不全患者(肌酐清除率低至 9ml/min)不需调整给药剂量,因为药动学研究证实非那雄胺的体内过程没有任何改变。

老年人的剂量:尽管药动学研究显示 70 岁以上患者非那雄胺的清除率有所降低,但不需调整给药剂量。

(2)度他雄胺(dutasteride):口服,推荐剂量为每次 1 粒(0.5mg),每日 1 次。胶囊剂应整粒吞服,不可咀嚼或打开,因为内容物对口咽黏膜有刺激作用。胶囊可与食物一起服用,也可不与食物一起服用。尽管在治疗早期可观察到症状改善,但达到治疗效果需要 6 个月。老年人无需调整剂量。

肾损害:未研究肾功能损害对度他雄胺药动学的影响,肾功能损害患者预计无需调整剂量。

肝损害:未研究肝功能损害对度他雄胺药动学的影响,因此轻、中度肝功能损害患者慎用本品。

(3)爱普列特(epristeride):口服,每次 1 片(5mg),每日早、晚各 1 次,饭前、饭后均可,疗程为 4 个月或遵医嘱。

3. M 受体拮抗剂

(1)托特罗定(tolterodine):普通片口服,初始的推荐剂量为每次 2mg,每日 2 次。根据患者的反应和耐受程度,剂量可下调到每次 1mg,每日 2 次。对于肝功能不全或正在服用 CYP 3A4 抑制剂的患者,推荐剂量是为每次 1mg,每日 2 次。

缓释胶囊的推荐剂量为 4mg,每日 1 次,用水将药物完整吞服。根据患者的疗效和耐受性,该剂量可以减至每日 2mg。对于肝功能或肾功能明显减退的患者,或者正在使用 CYP3A4 酶强效抑制剂的患者,推荐剂量为每日 2mg。

（2）索利那新（solifenacin）：口服推荐剂量为每次 5mg，每日 1 次；必要时可增至每次 10mg，每日 1 次。本品必须整片用水送服，餐前或餐后均可服用。轻至中度肾功能障碍患者（肌酐清除率为 30ml/min）的用药剂量不需要调整；严重的肾功能障碍患者（肌酐清除率≤30ml/min）应谨慎用药，剂量不超过每日 5mg。轻度肝功能障碍患者的用药剂量不需要调整；中度肝功能障碍（Child-Pugh 评分为 7～9 分）患者应谨慎用药，剂量不超过每日一次 5mg。强力的细胞色素 P450 3A4 抑制剂与酮康唑或治疗剂量的其他强力 CYP3A4 抑制剂例如利托那韦、奈非那韦和伊曲康唑同时用药时，本品的最大剂量不超过 5mg。

4. 植物制剂　普乐安（前列康）口服，每次 3～4 片，每日 3 次。

5. 中药制剂

（1）前列舒丸：口服，每次 6～12g，每日 3 次

（2）益肾通闭汤：口服，每日 1 剂，水煎服，1 个月为 1 个疗程。

（3）癃闭舒片：口服，每次 3 片，每日 2 次。

（二）用药教育

1. 心理教育　患者年老体弱，行动不便，因尿频、排尿困难、溢尿而产生自卑、羞涩心理，病情长久不愈、反复发作，使患者战胜疾病的信心下降，产生烦躁不安、抑郁情绪。药师要根据患者的文化程度及个体差异通过良好的语言交流向患者进行个体化的教育，并告知患者良性前列腺增生是一种正常的生理老化过程，以此缓解患者的心理压力，消除不良情绪，以乐观积极的态度配合治疗，争取早日康复。

2. 饮食教育　辛辣刺激性食物、饮酒、吸烟等都会对前列腺有一定的影响。在前列腺增生的任何阶段，患者可因受凉、劳累、饮酒等使前列腺突然充血、水肿，发生急性尿潴留。因此前列腺增生患者的饮食宜清淡，多食谷类、坚果与蔬菜类食物，还要避免因受凉、劳累、饮酒、便秘等而引起急性尿潴留。多饮水、多排尿，通过尿液经常冲洗尿道，帮助前列腺分泌物排出，以预防感染。禁止憋尿，以免前列腺包膜张力增高而加重前列腺增生。为减轻夜间尿频，饮水和稀饭可安排在早餐和午餐，下午少用饮料。

3. 生活方式和行为教育　注意个人卫生，保持会阴部清洁，经常清洗外阴，以防隐藏在外阴的细菌进入男性尿道侵犯前列腺导致前列腺发炎。穿宽松式的内衣以改善前列腺的血液循环。

生活方式的指导包括避免或减少咖啡因、乙醇、辛辣性食物的摄入。乙醇和咖啡具有利尿和刺激作用，可以引起尿量增多、尿频、尿急等症状。优化排尿习惯，伴有尿不尽症状的患者可以采用放松排尿、二次排尿和尿后尿道挤压等。膀胱训练，伴有尿频症状的患者可以鼓励患者适当憋尿，以增加膀胱容量和排尿间歇时间。伴有便秘者应同时治疗便秘。

4. 药品使用教育　老年人的用药特点是种类多、数量多、发生不良反应多，所以给药必须慎重。不规律用药、擅自停药可造成疾病反跳，导致严重并发症的发生。健康教育中我们向患者介绍疾病的特点，教会患者正确用药，并遵医嘱坚持长期用药，纠正患者有症状吃药、无症状停药等错误的用药方法。老年人的记忆力普遍衰退，口服药物易漏服或误服，需叮嘱家属监督吃药或者提前为患者准备好每次服用的药物放在药盒中，避免药量不足或中毒。老年患者的代偿能力差，注意用药后的反应。

有条件的医院可以通过发放知识手册等方法，让患者对前列腺增生的发病原因、预防措施、常见症状、不良反应和注意事项有基本的了解。对不能按医嘱服药和对药物效果持怀疑

态度的患者,做好详细解释,消除患者的疑虑,使患者做到心中有数。

5. 运动教育　根据病情选择锻炼方法。如果病情较重者,需绝对卧床休息;疾病恢复期可进行功能锻炼;病情恢复后可适当进行体育锻炼,每天规律运动。指导老人适当运动可增强体力,增进自我照顾能力。对长期卧床的患者应给予被动卧位,及时更换体位,活动肢体以保持血液循环及肺功能等,防止压疮、关节僵硬、坠积性肺炎等并发症的发生。

6. 定期监测　定期监测是接受观察等待的 BPH 患者的重要临床过程。观察等待开始后的第 6 月进行第 1 次监测,以后每年进行 1 次。

十、不合理用药的常见表现及其处理

1. α 受体阻断药应用不合理　部分医师在使用 α 受体阻断药的过程中错误地认为 α 受体阻断药起效快,停药之后症状反弹明显,没有必要长期服用,而且受体阻断药种类繁多、疗效相近,BPH 患者选择任何一种 α 受体阻断药都是可以的。

2. 5α-还原酶抑制剂应用不合理　有的医师认为服用非那雄胺降低血清 PSA 水平,从而掩盖了前列腺癌患者 PSA 的上升,会延误前列腺癌患者的诊断。因此,建议 PSA 水平偏高的 BPH 患者不应使用。部分医师认为非那雄胺会抑制体内的雄激素水平,造成勃起功能障碍、射精异常、性欲低下,因此对于有性需求的 BPH 患者建议不应使用 5α-还原酶抑制剂。

3. 合并用药不合理　多种药物均可引起排尿困难、尿潴留,联合用药时需要谨慎。

(1)抗精神病药:如氯丙嗪、奋乃静、氟哌啶醇等,这些药物可引起排尿困难。

(2)抗抑郁药:如丙米嗪、多塞平、阿米替林、氯米帕明等,这些药物也会诱发尿闭症。

(3)平喘药:如氨茶碱、茶碱、麻黄碱及奥西那林等,均可导致排尿困难。

(4)心脑血管病用药:如普萘洛尔、硝苯地平及维拉帕米,皆会因抑制膀胱肌而发生尿潴留。

(5)胃肠止痛用药:如颠茄、阿托品、东莨菪碱、山莨菪碱(654-2)、溴化甲基阿托品、樟柳碱及奥芬澳胺、溴丙胺太林等,均会使膀胱逼尿肌松弛,造成尿闭症。

(6)强效利尿药:如呋塞米、依他尼酸等,可导致电解质失去平衡,进而引起尿潴留。故有前列腺肥大者应改用中效利尿药如氢氯噻嗪,或用低效利尿药如螺内酯、乙酰唑胺等。

(7)抗过敏药:如异丙嗪、苯噻啶、茶苯海明、氯苯那敏、酒石酸苯茚胺与阿扎他定、美喹他嗪等,均会增加排尿困难,可改用阿司咪唑。

(8)中枢性镇咳药:右美沙芬可加重膀胱颈出口梗阻。

(9)其他:如异烟肼、美加明、曲克芦丁片及中药枳实等,也可导致尿潴留。

(10)外用药:如阿托品滴眼液与麻黄碱滴鼻液等,也不容忽视。

十一、治疗的风险及其处理

(一) 治疗的风险事件

1. 低血压

(1)风险因素:由于老年人药动学的改变,各种器官功能及代偿功能等逐渐减退,机体耐受性降低,对药物的敏感性发生变化。老年人对降压药的耐受性差,压力感受器反应障碍,故易产生直立性低血压,进而可导致晕厥、昏迷、衰竭或骨折。α 受体阻断药本身有降压作用,容易诱发低血压。

(2)风险处理:如门诊老年人用盐酸特拉唑嗪时,应从 1mg/d 开始逐渐过渡到 2mg/d,初诊患者先给予 1 周的药量,复诊时应仔细询问用药过程中是否出现某些异常症状,如出现则立即调整用药方案,即便是盐酸坦索罗辛一般不会产生首剂反应,但若患者同时基础血压就低,也要随时监测血压,最好建议住院观察用药平稳后再门诊继续治疗。如患者血压高,同时服用其他降压药物,应根据患者的血压变化调整其他降压药物的剂量。

在应用中宜监护下列问题:α受体阻断药具有微弱的抗高血压作用,同时坦洛新过量可致血压下降,因此对正在服用其他抗高血压药者慎用;高血压患者服后的数小时可出现直立性低血压,应注意让患者平卧直至症状消失。另与钙通道阻滞药和 α 受体阻断药合用可出现严重的低血压,应避免同时使用。首次剂量宜小,且最好在睡前服用。

2. 泌尿系统感染

(1)风险因素:老年前列腺增生患者、尿液引流不畅、身体抵抗能力差且因排尿不畅而进行的侵入性操作均增加了尿路感染的机会。

前列腺增生使得前列腺的体积逐渐增加,压迫尿道和膀胱颈,使膀胱排空尿液受阻。膀胱颈部梗阻继续加重,导致残余尿的产生,残余尿的存在是发生泌尿系统感染和继发结石的基础。膀胱大量残余尿形成,其内积存大量的沉渣、脱落的上皮细胞及细菌,亦是引起尿路感染的因素。膀胱颈部受阻的尿路非常容易并发急性尿路感染,一旦细菌繁殖就会引起难以控制的感染。

前列腺增生患者一旦发生尿潴留,需留置尿管引流。尿液导尿为侵入性操作,易引起尿道黏膜损伤,导致其黏膜屏障功能降低,增加尿路感染的机会。细菌还可以附着在导尿管表面,由细菌自身及其分泌的胞外多糖组成的细菌群落增加感染的机会。

(2)风险处理

1)导尿管相关性感染的预防方法:留置尿管被认为是治疗前列腺增生引起的急性尿潴留的有效方法,同时也是发生尿路感染的一个关键因素。留置尿管是导致导尿管相关性尿路感染的独立危险因素。严格执行无菌操作、根据尿道选择粗细合适的尿管、避免暴力插管等可有效地减少损伤尿道黏膜屏障,降低泌尿系统感染的发生率。既往膀胱冲洗被认为是防治与导尿管相关的尿路感染的常规操作之一,现其观点面临诸多争议。在临床中,若患者不得不选择留置导尿管时,要尽量缩短留置时间。因全硅橡胶导尿管具有组织相容性好、不容易形成生物膜等特点,故对需要长期留置导尿管的患者应选择硅橡胶导尿管以减少导尿管相关性感染。

2)泌尿系统感染的治疗:当 BPH 患者存在泌尿系统感染时,除使用治疗 BPH 的药物之外,还应该使用适当的抗生素。泌尿系统感染的病原菌多来自肠道菌群,其原因是当机体免疫功能下降时,肠道正常菌群移位于人体的其他组织与脏器,大量繁殖而导致内源性感染。泌尿系统感染最常见的病原菌为大肠埃希菌、肠球菌、肺炎克雷伯菌。针对男性前列腺增生患者的泌尿系统感染,由于其尿道检查及导尿情况的存在,真菌及变形杆菌的感染率显著升高。一旦确定前列腺增生合并尿路感染,首先行尿常规检查及尿培养＋药敏检查,根据病原菌分布规律使用恰当的广谱抗生素治疗,尿培养回报后选用敏感抗生素治疗,将会取得较好的治疗效果及缩短治疗时间,从而减少细菌耐药性的发生。BPH 患者多为老年人,机体对药物的代谢能力较低,用药剂量相应减少,如果长期大量使用,容易出现菌群失调等不良反应。同时还应采取碱化尿液等方法缩短治疗周期,减轻患者痛苦。

3. 肾功能不全 慢性肾功能不全与 BPH 的进展存在着一定的关系。肾小管、肾小球损害,出现肾功能不全以致尿毒症。BPH 患者中 3%～30% 有肾功能不全,早期多以肾小管损害为主,表现为肾髓质变薄、肾盂扩张,逐步累及肾小球,肾皮质变薄,直至出现肾衰竭、尿毒症。肾功能检查首先出现尿浓缩功能减退,进一步出现肾小球滤过率下降,水、电解质代谢失衡及肾脏的内分泌功能下降。

(1)风险因素:BPH 引起肾功能不全的风险因素包括:①残余尿量增加,导致输尿管-膀胱连接部的解剖性梗阻或功能性梗阻;②导致膀胱-输尿管高压或低压性反流;③急性尿潴留导致尿路梗阻或反流;④继发泌尿系统感染损害肾功能;⑤继发尿路结石加重梗阻;⑥继发高血压导致肾功能损害。

(2)风险处理:肾后性肾功能损害如早期处理一般可完全恢复,并可以顺利完成前列腺切除手术。尿路梗阻的持续时间对肾功能的恢复至关重要,所以尽早发现、尽早处理是关键,处理的首要措施是引流尿液。但在 BPH 患者大多遇到导尿困难或导尿失败,最好的补救措施是耻骨上膀胱穿刺造瘘,尤其对于肾功能损害严重者。

4. 合并用药带来的其他风险

(1)风险因素:BPH 患者可能合并其他疾病,联合使用的药物可能会为患者带来治疗风险。

(2)风险处理:BPH 患者常因为合并其他全身性疾病而同时使用多种药物,应了解和评价患者这些合并用药的情况。避免应用充血性药物和抗组胺药物,前者可以使前列腺充血,增加尿道阻力;后者可以阻滞乙酰胆碱的活性,使膀胱逼尿肌松弛、收缩力减弱,增加排尿困难。除此之外,还有一些抗精神病药物、平喘药物和胃肠解痉止痛药物等也会引起患者排尿困难,必要时在其他专科医师的指导下进行调整以减少合并用药对泌尿系统的影响。

对于血清 PSA 水平的影响:5α-还原酶抑制剂能降低血清 PSA 水平,服用 6 个月以上可使 PSA 水平减低 50% 左右。对于应用 5α-还原酶抑制剂的患者进行 PSA 筛查时应考虑药物对于 PSA 的影响。

十二、BPH 治疗中的常见药学问题

(一) 甲磺酸多沙唑嗪缓释片的服用注意事项

甲磺酸多沙唑嗪缓释片应用足量的水将药片完整吞服,不得咀嚼、掰开或碾碎后服用。甲磺酸多沙唑嗪缓释片可降低血压,可能会引起低血压,刚开始使用时尤其需要注意是否有头晕、眼黑、肢软、冷汗、心悸、少尿等低血压的症状。出现低血压时应立即平卧,取头低位,及时就诊。

(二) BPH 的药物治疗时间

一般来说,随访计划可以是服药后的 6 个月进行第 1 次随访,之后每年 1 次。观察指标主要包括 IPSS、尿流率检查和残余尿测定,必要时每年进行 1 次直肠指诊和血清 PSA 测定。

(三) BPH 出现尿路感染的抗生素选择

单纯泌尿系统感染的病原菌绝大多数为大肠埃希菌,许多抗菌药物均有良好的疗效,治疗宜首选毒性低、价格便宜的口服制剂。一般门诊治疗,疗程为 3 天。可选用 SMZ-TMP、

阿莫西林/克拉维酸钾片、头孢氨苄、头孢拉定、多西环素、诺氟沙星、环丙沙星、氧氟沙星等。

附：典型案例

良性前列腺增生并发感染的药物监护

患者，男，77 岁。10 年前起出现排尿困难，表现为排尿前等待，尿线细，尿后淋漓不尽，夜尿频多，3～5 次/晚。近 10 年来此症状不断加重，近 2 个月明显加重，约 2 周前因高血压、冠心病在心内科住院治疗，并留置导管。3 月 1 日以"前列腺增生"收治于泌尿外科。既往有高血压（最高 200/100mmHg）、冠心病、帕金森等病史。专科检查：前列腺Ⅲ度肿大，居中，中央沟浅，无压痛，未及明显包块。因"肺部感染、高血压"2 周前曾入住心内科，住院期间由于心动过缓（HR 41～44 次/分），给予异丙肾上腺素和地高辛治疗，后因反复发作 QRS 段心动过速抢救 2 次，2 月 16 日行"植入永久人工心脏起搏器手术"后，心电监护显示血压142/73mmHg，起搏心率 72 次/分。出院时患者伤口愈合良好，体温正常，病情稳定。

在心内科住院期间因肺部感染使用的抗感染药物有注射用头孢地嗪（2.0g q12h×2天）、注射用氨曲南（2.0g qd×2 天）、注射用美罗培南（0.5g q8h×3 天），尿常规示 RBC（＋＋＋）、WBC（±）；血培养出荧光假单胞菌后，使用的抗感染药物有注射用美罗培南（1.0g q12h×6 天）、注射用头孢美唑（2.5g qd×5 天）。在泌尿外科住院后，3 月 2 日尿常规示 RBC（＋＋）、WBC（＋＋），使用的抗感染药物有注射用头孢地嗪（3.0g qd×2 天）、注射用氨曲南（2.0g qd×5 天）。3 月 6 日尿培养出热带念珠菌后，3 月 7 日使用氟康唑注射液0.2g qd×1 天。

3 月 7 日泌尿外科请临床药师会诊，临床药师仔细查看病历，熟悉患者病史，并随同医师查房，了解患者的临床症状。患者 2 月 24 日的肝功能结果为 ALT 32U/L、AST 27U/L；3 月 2 日的肾功能结果为 BUN 8.2mmol/L↑、Scr 78μmol/L、Cysc 157.80μg/dl↑；3 月 5日尿培养出热带念珠菌（3 月 3 日送检）；3 月 6 日体温最高达 39.5℃，尿常规示 RBC（＋＋＋）、WBC（＋）、pro（＋＋）；3 月 7 日尿培养出屎链球菌（3 月 2 日送检），仅对万古霉素和替考拉宁敏感。临床药师考虑到可能是过度使用抗革兰阴性菌的药物，使得念珠菌及肠球菌被检出，建议停用注射用头孢地嗪及注射用氨曲南，3 月 8 日继续使用氟康唑注射液（0.2g qd）并开始使用注射用替考拉宁（0.4g qd×3 天，第 4 天 0.2g qd），每日监测血常规、肝肾功能、尿量。以后患者的体温逐渐下降，恢复正常（36.4～37.2℃）。3 月 11 日尿培养（－）（3 月10 日送检）。主管医师考虑患者的经济原因以及科室药费/治疗费比例，3 月 12 日停用氟康唑注射液，3 月 13 日停用注射用替考拉宁。患者在 3 月 21 日病情急转直下，出现脓毒性休克症状，WBC 3.9×10^9/L（↑），体温最高达 39.1℃，转入 ICU 病房并请临床药师会诊。临床药师考虑可能是因为该患者在泌尿外科抗感染治疗的疗程不够而导致病情反复，又根据患者的病情，建议全覆盖降阶梯治疗：注射用替考拉宁（0.4g，qd×3 天，第 4 天根据肾功能调整剂量）、注射用比阿培南（0.3g q12h）、氟康唑注射液（首日 0.4g qd，维持量为 0.2g qd），每日监测血常规、肝肾功能、尿量。该患者从 3 月 22 日开始体温、血象逐渐恢复正常，但其肾功能逐渐下降，3 月 24 日的肾功能结果示 BUN 23.5mmol/L↑、Scr 326μmol/L↑、Cysc433.30μg/dl↑。根据计算，临床药师建议从 3 月 24 日开始将替考拉宁的用量调整为 0.4g，每 3 天 1 次，每日监测血常规、肝肾功能、尿量。该患者于 3 月 28 日病情稳定转回泌尿外科，肾功能结果示 BUN 15.2mmol/L↑、Scr 95μmol/L、Cysc 202.90μg/dl↑，显示注射用替考拉宁减量使用后,该患者的肾功能有所好转,尿培养结果为阴性。

小结:该患者有前列腺肥大并尿潴留的病史,在心内科住院期间曾上尿管导尿,这些因素都易引起尿路感染。临床药师在泌尿外科会诊时,建议使用注射用替考拉宁时的同时应监测肾功能,但临床未进行监测,导致第 1 次使用替考拉宁时,该患者的肾功能是否受损无从知晓。在 ICU 病房,该患者使用注射用替考拉宁时每日监测肾功能,肾功能结果显示注射用替考拉宁对该患者的肾损害逐渐增大,3 月 24 日的肾功能结果显示 BUN 23.5mmol/L↑、Scr 326μmol/L↑、Cysc 433.30μg/dl↑,经计算该患者的血肌酐清除率为 10ml/min,临床药师建议从调整为 0.4g,每 3 天 1 次,每日监测血常规、肝肾功能、尿量。3 月 28 日的肾功能结果显示 BUN 15.2mmol/L↑、Scr 95μmol/L、Cysc 202.90μg/dl↑,显示注射用替考拉宁减量使用后,该患者的肾功能有所好转,通过临床药师及时调整注射用替考拉宁的给药剂量,在保证治疗效果的前提下,避免了对该患者肾功能的更大伤害。该患者的肝功能正常,临床药师建议治疗热带念珠菌的氟康唑注射液可以按正常人的剂量给予患者,用药 3 天后监测患者的尿培养、肝肾功能及听力改变。

(朱愿超)

第二节　膀胱过度活动症

一、定义和流行病学

(一) 定义

膀胱过度活动症(overactive bladder,OAB)是一种以尿急为特征的综合征,常伴有尿频和夜尿症状,可伴或不伴有急迫性尿失禁;尿动力学上可表现为逼尿肌过度活动(detrusor instability or detrusor overactivity),也可为其他形式的尿道-膀胱功能障碍。国际尿控学会(International Continence Society,ICS)把 OAB 从两个层面上进行定义:①尿动力学角度:膀胱充盈过程中出现的以逼尿肌不自主收缩、同时伴有尿意为特征的一种疾患,源于神经源性疾病的逼尿肌反射亢进,或是非神经源性的逼尿肌不稳定;②症状学角度:以尿频、尿急和急迫性尿失禁为表现的一组综合征,患者没有局部的疾病因素,但可以存在可能导致症状的神经源性因素。

(二) 流行病学

由于 OAB 常与尿失禁相混淆,不同的医师所使用的诊断标准又不同,因而所总结的发病率或流行性差异很大。但也有人认为不同的国家其发病率大致相同。在法国、意大利、瑞典、英国、西班牙等国家其发病率为 11%～22%。而估计欧美国家大约 17% 的成年人罹患此病。全世界的患病人数在 5 千万～1 亿。患者中女性略多于男性,其发病率随年龄增长而上升。我国目前尚无本病的全国流行病学资料,北京大学泌尿外科研究所在北京地区调查显示,50 岁以上男性急迫性尿失禁的发生率为 16.4%,18 岁以上女性尿失禁的发生率为 40.4%。

二、病因和发病机制

OAB 的病因尚不十分明确,目前认为有以下 4 种:①逼尿肌不稳定:由非神经源性因素所致,储尿期逼尿肌异常收缩引起相应的临床症状;②膀胱感觉过敏:在较小的膀胱容量时即出现排尿欲;③尿道及盆底肌功能异常;④其他原因:如精神行为异常、激素代谢失调等。

OAB 的症状是因为膀胱充盈过程中逼尿肌不随意收缩所致,其病因至今仍不十分清楚,它可能是由于中枢抑制性传出通路、外周感觉传入通路或膀胱肌肉本身受到损害造成的,这些原因可以单独或联合存在。

三、临床表现

虽然 OAB 无明确的病因,但需明确其不包括由急性尿路感染或其他形式的膀胱尿道局部病变所致的症状。尿急是指一种突发的、强烈的排尿欲望,且很难被主观抑制而延迟排尿;急迫性尿失禁是指与尿急相伴随、或尿急后立即出现的尿失禁现象;尿频为一种主诉,指患者自觉每天的排尿次数过于频繁,而在主观感觉的基础上,成人的排尿次数达到日间≥8次、夜间≥2次,每次尿量<200ml 时考虑为尿频;夜尿指患者从入睡到醒来的排尿次数≥2次(除去晨起排尿 1 次)。

四、诊断和鉴别诊断

膀胱过度活动症多发生于中老年人,发病率较高。随着我国进入老龄化社会,以及糖尿病、脑血栓等疾病的增多,这个与"老龄化"和神经系统疾病关系密切的疾病应引起重视。其具体诊断步骤详见图 13-2。

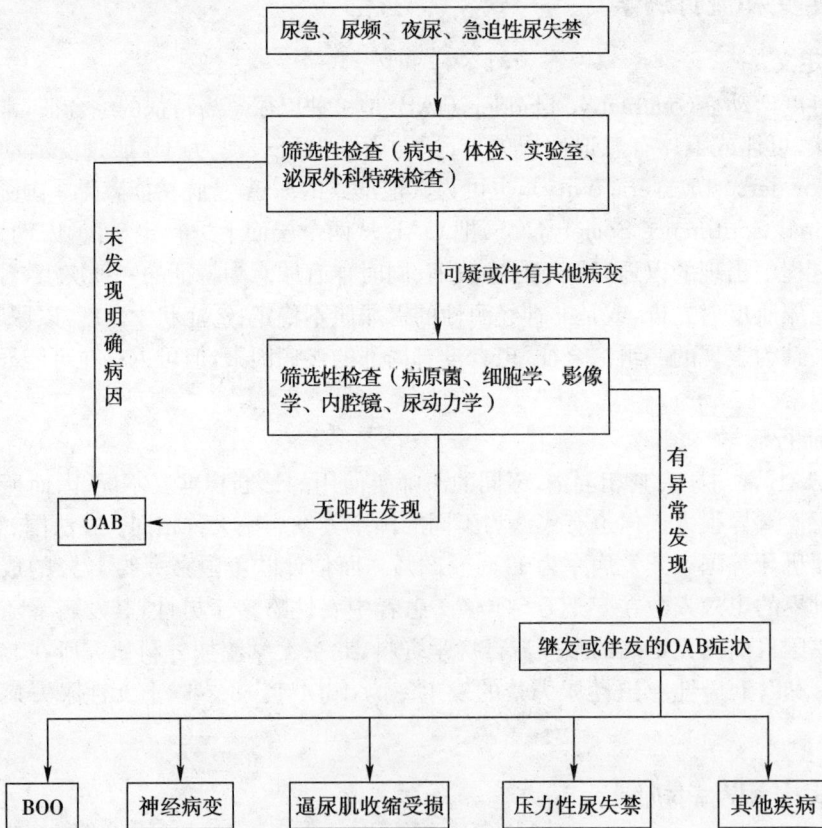

图 13-2 膀胱过度活动症的诊断步骤

1. 筛选性检查

(1)病史

1)典型症状:应该向患者详细地询问每一种症状的情况,尽可能准确地进行定量和定性。

2)其他相关症状包括:①在下列情况时发生压力性尿失禁了吗:咳嗽、打喷嚏、站立时或者正在进行重体力劳动;②患者是否有排尿困难;③患者的性功能及排便状况。

3)为了记录尿失禁的一般状况及严重程度,需要排尿日志及尿垫试验。最简单的尿垫试验操作如下:在 24 小时内,每 6 小时更换 1 次尿垫,同时口服尿路抗菌药。可通过尿垫上污染物的总量来粗略估计尿失禁的严重程度;或者将尿垫进行称重,用其总重量减去浸湿之前尿垫的重量,可作为对漏尿量的估计(1g 大约等于 1ml 的尿量)。这个试验的主要目的是对尿失禁的严重程度进行粗略的定量。

4)相关病史:①泌尿和男性生殖系统疾病及治疗史;②月经、生育、妇科疾病及治疗史;③神经系统疾病及治疗史。

(2)体检:体格检查应着眼于发现能导致尿失禁的解剖及神经上的异常,患者在接受检查时应保持膀胱充盈。

(3)实验室检查:①尿常规;②尿培养;③血生化;④血清 PSA(男性 40 岁以上)。

(4)泌尿外科特殊检查

1)尿流率:尿流率是由逼尿肌的压力和尿道压力互相作用而产生的测量结果。低尿流率可能是由于膀胱出口梗阻或是由于逼尿肌收缩力减弱导致。此外,当逼尿肌产生足够高的压力以至于高过尿道所增加的压力时,这种情况下则尿流率可能保持不变。

2)泌尿系统超声检查(包括残余尿测定)。

2. 选择性检查

(1)病原学检查:对疑有泌尿或生殖系感染性疾病者进行尿液/前列腺液/尿道或阴道分泌物的病原学检查。

(2)细胞学检查:对疑有尿路上皮肿瘤者进行尿液细胞学检查。

(3)KUB、IVU 检查。

(4)泌尿系统内镜检查:怀疑泌尿系统的其他疾病时。

(5)CT 及磁共振检查。

(6)尿动力学检查:怀疑膀胱感觉、收缩功能受损或神经源性膀胱时。

五、治疗总体安排

诊断 OAB 后应考虑是否需要治疗,了解患者是否有治疗的要求。因此,初期的治疗要围绕"患者的症状对其生活质量的影响有多大"这一问题确定治疗的路线。由于 OAB 是一个症状诊断,因此其治疗只能是缓解症状而非针对病因,不可能达到治愈。目前的治疗包括行为矫正、药物治疗、神经调节以及外科手术。

行为矫正包括患者健康教育、及时或延迟排尿、膀胱训练、盆底锻炼等。告诉患者下尿路的"工作原理",使患者清楚地知道应对策略。排尿日记不仅可以增强患者的自我防范意识,而且还可以使医师清楚地了解到症状何时发生及其严重程度,据此教会患者简单的饮食控制知识,制订出定时或预防性排尿及膀胱训练的方法。此外,盆底锻炼可增强盆底肌肉的力量,对不自主的逼尿肌收缩可产生强有力的抑制。近年来应用生物反馈的方法对盆底肌肉进行物理治疗,在恢复下尿路功能方面确实达到了其他治疗方法难以获得的疗效。

1. 膀胱训练(bladder drill)

(1)方法一:延迟排尿,逐渐使每次的排尿量>300ml。

1)治疗原理:重新学习和掌握控制排尿的技能;打断精神因素的恶性循环;降低膀胱的敏感性。

2)适应证:尿急、尿频等OAB症状。

3)禁忌证:低顺应性膀胱、储尿期末膀胱压>40cmH$_2$O。

4)要求:切实按计划实施治疗。

5)配合措施:充分的思想工作;排尿日记;其他。

(2)方法二:定时排尿(timed voiding)。

1)目的:减少尿失禁次数,提高生活质量。

2)适应证:尿失禁严重,且难以控制者。

3)禁忌证:伴有严重的尿频。

2. 生物反馈治疗。

3. 盆底肌训练。

4. 其他行为治疗　催眠疗法。

六、药物治疗方案

1. 治疗药物　药物治疗的目标是增加膀胱容量、延长警报时间、消除尿急而不干扰膀胱的排空能力。目前用于治疗OAB的药物有:

(1)针对副交感传出神经,作用于逼尿肌胆碱能受体的药物,包括胆碱酯酶抑制剂:如阿托品、溴丙胺太林、奥昔布宁、托特罗定、达非那新、曲司氯铵、索利那新等。

(2)作用于膀胱感觉传入神经的药物:辣椒辣素及树酯毒素(resiniferatoxin,RTX)。

(3)抑制副交感神经胆碱能神经末梢乙酰胆碱的释放的药物:肉毒杆菌毒素A。

(4)作用于中枢神经系统的药物。

目前国内常用的药物有索利那新、托特罗定(tolterodine)。其他可选药物有:①其他M受体拮抗剂:奥昔布宁(oxybutynin)、溴丙胺太林等;②镇静、抗焦虑药:丙米嗪、多塞平、地西泮等;③钙通道阻滞药:维拉帕米、硝苯地平;④前列腺素合成抑制剂:吲哚美辛;⑤其他药物:黄酮哌酯的疗效不确切,中草药制剂尚缺乏可信的大宗试验报告。

2. 改变首选治疗的指征　①无效;②患者不能坚持治疗或要求更换治疗方法;③出现不可耐受的副作用;④可能出现不可逆的副作用;⑤治疗过程中尿流率明显下降或剩余尿量明显增多。

Schneider综述了近期治疗OAB的抗胆碱能药物的进展,所有临床应用的抗胆碱能药物的疗效均经过了随机双盲试验的验证,而且也得到许多综述和meta分析的肯定。除了奥昔布宁在口干和中枢神经的副作用方面较多以外,所有药物在耐受性方面均相当。目前,研究的热点聚焦在高选择性或者超选择性的M受体阻断药,希望其高选择性或超选择性地作用于膀胱M受体,减少对身体其他部位和器官M受体的作用,从而减少药物所带来的副作用。

3. 用法和用量　目前M受体拮抗剂以口服剂型为主,国内常用的M受体拮抗剂见表

13-1。原则上建议使用药物说明书中的推荐剂量。对于使用索利那新治疗的患者,如果疗效不满意,可以将剂量增加至 10mg。

表 13-1　国内常用 M 受体拮抗剂的使用剂量

药物	用量
奥昔布宁	
速释剂型	2.5~5.0mg,每日 2 次
缓释剂型	5mg,每日 1 次
索利那新	
长效片剂	5mg、10mg,每日 1 次
托特罗定	
速释剂型	2mg,每日 2 次
缓释剂型	4mg,每日 1 次

4. 疗程　通常认为在使用 2 周后逐渐达到最佳疗效。文献报道 M 受体拮抗剂用于 OAB 治疗的整个疗程需 3~6 个月,亦有疗程达到 12 个月以上者。2012 年 AUA《成人非神经源性 AB 诊断与治疗指南》指出,由于 OAB 是一种慢性病症,因此患者应长期使用 M 受体拮抗剂。

5. BPH 合并 OAB 患者的药物治疗　BPH 合并 OAB 患者的治疗策略是以症状控制为核心。本共识提出"患者与医师共同判断的症状构成"的概念,分为 3 类。①以储尿期症状为主:表现为储尿期症状构成比＞60％;②储尿期症状与排尿期症状共存:表现为储尿期症状与排尿期症状构成比各占 50％左右;③以排尿期症状为主:表现为排尿期症状构成比＞60％。M 受体拮抗剂可用于前两种情况的治疗。

(1)治疗建议

1)针对以储尿期症状为主的治疗建议:可采用 M 受体拮抗剂单药治疗,由小剂量开始(如索利那新 5mg/d 或托特罗定 2mg/d),根据疗效及不良反应的发生情况决定增加或减少药物剂量。根据监测残余尿量(PVR)或最大尿流率(Q_{max})防止急性尿潴留的发生,低 PVR 及高 Q_{max} 是增加剂量减少急性尿潴留发生的重要评价指标。一项索利那新用于 OAB 患者治疗的临床研究结果表明,索利那新 5mg/d 和 10mg/d 均能显著改善患者的尿急、尿失禁次数和排尿次数,后者还能进一步改善症状,而不良反应并未明显增加。

2)对储尿期症状与排尿期症状共存的治疗建议:可使用 α 受体阻断药与 M 受体拮抗剂联合方案,根据用药时机不同将联合治疗方案分为两种。①$α_1$ 受体阻断药加用 M 受体拮抗剂治疗持续残留的储尿期症状患者:针对储尿期症状与排尿期症状共存的男性患者,可先用 $α_1$ 受体阻断药[如坦索罗辛(0.2mg/d)等]单药治疗 4~6 周,若持续残留症状,再加用 M 受体拮抗剂(如索利那新 5mg/d 或托特罗定 4mg/d),根据疗效及不良反应的发生情况决定增加或减少药物剂量,监测 PVR 或 Q_{max} 来防止急性尿潴留的发生;②α 受体阻断药与 M 受体拮抗剂同期联合治疗储尿期症状与排尿期症状共存的患者:针对储尿期与排尿期症状共存的男性患者,可采用 $α_1$ 受体阻断药[坦索罗辛(0.2mg/d)等]与 M 受体拮抗剂(如索利那新 5mg/d 或托特罗定 4mg/d)同期联合治疗,根据疗效及不良反应的发生情况决定增加或减少药物剂量,监测 PVR 或 Q_{max} 来防止急性尿潴留的发生,在存在明显膀胱出口梗阻的患者中慎用此方案。

(2)关于 M 受体拮抗剂治疗 BPH 合并 OAB 患者的安全性:就理论而言,M 受体拮抗剂治疗储尿期症状的"治疗窗"剂量很小,仅能影响膀胱的传入神经活动,而不足以影响排尿期的逼尿肌收缩力,因此不会增加 PVR、导致急性尿潴留。研究表明,男性下尿路症状(LUTS)患者存在一定的急性尿潴留自然发生率;M 受体拮抗剂对 PVR 及 Q_{max} 不会产生有临床意义的影响,急性尿潴留发生的危险性低。但值得注意的是,对于 PVR>200ml 和(或)Q_{max}<5ml/s 的患者,以及既往有急性尿潴留史的患者则应另当别论,对于这类高危患者应谨慎应用 M 受体拮抗剂,以防止尿潴留的发生。PVR 作为衡量 M 受体拮抗剂用药安全与否的标准尚未明确,针对亚洲患者的研究中,PVR 的入组标准大多数为 50~100ml,不同于西方临床研究采用的 PVR≤200ml。因此,目前临床治疗中对 PVR 的评估大多依据的是临床经验,还需要通过进一步的研究来证实。由于目前仍缺乏 M 受体拮抗剂应用于 BPH 合并 OAB 患者的长期研究数据,也缺乏急性尿潴留发生的预测指标,因此本共识建议对于高风险患者[PVR>50ml 和(或)Q_{max}<10ml/s]应慎用 M 受体拮抗剂。α_1 受体阻断药与 M 受体拮抗剂联合使用(包括 α_1 受体阻断药单药治疗 2 周后加用 M 受体拮抗剂与两种药物同时使用)以及 M 受体拮抗剂应用从小剂量开始(如索利那新 2.5~5mg/d 或托特罗定 2mg/d)等个体化用药措施,可以规避或减少急性尿潴留的发生;并且在使用 M 受体拮抗剂期间应定期评估国际前列腺症状评分、PVR 和 Q_{max},以及时调整用药方案。

膀胱过度活动症的主要治疗药物为 M 受体拮抗剂,其药学信息详见前列腺增生章节,由于膀胱过度活动症的其他治疗药物的相关研究报道较少,此处不再详细介绍。其他用药指导、不良反应、风险及处理等部分请参考前列腺增生相关章节。

(张耀光)

参 考 文 献

[1] Witjes WP, Rosier PF, Caris CT, et al. Urodynamic and clinical effects of terazosin in symptomatic patients with and without bladder outlet obstruction. A stratified analysis[J]. Urology, 1997, 49:197-205.

[2] Narayan P, Evans CP, Moon T. Long-term safety and efficacy of tamsulosin for the treatment of lower urinary tract symptoms associated with benign prostatic hyperplasia[J]. J Urol, 2003, 170:498-502.

[3] McConnell JD, Roehrborn CG, Bautista OM, et al. The long-term effect of doxazosin, finasteride, and combination therapy on the clinical progression of benign prostatic hyperplasia[J]. N Eng J Med, 2003, 349:2387-2398.

[4] Andriole G, Bruchovsky N, Chung L, et al. Dihydrotestosterone and the prostate: the scientific rationale for 5alpha-reductase inhibitors in the treatment of benign prostatic hyperplasia[J]. J Urol, 2004, 172:1399.

[5] Bruskewitz R, Girman CJ, Fowler J, et al. Effect of finasteride on bother and other health-related quality of life aspects associated with benign prostatic hyperplasia. PLSEE Study Group. Proscar Long-term Efficacy and Safety Study[J]. Urology, 1999, 4:670-678.

[6] Ekman P. Maximum efficacy of finasteride is obtained within 6 months and maintained over 6 years. Follow-up of the Scandinavian Open-extension Study. The Scandinavian Finasteride Study Group[J]. Eur

Urol,1998,33:312-317.

[7] Perimenis P,Gyftopoulos K,Markou S,et al. Effects of finasteride and cyproterone acetate on hematuria associated with benign prostatic hyperplasia:a prospective,randomised,controlled study[J]. Urology, 2002,59:373-377.

[8] Oelke M,Bachmann A,Descazeaud A,et al. Guideline on the management of male lower urinary tract symptoms(LUTS),including benign prostatic obstruction(BPO)[J]. EAU,2012.

[9] Fourcade RO,Théret N,Taïeb C,et al. Proile and management of patients treated for the first time for lower urinary tract symptoms/benign prostatic hyperplasia in four European countries[J]. BJU International,2008,101:1111-1118.

[10] Kaplan SA,McConnell JD,Roehrborn CG,et al. Medical Therapy of Prostatic Symptoms(MTOPS) Research Group. Combination therapy with doxazosin and finasteride for benign prostatic hyperplasia in patients with lower urinary tract symptoms and a baseline total prostate volume of 25ml or greater [J]. J Urol,2006,175:217-220.

[11] Roehrborn CG,Siami P,Barkin J,et al. CombAT Study Group. The effects of combination therapy with dutasteride and tamsulosin on clinical outcomes in men with symptomatic benign prostatic hyperplasia: 4-year results from the CombAT study[J]. Eur Urol,2010,57(1):123-131.

[12] Lee JY,Kim HW,Lee SJ,et al. Comparison of doxazosin with or without tolterodine in men with symptomatic bladder outlet obstruction and an overactive bladder[J]. BJU Int,2004,94:817-820.

[13] Chapple C,Herschorn S,Abrams P,et al. Tolterodine treatment improves storage symptoms suggestive of overactive bladder in men treated with alpha-blockers[J]. Eur Urol,2009,56:534-541.

[14] Kaplan SA,Roehrborn CG,Rovner ES,et al. Tolterodine and tamsulosin for treatment of men with lower urinary tract symptoms and overactive bladder[J]. JAMA,2006,296:2319-2328.

[15] 肖河,李汉忠,杨勇,等. M-受体与α-受体阻滞剂联合用药治疗良性前列腺增生及下尿路症状的临床观察[J]. 中华医学杂志,2007,87:1590-1593.

[16] 张祥华,王行环,王刚,等. 良性前列腺增生诊断治疗指南-2011年修改版.

[17] Abdel-Aziz S,Mamalis N. Intraoperative floppy iris syndrome[J]. Curr Opin Ophthalmol,2009,20:37.

[18] 许慧健,韩一波,陈奎,等. 北海地区良性前列腺增生患者用药及依从性研究[J]. 中国医药导报,2014, 11(14):147-150.

[19] Nichol MB,Knight TK,Wu J,et al. Evaluating use patterns of and adherence to medications for benign prostatic hyperplasia[J]. J Urol,2009,181(5):2214-2221.

[20] 陈新谦,金有豫,汤光. 新编药物学[M]. 第17版. 北京:人民卫生出版社,2011:830-831.

第十四章

老年糖尿病

第一节 定义和流行病学

一、定义

随着更多的人寿命和体重增加,2 型糖尿病的患病率继续呈稳步增长的趋势。我国老年糖尿病包括 60 岁以后患病或 60 岁之前发病而延续到 60 岁以后的老年人,两者的临床表现、合并疾病、脏器功能等方面有所差异。在条件相似的情况下,发病越晚其胰岛 B 细胞的代偿功能越好。与 60 岁之前患病者比较,60 岁后发病者的胰岛素抵抗较明显且胰岛 B 细胞代偿分泌胰岛素的功能尚好。

二、流行病学

2005—2006 年针对社区居住成人的美国国家健康与营养调查(NHANES)发现,糖尿病的患病率随年龄增长而增加,在 60~74 岁时达到峰值(粗患病率为 17.6%)。从 1995—2004 年,疗养院居住人群的 2 型糖尿病总患病率由 16% 增长至 23%。

从 20 世纪 80 年代开始,我国已进行了多次全国性和局部地区的糖尿病流行病学调查,几次全国性的调查结果见表 14-1。

表 14-1 20 世纪 80 年代后我国糖尿病流行病学调查结果

调查时间(年)	糖尿病患病率(%)		调查人群	调查方法	诊断标准
	总体人群	≥60 岁的人群			
1980	0.67	4.30	30 万,全人群抽样	尿糖＋馒头餐 2h-PG 筛选	兰州标准
2002	2.60	6.80	10 万,≥18 岁的全人群抽样	空腹血糖筛选	WHO 标准(1999)
2008	9.70	20.40	4.6 万,≥20 岁的人群抽样	OGTT 一步法	WHO 标准(1999)
2010	11.60	22.86	9.9 万,≥18 岁的人群抽样	OGTT 一步法	WHO 标准(1999)＋HbA1c≥6.5%

注:2h-PG:餐后 2 小时血浆血糖;OGTT:口服葡萄糖耐量试验;WHO:世界卫生组织;HbA1c:糖化血红蛋白

表 14-1 的调查资料尽管存在糖尿病诊断标准的差异，但从总体趋势可见，无论是老年或非老年糖尿病患病率都逐渐攀升。老年糖尿病有随增龄而增加的趋势，70 岁后趋于平缓；而且患病率有城市高于农村、女性高于男性的趋向。

老年人群是糖尿病的高发群体，患病人数大约占糖尿病总人数的 40%。据国内资料统计，大约有 2/3 的老年人存在不同程度的糖代谢异常，老年糖尿病前期的患病人数高于中青年人群。

第二节　病因和发病机制

老年糖尿病的高患病率除了遗传因素（遗传易感性）外，庞大的老年人群数量（截至 2010 年中国的老年人口已超过 1.67 亿）是目前糖尿病患病率高的一个重要原因，环境因素（包括不良生活方式、饮食失衡、缺乏活动等）起到主要作用，机体老化（胰岛内胰淀素增加和沉积可促使胰岛 B 细胞功能减退或衰竭）也是一项不可忽视的危险因素。

此外，糖耐量受损（impaired glucose tolerance, IGT）是老年糖尿病的后备军，高血压及其家族史（存在胰岛素抵抗），高甘油三酯血症导致脂毒性对胰岛 B 细胞的损伤，某些升高血糖的药物〔如 β 受体阻断药、糖皮质激素、噻嗪类利尿药、钙通道拮抗剂、利福平、烟酸、喷他脒（pentamidine）、蛋白酶抑制剂或非典型抗精神病药物等〕，应激状态（如精神紧张、感染、手术等影响自主神经及下丘脑功能而促使糖代谢调节紊乱）等均是老年糖尿病的诱发因素。

第三节　临床表现和诊断

老年糖尿病患者存在与其相对应的较年轻糖尿病患者相似的大血管和微血管并发症谱的发生风险。然而，他们的心血管疾病绝对危险度比年轻的成人高得多。相比于非糖尿病的老年人，老年糖尿病患者具有过高的并发症发病率和死亡率。此外，他们发生多药治疗、功能性残疾和常见老年综合征（包括认知功能障碍、抑郁、尿失禁、跌倒和持续性疼痛）的风险也高。

老年糖尿病约 95% 为 2 型糖尿病，仅有少数是 1 型糖尿病。老年糖尿病的临床症状多不典型，发病时出现"三多一少"的典型症状者不到 10%，可能与血糖水平未达到肾糖阈值（正常肾糖阈值的血糖值 $\geq$ 10mmol/L）或由于肾动脉硬化等肾脏疾病导致老年患者的肾糖阈值升高，口渴中枢的敏感性降低，认知、痴呆等精神功能障碍，导致患者对缺水反应性降低有关。

多数老年糖尿病患者是通过常规体检或其他途径被发现而确诊糖尿病的。体检发现空腹血糖偏高或餐后尿糖阳性的提示，进一步检查而确诊；或由于高血糖已患某些糖尿病慢性并发症为首发症状就诊，而确诊糖尿病等多个途径。

餐后血糖升高多见。由于老年人的胰岛素第一时相分泌高峰降低或消失及其胰岛素分泌延迟及抵抗，导致餐后血糖的摄取和利用能力下降；以糖类为主的饮食结构，再伴有消化功能下降等吸收能力减慢可造成餐后血糖升高。因此，在筛查老年糖尿病应重视对餐后血糖的检测。

老年糖尿病仍采用 1999 年 WHO 的诊断标准及其分型（请参照相关章节）。

第四节　老年糖尿病的特点

老年糖尿病与非老年糖尿病有许多相似之处,但具有一些特殊的临床特点,在临床诊断和治疗上应多加关注。

一、易出现低血糖,且症状可不典型

低血糖症是指患者出现低血糖症状及其血浆血糖值达到低血糖标准(非糖尿病人群和糖尿病患者的低血糖症诊断标准分别为血浆血糖$<2.8mmol/L$和$\leq3.9mmol/L$)。当患者出现低血糖时需鉴别低血糖(仅血糖达到低血糖症诊断标准而无相应症状)和低血糖反应(只出现低血糖症状而血糖值未达到低血糖症标准)两个概念。老年糖尿病患者低血糖症多发生于未按时进餐、活动量突然增加、血糖从高水平快速下降不适应等,但药物过量是主要原因,强化降糖治疗也是不可忽视的重要因素。

老年人低血糖缺乏心悸、出汗等交感神经兴奋的表现;临床上多表现为乏力,非特异性神经、精神异常,尤其是眩晕、定向障碍、跌倒或突发行为异常。对于认知功能障碍而不能及时识别低血糖的患者应予以高度重视。使用胰岛素促泌剂尤其是长效类促泌剂,如应用格列本脲或胰岛素治疗,应提前告知患者及其家属低血糖的风险及防范措施。

老年糖尿病患者更易发生低血糖症的原因除了精神、运动协调性异常及认知功能障碍对低血糖的反应能力下降外,而且与老年人对低血糖症状感知的阈值降低,且严重低血糖的阈值高于年轻人有关。老年糖尿病患者对从感知到低血糖症状再到严重低血糖症的范围极为狭窄,且对低血糖的耐受性差,更易发生严重的低血糖症。

二、合并代谢综合征常见

老年糖尿病患者在临床上可有多种代谢异常,包括中心性肥胖、高血压、富含甘油三酯的脂蛋白和(或)小而密的低密度脂蛋白升高、高密度脂蛋白-胆固醇降低等聚集于同一个体,即代谢综合征。我国老年糖尿病患者合并代谢综合征的占$30\%\sim50\%$。

合并代谢综合征的老年患者大血管并发症,如冠心病、卒中、肾动脉及下肢动脉粥样硬化等的风险增加。

三、慢性并发症与合并疾病多

老年群体多病共存。老年人群中$40\%\sim70\%$患高血压,$30\%\sim50\%$合并血脂代谢异常,腹型肥胖患者也多见。常见的老年综合征是与年龄相关的疾病组合,包括智能、体能缺陷,自伤和他伤的防护能力下降,跌倒和骨折风险增加,认知障碍和抑郁,尿失禁,疼痛,用药过多等综合病症。

这些危险因素导致老年人成为易患动脉粥样硬化性疾病的高发群体,老年糖尿病又是动脉粥样硬化性疾病的高危人群,两者叠加导致心血管病患病率高,是患者死亡的主要原因(占80%左右);老年人机体老化及肾动脉硬化使肾功能减退的比例增高,是导致肾功能不全和(或)衰竭的重要原因;周围神经和自主神经病变也随增龄而增加;眼部疾病的发生率增多,如白内障、视网膜病变、青光眼、视网膜黄斑变性等;认知功能障碍和(或)活动受限的比

例增加。

糖尿病的慢性并发症或合并症是患者致残、早亡的主要原因,人均死亡损失寿命年为5.4~6.8人·年,60岁以上的人群死亡率明显增高。

四、急性并发症的死亡率高

高血糖高渗状态是老年糖尿病患者严重的急性并发症,未及时抢救其死亡率极高。高血糖高渗状态的常见原因多是由于老年人伴渴感减退或消失及认知功能下降等对机体内环境的调节功能减退,加以各种感染、应激因素、使用多种药物(如糖皮质激素、各种利尿药、苯妥英钠、阿替洛尔等)、合并影响糖代谢的疾病(如甲亢、肢端肥大症、皮质醇增多症等)、糖摄入过多以及肾功能不全促使肾小球滤过率下降,导致血糖清除减慢等,促使血糖升高又未补充水分导致脱水(水入量不足、透析治疗、大面积烧伤等失水)而产生体液高渗,引发高血糖高渗状态。老年糖尿病患者发生糖尿病酮症酸中毒、低血糖症等急性并发症较年轻患者病情严重,预后不良。

乳酸性酸中毒(主要病因是苯乙双胍或含双胍类的保健品)症状多不典型且易漏诊,未及时处理的死亡率极高。

五、特殊表现

老年糖尿病患者在临床上可出现一些特殊表现,应引起重视。

1. 肩关节疼痛伴中、重度关节活动受限。
2. 糖尿病性肌病,包括不对称性肌无力、疼痛,骨盆肌、下腹肌萎缩。
3. 精神萎靡、抑郁、焦虑、悲观,记忆力减退等精神、心理改变。
4. 足部皮肤大疱,类似于Ⅱ度烫伤水疱,常在1周内逐渐消失。
5. 肾乳头坏死,往往无腰痛和发热表现。
6. 糖尿病性神经病性恶病质,表现为抑郁、体重下降、周围神经病变伴剧痛,持续1~2年后自行缓解。
7. 恶性外耳炎,为假单胞菌引起的一种坏死性感染,未及时处理则预后差。
8. 少数患者表现为低体温、多汗、认知功能减退等。

六、治疗顺应性差,各项指标达标难

由于老年糖尿病患者的认知功能障碍、记忆力减退、自控能力下降等,导致对某些治疗措施的实施存在一定难度,如未按要求及时服药等造成治疗效果及顺应性差,指标达标难。因此,各项指标达标应采取个体化原则。

第五节　老年糖尿病综合管理

老年糖尿病患者的总体管理目标与较年轻的成人相似,包括对高血糖和危险因素两方面的管理。然而,对于虚弱的老年糖尿病患者,避免低血糖、低血压及多药治疗引起的药物相互作用,甚至比在较年轻的糖尿病患者中需要更大的关注。另外,对共存医学问题的处理也很重要,因为其会影响患者进行自我管理的能力。

老年糖尿病的治疗要考虑到患者的生理、病理特点，年龄，已患疾病及其对疾病的理解和调整能力，文化素质、智能、体能状态，生活习惯等，并要重视患者所处的社会环境、家庭和人际关系、社会经历、原来的职位，还要考虑到医疗资源、资助条件等差异，权衡利弊制订综合管理方案。

一、综合评估

在制订老年糖尿病患者的治疗方案之前，需从 8 方面对患者进行综合评估：对疾病的自我管理能力，目前的脏器功能状况，慢性并发症的危险因素，已患疾病及其程度，目前的血糖控制状况及其存在的困难，权衡已实施诊疗方案的可行性与合理性，患者对疾病需求的意愿，预期寿命等。

二、管理策略——"五驾马车"

老年糖尿病患者的管理策略应贯彻糖尿病知识教育为主线，合理饮食调节为基础，有必要坚持适当活动或运动，需要时选择适当的抗糖尿病药物，及时病情监测等"五驾马车"。

老年糖尿病的治疗措施要针对临床各项异常指标，如血糖、血压、血脂、血凝、肥胖、吸烟、情绪等，瞄准异常靶点进行安全、早期、有效、平稳、全面的干预。

（一）糖尿病教育

对老年糖尿病患者进行糖尿病知识教育是一项理念工程，是糖尿病病情控制良好的重要举措。通过教育使患者明确糖尿病是一类终身的代谢性疾病，在有规律的日常生活管理的基础上，提倡健康的生活方式，合理膳食，坚持适当活动，肥胖患者适度减肥，保持稳定心态等非药物措施的实施是控制好病情的基石，也是首选和必须长期坚持的措施。

患者应熟悉低血糖的先兆症状及其简单的处理措施；了解糖尿病慢性并发症的危险因素，定期检查，及时处理；调整好饮食、活动、情绪及药物四点之间的平衡对血糖的影响；避免走入糖尿病治疗的误区；明确治疗顺应性的重要性等相关知识。

同时，要教会患者正确的自我血糖检测和血压测量方法及时间等正规操作技术。

通过有关知识的宣教，提高患者的保健意识，逐渐成为自我保健医师。

（二）营养管理

营养管理是糖尿病治疗中的重要组成部分。在制订饮食方案时要照顾患者的一些特殊问题，如饮食习惯、消化能力、活动量、影响食物消化的疾患等。但对于不良的饮食习惯应逐渐加以纠正，不恰当地限制饮食及热量会给患者带来营养不足的额外风险。合理调配饮食结构，多进食能量密度较低且富含膳食纤维及升糖指数较低的食物，养成少食、多餐、慢吃、先喝汤、再吃蔬菜、后吃主食的进餐模式，学会食品交换份的应用等。

无肾病的老年糖尿病患者的蛋白质摄入量为 $1.0\sim1.3g/(kg \cdot d)$，推荐以蛋、奶制品、动物肉类、大豆蛋白等优质蛋白为主，具体需因人而异。

医学营养治疗（medical nutrition therapy，MNT）是根据医学、生活方式和个人因素为糖尿病患者量身定制营养处方的过程，是糖尿病管理和糖尿病自我管理教育的必不可少的一部分。一项对≥65 岁的患者进行医学营养干预的随机试验显示，干预组患者的空腹血糖改善（−18.9mg/dl *vs* −1.4mg/dl）和 HbA1c 改善（−0.5％ *vs* 无改变）比对照组患者显著更大。

此外,美国糖尿病预防项目(diabetes prevention program,DPP)中最大年龄组(基线时年龄>60岁)与较年轻组相比,前者随时间推移血糖改善最大,部分程度上与该组患者对生活方式干预项目的依从性更好有关。这些数据提示,老年人可以对生活方式干预反应良好。因此,所有老年糖尿病患者都应接受医学营养评估。

老年糖尿病饮食选择的重要临床考虑事项:①肥胖的老年糖尿病患者可能获益于以体重减轻大约5%为目标的热量限制和增加身体活动。②老年患者营养低下的风险和肥胖的风险一样大。体重减轻会增加老年患者的并发症和死亡风险,因此,医学营养评估应对非故意的体重减轻予以处理。

(三)运动管理

运动有助于维持糖尿病患者的躯体功能、降低心脏风险和改善胰岛素敏感性。对于老年患者,运动也能改善身体组成和关节炎疼痛、减少跌倒和抑郁、增加力量和平衡、提高生活质量及改善生存。针对虚弱老年人的研究显示,除有氧运动外,还应包括举重训练。有跌倒风险的失健患者应转诊至运动生理学家和(或)理疗师处,在安全的环境中进行肌肉力量训练和平衡训练。

糖尿病患者活动要掌握循序渐进、持之以恒、因人而异、注意安全的原则。提倡有氧运动,即在运动过程中有足够的氧气供应,其特点是有节奏、不中断、强度低、持续时间长的活动。

活动消耗的热量见表14-2。

表14-2 活动消耗的热量

(1运动单位=消耗80kcal热量)

运动强度	消耗1运动单位热量所需的时间	运动项目
最轻度	持续30分钟	散步、站着乘车、做饭、打扫除、购物、一般家务、拔草等
轻度	持续20分钟	步行、洗澡、下楼梯、广播体操、平地骑自行车、擦洗家具等
中度	持续10分钟	缓慢跑步、上楼梯、走步、登山、坡路骑自行车、滑雪、滑冰、打排球等
重度	持续5分钟	长跑、马拉松、打篮球、游泳、击剑、跳绳等

运动前常规体检,便于评估适当的活动量。运动前后做好准备和放松活动。进行力量性锻炼要以不引起明显的不适或疼痛为度,运动时尽量保持正确姿势,必要时给予辅助保护。

老年患者的运动管理更需个体化。正常体能、高龄、老龄体弱、肢体残障、智能障碍等患者应分别选择可行性强、易坚持的全身或肢体活动方式。结合轻、中度运动消耗量安排时间,提倡餐后的适量室内活动与每周3~4次的体能锻炼相结合有利于缓解餐后高血糖。结合有计划的抗阻力运动,如举重物、抬腿保持等可以帮助患者延缓肌肉萎缩。肥胖者可通过适当的有氧运动量消耗多余的脂肪储存,活动时间要坚持30分钟以上才能见效。

(四)病情监测

病情监测为及时发现患者的异常病情,并为制订合理的治疗方案提供依据。

病情检测从以下几方面进行:

1. 建立个人病情监测档案,记录自我症状、体征等病情变化及其可能的诱发因素。

2. 自我病情检测 观察皮肤色泽、皮疹、足部皮肤破损、眼睛异常分泌物、口腔黏膜、异味、体毛变化等;自我检查足背动脉波动;测量体重、腰围、臀围、血压;尿糖、酮体测定,监测微量血糖。

3. 在医院检查各种血液生化指标,急、慢性并发症指标的监测。

4. 监测的频率 血压、体重、血糖、尿常规(包括尿糖,酮体,红、白细胞,管型等)要根据病情变化随时监测;每个月测量腰围、臀围及糖化血清蛋白(GSP);病情稳定的患者每 3～6 个月监测 HbA1c;每 6 个月化验肝、肾功能,血脂,电解质,肌酶等;每年进行眼科(包括视力、眼底、眼压、晶状体)、心电图、周围神经传导速度、血管内中膜厚度(IMT)、四肢血流图、X 线胸片检查;必要时测定胰岛素、C 肽、胰岛素抗体、胰岛素释放试验等。

第六节　合并多种代谢异常的综合管理

一、多种代谢异常综合管理的意义

老年糖尿病患者常合并各种代谢异常,导致多病共存。因此,在对老年糖尿病患者的管理策略中,应综合评估个体的患病风险,尤其是心血管病危险因素,将血糖、血压、血脂、血尿酸、血液黏稠度及体重等各项指标综合、全面、平稳、安全、有效地进行管理。各项指标的控制标准要根据患者的年龄、预期寿命、机体功能状态、重要脏器损害及其程度、糖尿病病程、HbA1c 水平、糖尿病并发症和(或)合并症及其程度、低血糖发生概率、患者对已患疾病求治的意愿等综合因素因人而异。

二、控制高血压

高血压在 1 型和 2 型糖尿病患者中都很常见,但其在这两类患者中相对于糖尿病持续时间的时程不同。在 1 型糖尿病患者中,高血压的发病率在 10 年时为 5%、在 20 年时为 33%、在 40 年时升至 70%。高血压的患病率与尿白蛋白的增加密切相关,血压通常在尿白蛋白中度升高(以前称为"微量白蛋白尿")后的数年内开始在正常范围内上升,并随着肾脏疾病的进展逐渐升高。2 型糖尿病患者中的情况有所不同。一项病例系列研究纳入了 3500 多例新近诊断的 2 型糖尿病患者,39% 的患者已经存在高血压,其中约一半的患者血压升高发生在尿白蛋白中度升高之前。高血压与肥胖密切相关,毫无疑问,高血压患者发生心血管并发症和心血管疾病死亡的风险也增高。老年糖尿病患者控制高血压可明显减少心血管疾病的发生与进展。

根据 2012 年"中国糖尿病患者血压管理的专家共识",推荐糖尿病合并高血压的患者血压控制目标可根据糖尿病病程、健康状况、心脑血管病变及尿蛋白等设置不同的目标。一般高血压患者的血压＜140/90mmHg;≥65 岁的高血压患者收缩压＜150mmHg,如可耐受,还可进一步降低,但血压控制宜个体化。

患者在非药物措施干预(如低盐饮食)后,血压仍未达标者,宜选择降压药物治疗,防止不良心血管事件,如心肌梗死、脑卒中和心力衰竭。如果存在肾脏疾病,应防止其进展。

降压药物选用原则:

1. 各种降压药均可用于合并高血压的患者,宜以选用对糖、脂代谢影响小的药物为宜。

2. ARB、ACEI 对内脏器官具有一定的保护作用,可作为患者的首选和基础降压用药。

3. 次选长效 CCB 和(或)选择性 β 受体阻断药,慎用利尿药,尤其是合并尿酸升高的患者。

4. 为增强降压效果、血压达标及减少副作用,当单药治疗血压仍未达标者,宜选择降压作用机制互补的 2 种或 2 种以上(一般少于 3 类)的降压药物联合应用,既增强降压作用,又可互相抵消或减少不良反应。

5. 降压药物联合应用模式包括 ACEI 或 ARB 与噻嗪类利尿药和(或)与二氢吡啶类钙通道阻滞药(D-CCB)、钙通道阻滞药联合噻嗪类利尿药、D-CCB 与 β 受体阻断药等。

6. 对于白蛋白尿重度升高(大量白蛋白尿)和中度升高(微量白蛋白尿)的患者,建议使用 ACE 抑制剂或 ARB 进行治疗。对于尿白蛋白未增加的患者,初始单药治疗可采用 ACE 抑制剂、ARB、噻嗪类利尿药或钙通道阻滞药。然而,血管紧张素转化酶抑制剂可预防白蛋白尿,并且噻嗪类利尿药可对葡萄糖代谢产生不良影响,因此即使是没有白蛋白尿的患者,很多专家也会选择 ACE 抑制剂或 ARB 进行治疗。

三、纠正异常血脂

老年糖尿病患者合并血脂代谢异常的血脂谱仍以富含甘油三酯的脂蛋白(VLDL 和 CM)和小而密的脂蛋白(sLDL)升高、高密度脂蛋白-胆固醇(HDL-C)降低为特点,但发生率较高,≥60 岁的人群血脂异常率达 70% 左右,血清总胆固醇(TC)与低密度脂蛋白-胆固醇(LDL-C)水平随年龄增长而上升,高峰在 60~70 岁,以后逐渐下降。男性血清 HDL-C 在青春发育期下降后就始终低于女性,直至老年。血清 TG 随年龄变化不如 TC 有规律。

按照 2007 年《中国成人血脂异常防治指南》要求,糖尿病是冠心病等危症,属于高危人群,LDL-C<2.59mmol/L,TC<4.14mmol/L;糖尿病伴心血管病为极高危人群,TC<3.11mmol/L,LDL-C<2.07mmol/L 或较基线降低 50%;血清 TG<1.7mmol/L,HDL-C≥1.04mmol/L。

合并血脂异常患者的治疗,首先进行治疗性生活方式干预。胆固醇升高的患者限制含高胆固醇食物(如动物内脏、蛋黄、松花蛋、不带鳞的海产品等)的摄入量<200mg/d,饱和脂肪酸和反式脂肪酸分别占总热量<10% 和<1%。在生活方式干预后和不能长期坚持的患者并除外肾病和甲状腺功能减退症的影响后血脂仍未达标患者,需服用以他汀类为主的药物。若他汀类单药不能使 LDL-C 达标,推荐联合胆固醇吸收抑制剂(依折麦布)。合并 TG 升高而 LDL-C 正常的患者,首先控制脂肪摄入量,减肥,限制饮酒(乙醇摄入量男性<25g/d,女性<15g/d),少吃甜食及减少糖类摄入量。如 TG≥5.65mmol/L 加用贝特类,尿酸不高的患者也可选用烟酸类。

老年糖尿病患者的调脂原则是器官功能良好,调脂药物按常规剂量;肝、肾功能处于边缘状态而预期寿命>5 年,试用药物基础量的 1/2,随后根据症状及随访肝、肾功能及肌酶酌情调整药物剂量;组织器官功能不全或处于衰竭状态、预期寿命<5 年、血脂不太高,建议不使用调脂药物(透析患者除外)。

老年糖尿病的调脂注意事项:

1. 生活方式干预不要过度,否则抵抗力和免疫力降低易导致疾病发生的风险。

2. 药物从小剂量开始,酌情调整剂量。

3. 相同剂量的他汀类可多降低老年患者的 LDL-C 水平 3‰～5‰,他汀类只需使用半剂量即可获得同等疗效。

4. 由于遗传学背景的差异,我国人群对大剂量、高强度他汀类调脂的耐受性或安全性较差,发生肝、肌肉毒性的风险增加,而且中等强度的他汀类剂量(如阿托伐他汀 10～20mg/d、瑞舒伐他汀 5～10mg/d、辛伐他汀 20～40mg/d、普伐他汀 40mg/d、洛伐他汀 40mg/d、氟伐他汀 80mg/d)可使 LDL-C 降低 30%～50%。因此,在老年糖尿病患者调脂治疗时,在保证 LDL-C 达标的前提下,减少药物剂量有助于以最低费用获取更好疗效和安全性的平衡。

5. 使用调脂药物尤其是他汀类与贝特类联用时,注意对肝、肾功能及肌肉(尤其是肌溶解)等的毒副作用,注意他汀类对糖代谢的影响。

6. 老年人使用调脂药物要权衡风险与效益利弊,特别是过低的胆固醇水平对非心血管疾病(如脑出血、肿瘤、自杀或攻击他人、内分泌激素缺乏、精神障碍等)发病的影响。

四、降低高尿酸

老年糖尿病合并高尿酸血症的患者,推荐的控制目标是血清尿酸(SUa)<360μmol/L(有痛风发作史的患者,SUa<300μmol/L)。男性>420μmol/L 或女性>360μmol/L 是 SUa 干预的切点。

低嘌呤饮食(含高嘌呤饮食包括豆制品、海产品、动物内脏、高汤、某些蔬菜类等)、多饮水、不饮酒等生活方式干预后未能达标者,应服用降尿酸药物。老年人推荐服用别嘌醇、非布司他以抑制嘌呤合成。如用苯溴马隆促尿酸排出需注意肾功能(Ccr<60ml/min,苯溴马隆≤50mg/d)和碱化尿液,可辅用碳酸氢钠(小量多次)维持尿 pH 在 6.2～6.9,有利于保护肾脏。

五、体重管理

老年人的体重以适中为好(体重指数为 20～<25kg/m²),不建议单纯以体重变化衡量是否达标。肥胖者适度控制热量摄入,坚持适当活动。0.5～1 年内将体重减掉原体重的 10%～15%即达到健康体重的目标。减肥 6 个月是平台期,需维持和巩固效果。老年人减肥采取个体化原则。体瘦者适当增加热量供给。

六、抗凝措施

血液高凝状态是动脉粥样硬化性疾病的危险因素,阿司匹林是首选对心血管有保护作用的抗血小板制剂,使用方便,100mg/d(75～150mg/d),餐后服用。如有纤维蛋白原增高、高凝状态或对阿司匹林不耐受者,可用氯吡格雷(波立维)50～75mg/d、每天一次或西洛他唑 50～100mg、每天 2 次替代(如有下肢病变者优选)。

对阿司匹林过敏或有过敏史者、出血倾向、正在应用抗凝治疗、近期胃肠道出血、活动性肝病患者不宜应用阿司匹林,可用氯吡格雷 75mg/d 作为替代治疗。

七、其他心血管病危险因素的控制

吸烟者应戒烟。吸烟有害健康,一手烟危害自己,二手烟危害他人,三手烟对儿童健康构成严重威胁。戒烟要有决心一定能够成功。戒烟 1 年使冠心病危险降低 50%,戒烟 15 年使心血管疾病危险降至与正常人相似。

严禁酗酒。但适量饮酒可能还会获益,乙醇不仅可促进血液循环,并能升高血清 HDL-C 水平,对预防动脉粥样硬化性疾病有利。适当的饮酒量(摄入量)是指葡萄酒<120ml/d,啤酒<350ml/d,白酒<50ml/d,鸡尾酒<45ml/d。

八、社会支持

老年人需要社会各方面的关怀。老年糖尿病患者对社会帮助的需求更高。社会支持主要来源于家庭、子女、社区、邻里乡亲、亲朋好友等的关怀。社会支持与糖尿病患者的生理、心理健康状况密切相关。社会支持应被认为是一个潜在的降低老年患者死亡风险的重要干预手段。患者得到社会支持的程度越高,生活质量就越好,糖尿病管理效果就越佳。1431 例年龄≥70 岁的糖尿病患者的长期随访结果显示,与社会支持度低者比较,社会支持度高和中等患者的死亡风险分别降低 55% 和 41%。行政与经济支持会提升疾病的总体管理水平。

同时,患者要保持心情舒畅,天天有事做,过好每一天;并要正确对待疾病及发现异常指标。

第七节　使用抗糖尿病药物的注意事项

一、老年糖尿病患者血糖控制要求

按照 2013 年《中国老年糖尿病诊疗措施专家共识》要求,老年糖尿病患者的血糖控制标准需个体化。

1. 对新诊断、相对年轻、预期寿命>10 年、无并发症或合并症、降糖治疗无低血糖风险、不需要降血糖药物或仅用单种非胰岛素促泌剂、治疗依从性较好的患者,糖化血红蛋白(HbA1c)控制在接近正常水平(HbA1c<6.5%)。

2. HbA1c<7.0%,相应的空腹和餐后 2 小时血浆血糖分别为<7.0mmol/L 和<10.0mmol/L。适用于预期寿命>10 年、低血糖风险小、预计治疗的获益大、有较好医疗支持的患者。

3. 预期寿命>10 年、已产生早期慢性并发症及伴发疾病、有一定的低血糖风险、应用胰岛素促泌剂或以胰岛素治疗为主的 2 型或 1 型患者,以 HbA1c<7.5% 为宜。

4. 预期寿命>5 年、已患有中等程度的并发症及伴发疾病、有低血糖风险、应用胰岛素促泌剂或以多次注射胰岛素为主的患者,使 HbA1c<8.0%。

5. 预期寿命<5 年、完全丧失自我管理能力的患者,HbA1c 的控制标准可放宽至 8.5% 左右,但需避免严重高血糖(如血糖>16.7mmol/L)引发的糖尿病急性并发症和难治性感染等的发生及影响患者的有效生存期。消除糖尿(血糖<11mmol/L)是老年糖尿病患

者治疗的一个重要目标,有利于改善高血糖渗透性利尿引起的血容量减少、夜尿多等和尿糖排出所致的营养负平衡。

二、选择抗糖尿病药物的原则

1. 分析老年糖尿病患者的发病机制是以胰岛素抵抗或胰岛素分泌缺陷为主或两者皆有,为选择药物提供依据。在胰岛素抵抗+相对胰岛素分泌不足阶段,选择非胰岛素促泌剂或肠促胰素类,以利于保护胰岛 B 细胞功能;进展到胰岛素分泌不足阶段,加用胰岛素促泌剂或基础胰岛素控制高血糖;以胰岛素缺乏为主时,选用胰岛素控制血糖,或辅用口服降血糖药物。

2013 年《老年糖尿病诊疗措施专家共识》提出了老年 2 型糖尿病的抗糖尿病药物治疗路径,如图 14-1 所示。

2. 根据患者的心、肝、肾、胃肠功能状况,认知功能及自我管理能力等综合情况,选择符合患者适应证的抗糖尿病药物。

3. 应用药物贯彻安全性第一(如低血糖风险、对体重的影响、对脏器功能的保护或损伤作用、对胰岛 B 细胞功能的影响等)、有效性第二的原则。

4. 使用单药的患者应从小剂量开始。

5. 需联合用药者,选择作用机制不同的药物起到互补作用,提倡小剂量的 2～3 种药物联合以提高降糖疗效;联合应用的药物之间要注意相互作用。

6. 长、短效作用药物相结合,可兼顾空腹与餐后血糖的控制。

7. 消峰去谷,避免和减少血糖波动,如胰岛素与阿卡波糖联用。

8. 选择服用次数少的药物,以提高治疗顺应性。

9. 根据个体对治疗的意愿选择适合的药物。

10. 考虑价格因素和医疗费用的支付问题。

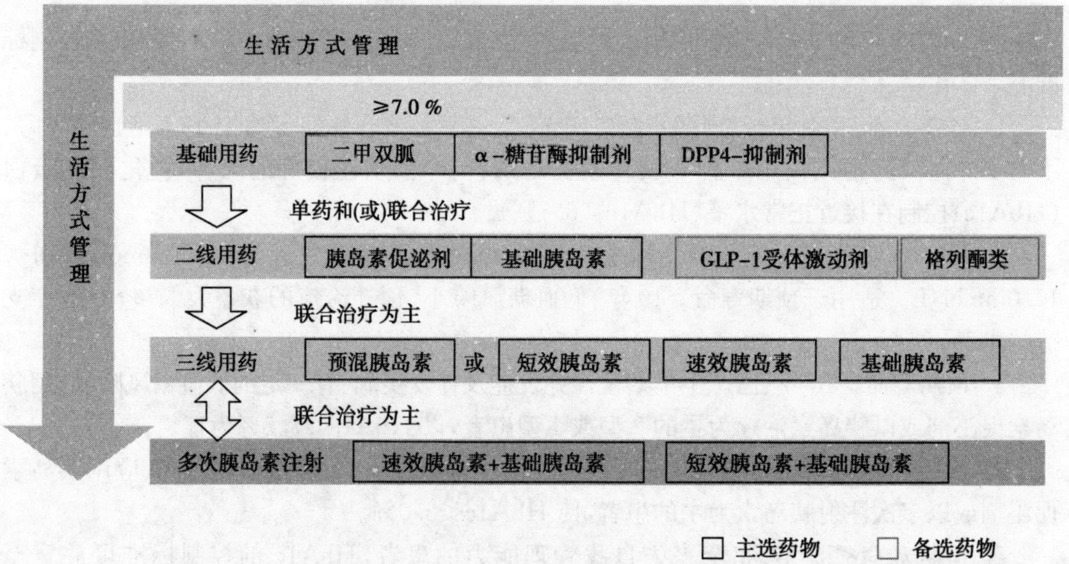

图 14-1 老年 2 型糖尿病的药物治疗路径

[引自:《老年糖尿病诊疗措施专家共识》(2013 年版). 中华内科杂志,2014,53(3):243-2251.]

三、应用抗糖尿病药物的注意事项

目前专门探讨老年患者药物治疗的资料很少。然而,大多数糖尿病药物试验中纳入了广泛的患者,包括 65 岁以上的患者。所有类型的口服降血糖药和胰岛素对老年患者一般是安全的,但每种药物都有一定的局限性。药物治疗方案必须根据患者的能力和共存疾病个体化制订。在老年患者开始使用任何新的药物时,"从小剂量开始,缓慢加量"是可遵循的一个好原则。

目前我国临床上使用的抗糖尿病药物包括 7 类,按照用于临床的先后顺序依次是胰岛素制剂、磺脲类、双胍类、α-葡萄糖苷酶抑制剂、格列奈类、噻唑烷二酮类、胰高血糖素样肽-1(GLP-1)类似物或 GLP-1 受体激动剂和二肽基肽酶-4(DPP-4)抑制剂也称"列汀"等。另外,钠-依赖性葡萄糖转运蛋白-2(SGLT-2)抑制剂已在欧洲上市;正在研发中的有葡萄糖激酶(GK)激动剂和 G 蛋白偶联受体 40(GPR40)激动剂等。以上 10 类抗糖尿病药物通过不同的作用机制降低血糖。

对于无二甲双胍禁忌证(如肾损害或严重的心力衰竭)的老年患者,优选采用二甲双胍进行初始治疗。然而,对于禁忌和(或)不耐受二甲双胍的患者,短效磺酰脲类药物(如格列吡嗪)是一种替代选择。对于伴有慢性肾脏疾病且不耐受磺酰脲类药物的患者,可考虑瑞格列奈作为初始治疗。

口服药物治疗初始成功起效之后,很多患者无法维持 HbA1c 目标水平。如果老年患者采用单药治疗无法达到血糖目标值,应评估其是否存在促成因素,如难以坚持用药、出现副作用或对营养计划的理解较差。对于以生活方式干预和二甲双胍或磺酰脲类药物作为初始治疗无效的老年患者,其使用第二种药物的适应证和治疗选择与较年轻的患者相似,需进行更有效的患者教育以有助于改善其依从性,或者可能需要家庭成员或照料者帮助给药。

常用抗糖尿病药物的综合评价见表 14-3。

表 14-3 常用抗糖尿病药物的综合评价

种类	优点	问题
胰岛素	剂量灵活调整,改善血糖谱	注射,体重增加,低血糖反应
磺脲类	疗效确切	体重增加,低血糖反应
双胍类	可能体重减轻,防癌,较少发生低血糖,可能改善血脂谱	胃肠道副作用,乳酸性酸中毒
α-葡萄糖苷酶抑制剂	不影响体重,单用不产生低血糖	胃肠道副作用常见,每天 3 次给药
格列奈类	起效快,作用时间短	体重增加,频繁给药
噻唑烷二酮类	增强胰岛素敏感性,持久控制血糖	体液潴留,慢性心衰,体重增加,骨折风险
GLP-1 类似物	血糖依赖性,可能减轻体重	注射或口服,胃肠道副作用
DPP-4 抑制剂	不影响体重	临床经验有限
SGLT-2 抑制剂	体重减轻	注射,胃肠道、泌尿道反应,临床经验有限

随增龄，老年人体内的脏器功能逐渐减退和组织结构改变，促使药动学发生变化，尤其是肝、肾功能损害影响药物在体内的代谢。因此，在选择抗糖尿病药物时应严格掌握适应证和禁忌证。

抗糖尿病药物在肝、肾的代谢见表14-4。

表 14-4　抗糖尿病药物在肝、肾的代谢

降血糖药物		肾脏清除率(%)	肝脏清除率(%)
磺脲类胰岛素促泌剂	格列本脲	50	50
	格列齐特	60~70	20
	格列吡嗪	90	10
	格列喹酮	5	95
	格列美脲	60	40
非磺脲类胰岛素促泌剂	瑞格列奈	<8	92
双胍类	二甲双胍	主要	
噻唑烷二酮类	罗格列酮	64	23

1. 非胰岛素促泌剂　非胰岛素促泌剂包括双胍类、α-葡萄糖苷酶抑制剂、噻唑烷二酮等。

(1)双胍类：有关糖尿病防治《指南》或《共识》均推荐二甲双胍作为2型糖尿病患者控制高血糖的一线用药。二甲双胍主要通过减少肝脏糖原分解和糖异生抑制肝脏葡萄糖输出、增加肌肉组织摄取葡萄糖的作用、减缓胃肠道对糖类的吸收速率而降低血糖。

单用二甲双胍的低血糖风险较低，其在老年患者用药中是一个具有吸引力的药物。然而，二甲双胍具有乳酸性酸中毒的风险，在高龄老年糖尿病患者中的应用应谨慎。老年患者常伴有肾功能受损，尽管其血清肌酐水平表面上看起来是正常的。老年患者发生其他进一步降低肾功能或导致乳酸性酸中毒的疾病（如心肌梗死、脑卒中、心力衰竭和肺炎）的风险也增加。已有人建议将计算的（或估计的）GFR＞30ml/min 作为使用二甲双胍的安全肾功能水平。

体重减轻和胃肠道副作用也可能是应用二甲双胍的老年患者的限制因素。因此，二甲双胍在高龄老年患者中的应用应谨慎，尤其是患有胃炎或消化性溃疡病的患者需注意，改为餐后服用或从小剂量(0.25g，每日 2~3 次)开始，可部分缓解症状。二甲双胍使部分患者的体重减轻，因而不利于瘦弱的老年患者。二甲双胍以原形从肾脏排出，无肾毒性。肾小球滤过率(eGFR)在 45~60ml/min，二甲双胍剂量减半。二甲双胍禁用于肝、肾功能不全或肌酐清除率异常（血肌酐男性＞132.6μmol/L、女性＞123.8μmol/L 或 eGFR＜45ml/min）、心力衰竭、缺氧状态、低血压、大手术、严重感染患者。使用碘化造影剂进行影像学检查的患者警惕对比剂肾病(CIN)发生的风险，建议在血管造影前后的 48 小时内停用二甲双胍，此后再次评估肾功能正常后才可继续服用。

(2)α-葡萄糖苷酶抑制剂：α-葡萄糖苷酶抑制剂包括阿卡波糖、伏格列波糖和米格列醇。该药通过抑制 α-葡萄糖苷酶及小肠上皮细胞刷状缘的其他酶类，阻止寡聚糖、双糖等分解而延缓其吸收过程，以降低餐后血糖为主。阿卡波糖也可用于糖尿病前期的干预治疗。该

类药物的胃肠道吸收率＜2％,不增加肝、肾的代谢负担。这类药物可单独使用,或者与胰岛素、磺酰脲类及二甲双胍联合应用。

目前尚未在老年糖尿病患者中广泛验证阿卡波糖、伏格列波糖和米格列醇,但可能是相对安全和有效的。

服药后腹胀、排气增多、中上腹不适感等胃肠道反应可能影响药物的使用,从小剂量开始(如每次 25mg)可减少不良反应。单用该药极小发生低血糖,如出现低血糖反应时需口服或注射葡萄糖纠正。

有明显的消化或吸收障碍的慢性胃肠功能紊乱、患有肠胀气而可能恶化的患者(如 Roemheld 综合征、严重的疝气、肠梗阻或溃疡等)不宜使用该药。

(3)噻唑烷二酮类:噻唑烷二酮类包括罗格列酮和吡格列酮。该类药物与肌肉、脂肪组织中的核受体结合使之活化,参与糖、脂代谢的某些基因表达,增加外周组织对胰岛素的敏感性。但有水钠潴留引起水肿、体重增加、加重心衰或骨折等风险,一般不推荐老年患者使用。

对于某些老年患者,尤其是那些 HbA1c 初始值较低者,如果他们存在磺酰脲类药物的特定禁忌证,或者不能或不愿考虑使用胰岛素,则可能考虑使用噻唑烷二酮类药物。此类药物可用于伴肾功能受损的患者,老年患者对其耐受性良好,且不会引起低血糖。然而,噻唑烷二酮类药物不应该用于伴Ⅲ或Ⅳ级心力衰竭的患者。此外,此类药物老年患者的使用经验有限及存在关于体液潴留、充血性心力衰竭、心肌梗死和骨折的担忧,限制了其应用,尤其是对老年患者。如果计划使用噻唑烷二酮类药物进行治疗,则优选吡格列酮,因为罗格列酮具有致动脉粥样化血脂谱及心血管事件风险潜在增加的更大担忧。2010 年,欧洲药品管理局暂停了罗格列酮的销售。在美国,罗格列酮仅可通过风险评估和减低计划(risk evaluation and mitigation strategy)获得。除了体液潴留和骨丢失外,关于吡格列酮增加膀胱癌风险的新担忧,已导致人们使用该药的热情下降。

2. 肠促胰素类 肠促胰素类包括二肽基肽酶-4 抑制剂和胰高血糖素样肽-1 受体激动剂或类似物。

(1)二肽基肽酶-4 抑制剂(DPP-4 抑制剂):进食后刺激胃肠道迅速释放肠促胰岛激素,即胰高糖素样肽-1(GLP-1)和葡萄糖依赖性促胰岛素释放肽(GIP),促使葡萄糖依赖性刺激胰腺 B 细胞分泌胰岛素;同时,减少胰腺 A 细胞产生胰高血糖素,从而降低血糖。但在生理情况下,肠促胰素可被二肽基肽酶-4(DPP-4)迅速灭活。

二肽基肽酶-4 抑制剂是通过抑制 DPP-4 活性,阻止上述肠促胰素类的降解,提高其活性而改善糖代谢。以降低餐后血糖为主,低血糖风险小,耐受性和安全性较好,不增加体重,对老年患者有较多获益。

目前临床上使用的制剂包括西格列汀、沙格列汀、维格列汀、阿洛列汀、利拉列汀等。已有研究发现,DPP-4 抑制剂作为单药治疗使用或与二甲双胍、磺酰脲类或噻唑烷二酮类药物联合应用时中度有效。此类药物的作用相对较弱,通常仅使 HbA1c 水平降低 0.6％。DPP-4 抑制剂作为单药治疗使用时,无低血糖风险且不影响体重,因此对于老年患者可能是具有吸引力的药物。然而,这类药物的长期安全性尚不明确,且价格相对昂贵。对于有肾功能不全的患者,应调整 DPP-4 抑制剂的剂量。

(2)胰高糖素样肽-1 受体激动剂(GLP-1 RA):GLP-1 RA 具有葡萄糖依赖性促使胰岛

B 细胞分泌胰岛素及抑制 A 细胞分泌胰高血糖素的作用,并抑制食欲,以降低餐后血糖为主,具有保护胰岛 B 细胞的功能,可能还具有心血管保护作用,低血糖风险小,应用其他降血糖药血糖控制不佳、肥胖或贪食者可选用。但是这类药物可能导致恶心等胃肠道反应及体重减轻,肾功能不全时药物需减量,胰腺炎病史患者慎用。目前尚缺少老年人应用的经验。

胰高血糖素样肽-1 受体激动剂包括利那鲁肽、艾塞那肽和阿必鲁肽等。对于成人 2 型糖尿病患者,其可用作为饮食和运动的辅助单药治疗,或与口服药物联合使用。艾塞那肽的用法为一日 2 次或使用长效缓释剂时一周 1 次,利拉鲁肽一日 1 次,阿必鲁肽一周 1 次,皮下注射给药。

单用 GLP-1 激动剂无低血糖风险,有时伴有明显的体重减轻。此类药物最常见的不良事件是恶心、呕吐和腹泻,在接受治疗的患者中发生率为 10%～40%。对于接受 GLP-1 治疗的患者,已有急性胰腺炎和肾功能恶化的上市后报道。然而,尚无充分数据确定是否存在因果关系。由于艾塞那肽存在肾毒性的担忧,肌酐清除率<30ml/min 的患者不应该使用此药。

3. 胰岛素促泌剂 胰岛素促泌剂包括磺脲类和格列奈类。

(1)磺脲类药物:磺酰脲类药物通常可被良好耐受。低血糖是此类药物最常见的副作用,且在应用长效磺酰脲类药物(如氯磺丙脲、格列齐特和格列美脲)时更常见。因此,应避免对老年患者应用长效磺酰脲类药物,应优选短效磺酰脲类药物如格列吡嗪。对肝、肾功能正常的患者可选择格列齐特及其缓释片、格列吡嗪及其控释片、格列美脲等每日 1 次的制剂,其血药浓度平缓,低血糖风险较小,服用方便,必要时老年患者可选用。

已报道的老年患者中磺酰脲类相关低血糖的发生率有多种结果。在一项观察性研究中,使用格列本脲或氯磺丙脲治疗的 65 岁以上患者的低血糖发生率相近(16.6 次/1000 人·年);相反,另一项纳入 52 例使用格列本脲或格列吡嗪胃肠道治疗系统(gastrointestinal therapeutic system,GITS)的老年患者的研究显示,这些患者在禁食 23 小时期间无低血糖发作。

老年患者中药物诱发的低血糖最可能见于以下情况,因此药物诱发的低血糖可能是老年患者使用这些药物的限制因素:①运动后或错过进食后;②饮食不良或酗酒时;③存在肾或心脏功能损害或并发胃肠道疾病时;④采用水杨酸盐类、磺胺药、纤维酸衍生物(如吉非贝齐)和华法林治疗期间;⑤住院后。

当老年糖尿病患者的整体健康状况发生变化时,可能出现上述问题。对于正在使用磺酰脲类药物治疗的患者,每次就诊时应评估是否发生低血糖及其发生率。

(2)格列奈类:格列奈类(瑞格列奈、那格列奈)为非磺脲类短效胰岛素促泌剂,其降糖作用与磺酰脲类相近或稍差。格列奈类药物在药理学上不同于磺酰脲类药物,可用于对磺酰脲类药物过敏的患者。其增加体重的风险与磺酰脲类相似,但引起低血糖的风险可能较低。不同于那格列奈,瑞格列奈主要经肝脏代谢,经肾脏排出不到 10%。对于肾功能不全的患者,似乎没有必要调整此药的剂量;而且瑞格列奈在降低 HbA1c 方面比那格列奈稍微更有效。因此,对于伴有慢性肾脏疾病且不耐受二甲双胍和磺酰脲类药物的糖尿病患者,可考虑瑞格列奈作为初始治疗。药物作用于胰岛 B 细胞表面的特异性受体,促使胰岛素分泌更迅速,起效快,半衰期较短,作用持续时间短,以降低餐后血糖为主,需餐前服用。格列奈类发生低血糖的风险较磺脲类低。瑞格列奈主要从胆汁排出,较那格列奈受肾功能的影响更小。

4. 胰岛素制剂　胰岛素分为速效、短效、中效、长效和超长效等制剂;根据需求可配制为不同比例的短-中效预混胰岛素制剂,如诺和灵 50R、30R,优泌林 70/30 等。

老年糖尿病患者使用胰岛素的指征:1 型糖尿病或分型困难的患者(包括 LADA),口服抗糖尿病药物血糖仍高或原发性、继发性失效,消瘦或精神抑郁,处于严重的应激状态,急性或某些慢性并发症或合并症等。

使用胰岛素治疗的老年糖尿病患者可采取多种模式,如每餐前注射短效或超短效胰岛素＋睡前中、长和超长效胰岛素(不推荐老年患者常规采用此种模式),或早、晚餐前注射预混胰岛素和中午餐前加口服药物,或三餐前口服药物＋睡前注射 1 次长效或超长效胰岛素或类似物等。

由于临床医师、患者或家属害怕使用胰岛素太复杂或危险,所以有时胰岛素在老年患者中的使用不充分。随着长效胰岛素的可用,使用变得更为简单,可使用一日 1 次的长效胰岛素作为单药治疗,或对血糖控制不佳的老年患者在口服降血糖药的基础上加用一日 1 次的胰岛素。患者可能会误认为他们的乏力症状是由"高龄"(而不是高血糖)所致。然而,对于许多老年患者,当他们使用 1 剂或 2 剂(每日 1 剂)的中效或长效胰岛素时,其生活质量得到大幅改善。

在开始胰岛素治疗前,评估患者在身体上和认知上是否具备使用胰岛素笔或抽取并给予恰当剂量的胰岛素(使用注射器和药瓶)、监测血糖及识别并治疗低血糖的能力是很重要的。对于每日使用固定剂量的胰岛素且有能力注射胰岛素但不能抽取胰岛素的老年患者,药师或家庭成员可以为其准备 1 周量的胰岛素于注射器内,并放入冰箱中备用。此类计划可允许老年患者仍能在家中独立生活。

存在慢性肾衰竭的患者,其胰岛素代谢发生变化,所以当 GFR 低于 50ml/min 时胰岛素需减量。

5. 其他抗糖尿病药物

(1)钠-依赖性葡萄糖转运蛋白-2(SGLT-2)抑制剂:SGLT-2 抑制剂通过抑制葡萄糖在肾脏近曲小管的重吸收,使体内多余的葡萄糖从尿中排出而降低血糖;同时改善 B 细胞功能,并进一步改善肝脏胰岛素抵抗以促使较高的肝糖输出恢复正常。该药可单独或与其他药物联合应用,发生低血糖的风险更低,也可降低肥胖患者的体重。但是,SGLT-2 抑制剂有增加泌尿、生殖道感染及电解质紊乱的副作用。对老年糖尿病患者的应用缺乏临床经验。

目前在欧洲上市的制剂有达格列净(dapagliflozin),另外还有 canagliflozin、ertugliflozin 等也即将面市。

(2)葡萄糖激酶激动剂:葡萄糖激酶(GK)作为葡萄糖的感受器,对维持体内的血糖水平具有重要作用。GK 主要存在于肝细胞、胰岛 B 细胞及其他组织中。在肝细胞内 GK 是糖酵解和糖原合成第 1 步反应的限速酶。当葡萄糖浓度升高时可活化 GK,催化葡萄糖磷酸化生成 6-磷酸葡萄糖,进一步转化为 6-磷酸果糖参与后续的糖酵解反应,或者转化为 1-磷酸葡萄糖而促进糖原合成及存储;在胰岛 B 细胞,GK 分布于胞质和胰岛素颗粒内,作为葡萄糖感受器,激活中间代谢过程(如糖酵解、磷酸戊糖途径、三羧酸循环、氨基酸与脂质代谢合成的转换),产生一些"代谢偶联因子",催化葡萄糖诱导的胰岛素分泌。葡萄糖激酶激动剂增强上述葡萄糖激酶的生物学效应。目前还没有用于临床的制剂。

(3)G蛋白偶联受体40(GPR40)激动剂:G蛋白偶联受体40激动剂对介导游离脂肪酸对胰岛B细胞的胰岛素分泌功能起调节作用,可选择性地增强葡萄糖依赖的胰岛素分泌,而低血糖发生的风险较低。目前没有用于临床试验的制剂。

四、抗糖尿病药物的联合应用

(一)联合使用抗糖尿病药物的原则

1. 单一药物血糖难以达标。

2. 选择作用机制不同的抗糖尿病药物联合。

3. 一般联合2种,必要时联合3~4种药物。

4. 联合用药从小剂量开始,根据血糖水平调整药物剂量。

5. 控制餐时与基础血糖的药物联合为一种科学的选择方案。如短效胰岛素餐前注射+中或长效胰岛素睡前注射(在老年糖尿病患者不主张长期应用);口服格列奈类餐前+胰岛素增敏剂,对于尚有一定胰岛素分泌功能(血糖水平为10mmol/L左右)的患者是一种有效而安全性较高的选择方案;每日1次或多次口服抗糖尿病药物+睡前1次中或长效胰岛素。

(二)各类抗糖尿病药物联合使用的综合评价

见表14-5。

表14-5 抗糖尿病药物联合使用的特点

联合方式	特点
SU+二甲双胍	增加胰岛素分泌,避免体重增加
SU+α-葡萄糖苷酶抑制剂	增强对餐后高血糖的控制
SU+TZD	增强胰岛素敏感性,减少胰岛素分泌
二甲双胍+TZD	增强胰岛素敏感性
格列奈类+二甲双胍	控制空腹及餐后血糖兼顾,低血糖发生率低
二甲双胍+胰岛素	增强胰岛素敏感性
格列奈类+TZD	控制难治性高血糖
口服抗糖尿病药物+1次基础胰岛素	既可控制基础高血糖,又能降低餐后高血糖
胰岛素:短效+长效	胰岛素缺乏患者的最佳方案

注:SU:磺脲类;TZDs:噻唑烷二酮类

五、联合用药注意事项

老年糖尿病患者多病共存、多药同用,联合用药应注意的事项如下。

(一)与口服抗糖尿病药物合用

1. 二甲双胍 与呋塞米合用,二甲双胍的AUC增加;呋塞米的C_{max}和AUC下降,终末半衰期缩短。与经肾小管排泌的阳离子药物(如阿米洛利、地高辛、吗啡、氨苯蝶啶等)合用,由于与二甲双胍竞争肾小管转运系统而发生相互作用。与西咪替丁合用,使二甲双胍的血

浆和全血 *AUC* 增加。二甲双胍可增加华法林的抗凝倾向。

2. 阿卡波糖 个别情况与地高辛合用,可影响地高辛的生物利用度。避免同时服用考来烯胺、肠道吸附剂或消化酶类制剂,以免影响疗效。

3. 磺脲类

(1)格列本脲与利福平联用可降低格列本脲的降糖疗效;与克拉霉素、环丙沙星、依那普利或雷尼替丁等联用可能导致低血糖风险增加。

(2)格列吡嗪与肝素钠、氟康唑、磺胺甲噁唑等联用可促使格列吡嗪的降糖作用增强而导致低血糖风险增加。

(3)格列齐特与依那普利、赖诺普利、磺胺甲噁唑或氟康唑等联用引起低血糖的风险增加;推测氟康唑可能抑制 CYP2C9 并增加血清格列齐特的浓度,磺胺甲噁唑也会抑制 CYP2C9 引起低血糖。同时服用格列齐特和利福平可引起血糖升高。

(4)别嘌醇与磺脲类竞争性排出,两者联用可能增加磺脲类的降糖效应。

(二)降压药物

1. 使用 ACEI、利尿药、β 受体阻断药时,一般不要合用吲哚美辛或阿司匹林,可能对降压效果产生负面影响。

2. 同时使用阿利吉仑(肾素抑制剂)、ACEI 或 ARB 两种或两种以上,可能导致低血压、高钾血症或肾损伤;对于糖尿病或肾病患者,阿利吉仑不能与 ACEI 或 ARB 同用,以免增加脑卒中或晕厥发生的风险。

(三)镇静剂

2 种以上的中枢性抑制药合用可能引起镇静过度、共济失调或神志模糊。

(四)其他

西咪替丁、氯霉素、双香豆素等与苯妥英钠合用时,可能抑制苯妥英钠的生物转化而使血药浓度增高。

总之,老年糖尿病患者不断增加,管理难度大,需要家庭和社会的关注。老年糖尿病的管理应综合评估患者的病情,制订切实可行的治疗方案,遵循"早确诊、早治疗、早达标"的原则,从生活方式干预入手,合理运用抗糖尿病药物。老年糖尿病患者的管理需采取个体化策略,并兼顾合并症的防治,防止脏器功能减退和(或)衰竭,目的是提高生活质量、延年益寿。

(迟家敏 胡 欣)

第八节 药学监护与信息反馈

一、观察疗效

老年患者降糖治疗期间应保持血糖平稳,减少血糖波动(如低血糖与高血糖)的概率,否则可导致严重后果,如心绞痛、卒中或心肌梗死。因此,可通过观察相关指标以评价疗效。

(一)观察血糖调控和监测情况

用药方法、合并用药、个体差异等因素都会导致高血糖、低血糖、糖尿病慢性并发症出现。因此,需根据自测血糖结果结合实验室急、慢性高血糖的标准,及时监测异常情况,对用药情况、饮食模式、运动管理、合并疾病、慢性并发症等因素进行综合评估,并调整糖尿病的药物治疗方案。

1. 自测指标 包括空腹血糖(FPG)、餐后 2 小时血糖等。

(1)FPG:血浆葡萄糖的正常范围为 3.9~6.1mmol/L,可评估空腹状态下的糖尿病控制情况(此时葡萄糖可再生并反映肝脏的葡萄糖合成情况),是家中自测的主要方法。老年糖尿病患者可放宽到 7.8mmol/L。

(2)餐后 2 小时血糖:空腹血糖正常或者需要评价餐时血糖调节剂的药效时,可测餐后 2 小时血糖,一般<7.8mmol/L(餐后 2 小时血糖主要反映周围组织对胰岛素介导的葡萄糖摄取的有效性)。老年患者的餐后 2 小时血糖为 10mmol/L 左右即可。

不同因素如饮食、活动、药物、应激等都可影响血糖浓度,因此不能只测 1 个时间点的血糖。

2. 糖化血红蛋白(HbA1c) 糖化血红蛋白检测值反映近 2~3 个月内的血糖控制情况。HbA1c 的测定方法各异,建议患者在固定的医院或社区测量。同时,HbA1c 值受多种因素的影响,如贫血,急、慢性失血及尿毒症等疾病,维生素 C 和维生素 E 等抗氧化物(干扰糖化过程)。因糖化血红蛋白不可评价血糖的急性变化,所以不能代替每日的血糖监测。糖化血红蛋白不受急性改变(如胰岛素剂量、饮食、锻炼)的影响,测定之前无需特殊准备。

3. 糖化血清蛋白(GSP) 反映 1 个月内血糖与血清蛋白结合程度的血糖均值,对于近期血糖控制情况具有一定的参考意义。

(二)观察体征变化

降血糖药物易导致低血糖、胃肠道反应等,因此应密切关注体征变化(见本节三、观察不良反应),及时采取预防、保护措施。

二、给药方法的适宜性

(一)口服降血糖药

1. 磺脲类 由于本类其进入体内后需要一定的时间来刺激胰岛细胞分泌胰岛素,因此服药时间宜选在餐前 30 分钟左右。

格列本脲的降糖作用最强,对正常人和糖尿病患者都有降糖作用,老年人不建议使用;格列喹酮的半衰期短,只有 5% 从肾脏排泄,是老年糖尿病合并肾功能不全的最佳选择;格列齐特宜用于老年糖尿病有心血管并发症者以及单用饮食治疗未达到良好控制的轻、中度患者。

2. 格列奈类 格列奈类作用于胰岛 B 细胞膜上的 KATP 受体,促使胰岛素分泌,主要用于控制餐后高血糖。

瑞格列奈于餐前或进餐时口服,从小剂量开始,按病情逐渐调整剂量,不进食不服药,用药灵活;那格列奈刺激胰岛素分泌的作用有赖于血糖水平,故低血糖的发生率低。

3. 双胍类 该药物对血糖正常者不起作用,特别适用于饮食控制效果不佳、体形肥胖的老年 2 型糖尿病患者。此类药物易引起胃肠道刺激,应指导患者在餐中或餐后服用。

4. α-葡萄糖苷酶抑制剂　本类药进餐第一口饭时嚼服,从小剂量开始,避免与抗酸药、肠道吸附剂及消化酶同时服用,以免降低其降糖作用。由于该药物引起的低血糖反应可口服糖类缓解,必要时应静脉注射葡萄糖。

5. 噻唑烷二酮类　此类药物的不良反应可能表现为下肢水肿和体重增加。服药期间的注意事项有:①此类药物的疗效要在开始服药后的 1～2 个月才能完全体现出来;②服药时间与进餐无关,但应尽可能在相对固定的时间服药。

6. DPP-4 抑制剂　刺激胃肠道释放肠促胰岛激素胰高血糖素样 4(GLP-1),抑制 GLP-1 降解,改善饮食相关的胰岛素分泌,抑制 A 细胞分泌胰高血糖素。无明显的胃肠道副作用,不影响体重,低血糖的发生率低。可与或不与食物同服,不得用于 1 型糖尿病患者或糖尿病酮症酸中毒患者。

(二) 注射用胰岛素

1 型糖尿病患者必须使用胰岛素控制高血糖;2 型糖尿病患者在口服降血糖药失效或出现口服药物使用禁忌证时,可将胰岛素控制高血糖作为首选方案。

注射用胰岛素器具包括胰岛素注射器和胰岛素注射笔两种。

1. 胰岛素注射器　胰岛素注射器价格便宜,可以按各种比例混匀各种类型的胰岛素,便于医务人员调整胰岛素剂量。但其缺点在于注射次数多,携带不便,注射方法不易操作。胰岛素除了静脉给药外一般为皮下注射,由于 1ml 注射器的针头过长,操作不当很容易将胰岛素注入肌肉组织中,导致胰岛素快速地进入血液系统,提前产生降血糖作用,甚至出现低血糖风险。

2. 胰岛素注射笔　胰岛素注射笔是便携式的胰岛素注射装置,其特点是将胰岛素和注射器合二为一。注射笔上标有刻度,剂量更加精确;免去烦琐的胰岛素抽取过程,携带及使用方便;针头细小,减轻注射疼痛,操作相对简单、易学。但当使用不同类型的胰岛素笔时不能自由配比,除非使用预混胰岛素,否则需分次注射;且胰岛素注射笔依然有多次注射、操作不便、时间长等因素,导致注射部位产生红肿、硬结或皮下脂肪萎缩等不良反应,影响胰岛素的吸收和患者的用药依从性。

3. 典型给药方法　新诊断的患者会根据经验估计一天所需的胰岛素总量。典型给药方式如下:

(1)首先从中效胰岛素(NPH)开始治疗,一天总量可分为晨量占 2/3、晚餐前量占 1/3,至最大总量后加用短效胰岛素。

(2)开始就用 NPH 与普通胰岛素混合剂量,每天早、晚各注射 1 次(需要学会如何混合并掌握注射方法)。

(3)以睡前注射甘精胰岛素(glargine)作为基础胰岛素,配合餐时速效或短效胰岛素。甘精胰岛素与 NPH 或预混胰岛素相比在减少低血糖发生率上有明显的优势,但甘精胰岛素存在费用、成分、利用度以及相容性等问题,因此更适宜选择 NPH。

普通胰岛素与 NPH 混合比与 lente 混合后更易保持起效快的特点,但赖脯胰岛素(lispro)或门冬胰岛素(aspart)可与这两者中的任何一种混合。

注射用胰岛素应用时存在混合相容性问题,详见表 14-6。

表 14-6　胰岛素混合物的相容性

混合物	比例	注释
普通＋NPH	任意比例	普通和 NPH 胰岛素混合前可保持 3 个月
普通＋lente	<1：1	普通与 lente 或 ultralente 胰岛素混合后作用减慢；lente 中的锌与普通胰岛素结合使其转变为中效胰岛素的结构，需注射前混合两者
lispro＋NPH	任意比例	与 NPH 混合，lispro 的吸收率和峰浓度会减低，总生物利用率不变，推荐用前混合
lispro＋ultralente	任意比例	ultralente 不改变 lispro 的药效学特性
普通＋生理盐水	任意比例	混合后的 2～3 小时内使用
普通＋胰岛素稀释溶液	任意比例	稳定性不确定
胰岛素＋glargine	任意比例	药效学性质不变

注：中效胰岛素包括 lente 和 NPH。lente insulin：慢胰岛素锌悬液（特点为不含鱼精蛋白，比 NPH 的作用时间稍长，国内无此产品）；NPH(neutral protamine Hagedorn)：中性鱼精蛋白锌胰岛素；超短效胰岛素 lispro：赖脯胰岛素；ultralente：长效胰岛素

三、观察不良反应

1. **易发不良反应的临床观察**　降血糖药最主要的不良反应为低血糖，及时发现尤为重要。低血糖发作症状包括用药后多汗(占 71%)，饥饿感(占 69%)，65% 有一过性视物模糊，53% 有颤抖感。某些患者无显著的心慌、出汗、饥饿症状，而是以头痛、发冷或说话含糊不清为表现；烦躁不安、意识处于模糊状态；情绪激动，或阵发房颤，舌根发麻，无故难受、头痛、头晕等。在临床实践中及时发现这些低血糖症状对防止更严重的脑损害十分重要。

2. **降血糖药的不良反应**　降血糖药的不良反应见表 14-7。

表 14-7　降血糖药的不良反应总结表

药品分类	主要不良反应	罕见不良反应	关注点
磺脲类	低血糖或低血糖昏迷、心血管损害以及胃肠道反应，如恶心、呕吐、腹泻、口中异味等	皮疹、粒细胞缺乏症、血小板减少、溶血性贫血、轻度肝损伤或胆汁淤积性黄疸	低血糖症
非磺脲类胰岛素促泌剂	胃肠道反应如恶心、腹痛、腹泻；神经系统反应如头痛、眩晕、轻度兴奋	背痛、关节痛、上呼吸道感染	低血糖发生率低，中、重度肝功能不全者避免使用
双胍类	胃肠道反应如腹泻、腹胀、恶心、食欲减退、口中异味、畏食	乳酸性酸中毒，维生素 B_{12}、叶酸吸收减少，胆汁淤积，皮疹等	消化道反应常见。如需 X 线或放射学检查，需在用药前后 48 小时停药

药品分类	主要不良反应	罕见不良反应	关注点
α-葡萄糖苷酶抑制剂	腹胀、腹泻等不良反应的发生率较高,老年患者更易发生	乏力、头痛、眩晕及皮肤瘙痒、荨麻疹	消化不良、肠道感染性疾病或肠梗阻者不推荐使用。本身不会导致低血糖,与其他降血糖药联用可能发生
噻唑烷二酮类	水钠潴留、血容量增加,导致水肿和体重增加	诱导骨质疏松,增加骨折风险;长期应用引起膀胱癌	关注心血管风险,用前监测肝功能
GLP-1肠促胰岛素类似物	胃肠道反应呈剂量依赖性,如恶心、呕吐、腹泻、食欲减退、便秘	甲状腺乳头状癌、头痛、泌尿系统感染、眩晕、鼻窦炎	
DPP-4抑制剂	轻、中度便秘及咽炎、鼻炎、肌痛、关节痛、高血压、头晕		几乎无胃肠道反应和低血糖

四、用药依从性

1. 影响用药依从性的因素　老年人机体的生理特点、文化背景、心理状态等因素是影响老年糖尿病患者用药依从性的重要因素。

老年糖尿病患者的临床表现主要为脱水、神志迷乱、谵妄、尿失禁、体重减轻、食欲减退,无法进行正常的工作和生活。

患者的文化背景、心理状态以及对疾病知识的了解等方面存在差异,很多患者对服用降血糖药物有着不同程度的错误认识。经常遇到的误解有服药后血糖降至正常就可以停药;服药后血糖正常就可以不用监测血糖;其他患者用某种药有效,我也要用;服用降血糖药治疗就不用控制饮食了。这些错误的认识得不到及时纠正会非常危险。因此,药师应根据老年患者的生理、心理特点,针对易发问题进行用药指导。

2. 管理措施　加强老年糖尿病患者用药依从性的措施包括糖尿病教育、家人提醒服药、定期复查等。加强糖尿病教育可提高患者的糖尿病防护意识,积极与医护人员配合,减少医疗开支,改善医患关系,增加社会支持。老年患者的自理能力差,开展家人提醒服药,由家属协助监督完成其治疗过程,对文化层次低的患者尤为重要;定期找专科医师复查,使之长期与医师之间建立良好的医患关系,有利于严格执行医嘱,提高治疗的依从性;关心体贴患者,积极了解患者的心志变化,消除思想负担,使患者以愉快轻松的心理状态去积极地配合治疗,坚持合理用药。糖尿病患者的依从性涉及的内容还包括饮食控制、药物治疗、运动、定期监测等多项医疗措施。

第九节　用药指导

一、治疗药物用法

(一)胰岛素

1. 抽取及注射胰岛素

（1）摇动：除普通、赖脯、门冬胰岛素和甘精胰岛素外，其他胰岛素都是混悬液，抽取之前应先摇动；新的、未使用的瓶装 NPH 或 lente 胰岛素需要摇动以松解因储存形成的沉淀；药瓶应放在手掌中揉搓 10 次使笔内的玻璃珠充分滚动，上下振摇 10 次（不能剧烈振摇）后使用。

（2）量取：首先清洁手和注射部位（无需酒精消毒），用酒精棉清洁胰岛素橡皮塞，倾斜针头置于胰岛素液面以下（避免抽入空气和泡沫），保持视线与注射器水平，检查有无空气和气泡进入并且使液面最高点与刻度吻合（如出现气泡，轻弹注射器使气泡升到顶部排出）。每次使用胰岛素笔前先打出 2U 胰岛素除去笔中的气泡，使用完毕后卸下针头防止气泡聚集。

（3）注射（图 14-2）

1）注射方式：长期皮下注射胰岛素的患者，如果操作不规范会对注射部位产生损伤。老年人的皮下脂肪组织较少，根据实际情况选择合适的注射针头非常重要。如果使用 8mm 的针头不捏起皮肤注射，胰岛素易被注射至肌肉层加快胰岛素的作用，增加低血糖风险，且疼痛感增加；5mm 超细、超短型胰岛素笔用针头，注射时不需捏起皮肤，注射疼痛感更轻，更方便、舒适。

2）拔针时间的掌握：胰岛素笔注射后，应延长针头停留在皮下的时间（10 秒），确保药物全部被注入体内，同时将针头退出一半后继续停留 3 秒，防止药液渗漏，保证胰岛素剂量的准确。若药物剂量过大时，针头停留在皮下的时间须超过 10 秒。与胰岛素注射笔不同，注射器内塞推压到位，无需在皮下停留 10 秒即可拔出。

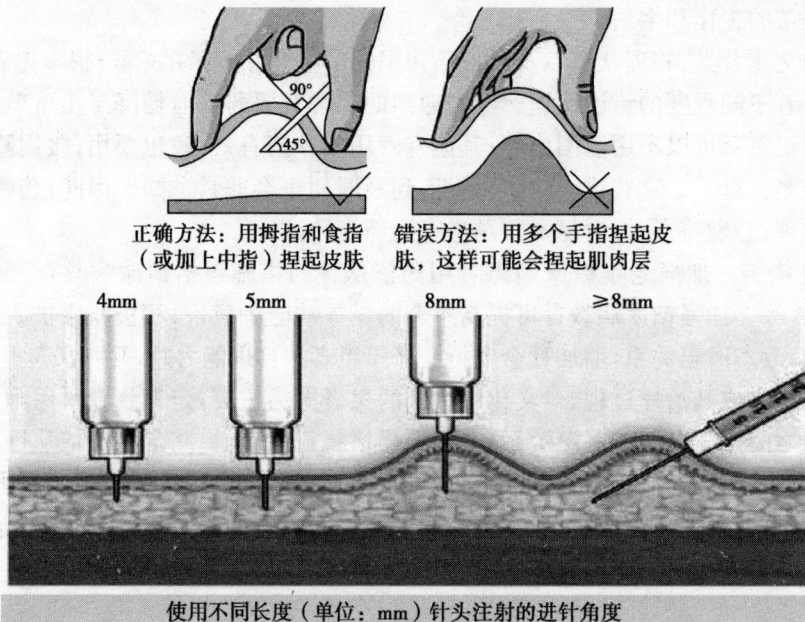

正确方法：用拇指和食指（或加上中指）捏起皮肤

错误方法：用多个手指捏起皮肤，这样可能会捏起肌肉层

使用不同长度（单位：mm）针头注射的进针角度

图 14-2　胰岛素注射方法示例

2. 注射部位的选择、轮换　胰岛素注射需要长期进行，每天都要进行 2～4 次注射，每年注射 730～1460 次，容易造成注射部位红肿、硬结或皮下脂肪萎缩等不良反应，影响胰岛素的吸收和患者的依从性。所以规范注射胰岛素应有 3 个要素：①根据使用的胰岛素种类选择相应的注射部位；②定期检查注射部位；③定期轮换注射部位。不同部位吸收胰岛素的

速度快慢不一,腹部最快,其次是上臂、股部和臀部。为了防止患者随意注射造成血糖波动,规定患者遵循每天同一时间注射同一解剖部位的不同注射点。美国糖尿病协会(ADA)提倡在同一个解剖区域系统地轮流注射胰岛素,以防止局部脂肪肥厚或萎缩,而不提倡轮流更换注射的解剖部位;对病情尚未稳定者,可选用腹壁的一个部位不同点注射。

(二) 口服降血糖药

1. 口服降血糖药的服用时间 非磺脲类胰岛素促泌剂起效迅速,如果患者选择在餐后或者餐前 30 分钟服用易致低血糖,以餐前 5～20 分钟内服用为宜。

磺脲类药物通过刺激胰岛 B 细胞分泌胰岛素产生疗效,主要控制餐后血糖,应餐前 30 分钟服用。

α-葡萄糖苷酶抑制剂能够延迟糖类分解成葡萄糖,从而达到降低餐后血糖的疗效,需与第一口饭嚼服。

双胍类药物会对患者的胃肠道产生刺激作用,导致恶心、腹胀等不良反应,因此餐中或餐后口服。

胰岛素增敏剂增加细胞受体对胰岛素的敏感性,降低血糖,且该类药物可以维持一天的降糖效果,应清晨空腹口服。

2. 具体应用 口服降血糖药物从小剂量开始逐渐增加剂量,因此,口服降血糖药有起始剂量、维持剂量和最大推荐剂量。

(1)二甲双胍:老年糖尿病患者的起始剂量为 0.25～0.5g,每日 2 次;每周增加 0.25～0.5g 或每 2 周增加 0.85g,逐渐加至每日 2g,随三餐中或后分次服用。

(2)α-葡萄糖苷酶抑制剂

1)阿卡波糖:用餐前即刻整片吞服或与前几口食物嚼服。起始剂量为 25～50mg,每日 3 次;以后逐渐增加至 100mg,每日 3 次。如果血糖仍不达标,不能再增加剂量,有时还需适当减量。

2)伏格列波糖:0.2mg,每日 3 次,餐前口服,服药后即刻进餐。

服用磺脲类的患者可引起低血糖症。米格列醇与磺脲类联用,若发生低血糖症应及时调整药物剂量。

(3)格列奈类

1)瑞格列奈:起始剂量为 0.5mg,餐前 15 分钟内服用。患者接受其他口服降血糖药治疗后转用瑞格列奈,起始剂量为 1mg;推荐的最大单次剂量为 2～4mg,进餐时服用;最大日剂量不超过 16mg,老年糖尿病患者酌情减量至 4～8mg/d。

对于衰弱和营养不良的患者,应谨慎调整剂量。如果与二甲双胍合用,应减少瑞格列奈的剂量。尽管瑞格列奈主要由胆汁排泄,但肾功能不全者仍应慎用。

2)那格列奈:本品的常用剂量为餐前 60～120mg,每日 2～3 次,可单独或与二甲双胍联用。对轻至中度肝病患者药物剂量不需调整,严重的肝病患者应慎用。

二、老年用药教育

(一) 用药教育的目的与策略

老年糖尿病患者用药教育的目的是杜绝患者的不良习惯,预防、降低不良反应发生,合理最优化使用药物。

由于老年患者的记忆力减退、接受能力下降、心理承受能力偏低、基础病偏多、有合并用药等情况，因此在不能首次就诊时给予过多知识。老年糖尿病患者首次就诊的用药教育需学会如何注射胰岛素或如何服用降血糖药物、如何自测血糖等基本内容。根据患者的接受程度，随后逐渐渗透如何识别和处理高、低血糖症状，理解规律饮食的重要性，糖类摄取与胰岛素的关系等知识或传达给其家属，也可在就诊间期通过电话回访和随诊提供必要的基础信息。当患者服药稳定后，针对具体问题进行个体化用药教育。

（二）具体教育内容

1. 针对以上要求，需提供患者教育的重要信息如下：

（1）糖尿病的发病过程及并发症。

（2）高血糖的症状和体征（尿频、进行性口渴、无法解释的体重减轻、乏力、明显不易控制的反复感染）。

（3）酮症酸中毒的症状和体征。

（4）低血糖，如饥饿、焦虑、心率快、多汗、晨起头痛、嗜睡（减餐、降血糖药联合应用多可能发生）。

（5）运动对血糖浓度和胰岛素剂量的影响。

（6）饮食，主要是碳水化合物换算（饮食中的碳水化合物对血糖升高的作用占90%）。

（7）胰岛素，包括注射用胰岛素的类型、作用开始及峰作用时间；储存、稳定性（结晶和沉淀）

（8）治疗目的，即HbA1c、血糖、胆固醇、甘油三酯等指标达标。

（9）自测血糖。回顾目标，结合饮食、运动、药物治疗综合解释自测血糖的结果，定期监测患者使用的仪器的正确性。

（10）足部护理，每天检查双足，关注脚趾甲、鸡眼、脚气，看脚病专家。

（11）心血管病危险因素，如吸烟、高血压、肥胖、胆固醇升高。

（12）更新治疗方法，包括非处方药物，补充营养，更换药物，复习药物-药物、药物-疾病相互作用。

（13）强调ADA治疗标准：控制不佳者每季度测定1次HbA1c；稳定者每半年测定1次，关注目标值。每年测定1次血脂。每年做眼科视网膜检查、测定微量白蛋白尿。每年1次足部检查（肢端循环不良病史者应每个月检查1次）。

2. 口服降血糖药的用药教育　美国糖尿病学会指南强调，任何一种新的治疗糖尿病的药物均应从小剂量开始，逐渐加量，以免发生低血糖，并使血糖达标。告知患者用药方法，关注用药期间老年人易发的不良反应。

3. 自我血糖监测（SMBG）　患者可通过每天的血糖监测，直接对用药剂量、饮食模式、锻炼、疾病的影响进行评估，是患者教育的一部分。

（1）SMBG的价值

1）难识别的低血糖患者：许多老年糖尿病患者对低血糖建立了缓慢的反常反应，使症状不明显，即未意识到低血糖。突发的焦虑刺激或血糖突然下降引起的症状、体征与真实的低血糖症状相似，通过测手指血糖很容易识。因此，SMBG对检出这些无症状的低血糖很重要。

2）强化胰岛素治疗的患者：每天多次注射胰岛素或使用胰岛素泵的患者，应用SMBG

来了解餐前、餐后、睡前、夜间血糖浓度,对计算餐前和基础胰岛素用量、评价胰岛素和饮食疗法的效果至关重要,而且可及时检出高血糖和低血糖。

(2)SMBG 的监测方法:首次检测血糖的患者,建议一天测定 4 次血糖(分别在三餐前和睡前),便于患者认识自己的血糖规律;当 HbA1c 达标后,建议一天测 2 次,但分别在不同的时间点评价其空腹、餐后 2 小时以及餐前血糖(其中午餐后 2 小时血糖和晚餐前血糖与 HbA1c 关系最密切)。

第十节　不合理用药的常见表现及其处理

一、不合理用药的表现

老年患者在用药过程中会出现用药剂量不准、多次用药、漏服药物等情况,易引起血糖波动,导致低血糖或高血糖发生,对机体造成损害及导致其慢性并发症的发生。因此,掌握血糖异常的症状对及时纠正、优化用药十分重要。

二、不合理用药的判断

(一) 胰岛素过量

胰岛素过量的症状和体征:每日的胰岛素剂量为 1U/kg,这个剂量通常对于没有胰岛素抵抗的 1 型糖尿病患者过高,表现为体重增加、经常的低血糖症状,血糖大范围波动于高、低之间。

(二) 胰岛素用量不足

1. 高血糖的症状和体征　口渴、多尿、疲劳、视物模糊、血糖持续高于 16.7mmol/l。

2. 酸中毒征象　呼吸水果味、深大呼吸、呼吸困难。

3. 脱水征象　口干、皮肤干燥、疲劳。

4. 其他　胃痛、恶心、呕吐、食欲缺乏。

二甲双胍需要谨慎使用,因为住院治疗期间很可能有使用禁忌证的出现,如肾功能不全、血流动力学状态不稳定或者需要对比剂的影像学检查。

三、不合理用药的处理

1. 降血糖药过量

(1)轻度低血糖:大多数低血糖反应都可通过 10～20g 葡萄糖控制。如果 15 分钟后血糖仍低,此时可进食 10～20g 糖类。快速补糖后,患者应进食少量混合糖类或蛋白质(如牛奶、花生酱、三明治)继续提供葡萄糖来源,或在 1～2 小时后进餐。患者可遵循简单"15-15-15"原则,即 15g 葡萄糖,如果 15 分钟后仍有症状再进食 15g 葡萄糖。

(2)中-重度低血糖:胰高血糖素可以在三角肌或大腿前部皮下或肌内注射。给予胰高血糖素的患者应面朝下平卧(防治呕吐时发生误吸),患者一旦清醒(10～25 分钟)应立即进食;如果胰高血糖素无效,应静脉注射葡萄糖处理(50％葡萄糖 20～50ml 为 10～25g,1～3分钟)。大剂量静脉推注葡萄糖后,应持续使用葡萄糖静脉滴注(5～10g/h)至患者恢复意识后可以停止。

2. 糖尿病酮症酸中毒（DKA） 胰岛素注射不足、相对和绝对的胰岛素不足，促进了肝中的脂肪分解和游离脂肪酸生成 β-羟丁酸、乙酰乙酸、丙酮。过高的胰高血糖素增强了糖原合成及减弱外周酮体的利用，应激性刺激胰高血糖素。儿茶酚胺、糖皮质激素等胰岛素反向调节激素的分泌，诱发酮症酸中毒。常见的应激状态包括感染、胰腺炎、创伤、甲亢和急性心肌梗死。DKA 患者的处理措施见表 14-8。

表 14-8 DKA 患者的处理措施

病因：身体内的胰岛素量不足时发生
1. 是否停用或漏用胰岛素？
2. 如果使用胰岛素泵，管子是否阻塞或缠绕？ 药物是否用尽？
3. 胰岛素是否失效？ 瓶子是否透明？
4. 是否生病或其他应激引起的胰岛素需要量增加（感染、胰腺炎、创伤、甲亢和急性心肌梗死）
如何处理
1. 患病处理
2. 每天测血糖>4 次
3. 血糖>16.7mmol/L 时测尿酮体
4. 多喝水
5. 静脉持续滴注胰岛素降低高血糖
6. 纠正电解质紊乱
7. 保持酸碱平衡

第十一节 治疗的风险及其处理

一、治疗的风险事件

（一）病理生理学风险

糖尿病是引起住院和合并症的一个重要原因，已知的糖尿病、先前未确诊的糖尿病或暂时性住院相关的高血糖都会诱使高血糖复发，对于老年人群，具有过早死亡和特定疾病复发的风险。

在老年糖尿病患者肾功能不全经常不会出现白蛋白尿，与经典糖尿病肾病的病因学有所不同，并且与血管并发症密切相关。对存在发生肾脏损害或者处于高风险状态的老年糖尿病患者进行预防和治疗干预，可以改善临床预后、增加安全性、避免住院和保证生活质量。

（二）不合理用药

胰岛素保存、使用与营养的不匹配和正常逆调节反应的缺失等因素，导致老年糖尿病患者发生低血糖的风险更高。因此，胰岛素输注期间也应该考虑其他疾病需要迅速的血糖控制或者长时间的禁食。虽然缺乏非生命垂危患者的研究数据，但是一般达到血糖的目标范围，即 FPG<7.8、餐后 2 小时血糖<10mmol/L，可调量性胰岛素持续输注治疗不再被常规推荐。

非磺脲类胰岛素促泌剂不能用于1型糖尿病,肝功能不全者慎用。对中至重度肝功能不全患者,那格列奈的清除不受影响,瑞格列奈的清除降低。

二、治疗的风险因素

(一) 老年人的生理特点引发的风险因素

老年人的生理特点为肝细胞减少,肝微粒体酶活性下降,肝血流量减少,易发生药物蓄积致使不良反应;肾血流量减少,肾小球滤过率、排泄率减弱,经肾排泄的药物易在体内蓄积。因此,老年患者表现为生理功能减退、抵抗力下降,呈多病性,常多药并用。

但老年患者糖尿病的"三多一少"表现不典型,通常很少诊断和治疗。老年患者糖尿病的典型症状可能被其他疾病所掩盖或不完全表现,或被当做衰老的正常进程。例如多尿症状被高的肾糖阈所减轻,尿失禁或与"前列腺疾病"相混淆;口渴症状易被老年人忽视,增加脱水和电解质失衡的危险性;饥饿可能因药物或情绪沮丧而改变;乏力通常被当做"逐渐变老"的表现,体重减轻尽管有时很明显,但也可能逐渐发生而不易被发现。因此,老年人的生理特点即为治疗风险,是用药选择的限制因素。

1. 高血糖高渗状态(HHS)　高血糖高渗状态(HHS)即高血糖(>33.4mmol/l)、高渗透压(>330mOsm/L)而无酮症酸中毒。由于2型糖尿病患者有一定量的胰岛素生成,这防止了脂肪过度分解和酮体生成。血清酮体和血pH测定可以将此病和DKA相区别。

HHS主要发生在老年人群,几种因素使这一人群渴感减退,包括渴感识别能力丧失,无法要求饮水(如痴呆、应用镇静药、插管)或无法按要求饮水(如躯体残疾、行动受限),感染或其他使糖尿病恶化的急性疾病(如MI、消化道出血、胰腺炎)可与高渗型多尿和渴感减退共同导致严重的脱水和高血糖;应用升高血糖的药物如苯妥英、糖皮质激素、普萘洛尔、利尿药或抗抑郁药等。

2. 慢性并发症　尽管由于这些慢性并发症经过很长时间才会发生和进展,但血糖升高可能未察觉而糖尿病逐渐发展为并发症。由于生活水平提高和寿命延长,若不治疗会增加与糖尿病相关的患病率。因此无论患者是否出现症状,都应重视药物治疗。

(二) 药源性血糖异常

1. 升血糖药物　影响胰岛素的合成和分泌,此类药源性糖尿病发生在药物治疗过程中,症状较轻。但能加重原有糖尿病患者的高血糖,甚至引起HHS。其机制是:①药物治疗引起低血钾、低血镁导致胰岛素分泌减少,如噻嗪类利尿药;②增强儿茶酚胺敏感性,直接抑制胰岛素的分泌,如β受体阻断药。

导致胰岛素抵抗或影响胰岛素在靶组织的利用:①高胰岛素血症、高甘油三酯与胰岛素抵抗共同作用继发糖尿病,且可发展为DKA,如氯氮平(clozapine)、奥氮平(olanzapine)和喹硫平(quetiapine)等;②促进肝糖原异生,增加葡萄糖的合成,产生胰岛素抵抗,如糖皮质激素、全胃肠道营养物、苯妥英等。

2. 降血糖药物　有些药物能影响血糖代谢,增强降血糖药的作用,如香豆素类、吩噻嗪类、磺胺类、水杨酸盐、氯霉素、单胺氧化酶抑制剂等,与磺脲类合用时可诱发或加重低血糖症。另外,普萘洛尔等β受体阻断药不仅增强降血糖药的作用,且能抑制低血糖症时的交感神经兴奋,从而掩盖低血糖症状,亦应注意。

(三) 合并用药

1. **磺脲类药物**　与下列药物合用时可增加低血糖发生率:

(1)抑制磺脲类药物自尿液中排泄的药物,如治疗痛风的丙磺舒、别嘌醇。

(2)延缓此类药物代谢的药物,如 H_2 受体阻断药西咪替丁、雷尼替丁,抗凝药,氯霉素,咪康唑。

(3)促使此类药物与血浆蛋白解离的药物,如水杨酸盐、贝特类。

(4)合用其他降血糖药物,如二甲双胍、阿卡波糖、胰岛素及胰岛素增敏剂等。

2. **二甲双胍**

(1)二甲双胍可增加抗凝药的抗凝作用,如华法林。

(2)促使二甲双胍的药-时曲线下面积(AUC)增加的药物,如西咪替丁、呋塞米。

(3)经肾小管排泌的阳离子型药物,包括地高辛、吗啡、普鲁卡因胺、奎尼丁、雷尼替丁、氨苯蝶啶、复方磺胺甲噁唑、万古霉素等可能与二甲双胍竞争肾小管转运系统,发生相互作用,应密切监测可发生相互作用的药物及二甲双胍的剂量。

(4)如同时服用某些引起血糖升高的药物,包括噻嗪类及其他利尿药、糖皮质激素、甲状腺激素、苯妥英、拟交感神经药、钙离子拮抗剂、异烟肼等,要监测血糖,停用上述药物后应密切注意低血糖的发生。

三、治疗风险的处理

(一) 风险事件的预防、处理

血糖控制的一般原则适用于老年患者,但是一些降血糖药物需要减少剂量或者避免使用。ADVANCE 研究表明格列齐特对肾功能的保护作用,这种保护作用可能在合并微量白蛋白尿和大量白蛋白尿的患者中作用更大,并且使 GFR 改善。

针对老年人的特点合理选用口服降血糖药

1. 治疗老年 2 型糖尿病患者的一般方法:降血糖药的选择首先基于高血糖的严重程度,其他因素包括体重、伴随疾病及药物价格。IFG 患者应根据个人能力制订饮食和运动治疗方案。糖尿病患者的 FPG>8.9mmol/L 或餐后 2 小时血糖>11.1mmol/L,阿卡波糖、那格列奈、瑞格列奈或 TZDs 均可选择,但需考虑到磺脲类易引起低血糖。FPG>16.7mmol/L 又无明显应激的患者应开始胰岛素治疗。年龄>80 岁的患者应用 Clcr 来评价肾功能。

2. 磺脲类药物的选择:以原形排泄或代谢为活性产物而依赖肾脏排泄的磺脲类如氯磺丙脲、格列本脲应避免用于老年和肾功能不全患者;完全代谢为无活性产物或微弱活性产物的磺脲类如格列吡嗪、格列美脲、甲苯磺丁脲可以使用。其中,格列吡嗪的作用持续时间比格列本脲短,导致老年患者发生严重持久低血糖的可能性减少 50%,因此格列吡嗪比格列本脲更适合用于虚弱的老年患者。甲苯磺丁脲、格列美脲、瑞格列奈和那格列奈也是很好的选择。

肾功能不全患者即使未服用磺脲类也易因食欲减退、进食不规律、热量摄入不足以及影响营养的其他因素发生低血糖。要求要保证规律饮食,否则易造成低血糖复发。肾功能异常者禁用二甲双胍,因肾功能下降导致二甲双胍蓄积易发生乳酸性酸中毒。

噻唑烷二酮类主要在肝脏代谢,可用于轻度肾衰竭患者,罗格列酮、吡格列酮可考虑小剂使用,这些药物单独使用不引起低血糖。

（二）预防与治疗药源性血糖异常

1. 首先应严格掌握用药的适应证。未进食或进食量少和运动量大的患者应慎用降血糖药物，以免发生低血糖症。

2. 老年尤其是心、肝、肾功能不良的患者，其药物代谢缓慢、半衰期延长，应用上述药物易致药物蓄积，用药初期应从低剂量开始，根据血糖水平逐渐调整剂量。长期应用降血糖药物的患者，当身体的应激状况（如重度感染、急性心肌梗死、脑血管意外等）解除后要及时调整降血糖药的剂量，避免发生低血糖。

3. 其次，应用易致血糖异常的药物时，须经常监测血糖，及时发现和采取措施。出现血糖异常或血糖控制恶化时，原则上应停用可疑药物，如果确实需要继续用药，应根据药物致血糖异常的特点审慎更换类似药物或调整药物剂量，没有适宜的替代药物而必须继续用药时应权衡利弊并加强防护。例如系统性红斑狼疮、类风湿关节炎活动期必须应用类固醇类药物，应审慎考虑其剂量，并在饮食治疗的基础上，选用口服降血糖药物或胰岛素治疗。

4. 另外，要避免降血糖药物的误服，防止由于不了解中药降糖制剂中含有西药成分（如格列本脲）而与西药降血糖药合用导致的低血糖或低血糖昏迷的发生。

四、老年糖尿病治疗总结

1. 对于期望寿命在10年以上的健康老年患者，合理的糖化血红蛋白（HbA1c）目标值应该与较年轻成人的目标值相似（<7.0%）。对于伴多种医学及功能性共存疾病的虚弱老年患者及期望寿命<10年的患者，目标值应稍高（≤8.0%）。对于极高龄的患者，个体化目标值可能甚至更高，且应包括尽力保持生活质量及避免低血糖和相关并发症。

2. 低血糖可能引起认知和功能损害，低血糖风险在老年人中显著升高。因此，避免低血糖是老年患者中确立目标和选择治疗药物时的一个重要考虑因素。

3. 老年糖尿病患者应接受关于生活方式改变的个体化咨询，包括医学营养评估。对于老年糖尿病患者，需根据医学、生活方式及个人因素来制订营养处方。

4. 在无特定的禁忌证时，建议采用二甲双胍作为老年糖尿病患者的初始治疗。对于禁忌使用和（或）不耐受二甲双胍的患者，短效磺酰脲类药物（如格列吡嗪）是一种替代选择。对于不耐受或不适合使用二甲双胍和磺酰脲类药物的患者，瑞格列奈是一种合理的替代选择，尤其是对具有低血糖风险的伴慢性肾脏病的患者。对于二甲双胍、磺酰脲类药物和瑞格列奈不耐受或有禁忌证的老年患者，也可考虑DPP-4抑制剂作为单药治疗。由于DPP-4抑制剂的作用相对较弱，且通常仅能使糖化血红蛋白（HbA1c）降低0.6%，所以其应仅在HbA1c水平相对接近目标水平时作为单药治疗使用。DPP-4抑制剂作为单药治疗使用时，无低血糖风险且不影响体重。然而，这类药物的长期安全性尚不明确。

5. 如果老年患者采用单个药物治疗无法达到血糖目标值，应评估是否存在促成因素，如难以坚持用药、药物副作用或对营养计划的理解欠佳。

6. 对于以生活方式干预和二甲双胍或磺酰脲类药物作为初始治疗无效的老年患者，使用第二种药物的适应证和治疗选择与较年轻的患者相似。

第十二节 老年糖尿病治疗中的常见药学问题

一、药源性糖尿病

针对药源性糖尿病,应做如下预防:①应用可疑致糖尿病的药物时,须经常监测血糖、尿糖,及时发现并采取措施;②出现糖尿病或已控制的糖尿病恶化时,原则上停用可疑药物,权衡利弊,确实需继续用药,例如系统性红斑狼疮(SLE)、类风湿关节炎活动期必须应用类固醇药物,应审慎考虑其剂量,并在饮食治疗的基础上,选用口服降血糖药物或胰岛素治疗;③在进行药治疗时要警惕口服降血糖药物或胰岛素引起的低血糖反应。

二、联合用药

如果单独应用口服降血糖药物治疗已经达到临床有效最高剂量3个月,但仍然不能达到血糖控制目标,应考虑联合用药。

联合用药可以是两种或两种以上的口服降血糖药物联合使用,或者是胰岛素和一种口服降血糖药物联合应用。选择联合口服降血糖药物治疗时应该考虑以下情况:近期的血糖变化;最近的 HbA1c 检查结果;患者是否有胰岛素缺乏或胰岛素抵抗,以哪种表现为主;患者的病史和目前的药物治疗情况;患者希望如何选择药物。如果联合应用口服降血糖药物后仍然不能达到血糖控制目标,可添加胰岛素治疗。联合用药方法与特点见本章第七节使用抗糖尿病药物的注意事项。

三、低血糖症的合理用药

对于低血糖症患者,应该立即给予糖水。若患者的低血糖症比较严重,可以先给予肾上腺素注射治疗,这样可以促进肝糖原的分解、降低葡萄糖的吸收,再给予胰升糖素肌内注射治疗,等患者完全清醒后可视情况给予葡萄糖输液治疗以避免低血糖的复发。尤其是一些老年糖尿病患者,可以选择短效的瑞格列奈,而一些长效的磺脲类制剂可能会导致严重的低血糖症,一般不建议服用。

附:典型案例

老年患者低血糖的药学监护

患者张某某,男,82 岁。因虚弱、呼之不应,急诊抢救。近期嗜睡、头晕目眩加重,体重减轻 5kg。除有轻至中度 COPD 和关节炎外,大致健康。既往无糖尿病病史。体格检查:皮肤欠充实,黏膜干燥,仅对深部疼痛有反应;血压 90/60mmHg,脉搏 96 次/分。左下肺闻及啰音,胸片证实为肺炎。空腹血清化验值:Na^+ 128mEq/L(正常值为 135～145mEq/L);葡萄糖 4.43mmol/L(正常值为 3.89～6.2mmol/L);血浆渗透压 374mOsm/L(正常值为 280～295mOsm/L)。血酮体阴性。积极补液治疗,患者的餐后血糖持续＞13.9mmol/L,HbA1c 11%。

诊断:低血糖昏迷;左下肺炎;2 型糖尿病;COPD;关节炎。

解析:经过急诊抢救后,患者的病情逐渐趋于稳定,需要根据患者的病情制订糖尿病的长期治疗方案。

1. 血糖控制目标　与年龄相关的自主功能减退的老年患者，低血糖发生时通常缺乏前期症状，因此血糖控制趋于适当放宽。该患者的血糖控制基本目标是FPG 5.6～7.8mmol/L，餐后2小时血糖为10mmol/L左右，HbA1c 8%～8.5%。

2. 营养和运动　老年糖尿病患者谨慎评估减重因素，易造成营养不良和脱水，对于年龄＞70岁的患者，体重超过20%时建议减肥。建议热量摄入30kcal/(kg·d)，可自由活动的老年患者适当补充含膳食纤维较高及含糖指数较低的饮食结构，同时要降糖、控制高血压并改善异常血脂；含膳食纤维较高的饮食不适用于长期卧床的老年患者，易诱发肠梗阻。

适量运动可稳定血糖，对于患关节炎的患者可用游泳代替。运动方案执行前，必须进行心血管评估，避免发生心肌缺血或视网膜病变的风险。

3. 用药方案　除饮食、运动外，老年糖尿病患者应谨慎选用药物治疗方案。当FPG＞8.9mmol/L或餐后2小时血糖＞11.1mmol/L时，阿卡波糖、二甲双胍、那格列奈或TZDs均可选择。其中磺脲类易引起老年患者低血糖，但可以避免每日多次服用。对于本例患者患有COPD且老年患者的肾清除率减低，应避免应用二甲双胍；由于本例患者的FPG为11.1～13.9mmol/L，应开始磺脲类治疗。

4. 口服降血糖药的选用存在的问题　老年患者的血清白蛋白减少，磺脲类的游离型药物血清浓度增高；老年患者对低血糖产生反应的反向调节激素减少，易发生持续性低血糖；且老年患者的肾脏功能下降，因此经肾排泄的口服药物清除率下降，半衰期延长，易发生低血糖及低钠血症，老年人应避免应用。格列吡嗪与格列本脲相比更适合于老年患者，因其持续时间比格列本脲短而且代谢为无活性的产物，因此导致老年患者发生持续性低血糖的风险降低。所以本患者开始服用格列吡嗪治疗，并定期进行血糖监测。

（孙雯娟　闫雪莲　梅　丹）

参 考 文 献

［1］中国老年学学会老年内分泌代谢专业委员会等编写组. 老年糖尿病诊疗措施专家共识［J］. 中华内科杂志，2014，53(3)：243-251.

［2］Buman MP, Hekler EB, Haskell WL, et al. Objective light-intensity physical activity associations with rated health in older adults［J］. Am J Epidemiol，2010，172：1155-1165.

［3］Lipska KJ, Bailey CJ, Inzucchi SE. Use of metformin in the setting of mild-to moderate renal insufficiency［J］. Diabetes Care，2011，34：1431-1437.

［4］田慧，李春霖，杨光. 二甲双胍在老年2型糖尿病患者应用的安全性评估［J］. 中华内科杂志，2008，47：914-918.

［5］中华医学会老年医学分会，中华老年医学杂志编辑部. 中国健康老年人标准(2013)［J］. 中华老年医学杂志，2013，32(8)：801.

［6］王秀兰. 临床药物治疗学：内分泌疾病［M］. 第8版. 北京：人民卫生出版社，2007：11-40.

［7］朱虹. 口服降血糖药物的用药指导［J］. 中国现代药物应用，2010，19(4)：101.

［8］张明，叶晓芬，蔡映云. 胰岛素给药方法［J］. 上海医药，2013，34(7)：22-24.

第十五章

老年骨质疏松症

第一节　定义和流行病学

一、定义

骨质疏松症(osteoporosis,OP)是一种以骨量低下、骨微结构损坏,导致骨脆性增加,易发生骨折为特征的全身性骨病(WHO)。2001 年美国国立卫生研究院(NIH)提出骨质疏松是以骨强度下降、骨折风险增加为特征的骨骼系统疾病。

骨质疏松症可发生于不同的性别和年龄,但多见于绝经后妇女和老年男性。骨质疏松症分为原发性和继发性两大类。原发性骨质疏松症可以分为绝经后骨质疏松症(Ⅰ型)、老年骨质疏松症(Ⅱ型)和特发性骨质疏松症(包括青少年型)。继发性骨质疏松症指任何影响骨代谢的疾病和(或)药物导致的骨质疏松。绝经后骨质疏松症一般发生在妇女绝经后的 5～10 年内;老年骨质疏松症一般是指老年人 70 岁后发生的骨质疏松;而特发性骨质疏松症主要发生在青少年中,病因尚不明确。本文主要讨论的是老年骨质疏松症。

二、流行病学

在美国、欧洲和日本,有超过 7500 万人罹患骨质疏松。在 2000 年,全球大约有 900 万例骨质疏松性骨折病例。

目前,我国 60 岁以上的老龄人口约 1.73 亿,是世界上老年人口绝对数量最多的国家。至 2025 年我国 60 岁以上的老人在总人口中的比例将达到 19.2%,因而绝经后骨质疏松和老年骨质疏松的发病率也将显著增加,老年人的患病率男性为 60.72%、女性为 90.47%,已成为老年人最常见和明显影响生活质量的慢性病之一,是老年性疾病防治的重点。骨质疏松症的严重后果是发生骨质疏松性骨折(脆性骨折),即在受到轻微创伤或日常活动中即可发生骨折。骨质疏松性骨折的常见部位是脊椎、髋部和前臂远端。女性一生中发生骨质疏松性骨折的危险性(40%)高于乳腺癌、子宫内膜癌和卵巢癌的总和,男性一生中发生骨质疏松性骨折的危险性(13%)高于前列腺癌。随着人类寿命的延长和老龄化社会的到来,预计未来几十年中国人的骨折率还会明显增长。

骨质疏松性骨折的危害很大,导致病残率和死亡率增加。如发生髋部骨折后的 1 年之内,死于各种并发症者达 20%,而存活者中约 50%致残,生活不能自理,生命质量明显下降。

而且骨质疏松症和骨质疏松性骨折的治疗与护理需要投入巨大的人力和物力,费用高昂,造成沉重的家庭、社会和经济负担。老年骨质疏松症已经成为人类的重要健康问题。

值得关注的是,骨质疏松性骨折是可以防治的,如果尽早预防可以避免骨质疏松及其骨折。即使发生过骨折,只要采取适当合理的治疗仍可有效降低再次骨折的风险。因此普及骨质疏松知识,做到早预防、早诊断,及时预测骨折风险并采用规范的防治措施是十分重要的。

第二节 病因和发病机制

一、病因

老年骨质疏松症是一种复杂的、由多种因素产生的慢性退行性病变过程。虽然骨量会随年龄的增长而逐渐下降,但不是每个人都会患上骨质疏松症。形成骨质疏松症的两个最主要的决定因素是骨峰值及其后的骨量减少速率。人们通常在 30 岁左右达到他们的骨峰值,然后骨量开始以一定的速率丢失。

引起老年性骨丢失的因素十分复杂,流行病学调查显示,40%～60%的骨质疏松性骨折男性中可识别出骨质疏松的病因或促进因素。在这些调查中最常识别出的骨质疏松的原因包括性腺功能减退症、糖皮质激素治疗、胃肠道疾病、维生素 D 缺乏、抗癫痫药物治疗、高钙尿症及酗酒等。

1. 内分泌因素 与骨质疏松症发生相关的激素有性激素(雌激素、雄激素和孕激素)、甲状旁腺激素、降钙素、活性维生素 D、甲状腺素、皮质类固醇激素和生长激素等,前 4 种激素特别是性激素在骨质疏松症的发生中起决定性作用,尤其对女性的影响更为显著。性激素在骨生成和维持骨量方面起着重要的作用,它可间接合成蛋白,促使骨内胶原形成,以使钙、磷等矿物质更好地沉积在骨内。老年人由于性腺功能减退,雌激素及雄激素生成减少,降钙素分泌减少,甲状旁腺素增多致使骨代谢紊乱,引起骨形成减少和骨吸收增加,所以更易发生骨质疏松。

2. 营养状况 老年人的消化功能降低,进食少,可致使蛋白质、钙、磷、维生素及微量元素摄入不足和营养不良,特别是维生素 D 缺乏,使钙、磷比例失调,都可使骨的形成减少。

3. 遗传及免疫因素 相关家系调查发现,46%～62%的骨密度与遗传因素相关。一种基因决定一种性状,基因多态性可使同类基因对同一信号出现不同程度的反应,结果引起不同程度的性状差异。研究发现,有多种基因参与骨量的获得和骨转换的调控,这些基因主要包括细胞因子(如 IL-1、IL-6)、受体基因(如雌激素受体)等。

4. 生活方式

(1) 吸烟及饮酒:吸烟及过量饮酒均与骨丢失速率及骨折发生率增加相关。饮酒与男性的骨密度呈负相关,骨质疏松性骨折常见于饮酒的男性中。乙醇引起青春期男性骨密度降低的机制尚不明确,但似乎与骨形成减少有关。维生素 D 代谢异常、甲状旁腺功能异常及性腺功能异常可能也促进乙醇相关性骨丢失,但目前尚缺乏有力的证据证实这些因素中的任何一个发挥了重要作用。

(2) 钙及维生素 D:观察性研究发现,维生素 D 缺乏与骨质疏松、体能低下及骨折风险增加具有相关性。补充钙及维生素 D 对骨质疏松男性有益的支持证据主要来自前瞻性、随机、安慰剂对照试验。尽管许多试验已报道了钙或联合应用钙及维生素 D 对绝经后女性及较年长男性的骨密度的有利影响,但是关于骨折发生率的结果并不一致。

(3) 体力活动及强度:肌肉的活动对骨组织的重建有重要影响。随着年龄的增长,老年人因行动不便,或因骨折或骨病而需长期外固定的患者或长期卧床瘫痪者的户外运动及日照减少,维生素 D 合成减少,从而使肠道的钙、磷吸收下降,骨形成及骨矿化降低,也是老年人易患骨质疏松症的重要原因。例如一项纳入 2205 例 49~51 岁男性的队列研究表明,体力活动水平低或中等者的骨折(包括髋部骨折)风险是体力活动水平高者的 2 倍多(相比高体力活动水平者,体力活动水平低或中等者的髋部骨折 HR 为 2.31,95%CI 1.39~3.85)。

(4) 体重:体重是骨质疏松和骨质疏松性骨折的重要保护因子。体重与较年长男性的骨密度有关,体重减轻似乎与髋部骨丢失速率增加有关,即使是有意减轻体重的肥胖男性也是如此。身材瘦小易患骨质疏松,而且短期内体重下降过多,骨量丢失显著增加。长期卧床的老年人有肌肉萎缩风险,骨折风险更大。

5. 环境因素　气候的变化可影响人体的骨代谢及其营养状况;环境污染物中含有对骨骼有害的铅、铝、镉等重金属,通过呼吸或饮食进入人体后,可影响骨骼对钙、磷的吸收,成骨细胞少于破骨细胞,导致或加重骨质疏松。

二、发病机制

骨量减少的原因是峰值骨量低、骨量达峰值后骨质吸收过多,或者骨重建中的骨形成减少。在个体患者中这 3 种病理过程很可能均在不同程度上促进了骨质疏松。

骨组织的生长、发育、代谢和衰老表现为骨量的增加或减少,而在组织学上则以骨构建和骨重建两种形式进行,表现为骨组织细胞的分化、增殖、凋亡和转型。骨构建的结果是骨的生长、发育与骨形态变化,而骨重建是骨的循环代谢方式,仅表现为骨量的增加或减少,一般无骨形态的改变。

骨质疏松症的发生机制尚未完全明确。最近研究发现,老年骨质疏松症患者的成骨细胞在增龄衰老过程中不仅数量明显减少,其形态和合成分泌功能也发生明显的退行性改变。Ⅰ型胶原和骨形成细胞因子减少,因而骨重建中 BMU 细胞群所含的成骨细胞数量不足和功能减退,从而引起新生骨质生成不良。同时,老年人由于成骨细胞合成骨保护蛋白(osteoprotegerin,OPG)减少,对破骨细胞的抑制调控作用减弱,而功能性受体配体 RANKL 的调控作用相对偏高,因此老龄期破骨细胞的骨吸收功能仍较活跃,而成骨细胞的骨形成功能明显减弱,表现为低转换率型骨质疏松。

成骨细胞和破骨细胞均含有雌激素受体,雌激素具有抑制骨转换功能的作用。绝经后女性雌激素缺乏则加快骨髓基质细胞向破骨细胞的诱导分化,骨吸收因子(IL-1、IL-6 等)分泌增多,促进破骨细胞的骨吸收功能,使骨转换率增加,而形成绝经后高转换型骨质疏松。

第三节　病理和病理生理

一、病理

骨质疏松症是由多种因素引起的系统性、代谢性骨病,其共同机制是引起肠钙吸收减少，或者肾脏对钙的排泄增多、重吸收减少；或者引起破骨细胞数量增多且活性增强，溶骨过程占优势；或是引起成骨细胞的活性减弱，骨基质形成减少，骨代谢处于负平衡。骨质疏松症的主要病理变化是骨基质和骨矿物质含量均减少、全身骨量减少。

绝经后骨质疏松症的骨丢失主要与破骨细胞的骨吸收增多有关。骨丢失主要发生在骨小梁，尤其是椎骨、股骨颈、桡骨远端和 Ward 三角区，丢失的主要是松质骨。

老年骨质疏松症的骨丢失主要与成骨细胞的活性缺陷有关，致骨形成量减少，而破骨细胞的功能正常甚至还有不同程度的减弱（继发性改变）。老年骨质疏松丢失的既有松质骨，也有皮质骨。

二、病理生理

原发性骨质疏松症是随年龄增长而发生的一种生理性、退行性变。绝经后骨质疏松和老年骨质疏松的病因不同，并有不同的病理生理特点。

（一）绝经后骨质疏松的病理生理

女性绝经前卵巢内的卵泡合成分泌雌激素、孕激素和雄激素，调节女性的生理功能，维持骨代谢平衡。绝经后雌激素迅速减少，骨量丢失加快，形成高转换型骨质疏松。发生的主要病理生理特点为：①对骨转换的抑制作用减弱；②肾 1α-羟化酶活性减弱；③降钙素合成分泌减少。

（二）老年骨质疏松的病理生理

老年骨质疏松是增龄衰老过程中成骨细胞与相关的骨形成因素衰老改变而发生的骨骼退行性改变，骨皮质空隙明显增多，骨质变脆，因而骨折发生率也明显增高。老年女性由于绝经原因使骨质疏松的发生率和病情严重程度高于男性。老年骨质疏松的发生除与性激素减少有关外，涉及的因素较多，其病理生理特点主要为：

1. 骨形成功能衰退。

2. 维生素 D 不足，其发生原因主要为：

（1）老年人由于户外活动减少，日照不足，含维生素 D 的食物摄取减少，小肠的吸收功能减弱和皮肤的光合作用减弱等原因使维生素 D 的摄取、吸收减少。

（2）肾脏合成 $1\alpha, 25\text{-}(OH)_2D_3$ 的能力降低。

（3）靶器官对维生素 D 的反应性降低，成骨细胞、小肠上皮细胞维生素 D 受体（VDR）的数量随年龄增长而降低，亲和性也减弱，影响骨形成功能和钙的吸收。

3. 甲状腺功能减退　甲状腺滤泡细胞分泌的甲状腺激素（T_3、T_4）有促进骨形成和骨吸收的作用，因而可对骨代谢平衡产生影响。甲状腺素降低可致全身代谢偏低，骨转换率下降，成骨细胞数量和功能降低，降钙素分泌减少，促进破骨细胞的吸收功能增加，由于新骨形成不足，最终导致骨密度下降。因此，老年人甲状腺功能低下可促进老年骨质疏松的发生。

第四节　临床表现和风险预测

一、临床表现

疼痛、脊柱变形和发生脆性骨折是骨质疏松症最典型的临床表现。但许多早期骨质疏松症患者无明显的症状,往往在骨折发生后经 X 线或骨密度检查时才发现已有骨质疏松症。

(一)疼痛

疼痛是老年骨质疏松症最常见的症状,以腰背痛或周围骨骼疼痛多见,负荷增加时疼痛加重或活动受限,严重时翻身、起坐或行走有困难。多与劳累和活动过量有关,占疼痛患者中的 70%～80%。新近胸腰椎压缩性骨折亦可产生急性疼痛,相应部位的脊柱棘突可有强烈的压痛及叩击痛,一般 2～3 周后可逐渐减轻,部分患者可呈慢性腰痛。

(二)脊柱变形

骨质疏松严重者可有身长缩短和驼背、脊柱畸形和伸展受限。身长缩短和驼背多在疼痛后出现,主要是由于胸、腰椎压缩变形引起的。随着年龄增长,骨质疏松加重,驼背曲度加大,增加了下肢关节的负重,出现了多关节的疼痛,尤其是膝关节的周围软组织紧张、痉挛,膝关节不能完全伸展,疼痛更加严重。

(三)骨折

骨折是退行性骨质疏松症最常见和最严重的并发症。脆性骨折是指低能量或者非暴力骨折,如从站高或者小于站高跌倒或因其他日常活动而发生的骨折。发生脆性骨折的常见部位为胸、腰椎,髋部,桡、尺骨远端和肱骨远端;其他部位也亦可发生骨折。发生过一次脆性骨折后,再次发生骨折的风险明显增加。

(四)呼吸功能下降

胸、腰椎压缩性骨折,脊椎后凸,胸廓畸形,可使肺活量和最大换气量显著减少,患者往往可出现胸闷、气短、呼吸困难等症状。

二、骨质疏松的危险因素

1. 固有因素 人种(白种人和黄种人患骨质疏松症的危险高于黑种人)、老龄、女性绝经、母系家族史。

2. 非固有因素 低体重、性腺功能低下、吸烟、过度饮酒、饮过多的咖啡、体力活动缺乏、制动、饮食中的营养失衡、蛋白质摄入过多或不足、高钠饮食、钙和(或)维生素 D 缺乏(光照少或摄入少)、有影响骨代谢的疾病和应用影响骨代谢的药物。

三、骨质疏松性骨折的风险预测

世界卫生组织推荐的骨折风险预测简易工具(FRAX)可用于计算 10 年发生髋部骨折及任何重要的骨质疏松性骨折的概率,适用于年龄为 40～90 岁、没有发生过骨折又有低骨量的人群(T 值＞－2.5)。因临床难以作出治疗决策,使用 FRAX 工具可以方便、快捷地计算出每位个体发生骨折的绝对风险,为制订治疗策略提供依据。临床上已诊断了骨质疏松,即骨密度(T 值)低于－2.5,或已发生了脆性骨折,本应及时开始治疗,不必再用 FRAX 评估。

FRAX 的计算参数包括股骨颈骨密度和临床危险因素。在没有股骨颈骨密度时可以由全髋部骨密度取代,然而在这种计算方法中,不建议使用非髋部部位的骨密度。在没有骨密度测定的条件时,FRAX 也提供了仅用体重指数(BMI)和临床危险因素进行评估的计算方法。

在 FRAX 中明确的骨折常见危险因素是：①年龄：骨折风险随年龄增长而增加；②性别；③低骨密度；④低体重指数：≤19kg/m²；⑤既往脆性骨折史，尤其是髋部、尺桡骨远端及椎体骨折史；⑥父母髋骨骨折；⑦接受糖皮质激素治疗：任何剂量，口服 3 个月或更长时间；⑧抽烟；⑨过量饮酒；⑩合并其他引起继发性骨质疏松的疾病；⑪类风湿关节炎。

FRAX 中骨折相关危险因素的确定基于来自全球包括北美、欧洲、亚洲、澳大利亚等多个独立的大样本的前瞻性人群研究的原始资料和大样本荟萃分析，因此是有共性的。但 FRAX 的计算模型中还需要相应国家人群的骨折发生率和人群死亡率的流行病学资料。由于我国目前还缺乏系统的药物经济学研究，关于骨折发生率的流行病学资料比较缺乏，所以尚无中国依据 FRAX 结果计算的治疗阈值。临床上可参考其他国家的资料，如美国 NOF 指南中提到使用 FRAX 工具计算出髋部骨折概率≥3%或任何重要的骨质疏松性骨折的发生概率≥20%时，视为骨质疏松性骨折的高危患者；而欧洲一些国家的治疗阈值髋部骨折概率≥5%。我们在应用中可以根据个人情况酌情决定。

第五节 诊断和鉴别诊断

临床上诊断骨质疏松症的完整内容应包括两方面：确定骨质疏松和排除其他影响骨代谢的疾病。

一、骨质疏松的诊断

临床上用于诊断骨质疏松症的通用指标是发生了脆性骨折及(或)骨密度低下。目前尚缺乏直接测定骨强度的临床手段，因此，骨密度或骨矿含量测定是骨质疏松症临床诊断以及评估疾病程度的客观的量化指标。骨质疏松性骨折的发生与骨强度下降有关，而骨强度是由骨密度和骨质量所决定。骨密度约反映骨强度的 70%，若骨密度低同时伴有其他危险因素会增加骨折的危险性。因目前尚缺乏较为理想的骨强度直接测量或评估方法，临床上采用骨密度(BMD)测量作为诊断骨质疏松、预测骨质疏松性骨折风险、监测自然病程以及评价药物干预疗效的最佳定量指标。

(一) 骨密度(BMD)测定

骨密度是指单位体积(体积密度)或者是单位面积(面积密度)的骨量，两者能够通过无创技术对活体进行测量。骨密度及骨测量的方法也较多，不同的方法在骨质疏松症的诊断、疗效监测以及骨折危险性的评估方面其作用也有所不同。

临床应用的骨密度测定方法有多种，如双能 X 线吸收测定法(DXA)、外周双能 X 线吸收测定术(pDXA)，以及定量计算机断层照相术(QCT)。其中 DXA 测量值是目前国际学术界公认的骨质疏松症诊断的"金标准"。

(二) 其他骨测量方法

其他测定方法主要包括定量超声测定法(QUS)、X 线摄片法和磁共振成像等。

(三) 诊断标准

参照 WHO 推荐的诊断标准(基于 DXA 测定)，骨密度值 T-Score(T 值)低于同性别、同种族正常成人的骨峰值不足 1 个标准差属正常；降低 1~2.5 个标准差为骨量低下(骨量减少)；降低程度≥2.5 个标准差为骨质疏松；骨密度降低程度符合骨质疏松诊断标准的同时伴有 1 处或多处骨折时为严重的骨质疏松（表 15-1）。

表 15-1　WHO 推荐的诊断标准

诊断	T-Score(T 值)
正常	T 值≥−1.0
骨量低下	−2.5＜T 值＜−1.0
骨质疏松	T 值≤−2.5
严重的骨质疏松	T 值≤−2.5 合并 1 处或多处骨折

　　T 值表示绝经后妇女和＞50 岁的男性的骨密度水平。T 值＝(测定值−骨峰值)/正常成人的骨密度标准差。

　　对于儿童、绝经前妇女及＜50 岁的男性，其骨密度水平建议用 Z 值表示。

　　Z 值＝(测定值−同龄人的骨密度均值)/同龄人的骨密度标准差。

（四）测定骨密度的临床指征

　　符合以下任何一条者建议行骨密度测定：①女性 65 岁以上和男性 70 岁以上，无论是否有其他骨质疏松的危险因素；②女性 65 岁以下和男性 70 岁以下，有 1 个或多个骨质疏松的危险因素；③有脆性骨折史和(或)脆性骨折家族史的男、女性成年人；④各种原因引起的性激素水平低下的男、女性成年人；⑤X 线摄片已有骨质疏松改变者；⑥接受骨质疏松治疗，进行疗效监测者；⑦有影响骨代谢的疾病或使用影响骨代谢的药物史；⑧IOF 骨质疏松症 1 分钟测试题回答结果阳性；⑨OSTA(亚洲人骨质疏松自我筛查工具)结果≤−1。

二、骨质疏松的鉴别诊断

　　骨质疏松可由多种病因所致。在诊断老年骨质疏松症之前，一定要重视排除其他影响骨代谢的疾病，以免发生漏诊或误诊。需要鉴别的疾病如影响骨代谢的内分泌疾病(性腺、肾上腺、甲状旁腺及甲状腺疾病等)；类风湿关节炎等免疫性疾病；影响钙和维生素 D 吸收与调节的消化道和肾脏疾病；多发性骨髓瘤等恶性疾病；长期服用糖皮质激素或其他影响骨代谢的药物，以及其他导致骨代谢异常的疾病等。

第六节　治疗总体安排

一、病症处理的综合安排

　　骨质疏松症是一种悄无声息地出现、多见于中老年人的生理退行性疾病，一旦发生骨质疏松性骨折，生活质量将明显下降，出现各种合并症，而且会带来高致残率、高死亡率和高额的医疗费用。因此，骨质疏松症的早期预防、及早诊断、积极有效的治疗都非常重要。但是在骨质疏松性骨折发生之前，骨质疏松症是可以预防、诊断和治疗的；即使出现第一次骨折，有效的治疗仍然可以减少或防止第二次骨折的发生。老年骨质疏松症的初级预防指尚无骨质疏松症危险因素者，应防止或延缓其发展为骨质疏松症并避免发生第一次骨折；骨质疏松症的二级预防指已有骨质疏松症、T 值≤−2.5 或已发生过脆性骨折，其预防和治疗的最终目的是避免发生骨折或再次骨折。

老年骨质疏松症的预防和治疗策略较完整的内容包括基础措施、药物干预及康复治疗。

二、治疗目标

目前认为老年骨质疏松症的治疗目标应包括以下几方面：①有效预防骨折，降低骨折再发生率；②能稳定骨量或获得骨量增加，通常理解为骨密度的稳定或增加；③减轻骨折症状和骨骼畸形；④使生理功能得到最大限度的恢复（例如终止残疾的进展）。

三、治疗措施的选择和安排

（一）基础措施

"基础"是重要的、不可缺少的。"基础措施"的适用范围包括骨质疏松症的初级和二级预防；骨质疏松症的药物治疗和康复治疗时间。基础措施的内容包括：

1. 调整生活方式

（1）富含钙、低盐和适量蛋白质的均衡膳食。

（2）适当的户外活动和日照，有助于骨健康的体育锻炼和康复治疗。

（3）避免嗜烟、酗酒，慎用影响骨代谢的药物。

（4）采取防止跌倒的各种措施，注意是否有增加跌倒危险的疾病和药物。

（5）加强自身和环境的保护措施等。

2. 骨健康的基本补充剂　提供足量的日常钙和维生素 D 是一种安全、廉价的帮助降低骨折风险的方式。一种均衡的饮食包含丰富的低脂肪奶制品、水果和蔬菜，能提供良好健康所需的钙以及众多的其他营养物质。如果不能通过饮食获得足够的钙，就需要采用膳食补充剂来补足推荐的每日所需钙摄入量。

（1）钙剂：建议所有人获得充足的膳食钙摄入，终身摄入足够的钙才能维持峰值骨量和骨骼健康。我国营养学会制定的成人每日钙摄入推荐量 800mg 元素钙是获得理想的骨峰值、维护骨骼健康的适宜剂量，如果饮食中的钙供给不足可选用钙剂补充，绝经后妇女和老年人的每日钙摄入推荐量为 1000mg。目前的膳食营养调查显示我国老年人平均每日从饮食中获取钙约 400mg，因此平均每日应补充的元素钙量为 500～600mg。钙摄入可减缓骨丢失，改善骨矿化。美国骨质疏松基金会（NOF）支持美国医学研究所（IOM）的建议，50～70 岁的男性每天需消耗 1000mg 钙，51 岁及 51 岁以上的女性和 71 岁以上的男性每天需消耗 1200mg 钙。然而，钙剂选择要考虑其安全性和有效性，高钙血症时应该避免使用钙剂。有学者认为，若每天摄入钙量超过 1200～1500mg，潜在利益有限，并可能会增加肾结石、心血管疾病和脑卒中的风险。文献对这方面具有较大争议，没有证据表明钙的摄入超过这些量能获得额外的骨强度。此外，目前亦无充分证据表明单纯补钙可以替代其他抗骨质疏松药物治疗，故用于治疗骨质疏松症时，应与其他药物联合使用。

（2）维生素 D：维生素 D 能促进钙吸收，对骨骼健康，保持肌力，改善身体稳定性、平衡和抗跌倒，降低骨折风险等方面起着重要作用。维生素 D 缺乏可导致继发性甲状旁腺功能亢进，增加骨吸收，从而引起或加重骨质疏松。我国成年人推荐剂量为 200U（5μg）/d；老年人因缺乏日照及摄入和吸收障碍常有维生素 D 缺乏，故推荐剂量为 400～800U（10～20μg）/d。美国 NOF 建议 50 岁以上的成年人每天维生素 D 摄入量为 800～1000U。医学膳食参考摄入研究所(IOM)推荐,70 岁以前每天需摄入维生素 D 600U,71 岁及 71 岁以上每天需摄入维生素 D 800U。维生素 D 首选的食物来源包括维生素 D 强化牛奶和谷物、咸水鱼和肝脏。有些钙补充剂和复合维生素片也包含维生素 D。含维生素 D_2 或维生素 D_3 的补充剂也可以使用。维生素 D_2 来源于植物,可作为严格素食主义者的饮食。

许多老年患者是维生素 D 缺乏的高危人群,包括吸收不良的患者(如腹腔疾病)或其他肠道疾病、慢性肾功能不全、患者使用的药物增加维生素 D 的分解(如某些抗癫痫药物)、足不出户的患者、慢性病及晒太阳有限度的患者和肥胖者。骨质疏松症患者也是维生素 D 缺乏症的高患病人群,尤其是那些合并发生髋部骨折者。维生素 D 缺乏症在服用抗骨质疏松症药物的患者中也很常见。

由于纠正维生素 D 缺乏而需要的维生素 D 摄入量在个体之间存在变量,存在维生素 D 缺乏风险的患者的血清 25(OH)D 水平应被测量。补充维生素 D 的量应足以使血清 25(OH)D 水平达到 30ng/ml(75nmol/L)并维持该剂量,特别是骨质疏松患者。维生素 D 用于治疗骨质疏松症时剂量可为 800～1200U,还可以与其他药物联合使用。建议有条件的医院酌情监测患者的血清 25(OH)D 水平等于或高于 30ng/ml,以降低跌倒和骨折风险。此外,普通成人每天维生素 D 补充的安全上限为 4000U,临床应用维生素 D 制剂时应注意个体差异和安全性,定期检测血钙和尿钙,特别是老年患者更应酌情调整剂量。

(二) 药物干预

药物干预的适应证:具备以下情况之一者,需要考虑药物治疗:①确诊骨质疏松症患者,骨密度(T 值)≤-2.5,无论是否有过骨折;②骨量低下患者,-2.5≤T 值≤-1.0 并存在 1 项以上骨质疏松的危险因素,无论是否有过骨折;③已发生过脆性骨折(临床检查或 X 线摄片已经证实);④OSTA 筛查为"高风险";⑤FRAX 工具计算出髋部骨折的概率≥3%或任何重要的骨质疏松性骨折的发生概率≥20%(暂借用国外的治疗阈值,目前还没有中国人的治疗阈值)。

(三) 康复治疗

许多基础研究和临床研究证明,运动是保证骨骼健康的成功措施之一,不同时期的运动对骨骼的作用不同,儿童期增加骨量,成人期获得骨量并保存骨量,老年期保存骨量、减少骨丢失。对骨质疏松症制订的以运动疗法为主的康复治疗方案已经被大力推广,运动可以从两方面预防脆性骨折:提高骨密度和预防跌倒。康复治疗建议如下。

1. 运动原则

(1)个体原则:由于个体的生理状态和运动技能差异,选择适合自己的运动方式。

(2)评定原则:每个体在选择运动方式时应进行生理状态包括营养、脏器功能等方面的评估。实际生活能力评定包括独立生活能力、生活质量等。环境评定包括居住环境、居住地区的地理状况等。

(3)产生骨效应的原则:负重、抗阻、超负荷和累积的运动可以产生骨效应,抗阻力运动具有部位的特异性,即承受应力的骨骼局部骨量增加。

2. 运动方式 负重运动、抗阻运动,例如快步走、哑铃操、举重、划船运动、蹬踏运动等。

3. 运动频率和强度 目前针对骨质疏松的运动频率和强度还未达成共识,众多的基础研究和临床研究建议,高强度、低重复的运动可以提高效应骨的骨量。建议负重运动每周 4～5 次,抗阻力运动每周 2～3 次。强度以每次运动后肌肉有酸胀和疲乏感,休息后次日这种感觉消失为宜。四肢瘫、截瘫和偏瘫患者由于神经损伤和肌肉失用而容易发生继发性骨质疏松,这些患者应增加未瘫痪肢体的活动和抗阻力运动以及负重站立和功能性电刺激。

四、预期治疗疗效

目前全世界对于老年骨质疏松症的防治原则已经有了一定的共识,但是为了达到预期的疗效,以下几方面值得关注:

1. 强调非药物治疗的重要性。

2. 在任何情况下,对任何患者都不能过分强调某一种治疗措施而排斥另外的防治方法。

3. 要特别强调早期预防和早期治疗,例如合理的膳食和运动,提高骨峰值量;早期抑制绝经后妇女的高转换率,可收到更好的防治效果,显著减少以后发生骨折的危险性。

4. 骨质疏松症是一种进行性发展的疾病,因此治疗方法、疗程的选择必须考虑疗效、费用和副作用等主要因素,尤其要注意治疗终点(即预防发生、减少骨折发生率)效果的评价。

5. 应在循证医学的基础上客观评价各种治疗措施。

第七节　药物治疗方案

一、药物选择和联合

(一) 药物选择

治疗骨质疏松的药物有多种,其主要作用机制也有所不同,或以抑制骨吸收为主或以促进骨形成为主,也有一些多重作用机制的药物。目前 FDA 已批准的可防治骨质疏松的药物(主要是绝经后骨质疏松)有以下几类(按药物名称英文字母顺序排列):双膦酸盐类(bisphosphonates);降钙素类(calcitonin);雌激素类(estrogen/hormone);选择性雌激素受体调节剂类(SERMs)(conjugated estrogens/bazedoxifene);甲状旁腺激素(parathyroid hormone,teriparatide)以及 RANKL 抑制剂狄迪诺塞麦。

(二) 联合用药方案

抗骨质疏松药物的联合应用较为复杂,要考虑到药物间的相互影响,目前尚需要大样本、长时间的临床研究来明确。目前已有的骨质疏松联合治疗方案大多以骨密度转化为终点,其对抗骨折疗效的影响尚有待于进一步研究。总体来说,联合使用骨质疏松症药物应评价潜在的不良反应和治疗获益,此外,还应充分考虑药物经济学的影响。联合应用方案有两种形式,即同时联合方案及序贯联合方案。根据各种药物的作用机制和特点,对联合用药暂提出以下建议:

1. 同时联合方案　钙及维生素 D 作为骨质疏松症的基础治疗药物,可以与骨吸收抑制剂或骨形成促进剂联合使用。通常情况下,对于骨吸收抑制剂或骨形成促进剂,不建议同时应用相同作用机制的药物来治疗骨质疏松症。有研究显示,同时应用双膦酸盐及甲状旁腺激素制剂不能取得加倍的疗效。

2. 序贯联合方案 尚无明确的证据指出各种抗骨质疏松药物序贯应用的禁忌,临床工作中可根据个体情况酌情选择。有研究表明序贯应用骨形成促进剂和骨吸收抑制剂能较好地维持疗效,临床上是可行的。

二、临床常用药物

目前临床的用药规范主要依据我国原发性骨质疏松诊治指南推荐。

(一)双膦酸盐类(bisphosphonates)

双膦酸盐是焦磷酸盐的稳定类似物,其特征为含有 P—C—P 基团。双膦酸盐与骨骼羟磷灰石有高亲和力的结合,特异性地结合到骨转换活跃的骨表面上,抑制破骨细胞的功能,从而抑制骨吸收。不同的双膦酸盐抑制骨吸收的效力差别很大,因此临床上不同的双膦酸盐药物其使用剂量及用法也有所差异。

1. 阿仑膦酸钠

【适应证】国内已被 CFDA 批准治疗绝经后骨质疏松症、男性骨质疏松症和糖皮质激素诱发的骨质疏松症。

【用法】片剂口服,每次 70mg,每周 1 次;每次 10mg,每天 1 次。建议晨起空腹,用 200～300ml 白开水送服,早饭前 30 分钟服用,不与其他药物同服;且服药后的 30 分钟内保持直立(站立或坐直),不要平卧。

【注意】胃和十二指肠溃疡、反流性食管炎患者慎用。

2. 依替膦酸钠

【适应证】国内已被 CFDA 批准的适应证为原发性骨质疏松症、绝经后骨质疏松症和药物引起的骨质疏松症。

【用法】片剂口服,每次 0.2g,每日 2 次,两餐间服用。该药以间歇性、周期性方案用药,用药 2 周后需停药 11 周,然后再开始第 2 个周期的用药。停药期间可补充钙剂及维生素 D。

【注意】肾功能损害者、孕妇及哺乳期妇女慎用。

3. 伊班膦酸钠

【适应证】国内已被 CFDA 批准用于治疗绝经后骨质疏松症。

【用法】静脉注射剂,每 3 个月静脉输注 1 次 2mg(加至 250ml 不含钙的生理盐水中,滴注 2 小时以上);治疗骨痛的剂量为 4mg,输注时间不少于 4 小时。

【注意】肾脏肌酐清除率<35ml/min 的患者禁用。

4. 利塞膦酸钠

【适应证】国内已被 CFDA 批准用于治疗绝经后骨质疏松症和糖皮质激素诱发的骨质疏松症。有些国家也批准治疗男性骨质疏松症。

【用法】片剂口服,5mg 每日 1 次或 35mg 每周 1 次。服法同阿仑膦酸钠。

【注意】胃和十二指肠溃疡、反流性食管炎患者慎用。

5. 唑来膦酸注射液

【适应证】国内已被 CFDA 批准用于治疗绝经后骨质疏松症。

【用法】静脉注射剂,成人每次 4mg,用 0.9%氯化钠注射液或 5%葡萄糖注射液 100ml 稀释后静脉滴注(至少滴注 15 分钟),每 3～4 周给药 1 次或遵医嘱。

【注意】肾脏肌酐清除率＜35ml/min 的患者禁用。

（二）降钙素类（calcitonin）

降钙素是一种钙调节激素,能抑制破骨细胞的生物活性和减少破骨细胞的数量,从而阻止骨量丢失并增加骨量。降钙素类药物的另一突出特点是能明显减缓病痛,对骨质疏松性骨折或者骨骼变形所致的慢性疼痛以及骨肿瘤等疾病引起的骨痛均有效,因而更适合有疼痛症状的骨质疏松症患者。目前应用于临床的降钙素类制剂有两种:鲑鱼降钙素和鳗鱼降钙素类似物。

1. 鲑鱼降钙素

【适应证】国内已被 CFDA 批准用于治疗绝经后骨质疏松症。

【用法】

（1）鼻喷剂:每日喷鼻,200U。

用药步骤:

1）取下胶盖:准备好鼻喷瓶,握住鼻喷瓶向下按住直到出现"咔嗒"声,总共按 3 次,动作完成时指示器显示绿色,即鼻喷瓶已准备好可用。

2）喷药:头略前倾,确保瓶口与鼻腔呈直线,然后将鼻喷瓶放入一侧鼻孔,短促有力地按压 1 次,喷出药液;动作完成时,指示器显示"1"表示已给药 1 次;用鼻子深吸气几次,不能立即用鼻孔呼气;如果喷药剂量为 2 喷,在另一侧鼻孔重复上面动作。

3）放回胶盖。

只有首次使用需启动喷鼻瓶,即按压驱动装置 3 次。

药液用完:指示器显示红色,且按压有明显的阻力。

（2）注射剂:皮下、肌内或静脉注射,每次 50U,根据病情每周注射 2～7 次。

【注意】少数患者可有面部潮红、恶心等不良反应,偶有过敏现象,可按照药品说明书中的要求确定是否需做过敏试验。高钙血症患者需要注射本品并且缓慢输注 6 小时或 6 小时以上。

2. 鳗鱼降钙素

【适应证】国内已被 CFDA 批准用于治疗绝经后骨质疏松症。

【用法】注射剂,每周肌内注射 20U。

【注意】同鲑鱼降钙素。

（三）雌激素类（estrogen）

雌激素类药物能抑制骨转换,阻止骨丢失。临床研究已证明激素疗法包括雌激素补充疗法和雌、孕激素补充疗法能阻止骨丢失,降低骨质疏松性椎体、非椎体骨折的发生风险,是防治绝经后骨质疏松的有效措施。在各国指南中均被明确列入预防和治疗绝经妇女骨质疏松的药物。

【适应证】60 岁以前的围绝经和绝经后妇女,特别是有绝经期症状（如潮热、出汗等）及有泌尿生殖道萎缩症状的妇女。

【禁忌证】雌激素依赖性肿瘤（乳腺癌、子宫内膜癌）、血栓性疾病、不明原因的阴道出血及活动性肝病和结缔组织病为绝对禁忌证。子宫肌瘤、子宫内膜异位症、有乳腺癌家族史、胆囊疾病和垂体泌乳素瘤患者慎用。激素治疗的方案、剂量、制剂选择及治疗期限等应根据患者的情况个体化选择。

【用法】

1. 口服雌激素

(1)戊酸雌二醇片(补佳乐):口服给药,每日1片。

(2)替勃龙片(利维爱):整片吞服,不可咀嚼,固定在每天的同一个时间服用,每日1片。

2. 透皮贴剂(松奇)

3. 外阴阴道用药

(1)结合雌激素软膏(倍美力):0.5~2g,阴道内给药,短期、周期性使用。如连续使用3周,停用1周。

(2)雌三醇软膏(欧维婷):晚上就寝前使用。

用药步骤:

1)装药:将给药器装在药管头上,挤压软膏直至给药器充满为止。

2)给药:仰卧,膝部提起,给药器保持水平,将给药器末端插入阴道底,将药物全部打入阴道。

3)取出给药器,用肥皂水清洗,再用清水漂净。

(3)普罗雌烯阴道胶囊(更宝芬):阴道内用,每日1次,将湿润过的胶囊放入阴道深部。

(4)己烯雌酚栓。

【注意】严格掌握实施激素治疗的适应证和禁忌证,绝经早期开始用(60岁以前),使用最低有效剂量,规范进行定期(每年)的安全性检测,重点是乳腺和子宫。用药方法、频率严格遵照医嘱。

(四)甲状旁腺激素(PTH):特立帕肽(复泰奥)

PTH是当前促进骨形成药物的代表性药物,小剂量的rhPTH[1-34]有促进骨形成的作用。

【适应证】国内已批准用于治疗绝经后严重骨质疏松症。

【用法】注射剂,$20\mu g$,每天1次,皮下注射,注射部位应选择大腿或腹部。治疗的最长时间为24个月,患者终身仅可接受一次为期24个月的治疗。停止使用本品治疗后,患者可以继续其他骨质疏松治疗方法。

【注意】一定要在专业医师的指导下应用。用药期间应监测血钙水平,防止高钙血症的发生。治疗时间不宜超过2年。

(五)选择性雌激素受体调节剂类(SERMs)

SERMs不是雌激素,其特点是选择性地作用于雌激素的靶器官,与不同形式的雌激素受体结合后发生不同的生物效应。如雷洛昔芬在骨骼上与雌激素受体结合,表现出雌激素抑制骨吸收的活性,而在乳腺和子宫上则表现为抗雌激素的活性,因而不刺激乳腺和子宫。

【适应证】国内已获CFDA批准用于治疗绝经后骨质疏松症。

【用法】片剂口服,60mg,每日1片。可以在任何时间服用,不受进餐的限制。老年人无需调整剂量,可长期使用。通常建议饮食中钙摄入量不足的妇女服用钙剂和维生素D。

【注意】少数患者服药期间会出现潮热和下肢痉挛症状,潮热症状严重的围绝经期妇女暂时不宜用。

(六)锶盐

锶(strontium)是人体必备的微量元素之一,参与人体的许多生理功能和生化效应。锶的化学结构与钙和镁相似,在人体的软组织、血液、骨骼和牙齿中存在少量的锶。人工合成的锶盐雷奈酸锶(strontium ranelate)是新一代的抗骨质疏松药物。

【适应证】国内已被 CFDA 批准治疗绝经后骨质疏松症。

【用法】口服 2g,每日 1 次,睡前服用,不宜与钙剂和食物同时服用,以免影响药物吸收。雷奈酸锶应当长期使用。如果饮食摄入不足,应当补充维生素 D 和钙。

【注意】不宜与钙和食物同时服用,以免影响药物吸收;不推荐在肌酐清除率<30ml/min 的重度肾功能损害患者中使用。

(七) 活性维生素 D 及其类似物

包括 1,25-双羟维生素 D_3(骨化三醇)和 1α-羟基维生素 D_3(α-骨化醇)。前者因不再需要经过肝脏和肾脏羟化酶羟化即有活性效应,故得名为活性维生素 D;而 1α-羟基维生素 D_3 需要经过 25-羟化酶羟化为 1,25-双羟维生素 D_3 后才具活性效应。所以,活性维生素 D 及其类似物更适用于老年人和肾功能不健全以及 1α-羟化酶缺乏的患者。

1. 1,25-双羟维生素 D_3(骨化三醇)

【适应证】国内已被 CFDA 批准为治疗骨质疏松的药物。

【用法】口服,$0.25\sim0.5\mu g$,每日 1~2 次。根据患者的血钙水平制订本品的每日最佳剂量。

【注意】长期使用应注意监测血钙和尿钙水平。

2.1α-羟基维生素 D_3(α-骨化醇)

【适应证】国内已被 CFDA 批准为治疗骨质疏松的药物。

【用法】口服,$0.5\sim1.0\mu g$,每日 1~2 次。

【注意】肝功能不全者可能会影响疗效,不建议使用。

【安全性】治疗骨质疏松症时应用上述剂量的活性维生素 D 总体是安全的。长期应用需定期监测血钙和尿钙水平。在治疗骨质疏松症时,可与其他抗骨质疏松药物联合应用。

(八) 维生素 K_2(四烯甲萘醌)

四烯甲萘醌是维生素 K_2 的一种同型物,是 γ-羧化酶的辅酶,在 γ-羧基谷氨酸的形成过程中起着重要作用。γ-羧基谷氨酸是骨钙素发挥正常生理功能所必需的。动物实验和临床试验显示,四烯甲萘醌可以促进骨形成,并有一定的抑制骨吸收的作用。

【适应证】已获 FDA 批准,适应证为治疗绝经后骨质疏松症妇女;国外已批准用于治疗骨质疏松症,缓解骨痛,提高骨量,预防骨折发生的风险。

【注意】少数患者有胃部不适、腹痛、皮肤瘙痒、水肿和氨基转移酶暂时性轻度升高。禁用于服用华法林的患者。

(九) 植物雌激素

尚无有力的临床证据表明目前的植物雌激素制剂对提高骨密度、降低骨折风险等有明显疗效。

(十) 中药

国内已有数种经 CFDA 批准治疗骨质疏松的中成药,多数有缓解症状、减轻骨痛的疗效。关于中药改善骨密度、降低骨折风险的大型临床研究尚缺乏,长期疗效和安全性需要进一步研究。

(张　巧)

第八节　药学监护与信息反馈

一、观察疗效

骨质疏松的治疗目标首先是预防骨折,其次是保持和达到骨量的增加以及减轻骨折或骨骼畸形所导致的症状,最大限度地提高身体功能。临床上对骨质疏松的治疗主要关注:①主诉症状的改善,如骨痛、活动功能等;②BMD 的增加;③应用药物的疗效及安全性。

(一)防治骨质疏松的临床疗效检查和药物疗效评估

1. 生化指标

(1)骨密度检测:治疗过程中,应注意观察患者的依从性,良好的依从性有助于提高抗骨质疏松药物的疗效、降低骨折风险。每 6~12 个月系统地观察中轴骨骨密度的变化,有助于评价药物疗效。在判断药效时,应充分考虑骨密度测量的最小有意义的变化值(least significant change,LSC)。注意外周双能 X 线骨密度测量(pDXA)和定量骨超声(QUS)等评价外周骨骼骨密度或骨质量的方法,但不能反映脊柱及髋部对于药物治疗的反应,因此不适于监测药物的疗效。

(2)骨转换生化指标的检查:骨转换生化标志物可以在药物治疗后的 1~6 个月发生明显变化,可以通过测量其变化了解治疗药物的作用效果。因此,骨转换生化标志物常被用作大样本临床研究的观察终点之一,而且对治疗后的骨量变化、预测骨折发生风险有重要意义。由于骨转换生化标志物可能存在变异,不同测量方法间的结果也有差别,因此对于评价患者个体的疗效,需要充分考虑到骨密度最小有意义的变化值(LSC),同时也要尽可能地采用相同的采血时间和测量方法。

2. 症状改善　疼痛(腰背酸痛或周身酸痛)、活动功能(负荷增加时疼痛加重或活动受限)和生活质量(严重时翻身、起坐及行走有困难)的改善,以及是否发生骨折、跌倒次数是否减少、活动功能是否改善等均是疗效判断的内容。

3. 药品疗效评价　DXA 监测 BMD 变化达 3%~5%具有临床意义,BMD 无变化或者轻微下降说明用药失败或无换药证据。部分患者使用抗骨质疏松药物治疗后的骨密度继续下降或没有变化,此时临床上应特别注意如下可能的原因:①治疗期间体重是否下降;②是否存在其他伴随疾病或诊断是否有误;③药物是否按要求服用;④基础补充剂即钙剂和维生素 D 是否充足;⑤骨密度检测是否标准化。

现有的抗骨质疏松药物治疗 1~2 年内骨密度增加 1%~10%,因此需长期监测生化值才能综合评价药品疗效。但是不同药物增加骨密度、骨转换标志物的幅度和骨折降低的可能性又不相同,因此应用至少 1 年的常用抗骨质疏松药物如阿仑膦酸钠、鲑鱼降钙素、雷洛昔芬、雷奈酸锶和唑来膦酸钠等,才能不同程度地降低椎体骨折或者髋部骨折等的发生风险。

(二)药物临床应用疗效汇总

见表 15-2。

表 15-2　药物临床应用疗效汇总

分类		药品名称	主要疗效
骨吸收抑制剂	双膦酸盐类	依替膦酸钠	增加骨质疏松症患者的腰椎和髋部骨密度,降低椎体骨折风险
		阿仑膦酸钠	增加骨质疏松症患者的腰椎和髋部骨密度,降低椎体及非椎体骨折风险
		伊班膦酸钠	
		利塞膦酸钠	
		唑来膦酸	
	降钙素类	鲑鱼降钙素	增加骨质疏松症患者的腰椎和髋部骨密度;使用鲑鱼降钙素鼻喷剂 200U/d 能降低椎体及非椎体骨折风险,明显缓解骨痛
		鳗鱼降钙素	增加骨质疏松症患者的腰椎和髋部骨密度,明显缓解骨痛
	雌激素	雌激素补充疗法	增加骨质疏松症患者的腰椎和髋部骨密度,降低椎体及非椎体骨折风险,同时明显缓解绝经相关症状
	选择性雌激素受体调节剂	雷洛昔芬	降低骨转换标志物至绝经前水平,阻止骨丢失增加骨密度,降低椎体骨折风险;也能降低雌激素受体阳性的浸润性乳腺癌的发生率
骨形成促进剂	甲状旁腺激素	特立帕肽	能有效治疗严重的骨质疏松症,增加骨密度,降低椎体及非椎体骨折风险
多重作用药物	锶类	雷奈酸锶	抑制骨吸收和促进骨形成的双重作用;显著增加骨密度,改善骨微结构,降低发生椎体及所有非椎体骨折的风险
	活性维生素 D	骨化三醇	适当剂量能促进骨形成和矿化并抑制骨吸收;增加骨密度有益,能增加老年人的肌肉力量和平衡能力,降低跌倒危险进而降低骨折风险
		阿尔法骨化醇	

二、观察不良反应

适当地认识和理解药物不良反应是所有疾病治疗管理的重要组成部分,骨质疏松的药物治疗管理也不例外,药物治疗中必须重视安全、有效、经济的原则。抗骨质疏松药物在改善骨质疏松患者的骨密度、降低骨折风险方面发挥了巨大作用,在临床药物治疗方案中需要严格掌握药物适应证,并注重对药物不良反应的预防与监测,尤其是特殊的老年患者,需要个体化评估患者的治疗风险,及时发现潜在的用药风险,为患者提供更加安全有效的用药指导。

下面介绍常用抗骨质疏松药物的常见、严重不良反应和诱发因素,及老年患者应用时的注意事项和选用限制因素。

(一) 双膦酸盐类

双膦酸盐类是目前应用最广的抗骨质疏松药物,总体安全性较好,但口服药物易出现消化道反应;注射用药物易发生急性期反应,皮肤过敏反应和下颌骨坏死发生较少。

1. 上消化道不良反应　口服双膦酸盐类药物高度刺激上消化道黏膜,或部分患者对该类药物高度敏感,因此易出现胃肠道症状,包括胃酸反流、吞咽困难、腹胀、胃炎、恶心、消化不良、胃肠胀气、腹泻、便秘;食管症状如食管炎、食管溃疡、糜烂、食管狭窄。长期服用双膦酸盐类药物(5年以上)的患者罹患食管癌的风险加倍。

2. 急性期反应　注射用双膦酸盐类药物易发生急性期反应,以发热为特征可伴寒战和流感样症状如疲劳、头痛、肌肉痛、关节痛和骨痛等,一般是轻、中度的,3天内缓解,很少导致患者停药。

3. 皮肤过敏反应　皮肤过敏反应较少,一般在治疗开始的5~10天内发生。

4. 下颌骨坏死　双膦酸盐相关的下颌骨坏死罕见,但近几年报道的数量急剧增加。颌骨坏死的特异性危险因素包括头颈部放射治疗、牙周病、口腔颌面外科操作、义齿固位方式不良等。临床试验显示,经静脉给药的唑来膦酸和帕米膦酸钠较之需长期口服的阿仑膦酸钠的药效更强,也更易引起下颌骨坏死。

5. 肾毒性　口服双膦酸盐类药物并不影响肾功能,静脉给药更易引起肾毒性,特别是快速静脉给药(滴注时间≤15分钟)易造成严重的肾毒性。

6. 其他　给予双膦酸盐的前2周补充适量的维生素D和钙剂,可避免或减弱低钙血症和继发性甲状旁腺功能亢进的发生。

(二) 降钙素

降钙素具有良好的止痛效果,不良反应轻微。此类药物有如下相关的主要不良反应。

1. 过敏反应　降钙素是一种多肽,可能发生过敏反应,表现为皮疹、面部潮红等,其症状多较为轻微,严重的过敏性反应罕见。

2. 胃肠道反应　胃肠道反应为降钙素最常见的不良反应,包括恶心、腹痛、腹泻、食欲减退等,且静脉注射比肌内注射或皮下给药时更常见,建议睡前使用或用药前给予抗呕吐药,减轻不良反应的发生。

3. 肿瘤风险　EMA 2012年指出,长期使用降钙素会增加多种类型的肿瘤的发生率(增幅:口服药0.7%、鼻喷剂2.4%),而在绝经后骨质疏松症的治疗中降低椎体骨折的效益有限,故EMA人用药品委员会(CHMP)建议停用鼻喷剂,将此类药品仅限于短期治疗Paget病、因突然制动导致的急性骨缺失和癌症引起的高钙血症,不应再用于骨质疏松症的治疗。加拿大在2013年10月1日宣布鲑降钙素鼻喷剂退市。美国FDA在2013年4月通过了禁止降钙素用于骨质疏松的决议。因此,临床应用时需严格掌握适应证,采用最小有效剂量和最短期治疗。

4. 制剂不良反应　鼻喷剂可能刺激鼻黏膜而引起的不良反应包括鼻腔出血、鼻黏膜水肿、喷嚏、鼻炎、鼻腔干燥、过敏性鼻炎等,以及头晕、乏力。

注射剂可引起潮红(主要为面部和手部)、恶心(多有呕吐发生)、呕吐(多在治疗开始时发生,随着时间推移而减轻)、注射局部的刺激症状。

(三) 选择性雌激素受体调节剂——雷洛昔芬

1. 静脉血栓栓塞　接受SERMs治疗的患者静脉血栓栓塞(VTE)的风险增加,包括深静脉血栓和肺栓塞,治疗的第1年内风险最高。有静脉血栓栓塞性疾病者或有此类病史者禁用。

2. 热潮红、疼痛性痉挛　热潮红的机制主要是 SERMs 竞争相应的雌激素受体而引起血管扩张,该风险多在起始治疗的 6 个月左右发生。潮热症状严重的围绝经期妇女不宜使用该类药物。

3. 子宫内膜增生　雷洛昔芬不引起子宫内膜增生,不增加子宫癌、卵巢癌和绝经后出血方面的风险;治疗期间最常见的子宫出血的原因是内膜萎缩和良性内膜息肉。因此,治疗期间的任何子宫出血都属意外,并应请专家做全面检查。

（四）雌激素

1. 口服雌激素　口服雌激素的主要不良反应为恶心、呕吐、头晕、体重增加、乳房压痛、乳房增大。接受 ERT 或 HT 可能重新出现子宫出血,单用雌激素会引起剂量依赖性子宫出血,且子宫内膜癌的风险增加。

2. 外用雌激素　偶尔引起局部灼热、瘙痒、乳房胀痛,与用药剂量有关;有激素替代疗法的不良反应如腿部深静脉或骨盆静脉血栓症和肺栓塞等。

（五）甲状腺素——特立帕肽

1. 特立帕肽的常见不良反应包括一过性头痛、恶心、肌肉痛性痉挛和高钙血症(高钙血症的发生呈剂量依赖性);最危险的不良反应是骨肉瘤。

2. 特立帕肽治疗的绝对禁忌证包括既往骨肉瘤病史、有发生骨肉瘤倾向的危险患者、不明原因的高碱性磷酸酶血症以及高钙血症患者。

（六）锶盐

其不良事件通常程度轻微并且短暂,一般可耐受。

1. 消化道反应　恶心、腹泻和轻微的头痛最常见,停药的主要原因是恶心。

2. 心脏风险。

3. 严重的皮肤反应　包括药疹伴嗜酸性粒细胞增多和全身症状(DRESS)、多形红斑(SJS)、中毒性表皮坏死松解症(TEN)的危险。最容易出现 SJS 或 TEN 的时间是治疗后的 1 周内,最容易出现 DRESS 的时间通常为 3~6 周。一旦出现严重的过敏反应包括皮疹,患者应立即停止该药治疗,并不再重新应用。

三、老年患者用药注意

老年人用药为特殊人群用药的范畴,因此从老年患者的生理生化特点、老年期的药动学特性、老年期药效学改变的角度,结合常用抗骨质疏松药物的常见不良反应,综合介绍老年患者用药中的限制因素、临床关注点和用药指导依据。

老年患者的胃肠道活动减弱,吸收能力下降,胃酸减少,药物崩解延缓,加之胃排空减慢,而且罹患消化道疾病的患者较多。因此口服双膦酸盐类药物应慎重选用,严格遵照服用方法,一旦出现消化道症状应立即停药;降钙素类、锶盐、甲状腺素应用期间也容易出现消化道症状,但反应相对轻微,根据不同药物采取相应措施。

老年人的肾脏排泄能力下降,是造成药物蓄积中毒的重要原因。在应用抗骨质疏松药物时,应用注射用双膦酸盐类药物应提前评估肾功能。

随着年龄的增长,各器官功能逐渐衰退,与年龄相关的疾病如心血管疾病、癌症、老年痴呆症、关节炎和糖尿病等亦随之增加。患有静脉血栓栓塞或心脏疾病,因此有静脉血栓栓塞性疾病者或有此类病史者禁用雷洛昔芬;EMA 建议雷奈酸锶仅用于治疗骨折高危的绝经后女性的严重骨质疏松症以及骨折风险增高的男性严重骨质疏松症,同时限制雷奈酸锶在患心脏疾病或循环疾病的患者中使用,以进一步减少心脏风险。

老年患者通常免疫力低下,因此在应用易致过敏的药物时应严密观察临床表现。

因此,针对老年患者,为达到安全、有效、合理用药的目的,预防老年人不良反应发生的原则为:①按最大疗效、最小不良反应的原则选择最佳药物治疗方案;②密切观察临床表现,定期测定肝、肾功能,用药中一旦出现不良反应及时停药、减量或更换其他替代药物。

四、用药依从性

提高患者依从性是改善药物治疗骨质疏松症效果的重要因素。其中,影响老年人用药依从性的原因包括用药品种、时间、频次、剂量以及药物用法的复杂性。另外,老年患者自身的原因如认知功能以及精神状况也是用药依从性的限制因素。

(一)影响抗骨质疏松药物用药依从性的原因

1. 与骨质疏松症本身有关 骨质疏松的临床症状不明显,又缺乏快速和简单的检测方法,使得患者不能直接观察或感觉到药物治疗效果,容易怀疑治疗的必要性而影响用药顺应性。

2. 与药物及其用法相关 口服制剂的用药频率高,疗程长,对可能存在的并发症如双膦酸盐的肠道不良反应、激素替代疗法的血栓栓塞有抵触情绪等。

3. 与用药人群的属性有关 接受抗骨吸收药物治疗的患者的顺应性取决于其社会-经济状况及参与治疗的医师行为;多数老年人的记忆力差或文化水平有限,缺乏骨质疏松症的相关知识、记不住药物不良反应和服药方法或臆断停药。

临床上,患者的用药依从性发生问题大多在治疗开始的最初几个月,因此维持患者初始治疗阶段的依从性更加重要。但是,目前还缺乏判断患者用药依从性高低的临床参数,无法在治疗开始之前就分辨出依从性低的患者。

(二)干预措施

1. 具体措施 是让患者明确服用抗骨质疏松药物的总体治疗目标:避免脆性骨折发生/再发生,预防、降低骨折发生率,提高 BMD。在治疗实践中,疗效的显现是缓慢长期的过程,合理的药物治疗方案和有效的沟通干预十分必要。

2. 干预内容 告知患者必要信息:①抗骨质疏松药物治疗的疗程至少 1 年;②每 3～6 个月复查血钙、磷、甲状旁腺素和骨转换指标等;③服药 1 年时复查 BMD,根据检查结果再决定是否治疗。普通骨质疏松患者服药 1～3 年,如果有骨折需要 3～5 年。

3. 干预方式

(1)通过口头和书面材料、拟订宣传教育计划、专家讨论会等形式对患者进行教育。

(2)通过人工或自动电话随访、计算机辅助依从性管理、信件随访、办公室随访,增强交流。

(3)使用更简单且方便的药物。

(4)使用服药提醒装置。

(5)采取奖励措施等。这些方法可以组合应用。其中,减少不良反应、降低用药频率是提高患者用药依从性的首要问题。

第九节　用药指导

一、给药方法的适宜性

（一）单药治疗

1. 双膦酸盐　双膦酸盐是目前预防和治疗骨质疏松的首选药物，它可减少骨丢失、预防骨质疏松性骨折、显著提高骨密度。不同的给药方法其用药关注点不同。

（1）口服双膦酸盐类药物的上消化道反应显著，因此建议清晨空腹用 200ml 白开水送服，服药后必须坐立或直立 30 分钟，一旦出现食管不良症状后，应立刻停药。因此，给药后无法坐立的老年患者不能服用。

（2）静脉输注含氮双膦酸盐可引起一过性类流感样不良反应或肾功能损害，因此肾功能不全的骨质疏松患者慎用双膦酸盐类注射剂。为减少肾损害，临床上帕米膦酸盐的静脉输注时间应控制在 2 小时，唑来膦酸的滴注时间不少于 15 分钟。

2. 降钙素　降钙素可减弱破骨细胞功能产生骨吸收抑制，增加高转换型骨质疏松患者的骨量、抑制低转换型骨质疏松患者的骨量减少，并维持骨量。

低转换型骨质疏松症患者（多为老年骨质疏松）长期使用降钙素后会出现新骨减少、陈旧骨相对增加且骨质变差的现象，因此在使用降钙素治疗的同时应考虑联合使用骨形成促进剂；高转换型骨质疏松患者（绝经后骨质疏松）使用降钙素治疗 2～3 年后骨量增加达到顶峰，此后继续使用也存在骨质变差的危险。因此，对高转换型骨质疏松患者可间歇性给予降钙素治疗。

欧洲药监局（European Medicines Agency，EMA）还提出了应用降钙素的适应证：①无法耐受其他治疗的 Paget 病患者：疗程一般为 3 个月，最多 6 个月；②因近期骨质疏松性骨折而突然制动者，用于预防急性骨丢失：疗程一般为 2 周，最多 4 周。

降钙素的典型不良反应为药物过敏，因此，药物过敏或过敏体质的患者应在治疗前使用稀释后的无菌降钙素注射液皮试。

3. 雌激素

（1）雌二醇（E_2）：口服给药有峰值和谷值，且易出现副作用如乳房痛、子宫内膜增生等；经皮制剂可避免肝脏的首关效应，血 E_2 浓度较稳定，无明显的峰谷变化，对持续降低尿钙水平更有效，适用于某些肝功能轻度异常者。缺点是可能出现皮肤过敏反应。

对无雌、孕激素禁忌，但有更年期症状或阴道萎缩以及骨质疏松症的绝经后妇女，建议短期使用绝经期激素治疗（menopausal hormone therapy，MHT），待症状消失后再换用其他药物。

有绝经症状、有与绝经相关的生活质量逆向改变的妇女首选激素治疗/雌激素治疗（hormone therapy，estrogen therapy，HT/ET），并且使用最低有效剂量，但不推荐 HT/ET 用于绝经后妇女慢性病的预防。

出现阴道不规则出血应放弃雌激素治疗。持续服用两种激素者可降低出血发生率，但突破性出血可持续 6 个月～1 年，直到子宫内膜开始萎缩。

（2）替勃龙（7-甲基异炔诺酮）：是具有弱雌激素和孕激素样活性及雄激素样作用的药

物,因此在治疗绝经期后引起的骨质疏松症时不需加用孕激素,也不会增加引起子宫内膜癌的危险;并且可以明显降低骨转化、增加骨密度,低剂量口服 1.25mg/d 即可保持骨量并降低骨折发生率。

4. 选择性雌激素受体调节剂　特点是选择性地作用于雌激素的靶器官,与不同形式的雌激素受体结合而发挥不同作用。其主要不良反应为静脉血栓栓塞,有静脉血栓栓塞性疾病者或有此类病史者禁用;血栓栓塞疾病多在治疗的头 4 个月发生,应密切监测。对于手术患者,术前至少 72 小时停药以降低卧床的血栓危险;对于卧床的老年患者应评估血栓风险后谨慎使用。

5. 甲状旁腺素(parathyroid hormone,PTH)　甲状旁腺素及其类似物短期和间断给药则能刺激成骨细胞促进骨形成,但长期应用能使骨吸收增加,引起骨丢失。因此,用药疗程不超过 2 年,且通常用于较为严重的骨质疏松症患者。

国内主要药物为特立帕肽注射液,皮下注射是目前治疗的主要给药方式;而特立帕肽透皮贴剂(国内目前无此产品)给药方式更方便,与皮下注射相比更有利于增加皮质骨密度,且依从性明显提高。PTH 与抗骨吸收药物联合或序贯应用,在增加骨密度和减少骨折方面强于抗骨吸收剂单药治疗。

6. 钙剂与维生素 D

(1)钙剂:血钙水平后半夜和清晨最低,因此睡前服可使钙剂得到更好的利用;含纤维素的食物抑制钙吸收,尽量低纤维饮食;与喝奶时间隔 2 小时,以避免引发高钙血症。

(2)维生素 D:维生素 D 类似物有阿尔法骨化醇和骨化三醇,骨化三醇不需要经过肝脏和肾脏羟化酶羟化就有活性,因此更适用于老年人、肾功能不全及 1α-羟化酶缺乏者的骨质疏松治疗;维生素 D 易引发高血钙和高尿钙,因此不推荐作为日常补充,长期应用需定期监测血钙和尿钙。

7. 锶盐　雷奈酸锶作为一类新型的抗骨质疏松药物,可以增加骨形成、减少骨吸收,具有双向调节骨代谢的作用。但不推荐在肌酐清除率＜30ml/min 的重度肾功能损害患者中应用。

(二) 联合用药

充足的钙和维生素 D 补充是所有治疗的基础,关于活性维生素 D,更多的是与其他抑制骨吸收或者促进骨形成的药物联合应用,应该更多地关注其在改善肌力、降低跌倒方面的功效。基于有效性、安全性和药物经济学考虑,以下情况不能合用:2 种双膦酸盐制剂;SERM 类药物(如雷洛昔芬)和双膦酸盐类药物;雌激素和 SERM 类药物;雷奈酸锶和双膦酸盐类药物等。

二、老年用药教育

老年人用药为特殊人群用药的范畴,因此从老年患者的生理生化特点、老年期的药动学特性、老年期药效学改变的角度以及常用抗骨质疏松药物的特点,介绍老年患者用药教育中的临床关注点和用药指导依据。

以双膦酸盐为例,介绍老年患者用药教育的重点方向和关注点。

(一) 注意事项

口服双膦酸盐易发生的不良反应为消化道反应、低血钙、下颌骨问题。针对消化道不良反应,指导老年患者用药时首先确认老年患者的既往病史,有无上消化道疾病,患者如有胃溃疡或其他胃肠道疾病应告知医师,服药后无法站立 30 分钟的患者不能服用(如卧床的老年人);如果用药期间发生吞咽困难、喉咙疼痛、胸部疼痛或胃痛应告知患者立即停药。其次关注是否应用易引发胃肠出血和胃肠反应的药物,如 NSAID 类止痛药(塞来昔布、布洛芬)或抗生素等。老年患者多有牙科问题或戴义齿,因此应用双膦酸盐应警惕用药期间出现牙齿疼痛、肿胀。

其中,注射用双膦酸盐除需关注食管、牙科、低钙血症之外,还应告知患者在输液前饮足够量的水,以防止肾脏疾病。

(二) 常规检查

除关注用药过程中的观察及预防药物不良反应和应用方法外,最重要的是告知患者疗效的显现为缓慢的过程而且要定期进行常规检查。

骨密度检查:北美绝经协会推荐年龄＜65 岁、有骨质疏松危险因素(如体重低于56.7Kg、发生过一次非脊柱骨折、一级家属有过脊柱或髋骨骨折史)的妇女进行骨密度检查。美国国家骨质疏松基金会推荐 50～60 岁、有骨质疏松危险因素的妇女或年龄＞60 岁的妇女进行 BMD 检查。没有使用药物预防骨质疏松的绝经后妇女,检查次数不超过每 3 年 1 次的 DEXA 监测很有用。至少每 2 年测定 1 次 BMD 评估药物对于绝经后骨质疏松患者的疗效。

如果为绝经后妇女,还需了解患者的现状、运动、饮食、钙摄入、是否吸烟、合用药、既往病史、月经开始和结束的日期、月经情况、骨密度结果,以确定骨质疏松风险。

第十节　不合理用药的常见表现及其处理

一、不合理用药的表现

不合理用药会延误疾病治疗、浪费医药资源、发生药物不良反应和药源性疾病,甚至酿成药疗事故。针对老年骨质疏松患者的不合理用药主要包括:①用药不足;②合并用药不适当;③过量用药;④给药方案不合理;⑤重复用药。

过量应用抑制骨形成的药物主要表现为低血钙、低血磷、消化道反应等;过量应用促进骨形成的药物或间接促进骨形成的药物主要表现为高血钙、高尿钙、高血磷等,通过生化值、临床症状进行及早预防和判断;不合理用药方法多导致不良反应、疗效不佳或急性病症等。

二、不合理用药的处理

用药不足、过量用药、重复用药等不合理用药的发生多与老年患者自身的因素有关。老年患者的特殊体质可造成药物治疗风险,如过敏体质、药物慢代谢、耐药基因、药物作用受体缺陷等;此外,由于老年患者依从性较低,易出现不合理用药的情况。

因此,对老年患者无论是合并用药的数量还是单药的剂量均应采取减量原则。建议临床上尽量避免给予老年患者缺乏文献和相关研究支持的药物,如果是必须使用应从小剂量开始,用药期间注意严密监测不良反应,必要时进行血药浓度监测及个体化给药。而且,药师应对患者进行积极的药疗咨询和教育,及时纠正患者错误的用药方法及不良用药思维,增进患者对持续治疗重要性的理解,避免不合理用药。

针对以上不合理用药情况,药师应做到:①注意观察病情,防止差错事故的发生,及时检查出医师的错误处方,最大限度地减少因用错药物而对患者造成的损害。②注意检查复方制剂的有效成分,避免重复用药。③注意药物相互作用及配伍禁忌,确保合理用药。④注意药物的性能特点,当好用药参谋。⑤注意治疗一种疾病的药物对另一种疾病产生不良影响的情况。如 2012 年版美国老年患者潜在不适当用药的 Beers 标准中,抗惊厥药、抗精神病药、苯二氮䓬类、非苯二氮䓬类镇静催眠药(佐匹克隆、唑吡坦)及三环类抗抑郁药/选择性 5-羟色胺再摄取抑制药可导致共济失调、精神运动功能损害、晕厥及增加跌倒风险,因此应避免用于有跌倒或骨折史的跌倒高风险的老人。⑥向患者详细交代用药时间、用药方法和用药禁忌,解释用药后可能出现的正常反应,避免患者出现不必要的疑虑。

第十一节 治疗的风险及其处理

药物治疗的风险是指药物治疗引起非预期结果的可能性和一旦发生非预期结果对人体产生伤害的程度。造成药物治疗风险的因素包括药物因素、病情因素、患者因素及管理因素等。药物因素可以细分为不合理用药、药品不良反应、药源性因素等。不合理用药和药物不良反应前文都有提及,下面主要介绍药源性骨质疏松带来的风险及规避方法。

(一)药源性骨质疏松

老年人合并用药较多,如果长期大量应用影响骨代谢的药物容易引发药源性骨质疏松症。老年患者的常用药物中易引发药源性骨质疏松的包括强效利尿药、质子泵抑制剂、芳香酶抑制剂、糖皮质激素、抗癫痫药、蛋白酶抑制剂、甲状腺激素、甲氨蝶呤等。

其主要风险事件如下:抗凝药增加骨质疏松及骨折发生风险,骨质疏松常发生在脊柱、髋骨和桡骨远端,也见于肋骨;肝素引起的骨质疏松常发生在脊柱和肋骨,普通肝素引起骨质疏松的风险高于低分子量肝素;由质子泵抑制剂引发的骨质疏松常位于椎体和髋部,服用奥美拉唑是椎骨骨折显著的独立危险因素;强效利尿药增加髋部骨折的风险;抗癫痫药引起骨密度减低,在皮质骨最明显,多见于股骨颈和腰椎;由促性腺释放激素激动剂(GnRHa)引起的骨质疏松常发生在脊柱、髋骨和桡骨远端;糖皮质激素引起的骨质疏松可导致椎体、肋骨、髋部等多部位骨折。

(二)药源性骨质疏松的诱发因素

1. **质子泵抑制剂** 其致病机制可能包括:①减少消化系统的钙吸收,引发代偿性甲状旁腺功能亢进,导致破骨细胞的骨吸收速度加快;②降低胃壁细胞分泌雌激素的水平;③通过降低对破骨细胞的抑制作用而削弱对骨吸收的抑制。

2. **强效利尿药** 强效利尿药主要通过抑制肾小管髓袢的 Na^+-K^+-Cl^- 同向转运体而起到利尿作用,能抑制 Na^+、Ca^{2+} 和 Cl^- 离子的吸收,抑制肾脏的 Ca^{2+} 排泄。长期的负钙平衡导致骨密度降低。

3. **抗癫痫药** 抗癫痫药引起骨质疏松的机制可能为:①酶诱导作用(如苯巴比妥、苯妥英钠等),可诱导肝细胞酶 P450 功能上调,造成维生素 D 的分解代谢加速,维生素 D 羟化受抑制使体内的 1,25-二羟维生素 D_3 水平下降;②抗癫痫药物可直接抑制骨细胞生长,降低骨细胞的增殖率;③服用苯巴比妥与苯妥英钠可降低机体对甲状旁腺素的反应,引起肠钙吸收减少。

4. 促性腺激素释放激素类药物　促性腺激素释放激素类药物(GnRHa)如戈那瑞林、亮丙瑞林和戈舍瑞林,其诱发骨质疏松的主要作用机制与性激素剥夺后对破骨细胞的抑制减弱,加速骨转换有关。研究发现应用醋酸亮丙瑞林 24 周可显著降低骨密度,在停药 12 个月后骨密度仍明显低于基线值。

5. 糖皮质激素　糖皮质激素所致的骨质疏松症(GIOP)是最常见的药源性骨质疏松,其致病机制包括:①抑制骨形成;②促进骨吸收;③抑制垂体-肾上腺皮质轴功能。

(三)药源性骨质疏松的处理措施

应用可能诱发药源性骨质疏松的药物时,应定期监测患者的骨代谢指标和骨密度,一旦诊断为骨质疏松,应尽量停用致病药物,减少给药剂量,或改为短期或间歇给药,同时加强抗骨质疏松的药物治疗。对预防和治疗多数药源性骨质疏松症目前尚无明确指南,其防治策略主要根据原发性骨质疏松相关防治原则制订。

第十二节　老年骨质疏松治疗中的常见药学问题

一、老年骨质疏松中钙和维生素 D 的补充

骨质疏松症的特点为低骨量、骨微结构破坏以及骨骼脆性增加。已设计有多种方案用于预防或治疗绝经后女性和老年人的骨丢失。预防或治疗骨质疏松症的第一步是保证营养充足,尤其要维持足够的钙和维生素 D 摄入。维生素 D 能增强钙和磷酸盐的肠道吸收。维生素 D 浓度偏低与钙吸收下降、负钙平衡和甲状旁腺激素(PTH)的代偿性升高相关,后者可导致过度的骨吸收。

钙和维生素 D 的最佳摄入量尚不明确。国际上一般对大多数绝经后有骨质疏松症的女性建议的摄入量为钙 1200mg/d(饮食钙和补充钙的总量)、维生素 D 800U/d。尽管在伴骨质疏松症的绝经前女性或男性中的最佳摄入量(饮食加补充)尚未被明确界定,但是通常建议的摄入量为 1000mg/d 钙(总膳食和补充)和 600U/d 维生素 D。

维生素 D 的摄入量可通过每日摄入的牛奶杯数乘以 100 进行估计。维生素 D 还存在于鱼肝油中,但某些鱼油也含有大剂量的维生素 A,因此它们不是维生素 D 的最佳来源。日晒也可增加维生素 D 的浓度。然而,使用防晒产品会显著地阻止维生素 D 的合成。另外,年龄超过 70 岁的老年人的皮肤并不能像较年轻个体的皮肤那样有效地转化维生素 D。因此,老年人和避免日光照射的人需要使用维生素 D 补充剂。维生素 D 剂量的安全上限尚不明确。2010 年,美国医学研究所将维生素 D 的安全上限定为 4000U/d。

碳酸钙在进餐时服用吸收较好;相比之下,枸橼酸钙在空腹状态下吸收良好。在胃酸缺乏的患者中可能尤为重要,因为往往很难知道谁有胃酸缺乏,故碳酸钙随餐服用是最佳时间。同时使用质子泵抑制剂(PPI)或 H_2 受体阻断药的患者中,碳酸钙的吸收较差,对于这些患者,通常推荐枸橼酸钙作为一线钙补充剂。同时给予的利尿药可影响钙平衡。袢利尿药可增加钙的排泄,而噻嗪类利尿药具有致低尿钙作用,可防止钙结石和可能的骨丢失。利尿药对最佳膳食钙摄入量的影响尚不明确。

有关钙补充的心血管风险尚存有争论,特别是当总钙摄入量超过了推荐量或是以大剂

量给予补充剂时。在该争论未明确之前,安全的做法是避免过度补充,避免一次剂量超过500mg,并鼓励患者优先采用膳食摄入补充,而非药物补充。

骨化三醇是维生素 D 活性最强的代谢产物,因可引起高钙血症和(或)高钙尿症,需要密切监测并调整钙摄取量和骨化三醇的剂量。因此,推荐在骨质疏松症患者中使用骨化三醇作为维生素 D 补充剂。

二、双膦酸盐类药物在骨质疏松的绝经后妇女中的应用

双膦酸盐类药物可抑制骨吸收,且副作用相对较少,因此广泛用于骨质疏松的预防和治疗。

(一) 用药前的评估

在开始使用双膦酸盐类药物前,应评估患者以确定其骨质疏松是否存在可能可治疗的病因或其他促发因素。该评估包括对低钙血症和维生素 D 缺乏的评估。在口服和静脉给予双膦酸盐类药物之前,均有必要纠正低钙血症和(或)维生素 D 缺乏。此外,还需评估是否存在可能妨碍双膦酸盐类药物使用或改变其给药的共存疾病。对于口服双膦酸盐类,通常需仔细回顾患者的病史,包括判断是否存在食管异常(狭窄或失弛缓症)以及能否保持直立位至少 30 分钟,还应询问近期是否计划接受侵入性牙科操作(拔牙或种植牙)。若已计划接受拔牙或种植牙,一般将给药推后数个月,直到手术创口完全愈合后再给药。无论口服还是静脉给予双膦酸盐类药物,均需测定血清肌酐以评估是否有肾脏损害。

(二) 用药注意事项

1. 双膦酸盐类药物的口服吸收率较低(低于服用剂量的 1%),须空腹服用以保证最高吸收率,应在清晨第一时间空腹单独服用,送服水不少于 240ml。服药后,患者在至少 0.5 小时(阿仑膦酸盐或利塞膦酸盐)或 1 小时(伊班膦酸盐)内应禁饮禁食、禁止服用药物或补充剂。对于无法耐受双膦酸盐类药物口服治疗的患者或难以配合服药要求者〔如无法端坐 30～60 分钟和(或)无法吞咽药片者〕,也可考虑静脉给予双膦酸盐类药物如唑来膦酸和伊班膦酸盐。静脉给予双膦酸盐类药物可能会引发流感样症状和低钙血症,可用对乙酰氨基酚或布洛芬进行预防或治疗流感样症状。静脉给予双膦酸盐类药物治疗的患者可能发生低钙血症,在维生素 D 缺乏者中更易发生,因此使用维生素 D 和钙补充剂可最大限度地降低该风险。在静脉输注双膦酸盐类药物前应评估血清骨化二醇(25-羟基维生素 D)浓度。

2. 双膦酸盐类药物通过抑制破骨细胞活性而抑制骨吸收。因为骨折愈合需要骨痂重塑,需要成骨细胞与破骨细胞协同发挥作用,所以理论上认为双膦酸盐类药物可能会妨碍骨折的愈合。因此,骨折后能否立即开始用双膦酸盐类药物成为一个重要问题,而可指导该决策的研究资料极少。一般只要患者可端坐至少 30 分钟(口服双膦酸盐类药物),我们通常在骨折 4～6 周后开始使用双膦酸盐类药物治疗。此时患者的活动能力较好,止痛药服用较少,因此其消化道症状可能也减少;否则,相关消化道症状可能与口服双膦酸盐类药物的不良反应相混淆。

3. 建议勿用双膦酸盐-雌激素组合疗法或双膦酸盐-雷洛昔芬组合疗法,因为联合用药的附加收益较小,但可能增加副作用。

4. 目前关于双膦酸盐类药物治疗的持续时间尚未达成共识,现已证实阿仑膦酸盐、利塞膦酸盐和唑来膦酸的有效时间分别可长达 10 年、7 年和 6 年。一些女性可能宜在治疗

3～5年后停止用药,因为BMD和骨折从治疗中的获益可能会有后效应。若患者已持续服用阿仑膦酸盐或利塞膦酸盐5年或接受唑来膦酸治疗(每年1次)3年,且BMD稳定、无既往椎骨骨折史且近期骨折风险较低,则建议停止药物治疗。

(三) 药品不良反应

1. **胃肠道副作用**　反流、食管炎和食管溃疡是口服双膦酸盐类药物患者的主要问题。若遵循正确的用药指南,则此类副作用的发生率极低。

2. **流感样症状**　静脉给予双膦酸盐类药物常在输注后的24～72小时内出现急性期反应,表现为低热、肌痛和关节痛。

3. **低钙血症**　口服双膦酸盐类药物治疗可降低血清钙离子浓度,但仅在甲状旁腺功能减退症患者中见有临床意义的低钙血症报道。

4. **肌肉骨骼疼痛**　较为罕见,但一些患者在开始双膦酸盐类药物治疗后数日、数个月或数年内出现了严重的肌肉骨骼疼痛[骨、关节和(或)肌肉疼痛],且停药后该症状并不总能完全缓解。美国FDA已就这一问题发出警告,建议临床医师在开具双膦酸盐类药物时应与患者讨论可能出现的肌肉骨骼症状,若患者出现此类症状,应立即联系其医师。

5. **肾脏毒性**　不推荐将双膦酸盐类药物用于CCr低于30ml/min的患者,临床医师应在每次输注唑来膦酸前测定血清肌酐水平,并确保患者身体不缺水。唑来膦酸的输注时间不得少于15分钟。

6. **眼部副作用**　据报道,大多数双膦酸盐类药物均可引起眼部副作用,包括疼痛、视物模糊、结膜炎、葡萄膜炎和巩膜炎。

7. **颌骨缺血性坏死**　在长期接受双膦酸盐类药物治疗的患者中已有报道,常伴疼痛、肿胀、骨外露、局部感染和颌骨病理性骨折。发生颌骨缺血性坏死的危险因素包括静脉给予双膦酸盐类药物、患癌及接受抗癌治疗、双膦酸盐治疗的持续时间、拔牙、种植牙、义齿置入不良、使用糖皮质激素、吸烟及既往存在牙科疾病。

8. **心房颤动**　有关双膦酸盐类药物可能增加心房颤动风险的研究数据互相矛盾。现一般认为通常不会引发房性心律失常,但在患有心脏疾病的人群中应用时应密切观察。

附:典型案例

老年女性骨质疏松伴心衰的药学监护

患者李某,女,75岁。患者5年前前臂远端骨折时被诊断为骨质疏松。另外,身高缩短,并轻度驼背。李某否认严重背痛,但偶有轻度背痛服用对乙酰氨基酚,最近一次骨扫描发现脊柱、前臂有严重的骨质丢失。5年前李某切除子宫。现患疾病为轻度充血性心力衰竭,口服氢氯噻嗪25mg和地高辛0.125mg。此外,每天服用碳酸钙片1200mg、雌激素片0.625mg。

讨论:

1. 李某的表现是典型的骨质疏松症状,其用药目的为防止进一步的骨丢失,以及继发骨折。

2. 对于李某钙补充最少每天1200mg,但老年患者因胃酸分泌减少、1,25-二羟维生素D_3和雌激素血清浓度减少,导致钙吸收减少,因此李某可采用原方式或采用更易吸收的枸橼酸钙剂或加用维生素D。

治疗骨质疏松的同时保护心血管，因此可考虑使用雷洛昔芬，而且与传统雌激素疗法相比能少量增加骨密度；如不考虑雌激素疗法对心血管系统的作用，可用阿仑膦酸钠盐替代，其增加骨密度的效果大于雷洛昔芬。

3. 锻炼防跌倒。进行适合其身体条件的锻炼，保持骨质、功能和灵敏，并防止跌倒。

4. 合并用药。患者因轻度心功能不全服用氢氯噻嗪，能够增加钙潴留。此作用对钙平衡有远期好处，服用时间越长，防止骨折的作用越大，因此氢氯噻嗪可继续服用。

（孙雯娟 闫雪莲 梅 丹）

参 考 文 献

[1] National Osteoporosis Foundation. The clinician's guide to prevention and treatment of osteoporosis (2014). http://www.nof.org/sites/default/files/pdfs/NOF-clinians-Guide2014.pdf.

[2] NIH Consensus Development Panel on Osteoporosis Prevention, Diagnosis, and Therapy. Osteoporosis prevention, diagnosis, and therapy[J]. JAMA, 2001, 285:785-795.

[3] The World Health Organization Fracture Risk Assessment Tool. www.shef.ac.uk/FRAX.

[4] ISCD Official Positions. www.ISCD.org.

[5] 中华医学会骨质疏松和骨矿盐疾病分会. 原发性骨质疏松症诊治指南（2011）[J]. 中华医学会骨质疏松和骨矿盐疾病杂志, 2011, 4:2-17.

[6] 裴福兴, 邱贵兴. 骨质疏松性骨折的临床诊断及治疗[M]. 北京：人民卫生出版社, 2007.

[7] 中华医学会妇产科学分会绝经组. 绝经期管理与激素补充治疗临床应用指南（2012版）[J]. 中华妇产科杂志, 2013, 48(10):795-799.

[8] 王秀兰. 临床药物治疗学：妇科及其他疾病[M]. 第8版. 北京：人民卫生出版社, 2007:48(27)-50(9).

[9] 沈龙祥, 曾炳芳. 骨质疏松症治疗的依从性[J]. 国际骨科学杂志, 2012, (33)6:351-353.

[10] 刘立旻, 夏维波. 药源性骨质疏松症[J]. 药品评价, 2013, 10(7):42-46.

第十六章

老年痴呆（认知功能障碍）

第一节　定义和流行病学

老年痴呆是指老年人群由于认知功能障碍致日常生活自理独立能力下降的一大类疾病。老年人群发达国家为≥65岁，发展中国家为≥60岁。认知功能障碍包括复杂注意力、执行、学习记忆、语言、视觉空间功能及社会行为能力的下降。日常生活自理能力下降标志着老年人的生活独立性受损，需人照料，即所谓的致残性疾病。

老年痴呆的类型多，致病因素复杂，有退行性脑萎缩导致的痴呆，如阿尔茨海默病（Alzheimer disease，AD）、额颞痴呆（frontotemporal dementia，FTD）及帕金森病痴呆等；有血管因素导致的血管性痴呆（VaD）；还有其他原因如感染、代谢、药物及外伤等导致的痴呆。我国AD占50％，VaD占5％～15％，混合性占15％～20％。本文主要介绍AD的相关内容。

老年痴呆的现实状况：①发病率高：至今全世界有1700万～2500万AD患者，我国在北京、上海、成都和西安4个城市的调查结果显示，65岁及65岁以上的老年人AD患病率为5.9％；②致残率高：痴呆导致患者不能独立完成日常生活，并伴有精神行为异常，给照料者带来巨大负担；③认知率低：2010年中国慢性病及其危险因素监测结果显示，48.8％的人认为是正常的衰老过程。痴呆老人中就诊率为23.3％（有77％的患者终其一生都从未就诊），就诊者中的治疗率为21.3％，服用国际推荐的一线抗痴呆药的比例仅为2％。

第二节　病因和发病机制

主流的观点认为AD的发病是老化、遗传和环境多种因素的共同结果。其最终的脑萎缩认为是β淀粉样蛋白（β amyloid peptide，Aβ）级联（the amyloid cascade）效应，致神经元纤维缠结形成（neurofibrillary tangles，NFTs）所致。另外的机制包括Tau蛋白异常磷酸化。

第三节　病理和病理生理

AD患者的大体病理主要为脑萎缩；镜下可见神经炎性斑、神经元纤维缠结、神经元减少、脑淀粉样血管病等主要病理改变。另外,还可见海马神经元颗粒空泡变性、胶质细胞增生、神经毡细丝等。

第四节 临床表现和辅助检查

一、老年痴呆的临床表现

老年痴呆的主要表现为认知功能障碍(根据《精神疾病诊断与统计手册》第 5 版,DSM-Ⅴ)。

1. 复杂注意力障碍 表现为完成普通任务需要比以前更长的时间。完成常规任务时出现错误,做任务时需来回重复,多刺激的环境中集中注意力困难(电视、广播、谈话),观看有竞争力的比赛容易分心。如果不投入,很难集中注意力。在工作中很难维持近期记忆,如电话号码或地址,或回顾刚才的报告。无法在脑中进行数学计算。思考所花费的时间多于平时,很难同时处理多项事务,简化到 1 个或几个。

2. 执行功能障碍 完成任务较费力,感觉有困难,被访客或电话干扰后难以继续完成任务,完成任务时有疲劳感,做转换任务时表现出不悦,不能完成复杂的项目。一次只能完成一个任务,不能独立作出判断或决定。

3. 学习与记忆障碍 近事遗忘,需列出名单。偶尔需要提醒电影或小说情节,有时在几周内向同一个人重复诉说一件事情,不能记住购物或当天计划的项目,常忘记手头的任务。

4. 语言功能障碍 找词困难,避开使用特殊的或具体的名词,语法错误,常出现语言停顿、表达困难和重复、刻板语言、缄默。

5. 视空间觉障碍 完成空间任务如穿针引线较前费力。明显的使用日常工具困难,熟悉环境定向障碍。

6. 社会行为(情绪、意识、行为)障碍 行为、态度、人格易变,难以识别他人的表情变化,缺乏热情,缺乏抑制力,淡漠或烦躁不安。行为异常,服饰、礼仪、宗教或性活动异常,过度紧张,决策不顾家庭或朋友,行为不当缺乏安全,缺乏洞察力。

老年人的认知功能下降到日常生活自理独立性受损即进入痴呆阶段,日常生活自理能力(activity of daily living, ADL)下降,包括基本生活能力(大小便、吃饭、穿衣、个人卫生、洗澡、步行)和应用日常基本生活工具的能力(打电话、购物、管理钱财、烹调、整理家务、洗衣、吃药、坐车)。

二、老年痴呆的辅助检查

1. 血叶酸、维生素 B_{12}、甲状腺功能检测 以排除由于叶酸、维生素 B_{12} 缺乏及甲状腺功能低下导致的痴呆。

2. 基因检测 ApoE4 有利于痴呆的诊断。

3. 脑脊液 近期研究发现,同时检测脑脊液中的 β_{1-42} 和 tau 蛋白可能有特殊意义。据报道,AD 患者中约有 96% 的患者同时具有脑脊液 tau 蛋白或 p-tau 蛋白水平的增高和 $A\beta_{1-42}$ 的降低。

4. 脑电图(electroencephalogram, EEG)和脑电地形图 AD 的 EEG 无特异性改变,早

期可表现为普遍的波幅下降和 α 节律变慢；继之可出现低和中波幅的不规则活动，额叶 θ 波；渐发展为弥漫性低、中波幅的 θ 波和阵发中、高波幅的 δ 活动。其异常程度多和痴呆程度有关。

长潜伏期事件相关电位（P300 或 P3）：我们的研究发现痴呆患者的 P3 潜伏期延长，说明有认知功能障碍。N2-P3 幅度及 P3 面积减小，提示患者有感知能力下降。但 P3 检查不能作为痴呆的病因诊断[在"认知"某种靶刺激时（奇异刺激），可从头皮记录到一组波，主要有 N1、P2、N2 和 P300（P3），统称事件相关电位（ERP）]。

5. 头颅 CT 及 MRI 检查　可显示脑萎缩改变，即皮质萎缩（在先）及脑室扩大（在后），冠状位显示海马萎缩。还可帮助鉴别血管性痴呆。

6. 单光子发射断层扫描（SPECT）　表现为双侧对称性脑血流灌注量减少，额、颞叶尤明显。

7. 正电子发射断层摄影（PET）　显示额、颞、顶叶代谢率及葡萄糖利用率均显著低下，Aβ 增多。

第五节　诊断和鉴别诊断

一、AD 的国际诊断标准及诊断流程

AD 的国际诊断标准：2011 年美国国立老年研究院及阿尔茨海默病协会（National Institute on Aging and the Alzheimer's Association workgroup）推出阿尔茨海默病重新定义的诊断标准（NIA-Alzheimer's association criteria-redefining AD），将 AD 分为了 AD 临床前阶段（the preclinical of AD）、AD 轻度认知功能减退阶段（mild cognitive impairment due to AD，MCI due to AD）和 AD 痴呆阶段（the dementia of AD），在原 2007 年 AD 的诊断标准基础上，增添了 AD 临床前阶段和 AD 轻度认知功能减退阶段的诊断标准。目前的 AD 诊断标准主要局限于根据患者、家属及知情者提供的学习、记忆及思维障碍等症状得到相应的临床依据，再作出 AD 的临床诊断。但是研究发现，出现 AD 临床症状前的几年甚至几十年就已有 AD 的改变。因此，建议将 AD 的进程分为 3 个阶段：

1. AD 临床前阶段　AD 的生物标识（脑影像学及脑脊液化学改变）可在 AD 症状前检测到 AD 极早期的变化，目前尚无这一阶段的临床诊断标准，但提供这一阶段的检测手段有利于更好地研究 AD。这一阶段又分为 3 个阶段，其临床特点及生物标识见表 16-1。

表 16-1　AD 临床前阶段的生物标识特性（biomarker model of the preclinical stage of AD）

类型		Aβ（PET 或 CSF）	神经损伤标识 （tau、FDG、sMRI）	轻微认知 改变的依据
阶段 1	无症状脑淀粉样变性	阳性	阴性	阴性
阶段 2	无症状脑淀粉样变性 ＋"下游"神经变性	阳性	阳性	阴性
阶段 3	无症状脑淀粉样变性 ＋"下游"神经变性 ＋轻微认知/行为下降	阳性	阳性	阳性

2. AD 轻度认知功能减退阶段 指在记忆及思维能力方面的轻度改变，但未影响日常生活能力（表 16-2 和表 16-3）。

表 16-2 AD 轻度认知功能减退阶段（MCI due to AD）的临床及认知评估

建立临床和认知标准

患者或知情者或医师述有认知改变（认知下降病史或被观察到有认知下降）

1 个或多个领域认知减退的客观依据，典型的包括记忆（建立认知多领域规范检测）

生活自理能力保留

尚未痴呆

与 AD 的病理改变过程相符的病因学检测

排除血管性、外伤性、药源性认知下降

提供认知纵向下降的依据

有 AD 相关基因

表 16-3 MCI 标准包括生物标识（MCI criteria incorporating biomarkers）

诊断类型	AD 病因学的可能生物标识	Aβ（PET 或 CSF）	神经损伤标识（tau、FDG、sMRI）
MCI-核心临床标准	尚不明确	相矛盾/中度/未检测出	相矛盾/中度/未检测出
MCI due to AD-中度可能	中度	阳性	未检测出
		未检测出	阳性
MCI due to AD-高度可能	高度	阳性	阳性
MCI-不似由于 AD	低度	阴性	阴性

3. AD 痴呆阶段（表 16-4）。

表 16-4 AD 痴呆阶段的诊断标准

符合很可能的痴呆诊断标准

具备以下认知或行为（神经-精神）症状时可以诊断为痴呆：

1. 日常生活工作能力受损，且

2. 生活能力和执行能力较先前水平降低，且

3. 无法用谵妄或其他严重的精神疾病来解释。

4. 认知损害可由以下方式发现或诊断：①病史采集（患者及知情者）；②客观认知评价（神经心理、精神状态测试，神经心理测试应在常规病史采集及精神状态检查不能提供确信诊断时进行）。

5. 认知或行为受损至少包括以下中的 2 项：①学习、记忆新信息的功能受损，症状包括重复的发问或话语、乱放个人物品、忘记重要事件或约会、在熟悉的地方迷路；②推理及处理复杂任务的能力受损、判断力受损，症状包括对危险缺乏理解、不能胜任财务管理、决断力差、不能计划复杂的或一连串的活动；③视空间能力受损，症状包括无法识别面孔或常见物品、视力良好不能发现正前方的物品、不能使用简单的工具或衣物与躯体关系定向困难；④语言功能受损（说、读、写），症状包括说话时找词困难、犹豫，说话、拼写和书写错误；⑤人格或行为举止改变，症状包括非特异的情绪波动，比如激越、动机受损、主动性丧失、淡漠、动力缺乏、社会退缩、对先前所从事的活动兴趣降低、悟性丧失、强迫行为、出现社会不当行为。

熟练的临床医师根据患者和知情者所提供的日常生活事件的描述作出诊断。

符合很可能 AD 的诊断标准

符合痴呆诊断标准,并具以下特点:

1. 隐匿起病,缓慢进展,数个月至数年,并非数小时或数天。

2. 报告或观察到明确的认知功能恶化,且

3. 病史及检测发现早期显著的认知障碍。如下分类:

(1)遗忘表现:AD 最常见的症状,学习、回忆新近习得的知识的功能受损,及至少 1 项认知功能受损的证据。

(2)非遗忘表现:①语言障碍:最突出的缺损是找词困难,同时存在其他认知功能缺损;②视空间障碍:最突出的缺损是空间认知受损,包括物体、面容、动作失认、失读,同时还表现其他认知区域受损;③执行功能障碍:最突出的缺损是推理、判断及解决问题能力受损,同时还表现其他认知区域受损。

4. 排除 VaD;DLB(路易体痴呆 DLB);FTD;其他。

中国卫计委发布的"阿尔茨海默病临床路径"的诊断依据为《中国痴呆与认知障碍诊治指南》(中华医学会神经病学分会痴呆与认知障碍学组、中国阿尔茨海默病协会编写,中华医学杂志,2011 年)、《美国国立老化研究所与阿尔茨海默病协会诊断指南写作组对阿尔茨海默病诊断指南的推荐和介绍》(中华神经科杂志,2012 年)和国际工作组标准-2(Advancing research diagnostic criteria for Alzheimer's disease:the IWG-2 criteria Lancet Neurol,2014 年)。

二、诊断流程

1. 询问病史 详细询问是否有 AD 的临床表现及临床特征。

2. 神经系统检查 排除是否有锥体系及锥体外系体征。

3. 神经心理量表检测 以判断是否为痴呆及痴呆的程度。主要量表介绍如下:

(1)筛查量表:简易精神智能状态评测量表(MMSE)为痴呆的筛查量表,总分范围为 0～30 分,轻度痴呆患者的评分为 18～26 分,中度痴呆评分为 10～17 分,重度痴呆评分<10 分;蒙特利尔认知评估量表(MoCA)为 MCI 筛查量表,总分为 30 分,≤26 分为可疑 MCI 患者。

(2)认知检测:包括检测情景记忆的加州言语学习测验(California verbal learning test,CVLT)和 Rey 听觉言语学习试验(the Rey auditory verbal learning test,RAVLT)、语义记忆的语义流畅性测验、图片命名任务、词语和图片定义测验;检测执行功能的言语流畅性测试、Wisconsin 卡片分类测验中的持续反应、连线测验加工速度;检测言语功能的 Boston 命名测验、SIB-L 测试。还有常用于临床药物观察的 Alzheimer 病评定量表-认知(ADAS-Cog)检测量表及严重损害量表(SIB)。

(3)日常生活活动量表(ADL):痴呆日常生活能力检测量表共 10 项,每项分 4 级,有 2 项或 2 项以上达 3 级(需要帮助)或 4 级(能力丧失)者,或总分≥26 分时,可认为有日常生活能力缺损。

(4)神经精神科问卷(NPI):检测 AD 的精神行为量表。

(5)总体功能的评估:临床医师访谈时对病情变化的印象补充量表(CIBIC-plus)。

(6)痴呆分级量表:临床痴呆评定(CDR)的痴呆分级量表,0 分为正常,0.5 分为 MCI,1 分为轻度痴呆,2 分为中度痴呆,3 分为重度痴呆。总体衰退量表(GDS)的痴呆分级量表,分 7 个等级:①正常;②极轻;③轻度;④中度;⑤中、重度;⑥重度;⑦极重度。

(7)Hachinski AD 量表(HIS):AD 与血管性痴呆的鉴别量表,由 13 项组成。总分≥7 分为血管性痴呆,≤4 分为 AD,4~7 分为混合性痴呆。详见表 16-5。

表 16-5　常用神经心理测验量表的分类

临床用途	常用量表
轻度认知障碍筛查(MCI)	蒙特利尔认知评估量表(MoCA)
	临床痴呆评定(CDR)CDR=0.5
	总体衰退量表(GDS)2、3 级
痴呆筛查	简易精神智能状态量表(MMSE 量表)
	画钟测验(CDT)
	认知能力筛查量表(CASI)
	长谷川痴呆量表(HDS)
	简易智力检测量表(abbreviated mental test score,AMTS)
认知功能的评估 　轻、中度认知障碍 　重度认知障碍	Alzheimer 病评定量表-认知(ADAS-Cog) 严重损害量表(SIB)
认知功能亚项 　记忆力检测	韦氏记忆 临床记忆 加州言语学习测验(California verbal learning test,CVLT) Rey 听觉言语学习试验(the Rey auditory verbal learning test,RAVLT) 数字跨度
注意力检测	连线测试
执行功能检测	画钟测验(CDT)
日常生活能力的评估	日常生活能力量表(ADL)
	日常生活能力问卷(ADCS-ADL)
	社会活动功能量表(FAQ)
	痴呆残疾评估表(DAD)
	进行性病情恶化评分(PDS)
	Alzheimer 病功能评定和变化量表(ADFACS)
	痴呆日常生活能力衰退检查(IDDD)
精神行为	神经精神科问卷(NPI)
	痴呆行为评定量表(BRSD)
总体评定	临床总体印象-变化量表(CGIC)
	临床医师访谈时对病情变化的印象补充量表(CIBIC-plus)
	Gottfries-Brane-Steen 量表(GBS)

续表

临床用途	常用量表
痴呆分级	临床痴呆评定（CDR）
	总体衰退量表（GDS）
	功能评定分期（FAST）
鉴别与排除诊断	Hachinski AD 缺血量表（HIS）
	HAMD 抑郁量表

第六节　老年痴呆的治疗管理

老年痴呆的预防以控制危险因素及治病因素为主，如控制血压、血糖、血脂等血管危险因素，避免独居、吸烟、饮酒等不良生活方式，加强锻炼，提高受教育程度，保持良好的心理状态。治疗导致痴呆的疾病，如脑血管病、正常颅内压脑积水、感染及脑外伤等。尚未批准有药物可以预防痴呆，目前国际上围绕痴呆预防的药物临床研究均已失败，如维生素、雌激素、阿司匹林及他汀类等。

痴呆患者的临床症状涉及认知缺损、精神行为紊乱等多方面，因此对于痴呆患者的治疗应遵循个体化和多方位的原则。

1. 全面评估个体化治疗　评估患者的痴呆类型、程度、伴随疾病、危险因素及临床认知损害症状，全面个体化进行治疗。

2. 定期随访调整治疗　对患者进行定期随访，评估患者症状的好转或恶化以调整治疗方案。

3. 药物治疗与康复护理相结合　鼓励患者的陪护人员对患者进行日常生活能力、认知的康复锻炼，对患者的心理和情绪变化及安全加强护理，坚持药物治疗。

第七节　药物治疗方案

AD 多靶点治疗原则根据国际上新近的较权威的治疗指南：2010 年 EFNS 阿尔茨海默病诊疗指南（EFNS guidelines for the diagnosis and management of Alzheimer's disease, European Journal of Neurology 2010）、2008 年 ANN 美国痴呆最新药物治疗临床操作指南（Ann Intern Med，2008）及 2007 年 APA 阿尔茨海默病诊疗指南（practice guideline for the treatment of patients with Alzheimer's disease and other dementias，published by American Psychiatric Association in October 2007）。我们以上述指南为蓝本，建议 AD 采用以下治疗：

1. AD 认知症状的治疗　EFNS、ANN 及 APA 指南均一致推荐乙酰胆碱酯酶抑制剂（AChEI：多奈哌齐、卡巴拉汀和加兰他敏）及谷氨酸 NMDA 拮抗剂（美金刚）为 AD 的一线治疗药物，无论是从病理机制还是临床大量的研究均验证了其有效性和安全性。

（1）乙酰胆碱酯酶抑制剂（AChEI）：中枢胆碱能系统变性严重影响学习、记忆能力，

AChEI 能抑制乙酰胆碱酯酶（AChE）对乙酰胆碱（ACh）的降解，提高 ACh 来改善 AD 患者的认知等功能，还可激活蛋白激酶 C 减少 Aβ 淀粉样沉淀及过度磷酸化 tau（p-tau）蛋白生成，是目前应用广泛、研究最多、相对有效的一类药物。

1）盐酸多奈哌齐（donepezil hydrochloride，Aricept，E2020）：为哌啶类药物，是高选择性、可逆性的 AChEI，为 1997 年第二个获美国 FDA 批准治疗轻至中度 AD 的药物，我国于 1999 年上市用于治疗轻、中度 AD，2005 年 FDA 批准治疗重度 AD。其优点是服用方便，每日只需服用 1 片（5mg/d 或 10mg/d），作用时间长，半衰期为 70 小时，可出现胆碱能样外周反应，即恶心、呕吐、腹泻、头晕等。

2）重酒石酸卡巴拉汀（rivastigmine tartrate，Exelon）：为氨基甲酸类药物，是一种假性、不可逆性双向胆碱酯酶抑制剂，可选择性地结合皮质和海马等脑区的 AChE 及丁酰胆碱酯酶（BuChE），抑制两者对 ACh 的降解。随着 AD 病情加重，患者脑中的 BuChE 水平明显升高，并参与降解乙酰胆碱。2000 年美国 FDA 批准治疗轻至中度 AD，2005 年 FDA 批准治疗 PDD。可出现胆碱能样外周反应，即恶心、呕吐、腹泻、头晕等。

3）氢溴酸加兰他敏（galantamine hydrobromide）：为石蒜属植物中分离的一种生物碱，使突触前烟碱受体发生变构，减少 ACh 重摄取，增加对 AChE 的抑制作用，是可逆性 AChEI，为 2001 年第三个获美国 FDA 批准治疗 AD 的药物，我国已完成临床试验，尚未上市。

4）石杉碱甲（哈伯因，huperzine A）：石杉碱甲是中国科学院上海药物研究所从石杉属植物千层塔中分离得到的一种新生物碱，是我国首创的可逆性 AChEI。可出现口干、嗜睡、胃肠道反应、视物模糊等。

AChEI 可改善患者的症状而不能根治疾病，临床治疗出现副作用或效果不明显时可相互转换或合并应用。因此提高乙酰胆碱水平，促进其合成释放，减少其分解，提高其药物活性。

（2）谷氨酸受体拮抗剂：谷氨酸的生理作用是通过 N-甲基-D-天冬氨酸（NMDA）及 AMPA 受体（α-氨基-3-羟基-5-甲基-4-异噁唑丙酸受体，AMPAR）介导学习和记忆过程，AD 患者的谷氨酸信号受到扰乱，导致认知功能受损及兴奋性毒性氨基酸的细胞毒性。AD 患者的病理变化使谷氨酸持续缓慢释放，激活 NMDA 受体，镁离子去阻断，钙离子细胞内流，背景噪声增强，信号转导紊乱，长时程增强（long-term potentiation，LTP）不能诱导，突触可塑性受损，学习记忆障碍，还可导致细胞持续去极化、肿胀、凋亡。

盐酸美金刚（盐酸 1-氨基-3,5-二甲基金刚烷，memantine hydrochloride）是亲和性、非竞争性 NMDA 受体拮抗剂，通过阻断 NMDA，纠正信号转导，保护神经元。FDA 批准治疗中、重度痴呆，2005 年在我国上市。每日服用剂量为 10～20mg。

2. AD 精神症状的处理

（1）寻找精神症状的病因，给予非药物治疗。APA 指南指出，在处理 AD 的精神症状时，首先应对精神状况作出评估，包括自杀、对己和他人的威胁性、潜在的攻击性评估，同时包括生活条件、居住环境的安全性、监护程度、被忽视或虐待的证据评估，EFNS 及 APA 指南均建议首先考虑根据评估的结果纠正其潜在的病因，采取非药物管理。AD 患者出现烦躁、焦虑、易怒、社交退缩、抑郁、注意力不集中、易激惹、攻击、跌倒、梦游及睡眠障碍等情况，照料者需掌握监督及照料的基本原理，包括了解患者的能力会逐渐下降并适时调整对患者的期望；当患者功能骤降或出现新的症状时带患者寻求专业治疗；当患者变得过度不安或愤怒则满足患者的要求；避免能使患者受挫的过度复杂的任务；不要当面提及患者的缺陷；如果患者变得烦躁不安，仍要保持镇静、坚强和容忍，并重新定向；保持一致并避免不必要的更改；经常提出对患者有帮助的暗示；正式或非正式的可使患者获得最大快乐的活动方法，以改善行为和情绪。

（2）建议应用抗抑郁药物。EFNS 指南提出，对 AD 患者有抑郁、焦虑表现者建议应用抗抑郁药，如 5-羟色胺重摄取抑制剂（SSRIs）类药物治疗。SSRI 类药物会补充 AD 病理所致的 5-HT 降低，改善抑郁相关的神经精神症状，如攻击、焦虑、情感淡漠和精神病症。传统的三环类抗抑郁药（如阿米替林、丙米嗪）有抗胆碱能副作用，应该避免使用。

（3）抗精神病药能有效控制 AD 患者的精神行为异常，但其副作用大，应在不得不应用时少量短期使用。APA 指南有很好的证据推荐使用抗精神病类药物治疗 AD 患者的精神行为症状，但同时指出第二代（非典型）抗精神病药如阿立哌唑、喹硫平、奥氮平和利哌酮有很严重的副作用，包括增加死亡风险、心脑血管意外、迟发性运动障碍、体重增加、糖尿病、过度镇静、意识模糊和认知功能的恶化，因此必须谨慎使用这类药物，应予最低有效剂量，还应告知患者和家属抗精神病药潜在的效益和风险，特别是死亡的风险。EFNS 指南指出，无论是传统的还是非典型抗精神病药物都能减少 BPSD，但是抗精神病药物都可能有严重的副作用，多数都会提高脑卒中危险、增加死亡率、导致帕金森病和认知障碍。只有对因中到重度症状带来痛苦的患者在仔细评价风险/收益关系，并与看护者及患者讨论后才能低剂量、短期用药。没有证据表明传统抗精神病药在脑卒中或死亡危险上比非典型抗精神病药更加安全，传统药物缺乏确定的证据而且副作用更大。

（4）苯二氮䓬类药仅偶可能对 AD 的焦虑症状有一定作用。APA 指南认为，苯二氮䓬类药比抗精神病药有更多的副作用和更少的益处，只偶用于在有些患者的激惹或焦虑症状较突出时，应该避免长期使用。苯二氮䓬类药物的副作用包括过度镇静，增加跌倒、呼吸抑制、认知功能恶化、谵妄及增加情绪低落的风险。劳拉西泮和奥沙西泮没有活性代谢产物，其作用优于半衰期较长的药物如地西泮或氯硝西泮，而短效药物更易出现跌倒和髋关节骨折。苯二氮䓬类药物依赖也是一个值得关注的风险。

（5）情感稳定剂。APA 指南指出，使用低剂量的卡马西平对 AD 的激惹症状有中度受益，卡马西平没有被推荐为痴呆患者激惹症状的常规药物，使用抗精神病药物无效时可以考虑使用卡马西平、丙戊酸盐。EFNS 指南认为，卡马西平可能对攻击性行为有帮助，但多数丙戊酸试验结果阴性。在我们的临床实践中发现，某些 AD 患者有颞叶癫痫，很可能被误认为精神行为症状，抗癫痫药物很可能不仅对激惹、攻击精神症状有帮助，而是控制了癫痫所致的精神行为异常。

（6）睡眠障碍治疗的各指南认为，包括曲唑酮、唑吡坦或扎来普隆药物的疗效数据很少，可结合患者的临床效果个体化治疗。而苯二氮䓬类药物因其日间镇静作用、耐受性、反跳性失眠、认知恶化、跌倒和谵妄的风险，所以不推荐使用或仅是短期使用。苯海拉明因其抗胆碱能作用而不推荐使用。不应该只为治疗睡眠障碍而使用抗精神病药。

3. 控制 AD 的危险因素　包括血压（高/低）、血脂、血糖、脑缺血及营养状态等。改善脑血液循环药：AD 脑中有着明显的脑血管淀粉样变（CAA）及动脉粥样硬化，可使脑血管狭窄、脑血流减少，脑影像学可见脑白质疏松及 SPECT 验证了脑血流灌注减少现象，因此，改善脑血液循环可减少继发性脑缺血导致的神经细胞功能损害。

4. 其他辅助手段 如辅助性促智药物等。

（1）非甾体抗炎药（NSAIDs）：AD老年斑周围有明显的免疫炎症反应，T淋巴细胞浸润，细胞因子、补体及与免疫反应相关蛋白的存在；而在年龄相匹配的健康对照组中则未发现此种现象。APA指南指出，单独应用NSAIDs如阿司匹林，其临床研究未显示其有治疗AD的依据，但在控制AD的危险因素如高血压、高脂血症、卒中时建议应用阿司匹林。

（2）抗氧化剂：氧化应激反应增加$A\beta$的神经毒性作用，抗氧化剂可以保护神经元免受$A\beta$诱导的神经毒性作用，如银杏叶制剂、维生素E和司来吉兰。各指南指出，尚无依据显示抗氧化剂单独使用能使患者受益。目前对维生素E临床试验安全性的meta分析发现其能提高剂量依赖性死亡率，目前不再推荐使用维生素E。

（3）促智药物：脑代谢活化剂（甲磺酰麦角碱混合物，如脑通、二氢麦角碱、尼麦角林等）及吡咯烷酮衍生物（吡拉西坦、茴拉西坦、奈非西坦、奥拉西坦）。麦角碱类通过增强脑细胞的新陈代谢，增加脑细胞摄氧和葡萄糖的作用，营养神经细胞促进神经递质传递，从而改善认知功能。吡咯烷酮衍生物能增加脑代谢功能，其主要机制是作用于神经传递中的突触前膜离子通道。通过增强神经细胞的电位依赖性钙通道的电流，增强了钙离子的摄入，从而促进神经递质的释放。各指南未推荐此类药物常规使用，但指南亦指出因其有效性和安全性还不确定，临床医师常用于有选择的患者或辅助性治疗。

（4）认知康复锻炼：APA指南建议应辅以康复治疗，包括刺激导向疗法，比如娱乐活动、艺术疗法、音乐疗法和宠物疗法；情感导向疗法，予支持性心理治疗，以解决患者早期的功能丧失；回忆性治疗，在改善情绪和行为症状方面有适度的研究支持；认知导向疗法，如针对特殊认知缺陷的本体定位、认知再训练和技能训练，但尚不能让患者持久受益。

5. AD治疗的前景 国际上正在积极从事针对AD病因、病理机制的药物研究，以期治愈AD。其中部分制剂在Ⅱ期或Ⅲ期临床研究中宣布失败，如某些AD疫苗；还有一些尚处于研究中，尚未上市。

（1）抗$A\beta$治疗：针对AD老年斑及其形成的治疗研究。

1）β-、γ-水解酶抑制剂：APP剪切主要经过2个途径：α-途径和β-途径。①α-途径：APP经α-水解酶降解为含N端和C端的2个APP片段（α-APP）。其中含N端的α-APP是水溶性$A\beta_{1-16}$肽段，不发生$A\beta$沉淀；含C端的APP片段经γ-水解酶继续降解为P_3。②β-途径：APP经β-水解酶降解为含N端的水溶性片段和C端肽段，含C端的β-APP片段经γ-水解酶继续降解为$A\beta$。因此，β-、γ-水解酶抑制剂可抑制$A\beta$沉淀。近期研究证明，早老素（PS）实际上就是一种γ-水解酶，或者是γ-水解酶的部分成分。γ-水解酶除参与APP剪接外，也参与Notch蛋白的加工。γ-水解酶能抑制Notch信号转导，影响正常的细胞代谢。γ-水解酶抑制剂的动物实验效果确切，但并没有进行临床试验。

BACE/Asp2是一种β-水解酶抑制剂，应用BACE/Asp2可以阻止脑中沉淀，已在转APP突变基因动物模型中得到证实。

2）AD疫苗：应用$A\beta_{1-42}$（AN-1792）免疫具有人类突变基因APP的鼠能产生抗$A\beta$抗体，阻止淀粉样斑块的形成，甚至能溶解已存在的斑块，同时在斑块周围出现包含$A\beta$的小胶质细胞，表明抗体介导的吞噬作用也可能是一种重要的清除机制。

AN-1792是现已制备的AD疫苗，Ⅰ期临床试验接种给健康志愿者，没有发现明显的副作用；Ⅱ期临床试验接种给了360例AD患者，15例患者出现中枢神经系统的免疫炎症反应，随即试验被停止。

3）金属转运螯合物：AD患者脑内的许多区域金属离子非正常升高，金属离子参与氧化应激，并可加剧Aβ聚集及其神经毒性作用。Aβ可以选择性地与Zn^{2+}、Cu^{2+}结合，以调节Aβ沉淀、H_2O_2的产量及相应的细胞毒性。Zn^{2+}、Cu^{2+}主要集中于AD患者的大脑新皮质，尤其是Aβ沉淀区，高选择性地转运金属螯合物可清运Aβ沉淀区的Zn^{2+}、Cu^{2+}，使Aβ沉淀易于水解，并能缓解氧化应激反应的压力。

Clioquinol(5-chloro-7-iodo-8-hydroxyquinoline)是一种疏水性药物，它可以自由透过血脑屏障，并具有Zn^{2+}、Cu^{2+}螯合物的特性。Clioquinol作为一种抗生素被应用了20年，由于诱发视神经脊髓炎而被停用，现已知道通过补充维生素B_{12}可防止其发生。转基因AD小鼠动物模型服用clioquinol 9周，脑内的Aβ沉淀可减少49%。目前正应用clioquinol和维生素B_{12}进行Ⅰ期临床试验。去铁胺(desferrioxamine, DFO)是铝离子螯合剂，为从链霉菌属(*Streptomyces*)中分离的一种离子特殊结合单位，可减慢或阻止Aβ聚集过程，对AD患者的临床症状起到缓解作用。

4）Caspase-3的特异性抑制剂：Caspase-3是半胱天冬酶家族中的成员，能直接剪切APP生成Aβ。在转染APP770的NT2神经元细胞培养液加入caspase-3的特异性抑制剂Z-DEVD-CHO能有效阻止APP降解为Aβ。Caspase-3在AD的发病过程中还参与PS、p-tau蛋白调节及与神经元凋亡。Z-DEVD-CHO是caspase-3的特异性抑制剂，可能是治疗AD的一个新药物。

（2）抗NFT治疗：神经元纤维缠结是由成股螺旋丝(PHF)组成的，PHF的主要成分是过度磷酸化tau(p-tau)蛋白。Aβ通过激活糖原合成激酶3β(GSK-3β)使tau蛋白过度磷酸化，损坏微管稳定性，造成神经元死亡。

IC_{50}是一种p-tau蛋白抑制剂，是在微分子水平合成的一种具有选择性、竞争性的GSK-3β抑制剂，能防止tau蛋白过度磷酸化，很可能成为一种治疗AD的新药。

（3）基因治疗：目前基因水平治疗AD尚处于探索阶段，研究发现激活即刻早期基因(IEGs)可以诱导LTP增强效应，可以改善AD患者的学习记忆及认知能力。另报道反义磷硫醇盐低聚核苷酸(antisense phosphorothioate oligonucleotides)能通过血脑屏障，改善SAMP8鼠的学习记忆。

（彭丹涛）

第八节 药学监护与信息反馈

一、整体疗效观察

症状的改善应该从3方面进行评价：①认知，采用客观试验进行测试（认知终点）；②日常生活能力（功能终点）；③总体临床疗效，由总体评价所反映（总体终点）。

这3方面都应明确疗效指标，并且应该规定两个分别反映认知和功能的主要终点指标。试验设计以及试验持续时间应该能够在两个主要终点方面显示出显著的差异。总体评价应该作为一项次要终点进行评估。

如果达到了这一标准，则应对每个患者的总体受益（反应）进行评价，并按照特殊的申报要求，考虑特殊背景下疾病的自然进程，依据获得有显著临床获益（应答）的患者比例来确定治疗效果。

二、AD 治疗的效果指标

1. 显著临床恶化（同时满足下列 3 项） ADAS-Cog 评分上升≥4 或 SIB 评分下降≥5，加上 ADCS-ADL 23/19 和 CIBIC-plus 评分下降。

2. 临床恶化 ADAS-Cog 评分上升或 SIB 评分下降，加上 ADCS-ADL 23/19 和 CIBIC-plus 评分下降。

三、联合用药

APA 还指出，联合 AChEI 和美金刚治疗比单独应用 AChEI 可让患者更有效获益，相关研究显示，两者联合应用有相互增效的作用。

四、坚持随访，对疗效进行评估

EFNS 指南建议，应至少每 3～6 个月随访 1 次，对治疗进行评估，如使用 MMSE，以根据评估结果调整药物的剂量及治疗方案，确保治疗的有效性。

五、观察不良反应

应用 AChEI 时，由于 ACh 外周 M 受体有降低血压、减慢心率、增加腺体分泌等作用，患有病态窦房结综合征或严重的房室传导阻滞、急性胃炎、胃溃疡、严重哮喘或慢性阻塞性肺疾病的患者应谨慎使用，但 ACh 的副作用在用药的 2～4 天后就会逐渐减轻，所以如能忍受开始几天的不适，以后可能会无不适症状。胆碱酯酶抑制剂的其他常见不良反应主要有：

1. 神经系统 常见的有疲劳、头晕眼花、头痛、发抖、失眠、出现幻觉；罕见的有张力亢进、感觉异常、失语症和运动功能亢进等。

2. 胃肠道系统 腹胀、反胃、呕吐、腹痛、腹泻、畏食及体重减轻、消化不良等较常见，尚有吞咽困难、消化道出血的报道。

3. 心血管系统 可见心动过缓、心律不齐；低血压罕见。

4. 血液系统 贫血可见，偶见血小板减少。

5. 内分泌和代谢系统 偶见血糖增高，曾有低钾血症的报道。

常用于 BPSD 的抗精神病药物的不良反应问题其一般规律为：①高效价经典抗精神病药物易致帕金森综合征、静坐不能等锥体外系不良反应，诱发迟发性运动障碍和恶性综合征的危险也较大；②低效价药物更可能引起过度镇静、意识障碍、直立性低血压及外周抗胆碱不良反应等，甚至会因其中枢性抗胆碱不良反应加重认知功能损害的程度；③经典抗精神病药物对路易体痴呆患者极易引起帕金森综合征等 EPS，应尽量避免；④非典型抗精神病药物导致锥体外系不良反应发生的危险显著低于经典抗精神病药物，但氯氮平有引起粒细胞减少或缺乏的危险，需慎用；⑤喹硫平由于无抗胆碱活性，而且与多巴胺受体的结合相对松散，因此对痴呆患者认知功能损害的影响可能较小，也几乎不引起锥体外系不良反应，适合多种痴呆的治疗；⑥硫利达嗪会导致 Q-T 间期延长，引发严重的心脏问题。

老年人因代谢和排泄能力的衰退，加之许多抗精神病药物都具有相当高的脂溶性、多数老年人的脂肪组织占体重的比例偏高，很容易发生药物蓄积，即便很小的剂量，老年人也常难以耐受。美国 FDA 对既往临床试验结果进行分析，发现使用非典型抗精神病药物治疗的痴呆患者出现心血管事件和死亡的现象多于安慰剂组，故提出警示：非典型抗精神病药物并未推荐用于 BPSD 的治疗。但许多临床医师的实践表明，非典型抗精神病药物确实能在一定程度上缓解 BPSD，因而推荐在充分告知患者与照料者治疗的可能获益和风险，获取知情同意后可酌情谨慎使用非典型抗精神病药物，主要针对 BPSD 的"靶症状"进行治疗，并应定期评估调整治疗方案，以最大可能取得较小的治疗风险。在患者抗精神病药物治疗的"靶症状"消失或明显减轻 3 个月后，或者患者的躯体衰竭较明显而 BPSD 对患者及他人已不构成明显威胁或烦恼的情况下，可根据具体情况减少抗精神病药物的剂量或停药。若症状出现"反弹"，可再次使用原抗精神病药物治疗。

六、用药依从性

阿尔茨海默病患者通常伴有程度不等的记忆障碍、智力衰退、人格改变和行为异常，因此针对这类患者的药物依从性通常较差，再加上老年患者的基础体征较差，合并疾病较多，因此联合用药情况频繁出现，可能需要在一天同时或不同的时间段服用多种相同或不同剂量、不同类型的药物。因此，提高老年人尤其是阿尔茨海默病患者的用药依从性具有重要意义。影响老年人用药依从性的原因是多种的，主要包括用药品种复杂、用药时间、频次、剂量以及药物用法的复杂性，另外，老年患者自身的原因、认知功能以及精神状况都会影响用药依从性。药物产生的一些副作用、不良反应也是降低患者用药依从性的主要原因。从提高老年患者用药依从性的角度来看，应对患者或者患者家属进行详细的用药教育，由于患者的记忆障碍可能较严重，因此尽量采取书面教育，可能要进行反复多次的用药指导，将每天的用药情况进行详细的提示，明确区别不同时间段的不同药物。提醒患者当出现不良反应时不要自己贸然处理、停药或更改剂量，也不要产生恐慌等情绪，要及时向药师反馈情况，获得用药指导。总之，提高患者用药依从性是患者、患者家属和药师要共同解决的问题，需要三方携手努力才能获得更好的用药依从性，从而取得更好的疗效。

第九节　用药指导

应交代药物治疗的受益期望，以确保长期治疗。临床目前面临的问题在于，医师未与患者和家属详尽探讨患者的受益限于延缓疾病的发展或轻度好转，不能完全逆转或治愈疾病，致使许多患者在用药 2~3 个月后因感觉不到治疗效果而停药，以致疾病逐渐加重。

老年期痴呆的精神行为症状（BPSD）既是痴呆症状中对患者和家属的生活质量影响最突出的症状，又是医学干预最有可能奏效的症状。针对 BPSD 的治疗采用多种综合措施，包括行为治疗、环境治疗、音乐治疗、药物治疗和电抽搐治疗（ECT）。治疗 BPSD 应遵循以下几个原则：①首先确定其中的核心症状或突出症状。核心症状是指某一症状的存在与否决定着其他症状的存在与否，如睡眠节律紊乱，患者夜间不眠必然出现较多的无目的行为或破坏行为等症状，消除了睡眠紊乱这一核心症状就可以显著减少其伴随的行为症状。突出症状是指对患者和看护者而言都构成严重问题或巨大痛苦的症状，如攻击行为不仅可能伤害看护者或导致看护者严重应激，而且还增加了患者自己受伤的风险。这些核心症状或突出症状应该成为最初治疗的"靶症状"。②让看护者与家属参与对核心症状与突出症状的确定与评定工作，并让他们参与治疗计划的制订、实施以及疗效评价等活动。③对于由躯体病变引起的情绪与行为问题，必须首先针对躯体疾病采取相应的治疗措施。④对于因人际关系改变或生活变动引起的精神行为症状，可采取相应的措施解决。⑤对于较为轻微的 BPSD，首先考虑选择行为治疗、环境治疗和其他非药物治疗。⑥较为严重或非药物治疗无效的 BPSD 才需要考虑给予药物治疗。⑦在采取药物治疗之前，要全面评价患者的躯体状况（特别是影响患者的药动学方面如药物的消化、吸收、分布以及代谢和排泄等的因素）。⑧对于极度激越或有明显暴怒或攻击行为的患者，应给予适当的约束和保护。

　　药物治疗 BPSD 必须遵循的几条原则：①治疗一定要针对"靶症状"，切忌无的放矢或盲目用药；②以最小有效量进行治疗；③根据病情变化动态调整药物剂量，如症状加重适当加药、症状减轻或消失则适当减药或酌情停药；④起始剂量宜小、剂量调整的幅度宜小、剂量调整间隔的时间宜长；⑤始终警惕药物的不良反应以及药物之间的相互作用。

　　老年患者通常体质较弱，并常伴有一些基础疾病，肝、肾功能较差，因此在老年人用药时应根据说明书酌情减量。另外，由于老年患者的记忆力下降，因此在老年人用药教育方面一定要仔细、反复进行，在出现忘记服药的情况时要马上咨询药师，不要擅自加量或增加服药频次。一些老年患者可能有吞咽困难等情况，在处理因药片过大导致吞咽困难的情况时，要特别注意片剂的特殊剂型，如缓释片、控释片、肠溶片等特殊片剂要嘱咐患者不能将药片掰开分次口服，可嘱咐患者服药时多饮水，服药后不要立刻躺卧。

第十节　不合理用药的常见表现及其处理

　　在临床实践中，不合理用药现象屡见不鲜，轻者给患者带来不必要的痛苦，严重者可能酿成医疗事故，造成药物灾害，给当事人乃至社会带来无法弥补的损失。目前不合理用药主要包括以下几方面：

　　1. 用药不对症。在多数情况属于选用药物不当，也有的是开错、配错、发错、服错药物造成的。无用药适应证而给予安慰性用药，或者有用药适应证而得不到药物治疗则属于两种极端情况。

　　2. 使用无确切疗效的药物或受经济利益驱动，给患者使用疗效不确切的药物。有些情况属于宣传报道的疗效与实际疗效不符。

　　3. 用药不足。首先指剂量偏低，达不到有效治疗剂量；再就是疗程太短，不足以彻底治愈疾病，导致疾病反复发作，耗费更多的医药资源。

　　4. 过度用药。主要分为如下情况：①给药剂量过大。②疗程过长。③无指征用药。④轻症用重药：这里的"重"有两重含义，一层含义指贵重药，另一重含义指用药分量重、辅助药形成系列，预防药、对症药、保健药配套使用。⑤使用毒副作用过大的药物，无必要地让患者承受较大的治疗风险，容易发生可以避免的药物不良反应或药源性疾病。⑥合并用药不适当：合并用药又称联合用药，指在一个患者身上同时或相继使用两种或两种以上的药物，治疗一种或多种同时存在的疾病。合并用药不适当包括无必要地合并使用多种药物；不适当的联合用药，导致不良的药物相互作用。⑦给药方案不合理：未在适当的时间、间隔，经适当的途径给药或药物使用方法不当。⑧重复给药：包括同种药重复和同类药重复。⑨高起点用药：对轻型患者或初治患者直接使用第二线药物，甚至价格昂贵的新研上市的第三线药物。以使用辅助性药物和高档药品为主要表现。总之，不合理用药会延误疾病治疗、浪费医药资源、发生药物不良反应和药源性疾病，甚至酿成药疗事故。

5. 用药选择不适宜。是不合理用药的突出表现，临床医师对治疗药物的选择应基于患者的药物耐受性、药物的不良反应谱、用药的方便性以及治疗的花费。目前研究证据尚不足以比较不同痴呆治疗药物的有效性（低级推荐、低级证据），鉴于极少有研究进行过一种药物与另一种药物间的疗效对照，因而没有足够的证据支持在治疗痴呆患者时应选择何种药物，故而患者的药物耐受性、药物不良反应谱、用药的便利性以及治疗的花费等就理应成为选择治疗药物的合理标准。例如当综合评估了一种药物的获益与危害后，选择他克林就会因其出现严重的不良反应而显得不明智。

药师在努力做好处方审核及调配工作的同时，还应当积极参与临床药学实践，按照药学服务的理念，配合医师合理用药，共同对患者的用药治疗结果负责。其主要工作应该包括：①注意观察病情，防止差错事故的发生，并及时检查出医师的错误处方，最大限度地减少因用错药物而对患者造成的损害；②注意检查复方制剂的有效成分，避免重复用药；③注意药物相互作用及配伍禁忌，确保合理应用药物；④注意药物的性能特点，当好用药参谋；⑤注意治疗一种疾病的药物对另一种疾病产生不良影响的情况；⑥向患者详细交代用药时间、用药方法和用药禁忌，解释用药后可能出现的正常反应，避免患者出现不必要的疑虑。

第十一节　治疗的风险及其处理

一、治疗的风险事件

随着对痴呆疾病的病理生理学有更深入的认识，这类疾病的治疗方法也发生了变化，从以往保守的对症治疗转变为生物学和医学上更具特异性的治疗。主要的治疗方法仍然是对症治疗，包括对行为障碍的治疗、调整环境以维持患者的功能状态，以及提供安全问题相关的咨询。未来有可能出现有疾病特异性、有希望改变病情的治疗。正确诊断痴呆的类型是治疗的第一步。不同治疗方案的有效性可能不一样，由于痴呆患者对药物的不良反应不够敏感，医师和照护人员应更加关注任何不良事件。

美金刚最常见的副作用是头晕，据报道，意识模糊和幻觉的发生率很低，但研究者报道对一些 AD 患者使用美金刚似乎会增加其激越状态和妄想性行为。关于美金刚仍有许多问题需要解决：轻度 AD 患者进行长期治疗是否能够获益、是否具有神经保护作用；在更多患者中使用时是否会出现其他毒性表现。尽管这些问题仍没有明确答案，但根据目前的数据来看，美金刚还是较有前景的，而且备选的治疗方案很少，特别是对于晚期患者的治疗。因此到目前为止，即美金刚上市并已使用 10 年后，似乎没有发现美金刚有严重的副作用。2008 年一项系统评价的结论认为，美金刚能够改善认知和痴呆的总体评估，但是作用较小；已有数据提示该药可改善生存质量和其他方面，但尚未证实。所以，治疗决策应个体化决定，包括对药物耐受性和费用的考虑。

二、治疗的风险因素

治疗的风险因素包括药物不良反应，如一些较罕见的不良反应，如痴呆患者可能会影响驾驶或操作机器的能力。另外，痴呆的主要治疗药物可能会引起乏力、头晕和肌肉痉挛。药物禁忌证：无论是在医师指导下还是患者自行服药，药物禁忌证都是不可忽视的风险因素，违反药物禁忌证服药很可能造成严重的治疗风险甚至威胁患者的生命。药物相互作用：由于老年患者常合并一些基础疾病，通常需要联合很多种类的药物同时治疗，而不同类型的药物之间可能会存在相互作用，影响药物疗效和患者的健康。超说明书用药：医师有时根据经验超说明书用药，可能会给患者带来更好的获益，但在没有丰富的临床经验作为指导时也可能会给患者的治疗带来巨大风险。

三、治疗风险的处理

针对上述治疗的风险因素，药师应该起到严格把关的作用，在出现治疗风险时，药师应当积极参与临床药学实践，按照药学服务的理念，对患者的用药治疗结果负责，及时检查出医师的错误处方，最大限度地减少因用错药带来的治疗风险，注意药物相互作用及配伍禁忌，确保患者正确联合用药达到治疗目的，注意治疗一种疾病的药物对另一种疾病产生不良影响的情况；向患者详细交代用药时间、用药方法和用药禁忌，解释用药后可能出现的正常反应，避免患者出现不必要的疑虑。

另外，老年人和痴呆患者的药物治疗中还需注意：由于老年人的肾脏清除率和肝脏代谢功能下降，用药时应从低剂量开始，小剂量加药，且适当延长加量间期。老年患者患有其他躯体疾病和使用多种药物的可能性较其他人群高，因此医师需对其躯体疾病情况和所使用的各类药物的相互作用有较全面的了解，因为后者可能会进一步影响药物的结合、代谢和排泄。此外，一些药物不良反应可能在老年患者中表现得更为突出，使用时应特别谨慎。抗胆碱能药物的不良反应在患有心血管疾病、前列腺和膀胱疾病及其他躯体疾病的老年患者中将表现得更为严重，患者对其耐受性也将下降。这类药物有时还会加重痴呆患者的认知缺损，并可导致意识模糊，甚至谵妄。由于老年人的血管张力下降，加上较有可能服用导致直立性低血压的药物，则跌倒及跌倒所致受伤的可能性会增加。引起中枢镇静的药物可能会影响认知功能，增加跌倒的风险，使患者由于呼吸抑制而发生睡眠呼吸暂停的机会增加。患AD和帕金森病的老年人对锥体外系不良反应的易感性较高。总而言之，老年患者的用药必须十分慎重，原则上应尽量避免多药合用。然而，由于痴呆患者常出现多种行为症状和躯体症状，因此不能够仅通过某一种药物得到改善，而需要合并使用多种药物，这就要求医师权衡利弊、慎重选择。

第十二节 老年痴呆治疗中的常见药学问题

一、痴呆患者的药物选择

1. 对轻至中度痴呆患者［简易智力状态检查（MMSE）评分为10～26分］，尝试使用胆碱酯酶抑制剂治疗。多奈哌齐、卡巴拉汀和加兰他敏的疗效似乎相似，可根据费用、患者的耐受性和医师的经验在其中进行选择。

2. 对于轻至中度阿尔茨海默病（AD）患者，可对患者进行维生素治疗；或如果不能或不愿使用美金刚，可补充维生素 E（2000U/d）。维生素 E 的获益可能较小，且与美金刚合用可能抵消其作用。不推荐将维生素 E 用于其他类型的痴呆或用于预防 AD。

3. 对于中度至晚期痴呆患者［简易智力状态检查（MMSE）评分＜17 分］，建议在胆碱酯酶抑制剂的基础上加用美金刚（一次 10mg，一日 2 次）；如果胆碱酯酶抑制剂治疗无获益或患者不能耐受，可单用美金刚。

4. 对于严重痴呆的患者［简易智力状态检查（MMSE）评分＜10 分］，考虑到美金刚可能有改善病情的作用，我们建议继续使用美金刚。然而，对于一些晚期痴呆患者，停止用药从而尽量提高生存质量和舒适度可能更有意义。

二、银杏叶制剂治疗 AD 的临床应用问题

银杏树是世界上存活的最古老的树种，其叶入药已有超过 1000 年的历史。银杏最初被传统的中医用来治疗多种疾病，包括哮喘和消化系统疾病。近年来，银杏叶提取物因其抗氧化特性被用于治疗一些血管性疾病，以及治疗记忆丧失、痴呆和黄斑变性。银杏是世界上研究最多和最常用的草药之一。

研究报道，有两种主要的活性成分与银杏的药用功效有关，分别是萜内酯和银杏黄酮糖苷，它们在银杏树叶中的浓度不同。目前已经分离出近 40 种不同的黄酮类物质，包括银杏双黄酮、7-去甲基银杏双黄酮和紫杉双黄酮。分离的萜类包括一些银杏内酯和二萜类，其中最重要的是银杏内酯 A、B 和 C 及白果内酯。

银杏提取物的生物活性性质是多种多样的。通过动物模型证实的一些机制显示，银杏提取物似乎可改变神经传递和提供神经保护，包括减少调节躯体感觉加工处理和警觉的大脑区域的葡萄糖利用。此外，银杏减少外周肾上腺苯二氮䓬受体的数量，从而改变皮质类固醇的分泌。银杏提取物也已显示能够防范与年龄相关的小鼠海马的变化。其他研究表明银杏叶提取物可逆性地抑制单胺氧化酶 A 和 B。

国外关于银杏提取物对阿尔茨海默病或血管性痴呆治疗疗效的研究结论较为混杂。一篇针对银杏治疗认知障碍和痴呆的 35 项试验的系统评价发现，在 24 周时，高剂量银杏组（＞200mg/d）有更大的整体改善（OR 1.7，95％CI 1.1～2.5）。在 12 周时，任何剂量均对认知能力有改善，但在 24 周时对认知没有益处。银杏和安慰剂的不良事件相似。该系统评价得出的结论是银杏对认知障碍或痴呆有临床显著益处的证据是矛盾的和不足以令人信服的。

银杏似乎对预防进展到痴呆是无效的，无论是有正常认知能力的老年人还是有轻度认知功能障碍的患者。银杏增强记忆评价（Ginkgo evaluation of memory）研究是一个大型的多中心试验，该试验将 3069 例年龄为 75 岁和更大的（接近 15％的 MCI 患者在基线）成人随机分配至银杏提取物组（120mg，一日 2 次）或者安慰剂组。银杏没有降低该队列（HR 1.12，95％CI 0.94～1.33）或基线 MCI 患者亚组（HR 1.13，95％CI 0.85～1.50）的痴呆风险。

银杏提取物与非甾体抗炎药和抗凝血药（如肝素或华法林）联合使用时可能增加自发性出血的风险，应避免银杏与上述制剂同时应用。使用银杏和每日小剂量地预防用阿司匹林

尚未报道出现严重的出血事件。尽管这种联合使用可能比较安全，但仍要谨慎使用。当同时给药时，银杏提取物90mg/d没有显示对多奈哌齐5mg/d的药动学有任何不利影响。但在治疗痴呆时，与其他药物的潜在不利或协同相互作用尚不清楚。

银杏产品的纯度和质量可能有所不同，因此会影响它们的临床有效性。虽然银杏通常有很好的耐受性，但一些有出血问题的病例报告建议银杏不能应用于围术期或已知有出血性疾病的患者。接受抗凝药的患者应避免或谨慎使用。

附：典型案例

AD患者的疗效评价和药学监护

患者，男，75岁。因"进行性记忆力下降10年余，情绪低落、站立不稳2天"入院。家属诉患者10年前出现记忆力下降，呈进行性加重，不能执行指令性动作。患者于2天前无明显诱因出现情绪低落，话少，站立不稳，未摔倒，双下肢伴有不自主活动，双下肢可见自主活动，大小便正常，有少许震颤，无心慌胸闷，无恶心、呕吐，无意识障碍，未给予特殊治疗，并且患者症状无明显好转，求进一步诊治来院就诊，门诊以"AD"收入院。患者诊断为AD 8年，目前口服奥氮平，否认高血压、糖尿病病史及家族史。

体检：体温36.5℃，血压120/70mmHg，神志清楚，不能言语，简单指令性动作不能配合，皮肤黏膜无黄染，未触及浅表淋巴结肿大，心肺听诊未闻及明显的杂音，颈软，无抵抗。神经系统检查：双侧瞳孔等大等圆，对光反射灵敏，眼球运动范围正常，未见眼球震颤，双侧额纹基本对称，左侧鼻唇沟稍浅，伸舌不配合，颈软，四肢坠落试验阴性，四肢肌张力增高，双手有不自主运动，双侧腱反射活跃等称，病理征（一），脑膜刺激征（一），感觉共济不能配合。血、尿常规检查未见异常，心电图示正常心电图，胸部X线片无异常发现，头颅CT提示有脑萎缩。

疾病评估：根据美国神经病学、语言障碍和卒中-老年痴呆及相关疾病学会工作小组标准（NINCD-ADRDA）、简易智力状态试验（MMSE）及蒙特利尔认知评估量表（MoCA量表），患者中度AD的诊断成立。患者75岁，诊断为AD 8年，目前口服奥氮平片，否认高血压、糖尿病病史及家族史。为改善患者的认知能力，是否可以选择新型NMDA受体拮抗药；指南如何推荐；新药美金刚效果如何；可以选用何种剂量以及用药方法；美金刚有什么不良反应；是否推荐长期用药；中医的治疗效果怎样；目前中医研究情况是怎么样的。

为改善患者的认知能力，目前国际上有两类治疗AD的药物已经通过美国FDA的认证：一类是乙酰胆碱酯酶抑制药（AChEI，包括多奈哌齐、卡巴拉汀和加兰他敏）；另一类是NMDA受体拮抗药，代表药是美金刚。这些药物具有更好的耐受性、安全性和改善患者认知功能的作用。上述两种药物治疗AD的侧重点有所不同，其中AChEI类药物侧重于轻度AD，或者根据简易智力状态试验（MMSE）患者的得分为10分以下；而美金刚侧重于中/重度AD，或者是MMSE得分为10～20分的患者。

该老年患者我院MMSE量表试验测得13分，各项检查根据NINCDS-ADRDA标准也符合中度AD的诊断标准。鉴于患者中度AD的诊断明确，根据指南推荐患者使用美金刚。多项研究评价了美金刚治疗AD的效果和耐受性，发现美金刚的耐受性非常好，但是需要密切关注可能出现的不良反应。

针对本例患者的具体病情并结合上述临床证据，主管医师将中度AD患者的循证治疗证据详细告知患者，并根据该患者自身的意愿，制订治疗方案如下：首次口服美金刚 5mg，治疗的前 3 周按每周 5mg 递增剂量，逐渐达到维持剂量（20mg）。患者出院时嘱咐患者家属做好监护，建议患者出院后继续用药，定期（每半个月 1 次门诊）随访，同时注意可能的不良反应，常见的或严重的包括高血压、心动过速、低血压、直立性低血压；咳嗽（4%）、呼吸困难（2%）；头晕、头痛、意识混沌、幻觉；口干、恶心、腹泻、便秘；另外有粒细胞缺乏、白细胞减少（包括中性粒细胞减少）、全血细胞减少、血小板减少、血栓性血小板减少性紫癜的报道；皮肤有 Stevens-Johnson 综合征（SJS）的报道；关节痛。另外美金刚可与其他药物出现相互作用，尽量避免合用，包括：①碱化尿液的药物（如碳酸酐酶抑制药、碳酸氢钠）。结果：合用可使本药的不良反应发生率上升。机制：此类药物可降低本药的肾清除率，可能导致本药蓄积。②西咪替丁、雷尼替丁、普鲁卡因胺、奎尼丁、奎宁。结果：合用可能导致血药浓度均升高。机制：以上药物与本药竞争相同的肾脏阳离子转运系统。③金刚烷胺、氯胺酮、右美沙芬。结果：合用可导致中毒性精神病。处理：应避免合用。

后期疗效评价：治疗后患者情绪稳定，MMSE 量表得分维持在稳定水平。2 年来患者坚持门诊随访，可以正常管理自己的日常生活，状况良好，目前该患者正在进一步随访中。综上所述，新型 AD 治疗药物在临床上可以作为中度 AD 的备用药物，其药物不良反应还需要更深入的临床研究，是否作为一线药物取代现有药物还需要临床进一步发展和证实。

（张亚同）

参考文献

[1] WHO. Dementia：a public health priority. 2012.

[2] Zhang ZX，Zahner GE，Roman GC，et al. Dementia subtypes in China：prevalence in Beijing，Xi，an，Shanghai，and Chengdu[J]. Arch Neurol，2005，62：447-453.

[3] Jia J，Wang F，Wei C，et al. The prevalence of dementia in urban and rural areas of China[J]. Alzheimers Dement，2014，10(1)：1-9.

[4] Barresi M，Ciurleo R，Giacoppo S，et al. Evaluation of olfactory dysfunction in neurodegenerative diseases [J]. J Neurol Sci，2012，323(1-2)：16-24.

[5] Chan KY，Wang W，Wu JJ，et al. Epidemiology of Alzheimer's disease and other forms of dementia in China，1990-2010：a systematic review and analysis[J]. Lancet，2013，381(9882)：2016-2023.

[6] McKhann GM，David S，Chertkow H . The diagnosis of dementia due to Alzheimer's disease：Recommendations from the National Institute on Aging and the Alzheimer's Association workgroup[J]. Alzheimer's & Dementia-(2011)，7(3)：335-337.

[7] Bruno Dubois，Howard H Feldman，Claudia Jacova，et al. Research criteria for the diagnosis of Alzheimer's disease：revising the NINCDS-ADRDA criteria[J]. Lancet Neurol，2007，6：734-746.

[8] McKhann G，Drachman DA，Folstein M，et al. Clinical diagnosis of Alzheimer's disease～report of the NINCDS-ADRDA work group under the auspices of Department of Health and Human Services Task Force on Alzheimer's disease[J]. Neurology，1984，34：939-944.

[9] 彭丹涛，许贤豪，刘江红，等. 简易智能精神状态检查量表检测老年期痴呆患者的应用探讨[J]. 中国神经免疫学和神经病学杂志，2005，12：187-190.

[10] 许贤豪，彭丹涛. 神经心理量表检测指南[M]. 北京：中国协和医科大学出版社，2007.

[11] Hulstaert F，Blennow K，Ivanoiu A，et al. Improved discrimination of AD patients using beta-amyloid

(1-42) and tau levels in CSF[J]. Neurology,1999,52:1555-1562.

[12] Coleman RE. Positron emission tomography diagnosis of Alzheimer's disease[J]. Neuroimaging Clin N Am,2005,15:837-846.

[13] Hort J,Brien JT,Gainotti G,et al. EFNS guidelines for the diagnosis and management of Alzheimer's disease[J]. European Journal of Neurology,2010:17(10):1236-48

[14] Qaseem A,Snow V,Cross JT Jr,et al. Current pharmacologic treatment of dementia:a clinical practice guideline from the American College of Physicians and the American Academy of Family Physicians [J]. Ann Intern Med,2008,148(5):370-378.

[15] Peter VR,Deborah B,Barry W,et al. PRACTICE GUIDELINE FOR THE Treatment of Patients With Alzheimer's Disease and Other Dementias[J]. This practice guideline was approved in July 2007 and published in October 2007.

[16] Greig NH,Lahiri DK,Giacobini E. Editorial:advances in Alzheimer therapy:something old,something new,something borrowed,something blue[J]. Curr Alzheimer Res,2005,2:275-279.

[17] Peng DT,Yuan XR,Zhu R. Memantine hydrochloride in the treatment of dementia subtypes[J]. Journal of Clinical Neuroscience,2013,20:1482-1485.

[18] Rothman SM,Mattson MP. Sleep disturbances in Alzheimer's and Parkinson's diseases[J]. Neuromolecular Med,2012,14(3):194-204.

[19] Birks J,Grimley Evans J. Ginkgo biloba for cognitive impairment and dementia[J]. Cochrane Database Syst Rev,2007,CD003120.

[20] DeKosky ST,Williamson JD,Fitzpatrick AL,et al. Ginkgo biloba for prevention of dementia:a randomized controlled trial[J]. JAMA,2008,300:2253.

第十七章

老年期抑郁

第一节 定义和流行病学

一、定义

老年期抑郁症(depression in the elderly)是指发病于 60 岁以后,以持久的抑郁心境为主要临床相的一种精神障碍。抑郁心境不能归于躯体疾病或脑器质性疾病所致,临床特征以情绪低落,孤独感、自卑感突出,更多的焦虑、激惹、认知功能障碍、迟滞、妄想观念和繁多的躯体不适症状,自杀率高等为主,一般病程较长,具有缓解和复发的倾向,部分病例预后不良。不包括继发于躯体或神经系统疾病的器质性抑郁障碍,如痴呆和心脑血管疾病所致的抑郁症。

二、流行病学

抑郁症是老年期常见的精神疾病,是导致精神痛苦和生活质量下降的最常见的原因,已成为一个严重的公共健康问题。至于抑郁症的发病是否随年龄的增长而增加或减少存在不同的观点,有研究认为相对于年轻人而言,老年人的就诊频率较低,不排除老年人就诊不便的影响,以及抑郁情绪被一些躯体疾病所掩盖。患病率各国报道不一,欧美的调查显示患病率为 1%～3.7%。男性明显低于女性。时点患病率为 0.5%～6.4%,平均为 1.11%。社区调查为 5%～15%,老年护理机构为 15%～25%。从国外研究综合来看,老年期首次发病的抑郁障碍占所有老年期情感障碍的 40%～50%或以上。据(马辛等,2003)北京地区抑郁障碍流行病学调查显示,抑郁障碍的终身患病率为 6.87%,值得注意的是,65 岁(包括 65 岁)以上的患病率高于其他年龄段。另一项调查(孟琛,1997)显示,北京市老年期抑郁的发生率为 12.89%。

第二节 病因和发病机制

老年期抑郁症的病因尚不明确,可能与遗传、神经生化、病前性格、社会环境以及生活事件等因素相关。研究表明,相对于早年发病的抑郁症,老年期抑郁的遗传倾向较小,老年期抑郁症的病因更倾向与机体老化、脑细胞退行性改变、躯体疾病和频繁遭受的精神挫折有关。

一、神经生化假说

随着年龄的增长,中枢神经系统神经递质如 5-羟色胺(5-HT)、去甲肾上腺素(NE)和多巴胺(DA)等对老年期抑郁症的发病起着重要作用。总体而言,5-HT、NE 和 DA 功能低下导致抑郁。

从临床药理学的角度来看,选择性 5-HT 再摄取抑制剂(SSRIs)在抑郁症的治疗中发挥肯定的作用,进一步支持 5-HT 耗竭可能使抑郁恶化。研究发现,自杀患者脑脊液中的 5-HT 代谢产物 5-羟吲哚乙酸(5-HIAA)下降。NE 系统的活动性随着年龄的增长而降低,一方面,随着年龄的增长蓝斑核的神经细胞数目减少,脑组织内 NE 的含量下降;另一方面,合成 NE 所必需的酪氨酸羟化酶、多巴胺脱羧酶活性降低,而降解作用的单胺氧化酶(MAO)活性反而随着年龄的增长而升高,特别是女性,绝经期后雌激素减少,使 MAO 脱抑制,造成脑组织内的 NE 浓度降低。大脑组织中的 DA 含量降低与机体老化有关,已有的研究发现,随着正常老化过程,一些特定的脑区特别是黑质纹状体的 DA 含量明显下降,可能是酪胺羟化酶和多巴胺脱羧酶不足所致。研究提示,DA 功能减弱是老年人易患抑郁症的原因之一。另有研究认为,胆碱能系统与记忆障碍、情感障碍、应激状态密切相关。胆碱功能增强,可导致抑郁发作和认知障碍;增加胆碱能活力,可加重抑郁状态,并可使一些正常对照者出现抑郁发作。

同样,神经受体功能异常也与抑郁症的发生相关。根据采用正电子发射断层摄影术(PET)研究 5-HT 受体的结果表明,人体随着年龄的增长,$5-HT_2$ 受体的结合在苍白球、壳核、前额叶均减少。这一结果提示,5-HT 神经细胞减少或 $5-HT_2$ 受体中 5-HT 过剩形成代偿性变化。研究表明,$5-HT_{1A}$ 自身受体控制着 5-HT 细胞的电冲动,从而调节 5-HT 的释放。$5-HT_{1A}$ 受体拮抗剂还可增强其他选择性 5-HT 再摄取抑制剂、单胺氧化酶抑制剂和部分三环类抗抑郁药对 5-HT 释放的影响,这种增强作用是由于拮抗剂阻止了抗抑郁药对 5-HT 细胞冲动的抑制。此外,$5-HT_{1A}$ 受体还可分布在突触后膜影响 NE 的释放,已知与抑郁症相关的 5-HT 受体还有 $5-HT_{1B}$、$5-HT_{1D}$、$5-HT_2$、$5-HT_3$、$5-HT_6$ 和 $5-HT_7$ 受体。

目前有关抗抑郁药作用机制的研究中,最为公认的发现是 β 受体功能的下调(down-regulation)与临床抗抑郁作用之间的密切关系。这种关系不仅存在于几乎所有的抗抑郁治疗中,而且与临床抗抑郁效果的产生具有明显的时间上的一致性。目前认为 β 受体功能的下调可能是抗抑郁药共同的主要作用机制。研究证实,$β_2$ 受体的作用是对 NE 的释放形成负反馈调节,因此阻断 $β_2$ 受体可增强 NE 系统的功能。此外,肾上腺素受体 $α_1$、$α_2$ 也与抑郁症有关。$α_1$ 受体主要分布于突触后膜,研究表明,长期抗抑郁治疗可使 $α_1$ 受体上调。$α_2$ 受体分布在突触前膜和突触后膜,通过负反馈抑制 NE 和 5-HT 释放。抗抑郁药米氮平的药理作用之一是通过阻断 $α_2$ 异质受体和 $α_2$ 自身受体促进 5-HT 和 NE 释放,提高脑内的 5-HT 和 NE 水平,达到治疗抑郁症的目的。

二、神经内分泌假说

心境障碍患者存在神经内分泌功能失调,主要是下丘脑-垂体-肾上腺皮质轴和下丘脑-垂体-甲状腺轴的功能失调。抑郁症患者表现为血浆皮质激素和 17-羟皮质类固醇的含量增高,同时其昼夜周期波动规律紊乱。在对抑郁症患者和正常人注射可的松以评估患者的下丘脑-垂体-肾上腺皮质轴功能的对照研究中发现,抑郁症患者的快速反馈回路功能受损,某些抑郁症患者的海马部位的可的松受体功能异常。当患者长期处在应激状态时,可刺激可的松持续不断地过度释放而导致已受损的海马进一步损害,海马神经元损害加剧,抑郁病情加重。Rosenbaum 等人(1984)对 20～78 岁的抑郁症患者进行地塞米松抑制试验。结果发现,18％的 65 岁以上老年人血浆皮质醇浓度出现不受抑制的反应,年轻患者仅有 9.1％不受抑制。这是否反映了老年人有下丘脑-垂体-肾上腺(hypothalamic-pituitary-adrenal,HPA)系统功能紊乱的倾向,是否是由于难以吸收和代谢地塞米松造成的,还在研究探讨之中。此外,对所有神经内分泌系统,尤其是促肾上腺皮质激素系统容易受睡眠-觉醒节律、饮食、疾病、医疗、应激等非特异性因素的影响,因此老年人更容易引起异常。

另外,不少研究报道心境障碍患者的甲状腺轴调节功能异常,约 1/3 的重度抑郁障碍患者的甲状腺素释放迟缓,是促甲状腺素(thyroid stimulating hormone,TSH)对甲状腺激素释放激素(thyrotropin releasing factor,TRH)的影响所致。新近的研究集中于这样的一种可能性,即抑郁症患者之所以患病,可能是某种未知的自身免疫功能障碍影响某甲状腺功能之故,约 10％的心境障碍者特别是双相Ⅰ型障碍者可检测到抗甲状腺激素抗体。此外,甲状腺功能减退与双相Ⅰ型患者快速循环的发生有关。还有研究发现,抑郁症患者与正常人之间的生长激素释放调节有显著性差异,抑郁症患者自身诱导睡眠刺激的生长激素释放迟缓,抑郁症患者对可乐定(clonidine)诱导生长激素分泌增加的反应变为迟钝。

自促皮质素释放因子(corticotropin releasing factor,CRF)被发现后,它与精神疾病尤其是抑郁症的关系得到了广泛的研究。多数研究证实,重度抑郁症患者的 CRF 分泌过高,且这种高分泌状态经有效的治疗后可以恢复正常。研究发现,在正常个体中,给予外源性促皮质素释放因子 CRF 后(CRF 刺激试验)可以刺激 ACTH、β-内啡肽、β-促脂素(β-lipotropin)及皮质醇分泌显著增加。研究还发现,当抑郁症患者经过治疗症状缓解后,CRF 刺激试验后 ACTH 反应也随之恢复正常。这提示 CRF 刺激试验异常如同地塞米松刺激试验一样,是一种状态标记而非特质标记。许多研究者业已推论,如果 CRF 分泌过高是抑郁症发生的病理基础,那么如果可以采取某些措施降低或干扰 CRF 的传导,就可能对抑郁症状产生治疗作用。

三、生物节律变化

生物的生理活动水平有与昼夜变化相对应的周期性变化,它是生物在不断变化的环境中进化和适应的结果。人类的体温、睡眠-觉醒、内分泌、消化、代谢和排泄都有接近 24 小时的生理节律(circadian rhythm)。近年来,有关情感障碍的发病机制有一个较新的学说,即昼夜节律的失同步作用。情感障碍有反复发作的病程,每次发作后恢复良好,推想其发作与生物节律有关,提示是在正常生化和生理的昼夜节律紊乱基础上发生的。Vogel(1980)描述了抑郁症的临床表现,特别是睡眠障碍和昼行性的心境变化,提示与节律同步障碍有关。伴随年龄增长而发生的睡眠周期紊乱,表明昼夜问题有可能成为老年期抑郁症的病因。此外,目前已知多巴胺 β-羟化酶的活性有昼夜节律,如果此酶节律改变,可使 NE 和其前体 DA 失同步,NE 有时过剩(躁狂发作)、有时不足(抑郁发作)。总之,情感障碍时生物节律有所改变,并且这种改变与临床症状变化相关。对于生物节律变化的机制,目前所知甚少,一般认为它与单胺活性和下丘脑神经内分泌功能状态有密切联系。动物实验中应激亦可引起昼夜节律失同步。生物节律的改变不能看作是解释老年期抑郁症的一个独立模式,它可能是各种生化异常和社会环境因素等共同作用的结果。

四、脑组织结构改变

Jacoby 对 50 例正常老年人（60 岁以上）做头颅 CT 检查，发现有脑室扩大的倾向。1983 年，Jacoby 又对 41 例老年期抑郁症患者做头颅 CT 检查，发现 9 例（22％）具有脑室扩大，并发现其首次发作的年龄较晚，提示器质性脑损害可能在一些老年期抑郁症患者中具有显著的病因学意义。经过对上述患者的随访，并与无脑室扩大的老年期抑郁症患者比较，发现具有脑室扩大的老年期抑郁症患者的 2 年死亡率明显增加。Dolanyo 亦发现，与正常老年人比较，老年期抑郁者的头颅 CT 检查显示脑室扩大、脑密度降低。有学者认为，晚发病的老年期抑郁与早发病者比较，脑室扩大和皮质萎缩更明显，故脑组织退行性改变可能对晚发病的老年期抑郁症的病因学意义更为重要。

以上生化、生物节律及脑组织结构变化等一系列研究表明，老年期抑郁症之所以多见，是与脑的老化过程有关的。曾有学者对老年期情感障碍进行了长期随访，发现其中的器质性痴呆发生率并不比一般社会人群中的发病率高。因此，很多学者推测，老年期抑郁症的发病也许与某种老化改变有关，但在质与量上都未达到像痴呆那样明显的病变程度。

五、心理社会因素

关于心理社会因素与老年期抑郁症的关系，人们早有认识。老年期间，一方面是对躯体疾病及精神挫折的耐受能力日趋减退；另一方面遭遇各式各样的心理刺激的机会却越来越多，老伴的亡故、子女的分居、地位的改变、经济的困窘、疾病的缠绵等都给予或加重老年人的孤独、寂寞、无用、无助之感，成为心境沮丧抑郁的根源。很多学者都发现，对于老年人的抑郁性疾病，无法作出内源性或反应性的划分。Post(1972)报告 92 例老年期抑郁症患者，78％在病前不久有损失性的生活事件。Paykei(1978)报告老年期抑郁症患者，1/3 在病前不久有过生离死别性质的生活事件，1/4 在病前患躯体疾病，其余的也遭遇了诸如退休、经济困难之类的生活事件。国内林其根(1978)比较了老年期和青壮年期情感障碍患者首次发病前生活事件的作用，发现无论是青壮年还是老年患者，在发病前 1 年内，其生活事件的发生率都相当高，前者为 39.6％，后者为 83％。可见，生活事件的致病作用在老年人中更为显著和突出。

老年人在生理"老化"的同时，心理功能也随之老化，心理防御和心理适应的能力减退，一旦遭遇生活事件，便不易重建内环境的稳定，如果又缺乏社会支持，心理活动的平衡更难维持，有可能促发包括抑郁症在内的各种精神疾病。即使是中、轻度的生活事件也有可能致病，这一点在老年人中具有重要意义。

此外，社会人口学资料提示，独身、文化程度低、兴趣爱好少、无独立的经济收入以及社会交往少的老年人为本病的高危人群。

第三节　临床表现和辅助检查

一、临床表现

情绪低落无疑是抑郁症的主要临床表现。应当指出的是，这种情绪低落不是正常心理活动过程中的情绪反应,而是一种病理性的情绪体验。其表现应符合以下条件:①抑郁情绪妨碍了社会功能(如工作、学习和人际交往能力),或为此感到痛苦,寻求医师的帮助;②抑郁情绪持续时间长,一般超过 2 周以上;③往往伴有相应的认知和行为的改变。

老年期抑郁症的临床表现究竟有无独特之处;早发和晚发抑郁症有无重要区别;老年人所特有的心理、生理因素是否影响临床表现和结局。对此各家看法不一,并且临床分类不一,这已引起了很多学者的关注。北京安定医院 2006 年的一项研究显示,老年组和非老年组中均以抑郁情绪最为常见,老年组以激越、疑病、记忆力减退症状突出,昼重夜轻现象少见。老年组抑郁的躯体症状以心血管系统症状、泌尿系统症状和自主神经症状较为显著。近几年的研究表明,与早年起病者比较,老年期抑郁症具有如下特点。

1. 疑病性　即疑病症状,大约 1/3 的老年患者以疑病为抑郁症的首发症状,表现为对正常躯体功能的过度注意、对轻度疾病的过分反应。有研究报道 60 岁以上的老年期抑郁症患者中,具有疑病症状者男性占 65.7%、女性占 62%。

2. 激越性　即焦虑激动,表现为焦虑恐惧、搓手顿足、坐卧不安、惶惶不可终日。轻者喋喋不休,诉其体验及"悲惨境遇";重者撕衣服、揪头发、满地翻滚、焦虑万分,更有甚者勒颈、触电企图自杀。激越性抑郁症随年龄增长而增加,往往是比较严重的抑郁症的继发症状,也可能成为患者的主要症状。

3. 隐匿性　即抑郁症的躯体化症状。抑郁症状为躯体症状所掩盖,故称为"隐匿性抑郁症"。许多否认抑郁的老年患者表现为各种躯体症状,而情绪障碍很容易被家人所忽视,直到发现有自杀企图或行为时方到精神科就诊。

诸多的躯体症状可表现为:①疼痛综合征,如头痛、嘴疼、胸疼、背疼、腹疼及全身疼痛;②胸部症状,如胸闷、心悸;③消化系统则为畏食、腹部不适、腹胀、便秘;④自主神经系统症状为面红、手抖、出汗、周身乏力等。在这些症状中,以找不出器质性背景的头痛及其他躯体部位的疼痛为常见。此外,周身乏力、睡眠障碍也是常见症状。因此,在临床实践中对有各种躯体诉述,尤以各种疼痛,查不出相应的阳性体征,或是有持续的疑病症状的老年患者,应考虑隐匿性抑郁症,不妨投以抗抑郁药治疗。若确属此症,则各种症状可较快地消除。

4. 迟滞性　即抑郁症的精神行为阻滞,通常是以随意运动缺乏和缓慢为特点,它影响躯体及肢体活动,并发面部表情减少、言语阻滞。多数老年期抑郁症患者表现为闷闷不乐,愁眉不展,兴趣索然,思维迟缓,对提问常不立即答复,屡问之才以简短低弱的言语答复,思维内容贫乏,患者大部分时间处于缄默状态,行为迟缓,重则双目凝视,情感淡漠,无欲状,对外界动向无动于衷。抑郁症的行为阻滞与心理过程缓慢具有一致性关系。

5. 妄想性　晚发抑郁症具有比较普遍的妄想性,有研究显示,60 岁以后起病的抑郁症有较丰富的妄想症状,以疑病妄想和虚无妄想最为典型,其次为被害妄想、关系妄想、贫穷妄想、罪恶妄想。这类妄想一般以老年人的心理状态为前提,与他们的生活环境和对生活的态度有关。

6. 抑郁症性假性痴呆　即可逆性的认知功能障碍。人们已经普遍认识到,抑郁症性假性痴呆常见于老年人,这种认知障碍经过抗抑郁治疗可以改善。但必须注意,某些器质性的、不可逆性的痴呆也可以抑郁为早期表现,需加以鉴别。

7. 自杀倾向　抑郁症患者大多感到生活没有意义,度日如年,异常痛苦无法摆脱,最后只有一死了之。患者不只是感到某一种具体的活动没有意义,而是感到生活中的一切都没有意义,生活本身就没有意义。患者通常产生自杀观念,典型的陈述是"没有什么可值得我留恋的""我活着没有什么用处""我愿意一了百了"。自杀者有以下特点,即越是计划周密准备行动,越是含而不露若无其事。这应引起我们的高度警惕。

自杀是导致抑郁症患者死亡的最主要的原因,因此如何发现和预防抑郁症患者自杀非常重要。有研究显示自杀的危险因素有:①家族中有过自杀的成员;②有强烈的绝望感及自责、自罪感,如两者同时存在,发生自杀的可能性极大,应高度警惕;③以往有自杀企图者;④有明确的自杀计划者,因此一定要询问抑郁症患者是否有详细的计划;⑤存在引起不良心理的相关问题,比如失业、亲人亡故等;⑥并存躯体疾病;⑦缺乏家庭成员的支持,比如未婚者、独居者,或受到家人漠不关心者;⑧年老者比年轻者、女性比男性自杀的危险因素高。

8. 其他 ①Post 在"神经症性"和"精神病性"抑郁的对照研究中发现,常见于神经症性抑郁的表演样行为和强迫或恐怖症状,在精神病性抑郁中也可见到,但是年轻人的抑郁症没有此方面的报道;②Whitehead 描述老年期抑郁症可表现有急性精神错乱状态(意识障碍)、严重的激越,往往被误诊为急性精神错乱,而老年期抑郁症患者因食欲缺乏导致的营养不良、维生素缺乏、脱水都可发生真正的急性精神错乱状态。

由此可见,老年期抑郁症的临床表现具有比较明显的特殊性,这是由老化过程的心理和生理变化所致的。

二、辅助检查

对怀疑为抑郁障碍的患者均应做全面的精神检查和必要的量表测查,以明确诊断和判定疾病的严重程度。同时进行体格检查(包括神经系统检查),以排除躯体疾病的可能性,也有助于发现一些作为患病诱因的躯体疾病。除此之外,还要注意辅助检查及实验室检查,尤其注意血糖、甲状腺功能、心电图等。迄今为止,尚无针对抑郁障碍的特异性检查项目,但以下实验室检查具有一定的意义,可视情况予以选择性使用,如地塞米松抑制试验和促甲状腺素释放激素抑制试验。

第四节 诊断和鉴别诊断

一、诊断

目前,国内外尚无老年期精神障碍的分类,本病的诊断仍依据国内外现有的疾病分类与诊断标准。有些研究者认为,应制定老年期起病的抑郁症亚型,则有利于本病的深入探讨。当前,ICD-10《国际疾病和分类(第 10 版)》、DSM-5《美国精神障碍的诊断统计手册》(第 5 版)以及我国的 CCMD-Ⅲ《中国精神障碍分类与诊断标准》(第 3 版)是精神障碍分类与诊断研究的重大成果。尽管在诊断概念和标准上仍存在某些差异,但毕竟在世界范围内广为流行,为国内外的众多专业人员所接受。

(一) CCMD-Ⅲ关于抑郁发作的诊断标准

抑郁发作以心境低落为主,与其处境不相称,可以从闷闷不乐到悲痛欲绝,甚至发生木僵。严重者可出现幻觉、妄想等精神病性症状。某些病例的焦虑与运动性激越很显著。

1. **症状标准**　以心境低落为主,并至少有下列 4 项:①兴趣丧失,无愉快感;②精力减退或疲乏感;③精神运动性迟滞或激越;④自我评价过低、自责,或有内疚感;⑤联想困难或自觉思考能力下降;⑥反复出现想死的念头或有自杀、自伤行为;⑦睡眠障碍,如失眠、早醒,或睡眠过多;⑧食欲降低或体重明显减轻;⑨性欲减退。

2. **严重标准**　社会功能受损,给本人造成痛苦或不良后果。

3. **病程标准**　①符合症状标准和严重标准至少已持续 2 周。②可存在某些分裂性,但不符合分裂症的诊断。若同时符合分裂症的症状标准,在分裂症状缓解后,满足抑郁发作标准至少 2 周。

4. **排除标准**　排除器质性精神障碍,或精神活性物质和非成瘾物质所致的抑郁。

(二)老年期抑郁症的诊断要点

1. 60 岁以后缓慢起病,可有一定的诱发因素。

2. 除符合上述诊断标准外,还具有精神运动性激越和迟滞的表现,以及繁多的躯体化症状和疑病等妄想症状,并具有生物性症状的特点。

3. 除外脑器质性疾病及躯体疾病所致的抑郁综合征。

二、鉴别诊断

1. **与继发性抑郁综合征相鉴别**　老年期容易患脑器质性疾病和躯体疾病,也经常服用有关药物,这些情况都容易引起继发性抑郁综合征,如癌症(特别是胰腺癌)、病毒感染(如流行性感冒、肝炎)、内分泌系统疾病、贫血、维生素 B 或叶酸缺乏、脑血管病、帕金森病、多发性硬化等。容易引起继发性抑郁的药物有甲基多巴、利血平、皮质类固醇等。继发性抑郁综合征的诊断主要依据病史、体格检查、神经系统检查以及实验室检查中可以发现与抑郁症有病因联系的特异性器质因素。

2. **抑郁症性假性痴呆与老年期器质性痴呆相鉴别**　在老年期抑郁症中,有些患者可出现既有抑郁症状,又有记忆、智能障碍的表现。对此种情况有人称之为抑郁症性假性痴呆,因其痴呆是可逆性的。而在脑器质性损害的老年期痴呆病例中,在疾病初期也可能出现抑郁、焦虑状态,此时智能障碍尚未明确化。此外,有些症状如个人习惯的改变、精神运动迟缓、情绪不稳定、性欲减退、食欲缺乏、便秘、体重减轻等,可为抑郁症和器质性痴呆所共有的症状。因此,要区别究竟是假性痴呆还是真性痴呆(老年期器质性痴呆)往往是比较困难的。一般而言,抑郁性假性痴呆起病较快,有明显的发病时间,对记忆力减退有明确的体验,情绪障碍明显,行为活动较迟滞但执行准确,心理测查结果矛盾,脑影像学检查缺乏可靠的支持,抗抑郁药治疗能有效改善认知功能。

3. **与焦虑症相鉴别**　由于抑郁症常常伴有焦虑,所以描述抑郁状态和焦虑状态的分界线是困难的。焦虑状态具有如下 3 方面的表现:①情绪障碍:表现为大祸临头的恐惧、激动、注意力缺乏;②躯体障碍:表现为心悸、呼吸困难、震颤、出汗、眩晕和胃肠功能紊乱;③社会行为障碍:表现为寻求安全的人物或地点,反之厌恶离开安全的人物或地点。在临床实践中,抑郁症常常作为一个新的事件发生在那些具有终身的焦虑性人格或慢性焦虑的人们中。个别晚年首发的抑郁症,一旦抑郁症状消除,持续的焦虑症状可能为唯一的残余症状。

4. 与非精神障碍的丧恸反应相鉴别　必须注意，对抑郁症易感的个体，居丧可以成为突然的发病诱因，特别是对于那些脆弱的人和有抑郁症病史的人，要进行两者的鉴别。

第五节　治疗总体安排

一、病症处理的综合安排

1. 明确诊断　全面了解患者的疾病发展过程，明确既往有无抑郁症发作病史，判断有无共病情况（焦虑障碍、物质依赖等），判断是否存在双相抑郁的可能性。具有以下症状特征的抑郁发作应高度警惕为双相抑郁：①早年发病者；②显著的心境不稳定、波动性大；③抑郁发作伴不典型特征，如食欲亢进、体重增加、睡眠过多、伴精神病性特征；④抑郁障碍频繁发作，如发病急骤、频繁、缓解快；⑤有抗抑郁药所致的躁狂史；⑥有双相障碍家族史；⑦病前具有情感旺盛或循环气质的抑郁症患者。

2. 全面评估

（1）心理社会因素评估：研究显示，丧偶、离婚或分居的婚姻状况，社会隔离，低收入，频繁的生活事件，人格特征不健全等，是疾病发生、发展和治疗效果不佳的影响因素。

（2）躯体疾病评估：老年期抑郁症患者罹患躯体疾病相当常见，躯体疾病的诊断与治疗同样影响抑郁症的治疗效果，比如躯体疾病导致的功能障碍、慢性疼痛等，同时还要注重药物相互作用的影响。因此要关注躯体疾病，采取积极治疗的原则，注意治疗躯体疾病的一些药物有可能导致抑郁障碍，常见的如抗高血压药、抗肿瘤药、类固醇类药等。

（3）临床表现评估：目前提倡抑郁症治疗的全程评估，一般采取量表的实时评定，此外还包括既往发作的临床表现、发作的频度、既往治疗方法及疗效等方面的综合评定。

3. 判断治疗方式　老年期抑郁症的治疗首先是患者的安全必须得到保证，为此，临床医师往往必须作出患者是否应住院的决定。必须住院的明确指征是：①有自杀和杀人危险；②伴有严重的躯体疾病；③患者的总体能力下降致使不能进食且回避环境；④症状迅速恶化，如冲动、自伤等严重损害自身和危及他人等行为；⑤缺少或丧失家庭和社会支持系统的支持。

存在以上指征若不住院及时处理，则后果严重。

4. 建立一个完善的诊断与长远的治疗方案　治疗一开始实施不仅要考虑当前的症状，还要考虑患者长远的健康。因为心境障碍本质上是慢性疾病，因此必须让患者及其家属接受长期治疗的策略。由于应激性生活事件与复发率有关，治疗过程中必须重视尽可能减少心境障碍患者生活中应激源的数量及其严重度。

二、治疗目标

2007年出版的中国《抑郁障碍防治指南》明确提出抑郁障碍的治疗目标，同样适用于老年期抑郁症。

1. 提高抑郁障碍的显效率和临床治愈率，最大限度地减少病残率和自杀率。成功治的关键在于彻底消除临床症状,减少复发风险。

2. 提高生存质量,恢复社会功能,达到真正意义的治愈,而不仅是症状的消失。

3. 预防复发。抑郁为高复发性疾病($>50\%$),药物虽非病因治疗,却可通过减少发作和降低基因激活的生化改变而减少复发,尤其对于既往有发作史、家族史、慢性躯体疾病、生活负担重、精神压力大、缺乏社会支持和物质依赖的高危人群。

三、治疗措施的选择和安排

1. 一般治疗　当今抗抑郁药和电休克治疗虽然对抑郁症有较佳的疗效,但不能忽视一般性治疗。由于食欲缺乏和精神反应迟钝,患者的营养需要往往不能获得满足,故加强饮食护理和补充营养在医疗护理上十分重要。此外,对患者所伴发的任何躯体疾病,应不失时机地给予彻底治疗。

2. 心理治疗　抑郁症心理治疗的目标是减轻或缓解症状,改善患者对药物治疗的依从性,预防复发,恢复心理社会和职业功能,减轻或消除疾病所致的不良后果。可见,心理治疗是抑郁症治疗的一种重要辅助疗法,但必须是在药物或其他治疗的基础上进行。治疗对象主要是患者,但还应包括患者的亲属。常用的心理治疗应该是支持性的解释、劝慰、支持、鼓励与保证,心理治疗的种类有行为治疗、认知治疗、人际心理治疗、动力心理治疗、婚姻和家庭治疗等。心理治疗时应将方法告诉患者,并取得家庭及周围人的协作,使患者树立信心,相信通过种种治疗,抑郁症可以减轻或痊愈。

3. 药物治疗　老年期抑郁症患者的用药原则:①起始剂量小:由于老年人对精神药物的敏感性明显高于青壮年,对药物的吸收、代谢、排泄等能力等较低下,血药浓度往往较高,故容易发生严重的不良反应。②加药速度慢:加药速度主要依据患者对药物的耐受性、病情的严重程度等,临床可采取滴定的方法进行加药。③治疗剂量少:一般有效剂量为成人剂量的 $1/3\sim1/2$。也不否认有些老人需要与年轻患者同样的剂量才能奏效,关键在于用药的个体化和缓慢加量及避免不良反应。④药物的选择:应选择使用不影响心血管系统、肝肾功能和易导致代谢综合征的药物。⑤要注意药物之间的相互作用:老年人罹患躯体疾病的比率高,经常会服用各种治疗躯体疾患的药物,联合用药的比例较高,因此要高度警惕药物之间的相互作用问题,避免出现影响疗效、加重不良药物反应的现象。

4. 改良电休克(MECT)治疗　Weiner(1982)认为,ECT 对老年人一般是安全的,对伴有心脏疾病者,ECT 可能比三环类抗抑郁药更安全。在 ECT 过程中,谨慎地使用肌肉松弛剂和麻醉药,配合心电监护,以免发生骨折并发症,称之为改良电休克(MECT)治疗。因此,对于老年期抑郁症有严重的自杀企图和行为以及伴有顽固的妄想症状者、严重激越者、呆滞拒食者以及用抗抑郁药物治疗无效或对药物副作用不能耐受者,以及无严重的心脑血管疾病者,MECT 治疗是一种非常有效的治疗方法,能使患者的病情得到迅速缓解,有效率可高达 $70\%\sim90\%$。但有些观点认为电休克治疗会损伤患者的大脑、认知功能和躯体健康。

四、预期治疗结果

本病的发作形式有单相发作和反复发作,缓慢起病者多见。与年轻患者相比,老年期抑郁症的病程较长,平均发作持续时间超过 1 年,也明显长于早年发病的老年期抑郁症患者,而且发作频繁,常常变为慢性。

与其他年龄组相比较,老年期抑郁预后不良已被人们所认识。例如 Post(1972)对 92 例老年期抑郁症患者经过 3 年的随访发现仅 26%完全治愈,37%治愈后有 1 次复发,25%反复发作,12%在整个随访期间未愈。Murphy 对一组老年期抑郁症患者随访 1~6 年,发现康复率仅为 25%~35%,明显低于年轻的抑郁症患者。Keller 对各年龄组的抑郁症患者进行研究,发现老年期抑郁症的复发率高。

本病的死亡率也较正常老年人高,Murphy 对 124 例老年期抑郁症患者随访 1 年,发现 14 例(11.3%)死亡,这可能与伴发严重的躯体疾病和服用抗抑郁药所致的不良反应有关。Murphy 又对上述病例随访 4 年,发现死亡 41 例(33.1%),其中因心血管和脑血管疾病死亡 16 例(39%)、呼吸系统疾病死亡 9 例(21.9%)、癌症 5 例(12.2%)、仅 1 例自杀死亡(2.4%)、死亡原因不明为 10 例(24.5%)。Balduin 认为本病预后不良与慢性躯体疾病有关。

许多研究表明,人格特征也与抑郁障碍密切相关。与正常人比较,抑郁症患者于发病前性格已发生变化,如情绪不稳定、神经过敏、内向、刚愎自用等。Gynther 报道,老年伴躯体疾患的患者,其内向、躯体关注、幼稚和抑郁的 MMPI 量表分数高于年轻伴躯体疾患的患者。因此,老年性的人格特征也能影响老年期抑郁症的预后。

Post 指出,判断预后的有利因素为:①70 岁以下;②发作期在 2 年以内;③早年发作恢复者;④阳性的情感病家族史;⑤外向的性格特征;⑥典型的抑郁症状。非常不利的因素为合并脑血管疾病及其躯体伴发病,近期急性的、长期持续性的疾病,被认为是预测抑郁症预后差的重要因素。此外,妄想的出现、缺乏社会支持系统也可作为预后差的重要指征。

第六节　药物治疗方案

一、药物选择和联合

抗抑郁药发展迅速,品种多达 20 余种,以下是目前国内外常用的几种抗抑郁药。既往分类多按化学结构进行分类,如三环类(TCA)和四环类,包括阿米替林、氯米帕明、多塞平、丙米嗪和马普替林等。而今更多按功能(作用机制)来划分:选择性 5-羟色胺再摄取抑制剂(SSRI),如氟西汀、舍曲林、西酞普兰、艾司西酞普兰、氟伏沙明和帕罗西汀;5-羟色胺和去甲肾上腺素再摄取抑制剂(SNRI),如文拉法辛和度洛西汀等;多巴胺去甲肾上腺素再摄取抑制剂(NDRI),如安非他酮;5-HT$_{2A}$受体阻断药及弱 5-HT 再摄取抑制剂(SARi),如奈法唑酮和曲唑酮;5-羟色胺(5-HT$_{2A}$和 5-HT$_{2C}$)受体及 α$_2$ 肾上腺素受体阻断药(NaSSA),如米氮平;单胺氧化酶抑制剂(MAOI),如苯乙肼、反苯环丙胺和可逆性单胺氧化酶抑制剂如吗氯贝胺等。抗抑郁药的选择和比较详见表 17-1。

应该指出,在选择抗抑郁药时,应认真考虑 5 个因素,即安全性(safety)、耐受性(tolerability)、效能(efficacy)、费用(payment)和简便(simplicity)。有人称此为选择抗抑郁药的 STEPS 原则。其中的安全性指的是治疗指数(治疗窗)和药物相互作用(包括药效学和药动学);效能是指药物的整体效能、独特的作用谱、起效速度、维持治疗与预防治疗;简便是指给药的容易程度。

三环类抗抑郁药的抗胆碱作用较强,老年人使用易引起轻度的意识障碍,发生率可高达10%～20%;也易出现排尿困难,甚至尿潴留和麻痹性肠梗阻。抗抑郁药有阻断 α 肾上腺素能受体的效应,老年人更容易出现直立性低血压。文拉法辛、度洛西汀、瑞波西汀有升高血压的作用,故患有高血压、脑卒中的老年人应慎重使用。比较而言,米氮平和选择性 5-羟色胺再摄取抑制剂(SSRIs)类抗抑郁药相对安全。

抗抑郁药阻断毒蕈碱受体的效价由高到低依次为阿米替林、氯米帕明、多塞平、丙米嗪、帕罗西汀、舍曲林、米氮平、氟西汀、西酞普兰、氟伏沙明和文拉法辛。抗毒蕈碱受体效应可加重闭角型青光眼,因此不得用于闭角型青光眼患者。此外,苯二氮䓬类药可能有抗胆碱效应,慎用于急性或隐性闭角型青光眼患者。

药物对肝脏的损害可分为:①药物对肝细胞的直接损伤。直接毒性常可预测,有一定的规律,毒性往往与剂量成正比。②免疫特异质肝损伤。免疫介导的过敏反应具有不可预测性,仅发生在某些人或人群(特异体质),有家族集聚现象,往往与用药剂量和疗程无关,多伴有肝外组织器官损害的表现。③代谢特异质肝损伤。多与细胞色素 P450 酶(CYP)系统相关,常因药物代谢酶的遗传多态性造成代谢能力低下,致药物原形或中间代谢产物蓄积而发病,特点是多数在长期用药后出现,不伴过敏症状。目前尚缺乏有关精神药物对肝脏损害的机制研究。药物性肝损害的诊断标准为丙氨酸氨基转移酶(ALT)>2 倍的正常值上限或 ALT/碱性磷酸酶(AKP)≥5;或 AKP>2 倍的正常值上限或 ALT/AKP≤2;或 ALT 和 AKP 均>2 倍的正常值上限,且 ALT/AKP 介于 2～5。三环类抗抑郁药在肝脏进行去甲基和氧化代谢,SSRIs 经肝脏药酶代谢,同时对这些酶又产生抑制作用,因此在肝损害时使用要加以谨慎。

由于阿米替林、氯米帕明、多塞平、去甲替林等三环类抗抑郁药和马普替林等四环类抗抑郁药具有奎尼丁样作用,因此易引起心律失常,使得 P-R、QRS 和 Q-T 间期延长,延缓心脏传导,并可使 T 波低平,尤其对于患有心血管疾病的患者影响更为明显。Lentini 等报道 1 例 69 岁的女性为既往有冠心病的抑郁症患者,服用马普替林后,Q-Tc 延长至 700 毫秒,射血分数(EF)下降至 0.25,发生了尖端扭转型室性心动过速(TdP)和左心衰竭。在停用马普替林、给予硫酸镁和利多卡因后,有效地控制了 TdP 的发作。

研究发现,舍曲林、氟伏沙明、西酞普兰、帕罗西汀、氟西汀、文拉法辛和米氮平是较少引起心律失常的抗抑郁药。一项舍曲林治疗急性心肌梗死或不稳定型心绞痛伴发的重度抑郁(SADHART)的研究发现,舍曲林在明显改善抑郁症状的同时,对其他心脏功能指标如血压、脉率、Q-Tc、QRS、P-P 间期和左心室射血分数与安慰剂相比均无明显影响,同时严重的心血管事件(心绞痛、心肌梗死)也少于安慰剂。进一步研究发现,舍曲林能有效降低患者血浆中的血小板因子(PF_4)和 β-血栓蛋白(β-TG),提示这些变化可能是舍曲林降低心血管严重不良事件的生物学机制。Francois 等对西酞普兰和人际关系心理治疗(IPT)稳定型冠心病伴有重性抑郁的研究发现,与安慰剂相比,西酞普兰能有效改善抑郁症状,而人际关系治疗的疗效不明显,西酞普兰对血压、心电图指标(包括 Q-Tc 间期)均无明显影响。同时,Loutis 等的研究证实西酞普兰能显著增加血液的一氧化氮(NO)含量,NO 是血小板活动的强大抑制剂,NO 生成受损是导致动脉粥样硬化和血管血栓形成的重要因素。但新近 FDA

针对一项西酞普兰对 Q-T 间期影响的研究结果确定西酞普兰会引起剂量依赖性的 Q-T 间期延长,并警告使用剂量不应高于 40mg/d。

此外,文拉法辛、度洛西汀、瑞波西汀有轻度升高血压的作用,故患有高血压、脑卒中的抑郁症患者应慎重使用。

中国《抑郁障碍防治指南》建议,一般不推荐 2 种以上的抗抑郁药联用。但对难治性病例,在足量、足疗程、同类型和不同类型的抗抑郁药治疗无效或部分有效时才考虑联合用药,以增强疗效,弥补某些单药治疗的不足和减少不良反应。指南建议抗抑郁药的联用应选择两种不同类型或不同药理机制的药物,如 SSRI 和 SARI 联用,或 SSRI 和 SNRI/NaSSA 联用,或 SNRI 和 NaSSA 联用。必要时也可选择抗抑郁药物合并增效剂治疗,临床常用的增效剂包括锂盐、丙戊酸钠、抗精神病药(利培酮、奥氮平、喹硫平等)、丁螺环酮、坦度螺酮、苯二氮䓬类或甲状腺素。增效剂的选择要以患者的疾病特征为依据,注重药物之间的相互作用,减少药物不良反应。

二、剂量、剂型和给药途径

现有的抗抑郁药均是片剂(或胶囊),口服给药,具体剂量和使用方法详见表 17-2。一般 SSRI 和 SNRI 的镇静作用较轻,可白天服药,如出现嗜睡、乏力可改在晚上服用,为减轻胃肠刺激,通常在早餐后服药。SARI 和 NaSSA 有镇静、催眠作用,一般晚上服用。年老体弱者宜从半量或 1/4 量开始,酌情缓慢加量。

三、疗程

抑郁症为高复发性疾病,目前倡导全程治疗。抑郁症的全程治疗分为急性期治疗、巩固期治疗和维持期治疗 3 期。单次发作的抑郁症,50%～85% 会有第 2 次发作,因此常需维持治疗以防止复发。

1. 急性期治疗 推荐 6～8 周。控制症状,尽量达到临床痊愈。治疗严重的抑郁症时,一般药物治疗 2～4 周开始起效。如果患者用药治疗 4～6 周无效,老年期抑郁症患者的用药治疗时间可延长至 6～8 周,改用其他作用机制不同的药物可能有效。

2. 巩固期治疗 至少 4～6 个月。在此期间患者病情不稳定,复燃风险较大。原则上应继续使用急性期治疗有效的药物,并且剂量不变。

3. 维持期治疗 抑郁症为高复发性疾病,因此需要维持治疗以防止复发。维持治疗结束后,病情稳定,可缓慢减药直至终止治疗,但应密切监测复发的早期征象,一旦发现有复发的早期征象,迅速恢复原治疗。有关维持治疗的时间意见不一。WHO 推荐仅发作 1 次(单次发作)、症状轻、间歇期长(≥5 年)者,一般可不维持治疗。多数意见认为首次抑郁发作维持治疗为 6～8 个月;有 2 次以上的复发,特别是近 5 年有 2 次发作者应维持治疗。维持时间尚未有充分研究,一般倾向于至少 2～3 年,多次复发者主张长期维持治疗。有资料表明,以急性期治疗剂量作为维持治疗的剂量,能更有效防止复发。新一代抗抑郁药的不良反应少、耐受性好、服用简便,为维持治疗提供了方便。如需终止维持治疗,应缓慢(数周)减量,以便观察有无复发迹象,亦可减少撤药综合征。

(毛佩贤)

表 17-1 几种主要抗抑郁药的比较和选择

类别	抗抑郁	抗焦虑	相对毒性	不良反应	优点	缺点
SSRIs						均有性功能障碍,焦虑,失眠
氟西汀	++	+		+	停药反应少	$t_{1/2}$长,清洗期长,药物相互作用(2D6,3A4)
帕罗西汀	++	++		+	镇静作用较强	头痛,困倦,抗胆碱能不良反应,药物相互作用(2D6)
舍曲林	++	++		+	药物相互作用较少	消化道症状较明显
氟伏沙明	++	++		+	镇静作用较强	恶心,药物相互作用(1A2)
西酞普兰	++	++		+	药物相互作用少	恶心
艾司西酞普兰	+++	++		+	药物相互作用少	恶心
SNRIs						
文拉法辛	+++	++		+	重度抑郁疗效较好,药物相互作用少	焦虑,恶心,头痛,血压轻度升高,性功能障碍
度洛西汀	+++	++		+	重度抑郁疗效较好	恶心,口干,便秘,食欲下降,疲乏,嗜睡,出汗增多,药物相互作用(2D6,1A2)
NaSSAs						
米氮平	++	++		+	胃肠道反应少,性功能障碍少	镇静,嗜睡,体重增加,粒细胞缺乏罕见,如有感染反应查WBC
TCAs	++	++	++	+++	价格便宜	不良反应较多,过量危险
NRI						
瑞波西汀	++	+	+	++	可预防抑郁症复发	低血压,药物相互作用(3A4)

续表

类别	抗抑郁	抗焦虑	相对毒性	不良反应	优点	缺点
SMA						
曲唑酮	+	++	+	+	改善睡眠,抗焦虑	镇静,头晕,低血压,阴茎异常勃起
萘法唑酮	++	+++	+	+	改善睡眠,抗焦虑,性功能障碍少	镇静,肝功能损害,药物相互作用(3A4)
NDRIs						
安非他酮	++	-	++	+	转躁少,性功能障碍少	过度兴奋,抽搐,失眠,恶心,头痛,震颤,精神病性症状
SSRA						
噻奈普汀	++	++		+	抗焦虑,无镇静作用,性功能障碍少	口干,恶心
MAOIs						
吗氯贝胺	+	+	+	+	无镇静作用,无性功能障碍	头痛,失眠,焦虑,药物相互作用

注:摘自中国精神障碍防治指南丛书《抑郁障碍防治指南》。+=轻;++=中;+++=重

表 17-2　常用的几种抗抑郁药

类别	规格(mg)	剂量范围(mg/d)	主要不良反应	禁忌证
SSRIs				
氟西汀	20	20~60,早餐后顿服,剂量大,可分2次服用	胃肠道反应,头痛,失眠,焦虑,性功能障碍	禁与MAOIs,氯米帕明,色氨酸等联用
帕罗西汀	20	20~60,同上	同上,抗胆碱能反应,镇静作用较强	同上
舍曲林	50	50~200,同上	同上	同上

续表

类别	规格(mg)	剂量范围(mg/d)	主要不良反应	禁忌证
氟伏沙明	50	50~300,晚顿服或午,晚分次服	同上,镇静作用较强	同上
西酞普兰	20	20~60,早餐后顿服,剂量大,可分2次服用	胃肠道反应,头痛,失眠,焦虑,性功能障碍	同上
艾司西酞普兰	5,10	10~20,早餐后顿服	同上	同上
SNRIs				
文拉法辛	25,75,150	75~300,速释剂分2次服,缓释剂早餐后顿服	胃肠道反应,血压轻度升高,性功能障碍,体重增加	禁与MAOIs联用
度洛西汀	20,30,60	40~60,分2次服,或早餐后顿服	胃肠道反应,口干,疲乏嗜睡,出汗增多	禁与MAOIs联用
NaSSAs				
米氮平	15,30	15~45,分1~2次服用	镇静,口干,头晕,疲乏,体重增加,胆固醇升高,粒细胞减少(罕见),性功能障碍	禁与MAOIs联用,出现感冒症状应查血象
TCAs				
阿米替林	25	50~250,分次服	过度镇静,直立性低血压,抗胆碱能不良反应	严重的心,肝,肾疾病
咪帕明	25	50~250,分次服	同上	同上
多塞平	25	50~250,分次服	同上	同上
氯米帕明	25	50~250,分次服	同上,抽搐	同上,癫痫
马普替林	25	50~250,分次服	同上,抽搐	同上,癫痫

续表

类别	规格(mg)	剂量范围(mg/d)	主要不良反应	禁忌证
NRI				
瑞波西汀	4	8~12,分次服	口干,便秘,失眠,勃起困难,排尿困难,尿潴留,心率加快,静坐不能,眩晕或直立性低血压	孕妇,哺乳期妇女,青光眼,前列腺增生,低血压,心脏病
NDRIs				
安非他酮	75	150~450,分次服	畏食,失眠,头痛,震颤,焦虑,幻觉妄想,抽搐,体重增加和性功能障碍得少	癫痫,精神病,禁与MAOIs,氟西汀,锂盐联用
SMA				
曲唑酮	50	50~300,分次服	口干,镇静,头晕,嗜睡,阴茎异常勃起	低血压,室性心律失常
奈法唑酮	50,100	50~300,分次服	头晕,乏力,口干,恶心,镇静,便秘,直立性低血压,肝脏损害	禁与地高辛,特非那定联用
SSRA				
噻奈普汀	12.5	25~37.5,分次服	口干,便秘,失眠,头晕,恶心,紧张	孕妇,哺乳期妇女,禁与MAOIs联用
MAOIs				
吗氯贝胺	100,150	150~600,分次服	头痛,便秘,失眠,直立性低血压,肌阵挛,体重增加	禁与交感胺,SSRIs,SNRI联用

注:摘自中国精神障碍防治指南丛书《抑郁障碍防治指南》

第七节 药学监护与信息反馈

一、观察疗效

抑郁症的主要表现为情绪低落,兴趣减低,悲观,思维迟缓,缺乏主动性,自责自罪,饮食、睡眠差,担心自己患有各种疾病,感到全身多处不适,严重者可出现自杀念头和行为,常伴有某些躯体或生物学症状。老年期抑郁症具有疑病性、激越性、隐匿性、迟滞性和妄想性等特点。目前用于评定抑郁的临床评定量表主要有 Zung 抑郁自评量表(SDS)、汉密尔顿抑郁量表(HAMD)和 Montgomery-Asberg 抑郁量表(MADS)等。

药物治疗抑郁障碍的疗效观察可从以下几方面展开:①提高抑郁障碍的显效率和临床治愈率,彻底消除临床症状,减少病残率和自杀率。临床抑郁症状完全消失(HAMD≤7)为临床痊愈,急性治疗症状部分缓解(HAMD 减分率>50%)为有效。②提高生活质量,恢复社会功能,实现真正意义上的治愈。③预防复发。

二、观察不良反应

不同类型的抗抑郁药物根据其作用受体的不同,不良反应的发生率和发生程度也有些许不同。选择性 5-HT 再摄取抑制剂(SSRIs)为近几年临床应用广泛的抗抑郁药物,其选择性地抑制 5-HT 再摄取,对 NE、H_1、M_1 受体作用轻微,故相应不良反应也较少,不良反应主要发生在用药初期,耐受性较好。选择性 5-HT 及 NE 再摄取抑制剂(SNRIs)具有 5-HT 和 NE 双重摄取抑制作用,对 M_1、H_1、α_1 受体作用轻微,相应不良反应亦相对较少。NE 及特异性 5-HT 能抗抑郁药(NaSSA)的主要作用机制为增强 NE、5-HT 能的传递及特异性阻断 $5\text{-}HT_2$、$5\text{-}HT_3$ 受体,拮抗中枢去甲肾上腺素能神经元突触 α_2 自身受体及异质受体,此外对 H_1 受体也有一定的亲和力,同时对外周去甲肾上腺素能神经元突触 α 受体的中等程度拮抗作用与引起的直立性低血压有关,有镇静作用,但抗胆碱能作用小,耐受性好,不良反应较少。三环类抗抑郁药的主要药理作用为突触前摄取抑制,使突触间隙的 NE 和 5-HT 含量升高从而达到治疗目的,阻断突触后 α_1、H_1、M_1 受体,导致低血压、镇静和口干、便秘等不良反应。由于三环类抗抑郁药有明显的抗胆碱能作用及对心脏的毒性作用,故对老年患者应谨慎使用。

抗抑郁药物的主要不良反应为:

1. 消化系统 恶心、畏食、便秘等。
2. 神经系统 眩晕、头痛、精神紧张、头晕、焦虑、失眠、乏力、困倦、震颤、痉挛发作、兴奋;少见的严重神经系统不良反应为中枢 5-羟色胺综合征;罕见锥体外系反应。
3. 过敏反应 如皮疹。
4. 其他 较罕见直立性低血压、低钠血症、白细胞减少。

三、用药依从性

老年期抑郁症患者的用药依从性与抑郁的预后有密切的相关性,可从以下几方面提高患者的服药依从性。

1. 信息告知 医师和药师在患者用药前需耐心、详细、细致地向患者讲解用药的目的和可获得的收益，加强患者对疾病的认识，努力使其配合医师进行足量和足疗程的系统治疗。详细告知患者服用抗抑郁药一段时间后才会产生疗效，不要急于求成。一旦发生不良反应，耐心向患者解释，打消患者的顾虑，增强患者的治疗信心。

2. 药物选择 针对患者自身的条件和疾病状态为其选择适宜的药物和适宜的剂量，在保证疗效和降低不良反应的前提下降低患者的用药频率，避免漏服或错服药物的发生。

3. 社会支持 医师要向家属和患者进行健康教育，普及抑郁症治疗的知识，打消患者及家属对疾病和用药的顾虑。鼓励患者参与社会活动，嘱咐患者家属多关心患者，关注患者的情绪和身体变化。

第八节 用药指导

1. 药物选择 抗抑郁药的疗效和不良反应均存在个体差异，这种差异在治疗前很难预测。一般而言，几种主要抗抑郁药的疗效大体相当，又各具特点，药物选择主要取决于患者的躯体状况、疾病类型和药物不良反应。抗抑郁药的选用要综合考虑下列因素：①既往用药史：如有效仍可用原药，除非有禁忌证；②药物遗传学：近亲中使用某种抗抑郁药有效，该患者也可能有效；③药物的药理学特征：如有的药镇静作用较强，对明显焦虑激越的患者可能较好；④可能的药物间相互作用：有无药效学或药动学配伍禁忌；⑤患者的躯体状况和耐受性、抑郁亚型：如非典型抑郁可选用 SSRIs 或 MAOIs，精神病性抑郁可选用阿莫沙平；⑥药物的可获得性及药物的价格和成本问题。

2. 合并治疗 加强饮食护理，增进营养，对伴发的躯体疾患给予恰当的治疗。

3. 服药时间 每天按同一时间服药，每日 1 次服用可选择睡前服用。

4. 剂量调整 老年患者相比成人需要降低剂量和减少服药频率，由小剂量开始逐渐调整至最佳疗效剂量。

5. 服药疗程 可能需服用药物 1 个月或更长时间症状才会有所改善，告知患者不可因为疗效欠佳而擅自增减药量。

6. 停药 切勿擅自突然停药，需要先逐渐减少剂量，之后才能完全停药。

7. 漏服 一旦漏服药物，只要一想起来，就应尽快服药。如果快要到下次服药的时间，则等到下次服药时间时再按正常剂量服用。切勿因为之前漏服而增加剂量。

8. 注意事项 缓释胶囊、片剂或缓释片要整粒吞服，不要压碎、打开或咀嚼胶囊，不可服用已破碎或破损的缓释片。

第九节 不合理用药的常见表现及其处理

抗抑郁药物的不合理应用主要体现在以下几方面：

1. 药物选择不当 三环类抗抑郁药具有明显的抗胆碱能作用及对心脏的毒性作用，故建议谨慎应用于老年患者，避免产生严重的不良反应。老年人对 SSRIs 的耐受性远较三环类抗抑郁药好，其抗胆碱能及心血管系统不良反应轻微，老年患者易耐受，可长期维持治疗。

2. 药物应用时间不足 一般抗抑郁药物治疗 2～4 周开始起效，治疗的有效率与时间呈线性关系,"症状改善的半减期"为 10~20 天。避免短时间未观察到预期效果而盲目增加剂量,如果患者用药治疗 6~8 周无效,改用其他作用机制不同的抗抑郁药物。

3. 药物应用剂量、频率不合理　由于老年人对药物的吸收、代谢、排泄等能力下降,并且老年人对抗抑郁药的敏感性明显高于成人,因此老年人的剂量应以成人剂量的 1/3~1/2 为宜,并且应从小剂量开始,缓慢增加药物剂量。

4. 药物相互作用　①药效学方面的相互作用:抗抑郁药与其他药物合用时可能发生药效学相互作用,导致抗抑郁药或者合用药物的药效增强或减弱,从而产生不良反应。例如抗抑郁药与作用于 5-羟色胺递质系统的药物(包括舍雷肽酶、选择性 5-HT 再摄取抑制剂、锂盐、西布曲明、曲马多或圣约翰草)、损害 5-羟色胺代谢的药物(如单胺氧化酶抑制剂、利奈唑胺)或 5-羟色胺前体(如色氨酸补充剂)合用时有发生 5-羟色胺综合征的可能性,应避免合用,并且可能发生药效学相互作用的药物的应用需要间隔一定时间。②药动学方面的相互作用:抗抑郁药与其他药物合用时还可能发生药动学方面的相互作用,通过影响药物的吸收、分布、代谢和排泄过程,从而影响抗抑郁药或者合用药物的血药浓度,导致不良反应的发生或者疗效改变。例如帕罗西汀会抑制肝脏细胞色素 P450 酶 CYP2D6,他莫昔芬是需 CYP2D6 代谢激活的前体药物,帕罗西汀会降低其活性代谢产物的浓度从而降低疗效。通过肝脏代谢的药物与卡马西平、苯妥英钠、红霉素、西咪替丁等肝药酶诱导剂/抑制剂合用时,会增加/减少药物在体内的代谢,从而降低/增加药物的血药浓度,导致低血药浓度药效不足或者高血药浓度情况下不良反应增加,应避免合用。如果出于病情需要必须合用时,需要严密监测患者的反应和进行血药浓度监测,及时调整治疗方案。③与抗凝药物合用:部分抗抑郁药与华法林合用可能增加出血风险,联用药物时需要密切监测 INR 值。

5. 撤药症状　抗抑郁药突然停药时可能发生撤药症状,包括头晕、感觉障碍(包括感觉异常)、睡眠障碍(失眠和多梦)、衰弱、激越或焦虑、恶心和(或)呕吐、震颤,以及头痛。多数患者的症状为轻至中度,但部分患者可能症状较重。停药反应通常发生在停药的前几天内。症状一般具有自限性,通常会在停药 2 周内缓解,部分患者可能会迁延不愈(2~3 个月或更长)。停药反应发生的风险与几个因素有关,包括治疗剂量、周期和减量速度。当停用抗抑郁药时,应监测停药症状。如果可能,推荐逐渐减量而非突然停药。若减量或停药后出现无法耐受的症状,可考虑恢复先前的剂量。随后医师可以继续减量,但应采用更慢的减量速度。

第十节　治疗的风险及其处理

老年患者应用抗抑郁药时,应在治疗过程中关注以下风险。

一、自杀/自杀观念或临床恶化

抑郁与患者的自杀意念、自伤行为以及自杀(自杀相关事件)等危险的发生率增加有关。患者应用抗抑郁药物在治疗的最初几周内或更长的时间疗效可能不明显,在治疗的最初阶段自杀的风险可能会增加。

对抗抑郁药治疗的患者,特别是高风险患者应密切监控,尤其是在治疗早期以及剂量改变之后。应提醒患者及其护理人员需要监测任何临床状况的恶化、自杀行为或自杀想法以及行为的异常变化,如果出现这些症状,应立即寻求医疗帮助。如患者具有自杀倾向,尤其是在治疗早期,需要限制交给患者的药片数量。

二、5-羟色胺综合征

应用抗抑郁药物可能会发生危及生命的5-羟色胺综合征,与5-羟色胺能药物(包括阿米替林)以及影响5-羟色胺代谢的药物(包括单胺氧化酶抑制剂类)合用时更易发生。5-羟色胺综合征的表现包括精神状态改变(如兴奋、幻觉、昏迷)、自主神经不稳定(如心动过速、血压不稳定、高热)、神经肌肉异常(如反射亢进、共济失调)和(或)胃肠道症状(如恶心、呕吐、腹泻)。最严重的5-羟色胺综合征与精神抑制药恶性综合征的表现相似,包括高热、肌肉强直、自主神经不稳定可能伴有生命体征的快速波动,以及精神状态的改变。

应注意并尽量避免抗抑郁药物与其他能够增强5-羟色胺神经传导的药物合用,避免发生药效学相互作用,治疗过程中尤其是在治疗初期以及增加剂量时需谨慎并密切监测临床病情,一旦出现下述症状如激越、震颤、肌阵挛和高热等,提示可能发生了5-羟色胺综合征,应立即终止治疗并给予对症支持治疗。

三、低钠血症

应用抗抑郁药治疗的过程中低钠血症较为罕见,其体征和症状包括头痛、精力不集中、记忆障碍、意识模糊、虚弱、站立不稳可能会跌倒。在严重或急性病例中,体征和症状还包括幻觉、晕厥、癫痫发作、昏迷、呼吸停止和死亡。老年患者、服用利尿药的患者和由于其他原因导致的低血容量者的风险较大。低钠血症的发生可能是由抗利尿激素(SIADH)的异常分泌引起的,通常会在治疗终止时恢复正常。低钠血症高风险患者如老年人、肝硬化患者或合并已知可以引起低钠血症的药物时,应注意治疗过程中进行密切监测。

四、血糖紊乱

糖尿病患者应用抗抑郁药物治疗时可能会影响对血糖的调节,应密切监测患者的血糖水平,必要时调整胰岛素和(或)口服降血糖药的剂量。

五、青光眼患者的注意事项

抗抑郁药物可能影响瞳孔大小,造成瞳孔扩大,该作用可能引起房角狭窄,导致眼压升高和闭角型青光眼,患有闭角型青光眼或者有青光眼病史的患者应谨慎选择抗抑郁药物。

六、出血风险

应用抗抑郁药治疗会增加出血事件发生的风险,主要包括皮肤及黏膜出血,例如瘀斑、妇科出血、肠胃出血和其他皮肤或黏膜出血。与阿司匹林、非甾体抗炎药、华法林和其他抗凝药合并使用可能会增加该风险。

建议在下列人群中应谨慎选用抗抑郁药物,包括合并使用口服抗凝剂的患者或者合并使用已知对血小板功能有影响的药物(如非典型抗精神病药物和吩噻嗪类药物、大部分三环类抗抑郁药物、阿司匹林和非甾体抗炎药物、噻氯匹定和双嘧达莫)和已知有出血倾向的患者。

第十一节 老年期抑郁治疗中的常见药学问题

一、药物治疗周期与剂量

成功治疗老年期抑郁症取决于几个因素：处理共存疾病、根据个体患者调整药物或其他干预措施、监测药物治疗的副作用及疗效并确保密切随访。多次尝试抗抑郁药物治疗失败或倾向采取非药物治疗的患者应考虑咨询精神健康专家。完整的病史将会引导治疗决策。老年期抑郁药物治疗的特别关注点如下：

1. 药物通常使用长达 4～6 周才显示疗效，老年患者可能需要在治疗的 8～12 周甚至 16 周才能出现全部的抗抑郁反应。

2. 为减少药物副作用和药物相互作用，老年人首选单药治疗。

3. 老年人的初始药物剂量应做调整，通常减量为年轻人初始剂量的一半。更低的起始剂量会弥补老年人药物清除率的降低，最小化初始副作用，促进药物依从性和药物维持。然而，老年期抑郁症患者治疗不足也被充分证明；达到与更年轻的成人相同的治疗剂量范围从而达到完全缓解的机会最大化十分重要。

4. 应在开始用药的 2 周内与患者联系或访视以探讨药物耐受性、处理顾虑和剂量调整。开始药物治疗的 2～4 周内，患者应进行门诊就诊以评估其治疗反应、并发症或病情恶化。

5. 成人首次单相重度抑郁发作的一般疗程是达到完全缓解后 6～12 个月。巩固和维持治疗的目的是为了预防复发。老年人的复发率比年轻人高，这可能表明需要更长时间的维持治疗。终止维持治疗之前，医师要教育患者进行复发症状的自我监测，如有症状复发则重新开始治疗。

6. 因安全性和耐受性，选择性 5-羟色胺再摄取抑制剂（SSRI）是抗抑郁的一线治疗药物。然而，60 岁及 60 岁以上的老年患者由于存在可导致心律失常的剂量依赖性 Q-T 间期延长的担忧，西酞普兰的最大推荐剂量为 20mg/d。

7. 米氮平可能对失眠、激越、躁动不安或畏食和体重下降的患者有效。文拉法辛和度洛西汀通常作为二线治疗药物，可能对抑郁症合并神经痛的患者特别有帮助。

8. 三环类抗抑郁药是老年人的三线或四线治疗药物，因其具有明显的心律失常副作用，并且具有导致尿潴留、直立性低血压和可能导致痴呆恶化的抗胆碱能作用。需要时，在老年人中这类药物处方最好是由对其使用有专门知识和经验的精神科专家开具。

9. 单胺氧化酶（MAO）抑制剂可以用于对其他治疗药物有抵抗的抑郁症的治疗。这类药物在老年人中的研究还不充分，因为它们的严重副作用谱，也应该由对其有特别经验的精神科专家来开具处方。

二、服药的注意事项

1. 剂量调整　要实现最佳疗效，可能需要多次调整服用剂量。

2. 服药疗程　可能需服用药物 1 个月或更长时间症状才会有所改善，告知患者不可因为疗效欠佳而擅自增减药量。

3. **停药**　切勿擅自突然停药,需要先逐渐减少剂量,之后才能完全停药。

三、药物的监测

1. 与其他药物合用前,应详细了解两个药物的相互作用及剂量调整。

2. 密切监测药物引起的不良反应,如低钠血症、5-羟色胺综合征等,并及时作出治疗调整。

3. 服药过程中定期监测肝、肾水平,对于肝、肾功能不全的患者应当及时调整给药剂量。

附:典型案例
老年期抑郁的药学监护 2 例

1. 患者肖某,男,68 岁。始于 1980 年因生活压力较大出现入睡困难,伴心境低落,须服用药物助眠,曾不规律使用中药及多种苯二氮䓬类药物。近 10 余年每晚 11 时上床,服用 1～2 片艾司唑仑或阿普唑仑 1 次后方可入睡,偶可不用药物。2003 年和 2009 年曾 2 次于外院诊为"抑郁症",予曲唑酮(美抒玉)(未服用)、佐匹克隆(未规律服用)等药物治疗,近 2 个月症状加重,不服药难以入睡,平均每晚服药 2 次,最多时服药 3～4 次,每次 3～4 片。先后服用艾司唑仑 4～5 片或阿普唑仑 2～3 片,无明显效果。白天精神尚可,平均每天睡 5～6 小时,伴有多梦易醒,对生活失去信心,无感兴趣的事,曾有想死的想法。偶伴左枕颞部疼痛,心烦,无头晕,无恶心、呕吐,无视物旋转及耳鸣,无跌倒史。入院后考虑患者的失眠情况主要与抑郁状态相关,停用苯二氮䓬类药物,加用 2 种抗抑郁药物米氮平 30mg qn 和帕罗西汀 20mg qd 改善情绪,患者自觉睡眠及情绪较前有所好转后出院。药学监护要点:①该患者抑郁的同时存在睡眠障碍,且近半年体重有所下降,服用米氮平可改善睡眠、增加食欲,对患者有多方面的作用。米氮平的半衰期为 20～40 小时,对失眠和焦虑的作用可以短期内见效,但对抑郁的治疗作用通常需要 2～4 周。帕罗西汀为 SSRI 类抗抑郁药,半衰期约为 24 小时,失眠或焦虑在治疗早期就可以缓解,治疗抑郁作用需 2～4 周才出现。SSRI 类药物造成的睡眠紊乱通常仅是暂时性的,只有在治疗开始的第 1 或 2 周内出现,一旦该药物的抗抑郁作用出现,睡眠即可逐渐改善,应告知患者。②抗抑郁药在老年患者中的使用均应从小剂量开始,逐渐滴定至治疗剂量,停药时也应缓慢,以免出现撤药反应,用药期间监测患者的不良反应。

2. 患者王某,65 岁,已婚,退休工人。2001 年因"黄疸型肝炎"住院治疗,期间出现便秘,出院后亦有时发生,因此焦虑、入睡困难。患者自认无法医治且拖累家人,想一死了之。自 2002 年年初开始绝食,偶以开水、冰糖充饥,但饥饿难忍时又不由自主地饱餐一顿,过后又绝食。曾到市医院治疗,反复做各种检查示正常,但仍不能解除其疑虑,坚持认为自己已病入膏肓,为此情绪低落、抑郁、自杀倾向加重,后经心理联合药物(帕罗西汀 20mg/d,根据入睡困难、焦虑等辅以艾司唑仑 1mg/晚)治疗,痊愈后出院。药学监护要点:①艾司唑仑应睡前服用;②帕罗西汀为 SSRI 类抗抑郁药,治疗抑郁作用需 2～4 周才出现,应对患者进行告知,提高其依从性。

(张钰宣　梅　丹)

参 考 文 献

[1] 蔡焯基. 抑郁症基础与临床[M]. 第2版. 北京：科学出版社，2001.

[2] 中华医学会. 抑郁障碍防治指南[M]. 北京：北京大学医学出版社，2007.

[3] Roose SP，Sackeim HA. Late-life Depression[M]. Oxford：Oxford University Press，2004.

[4] Harrison PJ. The neuropathology of primary mood disorder[J]. Brain，2002，125：1428-1449.

[5] Thomas AJ，OBrien JT，Davis S，et al. Ischemic basis for deep white matter hyperintensities in major depression：a neuropathological study[J]. Arch Gen Psychiatry，2002，59(9)：785-792.

[6] 尹秀茹，李素水. 老年抑郁症脑结构变化的研究进展[J]. 国际精神病学杂志，2005，32(2)：129-131.

[7] Taylor W，James R，Macfall，et al. Late-life depression and microstracturalabnosmalities in dorsolateral prefrontal cortex white matter[J]. Am J Psychiatry，2004，161(7)：1293-1296.

[8] Beekman AT，Geerlings SW，Deeg DJ. The natural history of late-life depression：a 62 year prospective study in the community[J]. Arch Gen Psychiatry，2002，59：605-611.

[9] Cipriani A，Furukawa TA，Salanti G，et al. Comparative efficacy and acceptability of 12 new-generation antidepressants：a multiple-treatments meta-analysis[J]. Lancet，2009，373：746-758.

[10] Preskorn SH，Silkey B，Shah R，et al. Complexity of medication use in the Veterans Affairs healthcare system：Part Ⅱ. Antidepressant use among younger and older outpatients[J]. Journal of Psychiatric Practice，2005，11(1)：16-26.

[11] Rabheru K. Special issues in the management of depression in older patients[J]. Canadian Journal of Psychiatry，2004，49(3 Suppl 1)：41S.

[12] Cássio MC，Bottino Ricardo，Barcelos-Ferreira. Treatment of Depression in Older Adults[J]. Curr Psychiatry Rep，2012，14：289-297.

[13] 陈新谦，金有豫，汤光. 新编药物学[M]. 第17版. 北京：人民卫生出版社，2011：282-301.

[14] MICROMEDEX（R）Healthcare Series.［DB/OL］. 2014，http://www. micromedexsolutions. com/home/dispatch/CS/80DE35/DUPLICATIONSHIELDSYNC/FE0FEC/PFActionId/pf. LogoutToLoginPage.

[15] 张强. 心理疗法、联合药物治疗老年型抑郁1例[J]. 医学信息，2013，26(6)：699-700.

[16] Lopez-Torres J，Parraga I，Del CJ，et al. Follow up of patients who start treatment with antidepressants：treatment satisfaction，treatment compliance，efficacy and safety[J]. BMC Psychiatry，2013，13：65.

[17] Rivero-Santana A，Perestelo-Perez L，Perez-Ramos J，et al. Sociodemographic and clinical predictors of compliance with antidepressants for depressive disorders：systematic review of observational studies[J]. Patient Prefer Adherence，2013，7：151-169.

第十八章

老 年 失 眠

第一节　定义和流行病学

患者对睡眠时间和(或)睡眠质量不满足并影响日间社会功能的一种主观体验称为失眠(insomnia)。失眠是老年人群中最常见的睡眠障碍，即尽管有足够的床上休息时间，患者却觉得睡眠不够，不能缓解身体的倦态感，出现日间瞌睡。一般根据临床表现分为入睡困难、睡眠维持障碍和早醒。

既往欧美研究资料显示，60岁以上的老年人至少40％的人群存在失眠困扰。美国国立老化研究所一项纳入9000名65岁以上的老年人群的队列研究发现，超过28％的老年人存在入睡困难，同时兼有入睡困难和睡眠维持障碍的比例高达42％。中国针对老年人群失眠尚缺乏大规模的流行病学调查资料，但抽样样本超过1000例的国内流行病学资料亦提示老年人群的失眠率超过29％，在国内发达地区的离退休人群中这一比例高达78％。因此，随着我国综合国力的提高和人民生活水平的改善，老年人群对睡眠的质量要求也随之提高，失眠患者得到有效治疗更有利于实现良好睡眠、健康人生的治疗目标，从而提高患者和家人的生活质量。

第二节　病理和临床特点

睡眠和觉醒是脑的2个周期性相互转化的主动生理过程，在维持正常的精神活动中起着非常重要的作用。电生理研究发现，睡眠分为非快速动眼睡眠(non-rapid eye movement，NREM，又称正相睡眠或慢波睡眠)和快速动眼睡眠(rapid eye movement，REM，又称异相睡眠或快波睡眠)，两者在睡眠期间交替出现，一次的循环时间在90～120分钟，前者又可分为浅睡眠相和深睡眠相。很多因素均可以影响睡眠周期，比如生理、心理和睡眠环境。研究表明，随着年龄的增长，不同睡眠相所占的比例也发生了改变，REM潜伏期缩短，深睡眠相减少，浅睡眠相增多。因此老年人更难以入睡，夜间觉醒次数增加，总睡眠时间逐渐减少，睡眠效率下降，更容易出现日间瞌睡增多；同时衰老对于日夜班轮班的耐受性也较年轻人明显降低，这可能与衰老影响了睡眠和体内的睡眠-觉醒节律有关。在此基础上，与衰老相关的疾病如夜尿增多、呼吸系统疾病、不宁腿综合征、心脑血管疾病等也影响了老年人群的睡眠质量，为了治疗老年性疾病所服用的药物比如钙离子拮抗剂也可以进一步恶化失眠症状。

在诊疗活动中,关注老年失眠人群的共患病应该是区别于青年人群失眠的特点之一。

第三节　评估方法和辅助检查

有效评估失眠是治疗失眠的基础,要求注重询问患者的失眠史以及对失眠的主、客观评估,针对老年患者,夫(妻)及护理人员的询问也是有效的失眠信息补充来源。

1. 主观评估手段　首先是询问患者的睡眠史,一般包括以下 12 个问题:

(1) 你每天何时上床睡觉?何时醒来?

(2) 你觉得入睡困难吗?

(3) 你有日间困倦感吗?白天瞌睡多吗?

(4) 与平时比较,周末睡眠时间表会有改变吗?

(5) 每晚大约可以睡多少个小时呢?

(6) 从上床决定睡觉到真正睡着大约要经过多长时间?

(7) 通常一晚上要醒来几次?

(8) 你夜间会大声打鼾或者有大口吸气、呼吸暂停的现象吗?

(9) 你入睡时会觉得下肢有异麻感或者疼痛不适吗?

(10) 有人发现你睡觉时有多次肢体抖动吗?

(11) 你睡眠过程中有跳舞、行走、叫喊或者饮食等行为吗?

(12) 询问睡前的行为,如目前在服用何种药物或者你还会为睡眠做什么准备事项?

在询问以上问题之后,患者尚需要记录 1～2 周的睡眠日志,从而提供补充信息。睡眠日志的记录内容包括上床时间、起床时间、睡眠潜伏期、夜间醒来次数和持续时间、使用帮助睡眠的物质或药物、各种睡眠质量指数和白天的功能状态。睡眠日记不是反映客观睡眠障碍的指标,而是反映患者睡眠紊乱主观感受的最佳指标。睡眠日记经济、实用,能在较长的时间里追踪睡眠模式。

睡眠问卷是广泛用于失眠筛查和临床研究的手段之一,用于全面评估睡眠质量、某些睡眠特征和行为以及与睡眠相关的症状和态度。包括 Athens 睡眠量表(Athens insomnia scale)、利兹睡眠评估问卷(Leeds sleep evaluation questionnaire,LSEQ)、匹兹堡睡眠质量指数量表(Pittsburgh sleep questionnaire)、睡眠个人信念和态度量表(beliefs and attitude about sleep scale)、睡眠行为量表(the sleep behaviors scale)等。在上述量表中,Athens 失眠量表相对比较简单,通常用来筛查,它包含 8 个问题,分别从入睡时间、夜间苏醒、早醒、总睡眠时间、白天情绪和嗜睡来评估 1 个月内被访者的睡眠情况。2002 年我国在北京、上海、广东、南京、杭州和青岛 6 个省市对抽样人群采用了 Athens 失眠量表和 Epworth 日间嗜睡进行筛查,相关的数据被《中国成人失眠诊断与治疗指南》引用。匹兹堡睡眠质量指数量表(PSQI)在临床研究中最为常用,国内睡眠专家也结合我国的实际情况对该量表进行了修订。该量表主要用于评估睡眠障碍患者的睡眠质量,由 19 个问题及 7 个子系统构成,从主观睡眠质量、睡眠潜伏期、睡眠周期、习惯性睡眠紊乱、睡眠药的使用和白天功能紊乱、睡眠效率来进行综合评估和分析。

在以上的评估中,很多信息需要同床入睡的伴侣补充和核实,但是部分老年患者因为是独自生活,无法提供此类信息。同时,在这些评估中除了上述常规的调查之外,尚需要关注老年人群的药物和合并症信息。老年人群一般服用不止1种药物,使用非处方类药物的比例也较高,在临床治疗前需要详细询问。与年轻人相比,老年失眠患者使用酒精帮助睡眠的比例相对较少,但存在服用有兴奋性作用的药物可能,在调查中需要注重收集此类信息。

2. 客观评估方法 多导睡眠监测仪(polysomnography,PSG):多导睡眠监测是在全夜睡眠过程中,连续并同步地描记脑电、呼吸等10余项指标。监测主要由三部分组成:①分析睡眠结构、进程和监测异常脑电;②监测睡眠呼吸功能,以发现睡眠呼吸障碍,分析其类型和严重程度;③监测睡眠心血管功能。此外,还可根据需要记录肢体活动、体位信息以了解失眠的某些原因等。由于场所、费用、设备的限制,PSG的使用受到一定限制,目前主要用于睡眠相关呼吸障碍、发作性睡病和周期性肢体运动障碍的诊断,也用于失眠的研究和治疗,尤其是药物治疗前后的监测对比,对于原发性失眠有较好的诊断意义。小型的活动记录仪(actigraphy)可以戴在手腕、踝部或躯干上,使用成本低,可连续记录24小时或更长时间,没有场地限制。记录睡眠与觉醒的腕带/表记录仪可以提供更客观的睡眠信息,一般佩戴在非优势手腕处,与多导睡眠检测仪不同,监测过程中患者可以待在自己习惯的睡眠环境中,而不需要待在研究室或者医院,因此其在监测日间瞌睡、睡眠节律及药物效果评价方面有相对优势。但是腕表型睡眠记录仪一般不用于睡眠障碍的诊断。

第四节 分 类

失眠是一种临床症状,一般根据发病时间分为急性和慢性失眠,如失眠在4周之内出现则称为急性失眠,如失眠持续时间超过4周则称为慢性失眠。老年人群的睡眠较中青年人更容易受到生理、病理、社会和心理因素的影响。患者出现急性失眠可能与突发疾病、住院、睡眠环境改变、时差适应或者心理因素有关。慢性失眠一般根据病因分为原发性失眠和继发性失眠。原发性失眠包括睡眠相关呼吸暂停、不宁腿综合征、周期性肢体抖动、睡眠节律障碍。继发性因素引致的失眠仍以潜在疾病、心理因素或药物副作用更为多见。

第五节 老年人群常见的原发性失眠

在老年人群中,呼吸相关睡眠障碍较年轻患者多见,尤其是睡眠呼吸暂停综合征(sleep apnea syndrome,SAS)是最常见的原发性失眠类型,患者每夜7小时的睡眠中呼吸暂停发作超过30次以上,每次持续10秒或10秒以上,或者全夜睡眠期平均每小时呼吸暂停和低通气次数达5次或更多,以阻塞性呼吸暂停综合征(obstructive sleep apnea syndrome,OSAS)最为常见。危险因素包括老年男性、家族史、肥胖、长期饮酒及鼻咽部疾病。据文献报道,65岁以上的人群发病率是中年人群发病率的3倍。与欧美患者不同,亚洲人群因单纯肥胖导致OSAS的比例较低。OSAS是由反复发作的上呼吸道狭窄和阻塞,导致睡眠中存在气流不通畅而出现缺氧、打鼾,打鼾是其特征性的临床表现,由响亮的鼾声或气喘和短暂的沉默期交替组成。此类失眠最常见的症状就是日间瞌睡,可能与夜间缺氧导致失眠碎片、睡眠唤醒增多有关,同时患者也可以出现注意力下降、认知水平降低及情绪改变。多导睡眠图通过检测夜间睡眠参数和日间小睡的睡眠潜伏试验,有助于明确诊断和评估治疗效果。经鼻持续正压气道通气是治疗中至重度OSAS的主要措施,因为传统意义上的镇静安眠药有抑制呼吸的副作用。

周期性肢动综合征（periodic limb movement syndrome，PLMS）是原发性失眠的另一种类型，有数据表明在老年人群中此病的发病率高达 45%。最初用来描述周期性刻板的髋-膝-踝的三联屈曲及趾背伸，由于很多患者因同床者发现的肢体运动就诊。目前的观点认为在患者出现日间瞌睡增多，同时多导睡眠图（PSG）检查监测到夜间睡眠时重复出现的每小时超过 5 次的肢体肌肉收缩，持续 0.5～5 秒，中间间隔为 20～40 秒的情况下方可诊断为 PLMS。很多患者合并有不宁腿综合征（restless legs syndrome，RLS），与 PLMS 不同，此病的诊断依据为患者的病史，不需要客观仪器的检查，患者在静息和睡眠时出现双下肢难以名状的感觉异常和不适感，有强烈活动双下肢的愿望，症状于活动后减轻，休息时又再次出现。其发病机制尚不清楚，但可能与遗传、铁代谢及多巴胺神经功能损害有关。我国在 2012 年发表了上海社区的流行病学数据，认为 50 岁以上的人群其 RLS 发病率为 0.69%，与日本、韩国及新加坡既往报道的发病率类似，远低于欧美 15% 的发病率。

睡眠节律紊乱也是老年人群原发性失眠的病因，睡眠时相提前综合征为较常见的类型，且在临床中容易被医师忽略。罹患该病的患者在傍晚即出现严重的瞌睡感，但一般会坚持到常规意义上的睡眠时间也就是晚间 22 点左右才上床休息，凌晨患者很早醒来且无法再次入睡。由于患者是整个睡眠周期较正常时相提前，可能会被误认为早醒，服用抗失眠药物并不能改善这一症状。

第六节　老年人群常见的继发性失眠

老年人群继发性因素引致的失眠仍以疾病、心理因素或药物副作用更为多见。内科疾病如心源性缺血、哮喘、睡眠关联的胃食管反流均可以引致出现睡眠障碍，同时神经系统疾病继发的失眠症状也越来越受到关注。神经变性疾病、脑血管性疾病患者中存在较高比例的失眠患者。神经变性疾病是以神经元变性和继发性脱髓鞘改变为特点的一组慢性进展性神经系统疾病，主要包括帕金森病（PD）、阿尔茨海默病（AD）、多系统萎缩（MSA）、肌萎缩侧索硬化症（ALS）、路易体痴呆（DLB）等。睡眠障碍在神经变性疾病患者中比较常见，失眠和日间嗜睡是帕金森病最为常见的睡眠障碍，多系统萎缩的患者则以呼吸相关睡眠障碍更为多见。睡眠障碍是卒中患者常见的一种并发症，影响患者的功能恢复，降低日常生活活动能力，对预后产生不良影响。国内外的研究数据表明，至少有超过一半的卒中患者存在失眠，可能与卒中患者脑内的睡眠-觉醒系统调节障碍有关，延髓卒中如 Wallenberg 综合征时可导致中枢性睡眠呼吸暂停综合征，但是失眠与卒中部位是否存在相关性、与哪些部位相关尚无确切结论。一项纳入 508 例缺血性卒中患者的研究提示，额叶病灶是缺血性卒中伴发失眠的一项预测因素，但尚需要进一步研究。

在慢性失眠的诊断中，尚需要考虑到与失眠可能共存的情绪障碍。一方面，失眠症患者由于长期的入睡困难、睡眠时间短、睡眠质量差、日间瞌睡及精神差，容易形成恶性循环，极易出现焦虑、抑郁症状；另一方面，失眠也是抑郁、焦虑患者最常见的躯体主诉，尤其是在综合医院门诊就诊的患者，常以躯体症状为主要就诊原因而忽视及否认情感症状存在，其常见的躯体症状主诉是早醒和入睡困难。有研究认为，失眠患者具有显著高于正常人的焦虑状态和焦虑特质，在失眠人群中，抑郁或（和）焦虑的发病率较睡眠健康的患者明显增高。因此在失眠患者中,除了常用的睡眠量表外,抑郁自评量表、焦虑自评量表和汉密尔顿焦虑量表也是常用的筛查工具。目前的观点认为,应该按专科原则治疗控制原发病,同时治疗失眠症状。抑郁症患者产生继发性失眠时,优先选择抗抑郁治疗,可加用非苯二氮䓬类药物作为辅助;焦虑障碍症产生继发性失眠时,日间加用抗焦虑药物治疗也明显有效。

第七节 治疗原则

一、非药物治疗

对老年、慢性失眠患者应首先考虑非药物治疗,主要指认知行为治疗(cognitive behavioral therapy,CBT),CBT 包括认知治疗、睡眠卫生教育、刺激控制治疗和睡眠限制。

1. 认知治疗 以改变患者对睡眠的错误观念和态度为目标,分 3 个步骤:确定患者的错误观念(DBAS 评定和自我评价)、指出患者的错误观念、用正确合理的观念替代患者的错误观念。认知治疗有利于找到睡眠模式改变的原因,使患者认识到自身睡眠中的不健康因素而主动加以改变,有利于提高患者治疗的信心和依从性,从而获得稳定的长期疗效,对慢性失眠和老年患者尤其如此。

2. 睡眠卫生教育 研究表明,仅凭睡眠卫生教育几乎没有疗效,通常将其作为整体治疗的起始部分。具体内容有傍晚以后避免饮酒、饮用含咖啡因的饮品及吸烟;睡前避免饱食和大量饮水;日间保持规律的体育锻炼,但睡前不宜进行剧烈运动;作息规律,减少白天睡觉和躺在床上的时间;就寝后思想放松,尽力去体验白天愉快的事情;卧室环境的光线、温度、湿度适宜,避免嘈杂。

3. 刺激控制治疗 被美国睡眠医学会推荐为标准方法之一,通过缩短与睡眠无关的活动和强制执行一个睡眠-觉醒时间表来帮助患者重新建立入睡与床、卧室的固定联系。刺激控制不仅对原发性失眠有效,而且与睡眠卫生教育和松弛疗法相结合,对继发性失眠也有效。

4. 睡眠限制 通过减少在床上的时间来提高睡眠效率,但在长期治疗中患者的依从性差,影响疗效。

二、药物治疗原则

老年失眠症患者应首选非药物治疗,必要时再使用药物治疗。理想的药物应该是帮助患者更容易入睡,在不破坏睡眠结构的情况下维持睡眠,不影响日间的工作和生活,避免药物的耐受和依赖。由于老年人群的特殊性,目前缺乏大规模随机对照双盲试验证据,一般强调使用最小有效剂量和最短治疗时间,慎用苯二氮䓬类药物。用药的具体策略包括:①预期入睡困难时,于上床前 15 分钟服用;②根据夜间睡眠的需求,于上床 30 分钟后仍不能入睡或比通常起床时间早 5 小时醒来,无法再次入睡时服用;③根据白天活动的需求服用。临床上常用的药物种类包括传统苯二氮䓬类受体激动剂、新型 Z 类药物、褪黑素受体激动剂及抗抑郁药。

(胡世莲 沈 干)

第八节　药学监护与信息反馈

一、观察疗效

镇静催眠药物对中枢神经系统有广泛的抑制作用，产生镇静、催眠和抗惊厥等效应。常因剂量不同产生不同的效果，小剂量时产生镇静作用，使患者安静，减轻和消除激动、焦虑不安等；中等剂量时引起近似生理性睡眠；大剂量时则产生抗惊厥、麻醉作用。服用镇静催眠药物期望带来的疗效包括：①改善睡眠质量和（或）增加有效睡眠时间；②恢复社会功能，提高患者的生活质量；③减少或消除与失眠相关的躯体疾病或与躯体疾病共病的风险。

二、观察不良反应

目前临床治疗失眠的药物主要包括苯二氮䓬类药物（如艾司唑仑、阿普唑仑和氯硝西泮等）、褪黑素受体激动剂（如雷美替胺等）和其他镇静催眠药物（如唑吡坦和佐匹克隆等）。药物不良反应总结见表 18-1。

AGS 发布的 2012 年版 Beers 标准指出，苯二氮䓬类药物会增加老年人的认知功能受损、谵妄、跌倒和骨折等，不推荐用于老年患者。苯二氮䓬类药物的主要不良反应包括：①中枢神经系统反应，如倦乏、头晕、嗜睡、头痛等；②消化道反应，如恶心、便秘等；③有依赖性，久用后停药有戒断症状。

褪黑素受体激动剂常见的不良反应为恶心、头晕、疲乏、易怒和嗜睡；严重不良反应包括易怒和躁狂；罕见受体激动剂的血管性水肿副作用。

唑吡坦的不良反应较少，可见：①消化道反应：恶心、呕吐、腹痛、腹泻；②神经系统反应：头晕、停药后失眠、半夜起床可能出现反应迟钝和摔倒等、记忆减退、眩晕、步履不稳、幻觉、意识障碍；③其他：皮疹和瘙痒等；④老年人的常见不良反应为共济失调或手足笨拙及精神错乱。

佐匹克隆和扎来普隆的常见不良反应为：①神经系统反应：困倦、头痛、噩梦和焦虑，罕见意识模糊；②消化道反应：口苦、口干、恶心和呕吐；③骨骼肌：肌无力、肌痛和震颤，罕见有痉挛和肌肉颤抖；④长期服药后突然停药可出现反跳性失眠。

表 18-1　常用镇静催眠药物治疗剂量内产生的不良反应及并发症

药物	宿醉效果	失眠反跳	耐受性	成瘾性	备注
苯二氮䓬类药物					
三唑仑	0	+++	+++	++	不良反应和成瘾性严重,慎用
咪达唑仑	0	+++	+++	++	慎用
氯硝西泮	+~++	++~+++	++~+++	++	注意防跌倒
氟西泮	+++	0[a]	+	++	老年人慎用,以防跌倒和骨折
硝西泮	+++	0[a]	+	++	
地西泮	++	++	+	+	

续表

药物	宿醉效果	失眠反跳	耐受性	成瘾性	备注
阿普唑仑		+	+	+	
艾司唑仑		+	+	+	
劳拉西泮	0	+	+	+	
非苯二氮䓬类药物					
唑吡坦	0	+	0	0	长期和（或）大量使用出现宿醉效果和耐受性增加
佐匹克隆	++	++	++	+	剂量＞7.5mg 时疗效不增加而不良反应增加明显
扎来普隆	无资料	0	±5 周产生	无资料	午夜服用 10mg，5.0～6.5 小时后无过度镇静作用，对精神运动无影响
右佐匹克隆	0	0	0	0	长期和（或）大量使用出现宿醉效果和耐受性增加

注：ª 半衰期长的苯二氮䓬类催眠药物失眠反跳发生晚或不详；0：无影响；＋：轻度后果；＋＋：中度后果；＋＋＋：严重后果。摘自《中国成人失眠诊断与治疗指南》

三、用药依从性

可从以下几方面提高老年人服用治疗失眠药物的依从性：①加强对失眠的科普宣传，使患者认清失眠的危害，积极治疗；②指导患者正确认识治疗失眠的药物，降低患者对治疗失眠药物不良反应的过分担忧，指导其科学、合理地应用药物；③针对临床表现和病情需要，对部分失眠患者进行抗焦虑和抗抑郁治疗，能够在一定程度上提高患者的依从性；④及时根据患者的睡眠状况及对药物的反应调整剂量或更换药物。

第九节 用药指导

一、治疗药物用法

药物治疗的关键在于把握获益与风险的平衡。在选择干预药物时需要考虑症状的针对性、既往用药反应、患者的一般状况、当前用药的相互作用、药物不良反应以及患者的其他疾病。在遵循治疗原则的同时还需兼顾个体化原则。

1. 给药时间 治疗失眠的药物应在睡前上床后或者入睡困难时服用，每晚服用 1 次。服用完药物后避免过多运动，以防跌倒，尤其是服用快速起效的药物后更应注意。对于慢性失眠患者，从安全性角度和服药的依从性方面考虑，提倡非苯二氮䓬类药物间歇治疗，即每周选择数晚服药而不是连续每晚用药。

2. 按需给药 镇静催眠类药物应根据睡眠需求"按需"服用。具体决策可参考如下标准：①预期入睡困难时，于上床睡眠前 5～10 分钟服用；②根据夜间睡眠的需求，于上床后 30 分钟仍不能入睡时服用；③夜间醒来无法再次入睡，且距预期起床时间 >5 小时，可以服用（仅适合使用半衰期短的药物）；④根据白天活动的需求（次日有重要工作或事务时），于睡前服用。具有催眠作用的抗抑郁药物和褪黑素受体激动剂于睡前服用。

3. 治疗疗程　失眠的药物治疗时程没有明确规定，应根据患者的情况调整剂量和维持时间。<4 周的药物干预可选择连续治疗，超过 4 周的药物干预需重新评估，必要时变更干预方案或者根据患者的睡眠改善状况适时采用间歇治疗。

4. 变更药物　换药指征包括：①推荐的治疗剂量无效；②产生耐受性；③不良反应严重；④与治疗其他疾病的药物有相互作用；⑤使用超过 6 个月；⑥高危人群（有成瘾史的患者）。

5. 终止治疗　当患者感觉能够自我控制睡眠时，可考虑逐渐停药。如失眠与其他疾病（如抑郁障碍等）或生活事件相关，当病因祛除后，也应考虑停用镇静催眠药物。推荐的停药原则：①避免突然终止药物治疗，减少失眠反弹；②停药应逐步减停，有时需要数周至数月，如在停药过程中出现严重或持续的精神症状，应对患者进行重新评估；③常用的减量方法为逐步减少夜间用药量和（或）变更连续治疗为间歇治疗。

6. 药物治疗无效时的处理　部分失眠患者对药物治疗反应有限，或者是仅能获得一过性睡眠改善。此外，一些失眠患者同时罹患多种疾病，多种药物同时应用存在药物交互反应，干扰治疗效果。当规范的药物治疗无法获得满意的效果时，推荐将认知行为干预作为添加或替代的治疗手段。

7. 推荐的失眠药物治疗策略　①失眠继发于或伴发于其他疾病时，应同时治疗原发性或伴发性疾病；②药物治疗的同时应当帮助患者建立健康的睡眠习惯；③药物治疗开始后应监测并评估患者的治疗反应，长期、难治性失眠应在专科医师的指导下用药；④如具备条件，应在药物干预的同时进行认知行为治疗；⑤原发性失眠首选短效类药物，如唑吡坦、佐匹克隆、右佐匹克隆和扎来普隆；⑥如首选药物无效或无法依从，更换为另一种短-中效类药物或者褪黑素受体激动剂；⑦添加具有镇静作用的抗抑郁药物（如多塞平、曲唑酮、米氮平或帕罗西汀等），尤其适用于伴随焦虑和抑郁症状的失眠患者；⑧老年患者推荐应用非苯二氮䓬类药物或褪黑素受体激动剂；⑨抗组胺药物、抗过敏药物以及其他辅助睡眠的非处方药不宜用于慢性失眠的治疗；⑩对于长期应用镇静催眠药物的慢性失眠患者，不提倡药物连续治疗，建议采用间歇治疗或按需治疗的服药方式，同时建议每 4 周进行 1 次评估。

8. 漏服药物　治疗失眠的药物不同于其他药物，不需要常规服用，仅在入睡困难时服用，避免多个治疗失眠的药物同时服用或因漏服而增加剂量。

二、老年用药教育

1. 药物选择　老年失眠患者首选非药物治疗手段，如睡眠卫生教育，尤其强调接受认知行为治疗。当针对原发性疾病的治疗不能缓解失眠症状或者无法依从非药物治疗时，可以考虑药物治疗。老年患者在出现睡眠障碍时应及时就医，在医师的指导下合理选择药物，切忌自行购买药物服用。AGS 发布了最新的 2012 年版 Beers 标准，指出老年人应避免使用任何类型的苯二氮䓬类药物治疗失眠、烦躁或谵妄，仅适用于癫痫、快动眼睡眠障碍、苯二氮䓬类戒断、戒酒、严重的广泛性焦虑障碍、围术期麻醉、临终关怀等情况。老年失眠患者推荐使用非苯二氮䓬类药物或褪黑素受体激动剂,但也需避免长时间服用一类镇静催眠药物,应定时与医师沟通。

2. 药物剂量　由于老年患者的中枢神经系统对药物的敏感程度增加以及肝、肾功能的下降,老年患者的药物治疗剂量应从最小有效剂量开始,短期应用或采用间歇疗法,不主张大剂量给药,用药过程中需密切观察药物不良反应。

3. 关注药物不良反应　服药过程中如果出现不良反应,应及时与医师沟通,在医师的指导下调整药物剂量或者更换药物。必须使用苯二氮䓬类药物时需谨慎,若发生共济失调、意识模糊、反常运动、幻觉、呼吸抑制时需立即停药并妥善处理,同时需注意服用苯二氮䓬类引起的肌张力降低有可能产生跌倒等意外伤害。服用药物期间禁止饮酒。

4. 停止治疗　应叮嘱老年患者避免自行突然停药,应在医师的指导下逐步减少药量和(或)变更用药频率。

第十节　不合理用药的常见表现及其处理

1. 药物选择不当　老年失眠患者首选认知行为治疗和心理疏导,而非药物治疗手段。AGS 发布的 2012 年版 Beers 标准指出,苯二氮䓬类药物会增加老年人的认知功能受损、谵妄、跌倒和骨折等,不推荐用于老年患者,应尽量避免用于使用。推荐对老年失眠患者使用非苯二氮䓬类药物或褪黑素受体激动剂。

2. 药物剂量及服用时间不当　老年患者应用镇静催眠药物只能在睡前上床后服用,用完药物后避免过多运动,以防跌倒。

3. 药物间相互作用　①药效学相互作用。镇静催眠药物与其他药物合用时可能发生药效学相互作用,导致治疗失眠的药物或者合用药物的药效增强或减弱,从而产生不良反应。例如治疗失眠的药物与乙醇或者其他中枢神经系统抑制剂合用会产生增效作用从而加重中枢神经系统抑制,与易成瘾和其他可能成瘾的药物合用时成瘾的风险增加。②镇静催眠药物与其他药物合用时还可能发生药动学方面的相互作用,通过影响药物的吸收、分布、代谢和排泄过程从而影响治疗失眠的药物或者合用药物的血药浓度,从而导致不良反应的发生或者疗效改变。例如需经肝脏细胞色素 P450 酶代谢的药物与大环内酯类抗生素(如红霉素、克拉霉素等)、唑类抗真菌药(如酮康唑、氟康唑等)和其他细胞色素 P450 酶抑制剂(如西咪替丁)合用时可导致药物浓度的增加,增加不良反应的危险性;而与酶诱导剂如利福平等药物合用则会降低药物的血药浓度,降低治疗效果。③苯二氮䓬类药物与地高辛合用时可增加地高辛的血药浓度,地高辛的治疗窗窄,血药浓度的增加可能会导致中毒的发生,应避免合用。在临床治疗过程中,应尽量避免合并使用可能发生相互作用的药物,如果必须使用,则需要对药物的剂量等进行调整,而且必须严密监测患者的临床症状和各项指标,避免不良事件的发生。

4. 撤药症状　突然停药可能引起撤药症状,包括头痛或肌肉疼痛、极度焦虑和紧张、不安、意识错乱和易激惹;在严重的情况下可能发生现实感丧失,听觉过敏,麻木和肢体麻刺感,对光、声音和身体接触过敏,幻觉或癫痫发作。当患者感觉能够自我控制睡眠,考虑逐渐停药时应避免突然终止药物治疗,避免撤药症状的发生,应逐步减停。

第十一节　治疗的风险及其处理

1. 中枢抑制　镇静催眠药物具有中枢抑制和肌肉松弛的作用,单独应用镇静催眠药物或与其他中枢抑制药物(例如抗焦虑药、镇静药和抗抑郁药等)合用会加重后遗作用,出现次日早晨仍存在困乏的现象,老年患者应用药物后跌倒的风险增加。服用镇静催眠药物的过程中严禁饮酒,避免与其他具有中枢抑制的作用合用,服药后严禁操作机械和驾驶车辆,严密监测老年患者服用后的反应并做好预防跌倒的护理工作。

2. 成瘾性　长期大量使用镇静催眠药物容易发生身体和精神依赖症状,依赖的风险随着剂量和治疗时间的增加而提高,并且患有精神异常和(或)具有乙醇或药物依赖史的患者成瘾的风险更高。应避免长期大量应用镇静催眠药物,按需服用,并且严密监测临床症状。

3. 自杀倾向　服用镇静催眠药物会加重精神抑郁病情从而产生自杀倾向。应向抑郁症患者提供合理的最少量的药物以避免患者有意地过量用药,并且在用药过程中严密监测服用药物的抑郁症患者的情绪变化,加强心理疏导,加强社会支持,预防自杀行为的出现。

4. 肝、肾功能损伤患者慎用　镇静催眠药物经肝脏进行代谢、肾脏进行排泄,肝、肾功能损伤患者的不良反应风险增加。应调整肝、肾功能不全患者的用药剂量,检测患者的临床反应,及时调整剂量或者停用药物。

5. 药物过量的风险　镇静药物过量有中枢神经系统抑制作用的表现,包括出现持续的精神错乱、严重嗜睡、抖动、语言不清、蹒跚、心跳异常减慢、呼吸短促或困难、严重乏力,严重的包括共济失调、肌张力减退和低血压,有时甚至昏迷直至死亡。对精神异常或有乙醇或药物依赖史的患者应用镇静催眠药时应当控制药物的应用剂量,严密监测患者的临床反应。超量或中毒宜及早对症处理,包括催吐或洗胃以及呼吸、循环系统的支持疗法。如有兴奋异常,不能用巴比妥类药。苯二氮䓬类药物可选用苯二氮䓬受体拮抗剂氟马西尼用于该类药物过量中毒的解救和诊断。

6. 对原有疾病的影响　①服用镇静催眠药的癫痫患者突然停药可能导致癫痫发作。癫痫患者避免应用镇静催眠药物,如必须服用,应密切监测患者的临床反应,及时调整剂量或者逐渐减量至停药,避免突然停药。②镇静催眠药物可加重重度重症肌无力患者的病情,应避免应用。③苯二氮䓬类药物具有抗胆碱作用,急性闭角型青光眼患者应用苯二氮䓬类药物可使病情加重。④严重的慢性阻塞性肺疾病患者可加重呼吸衰竭,外科或长期卧床的患者应用镇静催眠药物可能抑制咳嗽反射,应谨慎选用,避免加重病情和增加不良反应的发生。

第十二节　老年失眠治疗中的常见药学问题

一、临床常用药物警戒

老年失眠的药物治疗必须考虑提高睡眠质量和日间功能方面的潜在获益与副作用及长期使用的身体和心理成瘾的风险相平衡。在某些临床情况下这些风险可能增加:

1. 老年人发生不良反应的风险特别高,包括过度镇静、认知损害、谵妄、夜间游荡、激越状态、术后意识错乱、平衡问题、跌倒和骨折,以及日常活动表现受损。

2. 任何镇静催眠药不应与乙醇(或另一种中枢神经系统抑制剂)合用,都有发生过度镇静和呼吸抑制的风险,因此必须禁忌。

3. 大多数镇静催眠药由肝脏和肾脏清除,伴肾脏或肝脏疾病的患者药物的代谢、清除可能延迟,导致药物蓄积和过度镇静。

4. 许多镇静催眠药具有呼吸抑作用,可使阻塞性睡眠呼吸暂停或通气不足恶化。

5. 老年人发生不良反应的风险增加,特别是 75 岁以上者,这是年龄增长相关的多种共病和中枢神经系统变化的共同结果。

6. 催眠药的常见不良反应包括残留的日间镇静作用、困倦、头晕、头晕目眩、认知损害、动作不协调和依赖性。

7. 长期使用这些药物可能形成习惯,部分短效药物停药后可能发生反跳性失眠。

8. 传统上,催眠药物的剂量推荐意见依据的是组群统计学效果,而不是个体的反应。然而,人们逐渐认识到,非苯二氮草类的代谢因人而异,可能影响次日早晨的药物水平和副作用。

9. 对于需要药物治疗的入睡困难型失眠患者,建议使用短效药物,而不是长效药物。

10. 对于需要药物治疗的睡眠维持型失眠患者,建议使用长效药物,而不是短效药物;或者可在半夜使用唑吡坦,应警告患者有日间困倦、驾驶能力受损和头晕目眩的风险。

11. 进行行为治疗联合药物治疗的患者,行为治疗应该持续 6～8 周。对于治疗有效的患者,在继续行为治疗的同时药物可逐渐减量。

12. 仅进行长期药物治疗不是失眠患者的最佳治疗方案。

二、药物对睡眠质量和睡眠结构的影响

任何可透过血脑屏障的药物都可能改变睡眠质量和(或)睡眠结构。睡眠质量是指于夜间保持休息性睡眠的程度以及次日清醒时和整个白天感觉精力恢复的程度。睡眠质量的传统衡量指标包括入睡潜伏期、入睡后觉醒和(或)睡眠持续时间。睡眠结构是指睡眠的构成。睡眠结构具有周期性,由快动眼睡眠相(rapid eye movement,REM)和数个非 REM 组成,主要通过多导睡眠监测中的脑电图(EEG)来评估。

(一)作用于中枢神经系统的药物

经常开具的作用于 CNS 且能够影响睡眠的药物包括苯二氮草类药物、非苯二氮草类受体激动剂、抗癫痫药、抗抑郁药、镇痛药和 CNS 兴奋药。

1. 苯二氮草类药物(如地西泮、劳拉西泮和咪达唑仑)和非苯二氮草类受体激动剂(如唑吡坦、扎来普隆和右佐匹克隆)是经常开具的镇静催眠药,用于治疗失眠或焦虑。

(1)睡眠质量:此类药可通过缩短入睡时间以改善睡眠质量。药效更长的药物还可通过减少入睡后觉醒和增加总睡眠时间以改善睡眠质量。

(2)睡眠结构:此类药物可减少 N1 期睡眠(即浅睡眠)的时间,目前认为这是一种治疗作用。这两类药物也可增加 N2 期睡眠中的梭形波活动(以及增加 N2 期睡眠的比例)。苯二氮草类药物是 N3 期睡眠(即深睡眠或慢波睡眠)的强效抑制剂,但非苯二氮草受体类激动剂没有这种作用。

(3)患者须知:停药可能导致反跳性失眠(即比使用这些药物之前的入睡困难或睡眠维

持困难更严重),尤其是使用高剂量的患者。

2. **抗癫痫药物** 经典的抗癫痫药物(如苯巴比妥、卡马西平和苯妥英)能抑制 CNS 活动,但尚未充分明确这种抑制机制的特点。而较新的抗癫痫药物(如加巴喷丁和普瑞巴林)通过各种机制增强 GABA 活性。

(1)睡眠质量:经典的抗癫痫药物似乎可缩短入睡潜伏期及增加总睡眠时间。苯巴比妥还可能减少入睡后觉醒。不同研究发现,加巴喷丁可使入睡后觉醒减少,普瑞巴林可缩短入睡潜伏期及延长总睡眠时间。

(2)睡眠结构:经典的抗癫痫药物对睡眠结构的影响各不相同。卡马西平似乎可增加 N3 期睡眠及减少 REM 睡眠。苯巴比妥可减少 REM 睡眠,而苯妥英可增加 N1 期睡眠并减少 N3 期睡眠。较新的抗癫痫药物可增加 N3 期睡眠而减少 REM 睡眠。

3. **抗抑郁药** 包括三环类药物(TCA)、单胺氧化酶抑制剂(MAO)、5-羟色胺受体拮抗剂再摄取抑制剂(SARI)和选择性 5-羟色胺再摄取抑制剂(SSRI)。大部分抗抑郁药既影响睡眠质量,又会影响睡眠结构。

(1)睡眠质量:抗抑郁药对睡眠质量的作用各不相同,一些药物为镇静作用,而其他为兴奋作用。叔胺类 TCA(如多塞平、阿米替林和曲米帕明)可缩短入睡潜伏期和减少入睡后觉醒,而仲胺类 TCA(如去甲替林和地昔帕明)对这两项指标几乎没有影响。SARI(如曲唑酮和奈法唑酮)能改善睡眠质量的指标。SSRI(如氟西汀、帕罗西汀和舍曲林)似乎可增加入睡后觉醒并缩短总睡眠时间。

(2)睡眠结构:除了 SARI 类药物外,其他所有抗抑郁药物都会抑制 REM 期睡眠,其特征为 REM 睡眠的潜伏期延长及 REM 睡眠的百分比减少。叔胺类 TCA 对 N3 期睡眠无影响。SARI 药物曲唑酮能增加 N3 期睡眠,而另一种 SARI 药物奈法唑酮可减少 N3 期睡眠。SSRI 药物似乎可增加 N1 期睡眠。

4. **镇痛药** 包括阿片类(如可待因和吗啡)、非甾体抗炎药(NSAIDs)和解热镇痛抗炎药(如阿司匹林和对乙酰氨基酚)。

(1)睡眠质量:阿片类药物对健康个体睡眠质量的影响与对阿片类药物成瘾人群睡眠质量的影响有差异。对于健康个体,阿片类药物对入睡后觉醒或总睡眠时间并无影响;而对于阿片类药物成瘾人群,可增加入睡后觉醒及减少总睡眠时间。NSAIDs 可能通过抑制前列腺素合成而对睡眠有不利影响,因为认为前列腺素可促进睡眠。NSAIDs 可增加入睡后觉醒,而对乙酰氨基酚不会改变睡眠质量的任何指标。

(2)睡眠结构:阿片类药物可减少 N3 期睡眠,更高剂量时还可减少 REM 睡眠。吗啡缓释制剂和美沙酮均可减少 N3 期睡眠占总睡眠时间的百分比。NSAIDs 和对乙酰氨基酚均未显示可改变睡眠结构。

5. **中枢神经系统兴奋药** 如苯丙胺、右苯丙胺、哌甲酯等对睡眠质量和睡眠结构均有显著影响。

(1)睡眠质量:CNS 兴奋药可延长入睡潜伏期,增加入睡后觉醒。

(2)睡眠结构:CNS 兴奋药可增加 N1 期睡眠,减少 N3 期睡眠和 REM 睡眠。

(二)非典型抗精神病药

此类药物常用作催眠药。典型抗精神病药仅具有拮抗多巴胺受体的作用;而非典型抗精神病药既有拮抗 5-羟色胺受体的作用,又有拮抗多巴胺受体的作用。

1. 睡眠质量 针对健康志愿者、心境障碍或精神分裂症患者的研究发现,喹硫平、齐拉西酮、奥氮平和氯氮平可缩短入睡潜伏期和入睡后觉醒时间。因此,非典型抗精神病药可增加睡眠时间。

2. 睡眠结构 非典型抗精神病药通常可抑制 REM 睡眠,增加 N3 期睡眠。

3. 患者须知 由于非典型抗精神病药的半衰期较长,29%～52%的接受此类药物的患者会出现日间镇静。

(三) 心血管药物

对睡眠有影响的心血管药物包括 β 肾上腺素受体阻断药和具有中枢作用的 α 肾上腺素受体激动剂。

1. β 受体阻断药 β 受体阻断药可分为亲脂性药物和亲水性药物。亲脂性药物包括普萘洛尔、美托洛尔和吲哚洛尔,亲水性药物包括阿替洛尔和索他洛尔。亲水性药物难以透过血脑屏障,因此对睡眠没有影响。

(1)睡眠质量:亲脂性 β 受体阻断药可增加入睡后觉醒次数和觉醒时间。

(2)睡眠结构:亲脂性和亲水性 β 受体阻断药均会抑制 REM 睡眠。

(3)患者须知:亲脂性 β 受体阻断药会导致患者出现日间嗜睡、失眠、幻觉及梦魇。

2. α 肾上腺素受体激动剂 此类药物主要是可乐定。

(1)睡眠质量:可乐定对一部分患者可减少总睡眠时间,而对另一部分患者会增加总睡眠时间。

(2)睡眠结构:可乐定会增加转换为 N1 期睡眠或觉醒的次数,同时抑制 REM 睡眠。

(3)患者须知:α 肾上腺素受体激动剂可增加日间嗜睡。

(四) 肺部疾病治疗药物

影响睡眠的肺部疾病治疗药物包括甲基黄嘌呤类药物和糖皮质激素。

1. 茶碱 茶碱是一种甲基黄嘌呤类药物,用于治疗稳定的气道阻塞性疾病,少数情况下也被用作呼吸兴奋药。

(1)睡眠质量:对于健康个体,茶碱可延迟入睡及增加入睡后觉醒。但对于慢性阻塞性肺疾病(COPD)和哮喘患者,茶碱对睡眠质量并无有害作用。这可能是由于茶碱对呼吸的治疗作用改善睡眠的程度,足以抵消其对睡眠质量的不良影响。

(2)睡眠结构:茶碱可增加 N1 期睡眠,但未观察到其对睡眠结构的其他作用。

2. 糖皮质激素 全身用糖皮质激素用于治疗多种肺部疾病。目前普遍认为糖皮质激素会干扰睡眠,但尚未经多导睡眠监测对其作用进行充分研究。现存的有限证据提示,糖皮质激素可抑制 REM 睡眠及增加入睡后觉醒。吸入型糖皮质激素似乎对大多数患者的睡眠没有相同的不良影响。

附:典型案例

老年失眠患者的用药调整

1例患者为78岁的老年妇女,家人无法照顾搬至老人院,晚上无法睡觉并在房间来回走动。6周前摔倒并髋部骨折,接受了全髋关节置换术,使用助行器行走。现在服用的药物为赖诺普利 10mg,每日 1 次;羟嗪 50mg,每日上午 1 次;劳拉西泮 0.25mg,每日 3 次。后来睡前加用扎来普隆 10mg 治疗失眠。对患者所用的药物进行分析,老年人服用羟嗪会导致长时间的剧烈困倦感,再与每日多次的劳拉西泮合用,会造成白天频繁的睡眠从而影响夜间休息。对患者所用的药物进行适当调整:劳拉西泮改为每日清晨 0.25mg;每晚 0.5mg;停用扎来普隆;停用羟嗪,改用精神心理和行为治疗。

（张钰宣　梅　丹）

参 考 文 献

[1] 陈新谦,金有豫,汤光. 新编药物学[M]. 第 17 版. 北京:人民卫生出版社,2011:225-233.

[2] MICROMEDEX（R） Healthcare Series.［DB/OL］. 2014，http://www. micromedexsolutions. com/home/dispatch/CS/80DE35/DUPLICATIONSHIELDSYNC/FE0FEC/PFActionId/pf. LogoutToLog-inPage.

[3] The American Geriatrics Society 201 Beers Criteria Update Expert Panel. American Geriatrics Society Updated Beers Criteria for Potentially Inappropriate Medication Use in Older Adults. 2012,The American Geriatrics Society.

[4] Mary Koda-Kimble,Lloyd Young,Wayne Kradjan,等. 临床药物治疗学-精神性疾病[M]. 王秀兰,赵伟秦,张淑文,译. 北京:人民卫生出版社,2007:77.

[5] 中华医学会神经病学分会睡眠障碍学组. 中国成人失眠诊断与治疗指南[J]. 中华神经科杂志,2012,45(7):534-540.

第十九章

老年疼痛

第一节 定义和流行病学

一、定义

国际疼痛医学研究会(International Association for the Study of Pain, IASP)将疼痛定义为"疼痛是与存在或潜在的组织损伤所引起的不愉快的主观感觉或情绪体验"。而老年疼痛的定义从症状上常常是复杂的、多面的,且难以明确限定、解释和描述;从心理学角度来讲,它又常带有情绪和经验成分,可能会受焦虑、压抑以及其他精神因素的高度影响。

疼痛既是很多疾病的表现形式,其本身也是一种疾病。随着医疗水平和生活质量的提高,人们逐步认识到疼痛是继呼吸、脉搏、血压、体温后人类的第五生命体征。由于老年人的生理特点,中枢神经系统在受到刺激后更容易产生长时间的过度兴奋,其伤害性信息处理系统的可塑性减弱,在组织损伤时,功能修复所需的时间明显延长等,使老年慢性疼痛具有特殊的一面。

二、流行病学

在美国,有超过1亿人受累于慢性疼痛,占门诊就诊例数的20%,占所有开具处方的12%,年直接和间接花费超过1000亿美元,疼痛相关的费用支出(直接费用和工资损失)超过了癌症、心脏病和糖尿病的费用总和。随着社会的人口老龄化,老年疼痛患者将会越来越多。研究资料显示,在疗养院的老年人疼痛发病率为70%~80%,其中45%为慢性疼痛患者;且与非老年患者比较,对老年疼痛患者进行诊断和治疗有其自身的一些特殊性,如老年人往往并存有全身性的其他慢性疾病,常伴有如认知功能退化、记忆和计算能力下降等机体功能退化的表现。

据文献报道,老年疼痛多数是慢性的。老年疼痛随年龄增长疼痛程度持续增加,发生率也相应增加,且以退休、丧偶的老年人发生率较高,女性多高于男性。疼痛好发部位以背部、下肢、头面部居多。疼痛对老年人特别是临终前老年人的心理健康影响极大,可呈多元性相互交叉的表现,如厌倦娱乐活动、自主活动和社会活动减少、焦虑、抑郁、睡眠混乱、体位异常、食欲与记忆力减退、分泌功能障碍、穿衣障碍和情绪不佳等。疼痛甚至可以导致不可预料的身体或精神上的不良后果,进而引发许多健康性问题。

对于老年人,与退行性疾病有关的疼痛发生率最高,他们比年轻人更容易出现持续性疼痛。持续性疼痛在 18～30 岁的年龄阶段发生率是 7.6％,而在年龄＞81 岁的人群中,持续性疼痛的发生率已经超过 40％。

Lavsky-Shulan 等曾经评估了一个社区中 65 岁以上人群的腰痛流行情况。腰痛是常见病,腰痛可以引起许多不适、功能障碍和医疗服务的过度使用。尽管单独背痛可能会随着年龄的增长而降低,但即使是这样,其可能仍然是老年抑郁和痛苦的一个主要致病原因。

另一项调查是"全国健康与营养调查Ⅰ流行病学随访研究"(NHANES 1987),包括关于肌肉骨骼疼痛持续至少 1 个月的疾病,这些问题还涉及颈、背、髋、膝和其他关节痛。在老年人中以膝关节疼痛较常见,而颈部疼痛在年轻人中更易发生。疼痛的慢性性质意味着老年人可能已经掌握了处理技巧,了解了疼痛的原因;或者以前经历过,积累了疼痛经验,知道疼痛对每天生活活动的影响;或者保存了以前镇痛药的处方或者知道自己哪种镇痛药对控制疼痛更有效,在疼痛经历和经验的基础上进行了疼痛处理。

这些结果表明,在普通人群中,年龄增长可直接导致下列危险增加:①骨骼肌肉疼痛;②较大的疼痛强度;③抑郁状态;④老年人的生活质量降低。

第二节　病因和发病机制

一、诱导痛觉产生的外部因素

疼痛是由于外部环境或者机体内部病变等伤害性刺激造成局部产生致痛物质,经过神经系统的传导而引起的一种不良感觉。造成机体伤害的外部因素有许多种,主要包括:①外界物理刺激:如压力、烧灼、低温、切割、强光、噪声等;②化学刺激:如强酸、强碱、刺激性物质;③生物因素:如寄生虫、细菌感染、炎症等;④病理状态:瘀血、缺血、缺氧、水肿、肿瘤增殖、内脏牵拉等。

二、内源性致痛物质

伤害性刺激导致外周组织生成和释放多种化学物质或细胞因子,这些物质参与激活和调制伤害性感受器,并通过痛觉传导通路引起痛觉。

(一)外周组织释放的致痛物质

1. 受损伤细胞合成的炎症介质　包括缓激肽(bradykinin,BK)和前列腺素(prostaglandin,PG)。

2. 受损伤细胞溢出的化学物质　包括组胺(histamine,HA)、5-羟色胺(5-hydroxytryptamine,5-HT)、H^+、K^+、腺苷三磷酸(adenosine triphosphate,ATP)、去甲肾上腺素(noradrenaline,NA)和乙酰胆碱(acetylcholine,ACh)。

3. 细胞因子　包括神经生长因子(nerve growth factor,NGF)、白细胞介素(interleukin,IL)和肿瘤坏死因子(tumor necrosis factor,TNF)。

4. 感觉神经末梢释放的神经递质或调质　包括谷氨酸、SP、NO 和内源性吗啡样物质(又称脑啡肽)。

(二)外周组织致痛物质的作用机制

内源性致痛物质主要通过激活 DRG 神经元的 G 蛋白偶联受体、配体门控离子通道及酪氨酸激酶受体,进而引起伤害性感受器激活或敏感化而发挥致痛作用。

1. 伤害性刺激使细胞损伤导致 K^+ 释放和缓激肽、前列腺素合成,K^+ 和缓激肽能直接兴奋伤害性感受器,前列腺素则能增加神经末梢对 K^+ 和缓激肽的敏感性。

2. 伤害性刺激能在外周末梢引起 SP 等物质释放,从而引起血管舒张、组织水肿以及缓激肽积聚。

3. SP 能刺激肥大细胞释放组胺,刺激血小板释放 5-HT,两者能激活其他伤害性感受器,造成伤害性刺激停止后的持久性疼痛和痛觉过敏。

三、发病机制

(一) 疼痛的周围神经机制

疼痛的周围神经机制是指分布于身体不同部位的各种感受器把疼痛的刺激转换为相应的信息,并由相应的感觉神经纤维向中枢神经系统(CNS)传导的过程。

1. **伤害性感受器** 伤害性感受器是产生痛觉信号的外周换能装置,主要分布于皮肤、黏膜、胃肠道黏膜和浆膜下层、肌肉间的结缔组织、肌腱表面和内部、深筋膜、骨膜和血管外膜等处。一般认为初级传入伤害性感受器是 Aδ 和 C 纤维的终末分支,在形态学上是"游离"或未分化的神经末梢,其细胞体位于背根神经节。根据伤害性感受器的位置及对不同刺激条件的敏感性,将其分为体表伤害性感受器,肌肉、关节伤害性感受器和内脏伤害性感受器 3 种不同的类型。

2. **伤害性感受的传入** 伤害性感受器被激活后所产生的伤害性信息由不同的外周初级传入纤维传递到 CNS。与伤害性感受传递有关的神经纤维包括 Aδ 纤维和 C 纤维,然而这些纤维并不是简单的感觉信息传导体。最近研究显示,切断或损伤外周神经后,其本身就作为一个疼痛的病灶而引起许多生理学、形态学和生物化学等方面的改变,如外周初级传入终末或背根节的活动异常。

3. **外周交感纤维活动与疼痛** 交感神经系统在慢性疼痛的形成和持续过程中具有重要作用。神经损伤甚至是轻微的创伤也能导致交感神经功能紊乱,而交感神经紊乱与"复杂的局部疼痛综合征"(complex regional pain syndrome)的发生存在着密切的联系,复杂的局部疼痛综合征往往伴有交感神经功能失调,表现为烧灼痛、痛觉过敏和触诱发痛(allodynia)。研究证实,在周围神经损伤后,其形成的新芽(sprout)对 α 肾上腺素能激动剂非常敏感,并且还发现背根神经节上存在有 α 肾上腺素能受体,背根节与交感神经传出纤维终末之间形成了神经支配,这意味着交感神经传出纤维的活动能使周围传入纤维的活动和反应发生异常。

4. **外周敏感化** 在组织损伤和炎症反应时,损伤细胞如肥大细胞、巨噬细胞和淋巴细胞等释放炎症介质,伤害性刺激也导致神经源性炎症反应,从而使血管舒张、血浆蛋白渗出以及作用于释放化学介质的炎症细胞。这些相互作用导致了炎症介质的释放,如 K^+、H^+、血清素、缓激肽、P 物质(SP)、组胺、神经生长因子、花生四烯酸代谢的环氧化酶和脂氧化酶途径代谢产物(如前列腺素、白三烯等)以及降钙素基因相关肽(CGRP)等,这些化学物质或炎症介质使正常时不能引起疼痛的低强度刺激也能导致疼痛。在组织损伤后所发生的这一系列变化称之为外周敏感化(peripheral sensitization)。如果外周伤害性感受器发生敏感化作用,可表现为:①静息时疼痛或自发性疼痛(spontaneous pain);②原发性痛觉过敏(pri-

mary hyperalgesia)；③异常性疼痛(allodynia)。

（二）疼痛的中枢神经机制

1. 初级传入纤维在脊髓背角的终止　脊髓背角是伤害性信息向中枢传递的第一个中继站。初级传入伤害性感受器主要终止于脊髓背角的Ⅰ、Ⅱ和Ⅴ层，其中C纤维终止于Ⅰ、Ⅱ和Ⅲ层，Aδ纤维除终止于Ⅰ、Ⅱ和Ⅲ层外，还终止于Ⅴ层。后角胶状质(Ⅱ、Ⅲ层)是调控伤害性信息的重要部位。

2. 传递痛觉信息的上行通路　伤害性感受器的传入冲动在脊髓背角神经元初步整合后，通过上行通路进入中枢的高级部位。传递痛觉信息的上行通路包括脊髓丘脑束(STT)、脊髓网状束(SRT)、脊髓中脑束(SMT)、脊髓颈核束(SCT)、背柱突触后纤维束(PSDC)、脊髓旁臂杏仁束(SPAT)、脊髓旁臂下丘脑束(SPHT)和脊髓下丘脑束(SHT)。在这些痛觉传导束中，SRT、SCT和PSDC传导快痛，而STT、SMT、SPAT、SPHT和SHT既传导快痛又传导慢痛。

3. 痛觉中枢

(1)皮质下中枢：参与疼痛的整合、调制和感知作用的皮质下中枢主要是指丘脑、下丘脑以及脑内的部分核团和神经元。在丘脑与疼痛传递有密切关系的核团包括内侧核群及外侧核群中的腹后外侧核，腹后内侧核和髓板核群中的束旁核、中央核；下丘脑的视前区-下丘脑前区，下丘脑腹内侧核、室周围部等核团中含有对伤害性刺激呈兴奋或抑制反应的痛敏神经元，这些神经元在疼痛的调控中或多或少地都起着一定的作用。

(2)大脑皮质：大脑皮质是疼痛的感觉分辨和反应冲动整合的高级中枢。疼痛过程涉及广泛的区域，同时疼痛冲动也必然进入意识领域。一般认为参与疼痛全过程的大脑皮质区有第一、二、三感觉区和边缘系统。第一感觉区为疼痛的感觉分辨区；第二感觉区主要是感觉内脏的疼痛；第三感觉区参与深感觉的分辨和疼痛反应活动；边缘系统主要参与内脏疼痛和心因性疼痛的调控作用。

4. 中枢敏感化　在组织损伤后，对正常的无害性刺激反应增强(触诱发痛)，不仅对来自损伤区的机械和热刺激反应过强(原发性痛觉过敏)，而且对来自损伤区周围的未损伤区的机械刺激发生过强反应(继发性痛觉过敏，secondary hyperalgesia)。这些改变均是损伤后脊髓背角神经元兴奋性增强所致，也就是中枢敏感化(central sensitization)。

初级传入神经元C纤维反复持久刺激，致使CNS的功能和活性产生实质性改变。组织损伤后，伤害性刺激经C纤维传入，并释放谷氨酸、SP、CGRP、神经生长因子等递质或调质，这些神经递质或调质作用于相应的受体，如N-甲基-D天冬氨酸(NMDA)和非NMDA受体、神经激肽(NK)1受体等，致使脊髓背角神经元的兴奋性呈活性依赖性升高。伤害性刺激增加初级传入纤维肽类递质的释放，增加Ca^{2+}内流，激活第二信使系统，改变蛋白激酶(PKC、PKA、PKG、aCaPKⅡ)的活性和使蛋白质磷酸化。在长期炎症期间，蛋白激酶的激活产生转录变异，其结果是脊髓背角细胞对现存传入冲动和原来的阈下传入冲动的反应性升高，产生对正常刺激的反应增强、接受区域扩大、新近传入冲动激活阈值降低等变化。

5. 疼痛的中枢调整机制　外周伤害性刺激冲动传入后，经中枢各级水平的调整作用，痛觉被感知或受抑制。神经生理学研究证实，刺激脑的广泛区域可以抑制伤害性的疼痛反应，也就是说中枢神经对伤害性的传入冲动有抑制作用。这种抑制作用一方面是通过节段性机制，另一方面是来自高位中枢的下行性机制。

（1）节段性抑制机制：节段性抑制是通过脊髓不同节段的纤维间节段性联系的反应，它是脊髓内反射弧的组成部分。节段性抑制主要表现为背角的广动力或特异性伤害性感受神经元的反应，可受到脊髓水平输入的选择性抑制。

（2）脑干下行性抑制机制：脑干下行性抑制的中枢结构主要由三部分组成：①中脑导水管周围灰质（PAG）；②延髓腹内侧头端网状结构（RVM）；③桥中脑背外侧顶盖（DLPT）。对于脑干下行性痛觉调整系统，其功能的正常发挥主要与去甲肾上腺素能神经元、5-羟色胺能神经元和内源性阿片肽有关。此外，γ-氨基丁酸、生长抑素等也发挥着重要作用。

第三节　病理和病理生理

一、外周神经损伤产生疼痛的病理生理变化

外周神经损伤可引起神经功能、生化和形态学特性的变化，常见的病理生理变化包括异位放电、离子通道表达改变、初级传入末梢长芽、交感神经长入背根神经节等。

二、中枢神经系统损伤产生疼痛的病理生理变化

1. 胶质细胞在疼痛中的作用　神经病理性疼痛的病因可以简单归为损伤点同侧神经元的过度兴奋和异常动作电位的发放。经典模型为痛觉产生的机制提供了一个很好的框架，但由于对侧及损伤点附近健康的神经元并没有异常的活动，因此还是存在许多该模型无法解释的问题，如很多伴随疾病的慢性疼痛找不到病源、在损伤点和其周围健康的组织中都有疼痛感觉、区域外痛和镜像痛等。

2. 脊髓在疼痛中的作用　痛觉传递从外周到大脑是一个动态过程，痛觉信号可以被抑制，也可以被放大，还可以保持不变。脊髓是疼痛信息传递和整合的初级中枢，脊髓在疼痛信号进入高位神经中枢以前即对疼痛信息的量、性质和时速进行调节、转换或控制。脊髓背角是痛觉通路中第一个突触所在的部位，痛觉调节功能主要发生在脊髓背角，致痛信息经脊髓、脑干和丘脑的传递和调制，最后在大脑皮质产生痛觉。

3. 脊髓以上中枢在疼痛中的作用　脊髓以上脑结构的疼痛调控机制在痛敏的产生和维持中发挥重要作用，直接或间接地削弱疼痛下行抑制系统，可易化背角神经元的敏感化状态。脊髓以上的疼痛抑制系统和兴奋系统共同控制着脊髓疼痛的传递过程。延髓头端腹内侧区是下行易化系统的上位中枢，外周神经损伤后，延髓头端腹内侧区的下行易化系统对脊髓背角神经元的作用增强。

第四节　疼痛的临床分类和评定

一、临床分类

（一）根据病因分类

疼痛可分为伤害感受性疼痛、神经病理性疼痛、心因性疼痛、躯体性疼痛。

1. 伤害感受性疼痛　伤害感受性疼痛是由于皮肤和深层组织中称为伤害感受性感受

器的神经末梢受到刺激而发生的,这些感受器对伤害感受性刺激敏感。大多数疼痛是伤害感受性疼痛,但也可能为混合性的。某些特征可能提示有神经病理性疼痛的成分。

2. 神经病理性疼痛 神经病理性疼痛是由神经系统损伤或功能障碍所致,包括外周神经病理性疼痛和中枢神经病理性疼痛。

(1)外周神经病理性疼痛:由于解剖结构、化学或代谢等因素所致的外周神经结构的损伤,如肿瘤的压迫、外科手术、糖尿病、化疗或放疗后均引起外周神经病理性疼痛;人类免疫缺陷病毒感染也可能是原因之一,可能与感染引起的神经感觉发生变化有关;带状疱疹后神经痛、三叉神经痛都是典型的外周神经病理性疼痛。

(2)中枢神经病理性疼痛:由外周或中枢神经结构损伤所引起的大脑或脊髓的病理生理改变可造成神经病理性疼痛,如卒中后丘脑痛和幻肢痛。

1)疼痛特点:包括自发痛、痛觉超敏、痛觉过敏和感觉异常。

2)疼痛性质:包括局部疼痛、放射性疼痛、扩散性疼痛、牵涉痛和灼性神经痛。

3)体征:包括感觉障碍(浅感觉障碍和深感觉障碍)、运动功能障碍、腱反射异常和自主神经功能障碍。

3. 心因性疼痛 患者很痛苦,长期为疼痛与伤残所累,但并无明确的病理改变或病理改变与症状不符。心理障碍是这些综合征的主要原因,对一个疼痛患者来讲,心理因素可能成为疼痛加重的因素,也可能是疼痛引起的后果,因此要将其与慢性或迁延性疼痛所引起的心理失调相区别。心因性疼痛的痛苦程度有时不亚于其他原因引起的疼痛。心因性疼痛有时归于躯体性疼痛,即疼痛性质是躯体性的但又缺乏器官异常的客观阳性体征。

4. 躯体性疼痛 躯体性疼痛即疼痛来源于身体(躯体)病变的特性,但又不能归因于任何客观可证实的器官病变。躯体性疼痛较心因性疼痛范围窄,它不包括精神异常或慢性肌紧张引起的疼痛。

(二)根据病程分类

包括短暂性疼痛、急性疼痛和慢性疼痛。

其中慢性疼痛的类型可考虑为:

1. 神经病理性疼痛(周围性神经病理性疼痛,包括带状疱疹后神经痛、糖尿病性神经病变;或中枢性神经病理性疼痛,包括脑卒中后疼痛或多发性硬化)。

2. 肌肉骨骼性疼痛(如背痛、肌筋膜疼痛综合征、踝关节疼痛)。

3. 炎症性疼痛(如炎性关节病变、感染)。

4. 机械性/压迫性疼痛(如肾结石、肿瘤包块扩张导致的内脏痛)。

(三)根据疼痛程度分类

可以分为微痛、轻痛、甚痛和剧痛。

医师可提供疼痛性质的描述语(如锐痛、钝痛、压榨样痛、跳痛、绞痛)。

(四)其他

1. 混合性疼痛 很多疼痛不仅为1种类型,如臂丛神经损伤后可能既有深部躯体痛又有神经病理性疼痛。多发生于患者接受常规剂量的镇痛药物后。

2. 暴发痛和伴发痛

(1)暴发痛:常发生于接受常规止痛药物治疗的患者,疼痛在常规给药的间期复发,通常需要给予1次额外剂量或突破剂量(breakthrough dose)的常规止痛药物才能镇痛。

(2)伴发痛:发生于活动时或活动后加重,常见于癌转移性骨痛患者。

二、临床评定

1. 疼痛难以定性定量,只有在评定时设法量化,方可客观地进行判断、对比。

2. 评定方法主要包括疼痛诱发法、口述分级评分法、视觉模拟评分法(VAS)、数字评分法、区体表面积评分法、行为疼痛测定法、多因素疼痛调查评分法、临床疼痛测量法和特殊情况下的疼痛评定。

3. 疼痛评定的其他内容包括对失能情况的评估、影响睡眠情况的评估。一般可根据疼痛对日常活动的影响大小对失能的程度进行评估;根据疼痛是否影响入睡、睡眠是否因疼痛而惊醒、睡眠是否因疼痛和功能障碍的改善而改善等情况评估疼痛对睡眠的影响。此外,对于一些疼痛疾患可用专门的疼痛量表进行评定,例如下腰痛常用的评定量表有魁北克腰痛失能评定量表和 Oswestry 腰痛失能问卷等。

第五节　治疗总体安排

一、引起老年疼痛的常见疾病

老年慢性疼痛患者在患有疼痛性疾病的同时,通常患有 1 种或多种其他疾病,其严重程度和对全身的影响及其目前的治疗情况,对于将要进行治疗的方法和药物的耐受程度等有很大的影响。老年人的持续性疼痛或对持续性疼痛治疗不利都与大量的不良结局有关,如功能障碍、跌倒、康复缓慢、情绪变化(抑郁和焦虑)、社交能力下降、睡眠和食欲紊乱、大量使用医疗保健资源和花费等。如上所述,都必须进行详细的了解。

1. 三叉神经痛　是三叉神经分布区的一种发作性疼痛,该病多见于中老年人,是脑神经痛中最为常见的类型,疼痛发作时间较短,但疼痛剧烈,2 次发作之间可无症状。国外报道其发病率为平均每年 4.3/100 000,其中女性高于男性(分别为 5.9/100 000 和 3.4/100 000)。

2. 肩周炎　是一种包括肩痛及运动功能障碍的综合征,广义的肩周炎包括肩峰下滑囊炎、冈上肌腱炎、肩袖撕裂、肱二头肌长头腱鞘炎、喙突炎、冻结肩、肩锁关节病变等多种疾病。据国外资料表明,肩周炎的患病人数占总人口的 2%～5%,女性的发病率略高于男性。

3. 颈椎病　颈椎病是老年人的常见病、多发病之一,相关资料显示,65 岁的老年人中有75%～85%的患者有颈椎曲度变直、椎间隙高度降低和小关节增生的放射学改变;且有国外研究显示,搬运工患颈椎病的概率比非搬运工要低一些。

4. 腰椎病　腰椎病亦是老年人常见的病症之一,腰椎退变、脊柱侧弯、腰椎间盘突出等均较常见于老年人,且由于现在伏案工作人数的增加,腰椎病的发病率有上升趋势。上海市宝山区针对 60～85 岁的老年人的一项调查表明,该地区老年患者的腰腿痛发病率为17.20%,女性略高于男性,且随增龄腰背痛总的发生率有下降趋势。

5. 骨质疏松　骨质疏松是老年人的常见病,主要以骨量减少和骨的微细结构破坏为特征,一般认为与内分泌紊乱、钙吸收不良等因素有关。多见于绝经后的妇女,75 岁以上的妇女患病率可高达 80%以上。

6. 类风湿关节炎 该病多见于老年女性,类风湿关节炎若不控制,可致关节损害、功能丧失,影响生活质量。据报道,在工业化国家,该病会影响 0.5%～1.0% 的成年人,每 100 000 例中,每年新增 5～50 例患者。60 岁以上的老年人患类风湿关节炎的概率更高,而女性患病率更高的原因至今无法确定,可能与女性易发免疫性疾病有关,目前还尚无定论。

7. 肿瘤 老年患者可以发生各种类型的肿瘤,发达国家约 65% 的肿瘤患者为老年患者,而在肿瘤患者中,癌症中晚期的疼痛尤为多见。有资料表明癌症疼痛中至少 30% 的疼痛未能得到有效治疗,是非常重要的社会医疗问题。

8. 纤维肌痛及肌筋膜痛 纤维肌痛的特点是全身多部位广泛的骨骼肌疼痛以及 18 个压痛点中超过 11 个压痛点异常,可致四肢强直、睡眠障碍、疲劳等。该病女性的发病率约为 3.5%、男性约为 0.5%,且病程较长,一般认为异常的中枢性疼痛处理可能是其重要机制之一。纤维肌痛的发病率随增龄而增高,近 8% 的 80 岁老年人符合诊断标准,该病女性多于男性。

9. 骨性关节炎 中国老年人骨性关节炎的研究结果证实,全国 40 岁以上的人群原发性骨关节病的患病率为 46.3%,60 岁以上的患者患病率则高出此 1 倍多。

10. 带状疱疹及带状疱疹后神经痛 带状疱疹是由水痘带状疱疹病毒感染所引起的,其特征为沿神经分布的皮疹及其相应区域的强烈刺痛。带状疱疹超过 3 个月未愈则称为带状疱疹后神经痛,是困扰老年人的顽固症之一,其发病率与年龄呈正相关:50 岁以下的人群发病人数为 11～29 人/(年·万人),50～59 岁的人群发病人数为 46 人/(年·万人),60～69 岁的人群则为 69 人/(年·万人),70～79 岁及 80～89 岁的人群该项数据则分别为 95 和 109 人/(年·万人)。国外资料显示,50 岁以上的带状疱疹患者,每 100 000 例中有 21 例需住院治疗。

11. 糖尿病性末梢神经痛 糖尿病患者发生末梢神经痛的发病率因其诊断方法不一样,数据也不一样,各地报道的数据有很大差别。国外相关报道其发病率在 21.0%～37.2%,国内数据显示其发病率约为 61.8%。

二、老年疼痛的治疗

老年疼痛患者的治疗总的来说应该根据不同的情况,给予相应的治疗及处理。治疗方法包括药物治疗、功能锻炼、理疗、神经阻滞、射频、脊髓电刺激、鞘内镇痛泵植入、基因治疗等。

1. 药物治疗 目前治疗疼痛的药物一般都可用于老年疼痛患者。但老年患者其药物代谢与青年人不同,因此药物使用亦有所不同。2009 年 AGS 对老年患者持续性疼痛药物治疗指南建议指出,对于年龄≥75 岁的老年患者,需非常谨慎地使用非选择性非甾体抗炎药(NSAIDs)和选择性环氧化酶(COX)-2 抑制剂,且该类药物仅用于高度选择性的个体。

伴有中至重度疼痛、疼痛相关功能障碍或生活质量下降的所有老年患者,都应考虑使用阿片类药物治疗。2011 年 AGS 老年患者持续性疼痛管理指南指出,一般而言,对乙酰氨基酚仍然是老年轻度疼痛患者的一线用药;老年患者体内的白蛋白水平可能会比青年人低,则镇痛药物与白蛋白结合的比例亦会下降,游离型药物的浓度会比青年人高,因此导致如

NSAIDs 等药物的不良反应可能就比较大。

由于 COX-2 选择性抑制剂易导致胃肠道不良反应,因此服用 COX-2 时老年人应同时服用一段时间的质子泵抑制剂或其他胃肠道保护剂。强烈推荐有中至重度疼痛、伴有疼痛相关的功能损伤或者疼痛导致生活质量下降的患者使用阿片类药物治疗。

老年人使用阿片类药物时,考虑老年人的肝肾功能减退、代谢减慢等因素,在达到同等镇痛效果的前提下,药物使用剂量应比青年人要少。目前,阿片类药中新出现的丁丙诺啡透皮贴剂使用方便,镇痛效果确切,值得关注。抗癫痫药中的苯妥英钠、卡马西平较多应用于神经病性疼痛。

有报道显示,普瑞巴林可明显缓解老年糖尿病周围神经病变患者的疼痛症状,改善患者的生活质量,且药物不良反应相对较少。α_2 受体激动剂最初是一种作为降压使用的药物,后发现其有镇痛作用,目前仍在使用中的只有可乐定,硬膜外或鞘内注射效果确切。

2. 微创介入疗法 包括:

(1)神经阻滞:神经阻滞是目前治疗老年疼痛的重要手段之一。因其只要求阻滞感觉神经或交感神经而不需要阻滞运动神经,所以使用局麻药的量一般较少;同时还可在药物中使用少量 B 族维生素和糖皮质激素。该类治疗方法对各类老年疼痛均有较好的疗效,其中关节腔内注射玻璃酸钠、臭氧等治疗骨性关节炎引起的疼痛亦有较好的疗效。

(2)射频:射频仪发出的高频振电流可使组织内的离子产生振荡,从而升高组织内温度,可选择性地阻滞感觉神经,从而达到镇痛效果。可分为连续射频和脉冲射频,前者对神经产生永久性灭活,主要用于神经毁损术;后者产生高频电流后有一个静息期,可使热量在组织内扩散,射频产生的可逆性神经毁损可较大幅度地缓解老年人慢性疼痛,因此该种治疗方法有较大的发展前景。

脉冲射频用于治疗老年人各种慢性疼痛性疾病被认为是有效、安全、不良反应小的微创手术治疗方法,可治疗颈神经根性疼痛、三叉神经痛、慢性肩痛、慢性腰背痛等,对治疗带状疱疹后神经痛也有极好的疗效。

(3)脊髓电刺激:该疗法的设备由植入体内的电极、神经刺激器和体外遥控器组成,通过调节电刺激强度和频率达到止痛的目的,适用于复杂的神经病理性疼痛、幻肢痛、复杂性区域疼痛综合征、腰部术后疼痛等。

3. 鞘内镇痛泵植入 主要用于晚期肿瘤需要大量使用阿片类药物的老年患者,由于可以持续将药物直接注入蛛网膜下腔,因此所用的药物剂量仅为口服剂量的 1/300,镇痛效果确切,不良反应相对较少。

4. 基因治疗 基因治疗在老年疼痛的治疗方面尚为一种较新的手段,主要包括间接体内疗法和直接体内疗法。前者又称细胞移植疗法,需要选择合适的基因、靶细胞和最有效的基因转移方法;后者是将治疗基因导入体内,改变或修复机体的遗传物质,以干预疼痛的生物学行为,从而达到治疗疼痛的目的。

综上所述,老年疼痛问题复杂多变,严重影响老年人的生活质量,是重要的社会医疗问题,即使目前药物治疗以及各种微创治疗疼痛已取得了较大的进展,但是对老年人这一特殊群体仍需给予更多和持续的关注。

三、老年疼痛的治疗原则

1. 对老年人的疼痛管理方法不同于年轻人。持续性疼痛在老年人中的临床表现往往较复杂且是多方面的。老年人的一些并发性疾病和多种健康问题使疼痛评估和治疗更加困难。

2. 老年人更容易出现药物相关的副作用,他们发生诊断和侵入程序相关的并发症及不良事件的可能性更高。尽管面临如此多的挑战,但通常可以对这个年龄组的疼痛进行有效管理。

3. 医师具有避免不必要疼痛的伦理和道德职责,他们应尽最大努力提供有效的镇痛方法,尤其是对于接近生命尽头的人们。

4. 想要找到治疗持续性疼痛有效的药物方法,需要准确的疼痛评估。①对所有老年患者的例行检查和仔细评估尤为重要,因为甚至造成了严重损害的疼痛可能会由于个人、文化或心理等各种原因而不会自然显露;②对于认知障碍患者,由于自身固有的困难,他们很难觉察到疼痛,彻底的初步评估和适当的诊断评估总是必要的;③对于潜在痛源无法治疗或仅可部分治疗的患者,进行跨学科评估和治疗的策略是最好的方法。

5. 当确定专门服务或技术性程序后,将患者转诊到合适的专科医师处是必要的。如衰竭性精神并发症的患者、有药物滥用问题的患者或改变生命的顽固性疼痛的患者,需要转诊至具有相关技能的专家处进行治疗。

第六节 药物治疗方案

AGS 于 1998 年提供了第一个关于老年人慢性疼痛管理的临床实践指南,这一具有里程碑意义的指南的发表号召人们致力于改善老年患者疼痛管理、生活质量及护理质量。2002 年,AGS 对该指南进行了修订,修订内容包括改善患者护理的新型治疗药物和其他策略,以及对认知损伤疼痛患者新的评估资料。由于新药的引进,管理策略得到了更充分的评估,现在又有了新的治疗方法。特别是最近关于新型药物管理办法阐述的报道也为修订2002 年版本指南提供了保证。AGS 于 2013 年对《老年人持续性疼痛治疗指南》进行了再次适当修订。由于老年人持续性疼痛最常见的战略管理方法是使用药物制剂治疗,同时也因为这是风险最大的部分,所以本更新指南决定将重点集中在药物治疗方面。我们以本指南为药物治疗指导,建议老年人持续性疼痛采取以下治疗。

一、非阿片类镇痛药

表 19-1 总结了老年人持续性疼痛推荐的治疗药物。对乙酰氨基酚是骨性关节炎和腰部疼痛症状管理的有效制剂,虽然有证据表明高剂量长期使用对乙酰氨基酚会造成长期的肾毒性,但它与显著的消化道出血、肾脏不良反应或心血管毒性症状无关。由于它比传统的NSAIDs 安全性更高,对乙酰氨基酚被推荐为疼痛的一线治疗药物。临床医师在作出使用更强的疼痛药物治疗决定之前,应认真调查患者服用对乙酰氨基酚的剂量为多少。有时当对乙酰氨基酚的服用剂量增加至 1000mg,仍可以提供更强的镇痛作用时,则不需要使用镇痛效果更强的药物。临床医师也应教育患者关于各种来源的对乙酰氨基酚的最大安全剂量($<4g/24h$)。

表 19-1 老年人持续性疼痛的推荐药物

药物	推荐起始剂量	备注
非阿片镇痛药		
对乙酰氨基酚	每 4h, 325～500mg, 每 6h 500～1000mg	最大剂量一般每日 4g,肝功能不全或有酗酒史者最大剂量减少 50%～75%
三水杨酸胆碱镁	每 8h 500～750mg	半衰期长,允许每日或每日两次给药后达稳态,抗血小板作用小
双水杨酸酯	每 12h 500～750mg	对体弱或肝肾功能降低的患者,在增加剂量及达到稳态时,有必要检测水杨酸水平,抗血小板作用小
塞来昔布	每日 100mg	高剂量时心血管发病率和副作用发生率较高,心肌保护适应证的患者需要补充服用阿司匹林,老年患者需保护胃黏膜
萘普生钠	220mg 每日两次	一些研究显示该制剂的心血管毒性较小
布洛芬	200mg 每日 3 次	与阿司匹林同时使用会抑制阿司匹林的抗血小板作用,不清楚是布洛芬的作用还是 NSAIDs 的作用
双氯芬酸钠	50mg 每日 2 次或缓释 75mg 每日 1 次	由于环氧化酶-2 抑制剂的选择性,与其他 NSAIDs 相比,心血管不良事件风险更高
萘普酮	每日 1g	半衰期相对较长,抗血小板作用最小
酮咯酸		不推荐使用
阿片类		
氢可酮++	每 4～6h 2.5～5mg	可用于急性反复发作、突发性或暴发性疼痛;每日速释剂量受限于对乙酰氨基酚和 NSAIDs 的剂量
羟考酮++	每 4～6h 2.5～5mg	可用于急性反复发作,突发性或暴发性疼痛;每日速释剂量受限于对乙酰氨基酚和 NSAIDs 的剂量,医生应注明使用羟考酮的种类
奥施康定	每 12h 10mg	初始剂量取决于阿片类的速释制剂剂量。理论上药效会持续 12h,但对于某些患者,药效仅持续 8h,但对某些老年患者,药效会持续 12～24h
吗啡		
速释	每 4h 2.5～10mg	剂型包括片剂和浓缩口服液,最常用于突发性或暴发性疼痛,以及无法吞咽的患者
缓释(硫酸吗啡)	每 8～24h 15mg	初始剂量取决于阿片类的速释制剂剂量。毒性会限制肾功能不全者或需高剂量患者的使用。剂量末期可能会出现剂量不足,需要频繁加量的情况。与食物和酒精存在着相互作用
氢吗啡	每 3～4 小时 1～2mg	用于暴发性疼痛或全天候给药使用
美沙酮		只能按医生或药师建议给药。当从其他阿片类药物转化至本药时,半衰期差别较大,剂量转换呈非线性关系。不推荐作为一线用药

药物	推荐起始剂量	备注
羟吗啡酮		
速释	每 6h 5mg	具有典型阿片类药物的不良反应，与食物和酒精有明显的相互作用。禁止与 MAOI 合用，禁用于狭角青光眼
抗惊厥药		
卡马西平	每日 100mg	监测肝酶（ALT、AST）、血常规、肌酐、尿素氮、电解质和血药浓度。药物相互作用多
加巴喷丁	睡前 100mg	监测镇静、共济失调、水肿
普瑞巴林	睡前 50mg	监测镇静、共济失调、水肿
拉莫三嗪	睡前 25mg	监测镇静、共济失调、认知，罕见 SJS
抗心律失常		
美西律	150mg 每日 2 次	用药前和稳态剂量时监测心电图。房室传导阻滞和心动过缓患者避免使用
其他药物		
糖皮质激素	泼尼松每日 5mg，逐渐减量	使用最低剂量以减少激素的影响。短期使用可能出现液体潴留和血糖升高，长期使用可能会出现心血管疾病和骨质疏松
利多卡因（外用，5%）	12 小时 1～3 贴	皮疹或皮肤刺激症状
肌肉松弛剂		
巴氯酚	5mg，每日 3 次	肌肉无力，影响排尿及认知功能，镇静作用。避免突然停药。老年人很少能耐受高于 30～40mg/d 的剂量
替扎尼定	2mg 每日 3 次	肌肉无力，影响排尿及认知功能，镇静作用
氯硝西泮	0.25～0.5mg 睡前	监测镇静、记忆力，完成血液测量
大麻类		
大麻隆	1mg 每日 2 次	共济失调、认知障碍、镇静，头晕或嗜睡发病率较高。四氢大麻酚或大麻二酚具有心血管效应。老年人易出现直立性低血压。批准适应证为恶心呕吐，对某些疼痛综合征的治疗有帮助
屈大麻酚	2.5mg 每次，每日 2 次	头晕嗜睡，认知障碍，烦躁不安
双机制药物		
曲马多	每 4～6h 12.5～25mg	阿片类＋SSRI 作用机制。不良反应同阿片类。高剂量时有癫痫发作风险。与 SSRI 合用可能会诱发 5-羟色胺综合征
他喷他多	每 4～6h 50mg 按月服	不良事件发生率较其他阿片类药物低

注：＋＋：与对乙酰氨基酚或 NSAIDs 同用或不同用均可，详见联合镇痛药的剂量限制指南

老年个体经常会遭受持久性肌肉骨骼疼痛的困扰,通常采用对乙酰氨基酚或 NSAIDs 进行治疗。虽然人们对对乙酰氨基酚的肝毒性担忧增加,并观察到患者长期服用药物后丙氨酸氨基转移酶出现短暂的升高,但当避免使用最高的推荐剂量时,则不会转化为肝衰竭或肝功能不全。

NSAIDs 与对乙酰氨基酚相比,对慢性炎症性疼痛(如类风湿关节炎相关的疼痛)有效。相比于对乙酰氨基酚,NSAIDs 的另一个潜在优势可能是缓解骨性关节炎疼痛方面的短期(如 6 周)有效性更佳。NSAIDs 也可以缓解短期腰痛。在一般成人人群中,选择性 NSAIDs 的非处方药量具有良好的安全性,尽管老年人使用 NSAIDs 具有较高的副作用风险。对于肌酐清除率低、胃病、心血管疾病或血管耗尽状态如充血性心脏衰竭的个体,考虑使用 NSAIDs 进行治疗时必须特别小心。

在老年人中,NSAIDs 相关的不良事件包括重大的胃肠道毒性,随着年龄的增加它的频率和严重程度会增加,至少会部分增加,NSAIDs 的胃肠毒性可能具有剂量相关性和时间依赖性。

长期使用 NSAIDs 者的消化道出血的担忧加剧,与低剂量的阿司匹林共同服用,通常用于心脏保护作用。

引入环氧合酶-2(COX-2)选择性抑制剂 NSAIDs 旨在减轻传统的 NSAIDs 相关的不良反应。如塞来昔布在使用过程中的显著胃肠道不良事件似乎较少,而它保持了传统 NSAIDs 的临床疗效。然而选择性 COX-2 抑制对消化道出血的保护作用并不彻底,NSAIDs 的其他相关毒性反应与 COX-2 抑制剂并无差别。COX-2 选择性抑制剂罗非昔布、伐地昔布由于心血管不良事件的相关风险而被撤市。

外用 NSAIDs 如双氯芬酸或水杨酸衍生物的使用,旨在避免 NSAIDs 相关的全身不良反应,这些制剂在短期使用内(如在许多研究中均<4 周)似乎是安全、有效的,当前没有充足的长期研究结果。

应对 NSAIDs 潜在毒性的其他策略涉及同时服用胃保护制剂,同时服用米索前列醇、高剂量的 H_2 受体拮抗剂或质子泵抑制剂可能会降低 NSAIDs 长期使用者的胃肠道溃疡风险。对于质子泵抑制剂与 NSAIDs 共同处方,或单独使用 COX-2 选择性抑制剂是否会对消化不良、出血或其他胃肠道并发症事件提供了更好的保护,仍然是未知的。对于胃肠道出血或溃疡复发风险较高的个体,一些证据强调质子泵抑制剂与 COX-2 共同使用的获益。最后,根除幽门螺杆菌降低了暴露于 NSAIDs 的人群的消化道溃疡发病率。

使用非阿片类镇痛药的特别注意事项:传统的 NSAIDs 和选择性的 NSAIDs 可能会对血压控制、肾功能和心力衰竭管理产生不利影响。一些传统的 NSAIDs 也具有体外干扰阿司匹林抗血小板的作用。基于此,美国 FDA 在 2006 年发出有关共同使用阿司匹林和布洛芬的警告。

NSAIDs(传统的和选择性的)相关的心血管风险值得特别注意,如 COX-2 抑制剂使用者的心肌梗死风险更高。在传统的 NSAIDs 药物中,双氯芬酸被确定为与心血管疾病不良事件的潜在风险较高相关。

选择 NSAIDs 治疗的关键问题是疼痛改善、心血管疾病危险、肾毒性、药物相互作用和胃肠道毒性。对于考虑使用 NSAIDs 治疗的患者,如果认为其胃肠道风险较低,推荐或处方布洛芬或萘普生则可能是合理的。如果胃肠道风险较高,许多医师会同时处方质子泵抑制剂。此外,如果胃肠道风险较高,但无心血管疾病的危险,可以选择 COX-2 抑制剂,有一些临床医师会建议同时服用低剂量的阿司匹林以提供心脏保护作用。最后,如果存在较高的胃肠道风险,同时伴随着显著的心血管担忧,低剂量的阿司匹林与萘普生或 COX-2 抑制剂可能是一个比萘普生或其他药物更合理的治疗方法。

二、阿片类镇痛药

1. 阿片类药物的使用注意事项　在正确选择和恰当监测的患者中,阿片类镇痛药具有潜在的有效性,而对于另外一些患者,它则是各类持续性癌症和非癌症疼痛多式联运战略管理必不可少的治疗部分。由于 NSAIDs 和 COX-2 抑制剂的使用可能会导致严重的危及生命的胃肠道和心血管不良事件或消化道出血,这些证据已经转移到人们对阿片类药物的关注上面,尤其是对 NSAIDs 相关不良影响风险更高的老年患者。

老年患者在使用阿片类药物治疗持续性疼痛时,应基于有明确治疗目标的基础上。

临床试验可能涉及多次增加阿片类药物的剂量使其有效而不会产生不良反应耐受的尝试。人们应该明白,如果试验不成功,则要停止使用阿片类药物。在大多数保证阿片类药物治疗的持续性疼痛状况中,最佳管理方法需要建立一个全面的治疗方案,这个治疗方案也涉及功能恢复和心理模式。

患者及其护理者必须明白,阿片类药物不是万能的,也绝不是非药物疗法的替代疗法。从这个角度看,根据以下 2 组问题的指导,应该考虑使用阿片类药物治疗老年患者中至重度持续性疼痛。

(1)初步评估:①治疗这种类型疼痛或患者的常规惯例是什么;②是否有疼痛控制、功能恢复和生活质量改善的同等或更好的治疗指数替代疗法;③患者是否有可能会增加阿片类药物相关不良反应风险的医疗问题;④患者是否有可能负责任地管理阿片类药物治疗(或者是相关护理人是否能负责任地共同管理)。

(2)顾问或专家的作用:①在没有帮助的情况下,我能否治疗这个患者;②我是否需要帮助疼痛专家或其他顾问共同管理这个患者;③是否有适当的专家和资源可以帮助我共同管理这个患者;④患者的医疗、行为或社交情况是否复杂到需要转诊给治疗疼痛的医学专家。

2. 长期使用阿片类药物治疗的风险和获益　阿片类药物相关的潜在不利影响就是存在一个不可以长期治疗的障碍。虽然大部分不利影响会随着长期的使用而减少(便秘除外),但不良事件足以引起衰弱的患者停止治疗。呼吸抑制会影响呼吸频率、每分钟通气量和血氧饱和度,是最严重的不良事件,因此值得特别注意,虽然这种作用的影响会迅速发展。随着阿片类药物的长期治疗,通常随着剂量增加过快而导致呼吸抑制、药物相互作用及与药物相关的其他中枢神经系统抑制(最突出的是苯二氮䓬类药物、乙醇和巴比妥类药物)。阿片类药物导致的药物蓄积或意外过量具有可变的药动学,如美沙酮。近期的证据也表明,长期使用阿片类药物治疗可以抑制若干丘脑、垂体、性腺的肾上腺皮质激素的产生,这是男性睾酮缺乏症的通常体现,一般还伴有疲劳、抑郁、性欲低下。当使用很长的一段时间后,处方阿片滥用可能会成为一个问题,尤其是具有药物使用障碍病史的患者(包括烟草使用)。处方阿片类药物的转移及使用这些药物时不按照适应证和说明书使用,就会给医疗体系和全社会带来沉重的负担,相关的财政花费包括医疗费用、生产力损失,以及对刑事司法系统都会造成额外负担。

对于初步的风险评估,阿片类药物的风险工具和修订版的筛选及阿片类药物的患者疼痛评估(SOAPP-R)等工具均可用来帮助确定与药物使用问题相关危险因素的存在。ORT是一个简单的、经过验证的调查问卷,它根据性别向患者分配不同的分数,基于 5 个一般风险因素推测将来阿片类药物相关的异常行为。这些风险因素包括个人药物滥用史、家族药物滥用史、年龄相对年轻、精神疾病、青春期前滥性。通过 ORT 和 SOAPP-R 分数将患者进行分层,分为低、中和高风险,这反过来会告知他们的治疗计划。已经处方阿片类药物进行治疗的患者,可以采用现行阿片类药物滥用措施进行评估,设计了 17 个问题进行自我评估,旨在确定患者持续性滥用阿片类药物的可能性。

三、辅助药物

辅助药物可以改变或减弱许多情况下所产生的疼痛感,而不提高痛阈。此类药物包括的类别有抗抑郁药、抗惊厥药和一些其他制剂,如改变神经膜电位、离子通道、细胞表面受体结合位点、突触的神经递质水平及参与疼痛信号处理的其他神经元过程等。辅助药可以单独使用,也可以与非阿片类或阿片类镇痛药共同服用,用于各种各样的持续性疼痛,尤其是神经性疼痛。三环类抗抑郁药(包括阿米替林、地昔帕明、去甲替林)是第一个可以减轻带状疱疹后神经痛和糖尿病周围神经病变导致疼痛的药物,但此类药物对于老年患者来说往往属于禁忌。近期更多抑郁症治疗药物的发展研究中包括了选择性 5-羟色胺再摄取抑制剂(SSRIs)及 5-羟色胺和去甲肾上腺素摄取混合抑制剂(SNRIs)。SNRIs(度洛西汀、文拉法辛)在治疗各种神经病理性疼痛和纤维肌痛方面格外有效,它比三环类抗抑郁药的副作用更少。相比之下,SSRI 类药物(舍曲林、氟伏沙明、氟西汀、西酞普兰)并未证明其对疼痛有效。研究发现,与更老一代的抗惊厥药和抗抑郁药三环类药物相比,加巴喷丁、普瑞巴林和其他具有类似于电压门控性钙离子通道作用机制的抗惊厥药物对各种神经性痛作用效果更佳、副作用更小。为了最大限度地减少不利影响,在使用所有调节疼痛的药物时,增加剂量必须谨慎,并经常监测患者的情况。

四、皮质类固醇

皮质类固醇在一定的剂量范围内可以用于各种镇痛状况的治疗。皮质类固醇在风湿性、自身免疫性关节炎和血管炎治疗中的有效性已得到证明,包括类风湿关节炎、风湿性多肌痛、巨细胞动脉炎、其他自身免疫性疾病和急性关节病。也有研究提示,皮质类固醇对神经性疼痛综合征(交感神经营养不良);癌性疼痛,包括骨痛、浸润或神经压迫;颅内压增高引起的头痛;及肠梗阻相关性疼痛有疗效。目前的证据无法明确区分糖皮质激素在急性期或长期治疗的疗效或剂量-效应关系。众所周知,糖皮质激素短期和长期使用的副作用和严重的毒性往往将其整体安全性限制为低剂量、短期使用或为接近生命尽头的患者服用。

五、肌肉松弛剂

肌肉松弛药物包括环苯扎林、卡立普多、氯唑沙宗、美索巴莫和其他一些药物。环苯扎林在本质上与阿米替林相似,潜在的不利影响与阿米替林相似。此外,因为担心卡立普多的药物滥用而将其撤除欧洲市场。虽然这些药物可缓解骨骼肌肉疼痛,但其效果都是非特异性的,并且与肌肉松弛无关。因此,不应该误以为它们可以解除肌肉痉挛而处方。肌肉松弛剂可以抑制动物模型的多突触反射性肌,但这是否与缓解疼痛有关仍然未知。如果怀疑肌肉痉挛是患者疼痛的根源,考虑使用另一种对肌肉痉挛作用效果已知的药物(如苯二氮䓬类药物、巴氯芬)可能是合理的。临床医师应该知道,多数这类药物与老年人的跌倒风险更大有关。巴氯芬属于 γ-氨基丁酸 B 型受体激动剂,虽然已经证明其可以作为阵发性神经病理性疼痛的二线治疗药物,但它已被用于中枢神经系统损伤、脱髓鞘状况以及其他神经肌肉紊乱所致的严重痉挛患者。从低剂量开始,逐渐增加处方量可能会减少常见的副作用,如头晕、嗜睡、胃肠道症状。因为潜在的谵妄和癫痫,此药在经过长时间的使用后,停止用药时需要一个缓慢的逐渐减量过程。

苯二氮䓬类药物治疗持续性疼痛的疗效是有限的,目前的信息并不支持这些药物的直接镇痛作用。虽然有证据证明这类药物可以进行焦虑管理(特别是在生命终结护理中心),或可以尝试用于缓解肌肉痉挛,尤其是在焦虑、肌肉痉挛和疼痛共存的一般情况下。但老年人的高风险状况通常会抵消这类药物在缓解疼痛方面的潜在获益。

六、降钙素和双膦酸盐

降钙素对各种骨性疼痛均有益,作为神经性状况的二线治疗药物它也是有效的。有研究表明,降钙素对骨质疏松后的椎体压缩性骨折、骨盆骨折、骨转移瘤导致的疼痛患者有缓解作用。降钙素缓解疼痛的机制仍是未知。除了过敏反应外,降钙素的主要副作用是恶心和血清钙、磷水平改变,因此建议评估钙、磷的含量。双膦酸盐也可对癌症转移的患者提供镇痛作用,尤其是乳腺癌或前列腺癌或多发性骨髓瘤患者。帕米膦酸和氯膦酸盐的数据很有希望,此类型的其他药物要么效能较低,要么还没有经过研究。双膦酸盐类药物的副作用通常与恶心、食管炎或偶发性低钙血症有关。

七、外用镇痛药

文献表明,5%利多卡因贴片的随机安慰剂对照试验被限制在治疗神经性疼痛。有证据表明,5%利多卡因对带状疱疹后神经痛有效,但观察到的获益通常不会与全身性加巴喷丁或三环类抗抑郁药物进行比较。利多卡因贴剂对其他神经性状况或非神经性疼痛的对照数据较少。利多卡因自被美国 FDA 批准用于治疗带状疱疹后神经痛后,它就被广泛应用于标签外的其他神经性疾病、糖尿病周围神经病变、慢性腰痛、骨性关节炎、骨转移癌,甚至慢性伤口,尽管生产商直接警告其避免用于伤口护理。本产品的快速应用与其易于使用、无毒性、无药物相互作用的特点有关。药动学研究表明,即使 24 小时内的剂量达到 4 贴,全身利多卡因浓度仍保持在安全限度内。不良反应罕见、轻度,通常与皮疹有关。贴剂忌用于发展性肝衰竭,因为利多卡因的清除率较低。利多卡因和丙胺卡因(EMLA)的低共熔混合物是局部麻醉药丙胺卡因和利多卡因的混合物。EMLA 能够穿透皮肤,形成局部皮肤麻醉,它也经常被用于阻止穿刺或切口引发的疼痛。如果重复使用,或在黏膜附近或开放性伤口使用,会发生全身毒性风险。

外用辣椒素霜已被证明可以通过降低神经病和非神经性疼痛而提供一些获益,虽然30%的患者可能无法忍受开始治疗时的烧灼感,这种烧灼感可能会持续数个月。观察结果表明,产生镇痛效果的 P 物质耗竭后,可能需要连续几周的持续暴露。出于这个原因,可能需要对某些患者进行长期试验。它的新配方还含有阿司匹林、NSAIDs、局部麻醉剂或三环类抗抑郁药制剂,这可能有助于减轻烧灼感、减少过早停止治疗的不良影响。

外用 NSAIDs 研究表明,其对若干持续性疼痛管理有疗效。外用阿司匹林、吲哚美辛、双氯芬酸、吡罗昔康、酮洛芬的研究结果表明它们对神经病和非神经性疼痛综合征有联合作用。目前有两种双氯芬酸外用制剂已获得 FDA 批准用于疼痛管理。按照推荐的剂量使用时,这些药物的全身吸收率非常低。虽然报道的毒性似乎非常低,但对这些药物的生物学特征尚不完全明确。随机安慰剂对照试验表明,其获益不单单是与只起到安慰剂一样的搽拭膏涂到疼痛部位的舒适感相关。

大麻素动物模型和人体的若干持续性疼痛的临床对照试验发现,大麻素具有镇痛作用。在老年患者中,使用大麻素的治疗窗窄,因为老年患者和高剂量使用的患者可能会遇到烦躁不安的反应。

（赵　英）

第七节　药学监护与信息反馈

一、观察疗效

老年患者长期持续性疼痛可能会导致生活质量下降、抑郁、认知能力下降及其他后果。而疼痛是一种主观感受,主要以患者描述为主,因而临床常采用一些评估量表来评估疼痛的程度及疼痛治疗效果,详见表 19-2。

表 19-2　临床常见的疼痛治疗相关的评估量表

序号	评估量表	评分标准
1	视觉模拟评分(VAS)	0 分为无痛,10 分为剧痛;<3 分为良好,3~4 分为基本满意,>5 分为镇痛效果差
2	疼痛数字评分法(NRS)	0~10 数字疼痛强度分级记录,0 为无痛,10 为剧痛,1~3 为轻度疼痛,4~6 为中度疼痛且疼痛影响睡眠,7~10 为重度疼痛难以入眠
3	Ramsay 镇静评分	烦躁不安 1 分;安静合作 2 分;对指令反应敏捷 3 分;嗜睡,呼叫可唤醒 4 分;嗜睡,对呼叫反应迟钝 5 分;深睡或麻醉状态 6 分。2~4 分为镇静满意,5~6 分为镇静过度
4	BCS 舒适评分	0 级为持续性疼痛;1 级为安静时无痛,深呼吸或咳嗽时疼痛严重;2 级为安静时无痛,深呼吸或咳嗽时疼痛轻微;3 级为深呼吸时也无痛;4 级为咳嗽时也无痛
5	Prince-Henry 评分	0 分为咳嗽时不痛;1 分为咳嗽时痛但深呼吸时不痛;2 分为深呼吸时痛但安静时不痛;3 分为安静时痛但疼痛轻微;4 分为安静时痛且疼痛剧烈
6	Karnofsky 功能状态评分	正常,无症状和体征为 100 分;能进行正常活动,有轻微症状和体征为 90 分;勉强进行正常活动,有一些症状或体征为 80 分;生活能自理,但不能维持正常生活和工作为 70 分;生活能大部分自理,但偶尔需要别人帮助为 60 分;常需要人照料为 50 分;生活不能自理,需要特别照顾和帮助为 40 分;生活严重不能自理为 30 分;病重,需要住院和积极的支持治疗为 20 分;重危,临近死亡为 10 分;死亡为 0 分

序号	评估量表	评分标准
7	HAMD 抑郁量表评分	≥75%为痊愈,50%~74%为显著进步,25%~49%为进步,<25%为无效。疼痛程度采用医学结局研究用疼痛量表(MOSPM)评定:减分率≥50%为有效,<50%为无效
8	WHO疼痛分级标准	0级,无痛;1级(轻),轻度可忍受的疼痛,能正常生活,睡眠不受干扰;2级(中),中度持续的疼痛,睡眠受干扰;3级(重),强烈的持续剧痛,睡眠严重受干扰,需用镇痛药

二、给药方法的适宜性

1. 对乙酰氨基酚和非甾体抗炎药 对乙酰氨基酚和 NSAIDs 常用于治疗轻、中度疼痛,也可辅助阿片类镇痛药用于重度疼痛的治疗。对乙酰氨基酚的不良反应较少,但每日总剂量不得超过 4g。NSAIDs 常见胃肠道不良反应,应尽量避免不必要的大剂量、长期应用(一般不超过 2 周)。需长期用药时,应在医师的指导下使用且用药过程中注意监测可能出现的各系统、器官和组织的损害。老年患者长期口服 NSAIDs,应使用质子泵抑制剂或米索前列醇来保护胃肠道。不宜同时使用两种或两种以上的 NSAIDs,因为不仅不能提高疗效,还会导致不良反应的叠加。NSAIDs 药物通常应分次服用。双氯芬酸、氯诺昔康等应餐前给药,尼美舒利应于餐时或餐后立即服用,以减少胃肠道不良反应。

对乙酰氨基酚、双氯芬酸、吡罗昔康及帕瑞昔布(还可静脉注射)还可肌内注射给药。另外静脉注射氟比洛芬可用于术后及癌症的镇痛,应尽可能缓慢给药(1 分钟以上),通常在不能口服给药或口服给药效果不理想时应用。

吲哚美辛等可经直肠黏膜给药,避免对胃肠道的刺激性,但 Beers 标准不建议老年人使用任何剂型的吲哚美辛制剂。双氯芬酸、布洛芬等可制成搽剂/软膏剂涂抹于疼痛部位的皮肤,涂药处加用热敷效果更好。

2. 阿片类镇痛药 口服给药的阿片类药物有吗啡、哌替啶、羟考酮、曲马多等。其中吗啡控(缓)释片、羟考酮缓释片应间隔 12 小时服用 1 次,根据疼痛程度、年龄以及服用镇痛药史来决定给药剂量,个体间可能存在较大差异。服药时必须整片吞服,嚼碎或掰开服用会导致药物的快速释放与潜在致死量的吸收。曲马多缓释片可掰开服用,但不可嚼碎,给药间隔不应低于 8 小时。

皮下注射给药的阿片类药物有吗啡、哌替啶、曲马多。肌内注射给药的阿片类药物有哌替啶、芬太尼、曲马多。静脉注射给药的阿片类药物有吗啡、曲马多。硬膜外注射给药的阿片类药物有吗啡、哌替啶(也可硬膜外泵入给药)、芬太尼等,可用于手术后镇痛。

芬太尼口服的生物利用度低,故透皮给药。芬太尼透皮贴剂每 3 天给药 1 次,贴于锁骨下的胸部皮肤,使用前应确保皮肤干燥,温度升高可加速芬太尼的释放,应避免将本品的贴用部位直接与热源接触,如加热垫,电热毯,加热水床,烤灯或日照灯,强烈的日光浴,热水瓶,长时间的热水浴、蒸汽浴等。

3. 抗抑郁药 抗抑郁药可用于神经病理性疼痛,尤其是糖尿病性神经痛的治疗。抗抑郁药除了具有抗抑郁、调节情绪等作用外,还具有独立的镇痛作用,使用剂量常低于抗抑郁作用的剂量。氯米帕明、度洛西汀、氟西汀、文拉法辛等可用于老年患者慢性疼痛的治疗。度洛西汀用于严重抑郁状态的患者应权衡利弊，且用药初期需进行密切监测。使用氟西汀时应注意观察用药期间尤其是初期和调整剂量时患者是否存在行为及精神情绪异常。

4. 抗癫痫药 抗癫痫药可用于神经性疼痛综合征的治疗，包括带状疱疹后神经痛、糖尿病性神经痛、中枢性脑卒中后疼痛综合征、三叉神经痛和人类免疫缺陷病毒相关神经痛。常见的药物有卡马西平、托吡酯、加巴喷丁及普瑞巴林。

三、观察不良反应

1. 对乙酰氨基酚及 NSAIDs

(1) 胃肠道系统：常见胃肠道不良反应，症状的严重程度不一。常表现为消化不良、胀气畏食、恶心、呕吐、上腹疼痛、便秘、腹泻、腹胀、腹部痉挛、胃烧灼感、胃痛、胃肠道出血、糜烂性胃炎、消化性溃疡或穿孔等。

(2) 肝功能：长期大量使用对乙酰氨基酚会导致肝功能异常。此外，使用 NSAIDs 还可发生血清氨基转移酶升高、肝炎、急性重型肝炎等。

(3) 血液系统：临床表现为粒细胞减少、血小板减少、白细胞减少、溶血性贫血、再生障碍性贫血等。

(4) 心血管系统：研究表明，每日服用塞来昔布(西乐葆)400～800mg 的患者发生致死性或非致死性心血管事件的危险约为安慰剂对照组的 2.5 倍。欧洲药品管理局已经确认，心血管风险的增加可能是昔布类药物共有的"类别效应"。该机构已经将缺血性心脏病或脑卒中列为昔布类药物的禁忌证。

(5) 中枢神经系统：表现为耳鸣、失眠、头痛、头晕、眩晕、嗜睡、感觉异常、记忆障碍、定向障碍、惊厥、抑郁、焦虑、噩梦、震颤、精神反应和味觉障碍。

(6) 皮肤系统：临床表现为瘙痒、皮疹、湿疹、荨麻疹、疱疹、脱发、剥脱性皮炎、光过敏反应等。

(7) 肾脏：表现为少尿，外周水肿、肾水肿、肌酐升高及肾功能不全等。

(8) 其他：视觉障碍、听力损害、哮喘。

2. 阿片类镇痛药

(1) 眼睛：临床可见瞳孔缩小如针尖、视力模糊或复视。哌替啶过量可致瞳孔放大。

(2) 胃肠道系统：便秘、恶心、口干、呕吐、胃炎、吞咽困难、嗳气、气胀、味觉反常、肠梗阻、胃肠功能紊乱等。

(3) 心血管系统：低血压、心动过速、心动过缓、外周血管扩张、高血压。

(4) 中枢神经系统：耳鸣、头晕、嗜睡、头痛、视觉异常、情绪不稳、抑郁、欣快、活动减退、功能亢进、认知和感觉障碍、惊厥、精神错乱、药物依赖、幻觉。戒断综合征包括兴奋、焦虑、神经质、失眠、运动功能亢进、震颤。

(5) 皮肤：出汗、皮肤干燥、瘙痒症、皮疹、荨麻疹等。

(6) 泌尿生殖系统：排尿障碍、尿潴留，可能发生排尿困难、胆道痉挛或输尿管痉挛；闭经、性欲减退、阳痿等。

(7) 呼吸系统：呼吸困难、呼吸抑制、呼吸暂停、支气管痉挛等。

(8) 全身性：变态反应、过敏反应等。

3. 抗抑郁药

(1)神经系统:镇静、嗜睡、失眠和头晕、易激动、头痛、运动性焦虑、神经紧张、震颤、狂躁或轻躁症。

(2)泌尿生殖系统:性功能下降、射精异常、性快感缺失、勃起功能障碍、排尿困难(多为排尿踌躇)、与出血增加或者不规则出血相关(例如月经过多、子宫不规则出血)的月经失调、尿频。

(3)皮肤系统:皮疹、脱发。

4. 抗癫痫药

(1)中枢神经系统:视力模糊、复视、眼球震颤、头晕、乏力、恶心、呕吐、情绪不稳、抑郁、共济失调、失语、注意力障碍、意识模糊、焦虑、失眠、遗忘、忧郁、易激动和精神改变、轻度躁狂、不安、儿童学习困难和注意力缺陷、舞蹈样手足徐动、致癫痫恶化(尤其肌阵挛性和失神发作)。美国 FDA 曾发出警告,应用加巴喷丁可能引起自杀行为,应对患者予以严密监测。

(2)皮肤系统:瘙痒、皮疹、荨麻疹。美国 FDA 曾发布了卡马西平在某些患者中可能发生严重皮肤病变的报道,如 Stevens-Johnson 综合征和中毒性表皮坏死松解症,包括大部分亚洲人,这些人的基因中存在 HLA-B * 1502。

(3)肝胆系统:肝功能异常、胆汁淤积、肝细胞性黄疸、过敏性肝炎、肝衰竭等。

四、用药依从性

1. NSAIDs 药物 影响 NSAIDs 用药依从性的主要原因是药源性的胃肠道损害,老年患者的危险性更高。合并使用预防或抗溃疡药如米索前列醇、制酸药物、黏膜保护剂或胃动力药物等可减轻 NSAIDs 的消化道黏膜损伤作用,提高用药依从性。

2. 阿片类药物 影响阿片类药物用药依从性的因素主要是耐受性和成瘾性。机体在使用阿片类药一段时间后会产生耐受,需加大剂量才可达到初次使用时的药效。阿片类药物有成瘾性,会导致躯体和心理依赖。躯体依赖主要以戒断症状为特征,包括腹痛、易激惹、出汗、类感冒等症状。心理依赖又称精神依赖,是由于阿片类药物可产生欣快感,使患者在心理上形成一种依赖,导致患者在情绪的驱使下持续用药,从而改变其生活方式、行为乃至人格模式。当出现戒断症状时,表现为焦虑、不安、烦躁、易激惹、冲动、攻击乃至自伤、自残等行为异常。患者应被告知,如果出现上述症状,就不该继续减量,可用小剂量的即释阿片类药物治疗生理依赖,其症状在几天内即可消失。即使存在生理依赖,但仍应坚持用足够剂量的阿片类药物治疗重度疼痛。

第八节 用 药 指 导

一、治疗药物用法

1. 对乙酰氨基酚和 NSAIDs

(1)对乙酰氨基酚(acetaminophen):口服,一次 0.3～0.6g,每日 0.6～1.8g,每日量不宜超过 4g,1 个疗程不宜超过 10 日;肌内注射,一次 0.15～0.25g;直肠给药,一次 0.3～0.6g,每日 1～2 次。

（2）双氯芬酸（diclofenac）：口服，每日 100～150mg，分 2～3 次服用，建议餐前整片送服。肌内注射，深部注射，一次 50mg，每日 1 次，必要时数小时后再注射 1 次。外用，搽剂，根据疼痛部位大小，一次 1～3ml 均匀涂于患处，每日 2～4 次，每日总量不超过 15ml；乳膏，根据疼痛部位大小，一次 2～4g 涂于患处，并轻轻按摩，每日 3～4 次，每日总量不超过 30g。

（3）氟比洛芬（flurbiprofen）：缓释片口服，每次 0.1g，早、晚各 1 次或遵医嘱。

（4）氯诺昔康（lornoxicam）：老年患者应慎用。急性轻或中度疼痛：每日剂量为 8～16mg，分 2～3 次服用；每日最大剂量为 16mg。风湿性疾病引起的关节疼痛和炎症：每日剂量为 12mg，分 2～3 次服用；服用剂量不应超过 16mg。

（5）布洛芬（ibuprofen）：止痛，一次 0.2～0.4g，每 4～6 小时 1 次。成人的最大限量为每日 2.4g。

（6）吡罗昔康（piroxicam）：老年患者慎用。口服，抗痛风，每日 40mg，每日 1 次，连续 4～6 日；肌内注射，一次 10～20mg，每日 1 次。

（7）美洛昔康（meloxicam）：成人每日 7.5～15mg，每日 1 次，根据治疗反应调整剂量。严重肾衰竭患者透析时，剂量不应超过 7.5mg/d。

（8）塞来昔布（celecoxib）：用于急性疼痛的治疗，推荐剂量为第 1 天首剂 400mg，必要时可再服 200mg；随后根据需要，每日 2 次，每次 200mg。

（9）帕瑞昔布（parecoxib）：用于术后疼痛的短期治疗。老年患者每次 20mg，静脉注射或深部肌内注射，随后根据需要间隔 6～12 小时给予 20mg 或 40mg，总剂量不超过 40mg/d，疗程不超过 3 天。

2. 阿片类镇痛药

（1）吗啡（morphine）：常用量为口服，一次 5～15mg，每日 15～60mg；皮下注射，一次 5～15mg，每日 15～40mg；静脉注射，5～10mg。极量为口服，一次 30mg，每日 100mg；皮下注射，一次 20mg，每日 60mg；硬膜外腔注射，一次极量 5mg，用于手术后镇痛。

（2）吗啡控（缓）释片［morphine controlled release（sustained-release）tablets］：每隔 12 小时服用 1 次，用药剂量应根据疼痛程度、年龄以及服用镇痛药史来决定，个体间可能存在较大差异。最初应用本品者，宜从每 12 小时 10mg 或 20mg 开始，视镇痛效果逐渐调整剂量。对正在或已经服用过阿片类药物的患者，可从每 12 小时服用 30mg 开始，必要时可增加到每 12 小时 60mg；若仍需增加剂量，则可酌情增加 25%～50%，逐步调整至合适为止。本品必须整片完整地吞服，切勿嚼碎或掰开服用。

（3）哌替啶（pethidine）：口服，一次 50～100mg，每日 200～400mg；极量为一次 150mg，每日 600mg。皮下或肌内注射，一次 25～100mg，每日 100～400mg；极量为一次 150mg，每日 600mg；2 次用药的间隔不宜少于 4 小时。静脉注射，成人以每次 0.3mg/kg 为限。麻醉前肌内注射，成人以 1.0mg/kg 于术前 30～60 分钟给予。麻醉过程中静脉滴注，成人以 1.2～2.0mg/kg 计算总量，配成稀释液，以每分钟 1mg 静脉滴注；小儿滴速减慢。手术后镇痛及癌性止痛，以每日 2.1～2.5mg/kg 的剂量为限，经硬膜外腔缓慢注入或泵入。

（4）芬太尼（fentanyl）：一般镇痛及术后镇痛，肌内注射 0.05～0.1mg，可控制术后疼痛、烦躁和呼吸急迫，必要时可于 1～2 小时后重复给药。硬膜外腔注入镇痛，一般 4～10 分钟起效，20 分钟脑脊液浓度达峰值，作用持续 3～6 小时。

（5）芬太尼透皮贴剂：应在躯干或上臂未受刺激及未受照射的平整皮肤表面贴用。如有毛发,应在使用前剪除(勿用剃须刀剃除)。使用前可用清水清洗贴用部位,不能使用肥皂、油剂、洗剂或其他可能会刺激皮肤或改变皮肤性状的用品。在使用前皮肤应完全干燥。在使用时需用手掌用力按压 30 秒,以确保贴剂与皮肤完全接触,尤其应注意其边缘部分。芬太尼透皮贴剂可持续贴用 72 小时。在更换贴剂时,应更换粘贴部位,几天后才可在相同的部位重复贴用。每 72 小时应更换 1 次本品贴剂,应根据个体情况调整剂量直至达到足够的镇痛效果。如果在首次使用后镇痛不足,可在用药 3 天后增加剂量,其后每 3 天进行 1 次剂量调整。

(6)羟考酮(oxycodone):一般镇痛使用控释制剂,每 12 小时服用 1 次,用药剂量取决于患者的疼痛严重程度和既往镇痛药用药史。首次服用阿片类或弱阿片类药物,初始用药剂量一般为 5mg,每 12 小时服用 1 次。已接受口服吗啡治疗的患者,改用本品的每日用药剂量换算比例为口服本品 10mg 相当于口服吗啡 20mg。应根据患者的个体情况滴定用药剂量,调整幅度是在上一次用药剂量的基础上增长 25%～50%。大多数患者的最高用药剂量为每 12 小时服用 200mg,少数患者可能需要更高的剂量。控释制剂必须整片吞服,不得掰开、咀嚼或研磨,否则会导致羟考酮的快速释放与潜在致死量的吸收。

(7)曲马多(tramadol):用量视疼痛程度而定,一般从每次 50mg 开始服用,每 12 小时服用 1 次,根据患者的疼痛程度可调整用药剂量。每日最高剂量通常不超过 400mg(4 片),治疗癌性痛时也可考虑使用较大剂量。肝、肾功能不全者应酌情使用。老年患者的剂量要考虑有所减少。2 次服药的间隔时间不得少于 8 小时。用水送服,勿嚼碎。

3. 抗抑郁药

(1)氯米帕明(clomipramine):口服,老年患者开始每日 10mg,逐渐增加至每日 30～50mg(约 10 天),然后改用维持量,以每日不超过 75mg 为宜。

(2)度洛西汀(duloxetine):推荐靶剂量为每日 60mg,顿服;或每次 30mg,一日 2 次。用于糖尿病性周围神经病性疼痛,初始剂量为每日 60mg;耐受性差的患者可使用更低的初始剂量。伴有肾功能不全的患者更需要考虑降低初始剂量,连续用药 12 周以上的临床有效性资料不足。用于纤维肌痛的治疗,起始剂量为每日 30mg,维持 1 周后再逐渐增加至每日 60mg,连续用药 3 个月以上的临床有效性资料不足。

(3)氟西汀(fluoxetine):口服,初始剂量建议为每日 20mg,通常用药 4 周后才显效;若未能控制症状,可考虑增加剂量,每日可增加 20mg。最大推荐剂量为 80mg,维持治疗的极量为 20mg。停药时应逐渐减量,忌突然停药。

(4)文拉法辛(venlafaxine):应在早晨或晚间一个相对固定的时间与食物同时服用。治疗各种类型的抑郁症及广泛性焦虑症的推荐起始剂量为每天 75mg,单次服药,通常最大剂量为 225mg。

4. 抗癫痫药

(1)卡马西平(carbamazepine):用于三叉神经痛,口服,一日 300～1200mg,分 2～4 次服用。开始一次 100mg,每日 2 次;以后每日 3 次。个别三叉神经痛患者的剂量可达每日 1000～1200mg。疗程最短 1 周,最长 2～3 个月。

(2)托吡酯(topiramate):口服,初始剂量为每晚 25～50mg,然后每周增加 1 次,每次增加 25mg,直至症状控制为止。通常有效剂量为每日 200～300mg。

(3)加巴喷丁(gabapentin):老年患者应慎用。口服,第 1 天 300mg,睡前服用;第 2 天

600mg,分 2 次服用;第 3 天 900mg,分 3 次服用。剂量随疗效而定,多数患者在剂量达 900～1800mg 时有效。

(4)普瑞巴林(pregabalin):口服,每日剂量为 150～600mg,分 2～3 次给药。一般起始剂量可为每次 75mg,每日 2 次;可在 1 周内根据疗程及耐受性增加至每次 150mg,每日 2 次。故剂量超过 300mg/d 仅应用于耐受 300mg/d 剂量的持续性疼痛患者。

二、老年用药教育

在对老年患者进行用药教育时,不仅要交代服药次数、剂量和时间,还要交代特殊的用法及注意事项。教育老年患者不要听信小广告而随意用药、不要突然停药、合理安排饮食以提高药物疗效等。

1. 对乙酰氨基酚和 NSAIDs

(1)对乙酰氨基酚(acetaminophen):缓释片应整片吞服,不得碾碎或溶解后服用。用于解热连续使用不得超过 3 天,用于止痛不得超过 5 天,症状未缓解请咨询医师或药师。不能同时服用其他解热镇痛药(如某些复方抗感冒药)。服用本品期间不得饮酒或含有乙醇的饮料。

(2)双氯芬酸(diclofenac):口服制剂建议餐前整片送服,如果老年患者服用后出现胃肠道溃疡或出血,应立即停药。一旦发现皮疹、黏膜损害或其他任何过敏反应的征兆,应立即停药。有视觉障碍、头晕、眩晕、嗜睡或其他中枢神经系统障碍包括视力障碍的患者在服药期间应避免驾驶或操作机器。

外用制剂应按照痛处的面积大小适量使用,轻轻揉搓使药物渗透皮肤,一日 3～4 次。应严格按照说明书规定的剂量使用,避免长期大面积使用。不得用于破损皮肤或感染性创口,应避免接触眼睛和其他黏膜(如口、鼻等)。如使用本品 7 日,局部疼痛未缓解,请咨询医师或药师。

(3)氟比洛芬(flurbiprofen):口服制剂宜于晚餐后服用或遵医嘱。使用注射液应注意本品的给药途径为静脉注射,不可肌内注射。巴布贴不可用于受损的皮肤、黏膜及皮疹部位。

(4)氯诺昔康(lornoxicam):老年患者应慎用,饭前服用。可告知患者若漏服 1 次,可尽快重新服用 1 次,然后遵医嘱继续治疗。

(5)布洛芬(ibuprofen):外用搽剂,按照痛处大小,取适量轻轻揉搓,一日 3～4 次。应避免接触眼睛及黏膜(如口、鼻黏膜),用药部位如有烧灼感、瘙痒、红肿等情况应停药,并将局部药物洗净,必要时向医师咨询。不得用于皮肤破损处及感染性创口,且不宜大面积使用。

口服给药,不宜长期或大量使用,用于止痛不得超过 5 天,用于解热不得超过 3 天,如症状未缓解,应咨询医师或药师。缓释胶囊剂必须整粒吞服,不得打开或溶解后服用。不能同时服用其他含有解热镇痛药的药品(如某些复方抗感冒药)。服药期间不得饮酒或含有乙醇的饮料。

(6)吡罗昔康(piroxicam):外用搽剂,取适量涂于皮肤或关节表面皮肤,一日 2 次,对乙醇过敏者慎用。片剂应饭后服用。

(7)美洛昔康(meloxicam):当出现如眩晕和嗜睡等不良反应时,不得从事驾驶车辆和使用机械等活动。

(8)尼美舒利(nimesulide):口服给药应餐后服用。在服用本品之后如出现视力下降，应停止用药，进行眼科检查。注意多饮水。

(9)塞来昔布(celecoxib):应告知患者警惕胸痛、呼吸短促、乏力、言语含糊的症状和体征，如果出现这些症状或体征，应寻求医疗帮助。应警惕溃疡和出血的症状及体征，在发现任何预示这些疾病的症状和体征包括上腹部疼痛、消化不良、黑便和呕血时，应寻求医疗帮助。如果出现任何类型的皮疹，应立即停药，并尽快与医师联系。

(10)帕瑞昔布(parecoxib):应告知患者严重心血管安全性的症状和(或)体征，以及如果发生应采取的步骤。告知患者如果出现任何突发的皮肤状况，立即向医师报告。若在接受治疗后出现头晕、眩晕或嗜睡等症状，则应停止驾驶车辆或操纵机器。

2. 阿片类镇痛药

(1)吗啡(morphine):应告知患者本品为国家特殊管理的药品，使用本品可削弱驾驶和操作机械的能力。停药时最好逐渐减小用药剂量，以防止戒断综合征的发生。

(2)吗啡控(缓)释片[morphine controlled release(sustained-release)tablets]:告知患者每间隔12小时服用1次，用药剂量应根据疼痛程度、年龄以及服用镇痛药史来决定，个体间可能存在较大差异。本品必须整片吞服，不要掰开、咀嚼或碾碎，否则会导致潜在性致死剂量的吗啡快速释放和吸收。

(3)芬太尼(fentanyl):告知患者芬太尼透皮贴剂应在躯干或上臂未受刺激及未受照射的平整皮肤表面贴用。使用部位的毛发(最好是无毛发的部位)应在使用前剪除(勿用剃须刀剃除)。在使用芬太尼透皮贴剂前可用清水清洗贴用部位，不能使用肥皂、油剂、洗剂或其他制剂，因其可能会刺激皮肤或改变皮肤的性质。在使用前皮肤应完全干燥。芬太尼透皮贴剂应在打开密封袋后立即使用。在使用时需用手掌用力按压30秒，以确保贴剂与皮肤完全接触，尤其应注意其边缘部分。芬太尼透皮贴剂可以持续贴敷72小时。在更换贴剂时，应在另一部位使用新的芬太尼透皮贴剂，几天后才可在相同的部位重复贴用。在芬太尼透皮贴剂使用前后，应将其置于儿童不易拿到处。不能将本品分拆、切割或以任何其他方式损坏，因为这样会导致芬太尼的释放失控。芬太尼透皮贴剂含乙醇，对乙醇过敏者慎用。发热患者使用本品时应监测其阿片类药物的不良反应，必要时应调整芬太尼透皮贴剂的剂量。告知所有患者应避免使用芬太尼透皮贴剂的部位直接与热源接触，如加热垫、电热毯、加热水床、烤灯、强烈的日光浴、热水瓶、蒸汽浴等。芬太尼透皮贴剂可能会影响从事如驾驶汽车或操纵机器等具有潜在性危险工作所需的脑力和(或)体力。复诊时，将用过的贴剂放入回收袋，送回医院药房；未用过的贴剂应送回医院药房。

(4)羟考酮缓释片:必须整片吞服，不得掰开、咀嚼或研磨。如果掰开、嚼碎或研磨药片，会导致羟考酮的快速释放与潜在致死量的吸收。如果患者的反应能力受到药物的影响，不得从事开车或操作机器等工作。

(5)曲马多(tramadol):用水送服，勿嚼碎。有可能影响驾驶或机械操作的反应能力。

3. 抗抑郁药品

(1)氯米帕明(clomipramine):应告知患者遵医嘱逐渐增加剂量，不可擅自中断治疗，以免发生不良反应。另外服用本品可能会增加严重抑郁症患者的自杀危险，应告知患者家属对其密切观察，以便发现其出现的其他精神症状或自杀倾向，并及时向医务人员报告这些症状。接受本品静脉输液的患者,应告知其不可擅自加快输注速度,以免不良事件的发生。

(2)度洛西汀(duloxetine):应告知患者服用本品可能会增加严重抑郁症患者的自杀危险,应告知患者家属对其密切观察以便发现其出现的其他精神症状或自杀倾向,并及时向医务人员报告这些症状。本品可产生镇静效果,用药期间不宜驾驶车辆、操作机械或高空作业。

(3)氟西汀(fluoxetine):应告知患者服用本品可能会增加自杀危险,应告知患者家属对其密切观察以便发现其出现的其他精神症状或自杀倾向,并及时向医务人员报告这些症状。糖尿病患者在服用本品期间可能出现低血糖,停药后继而出现高血糖,应调整胰岛素和口服降血糖药的剂量。老年人应注意增加剂量和日剂量一般不宜超过 40mg,最高推荐日剂量为 60mg。停药时发生停药反应比较普遍,尤见于突然停药,故建议在 1~2 周内逐渐减量至停药。目前尚未有报道氟西汀会影响患者的精神运动行为,但任何精神活性药物都可能影响人的判断能力及技能,因此应告诫患者避免驾车或操作危险性的机械。

(4)文拉法辛(venlafaxine):应在早晨或晚间一个相对固定的时间与食物同时服用,建议戒酒。

4. 抗癫痫药

(1)卡马西平(carbamazepine):应告知患者在治疗期间应避免饮酒。老年患者对本品敏感者多,可引起精神错乱或激动不安、焦虑、房室传导阻滞或心动过缓。与单胺氧化酶(MAO)抑制药合用时可引起高热或(和)高血压危象、严重惊厥甚至死亡,两药应用至少要间隔 14 天。

(2)托吡酯(topiramate):本品不可碾碎服用,与或不与食物同服均可。应告知患者在使用本品时如出现体重下降,可考虑补充膳食或增加进食。与所有抗癫痫药物一样,托吡酯作用于中枢神经系统,可产生嗜睡、头晕或其他相关症状,也可能导致视觉障碍和(或)视物模糊。这些不良事件均可能使患者在驾驶汽车或操纵机器时发生危险,特别是处于用药早期的患者。接受托吡酯治疗的患者中有报告出现假性近视和继发性闭角型青光眼综合征,症状包括突发视力下降和(或)眼痛,一般在开始托吡酯治疗的 1 个月内发生,应立即停止药,并采取适当措施降低眼压。

(3)加巴喷丁(gabapentin):应告知患者本品作用于中枢神经系统可引起镇静、眩晕或类似症状,可降低反应速度、驾驶及操纵复杂机器的能力,特别在治疗初期、药物加量、更换药物或者同时饮酒时更容易出现。

(4)普瑞巴林(pregabalin):应告知患者服用本品可能使体重增加。本品与或不与食物同服均可。突然停药后,一些患者出现失眠、恶心、头痛和腹泻等症状,故应逐渐减停。应告知患者服药后可出现头晕及嗜睡而影响驾驶或操作机械等能力。服用本品可能会增加自杀危险,应告知患者家属对其密切观察以便发现其出现的其他精神症状或自杀倾向,并及时向医务人员报告这些症状。

第九节 不合理用药的常见表现及其处理

一、不合理用药的表现

疼痛治疗的不合理情况主要包括用药不及时,急性重度疼痛时使用的镇痛药强度不够,达不到理想的镇痛效果;使用了无效或疗效可疑的药物,由于医师对某些药物的成分或药理作用不了解,或患者盲目听信广告宣传等因素,开具或服用的药物不含镇痛药成分;使用了不安全的药物,尤其是某些禁忌证患者服药后出现严重不良事件;有效的药物使用得不充分,如对芬太尼透皮贴剂的有效作用时间为 72 小时,若没有进行患者用药交代,很可能患者会误以为达到镇痛效果后即可撕掉;药物使用方法不当;大处方,多药合用,通常联合使用 2 种药理作用不同的镇痛药可提高镇痛治疗效果,但存在不合理的联合用药如 2 种非甾体抗炎药合用,以及由于对复方制剂的成分不熟悉而导致重复用药,如对乙酰氨基酚和含对乙酰氨基酚的复方制剂联用等。

二、不合理用药的判断

可根据相关法律法规、药品说明书、相关指南及专家共识以及公开发表的文献资料来判断用药是否合理;根据患者的临床表现、镇痛效果评估结果及不良反应发生情况来判断用药是否合理。

三、不合理用药的处理

及时发现并与临床医师沟通,记录发现的临床用药问题,建立临床药学学报,通过开展院内业务学习、学术活动等方式,及时介绍国内外医药科技的最新进展,定期通报院内的药物使用和不良反应等情况,提高临床医师的用药水平。完善药师参与临床用药制度,药师定期参与各科室查房。完善处方管理制度,尤其是多药联合应用时尤其需注意重复用药及药物相互作用问题。制定医院临床基本用药手册,加强医务人员对药物手册的学习,提高医务人员正确使用药物的能力。

第十节　治疗的风险及其处理

一、治疗的风险事件

1. NSAIDs　NSAIDs 的胃肠道损害最常见。严重者可发生消化道溃疡出血,还可造成小肠、大肠损害及原有肠病(如免疫性肠病、IBD)加重。内镜所见主要为充血、水肿、红斑、糜烂和溃疡。

NSAIDs 肝脏损害的临床表现程度不同,从轻度的氨基转移酶升高到严重的肝细胞坏死。急性肝损伤以乏力、食欲下降、恶心、黄疸为主要表现;肝管损伤者以明显的黄疸、瘙痒为主;生化改变与急性病毒性肝炎相似,ALT、AST 升高可达数倍至数十倍。

NSAIDs 肾脏损害的临床表现为急性肾衰竭、水钠潴留、高钾血症(低肾素-低醛固酮)、急性间质性肾炎或肾病综合征、镇痛剂肾病(髓质缺血、慢性间质性肾炎、肾乳头坏死)。

2. 阿片类镇痛药　能导致急性中毒的阿片类药物有吗啡、可待因、罂粟碱、阿片及海洛因。重要临床表现初为欣快感、颜面潮红、头晕及心动过速、恶心、呕吐、兴奋不安、反射增强、逐渐嗜睡;严重中毒者迅速昏迷,呼吸慢而浅,且呈不规则,伴发绀,半数以上的患者可发生肺水肿。瞳孔似针尖大小是吗啡中毒的特征之一,继而肌肉松弛、反射消失、体温和血压下降,终因呼吸循环衰竭而死亡。

二、治疗的风险因素

1. NSAIDs　NSAIDs 胃肠道损害的风险因素包括年龄＞65 岁者,每增加 1 岁危险性增加 4％;女性＞男性;胃肠道基础病变;剂量、疗程,在一定范围内不良反应随剂量增加而增加,早期危险性较大,随疗程延长而降低;联合用药,激素、抗凝剂均使出血的危险性增加;同服多种 NSAIDs;存在其他慢性病,如缺氧、心衰、休克、严重感染等;幽门螺杆菌感染;吸烟、饮酒等。

NSAIDs 肾脏损害的风险因素还包括儿童、老年人、原有肾脏疾病、肝硬化、高血压、心衰、脱水、同时使用其他肾损害药物等。

2. 阿片类镇痛药　同时服用巴比妥类和乙醇则加重中毒。

三、治疗风险的处理

1. NSAIDs　NSAIDs 导致的胃肠道损害一般停药 1～2 周症状可以自行缓解;合并有溃疡和出血者应同时应用抗溃疡及止血药物;有穿孔者应考虑手术治疗。NSAIDs 相关肠病可使用柳氮磺吡啶(SSZ)、米索前列醇等。

NSAIDs 导致的肝脏损害应停药及给予保肝治疗,治疗同其他急、慢性肝损伤。单纯 ALT 增高者,联苯双酯效果好。

NSAIDs 导致的肾脏损害应停药及给予对症支持治疗。停药及恰当的治疗后大多数可以逆转,但 20％的患者肾功能不能完全恢复。

2. 阿片类镇痛药　对阿片类药物导致的急性中毒,全身支持疗法很重要,对昏迷患者维持气道通畅、维持循环稳定、保暖和预防吸入性肺炎;严重呼吸抑制者可行气管插管或气管造口,进行辅助或控制呼吸。口服的患者可用高锰酸钾洗胃和 50％硫酸镁导泻。吗啡受体竞争性拮抗药有纳洛酮、烯丙吗啡等,均能拮抗其呼吸抑制。

临床使用常规的轻泻剂或软便剂来治疗便秘,在使用阿片类药物的初期可考虑用止吐药,但不需要长期使用。轻度呼吸抑制尽可能清除阿片类药物并且进行物理或语言刺激,密切监测生命体征;中到重度呼吸抑制首先维持通气和循环,其次要用拮抗剂如纳洛酮来治疗,要根据呼吸频率和意识水平来滴定剂量,尽量减少阿片类药物戒断症状和停药后的中度疼痛。可通过增大剂量解决阿片类药物的耐受问题。

第十一节　老年疼痛治疗中的常见药学问题

一、WHO 推荐的"镇痛三阶梯"方法

慢性疼痛治疗中的很多实践方法来源于对癌症疼痛的治疗经验。WHO 对癌症疼痛治疗的"镇痛阶梯"方法最早发布于 20 世纪 80 年代中期,概括了一种基于疼痛严重程度的疼痛控制方法。

1. 最佳的患者结局通常是在一个多学科团队的协同下,联合使用多种方法实现的。
2. 药物应通过最有效和最舒适的途径给予,使患者可最大限度地掌控给药。
3. 用于治疗中至重度疼痛的镇痛药应采用按时固定剂量方案进行给药,而不是"根据

需要"或"需要时"给药。这样可获得更持续的疼痛缓解,因为患者无需因先前所用药物的大部分已被代谢而追加剂量。按计划给予镇痛药的患者会感到更加舒适,并且总体上用药更少。

4. 给予疼痛治疗药物的阶梯式方法建议按下列顺序给药,即首先使用非阿片类药物(±辅助药物);然后对于轻到中度伤害性疼痛使用阿片类药物(如可待因)±辅助药物±非阿片类药物;当疼痛持续存在时,对于中到重度疼痛使用阿片类药物(如吗啡)±辅助药物±非阿片类药物。

5. 关于缓解疼痛所需的阿片类药物的剂量存在很大的患者间变异性,最大剂量因患者而异,在不产生无法耐受的副作用的情况下,缓解疼痛所需的剂量即为最大剂量。

6. 辅助药物被用于增强镇痛药的效果、控制副作用并治疗与慢性疼痛有关的其他症状,如恶心、抑郁、镇静、失眠和焦虑。

7. 对患者进行密切随访,观察是否存在功能和症状的变化,根据症状调整用药方案,并继续教育患者有关其正在使用的药物信息。

二、阿片类药物副作用的预防和处理

因为阿片类药物安全、可多途径给药、易于调整剂量、疗效可靠并且对所有类型的疼痛(即躯体、内脏和神经痛)均有效,故被广泛用于癌痛的治疗。阿片类药物可引起剂量限制性副作用,其中最常见的是便秘、嗜睡和认知损害。对阿片类药物不良反应的敏感性存在显著的个体间差异,这种差异可能由基因差异、年龄、共存疾病或与其他药物的相互作用造成。

处理药物副作用是阿片类药物治疗癌痛的一个关键部分,有效地治疗药物的副作用会增加患者获得良好结局的可能性。药物副作用是导致癌痛不能得到充分治疗的主要原因之一。一般来说,处理阿片类药物副作用的方法有以下 3 种:对症治疗、减少剂量以及更换为另一种阿片类药物或者改变给药途径。

(一) 便秘的预防和处理

人们早已认识到阿片类药物会影响胃肠动力。这些影响一般表现为便秘,但也可能出现腹胀感、早饱感和疼痛。偶尔也有患者发生非机械性肠梗阻,或是一种以程度相对较重的腹痛为特征的综合征。

便秘是阿片类镇痛药最常见且最持久的副作用。在使用阿片类药物治疗的癌症患者中,10%~15%的患者会发生便秘,这显著影响了患者的生活质量,并对阿片类药物的使用方式、资源利用和费用造成影响。

有很多因素可以促成接受阿片类药物治疗癌痛的患者发生便秘:①阿片类药物与胃肠道和中枢神经系统(CNS)中的特定受体结合,通过直接作用和抗胆碱能机制降低肠动力;②胃肠道传输时间的延长会导致过多的水和电解质从粪便中被重吸收,而胆汁和胰液分泌的降低会使粪便进一步脱水;③同时使用其他致便秘的药物(如三环类抗抑郁药)、脱水、年龄较大、制动、代谢异常(如高钙血症)、化疗(特别是使用长春碱类治疗)和肿瘤相关性肠梗阻也可能促成便秘。

所有具备易感因素(如高龄、制动、膳食较差、腹内病变、神经病变、高钙血症、同时使用其他致便秘的药物)的患者都应该在开始阿片类药物治疗时就考虑预防性缓泻治疗。通常使用接触性泻药(如番泻叶睡前 2 片)加或不加大便软化剂(如口服多库酯钠一次 100mg,一日2次），或每日给予渗透性轻泻药（如乳果糖30ml/d或聚乙二醇一日2汤匙）来进行预防性缓泻治疗。由于乳果糖可能会导致产生过多的气体和腹痛、绞痛、腹胀，所以对于乳糖不耐受患者应该避免使用乳果糖。

一些患者通过膳食调整即可改善肠道功能，此类措施包括增加液体和膳食纤维的摄入。然而，如果患者很虚弱、疑似有肠梗阻或水合作用已难以维持，则应停止摄入纤维。在膳食中加入纤维后，这些因素可能会使梗阻症状加重。如有可能，还应增加体育活动。当必须对患者进行治疗时，其排便时的隐私性和便利性应得到保证。

几日未排便且无机械性或非机械性肠梗阻证据的患者，很可能发生了粪便嵌塞。使用矿物油灌肠剂后再给予刺激性灌肠剂通常可清洁直肠顶部和乙状结肠下段，但可能还需要用手解除粪便嵌塞。一旦确认不存在粪便嵌塞或已对其进行了清除，就可开始缓泻治疗。

对便秘的常规一线治疗方案无反应的难治性病例，可使用乙酰胆碱酯酶抑制剂（如多奈哌齐）、前列腺素类似物米索前列醇或秋水仙碱进行治疗。

阿片类药物拮抗剂有助于治疗阿片类激动剂导致的难治性便秘，但在肠梗阻时应避免使用这类药物。目前研究得最多的阿片类药物拮抗剂是甲基纳曲酮，这是一种作用于外周的阿片类拮抗剂，被批准专门用于阿片类药物诱发的便秘。其透过血脑屏障的能力有限，不会引起阿片类戒断症状。现仅有注射剂型。甲基纳曲酮的用法是隔日皮下注射1次，如果需要的话，给药频率可以增加，但不应超过一日1次。批准剂量为38～61kg的患者每次8mg；62～114kg的患者12mg；体重在此范围之外的患者，推荐剂量为0.15mg/kg。甲基纳曲酮可以长期使用。

口服纳洛酮（1～12mg）是一种阿片类药物拮抗剂，已被用于治疗阿片类药物诱发的便秘。德国、加拿大和其他一些国家的市场上有售比例固定的羟考酮和纳洛酮复合制剂（Targin和Targinact）。针对该药物的经验提示，纳洛酮可安全地用于慢性癌性或非癌性疼痛患者，与单独应用羟考酮相比，该药物所致的便秘情况较少且不会减弱镇痛效力（在批准的剂量范围内）和安全性。在加拿大和某些其他国家，这种固定比例的复合制剂已被批准用于需要使用阿片类药物的患者，以治疗慢性疼痛并缓解或预防阿片类药物诱发的便秘。由于其中有纳洛酮成分，所以不推荐在术前或术后使用该药物。

鲁比前列素是一种2型氯离子通道激动剂，可诱导肠道液体分泌，被FDA批准用于治疗接受阿片类药物治疗慢性非癌症性疼痛患者的阿片类药物诱导性便秘。

（二）嗜睡和认知损害的预防与处理

阿片类治疗会导致嗜睡或精神状态混沌，其严重程度差异很大，症状通常会在数日或数周内消退，但有的患者会一直持续，尤其是那些具备其他促发因素（如早期痴呆或使用其他中枢作用药物）的患者。认知损害的程度从轻微的注意力不集中或疲乏到头脑迷糊再到定向障碍、严重的记忆损害或极度的意识模糊和谵妄。患者可发生知觉障碍，其程度从多梦和入睡前错觉再到明确的幻觉各有不同，也可出现心境障碍。在该群体中，负面的心境障碍（易激惹、心境低落、病理性恶劣心境）比正面的（满足、欣快）更常见。

非必需的中枢作用药物应减量或停用。一方面应对阿片类用药方案进行评估，如果镇痛效果理想，则可以对其减量，但是减量常因疼痛的再次发作而受到限制。经验性减量25%对于疼痛控制和药物副作用的影响通常在一个较短的时间段内就会清楚显现。另一方面，如果镇痛效果不够理想，可以尝试阿片类药物转换，或者可开始辅助镇痛药物治疗（共镇痛药物)以实现减少阿片类药物使用剂量的效果。

可考虑使用药物对症治疗。使用 CNS 兴奋剂可抵消阿片类药物引起的镇静作用,相关经验最多的是哌甲酯和莫达非尼,这两种药还可用于治疗与癌症相关的乏力。一般哌甲酯的起始剂量为早上和中午各 5mg,或是使用剂量相当的一种哌甲酯长效缓释剂型。通常需要进行剂量调整,直到产生效果或随之发生药物副作用。大多数患者在剂量远低于 60mg/d 时即可获益,但也有部分患者需要远远更高的剂量。莫达非尼是一种非苯丙胺类精神兴奋剂,和哌甲酯及其他精神兴奋剂相比,其引起的拟交感神经副作用似乎较少。莫达非尼的起始剂量为 100~200mg/d,并且可能需要逐渐增加剂量来优化疗效。大多数患者所需的剂量不超过 600mg/d,只有个别患者需要一日 2 次(相对于一日 1 次)的给药方案。其他可能对阿片类药物引起的镇静作用有益处的精神兴奋剂包括右苯丙胺、右哌甲酯、托莫西汀、多奈哌齐和咖啡因。

所有精神兴奋剂都会产生药物副作用,如震颤、失眠、畏食和焦虑、心动过速和高血压。考虑到发生这些不良反应的可能性,使用精神兴奋剂的相关禁忌证包括预先存在的畏食、严重失眠、以焦虑或偏执思想为特征的精神障碍、严重的心脏疾病或控制不佳的高血压。年龄较大的患者和早期痴呆疾病患者尤其容易出现不良性拟精神疾病和认知障碍。

(三)恶心和呕吐的预防与处理

开始使用阿片类药物,患者常会并发恶心,但很快就会耐受,且持续性恶心很少见。比起快速上调阿片类药物的剂量,逐渐上调剂量也许可防止持续性恶心。当持续性恶心发生时,通常合并有其他不太典型的胃肠道症状如口干、反流、畏食、早饱和腹胀。

阿片类药物有 3 种可能的催吐机制:直接作用于化学感受器触发区、增强前庭敏感性以及延迟胃排空。难治性便秘和粪便嵌塞可能是促发因素,如存在这两个因素,应首先进行处理。

现有证据支持将多巴胺拮抗剂(如丙氯拉嗪或甲氧氯普胺)或 5-羟色胺受体拮抗剂(如昂丹司琼)作为常规一线药物使用。然而,长期使用 5-羟色胺受体拮抗剂会导致便秘,而便秘本身又可以引起恶心。

对于某些运动性恶心或眩晕相关性恶心患者,使用抗胆碱能药物(如东莨菪碱)或抗组胺药可能有效。如果在餐后出现恶心或恶心伴餐后呕吐,甲氧氯普胺是一个合适的选择。有上腹部疼痛或有烧灼感的患者应该试用质子泵抑制剂(如泮托拉唑)或 H_2 拮抗剂(如雷尼替丁)。

(四)肌阵挛的预防与处理

肌阵挛(某些肌群无法控制的痉挛)是一种阿片类药物常见的剂量相关性效应,常伴发嗜睡和精神错乱。病因可能是多因素的,同时使用其他药物和(或)代谢障碍有促发作用。

如果考虑要进行治疗,通常的方法是尝试低剂量的苯二氮䓬类药物氯硝西泮(口服,一次 0.5mg,每 6~8 小时 1 次)或是劳拉西泮(口服、舌下或静脉给药,一次 0.5~1mg,每 1~2 小时 1 次),很少考虑试用抗癫痫药。更换为其他阿片类药物或加用一种辅助镇痛剂也许可减少阿片类药物的剂量,从而减轻肌阵挛。

(五)阿片类诱发的痛觉过敏

阿片类药物诱发的痛觉过敏(opioid-induced hyperalgesia,OIH)是一种由暴露于阿片类药物而引起的伤害性敏感状态。该状态的特点是一种反常的反应,即接受阿片类药物治疗疼痛的患者可能会对某些疼痛刺激更加敏感,在某些情况下还会对普通的非疼痛刺激产生疼痛感(即触诱发痛)。尽管缺少证实慢性或癌症相关性疼痛患者存在OIH的明确证据,但和发生镇痛剂耐受有关的OIH现象已在动物模型中得到明确证实,并且有临床意义。

个别患者在没有进展性疾病的情况下表现出阿片类作用消失(即发生镇痛药耐受),或在积极增加阿片类药物剂量的过程中发生疼痛加重或疼痛更加弥散的综合征,伴震颤和可能的意识模糊,可能表示存在OIH。临床医师应警惕这种现象,即常出现把临终谵妄引起的呻吟误认为是疼痛,从而给予额外的阿片类药物。所有在阿片类药物积极增量的过程中出现疼痛恶化或疼痛更加弥散的患者,都应接受评估是否存在谵妄和OIH。若疑似存在阿片类诱导的痛觉过敏,考虑进行阿片类药物转换或使用非阿片类的治疗方案来控制疼痛是合理的处理方式。

(六) 呼吸抑制的预防和处理

呼吸抑制通常被认为是阿片类药物的一种严重不良反应,但是如果按照公认的指南进行治疗,则极少会出现呼吸抑制。患者通常会快速产生对该效应的耐受性,这使得可以按照标准增量幅度逐步增加剂量而不会产生具有临床意义的呼吸系统问题。

在快速调整阿片类药物的剂量时,在合并有睡眠呼吸暂停综合征或一些其他严重的心肺共存疾病(可限制通气储备)的情况下给予阿片类药物时,或阿片类和镇静催眠药合用时,患者可能有发生具有临床意义的呼吸抑制的风险。然而,即使在最后一种情况下,谨慎选择初始剂量并保守地增加剂量可减少发生呼吸抑制的风险。尽管如此,临床医师应认识到,在长期使用阿片类药物治疗期间,阿片类引起的睡眠呼吸障碍综合征正在成为公认的风险。具有肥胖、短颈或打鼾史等特点的患者容易发生睡眠呼吸暂停,对他们使用阿片类药物时要格外谨慎。加用其他中枢作用性药物尤其是苯二氮䓬类必须而且只能以低剂量添加,并且需仔细监测。

(七) 瘙痒的预防和处理

长期使用阿片类药物的患者中有2%～10%会出现瘙痒,引起瘙痒的确切机制尚不确定。在大多数病例中,瘙痒似乎并不代表变态反应。尽管有报道称吗啡会引起肥大细胞释放组胺,而其他阿片类药物(即芬太尼、舒芬太尼和氢吗啡酮)则不太可能引起组胺释放,但是它们也会引起瘙痒。现在越来越多的证据表明,阿片引起的瘙痒是通过中枢 μ 阿片受体介导的。

日前缺乏治疗阿片类药物诱发瘙痒的前瞻性研究,尽管关于组胺在阿片类诱发瘙痒中的作用有争议,但是抗组胺药通常还是作为治疗的一线药物,并且获得了不同程度的成功。个案经验表明帕罗西汀对治疗瘙痒是有益的。

低剂量的阿片拮抗剂(如纳美芬 $10\sim25\mu g$ 静脉给药、纳布啡 $1\sim5mg$ 静脉给药或肌内注射)可有效治疗术后短期使用阿片类药物的非癌性疼痛患者的瘙痒,且不会逆转阿片类的镇痛作用。然而,还未对具有迁延性阿片类诱导瘙痒的癌痛患者长期应用阿片拮抗剂的情况进行过研究。

(八) 尿潴留的预防和处理

阿片类可导致尿潴留,很可能是阿片类对支配膀胱神经的外周作用增加了膀胱括约肌的张力,并且阿片类药物直接与脊髓阿片受体结合导致整个膀胱松弛也可能有一定的促成作用。

对于急性尿潴留的初始处理包括可快速减轻症状的膀胱置管导尿术。应努力减少可能促成尿潴留的药物的剂量,如具有抗胆碱能效应的药物。纳洛酮可有效逆转尿潴留,但也会逆转术后的镇痛作用。

附：典型案例

癌痛患者三阶梯疗法镇痛治疗案例分析

患者，女，65岁。于2013年4月21因胸背部重度疼痛到医院门诊就诊，CT显示肺部阴影。纤维支气管镜检查找到鳞癌细胞，因无手术指征，给予AB野同中心放疗。VRS评分结果为3级，进行癌症三阶梯止痛。21日口服布洛芬缓释片0.3g，每日3次，VRS评分结果为3级；22日口服曲马多缓释片100mg，每日2次，次日VRS评分结果依然为3级；23日口服吗啡缓释片20mg，每12小时给药1次，24日评估VRS为1级；27日患者诉镇痛效果不能维持12小时，28日给予吗啡缓释片30mg，口服，每12小时给药1次，30日评估VRS为0级。5月5日患者接受AB野同中心放疗。8日评估VRS为2级，加用布洛芬缓释片；10日评估VRS为0级。15日开始出现顽固性便秘，给予口服乳果糖溶液、外用甘油灌肠剂通便。22日吗啡缓释片减为10mg，每12小时给药1次，24日VRS评分结果为2级，医嘱芬太尼透皮贴剂2.5mg；29日VRS评分结果为0级，停止口服吗啡缓释片，继续芬太尼透皮治疗。6月14日出院时VRS为0级。

讨论：本案例按照癌症三阶梯疗法进行镇痛治疗，首先给予NSAIDs，患者仍重度疼痛。继而改用弱阿片受体激动剂，VRS评分不理想。改用强效阿片受体激动剂后，患者的疼痛明显减轻。吗啡缓释片通常连用3～5天即产生耐药性，1周以上可成瘾，但对于中、重度癌痛患者，如果治疗适当，少见依赖及成瘾现象。之后为了减少强阿片受体激动剂的用量及成瘾性风险，加用NSAIDs。后为了减少口服强阿片受体的不良反应及提高患者的依从性，改用外用制剂。患者在治疗过程中曾出现强阿片受体常见的不良反应便秘，通过联用口服乳果糖溶液及外用甘油灌肠剂通便。

在对癌痛患者进行镇痛治疗之前，应对患者及家属进行健康教育，使其了解疼痛治疗的主要目的是持续、有效地消除疼痛，只有按时正确地应用镇痛药，所需要的镇痛药强度和剂量才最低，而镇痛效果却持续且安全有效。打消患者的顾虑，提高依从性。此外，应告知患者正确的服药方法，不可一次性顿服一日剂量或人为缩短给药间隔。口服药不可咀嚼，应用水送服。使用芬太尼透皮贴剂应每72小时更换1次，应在躯干或上臂未受刺激及未受照射的平整皮肤表面贴用。如有毛发，应在使用前剪除（勿用剃须刀剃除）。使用前可用清水清洗贴用部位，不能使用肥皂、油剂、洗剂或其他可能会刺激皮肤或改变皮肤性状的用品。使用前皮肤应完全干燥。在更换贴剂时，应更换粘贴部位，几天后才可在相同的部位重复贴用。使用时不得使用加热垫、电热毯等热源，以避免药物过快释放导致的严重不良后果。

（梅 丹 刘容吉）

参 考 文 献

[1] 陈新谦，金有豫，汤光. 新编药物学[M]. 第17版. 北京：人民卫生出版社，2011.

[2] 黄宇光. 疼痛治疗学[M]. 北京：世界图书出版公司，2008.

[3] 闫雪莲. 新增修订版Beers标准[J]. 中华老年医学杂志，2012，31(7)：636.

[4] 刘波涛，樊碧发. 老年患者癌性疼痛的规范化药物治疗[J]. 中华老年医学杂志，2014，33(8)：828-830.

[5] 王培良，黄雪花，马柯. 老年人慢性疼痛的治疗进展[J]. 中华老年医学杂志，2014，33(8)：831-833.

第二十章

老年骨性关节炎

第一节　定义和流行病学

一、定义

骨性关节炎是一种全身关节的退行性病变,为由于增龄、肥胖、劳损、创伤、关节畸形或先天性发育异常等因素引起的关节软骨退化、损伤、剥脱,继而关节边缘反应性骨性增生和软骨下骨硬化、关节内滑膜炎症和关节腔积液等引起的一系列症状和关节功能障碍;又称骨关节病、退行性骨性关节炎、老年性关节炎、肥大性关节炎或增生性关节炎等。临床表现为缓慢发展的关节疼痛、反复关节肿胀和积液、僵硬、活动受限和关节畸形等。

二、流行病学

据调查,我国 60 岁以上的人群中 80％以上有骨性关节炎,男、女发病率差别不大,其中至少 20％～30％有关节炎性症状,所以老年骨性关节炎患者是一个庞大的群体。我国进入老龄化社会后,这个群体也越来越大。中国人群中膝关节的骨性关节炎患病率为 9.56％,60 岁以上者达 78.5％。骨性关节炎的发生与年龄有着密切的关系,年龄低于 45 岁者发病率为 2％～3％,45～64 岁者为 24.5％～30％,超过 65 岁者可高达 58％～68％。最常见的部位顺序为指间关节、拇指腕掌关节、膝关节和髋关节。美国资料显示,越来越多的人因膝关节炎入院治疗,肥胖者的患病率更高。美国人患膝关节炎的可能性为 44.7％,其中体重正常者的患病率为 34.9％,肥胖者患膝关节炎的概率达 64.5％;目前约 4600 万美国成年人患关节炎,而骨性关节炎占 2700 万人,估计至 2030 年关节炎患者将达到 6700 万人。

第二节　病因和发病机制

一、病因

1. 年龄　增龄是骨性关节炎发病的主要危险因素。据尸检资料显示,从 20 岁开始约 5％的人关节就有退行性改变,40 岁时几乎 90％的负重关节都有或多或少的软骨退变和骨质增生改变。年龄对本病的发生有两方面的影响:一方面是日常关节活动对关节软骨损伤的积累作用；另一方面，老年人软骨基质中的黏多糖含量减少，纤维成分增加，软骨的弹性减低，容易受力学因素伤害而产生退行性改变

2. 性别　从权威的资料分析中发现，在 50 岁以前女性比男性的发病率高 2 倍，但 50 岁以后两性之间基本相等。

3. 职业　骨质增生与职业有关。长期反复使用某些关节可引起这些关节的患病率增加，如铸造工的肘、肩关节，矿工的脊柱和膝关节，装卸工的膝踝关节，驾驶员的肩关节，修理工和纺织工的腕关节，芭蕾舞演员的跖趾关节，长期从事刺绣、打字、伏案工作者的颈椎关节，较长时间站位工作如纺织女工、营业员、迎宾小姐、仪仗队员的跟骨。以上这些部位因长期反复做某一个动作，使该关节经常受到磨损而引起骨质增生。1994 年《风湿病年鉴》中指出，通过对年龄在 50 岁以上的患有骨性关节炎的 109 名男、女患者与 218 名无骨性关节炎的人相比较，发现每日蹲位或跪位超过 30 分钟或每日爬楼梯超过 10 层的人有明显的膝关节骨质增生的高发病率。

4. 种族遗传因素　英国人的发病率高而西非人低，白种人比黑种人的发病率高；伴有 Heberden 结节的骨性关节炎妇女，她们的母亲和姐妹患本病者为普通人群的 2~3 倍，且骨性关节炎患者的 HLA-A1、HLA-B8 检出率增高。

5. 体质因素　体重增加使本来已遭磨损的退化关节再加上重荷，当然就更容易破坏，所以骨质增生多发生于负重较大的髋、膝、跟骨、腰椎等部位。另外由于关节疼痛，患者不自觉地限制了活动而使体重增加，相互影响又加重了关节病变。

6. 姿势不良　如长期伏案工作、睡眠姿势不良、枕头不合适者颈椎骨质增生的发病率特别高。

7. 骨内静脉淤滞及骨内高压　以骨内静脉淤滞为特征的骨血流动力异常及由此所致的骨内高压使动静脉压差缩小、营养血管的血流减少、营养障碍可引起骨小梁坏死，骨细胞坏死可能是诱发关节炎的原因之一。

8. 创伤　关节创伤后，关节软骨损伤和破坏容易引起继发性的创伤性关节炎。

二、发病机制

此病发病缓慢，对老年人的生存及生活质量构成严重威胁。其发病因素较多，关节炎可继发于关节创伤、关节和脊柱畸形、感染等因素。但绝大部分为与年龄增大、关节退变相关的原发性退行性骨关节疾病，即骨性关节炎。无局部原因的原发性增生性关节炎最常见，其发病往往受年龄、遗传、体质和代谢的影响。肥胖体形的人群发病率较高。老年人身体衰老的同时关节也会老化、退变。退行性骨关节病常为多关节受累，下肢主要出现在髋、膝、踝等负重关节，手指和脊柱等活动多的关节也常发病。

第三节　病理和病理生理

一、病理

关节软骨病变发生最初具有特征性的病理变化。软骨基质内的糖蛋白丢失时关节表层的软骨软化，在承受压力的部位出现断裂，使软骨表面呈细丝绒状物。它的病理学主要表现

有关节软骨软化、软骨糜烂、磨损、脱落、边缘增生、骨赘、滑膜、关节囊、肌肉改变,关节变形等,以后软骨逐渐片状脱落而使软骨层变薄甚至消失。软骨下的骨质出现微小的骨折、坏死,关节面及周围的骨质增生构成 X 线上的骨硬化和骨赘及骨囊性变。关节滑膜可因软骨和骨质破坏,代谢物脱落至关节腔刺激滑膜而呈不同程度的增生性改变,包括滑膜细胞的增生和淋巴细胞的浸润,其程度远不如类风湿关节炎明显。严重的骨性关节炎的关节囊壁有纤维化,周围肌腱亦受损。

二、病理生理

关节软骨是由 1~2mm 厚度的胶原纤维、糖蛋白、透明质酸酯聚集而成的,当水合作用时就起了垫子样作用,以吸收及分散所承受的负重和机械力量。在生理状况下,关节软骨依靠关节周围及热的收缩和软骨下的骨质来完成上述任务。肌肉收缩除带动关节活动外,同时起着橡皮带样作用,吸收了大量传来的冲击力,保护了关节。当发生意外(如摔跤)时,因为肌肉对此突发的振动不能及时出现保护性反应而使关节负荷加重,致使关节软骨损伤。此外,肌肉老化、周围神经病变时,肌肉吸收能量的功能也大大减弱。协助软骨承载负荷的另一个因素是位于软骨下骨深层、呈现网状分布的骨松质,其质地虽较软骨硬,但比骨皮质软,故具有高度弹性,有利于承受压力。但由于骨质疏松,松质骨内的骨小梁变细、稀疏、断裂,承载能力就会下降。可以看出骨性关节炎多出现在以下两种情况中:一是关节软骨、软骨下皮质骨、关节周围肌肉有异常时,如老年性退行性改变、骨质疏松、炎症、代谢性疾病等;二是关节软骨、关节软骨下骨质、关节周围肌肉虽正常但因承受了过度性压力,如肥胖、外伤等。

第四节 临床表现和辅助检查

一、症状

骨性关节是引起老年人致残的主要原因之一,给老年人的身体健康和晚年生活带来了很大的危害。主要表现为反复或持续性关节肿胀、疼痛,关节功能障碍或关节变形。早期主要为活动或劳累后,特别是剧烈活动如上下楼、爬山、比赛后关节酸痛,休息后好转。随着病程发展,病情加重,关节疼痛程度也会加重,表现为钝痛或刺痛,疼痛持续时间延长。甚至轻微活动即可出现疼痛,休息后疼痛只能减轻,行走或上下楼时需要扶持把手或拐杖,以致老年患者不愿意过多走动。有时轻微活动或受凉后即出现关节肿胀,不能下蹲。后期关节出现严重退变,关节变形,且骨质增生明显,会引起严重的关节功能障碍,严重影响患者的工作、生活甚至休息。

脊柱的骨性关节炎主要发生在颈椎和腰椎,引起颈部或腰部酸痛、僵硬、活动不灵活。脊柱小关节退变造成脊椎不稳定,继发性引起关节增生,韧带肥厚,间盘退变、膨出或突出造成颈、腰部脊髓神经通道的狭窄。颈部可引起颈椎病,如压迫神经根则表现为压迫侧的手或上肢麻木、乏力等症状;如压迫脊髓可表现为四肢精细动作障碍、行走不稳、大小便失禁,严重时可导致四肢瘫痪。腰椎管狭窄同样为腰椎退行性病变引起。出现下肢神经源性间歇性跛行,每次只能行走 200~300m,严重时只能迈几步,甚至大小便功能障碍。

老年骨性关节炎的典型症状包括关节疼痛及压痛;关节肿胀;晨僵;随着疾病进展,出现关节活动受限和关节摩擦音。

二、体征

医师查体时会发现患者关节变形,老年人手指远端关节背面两侧均隆起,即 Heberden 结节是典型的骨性关节炎征象。同时关节变形,手指彼此不能靠拢,关节活动度差(图 20-1)。下肢髋、膝骨性关节炎患者步态小、行走费力,甚至上诊桌也有困难,下肢出现"O"或"X"形腿。关节积液,浮髌试验阳性,滑膜增生、肿胀,关节摩擦感明显,伸屈活动受限。

颈部僵硬,后伸时手部下肢有放电感,臂丛神经牵拉试验阳性。如为脊髓型颈椎病,则四肢肌张力高,反射亢进,系解扣等精细动作不能完成。

三、辅助检查

1. X线平片 基本病变有关节间隙狭窄、关节面硬化和变形、关节边缘骨质增生、关节内游离骨片、软骨下骨囊性变。

2. CT扫描 对四肢骨性关节炎的诊断有一定帮助,对颈、腰椎退变及颈椎病和腰椎管狭窄的诊断作用更大。

3. MRI 对颈、腰椎退变引起的脊髓、神经压迫诊断价值高。

4. 实验室检查 本病无特异性的实验室检查指标。大部分患者血沉正常、C-反应蛋白不增高、类风湿因子和自身抗体阴性。关节液黄色或草黄色、黏度正常、凝固试验正常、白细胞计数低于 2×10^9/L、糖含量很少低于血糖水平的 50%。

第五节 诊断和鉴别诊断

一、诊断

骨性关节炎的诊断需综合患者的年龄、性别、职业、病史、体征、辅助检查结果,同时与其他关节炎仔细鉴别,才能作出正确的诊断。诊断中需注意以下几点:

1. 年龄＞60岁时,原发性骨性关节炎多见,体力劳动者骨性关节炎多见。

2. 病史 症状出现有无规律、是否逐渐加重,有无外伤史及先天性关节畸形病史,有无自身免性疾病、血友病、痛风等疾病。

3. 体征 关节炎的主要发生部位,患者的关节活动能力,关节畸形,关节肿胀是否有红热现象,是否有四肢的神经体征。

二、鉴别诊断

应与类风湿关节炎、感染性关节炎、痛风性关节炎、强直性脊柱炎等疾病相鉴别。各种关节炎的鉴别如表 20-1 所示。

表 20-1 几种关节炎的鉴别

名称	发病率	年龄	发病情况	体温	关节液检查	
					白细胞	细菌
增生性关节炎	最常见	中老年,男＝女	慢	正常	正常	（－）
类风湿关节炎	较常见	各年龄段,女＞男	慢	可稍高	增多	（－）
强直性脊柱炎	较常见	青壮年,男＞女	慢	可稍高	增多	（－）
痛风性关节炎	较常见	中老年,男＞女	较急	可升高	增多	（－）
关节结核	较少见	儿童、青壮年,男＞女	较急	可稍高	增多	结核杆菌
化脓性关节炎	较少见	儿童、青壮年,男＝女	急性	高	很多	化脓细菌

第六节　治疗总体安排

　　老年骨性关节炎的发病率和致残率高,严重影响老年人的生活质量,医师和患者均需要有足够的认识,应积极做好预防和治疗工作。在骨性关节炎发生前,需尽量避免引起关节退变的各种因素,如出现外伤、关节畸形、血尿酸增高、类风湿等疾病时及早就诊和治疗,以减少关节软骨损伤和退变的机会。如年龄超过 60 岁,出现活动时或活动后关节酸痛,应积极去医院就诊;如骨性关节炎的诊断成立,更应积极配合医师进行科学的治疗,以避免或延缓严重骨性关节炎的出现。骨性关节炎早期对患者的影响不是太大,医师和患者往往不太重视,加之社会上对骨性关节炎的各种说法很多,采取的治疗方法多种多样,这样往往会错过早期治疗和保护关节软骨的最佳时期。骨性关节炎需依病情早晚和轻重而分别采取不同的治疗方法,临床上膝关节骨性关节炎(其 X 线表现见图 20-2,术中所见如图 20-3 所示)的治疗常采用所谓的阶梯治疗,一般分 4 级。其他关节骨性关节炎的保守治疗方案也同样可以参照。

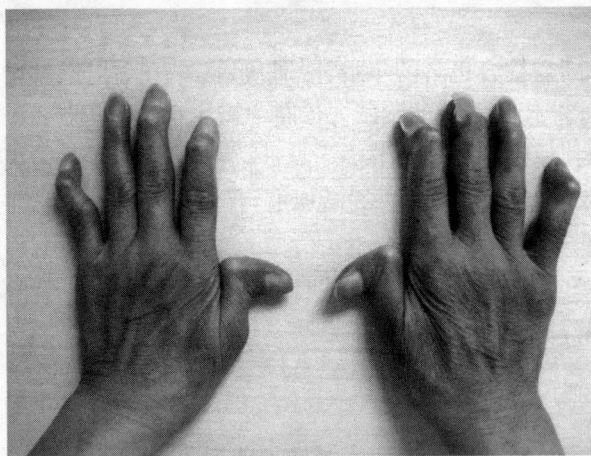

图 20-1　双手骨性关节炎,手指关节变形

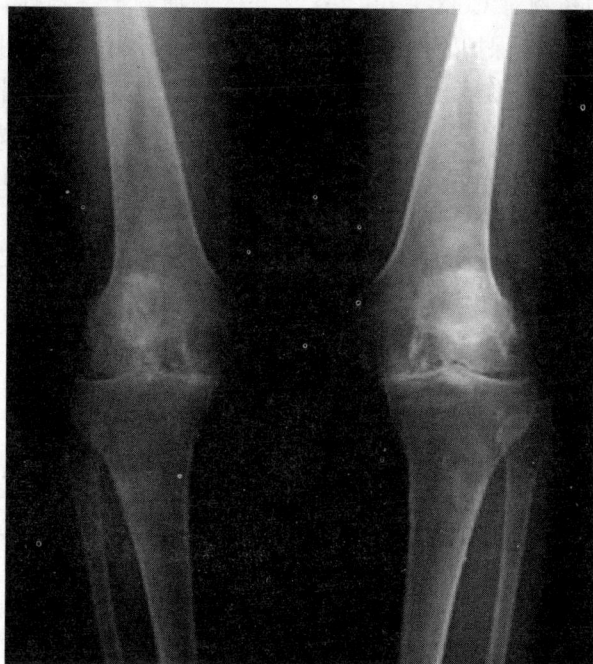

图 20-2 膝关节骨性关节炎的 X 线表现，关节变形、间隙消失

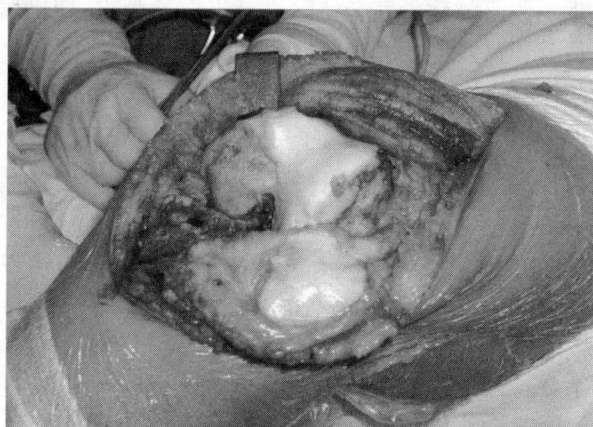

图20-3 膝关节骨性关节炎的术中所见，股骨髁处软骨脱落

1. 一级治疗（物理治疗） 适应于早期骨性关节炎患者。所谓早期骨性关节炎一般是发病年龄轻，在 60 岁左右，发病初期，症状轻，仍能坚持日常活动。查体时关节摩擦感不明显，仅髌股关节面有压痛，X 线片无异常发现。可选择理疗（包括红外线、频谱、电磁等），减少剧烈运动如爬山、骑车、对抗性比赛等，少做下蹲动作，可做关节部位热敷、热水泡洗、桑拿，卧床时做股四头肌训练。

2. 二级治疗（药物治疗） 适用于早期关节炎单纯物理治疗效果不满意，或 X 线片已出现髌股关节面退变，关节经常出现肿胀，不能长时间活动或长距离行走的患者。在物理治疗的基础上，加用一些口服药物包括非甾体类药物如双氯芬酸、布洛芬、吲哚美辛等，这些药物有胃肠道副作用，而老年人常患胃病，甚至有胃肠道溃疡，所以医患双方对药物的使用均有顾虑。因为这些常用药物对 COX-1 和 COX-2 受体的抑制无选择性，所以当胃黏膜上的 COX-1 受体抑制后，胃黏膜保护因子前列腺素 E 分泌减少，失去对胃黏膜的保护作用而引起胃肠道黏膜损害。医药工作者对比做了大量研究，试图研制出复合制剂或 COX-2 高选择性药物来避免胃肠道不良影响，目前已有剂型包括加入黏膜保护剂的复合制剂如双氯芬酸钠米索前列醇片、特异性 COX-2 受体抑制剂如尼美舒利和塞来昔布等。临床治疗取得了一定的效果，对伴有胃肠道疾患的慢性骨性关节炎老年患者是一个福音。外用药物如双氯芬酸二乙胺乳胶剂、红花油、正骨水等，肛门外用药如吲哚美辛栓等对缓解和改善症状均有一定作用。对关节反复积液、药物控制不佳时，可同时进行关节穿刺，抽出积液，对积液进行观察和化验检查，更有利于诊断。然后于关节内注入少量皮质激素，以利于消炎、消肿。还可于关节内注入透明质酸（玻璃酸钠）等，对改善软骨代谢和保护残存的未受损软骨有较好的作用。

3. 三级治疗　适用于中、晚期骨性关节炎，症状较明显，但活动能力较强且关节活动范围较好，经长期保守治疗效果不佳的患者。可采用外科手术方法清除关节内的炎症反应介质；增生、发炎之滑膜；清除增生之骨赘。对局部软骨缺损患者还可以采用组织工程学行自体或异体软骨移植术。目前采用较多的方法是关节镜技术，有手术创伤小、恢复快、病灶清除较彻底等优点。关节镜的应用为骨性关节炎的外科治疗提供了安全有效的方法。该技术能对受累关节进行清洗，清除软骨碎片，磨光不规则的关节面，并清除降解软骨的蛋白酶，从而缓解症状。还可经关节镜做软骨成形术，治疗骨性关节炎软骨表面的退化区域。方法是将病变区残存、退变、近于脱落的软骨完全清除直至出血的骨层，使剥脱面能被有功能的再生软骨所覆盖，术后进行持续被动的关节运动以帮助软骨再生。另外，在行关节清理术的同时，可进行裸露区钻孔，深达骨髓腔，使钻孔区形成纤维蛋白凝块，然后骨髓内的间质干细胞逐渐进入凝块内，受到细胞因子转换生长因子-β 的不断刺激而分化为软骨细胞，并分泌细胞外基质成分。此法可使 80% 的患者获得良好的近期疗效。但因这些方法刺激产生的软骨主要是纤维软骨，因此不能获得长期的治愈。

4. 四级治疗　适合于晚期关节炎患者，年龄在 65 岁以上，症状严重，关节畸形明显，活动困难，严重影响日常生活；X 线片上关节面骨破坏明显。行保守治疗和关节清扫效果均不好，此时唯一有效的选择是行人工关节置换术。置换后能消除患者的症状、矫正畸形、改善关节的活动功能，只要适应证掌握好、手术操作过关，即能取得很好的治疗效果。

颈、腰椎骨性关节炎早期未合并脊髓、神经压迫时，一般采取保守治疗。除前面所述的保守治疗方法外，还可以采取卧硬板床、按摩等方法。颈椎进行性病变造成神经根压迫引起神经根性颈椎病时，可采用颈椎牵引手段，效果较好。脊髓型颈椎病需根据具体的压迫范围及位置分别采用前后颈椎扩大、减压术。

腰椎管狭窄症患者需进一步检查以确定狭窄部位，然后决定手术减压部位。如合并有腰椎不稳定或滑脱时，行椎管减压的同时还需考虑腰椎固定术以稳定脊柱。

（文良元）

第七节　药学监护与信息反馈

一、观察疗效

　　骨性关节炎是以关节软骨的变性、破坏及骨质增生为特征的慢性关节病。常见的临床症状包括关节疼痛及压痛、关节肿大、晨僵、关节摩擦音(感)、关节活动受限等。使用骨性关节炎治疗药物后,可通过对上述症状的改善情况来观察药物治疗效果。药物显效时间及显效持续时间也是观察药物治疗效果的指标。临床常通过一些量表或评分方法对疗效进行量化,以更直观地反映药物治疗效果,详见表20-2。

表 20-2　临床常用量表及评分方法

序号	评估方法	评分方法
1	视觉模拟评分法 (VAS)	0分为无痛,1~3分为轻度疼痛,4~6分为中度疼痛,7~9分为重度疼痛,10分为剧烈疼痛
2	平地行走疼痛程度(WOMAC) 骨性关节炎评分	包括行走、坐下站起、上楼、下楼、下蹲5项常见的下肢日常活动项目,每项满分2分,总分为10分,0分＝不能完成,1分＝困难,2分＝容易
3	骨性关节炎(OA)严重 程度指数	从0~24分,包括疼痛、行走距离和每日活动量,低分表示病情较轻
4	关节压痛度 (4分Likert评分)	0分表示无痛,1分表示患者陈述痛,2分表示陈述痛并退缩,3分表示陈述痛、退缩并逃避
5	生活质量评估 (SF-36量表)	从生理功能、生理职能、躯体疼痛、一般健康状况、精力、社会功能、情感职能以及精神健康8方面来评估患者的生活质量
6	患者对治疗反应的评价 (5分Likert评分)	0分表示无,1分表示差,2分表示一般,3分表示好,4分表示很好
7	医师对疾病情况的全面评价 (5分Likert评分)	0分表示很差,1分表示较差,2分表示一般,3分表示好,4分表示很好
8	下肢功能评定	包括行走、坐下站起、上楼、下楼、下蹲5项常见的下肢日常活动项目,每项满分2分,总分为10分,0分＝不能完成,1分＝困难,2分＝容易
9	膝关节功能评价 (Tegnger膝关节功能评价标准)	治疗前后患者根据自己的情况选择最大限度的所能从事的运动,每项不同的运动对应不同的分值
10	膝关节功能评分[Lysholm膝 关节评分量表(LKSS)]	包括疼痛、不稳定、绞锁、肿胀、上下楼梯、下蹲、跛行、需要支持8个指标,满分为100分,正常应在84分以上,66~84分尚可,少于65分为差
11	休息痛指数	0分表示无疼痛;1分表示轻度疼痛;2分表示中度疼痛,不影响睡眠;3分表示重度疼痛,难以忍受,影响睡眠
12	活动痛指数	0分表示活动时不痛;1分表示上楼时疼痛;2分表示走平路时疼痛;3分表示因疼痛几乎不能走路

序号	评估方法	评分方法
13	关节压痛指数	0 分表示无肿胀;1 分表示平骨标志;2 分表示高出骨标志;3 分表示关节周围肿或积液
14	关节活动度指数	测定股骨延长线与胫骨之间的夹角,正常活动范围为 0°～135°,以健侧作对照,可以过伸 10°左右。0 表示活动度正常;1 表示活动度受限 30°以下;2 表示活动度受限 30°～60°;3 表示活动度受限 60°以上
15	关节活动能力 (4 级评分法)	记录关节活动时是否存在僵硬、骨响声和绞锁,任何 1 项阳性时记录 1 分。疗效评价:①优:疼痛评分下降≥80%或完全缓解,活动不受限;②良:疼痛评分下降在 50%～80%,活动功能明显改善;③一般:疼痛评分下降 30%～50%,活动功能有所改善;④差:疼痛评分下降<30%或疼痛无缓解者,活动功能改善不明显
16	膝关节本体感觉	患者仰卧位,蒙眼,将膝关节置于有液晶显示角度的持续被动运动机上(被动活动范围为 0°～100°),暴露被测下肢,固定足和膝上 8cm 处。先将膝关节被动置于某一测试角度,停留 5 秒。然后从 0°开始以 1.5°/s 的速度做被动屈曲运动,当被测者觉知到达测试位置时记录角度数,计算测定角度数与患者觉知角度数间的差值,将活动范围 0°～100°分为伸直段 0°～20°、中间段 40°～60°和屈曲段 80°～100°,每个测试范围段中任选 2 个测定角度,测出与重现角度数间的差值后取平均值。测试位置和受试者到达的真实位置之间的差值即绝对角误差值
17	国际骨性关节炎 Lequesne 指数评分标准	评估项目包括 3 个大项、11 个小项。正常为 0 分,1～4 分为轻度,5～7 分为中度,8～10 分为重度,11～13 分为很严重,≥14 分为极严重。治疗后 Lequesne 指数为 0 为临床治愈,指数进步≥3 个等级为显效,1～2 个等级为有效,<1 个等级为无效
18	肌力分级 (MMT 肌力分级标准)	分为 0～5 级。0 级,无可预知的肌肉收缩,相当于正常肌力的 0%;1 级,有轻微的肌肉收缩,但不能引起关节活动,相当于正常肌力的 10%;2 级,解除重力的影响,能完成全关节活动范围的运动,相当于正常肌力的 25%;3 级,能抗重力完成关节全范围运动,但不能抗阻力,相当于正常肌力的 50%;4 级,能抗重力及轻度阻力,完成关节全范围运动,相当于正常肌力的 75%;5 级,能抗重力及最大阻力,完成关节全范围运动,相当于正常肌力的 100%
19	关节软骨损伤 (Recht 标准)	0 级,正常关节软骨,软骨弥漫性均匀变薄但表面光滑;Ⅰ级,软骨分层结构消失,软骨内出现局限性低信号区,软骨表明光滑;Ⅱ级,软骨表面轮廓轻至中度不规则,软骨缺损深度未及全层厚度的 50%;Ⅲ级,软骨表面轮廓重度不规则,软骨缺损深达全层厚度的 50%以上,未见完全剥脱;Ⅳ级,软骨全层剥脱、缺损,软骨下骨暴露伴或不伴软骨下骨质信号改变

二、给药方法的适宜性

主要包括控制症状的药物、改善病情的药物及软骨保护剂。美国风湿病学会推荐对乙酰氨基酚为骨性关节炎镇痛的首选药物。非甾体抗炎药（non-steroidal anti-inflammatory drugs,NSAIDs)既有止痛作用又有抗炎作用,是最常用的一类控制OA症状的药物。主要通过抑制环氧化酶活性、减少前列腺素合成,发挥减轻关节炎症所致的疼痛及肿胀、改善关节活动的作用。但老年人使用NSAIDs的不良反应较多。对于急性疼痛发作的患者,当NSAIDs不能充分缓解疼痛或有用药禁忌时,可考虑使用弱阿片类药物,这类药物的耐受性较好而成瘾性小。另外关节腔内注射长效糖皮质激素也可缓解疼痛、减少渗出,且疗效持续时间长。药物疗法和单纯止痛药疗效不佳的膝关节OA可采用关节腔内注射透明质酸（玻璃酸）类制剂治疗,可有效减轻关节疼痛、增加关节活动度、保护软骨,且疗效可持续数月。软骨保护剂可降低基质金属蛋白酶、胶原酶等的活性,既可抗炎、止痛,又可保护关节软骨,有延缓OA发展的作用。辣椒碱乳剂可消耗局部感觉神经末梢的P物质,也可减轻关节疼痛和压痛。

并非所有的NSAIDs都可用于骨性关节炎镇痛,如阿司匹林、水杨酸、保泰松和吲哚美辛,由于对关节软骨基质蛋白聚糖的合成有抑制作用,不利于骨性关节炎的治疗,故不宜选用,至少不应长期使用。此外,应尽量避免不必要的大剂量、长期应用NSAIDs(一般不超过2周)。不宜同时使用两种或两种以上的NSAIDs,因为不仅不能提高疗效,还会导致不良反应的叠加。

（一）口服给药

骨性关节炎症状较轻时可首选对乙酰氨基酚,每次0.3～0.6g,每日2～3次口服,每日总剂量不得高于4g,对乙酰氨基酚的主要不良反应为胃肠道不适和肝毒性。老年人对非甾体抗炎药(NSAIDs)的不良反应较多,主要有胃肠道不适、肝肾损害、血小板异常及心血管不良事件等。NSAIDs应使用最低有效剂量,尽可能缩短疗程。胃肠道危险因素者应联用选择性环氧合酶(COX)-2抑制剂或非选择性NSAIDs＋米索前列醇或质子泵抑制剂。心血管病危险因素者应慎用NSAIDs。使用阿片类药物时应从低剂量开始,每隔数日缓慢增加剂量,以减少不良反应。

氨基葡萄糖可改善关节功能,缓解骨性关节炎的疼痛症状,延缓骨性关节炎的疾病进程。主要有硫酸氨基葡萄糖和盐酸氨基葡萄糖,每日剂量不应低于1500mg,分2～3次服用,持续8周以上,可联合NSAIDs使用。硫酸软骨素成人每日1200mg,可减少NSAIDs或其他止痛药的用量。双醋瑞因为白细胞介素(IL)-1抑制剂,可抑制软骨降解、促进软骨合成并抑制滑膜炎症,成人每日给药2次,每次50mg,餐后服用。多西环素可减轻骨性关节炎的软骨破坏,每次100mg,每日1～2次口服。

（二）注射给药

糖皮质激素在同一关节不应反复注射,且注射的间隔时间不应短于4～6个月。透明质酸（玻璃酸）每周1次膝关节腔内注射,对轻、中度骨性关节炎疗效良好,4～6周为1个疗程。肌内注射NSAIDs起效快,且胃肠道反应不明显。

（三）局部外用

NSAIDs局部使用可减轻关节疼痛,且不良反应少。辣椒碱可减轻关节疼痛和压痛。

三、观察不良反应

(一) 对乙酰氨基酚与 NSAIDs

1. 胃肠道不良反应 口腔溃疡、口干、口腔炎、胃不适、腹胀、腹泻、腹痛、烧灼感、反酸、食欲缺乏、便秘、恶心、呕吐、溃疡、出血、穿孔、消化不良、结肠炎、憩室炎、吞咽困难、打嗝、胃炎、胃肠炎、痔疮、裂孔疝、黑粪症、里急后重。

2. 肝毒性 血清氨基转移酶一过性升高、黄疸、肝炎。

3. 神经系统 头痛、眩晕、嗜睡、兴奋、耳鸣、精神抑郁、手足发麻、失眠、紧张和多梦。

4. 皮肤系统 皮疹、荨麻疹、过敏性或非过敏性皮炎、丘疹、皮肤发红、水肿、瘙痒、小水疱、大水疱或鳞屑、一般性皮疹、剥脱性皮炎、多形红斑、结节性红斑。

5. 心血管系统 心律失常、高血压加重、心绞痛、冠状动脉病变、心肌梗死。

6. 血液系统 粒细胞减少、血小板减少、白细胞减少、贫血、血清病样反应。

7. 全身 水肿、少尿、电解质紊乱、水潴留、下肢水肿。

8. 肾毒性 酮洛芬可导致过敏性肾炎、膀胱炎、肾病综合征、肾乳头坏死或肾衰竭。

9. 呼吸系统 呼吸急促、呼吸困难、哮喘。

(二) 阿片类镇痛药

1. 心血管系统 低血压、心动过速;极罕见高血压和心动过缓。

2. 消化系统 恶心、呕吐、便秘、胃肠功能紊乱、口干。

3. 中枢神经系统 头晕、嗜睡、头痛、视觉异常、情绪不稳、欣快、活动减退、功能亢进、认知和感觉障碍、惊厥、精神错乱、药物依赖、幻觉;戒断综合征包括兴奋、焦虑、神经质、失眠、运动功能亢进、震颤、胃肠症状。

(三) 糖皮质激素

1. 水和电解质紊乱 钠潴留、钾丢失、低血钾性碱中毒、体液潴留;易感患者发生充血性心力衰竭、高血压。

2. 肌肉骨骼 肌肉乏力、糖皮质激素性肌病、肌肉消瘦、重症肌无力者的肌无力症状加重、骨质疏松、椎骨压缩性骨折、股骨头和肱骨头无菌性坏死、长骨病理性骨折、关节不稳(由于反复关节内注射所致)。

3. 胃肠道 消化性溃疡(可能以后发生穿孔和出血)、胰腺炎、腹胀、溃疡性食管炎。

4. 皮肤 影响伤口愈合、皮肤萎缩、皮肤细薄和脆嫩、瘀点和瘀斑、面部红斑、多汗、皮试反应受抑、过敏性皮炎、荨麻疹、血管神经性水肿。

5. 内分泌系统 继发性肾上腺皮质和垂体缺乏反应性,特别是在应激状态时,如创伤、手术或疾病;糖耐量减少,表现为隐性糖尿病,糖尿病患者对胰岛素或口服降血糖药的需要量增加;眼后囊下白内障、眼压增高、青光眼、突眼。

6. 精神症状 欣快、情绪波动、严重抑郁至明显的精神症状、性格改变、失眠。

7. 其他 过敏样或过敏性反应和血压降低或休克样反应。

与注射糖皮质激素有关的其他不良反应包括头面部皮损内注射偶尔伴发的失明、色素沉着或色素减退、皮下和皮肤萎缩、无菌性脓肿;关节内注射后潮红及 Charcot 关节样病变。

不良反应与剂量及疗程有关,可通过减低剂量而消除或减轻,这比较常用。

（四）玻璃酸钠注射液（透明质酸）（sodium hyaluronate injection）

严重不良反应：休克。其他：个别患者注射部位可出现疼痛、皮疹、瘙痒等症状，一般2～3天内可自行消失；若症状持续不退，应停止用药，进行必要的处理。

（五）软骨保护剂

罕见轻度的胃肠道不适，如恶心、便秘、腹胀和腹泻；有些患者可能出现过敏反应，包括皮疹、瘙痒和皮肤红斑；个别有胸闷、恶心、牙龈少量出血等。

（六）辣椒碱软膏（capsaicin ointment）

偶有在用药部位产生烧灼感和刺激感，但随时间的延长和反复用药会减轻或消失。

四、用药依从性

药物不良反应是影响 NSAIDs 用药依从性的主要原因，应注意心血管和胃肠道的双重风险。老年患者发生胃肠道损害的危险性更高，因此应使用最低有效剂量，且缩短疗程。合并使用抗溃疡药如米索前列醇、制酸药物、胃黏膜保护剂或胃动力药物等可减轻 NSAIDs 的消化道黏膜损伤作用，提高用药依从性。此外，对乙酰氨基酚的肝损害是影响其用药依从性的重要原因，对于肝功能不全的老年患者更应慎重使用。

影响阿片类镇痛药用药依从性的主要因素是患者担心阿片类药物的成瘾性。可以通过患者教育告知曲马多的成瘾性小，且对胃黏膜无不良影响，可以从小剂量开始给药，每隔数日逐渐增加剂量，以减少药物不良反应。

糖皮质激素及玻璃酸钠注射液的给药途径为关节内注射，对注射技术及环境要求高，必须严格执行无菌操作，对于关节内有化脓性感染或曾有感染的患者则不得使用。并且会造成一定的创伤，会出现潮红及 Charcot 关节样病变等不良反应，从而影响患者的依从性。

第八节 用药指导

一、治疗药物用法

（一）非甾体抗炎药（NSAIDs）

1. 对乙酰氨基酚（acetaminophen） 口服，一次 0.3～0.6g，一日 0.6～1.8g，每日用量不宜超过 4g，1 个疗程不宜超过 10 天；肌内注射，一次 0.15～0.25g；直肠给药，一次 0.3～0.6g，每日 1～2 次。使用含有对乙酰氨基酚的复合制剂时应注意重复用药问题。

2. 双氯芬酸（diclofenac） 口服，每日 100～150mg，分 2～3 次服用，餐前整片送服；肌内注射，深部注射，一次 50mg，每日 1 次，必要时数小时后再注射 1 次；搽剂，根据疼痛部位大小，一次 1～3ml 均匀涂于患处，每日 2～4 次，每日总量不超过 15ml；乳膏，根据疼痛部位大小，一次 2～4g 涂于患处，并轻轻按摩，每日 3～4 次，一日总量不超过 30g。

3. 甲氯芬那酸（meclofenamic acid） 口服，50～100mg，每 4～6 小时 1 次，每日总量不得超过 400mg。

4. 萘普生（naproxen） 口服，开始剂量为每日 0.5～0.75g，维持量为每日 0.375～0.75g，分早晨及傍晚 2 次服用；肌内注射，一次 100～200mg，每日 1 次；直肠给药，一次 0.25g，每日 0.5g。

5. 布洛芬(ibuprofen) 口服,一次 0.2～0.4g,每 4～6 小时给药 1 次,成人的最大限量为每日 2.4g;搽剂,按照痛处大小,适量轻轻揉搓,每日 3～4 次。

6. 酮洛芬(ketoprofen) 口服,每次 50mg,每日 150mg,分 3～4 次给药,每日最大用量为 200mg;或每次 100mg,每日 2 次,餐后服用,整个胶囊吞服。

7. 芬布芬(fenbufen) 口服,成人每日 0.6～0.9g,1 次或分次服用。多数患者晚上一次口服 0.6g 即可,每日总量不得超过 0.9g。

8. 吡洛芬(pirprofen) 口服,开始剂量为每日 800mg,分 2 次服用。症状改善后,每日 600mg 维持。

9. 美洛昔康(meloxicam) 每日 7.5mg,如治疗需要,可增至每日 15mg。严重肾衰竭患者透析时,剂量不应超过每日 7.5mg。

10. 氯诺昔康(lornoxicam) 每日剂量为 8～16mg,分 2～3 次服用;每日最大剂量为 16mg,饭前服用。

11. 塞来昔布(celecoxib) 每日 200mg,分 2 次服用或顿服。

12. 依托考昔(etoricoxib) 推荐剂量为 30mg,每日 1 次。对于症状不能充分缓解的患者,可以增加至 60mg,每日 1 次。治疗 4 周以后疗效仍不明显时,应考虑其他治疗手段。

13. 尼美舒利(nimesulide) 口服,一次 100mg,每日 2 次,餐后服用。老年患者无需调整剂量。

14. 萘丁美酮(nabumetone) 口服,每次 1g,每日 1 次,睡前服用。每日最大剂量为 2g,分 2 次服用。体重不足 50kg 的成人起始剂量为每日 0.5g,逐渐上调至有效剂量。

15. 氟比洛芬(flurbiprofen) 口服,每日 150～200mg,分次服用;巴布膏,一日 2 次,贴于患处。

(二)阿片类镇痛药

曲马多缓释片的初始剂量通常为每次 50mg,每 12 小时 1 次,根据患者的疼痛程度可调整用药剂量。一般成人及 14 岁以上的中度疼痛患者单剂量为 50～100mg。本品的最低剂量为 50mg,每日最高剂量通常不超过 400mg。肝、肾功能不全者应酌情使用。老年患者的给药剂量应酌减,2 次服药的间隔时间不得少于 8 小时。

(三)糖皮质激素

关节腔内注射长效糖皮质激素可缓解疼痛、减少渗出,疗效持续数周至数个月,但在同一关节不应反复注射,注射的间隔时间不应短于 4～6 个月。

复方倍他米松注射:其二丙酸倍他米松及倍他米松磷酸钠关节内注射 0.5～2ml,可在 2～4 小时内解除类风湿关节炎和骨性关节炎伴发的疼痛、困扰及僵硬症状,缓解的持续时间在两种疾病中变化很大,多数为 4 周以上。关节内注射本品时关节和关节周围组织的耐受情况良好。关节内注射的推荐剂量:大关节(膝、髋、肩)为 1～2ml;中等关节(肘、腕、踝)为 0.5～1ml;小关节(足、手、胸)为 0.25～0.5ml。

(四)玻璃酸钠注射液(sodium hyaluronate injection)

膝或肩关节腔(肩关节腔、肩峰下滑液囊或肱二头肌长头腱腱鞘)内注射,一次 1 支(玻璃酸钠 25mg),每周 1 次,连续给药 5 次,按症状轻重适当增减给药次数。腔内注射须进行严格的无菌操作。

（五）软骨保护剂

1. 氨基葡萄糖（glucosamine）　口服，每次 0.24～0.48g，每日 3 次，一般疗程为 4～12 周，如有必要在医师的指导下可延长服药时间。每年重复 2～3 次。

2. 硫酸软骨素　口服，每日 1200mg。

3. 双醋瑞因（diacerein）　长期治疗（不短于 3 个月）：每次 50mg，每日 1～2 次，餐后服用。由于服用的最初 2 周内可能引起轻度腹泻，因此建议在治疗的最初 4 周内每日 50mg，晚餐后服用；患者对药物适应后，剂量可增至每日 2 次，餐后服用，疗程不应短于 3 个月。若治疗中需要合用其他药物进行长期治疗，应每 6 个月进行 1 次包括肝脏生化酶在内的全面血液及尿液化验。本品起效慢（于治疗后的 2～4 周显效）以及良好的胃肠道耐受性，建议在给药的首个 2～4 周可与其他镇痛药或非甾体抗炎药联合应用。

（六）辣椒碱软膏（capsaicin ointment）

外用，均匀涂抹于疼痛部位，每次用量为 1～2 个黄豆粒大小，每日 3～4 次。

二、老年用药教育

骨性关节炎会给患者带来不便及疼痛，加重老年患者的心理负担。对老年骨性关节炎患者进行用药教育时，应使患者了解骨性关节炎经治疗绝大多数预后良好，以提高患者的治疗积极性。另外应告知患者正确的用药方法，告知所用药品的主要不良反应。

（一）非甾体抗炎药（NSAIDs）

1. 对乙酰氨基酚（acetaminophen）　肝、肾功能不全者慎用，可能会出现皮疹等不良反应，长期服用可能会影响肝、肾功能，每日剂量不得超过 4g。服用对乙酰氨基酚缓释片时应注意需整片吞服，不得碾碎或溶解后服用。

2. 双氯芬酸钾　片剂饭前服用，用水整片送服，不可掰开或咀嚼。老年患者应慎重使用，特别建议体弱和体重过轻的老年患者宜服用最低有效剂量。有视觉障碍、头晕、眩晕、嗜睡或其他中枢神经系统障碍包括视力障碍的患者在服用双氯芬酸钾期间应避免驾驶或操作机器。

双氯芬酸缓释胶囊须整粒吞服，勿嚼碎。

3. 双氯芬酸二乙胺乳膏　仅用于完整皮肤，不用于皮肤损伤部位。勿与眼睛及黏膜接触，应避免长期大面积使用。如使用后出现过敏或使用 1 周后局部疼痛未缓解，应及时咨询医师。

4. 甲氯芬那酸（meclofenamic acid）　不宜与其他非甾体抗炎药合用。长期用药宜与食物同服，宜用一满杯水送服。服药后可能出现腹泻、腹痛等胃肠道反应。

5. 萘普生（naproxen）　老年患者应用最低有效剂量，定期检查肝功能、肌酐清除率等指标，以确保安全用药或遵医嘱。应避免饮酒。服药后可能会出现恶心、呕吐、消化不良等不良反应。

6. 布洛芬（ibuprofen）　服药期间不得饮酒或含有乙醇的饮料。服药后少数患者可出现恶心、呕吐、胃烧灼感等不良反应。

7. 酮洛芬（ketoprofen）　可与食物同服或饭后服用。服药后常见胃部疼痛或不适、胀气等胃肠道不良反应。

8. 芬布芬（fenbufen）　服药后常见胃痛、胃烧灼感、恶心等胃肠道不良反应。消化性溃疡、严重的肝肾功能损害、阿司匹林引起哮喘者禁用。

9. 吡洛芬(pirprofen)　有消化道溃疡及活动性肝病或对 NSAIDs 过敏者不得使用。

10. 美洛昔康(meloxicam)　出现眩晕和嗜睡时,建议限制驾车和使用机械。

11. 氯诺昔康(lornoxicam)　服药后最常见的不良反应为头晕、头痛和胃肠道反应,应避免与其他非甾体抗炎药包括选择性 COX-2 抑制剂合并用药。

12. 塞来昔布(celecoxib)　与或不与食物同服均可。服药后可能使严重心血管血栓事件、心肌梗死和脑卒中的风险增加,其风险可能是致命的。严重胃肠道不良事件的风险增加,包括胃或肠道出血、溃疡和穿孔,其风险可能是致命的,这些事件可以发生在用药期间的任何时间。

13. 依托考昔(etoricoxib)　可与食物同服或单独服用,老年患者不需调整剂量。服药后最常见的不良反应是消化不良和恶心。

14. 尼美舒利(nimesulide)　餐后服用,老年患者应严格遵医嘱剂量服药。服药后可能出现胃灼热、恶心、胃痛等不良反应,但症状都很轻微、短暂,很少需要中断治疗。

15. 萘丁美酮(nabumetone)　餐中服用本品的吸收率可增加,应在餐后或晚间服药。

16. 氟比洛芬(flurbiprofen)　缓释片宜于晚餐后服用或遵医嘱。巴布贴勿应用于受损的皮肤、黏膜及皮疹部位。服药后可能出现消化不良、腹泻、腹痛等胃肠道不良反应。

(二)阿片类镇痛药

曲马多(tramadol)缓释片吞服,勿嚼碎。可影响患者驾驶或机械操作的反应能力。服药后常见恶心、呕吐、便秘、口干、头晕、嗜睡、出汗等不良反应。

(三)糖皮质激素

复方倍他米松注射液关节内注射 0.5～2ml 可在 2～4 小时内解除类风湿关节炎和骨性关节炎伴发的疼痛、困扰及僵硬症状,缓解的持续时间多数为 4 周以上。不良反应与剂量及疗程有关,可通过减低剂量而消除或减轻。

(四)玻璃酸钠注射液(sodium hyaluronate injection)

每周 1 次,关节内注射。个别患者注射部位可出现疼痛、皮疹、瘙痒等症状,一般 2～3 天内可自行消失;若症状持续不退,应停止用药,进行必要的处理。

(五)软骨保护剂

1. 氨基葡萄糖(glucosamine)　本品宜在饭时或饭后服用,可减少胃肠道不适。

2. 双醋瑞因(diacerein)　餐后服用,服药后常见的不良反应为轻度腹泻。

(六)辣椒碱软膏(capsaicin ointment)

仅用于完整皮肤,不用于皮肤损伤部位。用药后用肥皂将手洗净,勿与眼睛及黏膜接触。如使用本品 1 周后局部疼痛未缓解,应及时咨询医师。

第九节　不合理用药的常见表现及其处理

一、不合理用药的表现

不合理用药的表现主要有在需要通过药物治疗时错用了药物,如应使用骨性关节炎治疗药,却仅使用镇痛药或钙剂;使用了无效或疗效可疑的药物,由于医师对某些药物的成分或药理作用不了解,或患者盲目听信广告宣传等因素;使用了不安全的药物,尤其是某些禁忌证患者服药后出现严重不良事件;有效的药物使用得不充分;药物使用方法不当;大处方;存在配伍禁忌的多药合用等。

二、不合理用药的判断

可根据相关法律法规、药品说明书、相关指南及专家共识以及公开发表的文献资料来判断用药是否合理;根据患者的临床表现、骨性关节炎评估结果及不良反应发生情况来判断用药是否合理。

三、不合理用药的处理

及时发现并与临床医师沟通,记录发现的临床用药问题,建立临床药学学报,通过开展院内业务学习、学术活动等方式及时介绍国内外医药科技的最新进展,定期通报院内的药物使用和不良反应等情况,提高临床医师的用药水平。完善药师参与临床用药制度,药师定期参与各科室查房。完善处方管理制度,尤其是多药联合应用时尤需注意重复用药及药物相互作用问题。指定医院临床基本用药手册,加强医务人员对药物手册的学习,提高医务人员正确使用药物的能力。

第十节　治疗的风险及其处理

一、治疗的风险事件

长期大剂量使用对乙酰氨基酚会导致肝、肾功能异常。若医师对复合制剂的组分不清楚,造成重复用药,导致给药剂量超过规定上限,可能会导致不可逆的肝功能损害。老年患者有相当一部分存在肝、肾问题,更应慎重使用。

NSAIDs 的胃肠道损害最常见,严重者可发生消化道溃疡出血,还可造成小肠、大肠损害及原有肠病(如免疫性肠病、IBD)加重。

关节内注射糖皮质激素及玻璃酸钠注射液对操作及环境要求高,必须严格执行无菌操作规定,需对关节液进行检查以排除化脓性感染,避免在曾有感染的关节内注射。不得注入肌腱,可造成延缓性肌腱破裂。

服用阿仑膦酸盐类软骨保护剂应注意给药频次及胃肠道损害,容易多服或漏服,应提醒患者注意服药时间。另外该类药物的胃肠道刺激作用较大,若患者在不知情的情况下没有按照正确的方法服用,可能会造成胃肠道损害。

二、治疗的风险因素

1. 非甾体抗炎药(NSAIDs)　肝肾功能不全者、同服其他解热镇痛药、饮酒时服用对乙酰氨基酚。

胃肠道损害:年龄>65 岁者,每增加 1 岁危险性增加 4%;女性>男性;胃肠道基础病变;剂量、疗程,在一定范围内不良反应随剂量增加而增加,早期危险性较大,随疗程延长而降低;联合用药,激素、抗凝剂均使出血的危险性增加;同服多种 NSAIDs;存在其他慢性病,如缺氧、心衰、休克、严重感染等;幽门螺杆菌感染;吸烟、饮酒等。

肾脏损害:儿童、老年人、原有肾脏疾病、肝硬化、高血压、心衰、脱水、同时使用其他肾损害药物等。

2. 阿片类镇痛药 老年患者、阿片类药物依赖或有滥用药物及依赖倾向、正在接受或在过去 14 天内使用过单胺氧化酶抑制剂、肝或肾功能严重损伤。

3. 糖皮质激素 全身真菌感染、对倍他米松或其他糖皮质激素类药物过敏。

4. 玻璃酸钠注射液(透明质酸) 肝功能障碍或有其既往史、变形性膝关节病、老年患者。

5. 辣椒碱软膏 皮肤破损。

三、治疗风险的处理

1. 非甾体抗炎药(NSAIDs) 药师在审查此类处方时应特别注意禁忌证、给药方法及剂量,同时还应对患者进行用药教育,例如服用对乙酰氨基酚应避免饮酒,严重的肝、肾功能不全者不得使用。同时加强相关业务学习,对含有对乙酰氨基酚组分的复合制剂及对乙酰氨基酚的含量进行知识强化,在审核处方时对问题处方及时与相关科室沟通,帮助临床医师熟悉相关药品知识,以防再次出错。

NSAIDs 导致的胃肠道损害应停药,一般停药 1～2 周症状可以自行缓解;合并有溃疡和出血者应同时给予抗溃疡及止血药物;有穿孔者应考虑手术治疗。NSAIDs 相关肠病可使用柳氮磺吡啶(SSZ)、米索前列醇等。

NSAIDs 导致的肝脏损害应停药及进行保肝治疗,治疗同其他急、慢性肝损伤。单纯 ALT 增高者,联苯双酯效果好。

NSAIDs 导致的肾脏损害应停药及给予对症支持治疗。停药及恰当的治疗后大多数可以逆转,但 20% 的患者肾功能不能完全恢复。

2. 阿片类镇痛药 老年患者服用曲马多时应酌情减量,2 次服药的间隔时间不得少于 8 小时。若开始服用前在服用单胺氧化酶抑制剂,则应停药至少 14 天后才可使用 NSAIDs 药物。

3. 糖皮质激素 给药前需对关节液进行检查以排除化脓性感染,避免在曾有感染的关节内局部注射药物。关节疼痛与局部水肿明显加重、关节活动进一步受限、发热和不适提示发生化脓性关节炎,如经确诊,应给予相应的抗菌治疗。应避免在患骨性关节炎的关节内反复注射糖皮质激素类药物,会增加关节损坏。应避免将糖皮质激素类药物直接注入肌腱内,会造成延缓性肌腱破裂。

4. 玻璃酸钠注射液(透明质酸) 变形性膝关节病患者当关节有较严重的炎症时,注入本品有时会加重局部炎症反应,故应先消除炎症后再注射。老年患者的生理功能降低,使用时应多加注意。

5. 辣椒碱软膏 使用时应避开皮肤破损部位,仅可用于完整皮肤。使用本品后需洗手,避免与眼睛及黏膜接触。偶在用药部位产生烧灼感和刺激感,但随时间和反复用药会减轻或消失。

第十一节　老年骨性关节炎治疗中的常见药学问题

1. NSAIDs类药物餐前还是餐后服药　不同药物的服药时间存在差异,应告知不同药物的推荐使用时间。如双氯芬酸建议餐前给药;酮洛芬、尼美舒利、青藤碱建议餐后给药。

2. 玻璃酸钠注射液的给药频率　通常给药方法为一周1次,每次1针,连续给药5周,但可根据症状轻重对给药次数适当增减。

3. 复方倍他米松注射液的给药频率　本品关节腔内注射用于骨性关节炎的治疗,通常为一次注射。

4. 糖尿病患者能否服用氨基葡萄糖　可以使用,目前未发现服用氨基葡萄糖后血糖升高的相关报道。氨基葡萄糖的活性成分是软骨基质聚多糖链和关节液聚氨基葡萄糖的正常构成成分,可以刺激软骨细胞合成生理性聚氨基葡萄糖和蛋白聚酶,刺激滑膜细胞合成透明质酸。此外,氨基葡萄糖还可抑制损伤软骨的酶如胶原酶和磷脂酶A_2的活性,可以防止损伤组织的超氧化物自由基的生成,抑制溶酶体酶的活性。

附:典型案例

老年膝骨性关节炎注射三联针后过敏反应案例讨论

患者,男,58岁,双膝关节疼痛、肿胀、活动受限。X线显示均有膝关节退行性改变,关节间隙变窄;B超检查显示有少量积液。诊断符合2001年美国风湿病学会膝骨性关节炎的临床和放射分类标准。门诊诊断为膝骨性关节炎,医师先选择左侧膝关节注射,常规消毒膝部皮肤,选髌骨内下或外下入路穿刺进入膝关节腔,注入三联针(曲安奈德、布比卡因和玻璃酸钠)。3小时后患者感胸闷、呼吸困难、面色潮红,由家属送来我院。立即予平卧休息,吸氧3L/min。心电监护显示心率120次/分、律齐,血压100/60mmHg,氧饱和度94%,安慰患者,稳定情绪。查体:患者双手掌约有3cm×4cm大小的硬肿块;颈部出现散在皮疹,瘙痒感。医嘱予0.9%氯化钠、10%葡萄糖酸钙缓慢静脉滴注,异丙嗪25mg肌内注射,并口服氯雷他定10mg。20分钟后胸闷症状逐渐缓解。

讨论:玻璃酸钠为关节滑液的主要成分,是软骨基质的主要成分之一,在关节腔内起润滑作用。本品的安全性与患者的个体差异有关,引起变态反应者较少见。因此,建议临床上使用时要注意询问患者是否有过敏体质,如果有严重的药物过敏史建议不要使用本品。同时,注射后护士应告知患者过敏反应的临床表现,以便及时处理,避免不良后果。

(梅　丹　刘容吉)

参 考 文 献

[1] 施桂英,栗占国.关节炎概要[M].北京:中国医药科技出版社,2005.

[2] 于普林.老年流行病学[M].北京:中国医药科技出版社,2000.

[3] 郭巨灵.常见骨关节炎的诊断和治疗[J].中华骨科杂志,1996:47-50.

[4] Firelein GS. Etiology and pathogenesis of RA//Kelley WN, Harris ED, Ruddy S, et al. Textbook of Rheumatology[M]. 5th ed. Philadelphia:WB Sounders,1997:851-968.

［5］Kiran Veerapen. Osteoarthritis in the Asian population//proceedings book of 5th RAA congress of rheumatology［M］. Manila：Philippines，1998.

［6］Hamerman D. Clinical implications of osteoarthritis and ageing［J］. Ann Rheum Dis，1995，54：82-85.

［7］Kraus VB. Pathogenesis and treatment of osteoarthritis［J］. Med Clin North Am，1997，81：85-112.

［8］陈新谦，金有豫，汤光. 新编药物学［M］. 第17版. 北京：人民卫生出版社，2011.

［9］黄宇光. 疼痛治疗学［M］. 北京：世界图书出版公司，2008.

［10］闫雪莲. 新增修订版 Beers 标准［J］. 中华老年医学杂志，2012，31（7）：636.

［11］郁维红. 关节腔内注射玻璃酸钠致变态反应1例［J］. 中医正骨，2012，24（2）：68.

第二十一章

老年便秘

第一节 定义和流行病学

一、定义

便秘表现为排便次数减少、粪便干硬和（或）排便困难。排便次数减少指每周排便<3次；排便困难包括排便费力、排出困难、排便不尽感、排便费时及需手法辅助排便。慢性便秘的病程≥6个月。

二、流行病学

随着饮食结构改变、生活节奏加快和社会心理因素的影响，慢性便秘的患病率有上升趋势。不同研究之间的患病率有差异，除与地域有关外，抽样方法及应用的诊断标准不统一亦有影响。美国研究报道，老年便秘的患病率为24%～50%，社区居住的老年人有10%～18%每日使用泻剂，疗养院居住者每日使用的比例为74%。我国对社区人群进行的流行病学研究显示，成人慢性便秘的患病率为4%～6%，并随年龄增长而升高，>60岁的人群慢性便秘的患病率可高达22%。女性的患病率高于男性，男、女的患病率之比为1∶1.22～1∶4.56。

慢性便秘的患病率城市高于农村，与工作压力、精神心理因素（如焦虑、抑郁及不良生活事件等）有关。女性、低体质量指数（BMI）、文化程度低、生活在人口密集区者更易发生便秘。研究表明，摄入较少热量和进食较少的老年人也可能发生便秘，低纤维素食物、液体摄入减少可增加慢性便秘发生的可能性。滥用泻药可加重便秘。便秘与肛门直肠疾病（如痔、肛裂及直肠脱垂等）关系密切。慢性便秘在结直肠癌、肝性脑病、乳腺疾病、阿尔茨海默病等疾病的发生中可能起重要作用。在急性心肌梗死、脑血管意外等疾病中，过度用力排便甚至可导致死亡。便秘影响患者的生存质量，部分患者滥用泻药或反复就医，增加了医疗费用。

第二节 病因和发病机制

一、病因

慢性便秘可由多种疾病引起，包括功能性疾病和器质性疾病，一些药物也可引起便秘。

在老年患者中,便秘的发生常常是多因素的。

1. 一般病因 ①不合理的饮食习惯,膳食纤维摄入不足是常见原因;②不良排便习惯;③长期抑制便意;④不合理使用泻剂;⑤环境或排便体位改变;⑥妊娠;⑦老年、营养障碍。

2. 结直肠和盆底器质性病变 ①机械性梗阻:如良、恶性肿瘤等;②直肠或肛管病变:肛裂、肛管或直肠狭窄、内括约肌失弛缓、直肠前突、直肠内脱垂、盆底痉挛综合征、耻骨直肠肌肥厚、骶直分离、盆底疝等;③结直肠神经病变及肌肉异常:假性肠梗阻、先天性巨结肠、继发性巨结肠(特发性和获得性)、巨直肠。

3. 功能性疾病 功能性便秘、功能性排便障碍、便秘型肠易激综合征。

4. 结直肠外神经异常 ①中枢性:各种脑部疾患、肿物压迫、脊髓病变、多发性硬化等;②神经支配异常。

5. 精神或心理障碍 ①精神病;②抑郁症;③神经性畏食。

6. 医源性 ①药物:如阿片制剂、精神类药物、抗惊厥药、抗胆碱能制剂、铁剂、钙离子通道拮抗剂等;②制动。

7. 内分泌异常及代谢性疾病 如甲状腺功能低下、甲状旁腺功能亢进、低钾血症、糖尿病、垂体功能低下、嗜铬细胞瘤。

二、发病机制

功能性疾病所致便秘的病理生理学机制尚未完全阐明,可能与结肠传输和排便功能紊乱有关。目前按病理生理学机制,将功能性疾病所致的便秘分为慢传输型便秘(slow transit constipation,STC)、排便障碍型便秘、混合型便秘和正常传输型便秘(normal transit constipation,NTC)。STC 的特点为结肠传输时间延长,进食后结肠高振幅推进性收缩减少,这可能与 STC 患者的肠神经元及神经递质异常、Cajal 间质细胞和肠神经胶质细胞减少有关,还与结肠黏膜的氯离子通道功能障碍有关,氯离子通道与跨上皮细胞膜的氯离子和液体转运有关。排便障碍型便秘患者在排便过程中腹肌、直肠、肛门括约肌和盆底肌肉不能有效地协调运动,直肠推进力不足,感觉功能下降,从而导致直肠排空障碍。NTC 多见于 IBS-C,发病与精神心理异常等有关。

第三节 临床表现和辅助检查

一、症状

便秘的特征为排便不满意、排便频率少或大便通过困难。在老年患者,便秘可能伴粪便嵌塞和大便失禁。粪便嵌塞可引起粪性溃疡、出血和贫血。慢性便秘患者常表现为便意减少或缺乏便意、想排便而排不出(空排)、排便费时、每日排便量少,可伴有腹痛、腹胀、肛门直肠疼痛等不适。IBS-C 患者的腹痛、腹部不适常在排便后获得改善。

二、体征

对便秘患者应进行综合性体格检查,包括直肠检查触摸硬便,评估肿块、肛裂、痔、括约肌张力、企图排便时的排便力、男性前列腺肥大、女性阴道后壁肿块。体格检查包括全身检查、腹部检查和肛门直肠指检。腹部检查时要特别注意有无腹部压痛、腹部包块等。肛门直肠指检可了解有无肛门直肠肿物等器质性疾病,了解肛门括约肌和耻骨直肠肌功能。对肛门直肠疼痛的患者,还要检查耻骨直肠肌有否触痛。

三、辅助检查

1. 排除器质性原因的检查　包括粪常规和隐血试验、生化、激素水平和代谢方面的检查、结肠镜、钡灌肠、腹盆 CT/MRI 影像学检查等。

2. 功能性便秘相关检查　肠道动力和肛门直肠功能检测,包括结肠传输试验、测压法、球囊逼出试验、排粪造影、肛门测压结合腔内超声检查、会阴神经潜伏期或肌电图检查,以及精神心理、睡眠状态等其他检查。

第四节　诊　断

一、诊断

1. 慢性便秘的诊断　慢性便秘的诊断主要基于症状,可借鉴罗马Ⅲ标准中功能性便秘诊断标准所述的症状和病程。罗马Ⅲ标准中功能性便秘的诊断标准为:

(1) 必须包括下列 2 项或 2 项以上:①至少 25% 的排便感到费力;②至少 25% 的排便为干球粪或硬粪;③至少 25% 的排便有不尽感;④至少 25% 的排便有肛门直肠梗阻感和(或)堵塞感;⑤至少 25% 的排便需手法辅助(如用手指协助排便、盆底支持);⑥每周排便少于 3 次。

(2) 不用泻药时很少出现稀便。

(3) 不符合肠易激综合征的诊断标准。

诊断前症状出现至少 6 个月,且近 3 个月症状符合以上诊断标准。

慢性便秘患者还常表现为便意减少或缺乏便意、想排便而排不出(空排)、排便费时、每日排便量少,可伴有腹痛、腹胀、肛门直肠疼痛等不适。便秘型肠易激综合征(IBS-C)患者的腹痛、腹部不适常在排便后获得改善。

2. 功能性便秘的诊断　功能性便秘的诊断首先应排除器质性疾病和药物因素导致的便秘,且符合罗马Ⅲ标准中功能性便秘的诊断标准,具体如上所述。IBS-C 也属于功能性疾病引起的便秘,其诊断需符合 IBS 的诊断和分型标准。

二、并发症

严重便秘可引起肠梗阻,特别对老龄便秘患者出现腹痛、腹胀,甚至恶心、呕吐,应考虑到肠梗阻的可能性。

第五节　治疗总体安排

一、病症处理的综合安排

目前推荐分级诊治策略,根据病情严重程度进行分级诊断、分层治疗,既能正确诊断、合理有效治疗,又可减少不必要的检查、降低诊治费用。

1. 一级诊治 适用于多数轻、中度慢性便秘患者。首先应详细了解病史(特别注意用药史)、体格检查,行肛门直肠指诊、粪常规检查,包括隐血试验。若患者的年龄＞40 岁、有报警征象、对疾病过度担心,可进行辅助检查以明确器质性疾病,并做相应处理,否则可选择经验性治疗。强调生活方式调整、认知治疗,慎用引起便秘的药物,根据患者的便秘特点选用容积性泻药、渗透性泻药、促动力药,疗程为 2～4 周。若治疗无效,可考虑加大剂量或联合用药。

2. 二级诊治 主要对象是经验性治疗无效的患者,可酌情选择进行结肠传输试验、肛门直肠测压和(或)球囊逼出试验,并初步评估心理状况,确定便秘类型后进一步选择治疗方案。混合型便秘患者先进行生物反馈治疗,无效时加用泻剂。

3. 三级诊治 主要对象是对二级诊治无效的患者,应对患者进行重新评估,注意患者是否已经改变不合理的生活方式和排便习惯、有无特殊原因引起的便秘,尤其是和便秘密切相关的结肠、肛门直肠形态异常,注意患者的依从性、治疗是否规范、有无精神心理障碍等。这些患者多是经过多种治疗而疗效不满意的难治性便秘患者,需要进一步进行结肠和肛门直肠形态学、功能学检查,必要时需多学科包括心理科的会诊,以确定合理的个体化综合治疗方案。对于仍无效的患者,需评估手术风险和患者的获益,严格掌握适应证,慎重选择。

二、治疗目标

缓解症状,恢复正常的肠道动力和排便生理功能。慢性功能性便秘治疗的第一步是调整生活方式和膳食。对生活方式和膳食调整无反应的患者,推荐容积性泻剂。对容积性泻剂无反应的患者,应考虑试验性使用渗透性泻剂。对试验性使用渗透性泻剂失败的患者,应考虑结肠促分泌剂(鲁比前列素)。刺激性泻剂有效,但应避免长期使用,因为在老年人中其长期安全性不明。粪便软化剂和栓剂(甘油或比沙可啶)的临床疗效有限。对已便秘数日的患者,灌肠剂应仅用于预防粪便嵌塞。在治疗麻醉剂诱导性便秘和麻痹性肠梗阻时,阿片类拮抗剂可能具有一定作用。对于排便协同失调患者,生物反馈疗法可能有帮助。

三、治疗措施的选择和安排

总的原则是个体化的综合治疗,包括推荐合理的膳食结构、建立正确的排便习惯、调整患者的精神心理状态;对有明确病因者进行病因治疗;需长期应用通便药维持治疗者,应避免滥用泻药;外科手术应严格掌握适应证,并对手术疗效作出客观预测。

1. 调整生活方式 合理的膳食、多饮水、运动、建立良好的排便习惯是慢性便秘的基础治疗措施。

膳食:增加纤维素和水分的摄入,推荐摄入膳食纤维 25～35g/d、饮水 1.5～2.0L/d。适度运动:尤其对久病卧床、运动少的老年患者更有益。建立良好的排便习惯:结肠活动在晨醒和餐后时最为活跃,建议患者在晨起或餐后 2 小时内尝试排便,排便时集中注意力,减少外界因素的干扰,只有建立良好的排便习惯,才能真正完全解决便秘问题。

2. 药物治疗(见后)。

3. 精神心理治疗 给予合并精神心理障碍、睡眠障碍的患者心理指导和认知治疗等,使患者充分认识到良好的心理状态和睡眠对缓解便秘症状的重要性;可予合并明显心理障碍的患者抗抑郁焦虑药物治疗;存在严重精神心理异常的患者应转至精神心理科接受专科治疗。注意避免选择多靶点作用的抗抑郁焦虑药物,注意个体敏感性和耐受性的差异。

4. 生物反馈 循证医学证实生物反馈是盆底肌功能障碍所致便秘的有效治疗方法;STC 不是生物反馈治疗的反指征,有条件者可试用,对于混合型便秘患者先予生物反馈治疗,无效时考虑加用泻剂。生物反馈治疗能持续改善患者的便秘症状、心理状况和生活质量。

5. 其他治疗方法 有文献报道益生菌能改善慢性便秘的症状。中药(包括中成药制剂和汤剂)能有效缓解慢性便秘的症状,但其疗效评估尚需更多的循证医学证据。针灸能改善STC 患者的症状和焦虑抑郁状态。按摩推拿可促进胃肠蠕动,有助于改善便秘症状。有报道采用骶神经刺激治疗经内科综合治疗无效、无肛门括约肌解剖改变的顽固性便秘患者。

6. 手术治疗 真正需要外科手术治疗的慢性便秘患者尚属少数。当患者的症状严重影响工作和生活,且经过一段时间严格的非手术治疗无效时,可考虑手术治疗,但一定要掌握好手术适应证。术前应行相关检查以全面了解肠道和肛门直肠功能及形态学异常的严重程度,选择结肠镜、钡剂灌肠造影、结肠传输试验、排粪造影、肛门直肠压力测定、球囊逼出试验检查,必要时行盆底肌电图或盆腔多重造影等特殊检查。对经检查明确显示存在形态和(或)功能性异常者,有针对性地选择手术方式。STC 患者可选择结肠全切除术或结肠次全切除术,也可行结肠旷置术或末端回肠造口术。

排便障碍型便秘患者的手术主要是针对直肠内脱垂和直肠前突行手术治疗,主要手术方式有吻合器痔环切术、经腹直肠悬吊术、经肛吻合器直肠切除术、经肛腔镜切割缝合器直肠前突加黏膜固定术、传统经直肠或阴道直肠前突修补术。对于盆底痉挛综合征患者,应慎重选择手术治疗。当有多种形态学改变同时存在时,手术治疗主要病变的同时还应治疗合并的病变。手术治疗存在一定的复发率和并发症发生率,术后应给予必要的药物治疗。

第六节 药物治疗方案

选用通便药时应考虑循证医学证据、安全性、药物依赖性以及价效比,避免长期使用刺激性泻药。

容积性泻药(膨松药)通过滞留粪便中的水分,增加粪便的含水量和粪便体积,从而起到通便作用,主要用于轻度便秘患者,服药时应补充足够的液体。常用药物有欧车前、聚卡波非钙、麦麸等。

渗透性泻药可在肠内形成高渗状态,吸收水分,增加粪便体积,刺激肠道蠕动,可用于轻、中度便秘患者。药物包括聚乙二醇、不被吸收的糖类(如乳果糖)和盐类泻药(如硫酸镁)。聚乙二醇口服后不被肠道吸收、代谢,其含钠量低,不引起肠道净离子的吸收或丢失,不良反应少。乳果糖在结肠中可被分解为乳酸和乙酸,可促进生理性细菌的生长。过量应用盐类泻药可引起电解质紊乱,老年人和肾功能减退者应慎用。

刺激性泻药作用于肠神经系统,增强肠道动力和刺激肠道分泌,包括比沙可啶、酚酞、蒽醌类药物和蓖麻油等。短期按需服用比沙可啶是安全有效的。因在动物实验中发现酚酞可能有致癌作用,该药已被撤出市场。动物实验显示,长期使用刺激性泻药可能导致不可逆的肠神经损害,长期使用蒽醌类泻药可致结肠黑变病,但后者与肿瘤的关系尚存争议。建议短期、间断性使用刺激性泻药。

促动力药作用于肠神经末梢,释放运动性神经递质、拮抗抑制性神经递质或直接作用于平滑肌,增加肠道动力,对 STC 有较好的效果。有研究表明,高选择性 5-羟色胺$_4$ 受体激动剂普芦卡必利能缩短结肠传输时间,安全性和耐受性良好。

促分泌药刺激肠液分泌,促进排便。包括鲁比前列酮、利那洛肽,目前尚未在中国上市。

灌肠药和栓剂通过肛内给药,润滑并刺激肠壁,软化粪便,使其易于排出,适用于粪便干结、粪便嵌塞患者临时使用。便秘合并痔者可用复方角菜酸酯制剂。

(罗庆峰)

第七节 药学监护与信息反馈

一、观察疗效

便秘作为老年患者较常见的并发症,不仅会影响患者的生活质量,若不引起重视,甚至会影响患者疾病的进展。便秘的疗效观察主要从以下几方面进行:

1. 大便评级 1 级为分散的硬块,似坚果;2 级为腊肠状,但成块;3 级为腊肠状,但表面有裂缝;4 级为似腊肠或蛇,光滑柔软;5 级为软团,边缘清楚;6 级为绒状物,糊状,边缘不清;7 级为水样便,完全是液体,无固体成分。

2. 排便困难的严重程度 0 分,无;1 分,用力才能排出;2 分,非常用力才能排出;3 分,需要按摩肛周甚至用手抠。

3. 疗效评价 显效:大便评级 4~6 级,排便困难严重程度 0 分,大便 1 次/天;有效:大便评级 2~3 级,排便困难严重程度 1 分,大便>3 次/周;无效:大便评级 1~2 级,排便困难程度 2~3 分,大便<3 次/周。

二、给药方法的适宜性

便秘治疗的目标就是减轻便秘症状,恢复正常的排便习惯。因此老年患者应该尽量停用导致便秘的药物,注意改变生活方式和饮食习惯,对粪便嵌塞者应首先用清洁灌肠或用液状石蜡等直肠给药清除嵌塞的粪便。在选用药物治疗时,更应该遵从个体化原则。腹痛患者在诊断不明的情况下不能应用泻药。老年人以润滑性泻药较好,不能用作用强烈的泻药。对于膳食纤维摄入不足和能够饮用足够水的患者,可以首选口服容积性泻剂;若症状持续,可以考虑改用聚乙二醇和乳果糖;若症状仍不能缓解,可以考虑缓泻剂合并灌肠剂或益生菌;对于严重的患者,也可以考虑短期适量应用刺激性泻剂以缓解症状。对于合并肾衰竭的老年患者,应避免使用容积性泻剂、盐类渗透性泻剂和刺激性泻剂;若合并心功能不全,则应避免服用盐类渗透性泻剂。胃肠动力药中以西沙必利为代表,因促进乙酰胆碱分泌而刺激肠蠕动。虽然红霉素及其系列药物也有促进肠蠕动的作用,但红霉素可引起胃部不适。

三、观察不良反应

便秘治疗药物的主要不良反应包括过度用药导致的腹泻、脱水、电解质紊乱、肌肉痉挛、乏力、呼吸麻痹、血压降低等。其他包括消化道不良反应;出现肝、肾或血液系统功能损伤;出现对泻药的依赖性,甚至成瘾性,停药后排便会更加困难;由于经常服用泻药,对肠黏膜形成经常性刺激,使其应激力减弱。

四、用药依从性

对待便秘患者,临床药师应与患者和护士共同协作,对其进行饮食的建议以及作息习惯、排便习惯的指导。对于治疗中出现便秘的患者,临床药师判断患者便秘的缓解状况,进行用药和饮食方面的教育,应叮嘱患者警惕便秘的危害性,并要求培养定时排便的习惯。

第八节 用药指导

一、治疗药物用法

硫酸镁口服用于导泻和十二指肠引流,可治疗便秘、肠内异常发酵、胆绞痛、阻塞性黄疸及慢性胆囊炎。肠道出血患者禁用本药导泻。

酚酞用于习惯性顽固性便秘;在结肠、直肠内镜检查或 X 线检查时作清洁肠道用。一般应睡前服用,服药后约 8 小时排便。

甘油栓剂用于便秘,尤其适用于小儿及年老体弱者便秘的治疗。直肠给药有引起直肠黏膜坏死的危险。

液状石蜡为润滑性缓泻药,口服后不被吸收且能阻止肠内水分的吸收,故能使大便量增多、变软;同时润滑肠壁,使大便易于排出。可用于痔疮、高血压、动脉瘤、心衰患者的便秘和预防手术后排便困难等。

欧车前亲水胶散剂用于功能性便秘、肠易激综合征、疼痛性憩室病、高胆固醇血症、非特异性腹泻、糖尿病及肛肠手术后的辅助治疗。

比沙可啶用于治疗急、慢性便秘和习惯性便秘。

聚卡波非钙用于便秘,如慢性便秘、肠易激综合征、肠憩室疾病及孕妇、老年人、康复期患者的便秘,也能用于水性腹泻。

乳果糖用于便秘、调节结肠的生理节律。禁用于半乳糖血症、肠梗阻、急腹痛及与其他导泻剂同时使用。如果在治疗 2～3 天后便秘症状无改善或反复出现,应咨询医师。

聚乙二醇用于治疗功能性便秘;术前肠道清洁准备;肠镜及其他检查前的肠道清洁准备。禁用于胃肠梗阻、肠穿孔、胃潴留、消化道出血、中毒性肠炎、中毒性巨结肠症、克罗恩病患者。

蓖麻油可润肠通便,用于肠燥便秘。忌与脂溶性驱肠虫药同用,孕妇忌服。

莫沙必利为消化道促动力剂,主要用于功能性消化不良伴有胃灼热、嗳气、恶心、呕吐、早饱、上腹胀等消化道症状;也可用于胃食管反流性疾病、糖尿病性胃轻瘫及部分胃切除患者的胃功能障碍。与抗胆碱药物(如硫酸阿托品、溴化丁基东莨菪碱等)合用可能减弱本品的作用。

普芦卡必利用于治疗成年女性患者中通过轻泻剂难以充分缓解的慢性便秘症状。使用本品特别是在用药的第 1 天,可引起头晕和疲乏,可能对驾驶及操控机器产生影响。

二、老年用药教育

老年人治疗便秘首先应尽量停用导致便秘的药物,并调整生活方式和饮食习惯。对粪便嵌塞者,应首先用清洁灌肠或用液状石蜡等直肠给药清除嵌塞的粪便。对于膳食纤维摄入不足和能够饮用足量水的患者,可以首选口服容积性泻剂;若症状持续,可以考虑改用聚乙二醇和乳果糖;若症状仍不能缓解,可以考虑使用缓泻剂合并灌肠剂或益生菌;对于严重的患者,也可以短期适量使用刺激性泻剂以缓解症状。

对于合并肾衰竭的老年患者,应避免使用容积性泻剂、盐类渗透性泻剂和刺激性泻剂。若合并心功能不全,则应避免服用盐类渗透性泻剂。也可根据病因选择一些适合的中成药(如便通胶囊、六味安消胶囊等)。

第九节　不合理用药的常见表现及其处理

一、不合理用药的表现

1. 未到正规医院在医师的指导下进行用药,随意滥服泻药或偏听广告而盲目使用通便药。

2. 未进行询问病史、体格检查、实验室检查等过程,随意使用通便药。

3. 未根据患者的年龄、性别、症状、体征、共患疾病、生活习惯、遗传因素等相关情况,个体化地选择不同类型的通便药。

4. 年老体弱患者使用作用强烈的泻药。

5. 腹痛患者在诊断不明的情况下应用泻药。

6. 长期、过量使用泻药。

二、不合理用药的判断

当患者出现下列情况时,可能存在不合理用药的情况,应及时查找原因,详细询问患者病史和用药史,包括药物应用类型、剂量、使用方式等,重新考虑药物治疗方案。

1. 症状未缓解,包括排便次数减少、粪便干硬和(或)排便困难。具体而言,排便次数减少指每周排便少于 3 次;排便困难包括排便费力、排出困难、排便不尽感、排便费时及需手法辅助排便。

2. 过度腹泻导致脱水、电解质紊乱,肌肉痉挛,乏力,呼吸麻痹,血压降低等。

3. 出现消化道不良反应,包括腹痛、恶心、腹胀、腹部痉挛、呕吐、肠梗阻、胃肠道出血、急性胰腺炎、直肠黏膜坏死等。

4. 出现肝、肾或血液系统功能损伤。

5. 出现对泻药的习惯性、依赖性,甚至成瘾性,停药后排便会更加困难。

6. 造成耐药,由于经常服用泻药,对肠黏膜形成经常性刺激,使其应激力减弱。如此,泻药的使用量将不断地被动增加才能显效。

三、不合理用药的处理

当出现通便药物的不合理应用时,应及时停止不适宜药物的使用。根据患者病情的严重程度进行分级诊断、分层治疗,既能正确诊断、合理有效治疗,又可减少不必要的检查、降低诊治费用。特殊人群在便秘药物的选择上更应慎重,需长期服用导泻剂的患者首选安全性高的导泻药物或者联合微生态制剂,达到调节并恢复肠道功能和排便习惯的目的,注意避免长期应用和滥用刺激性泻药。同时,便秘患者首先应改变不良的生活习惯,多食富含纤维素的蔬菜和水果,增加饮水量,适当增加运动,养成良好的排便习惯。也需要给予患者心理指导和认知治疗等,使患者充分认识到良好的心理状态和睡眠对缓解便秘症状的重要性。

第十节 治疗的风险及其处理

一、治疗的风险事件

便秘治疗过程中常见的风险事件包括:①过度腹泻导致脱水、电解质紊乱,肌肉痉挛,乏力,呼吸麻痹,血压降低。②出现腹痛、恶心、腹胀、腹部痉挛、呕吐、肠梗阻、胃肠道出血、急性胰腺炎、直肠黏膜坏死等消化道不良事件。③出现对泻药的习惯性、依赖性,甚至成瘾性,停药后排便会更加困难。④造成耐药,由于经常服用泻药,对肠黏膜形成经常性刺激,使其应激力减弱。如此,泻药的使用量将不断地被动增加才能显效。

二、治疗的风险因素

高龄,不良的生活习惯和饮食习惯,合并高血压、消化道疾病、心功能不全、肝肾功能不全、糖尿病、胃溃疡、消化不良等疾病均可以导致便秘,同时影响便秘的治疗,成为治疗的风险因素。

对于老年患者来说,活动减少,膳食中缺少纤维素,而且多伴有全身性疾病如糖尿病、尿毒症、脑血管意外、帕金森病,经常服用多种药物如抗抑郁药、钙离子拮抗剂、利尿药、抗胆碱类药物以及镇痛剂等都是促发便秘的因素。在临床上往往表现为排便费力和次数减少,过分用力排便会诱发短暂的脑缺血发作或排便晕厥,甚至在原有的基础疾病上并发心肌梗死和脑血管疾病。

盐类导泻药中的镁、钠和磷酸盐可部分被吸收,因此过量或反复服用可引起高镁血症、高钠血症以及高磷血症。严重的心、脑、肺、肾疾病,全身重度衰竭者慎用;孕妇、因严重的器质性病变肠梗阻引起的近期排便困难者禁用。

乳果糖开始服用时常引起胃肠胀气和肠绞痛,常为暂时性的,过量可产生水样腹泻。糖尿病患者宜慎用;对老年衰弱而接受乳果糖治疗超过 6 个月的患者宜定期测定血清电解质;对需低半乳糖饮食的患者应禁用。

胃肠动力剂促进胃和小肠动力及缩短结肠运转时间,但有潜在的心血管不良反应,合并心、脑血管疾病的患者可能增加不良事件的发生率。

活菌制剂不需通过全身吸收,不易引起不良反应,因而用于长期通便是较安全的,但对衰弱、危重病患者大剂量使用时应注意引起菌血症的风险。

三、治疗风险的处理

首先应该尽量规避风险,在充分了解患者的健康状态、共患疾病、生活习惯、年龄、性别、遗传因素等的情况下,根据患者病情的严重程度进行分级诊断、分层治疗。治疗后当患者出现以上不良事件时,应密切观察病情,积极查找病因,重新设计或调整治疗方案,并给予相应的对症治疗,如补液、纠正电解质紊乱、保护肝肾功能等措施,尽快控制病情。

第十一节　老年便秘治疗中的常见药学问题

一、老年便秘药物治疗的最佳选择

1. 刺激性泻药作用强而迅速,因其刺激肠黏膜和肠肌间神经丛,提高黏膜通透性,影响水、电解质和维生素的吸收,还可导致大肠肌无力,形成药物依赖和大便失禁,引起"泻剂结肠",不主张将其作为治疗慢性便秘的常用药物。

2. 很多研究表明药物联合应用比单一用药疗效好,且不良反应少。如复合导泻剂、导泻剂的联合、导泻剂和微生态制剂的联合等。

3. 积极治疗原发病和伴随病,尽可能减少药物因素造成的便秘。便秘的治疗是综合治疗,根据便秘的不同病因合理选择用药,避免滥用导泻剂。

二、乳果糖治疗糖尿病患者的便秘辨析

乳果糖在结肠中可被分解为乳酸和乙酸,可促进生理性细菌的生长。本品在便秘治疗剂量下,不会对糖尿病患者带来任何问题。本品用于治疗肝性昏迷或昏迷前期的剂量较高,糖尿病患者应慎用。

三、微生态制剂在治疗便秘中的作用与安全性

由于药物或疾病引起的肠道菌群失调的便秘患者可以使用微生态制剂,常用药品主要有双歧三联活菌、地衣芽孢杆菌以及口服凝结芽孢杆菌等。口服微生态制剂可以补充大量的生理性细菌,这些生理性细菌定植后可产生有机酸使肠腔内的 pH 下降,调节肠道正常蠕动;同时抑制腐败菌定植和生长,纠正便秘时的菌群改变,改变肠道微生态环境;还可促进食物的消化、吸收和利用,减少体内腐败菌产生的胺酚、吲哚类代谢产物堆积和吸收,改变粪便性状,有利于粪便排出,对防治肠麻痹、缓解便秘和腹胀起到一定的作用。凝结芽孢杆菌活菌片对成人慢性便秘有明显的治疗作用,在临床试验中未见不良反应或副作用。活菌制剂不需通过全身吸收,不易引起不良反应,因而用于长期通便是较安全的,但对衰弱、危重病患者大剂量应注意引起菌血症的风险。

附:典型案例

刺激性泻药致结肠黑变病的用药调整策略

患者徐某,81岁,患有便秘10年余,每次出现便秘患者自服用番泻叶和大黄片(具体用量不详),服用后感觉效果明显。近日患者再次出现便秘,服用番泻叶和大黄片后无明显效果,加大剂量后仍无明显效果。到医院就诊,进行肠镜检查,示结肠黑变病,考虑与患者长期服用刺激性泻药有关。医嘱:停止使用番泻叶和大黄片,予地衣芽孢杆菌活菌胶囊2粒口服tid,乳果糖口服液1袋口服qd,建议多饮水,多食蔬菜、水果及膳食纤维丰富的饮食,并增加

运动。不适随诊。

  案例分析：老年便秘患者选择通便药物时应注意忌服刺激性泻药，如大黄、果导片等，因为这类药物在小肠部位即起导泻作用，多用可引起大便失禁、代谢紊乱，也可引起结肠黑变病。该患者长期服用番泻叶和大黄片，这两种药属于刺激性泻药，导致患者结肠黑变病。结肠黑变病是一种良性可逆性的非炎症性肠道黏膜病变，随着便秘症状的改善和泻药的停用，大量脂褐素经溶酶体消化、分解，结肠的色素沉着可减轻甚至消失。目前对于该病尚无特效的药物治疗，因此建议多食蔬菜、水果及纤维丰富的饮食，以及多喝水、多锻炼，以减少便秘或排便困难，养成良好的排便习惯，停用或不用含有色素的泻药而改用缓泻剂，必要时使用胃肠动力药和微生态制剂等药物治疗缓解便秘，减少结肠黑变病的发病及逆转已经产生的病变。

（陈 顿 黄建权）

参 考 文 献

［1］中华医学会消化病学分会胃肠动力学组，中华医学会外科学分会结直肠肛门外学组. 中国慢性便秘诊治指南（2013 年，武汉）［J］. 中华消化杂志，2013，33（5）：291-298.

［2］罗雪飞，钟强. 便秘药物的合理选择［J］. 华西医学，2009，24（6）：1618-1621.

［3］Lindberg G，Hamid SS，Malfertheiner P，et al. World Gastroenterology Organisation global guideline：Constipation a global perspective［J］. J Clin Gastroenterol，2011，45：483-487.

［4］Chmielewska A，Szajewska H. Systematic review of randomised controlled trials：probiotics for functional constipation ［J］. World J Gastroenterol，2010，16：69-75.

第二十二章

年龄相关性黄斑变性

第一节　定义和流行病学

年龄相关性黄斑变性（age-related macular degeneration，AMD）又称老年黄斑变性，是眼底黄斑区的常见退行性疾病，多发于 50 岁以上的中老年人，常累及双眼。在疾病的不同阶段，它以玻璃膜疣、地图样萎缩、视网膜色素上皮（retina pigment epithelium，RPE）脱离和黄斑区脉络膜新生血管为主要特征。年龄相关性黄斑变性是现在老年人致盲的重要病因。

1988—1990 年的 Beaver Dam Eye Study（BDES）显示，美国 43～86 岁的人群早期 AME 的患病率为 19％，而晚期 AME 的患病率为 1.7％；在晚期 AME 中，地图状萎缩者为 0.5％，新生血管性老年黄斑变性为 1.2％。AME 的患病率与年龄呈正相关，2003—2005 年的 BDES 发现，80～89 岁的人群患病率（包括早期及晚期）为 40％，其中新生血管性占 5％；而 90 岁以上的人群早期 AMD 的患病率为 62％，新生血管性 AMD 为 13％。老年黄斑变性与性别无明显关联。

1989 年，关国华等对我国 40 岁以上的 1091 例人群的调查发现，AME 在 40～49 岁的患病率为 0.87％，50～59 岁为 5.05％，60～69 岁为 7.77％，70 岁以上为 15.33％；其中非渗出性占 96.3％，渗出性占 3.7％。2010 年，无锡的一项调查发现，50 岁以上人群 AMD 的患病率为 7.84％，且随着年龄增长，AMD 的患病率也在增加，80 岁以上的人群 AMD 的患病率可达到 16.51％。

第二节　病因和发病机制

AME 的具体病因目前仍不明确，其发生、发展可能与以下因素有关：遗传、种族、生活习惯、全身性疾病、环境及白内障手术。

1. 遗传　患老年黄斑变性的同卵双胞胎较正常对照人群患 AME 的风险高，且较同一家庭中领养子女患 AME 的风险高。基因多态性研究发现部分患者 CFH、HTRA1、补体 C2 和 C3 的突变与发病相关。近年的研究发现，一类大小为 20～25 个核苷酸的具有调控功能的内源性非编码 RNA——miRNA 也参与了黄斑变性的发病过程。miRNA 通过转录后调控的方式影响 VEGF mRNA 等参与 AMD 疾病集成的 RNA 的表达，研究发现，miR-16、20b 及 miR-31 等可以抑制 VEGF mRNA 的表达。

2. 种族　拉丁裔及非洲裔美国人的早期 AME 发病率与白种人相当,但是其晚期 AME 的发病率较白种人低。

3. 生活习惯　3 项大型的流行病学调查显示,吸烟者较不吸烟者的 AME 患病风险增高,其中患新生血管性 AME 的风险增高 2.5 倍、患地图样萎缩的风险增高 2 倍。这可能与烟草中的某些成分能降低机体的抗氧化水平、改变脉络膜血流有关,且尼古丁有促进脉络膜新生血管生长的潜在作用。另外,一些研究表明饮酒也可能与 AME 的发生相关,但这仍存在争议。

4. 全身性疾病　一些全身性疾病如高血压、动脉粥样硬化在一些流行病学调查中被发现与 AME 相关,但是另外一些调查认为 AME 与上述两者并无关系。

5. 环境　光照尤其是可见光(而非紫外线)能够加速 AME 的发生。

6. 白内障手术　很多医师的经验发现,部分患者行白内障手术后出现了 AME 的症状及眼底表现,后来几项大规模流行病学调查证实了白内障手术与 AME 的相关性,但这两者之间是如何联系的并没有很好的解释。

第三节　病理和病理生理

一、病理

AME 患者的黄斑区光感受器细胞数量减少,色素上皮层的黑色素含量降低。色素上皮细胞内可见大量的代谢残渣物尤其是脂褐素的堆积。玻璃膜疣则是堆积在色素上皮层基底膜和 Bruch 膜之间的异常细胞外沉积物,这种沉积物可表现为硬性、软性和退化性 3 类。从组织病理学而言,玻璃膜疣是嗜酸性物质的聚集区。对于新生血管性黄斑变性来说,可见自脉络膜突破基底膜进入视网膜下的新生血管。这种新生血管除包括内皮细胞、周细胞、成纤维细胞外,还包括巨噬细胞及淋巴细胞。

二、病理生理

AME 患者的视网膜色素上皮功能异常,其对视细胞外节盘膜的吞噬消化能力下降,结果使代谢产物沉积于 Bruch 膜,形成玻璃膜疣。玻璃膜疣的主要成分有脂质、淀粉样蛋白、补体及其他细胞成分。随着病情进展,Bruch 膜断裂,在血管内皮生长因子(vascular endothelial growth factor,VEGF)的作用下,脉络膜毛细血管通过破裂的 Bruch 膜进入 RPE 下及视网膜神经上皮下,形成脉络膜新生血管。由于新生血管壁的结构异常,常会出现血管管壁破裂造成的出血。

第四节　临床表现和辅助检查

一、临床表现

本病以有无新生血管形成分为干性及湿性两大类型。

1. 干性 AME　多发生于 50 岁以上的人群,常双眼对称进展,视力呈现缓慢的进行性下降,部分患者有视物变形的症状。

（1）早期（玻璃膜疣，图 22-1）：中心视力无变化或仅轻度下降,查体可见黄斑区玻璃膜疣形成。典型的玻璃膜疣眼底表现是局限性、近圆形的黄白色反光,不同患者玻璃膜疣的数量、大小、形状和分布不同。

（2）晚期（地图样萎缩，图 22-2）：中心视力损害严重,眼底检查可见黄斑区大片边界清楚的色素上皮萎缩区,并伴随有玻璃膜疣,其下的深层脉络膜大血管清晰可见。

2. 湿性 AME（新生血管性黄斑变性，图 22-3）　中心视力严重下降,可有突发中心暗点及视物变形。新生血管性黄斑变性晚期会形成黄斑区纤维血管化或萎缩性瘢痕,导致中心视力永久受损。

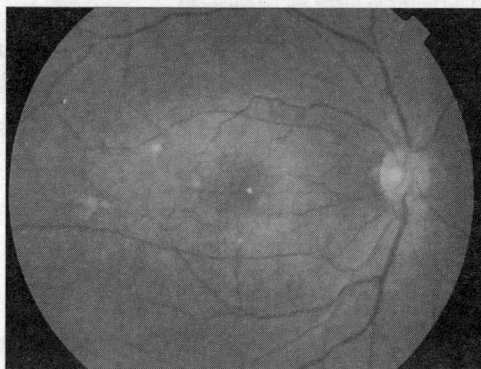

图 22-1　玻璃膜疣

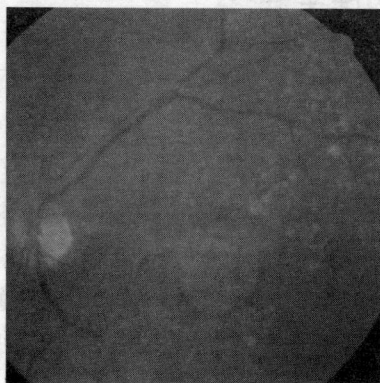

图 22-2　地图样萎缩

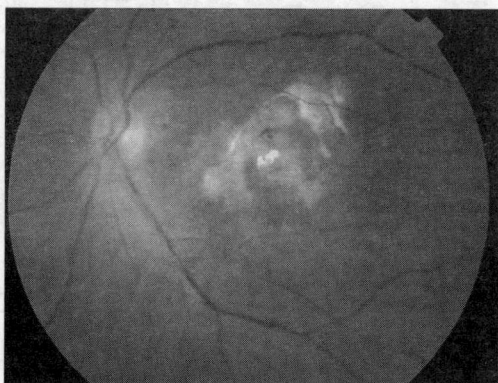

图 22-3　湿性黄斑变性瘢痕形成

二、辅助检查

1. Amsler 表　对于患者而言,Amsler 表是一种简便的检查方法,即使是早期的干性黄斑变性也可以检出异常表现,适合于患者自测及监测病情进展。

2. 眼底检查　常规眼底检查可以发现典型的玻璃膜疣、出血、RPE 脱离等改变,可以为后续检查提供依据。

3. 光学相干断层扫描（OCT）　OCT（图 22-4）一种无创的黄斑区断层扫描,它通过对黄斑区视网膜结构的细致扫描,可为黄斑变性的诊断提供详尽信息。结合眼底图像,OCT 可以明确病变的性质、范围及层次。

4. 自发荧光（FAF）　RPE 细胞内的脂褐质可以发出自发荧光,该检查通过观察脂褐质的自发荧光评价 RPE 细胞的代谢活动。地图样萎缩区常表现为暗区,提示其内的 RPE 细胞功能丧失,而病损区周边则可表现为高自发荧光。

5. 荧光血管造影（FA）　荧光血管造影常被用来确认有无活动性新生血管并确定病变的位置及新生血管的组成,它可作为判断抗新生血管治疗是否有效的依据。

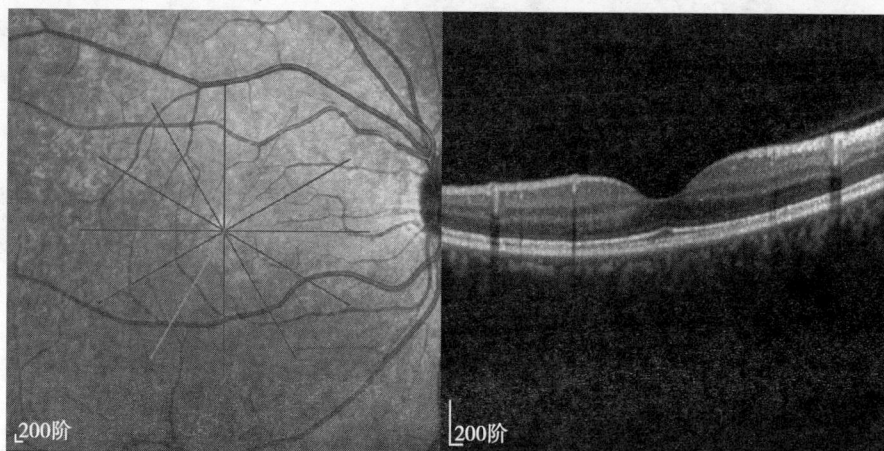

图 22-4　正常人的眼底 OCT 图像

6. 吲哚菁绿血管造影（indocyanine green angiography，ICGA）　ICGA 可以提供清晰的脉络膜血管显影，为诊断和治疗 AMD 提供指导。它可以帮助医师明确 CNV 的性质和范围，并且可以帮助鉴别其他脉络膜疾病如息肉样脉络膜血管病变（polypoidal chorodial vasculopathy，PCV）或中心性浆液性脉络膜视网膜病变（central serous chorioretinopathy，CSC）。

第五节　诊断和鉴别诊断

根据患者的症状及眼底表现、OCT 和造影检查，典型的 AMD 诊断并不困难。但一些不典型的 AMD 需要与一些其他累及 RPE 和脉络膜毛细血管的疾病相鉴别。

在本病早期，特别是萎缩型的早期，需与出现于视力正常的老年性玻璃膜疣相鉴别。其主要不同点除视功能外，前者玻璃膜疣大小不一，相当密集，境界比较模糊，玻璃膜疣之间杂有色素斑及脱色斑等色素紊乱；后者玻璃膜疣稀疏，大小相仿，无色素紊乱。

湿性 AMD 在色素上皮层下发生出血时，应与脉络膜黑色素病例相鉴别。最可靠的方法是荧光素眼底血管造影，出血因背景荧光被遮盖呈大片无荧光区。黑色素病因病体内新生血管渗漏而出现多湖状强荧光斑。

湿性 AMD 单眼黄斑部有渗出及出血时，对于发病年龄较轻者，还要与中心性渗出性脉络膜炎相鉴别。后者另眼无玻璃膜疣，病眼后部玻璃体中可以见到炎症细胞性混浊。

出现 RPE 脱离的患者需要与息肉样脉络膜血管病变（PCV）相鉴别。PCV 患者的眼底常呈橘红色改变，ICGA 上可见内层脉络膜的分支网状血管扩张以及息肉样血管扩张。

第六节　治疗总体安排

目前，对 AME 的治疗种类很多，分别是针对 AME 发病不同阶段的不同病理生理过程而设计的。这其中，经过这几年的观察和临床研究，发现对于新生血管性 AME，抗 VEGF 单克隆抗体玻璃体腔内注射可以有效延缓病情进展并能有助于维持视力。

1. 非渗出性 AME 的治疗　由于 AME 的病因不够明确，现在并无有效的药物进行治疗。根据最近的流行病学分析，可以针对能够促进 AME 的危险因素进行干预以减缓 AME 的发生、发展。近年的研究发现，试用抗氧化剂如维生素 C、维生素 E 及 β-胡萝卜素等有利于自由基的消除，从而延缓老年化病变的进程。

2. 渗出性 AME(新生血管型)的治疗 渗出性 AME 最主要的特点是脉络膜新生血管形成，该新生血管发育不完善，容易破裂出血从而严重影响中心视力。在 PDT(光动力治疗)及抗 VEGF 单抗玻璃体腔内注射出现之前，没有药物能够消除脉络膜新生血管膜，只有用维生素 B_1、维生素 C、维生素 E 及活血化瘀的中药希望促进出血与渗出的吸收，使病情稳定。对于大量出血至玻璃体者，可以行玻璃体切割手术清除积血，避免机化。

如新生血管膜的位置离中心凹 $500\mu m$ 外，边界清晰，可用激光光凝封闭新生血管，以免病变不断发展、扩大。但对位于中心凹下的 CNV，就不能使用激光光凝治疗，因为中心凹下的 CNV 在被激光封闭的同时，其浅层的视网膜光感受器也将受到破坏，中心视力会丧失。

近年来，经瞳孔温热疗法(TTT)也被用于临床以治疗湿性 AMD。与传统的激光光凝不同，TTT 由于温度升高较为温和，因此对邻近组织损伤不大。它的治疗原理可能是使血管内血栓形成或促使细胞凋亡，或者是由于温度抑制了血管生成因子的作用。但 TTT 治疗是一种非特异性的治疗，其远期疗效较其他方法而言并不理想，现已不作为首选的治疗方案。

因为 RPE 细胞功能受损是引起 AMD 的重要原因，因此 RPE 细胞移植也是湿性 AMD 的治疗方案之一。1991 年，Peyman 等手术切除视网膜下瘢痕后，进行了自体和同种 RPE 细胞移植。自体移植的病例，术后 RPE 细胞健康存活，视力由眼前指数增至 0.05，注视点位于移植区上；同种 RPE 移植者，术后视力无进步，并有组织排斥反应。目前，这种治疗方法因为疗效欠佳，其应用受到了一定影响。

20 世纪 90 年代后期，黄斑下 CNV 摘除术被用于湿性 AMD 的治疗。这种手术是在视网膜下间隙取出 CNV，但由于手术引起的视网膜光感受器及 RPE 损害不可逆转，且术中、术后并发症多，因此大多数病例术后视力恢复并不理想。

除 CNV 摘除术外，黄斑转位手术也是另一种治疗湿性 AMD 的手术治疗方法。它是将视网膜神经上皮与色素上皮分离，通过巩膜缩短将黄斑中心区的视网膜转位而离开原来的 CNV 区域，以避免黄斑区视网膜光感受器进一步受到损害，从而保持一定的视力。但这种方法会导致双眼视的混淆或不可矫正的复视，且其手术技术要求很高、术中术后并发症较多、手术风险较大。其长期疗效仍需要长期随访观察才能知晓。

自 1999 年起，陆续有报道指出，对于以经典型脉络膜下新生血管为主的 AME 患者，联合应用维替泊芬的光动力疗法可以有效地降低视力下降的风险。其方法是静脉注射光敏剂，光敏剂与血液内的 LDL(低密度脂蛋白)结合，附着于 LDL 的光敏剂经血液循环至 CNV 内，并通过经受体介导的胞饮作用被摄取至血管内皮细胞。因为 CNV 新生血管内皮细胞生长迅速，其细胞中的 LDL 摄入及 LDL 受体表达较正常的血管内皮细胞增多，因此光敏剂能选择性地积聚在 CNV 新生血管内皮细胞内。用 689nm 二极管激光照射 CNV，光敏剂受激光照射和偶激发，释放出大量能量，破坏新生血管内皮细胞，激活凝血机制，封闭新生血管。与传统的激光光凝相比，该治疗的优势在于其可以用特定波长的激光选择性地破坏新生血管组织并避免损伤正常的脉络膜血管，从而降低了新生血管破裂引起视网膜出血的机会。

脉络膜新生血管被证实与血管内皮生长因子(VEGF)相关，VEGF 由缺氧或自由基损害诱导,它存在于脉络膜,引起脉络膜血管内皮突破 Bruch 膜向视网膜生长形成新生血管。因此,阻断 VEGF 对血管内皮的作用也就能消退脉络膜新生血管。抗 VEGF 药物正是在此环节发挥了作用,如今多种抗 VEGF 药物已上市,如雷珠单抗、阿柏西普、康柏西普、贝伐单抗等。其中,贝伐单抗主要用于胃肠道肿瘤患者,而雷珠单抗则针对的是眼科患者,但由于经济原因,贝伐单抗在美国仍被广泛用于治疗脉络膜新生血管。几项大规模的临床试验证实,经过每个月 1 次玻璃体腔内注射的规范治疗,抗 VEGF 药物能有效预防脉络膜新生血管的生长,并且其视力转归和 OCT 结果也有显著的改善。所以自 2006 年起,应用抗 VEGF 药物治疗新生血管性 AME 已成为该病治疗的一线用药。但是最新的研究发现,不同患者经治疗后的视力转归不同,这说明在标准化治疗的基础上进行个体化选择的必要性。

对于有黄斑水肿的 AMD 患者,玻璃体腔内注射糖皮质激素——曲安奈德可以稳定血-视网膜屏障,减少渗出,促进吸收,减轻炎症反应。但单纯激素注射不能有效阻止患者的视力下降,其与 PDT 联合视力可在一定程度上得到改善。

对于非渗出性 AMD,患者的视力往往能维持在一定的水平上,日常生活不受影响,用药物治疗对其视力无明显改善。而渗出性 AMD 即新生血管性 AMD 患者由于新生血管易出血,中心视力常常受到很大影响,未经治疗的患者视力常常为光感或眼前指数。经过抗 VEGF 药物玻璃体腔内注射治疗后,大部分患者的视力都有一定程度的提高,但几乎没有人可以恢复至患病前的视力。目前,还没有一种方法能完全成功预防或有效治疗 AMD,各种治疗方法均存在一定的局限性和副作用,希望未来在 AMD 的治疗上有所突破。

第七节　药物治疗方案

一、药物选择和联合

VEGF 是血小板衍生生长因子家族的一员,VEGF 是强效的有丝分裂原并且是在新生血管形成中发挥了关键作用的血管渗透性因子。

抗 VEGF 药物是目前治疗新生血管性(湿性)AMD 的基石。诊断新生血管性 AMD 后,规范、及时地给予抗 VEGF 治疗可以明显改善患者的视力,从而提高患者的生存质量。目前,在美国有哌加他尼、雷珠单抗、阿柏西普等抗 VEGF 药物,而在我国则有雷珠单抗及康柏西普等抗 VEGF 药物可以治疗新生血管性黄斑变性。值得注意的是,贝伐单抗这种用于抗肿瘤的抗 VEGF 药物由于其低廉的价格,在世界范围内仍被超说明书应用于治疗新生血管性黄斑变性。

抗 VEGF 药物由于作用机制类似,因此不采取联合治疗。但对于一些难治性新生血管性黄斑变性,以维替泊芬为基础的光动力治疗可与抗 VEGF 药物联合治疗,以达到消退新生血管、减轻水肿的目的。

雷珠单抗(lucentis)是人源化的抗 VEGF 重组鼠单克隆抗体片段,与 VEGF-A 亚型有较高的亲和力。VEGF-A 通过诱导眼内血管发生模型中的新生血管形成和渗漏,加快 AMD 进展。雷珠单抗通过与活性 VEGF-A 受体结合部位结合,从而阻止 VEGF-A 与内皮细胞的表面受体结合,减轻内皮细胞增生、新生血管形成及血管渗漏。其给药方式为玻璃体内注射,AMD 患者接受 1 次玻璃体腔内注射雷珠单抗(每眼 0.5mg)后,给药 1 日后即达到峰浓度(C_{max})1.5ng/ml。而雷珠单抗的血清浓度要比玻璃体内低 90 000 倍,其血清浓度峰值(C_{max})一般低于可抑制 VEGF 50%的浓度(11～27ng/ml,根据细胞增殖检测评估)。雷珠单抗在玻璃体内的平均消除半衰期约为 9 天。在肾功能受损患者中,本品清除率的下降无显著的临床意义,因此不需要进行剂量调整。目前尚无有关雷珠单抗在肝功能损害患者中的药动学的正式研究。在雷珠单抗的大型临床试验中,大约 82%(1146/1406)的随机接受本品治疗的患者年龄≥65 岁,大约 55%(772/1406)的患者年龄≥75 岁。在这些临床试验中,随着年龄增长,雷珠单抗的有效性或安全性未出现显著性差异。在人群药动学分析中,经过肌酐清除率校正后,年龄对于全身暴露水平不存在显著影响。

贝伐单抗(avastin)是一种针对 VEGF 的相对分子质量为 149 000 的重组人源化全长 IgG1 鼠单克隆抗体,其可特异性地结合并抑制所有 VEGF-A 亚型的活性,从而阻碍 VEGF-A 与内皮细胞表面受体 Flt-1 及 KDR 结合,阻断新生血管及肿瘤生长。贝伐单抗已被美国 FDA 批准静脉应用治疗转移性结肠癌。在眼科领域,其被用于血管增生性疾病的治疗,并且取得了很好的治疗效果,在世界范围内仍被超说明书应用于治疗新生血管性黄斑变性。在一项纳入 1208 名 AMD 患者的多中心单盲非劣性试验中,采用相同的给药方案时,贝伐单抗与雷珠单抗在治疗 1 年时对视敏度具有等同的疗效。玻璃体内注射贝伐单抗后,短期内少数患者会出现血压升高、短暂性缺血发作、脑血管意外等,但是这些副作用的发生率均很低,总体而言使用贝伐单抗玻璃体内注射治疗是比较安全的。由于贝伐单抗包含 214 个残基的轻链和 453 个残基的重链,分子量较大,因此可能引起免疫反应。同时临床研究显示,贝伐单抗局部滴用对角膜上皮产生了负面影响,如伤口愈合延迟、基质溶解以及神经营养性角膜病变等,因此贝伐单抗应用于治疗需要更严格的观察和控制。

哌加他尼(macugen)是一种聚乙烯醇化的选择性抗 VEGF 适体,由 28 个核糖核酸为主链配体,与 2 个相对分子质量为 20×10^3 的聚乙烯乙二醇支链共价相连。其三维空间结构可以确保与细胞外的 VEGF 高亲和力、特异性地结合,并可通过糖骨架构型的改变,防止内源性核酸内切酶降解。它可特定地与细胞外 $VEGF_{165}$ 结合,并抑制其活性,阻碍其与 VEGF 受体结合,从而抑制新生血管生成的病理过程。2004 年,美国 FDA 批准哌加他尼用于玻璃体内注射治疗湿性 AMD。由于哌加他尼仅特异性地结合单独的 VEGF 亚型,因此与贝伐单抗、雷珠单抗相比疗效有限,而这一特性恰恰增加了用药的安全性、降低了副作用。出于安全性考虑,哌加他尼可用于抗 VEGF 治疗的维持治疗。哌加他尼单眼给予 3mg(推荐剂量的 10 倍)后,在 1～4 日内的平均血药浓度约为 80ng/ml,并可缓慢吸收至系统循环。经核酸内切酶和核酸外切酶代谢,以原形和代谢物的形式随尿排出,半衰期约为 10 日。目前肝功能受损患者以及需要血液透析的肾功能受损患者使用本药的安全性和有效性尚未确立,此类人群使用本品治疗应密切监测不良反应和并发症。

阿柏西普是一种高亲和力的重组融合蛋白,其是由 VEGF-R_1 受体的 Ig 决定簇和 VEGF-R_2 受体决定簇融合成的 Ig 结晶片段,为一种二聚体的糖蛋白,蛋白的相对分子质量为 97kDa,通过糖基化作用后相对分子质量为 115kDa。胎盘生长因子(placental growth factor,PLGF)属于 VEGF 家族,是一类血管生成因子,其只与 VEGF-R_1 酪氨酸激酶受体结合,发挥促进内皮细胞分裂、趋化和增加血管通透性的作用。阿柏西普作为一种可溶性的诱饵受体的结合 VEGF-A 和 PLGF,中和所有的外源性 VEGF-A,如同 VEGF 陷阱,抑制 VEGF-A 和 PLGF 与 VEGF 受体的结合和激活,从而抑制脉络膜血管新生。一项利用时间和剂量依赖性数学模型的研究显示,玻璃体内注射单剂量(1.15mg)的阿柏西普后 79 天与注射雷珠单抗后 30 天相比较而言,与 VEGF 结合的活性是相当的。阿柏西普玻璃体内注射在眼内发挥局部效应,一部分与内源性 VEGF 在眼内结合形成无活性的 VEGF 复合物,还有一部分吸收入体循环,其中大部分与循环中的内源性 VEGF 结合,小部分为游离型阿柏西普。一旦吸收并进入血液循环,便以游离形式存在于血浆中(未与 VEGF 结合),从而形成更稳定的无活性的内源性 VEGF(即 VEGF 复合物)。阿柏西普的静脉给予剂量为 2~4mg/kg,消除半衰期($t_{1/2}$)为 5~6 日,每 4 周重复给药时血浆中无蓄积。肾功能受损患者血中的游离型阿柏西普浓度与正常人群没有显著性差异,因此,阿柏西普的剂量不需要根据肾功能情况进行调整。

康柏西普(conbercept)是利用中国仓鼠卵巢(CHO)细胞表达系统生产的重组融合蛋白(由人血管内皮生长因子 VEGF 受体 1 中的免疫球蛋白样区域 2 和 VEGF 受体 2 中的免疫球蛋白样区域 3、4 与人免疫球蛋白 Fc 片段经过融合而成)。由于康柏西普是一种 VEGF 受体-抗体重组融合蛋白,其能竞争性地抑制 VEGF 与受体结合并阻止 VEGF 家族受体的激活,从而抑制内皮细胞增殖和血管新生。康柏西普眼用注射液通过玻璃体腔内注射主要在局部发挥作用。玻璃体腔内的康柏西普剂量很低,而且作为 142kDa 的生物大分子,很难透过正常的血眼屏障。

维替泊芬是光动力学治疗方法(PDT)中使用的一种光敏剂,亦称苯基卟啉衍生单酸(BPD-MA),由具有相同活性的异构体 BPD-MAc 和 BPD-MAD 按 1∶1 等量混合组成。其被光照激活后,在有氧环境下形成细胞毒性产物。在这一过程中,卟啉将吸收的能量转移给氧,形成具有高度活性而维持时间短暂的单氧。单氧在其扩散范围内破坏各生物学结构,导致局部血管闭锁、细胞破坏,并且在特定环境下导致细胞死亡。使用维替泊芬进行 PDT 具有选择性,其选择性一方面在于光激活的局部选择性,另一方面在于包括脉络膜新生血管内皮细胞在内的快速增殖细胞中的 LDL 受体表达增强,从而使快速增殖细胞能选择性地、快速地摄取并积聚维替泊芬。

二、剂量

各种抗 VEGF 药物的剂量及维替泊芬光动力治疗的剂量见表 22-1。

表 22-1　各种抗 VEGF 药物的剂量及维替泊芬光动力治疗的剂量

名称	剂量
雷珠单抗	0.5mg/0.05ml
阿柏西普	2mg/0.05ml
康柏西普	0.5mg/0.05ml
贝伐单抗	25mg/ml
哌加他尼	0.3mg
维替泊芬	15mg

三、剂型和给药途径

各种类型的抗 VEGF 药物均为液体的注射用制剂,常规给药方式为玻璃体腔内注射。

玻璃体腔内注射可以使药物直接穿透到眼内,使其可以更加高效地进入视网膜组织,同时也能限制其只在眼内发挥治疗效果,全身副作用较少。有研究表明,在兔眼进行玻璃体腔内注射雷珠单抗后,药物在玻璃体腔内的浓度比血清中高 90 000 倍。单次玻璃体腔内注射抗 VEGF 药物可能在至少 4 周内均达到完全封闭 VEGF 的效果。

玻璃体腔内注药方式虽然可以带来极大的治疗收益,但由于其可能会引起眼内炎等严重的并发症,所以注药前的预防用药、注药中严格的无菌操作尤为重要。目前在我国,规范的玻璃体腔内注药流程是注药前规律使用抗生素滴眼液 3 天,注药需在无菌手术室内进行,并且用聚维酮碘清洗结膜囊。通常用 30G 针头在角膜缘后 3.5~4mm 注射,注药后继续使用局部抗生素 3 天并密切观察。

维替泊芬则是冻干粉,需要 $6mg/m^2$ 的剂量配制维替泊芬,溶解于 5‰葡萄糖注射液中配成 30ml 的溶液。用合适的注射泵和过滤器,以 3ml/min 的速度在 10 分钟内完全经静脉输注完毕。自注射开始的 15 分钟后,用波长 689nm 的激光照射病灶区域 83 秒。治疗后需严格避光 5 天,尤其要避免皮肤和眼部直接暴露于阳光或强的室内光源下。

四、给药间隔

以雷珠单抗为例,对单眼患者而言,抗 VEGF 治疗推荐的给药间隔为 1 个月,双眼患者可在第一只眼注射后 1 周内进行第二只眼的注射。维替泊芬光动力治疗则有所不同,对单眼患者而言,首次光动力治疗后应至少间隔 3 个月才能行再次治疗;而双眼患者在第一只眼治疗后 1 周观察未发现并发症,可进行第二只眼的治疗。

五、疗程

抗 VEGF 治疗的疗程选择自该药物上市起就引起广泛讨论。作为代表药物,对雷珠单抗的研究非常广泛且深入。起初在雷珠单抗刚面市时,治疗方案是每个月 1 次注射,连续注射直至视力稳定。但后续的研究表明,在诊断为新生血管性黄斑变性后的开始 3 个月每个月 1 次注射共 3 次,然后在随诊期间由经治医师根据病情变化按需注射,也能达到视力提高、病灶稳定的效果。因此,这种 3+PRN(按需治疗)的方法是目前雷珠单抗的标准治疗方法。在此基础上根据病灶的特点,对治疗后的病灶情况可以进行个体化条件制订。如病灶小、第二次注射后视网膜水肿完全吸收,其连续 3 次的注射并非必需;而在治疗有效、视网膜水肿持续或复发的病灶,3 次注射后仍需连续治疗。对于不能排除 PCV,或伴有大范围的 PED 或 RAP Ⅲ~Ⅳ 期病灶,联合 PDT 可能是需要的。在随诊期间的治疗中,连续的按需治疗可能有助于视力稳定和提高。因此,根据治疗反应状况制订合适自身的个体化治疗方案是今后的努力方向。同时,需要指出的是,目前很多患者需要长期反复玻璃体腔内注射抗 VEGF 药物以延缓疾病进展,这种反复的注射不仅让患者承受很大的经济负担、升高了眼内炎的发生概率,而且还会让他们承担巨大的心理负担。因此,寻找一种能够长期持续发挥治疗效用的方法是我们今后努力的方向。

（黄剑锋　陈　彤）

第八节 药学监护与信息反馈

一、观察疗效

1. VEGF 抑制剂 对于应用这类药物治疗黄斑变性的患者，注射药物后的后续定期随访与治疗本身同等重要。依据现有的循证医学证据，每个月 1 次的随访频率是最佳的。疗效观察着重在如下两方面：①最佳矫正视力（best corrected visual acuity，BCVA）；②黄斑区网膜下积液和新生血管的范围。

其中视力检查应使用 ETDRS 视力表如实记录患者读出的字母数。而黄斑区结构的判断则需通过光学相干断层扫描（OCT）来进行，从 OCT 图像上应关注网膜下积液的高度和新生血管消退的程度。如果视力稳定、OCT 没有显示有明显的网膜下积液且新生血管无明显扩大，则可以不用眼底荧光素造影检查。但如果视力下降且 OCT 报告有明显的网膜下积液，则需再次行眼底荧光造影及吲哚菁绿造影检查新生血管的类型及渗漏位置，并应再次注射。

2. 维替泊芬 应用维替泊芬的光动力疗法（PDT）治疗后，患者应每个月进行 1 次详细的眼科检查，包括视力、裂隙灯显微镜、检眼镜及 OCT 检查，并且通过荧光血管造影和彩色眼底像判定病灶最大线性距离（GLD），从而判定病灶大小。荧光血管造影片上病灶的 GLD 必须经过相机放大率矫正，获得病灶在视网膜上的 GLD。光斑大小判定：治疗光斑大小应该比病灶在视网膜上的 GLD 大 $1000\mu m$，留有 $500\mu m$ 的边缘，保证完全覆盖病灶。

各种典型和隐匿型 CNV、出血和（或）荧光遮挡、任何视网膜色素上皮浆液性脱离都应该进行判定，建议使用 2.4～2.6 倍的彩色眼底照相机。一旦荧光血管造影出现脉络膜新生血管渗漏，可在 3 个月后重复治疗。

二、给药方法的适宜性

1. VEGF 抑制剂给药方法的适宜性 VEGF 抑制剂药物（包括雷珠单抗、贝伐单抗、康柏西普等）必须在无菌条件下进行玻璃体内注射，注射前必须给予患者适当的麻醉剂和眼局部用广谱抗生素。注射前消毒眼周皮肤、眼睑和眼球表面，采用无菌技术，通过与 1ml 无菌注射器相连的 $18G(5\mu m)$ 滤过针头抽取本品瓶内的所有（0.2ml）内容物。滤过针头不得用于玻璃体内注射，抽取内容物后必须丢弃。滤过针头必须替换为无菌 30G 针头，用于玻璃体内注射。必须排空注射器内的空气，直至注射器内芯尖端对准注射器上 0.05ml 的刻度线。注射针头应于角巩膜缘后 3.5～4.0mm 处，对准眼球中心，向玻璃体内进针，避免水平进针。缓慢推送 0.05ml 注射液，应注意在之后的注射时改变巩膜注射部位。

2. 维替泊芬给药方法的适宜性 光动力疗法（PDT）中使用的维替泊芬以静脉输注方式给药，具体操作如下：每支维替泊芬用 7ml 无菌注射用水配制成 7.5ml 浓度为 2mg/ml 的注射液。配制好的溶液必须避光保存，并且在 4 小时内使用。建议在注射前观察配制好的溶液是否出现沉淀和变色现象，配制好的溶液是一种深绿色的透明液体。按 $6mg/m^2$ 的剂量配制维替泊芬，溶解于 5% 葡萄糖注射液中配成 30ml 的溶液。用合适的注射泵和过滤器，以 3ml/min 的速度在 10 分钟内完全经静脉输注完毕。

三、观察不良反应

1. VEGF 抑制剂　VEGF 抑制剂应用的不良反应可分为以下两大类：①与 VEGF 抑制剂有关的不良反应；②与玻璃体腔内注射操作相关的不良反应。不同的 VEGF 抑制剂可能会带来不同的眼部和全身不良反应。

（1）雷珠单抗对全身的影响主要是高血压的风险和动脉栓塞事件的概率升高。一项研究表明，如果患者之前存在危险因素，那么在进行雷珠单抗玻璃体腔内注射后出现脑卒中的概率会升高。贝伐单抗同样也会导致上述不良反应的增多，而可能由贝伐单抗引起的眼部不良反应包括白内障进展、急性视力丧失、视网膜中央动脉阻塞、新发生或进展型视网膜下出血、视网膜色素上皮撕裂等。同时，贝伐单抗会增加胃肠道穿孔并发腹腔脓肿或瘘管形成的概率，并且可能会增加出血概率。目前，并没有发现玻璃体腔内注射哌加他尼钠及阿柏西普后导致的全身并发症。

（2）玻璃体腔内注药操作后常见的不良反应包括结膜下出血、眼痛、玻璃体漂浮物和眼压升高。有研究表明，在贝伐单抗注射 3 分钟后可能引起一个可预测的和注射量相关的 20mmHg 左右的眼压升高，这种眼压升高常为一过性。最严重的由玻璃体腔内注药引起的不良反应就是眼内感染。一项对 MARINA、ANCHOR、FIFP 和 SAILOR 四项大型临床试验数据进行的 meta 分析显示，3701 名患者共接受了 28 547 次雷珠单抗注射治疗，其发生严重眼内炎的比例很低，2 年的治疗期间为 0%～0.06%，但随着注射次数的增加，眼内炎的发生风险也增加。眼内炎通常在注射后的 2～7 天发生，因此在注射后的 1 周内严密监测患者的症状尤为重要。其他与玻璃体腔内注药操作相关的严重不良反应还有视网膜脱离、视网膜撕裂、视网膜出血及玻璃体积血。

因此，患者在接受 VEGF 抑制剂玻璃体腔内注射后，应立即检查视神经盘血流灌注，并于 30 分钟内测量眼压。在玻璃体腔内注药后的 1 天应检查眼压，并使用裂隙灯观察眼前节，观察可能由注射带来的并发症如结膜下出血、角膜上皮擦伤的情况。在注药 1 周内应随时保持与患者的联络，因为目前发生率最高的继发于表皮葡萄球菌的眼内炎常常在注药后的 3～7 天发生。因此，一旦患者报告眼痛、眼红、视力突发下降等情况时就应嘱其及时就医，裂隙灯详细检查眼前节及散瞳查眼底，检查有无出现眼内炎的相关体征。

2. 维替泊芬　维替泊芬最常见的不良事件（发生率为 10%～30%）包括头痛、注射局部反应（包括药液外渗和皮疹）和视力障碍（视物模糊、视敏度下降、视野缺损）。维替泊芬常见的眼部不良反应（发生率为 1%～10%）包括睑缘炎、白内障、结膜炎/结膜充血、干眼、眼痒、伴或不伴视网膜下或玻璃体积血的严重视力丧失）。因此，在注射后的 1 周内严密监测患者的症状尤为重要。

维替泊芬常见的全身及其他系统不良反应包括衰弱、背痛（主要在药物输注时）、发热、流感样综合征、光敏反应；房颤、高血压、外周血管异常、静脉曲张；湿疹；便秘、胃肠癌、恶心、贫血、白细胞计数减少、白细胞计数增加；肝功能检验指标异常；蛋白尿、肌酐升高；关节痛、关节病、肌无力；感觉减退、睡眠障碍、眩晕；咳嗽、咽炎、肺炎；白内障、听力障碍、复视、流泪障碍；前列腺障碍。

1%～5%的患者在治疗后的 7 天内出现严重的视力下降，相当于视力下降 4 行或 4 行以上，某些患者的视力能部分恢复。发生率较低（<1%）的维替泊芬不良反应包括视网膜脱

离(非孔源性)、视网膜或脉络膜血管无灌注,输注时出现胸痛或肌肉骨骼疼痛、过敏反应(可以很严重)、晕厥、严重的过敏反应伴呼吸困难和潮红以及血管-迷走神经反应。

四、用药依从性

由于缺乏用药知识,一些患者发现药物没有在短期内产生明显的疗效,便不遵医嘱停止治疗,或者病情有所好转就停药,这会导致疾病反复发作。因此,黄斑变性患者的治疗依从性对治疗效果有直接影响。为获得较好的治疗效果,需要加强与患者的交流沟通,普及黄斑变性疾病的健康宣传教育,让患者了解定期给药和规律随访的重要性及必要性,同时让患者充分了解药物的正确应用方法及常见的副作用。

VEGF抑制剂药物(包括雷珠单抗、贝伐单抗、康柏西普)须每个月给药1次。如果不能长期每个月注射给药,也可在初始3个月连续每个月注射1次给药之后,按每3个月注射给药1次。但与持续每个月注射相比,在初始3个月连续每个月注射,之后的9个月治疗中如果按每3个月给药1次,则视力改善将平均减少约5个字母(ETDRS视力或Snellen视力表1行)。因此,如果患者的经济条件许可,在诊断为新生血管性黄斑变性后的开始3个月每个月1次注射共3次,然后在随诊期间由经治医师根据病情变化按需注射,从而达到提高视力、稳定病灶的效果。

第九节　用 药 指 导

一、治疗药物用法

1. VEGF抑制剂　经玻璃体内注射给药,推荐剂量为每次0.5mg(相当于0.05ml的注射量),每个月1次给药。如果不能长期每个月注射给药,也可在初始3个月连续每个月注射1次给药之后,按每3个月注射给药1次。治疗期间应每个月监测患者的视力变化情况,如果出现显著的视力下降,需进一步接受本品注射治疗。2次注射之间的间隔时间不得小于1个月。

2. 维替泊芬　每支维替泊芬用7ml无菌注射用水配制成7.5ml浓度为2mg/ml的注射液。配制好的溶液必须避光保存,并且在4小时内使用。建议在注射前观察配制好的溶液是否出现沉淀和变色现象,配制好的溶液是一种深绿色的透明液体。按6mg/m² 的剂量配制维替泊芬,溶解于5%葡萄糖注射液中配成30ml的溶液。用合适的注射泵和过滤器,以每分钟3ml的速度在10分钟内完全经静脉输注完毕。

二、老年用药教育

1. VEGF抑制剂　VEGF抑制剂药物的出现是湿性AME治疗的里程碑。目前,抗VEGF治疗已成为湿性AME治疗的首选及标准治疗方案。与其他药物有所不同,抗VEGF治疗的给药方法不是通过口服或者静脉注射,而是通过玻璃体腔内注射给药以达到最佳治疗效果。玻璃体腔内注射给药可以使药物直接作用于影响新生血管的关键因子——血管内皮生长因子,从而达到抑制新生血管、治疗疾病的目的。玻璃体腔内注射属于眼内手术,每次治疗都需严格按照无菌手术原则在手术室内进行操作,注射前都必须由专业的眼科医师进行详细的评估和检查,并且需患者签署知情同意书。注射后也需要详细检查,以了解是否发生并发症。

由于抗 VEGF 药物给药途径的特殊性,因此对患者而言,用药教育的重点应是定期随访及出现并发症后的及时就医。目前,抗 VEGF 药物治疗湿性 AME 推荐的治疗方案是3＋PRN 方案,即诊断明确后每个月 1 次连续治疗 3 个月,3 个月后根据患者的病情需要进行按需治疗。这就要求患者应至少每个月 1 次规律复查。由于玻璃体腔内注射可能会引起眼内炎等并发症,这些并发症常发生在注射后的 1 周内,因此需要告知患者注射后如出现眼痛、眼红、视力突发下降等症状时,需及时就医尽早治疗。同时,为了降低眼内炎的发生,需要告知患者在玻璃体腔内注射前须控制既往存在的眼表和泪器的感染性病变,且要在注射前后 3 天规律使用抗生素滴眼液。

2. 维替泊芬　光动力疗法(PDT)是将一种特异的光敏剂(维替泊芬)注入血管中,其能随血流达到异常的新生血管中,然后用一种特殊的非热能激光(冷激光)照射,从而破坏异常的新生血管,而对正常的视网膜神经上皮组织基本没有损伤,这种疗法是目前公认的方便、安全和有效的治疗老年黄斑变性的方法。光动力疗法可以破坏异常的新生血管,而对视网膜不造成损伤,并抑制新生血管的生长。光动力治疗是简单的两步治疗,即静脉输液和激光照射。患者将接受光敏药物的静脉注射,输液约进行 10 分钟。输液结束后,医师将给眼部滴用表面麻醉药物,在眼前放置特别的角膜接触镜,开始输液的 15 分钟后用激光通过接触镜直接照射到视网膜上的病变区域,照射约持续 83 秒。激光能够激活异常血管中的药物而封闭血管和组织渗漏。

接受维替泊芬治疗的患者,在输注后会出现一过性的光过敏现象。患者应该佩戴袖带,并在治疗后的 5 天内避免阳光直射。在这个阶段,未防护的皮肤、眼或其他器官要避免阳光或强的室内光源直射,强光源包括但不局限于日光浴、大功率的卤素灯光、手术室和牙科诊所的强光。维替泊芬治疗后的 72 小时内也要避免某些医学仪器发射的持续光,如脉搏氧饱和度仪。如果患者在治疗后的最初 5 天必须在白天去户外,必须穿保护性衣服、佩戴墨镜以保护全身皮肤和眼睛。紫外线防护剂不能有效防止光敏反应,因为皮肤残留药物可以通过可见光活化。患者也不应完全处于黑暗状态,应该鼓励患者将皮肤暴露于周围的室内光线,这样可以通过光漂白过程使皮肤残留药物失活。

第十节　不合理用药的常见表现及其处理

一、不合理用药的表现

PDT 中的光敏剂维替泊芬药物过量可以引起正常的视网膜血管无灌注,导致持续严重的视力下降。药物过量可以延长患者对强光过敏的时间。建议一旦发生过量,需根据患者过量的程度成比例地延长避光时间。VEGF 抑制剂类药物的临床试验与上市后的数据中已报道了意外用药过量的病例,与这些报道的病例最常相关的不良事件有眼压升高和眼痛。如果出现药物过量,应监测眼压并治疗(如果主治医师认为有必要时)。

二、不合理用药的判断

PDT 中的光敏剂维替泊芬治疗药物过量可表现为持续严重的视力下降,延长患者对强光过敏的时间,可从患者的视力改变情况和对强光过敏的时间来判断是否发生药物过量。VEGF 抑制剂类药物过量最常见的不良事件包括眼压升高和眼痛,如发生应考虑药物过量。

三、不合理用药的处理

PDT 中的光敏剂维替泊芬一旦发生过量,需根据患者过量的程度成比例地延长避光时间。VEGF 抑制剂类药物如果出现药物过量,应监测眼压并治疗(如果主治医师认为有必要时)。

第十一节　治疗的风险及其处理

一、治疗的风险事件

PDT 中的光敏剂治疗相关风险事件包括注射局部药液外渗。VEGF 抑制剂类药物玻璃体内注射相关风险事件包括眼内炎、眼内感染、孔源性视网膜脱离、视网膜撕裂和医源性外伤性白内障有关。同时,VEGF 抑制剂类药物注射后的 60 分钟内可观察到眼压升高。此外,VEGF 抑制剂类药物还存在潜在的免疫原性、潜在的动脉血栓栓塞事件的风险。

二、治疗的风险因素

PDT 中的光敏剂治疗的风险因素:①应用不匹配的激光,不能提供维替泊芬光活化所需的条件,可能会由于维替泊芬不完全活化引起治疗不完全,或维替泊芬过度活化引起治疗过量或周围正常组织损伤;②对有中至重度肝功能损害或胆道阻塞的患者,目前尚无治疗的临床经验,须慎用维替泊芬。

VEGF 抑制剂类药物治疗的风险因素:①存在视网膜色素上皮撕裂风险因素的患者,包括大面积的和(或)高度隆起的视网膜色素上皮脱离;②存在孔源性视网膜脱离或 3/4 级黄斑裂孔的患者;③双眼同时接受治疗,可能会使全身暴露量升高,从而导致全身不良事件的风险升高;④已全身或局部使用另一种 VEGF 抑制剂类药物。

三、治疗风险的处理

1. PDT 中的光敏剂治疗风险处理

(1)在维替泊芬开始输注前要先建立静脉通道,并时刻注意通道的通畅性。由于某些老年患者的静脉壁脆性较大,尽量选择手臂最大的静脉如肘前静脉输注,避免选用手背小静脉。

(2)如果出现药液外渗,必须立即停止输注并局部冷敷。一旦在输注过程中出现药液外渗,外渗局部必须完全避光,直到局部肿胀和变色完全消失,否则会出现严重的局部灼伤。如果治疗后的 48 小时内需要行急症手术,大多数体内组织应该尽可能避免接受强光照射。如果治疗后的 1 周内视力严重下降 4 行或 4 行以上的患者不能重复治疗,至少要在视力完全恢复到术前水平以及治疗医师充分考虑重复治疗的利弊后再进行。

(3)在不足 1‰维替泊芬治疗的患者出现与补体活化相一致的症状(胸痛、晕厥、呼吸困难和潮红),因此在维替泊芬输注过程中应密切监测患者。

(4)使用本药进行双眼同时治疗时应注意：①如患者以往有本药单眼治疗史,治疗的安全性已得到证实,就可以采用 1 次注射而治疗双眼。在注射开始后的 15 分钟,首先治疗病情进展较快的眼。在第一只眼光照后立即调整第二只眼治疗的激光参数,采用与第一只眼相同的激光剂量和强度,在注射开始后不晚于 20 分钟内开始治疗。②如患者首次出现双眼可以治疗的病灶,以往无本药治疗史,则宜先治疗病情进展较快的眼。如第一只眼治疗后 1 周未出现明显的安全性问题,可采用第一只眼的治疗方案进行第二只眼的治疗。约 3 个月后检查双眼,如果双眼的病灶都出现渗漏,则需重复治疗,可重新注射,双眼同时进行治疗。

2. VEGF 抑制剂类药物治疗风险处理

(1)必须采用合格的无菌注射技术。此外,注射后的 1 周内应监测患者的情况,从而早期发现感染并治疗。应指导患者在出现任何提示有眼内炎的症状或任何上述提到的事件时,应立即报告给医师。

(2)因此须同时对眼压和视神经乳头的血流灌注进行监测和适当治疗。

(3)存在孔源性视网膜脱离或 3/4 级黄斑裂孔的患者应中断治疗。

(4)已全身或局部使用另一种 VEGF 抑制剂类药物者,不应再使用这类药物治疗黄斑变性。

(5)出现下述情况应暂停给药,且不得在下次计划给药时间之前恢复给药:①与上次的视力检查相比,最佳矫正视力(BCVA)的下降≥30 个字母;②眼压≥30mmHg;③视网膜撕裂;④涉及中心凹中央的视网膜下出血,或出血面积占病灶面积的 50% 或更多;⑤在给药前后的 28 天已接受或计划接受眼内手术。

第十二节　年龄相关性黄斑变性治疗中的常见药学问题

一、可能与维替泊芬存在药物相互作用的药物

维替泊芬主要以原形通过肝脏快速排泄,药物代谢局限于肝和血浆酯酶,细胞色素 P450 并不参与维替泊芬的代谢。根据维替泊芬的作用机制,许多药物联合使用会影响维替泊芬的疗效。如钙通道阻滞剂、多黏菌素 B 或放疗会增加血管内皮细胞摄取维替泊芬;其他光敏剂(如四环素、磺胺类药物、吩噻嗪、磺脲类降血糖药、噻嗪类利尿药和灰黄霉素)可以增加皮肤光敏反应性;可以消除活性氧类或清除自由基的复合物如二甲亚砜、β-胡萝卜素、乙醇、甲酸盐和甘露醇可能会降低维替泊芬的活性;减少凝血、血管收缩和血小板聚集的药物如血栓素 A_2 抑制剂也可以降低维替泊芬的疗效。

二、玻璃体内注射 VEGF 抑制剂使用抗凝药或抗血小板药物患者的安全性

在使用抗凝药的患者中,玻璃体内注射后的出血风险似乎极小,且在注射前应该不需要停止抗凝治疗。2 项关于玻璃体内注射抗 VEGF 药物贝伐单抗和雷珠单抗的Ⅲ期临床试验中,85 例接受抗凝治疗的患者接受了 18 次或 18 次以上的玻璃体内注射治疗但未发生出血性并发症。一项回顾性病例系列研究针对某医疗中心的 520 例患者,这些患者接受了超过 3100 次的玻璃体内注射 VEGF 抑制剂治疗(包括 104 例使用华法林钠的患者、90 例使用使用硫酸氢氯吡格雷的患者、7 例同时使用华法林钠和硫酸氢氯吡格雷的患者,以及使用阿司

匹林的患者中的 1254 次注射），均未发现眼部出血性并发症。

附：典型案例

维替泊芬与磺酰脲类药物合用致光敏性皮炎的案例分析

患者，女，65 岁。主诉双眼视物不清半年，不伴眼红、眼痛、眼痒，经眼科医师诊断为双眼年龄相关性黄斑变性。查体示一般情况可。视力：OD 0.5，OS FC；眼压：OD 16mmHg，OS 14mmHg；双眼角膜清，前房中深，晶状体混浊明显；右眼视乳头边界清，色泽淡，C/D 0.4；黄斑：中心凹光黄斑，中心凹光反射消失，视网膜动、静脉比例 1∶2，视网膜在位。既往无屈光不正、眼部外伤史。2 型糖尿病病史 3 年，否认高血压、心脏病。

患者开始接受光动力疗法（PDT）治疗，经第一次 PDT 治疗后，患者的双眼视力有一定恢复，且未出现任何不良反应。在进行第二次 PDT 治疗时，术中输注 15mg 维替泊芬作为光敏剂。患者在治疗结束后的 10 小时在家中于日光灯下看书时，感觉到背部及双手手背灼烧感，并伴有疼痛、水肿和皮肤发红。皮肤科医师对其进行检查发现，受影响的皮肤为暴露于日光灯下的皮肤区域，诊断为光敏性皮炎。临床药师进一步询问患者近期和既往用药史，患者因患 2 型糖尿病，除控制饮食外，近期在每餐餐前口服 1 片格列苯脲用于控制血糖。

案例分析：维替泊芬是一种具有细胞毒性的药物，其可被波长为 689nm±3nm 的激光所活化。其活化可生成具有强活性的氧自由基，产生局部的细胞毒性。维替泊芬主要在肝脏中代谢，少部分会通过血浆中的酯酶转化为具有较低代谢活性的代谢产物。维替泊芬主要会在新生脉络膜处蓄积，但该药也会分布至身体的其他部位，而这可能会发生光活化。因此在接受光动力疗法后 3 天内避免皮肤和眼睛接受日晒或室内强光暴露是非常重要的；而涂抹防晒霜并不能预防紫外线光敏反应，这是因为皮肤中的残余药物可被可见光活化。

磺酰脲类口服降血糖药是磺胺的衍生物，可促进胰岛 B 细胞释放胰岛素，而其副作用则包括可导致光敏性。该患者在第一次 PDT 治疗中并未发生任何副作用，而在第一和第二次 PDT 治疗期间因血糖控制不佳服用了格列苯脲。由于维替泊芬与磺酰脲类药物在化学结构中都具有 $CH_3O—C=O$ 结构，这会使芳烃开环，从而导致光敏活性增高，可被日光或人造光中的可见光谱活化。

因此，临床药师建议患者最好与内分泌科医师讨论，在接受 PDT 治疗期间换用另一种非磺酰脲类降血糖药，从而降低发生光敏反应的风险；同时给予患者维替泊芬用药后的生活指导。

（赵　明）

参 考 文 献

［1］Klein R，Klein BE，Linton KL. Prevalence of ager-related maculopathy：The Beaver Dam Eye Study［J］. Ophthalmology，1992，99（6）：933-943.

［2］Klein R，Meuer SM，Knudtson MD，et al. The epidemiology of progression of pure geographic atrophy：the Beaver Dam Eye Study［J］. Am J Ophthalmol，200，146（5）：692-699.

［3］关国华，詹宇坚，黄仲委. 老年性黄斑变性流行病学调查（附 1091 例调查结果分析）［J］. 眼底病，1989，5：208.

［4］Tomany SC,Cruickshanks KJ,Klein R,et al. Sunlight and the 10-year incidence of age-related maculopahty:the Beaver Dam Study［J］. Arch Ophthalmol,2004,122(5):750-757.

［5］张承芬. 眼底病学［M］. 北京:人民卫生出版社,1998.

［6］Ryan SJ,et al. Retina［M］. 4th ed. St Louis:Mosby,2006.

［7］Kanski JJ. Clinical Ophthalmology:A Systemic Approach［M］. 4th ed. Boston:Butterworth Heinemann,1999.

［8］Guyer DR,Yannuzzi LA,Chang S,et al. Retina-Vitreous-Macula,Philadelphia Saunders,1999.

［9］刘家琦,李凤鸣. 实用眼科学［M］. 第 3 版. 北京:人民卫生出版社,2010.

［10］张惠蓉. 视网膜病临床和基础研究［M］. 太原:山西科学技术出版社,1995.

［11］Schuman JS. Optical Coherence Tomography of Ocular Disease［M］. 2nd ed. Thorofare,New Jersey:SLACK,2004.

［12］Schmidt-Erfurth U,Hasan T. Mechanisms of action of photodynamic therapy with verteporfin for the treatment of age-related macular degeneration［J］. Surv Ophthalmol,2000,45:195-214.

［13］Photodynamic therapy of subfoveal choroidal neovascularization in age-related macular degeneration with verteporfin:one-year results of 2 randomized clinical trials -TAp report. Treatment of age-related macular degeneration with photodynamic therapy(TAP) Study Group［J］. Arch Ophthalmol,1999,117:1329-1345.

［14］Houle JM,Strong A. Clinical pharmacokinetics of verteporfin［J］. J Clin Pharmacol,2002,42:547-557.

［15］CATT Research Group,Martin DF,Maguire MG,et al. Ranibizumab and bevacizumab for neovascular age-related macular degeneration［J］. N Engl J Med,2011,364(20):1897-1908.

［16］Charles S,Rosenfeld PJ,Gayer S. Medical consequences of stopping anticoagulant therapy before intraocular surgery or intravitreal injections［J］. Retina,2007,27:813.

［17］Mason JO 3rd,Frederick PA,Neimkin MG,et al. Incidence of hemorrhagic complications after intravitreal bevacizumab(avastin) or ranibizumab(lucentis) injections on systemically anticoagulated patients［J］. Retina,2010,30:1386.

第二十三章

老年人皮肤病

第一节 带状疱疹

一、定义和流行病学

带状疱疹是由水痘带状疱疹病毒引起的急性炎症性皮肤病,中医称为"缠腰火龙""缠腰火丹",民间俗称"蛇丹""蜘蛛疮"。本病临床上较为常见,成人多见,老年人好发,是老年人好发的疾病之一。在美国,每年每百万带状疱疹患者中,约有50%发生在50岁以上的人群。85岁以上的老年人的带状疱疹发病率可高达50%,50~59岁及60~69岁的带状疱疹发病率分别为4.6/(千人·年)及6.9/(千人·年),70~79岁及80岁以上的发病率更高,可达9.5/(千人·年)及10.9/(千人·年)。而带状疱疹后神经痛在50岁以上的人群中较为常见,12%的患者可发生该症。

二、病因和发病机制

带状疱疹是水痘带状疱疹病毒引起的,与水痘为同一病毒。人是水痘带状疱疹病毒的唯一宿主,在无免疫力或免疫力低下的人群尤其是儿童初次感染此病毒后,病毒经呼吸道黏膜进入血液形成病毒血症,临床上表现为水痘或隐性感染。以后病毒进入皮肤感觉神经末梢,并可长期潜伏在脊髓后根神经节或者脑神经感觉神经节内。大多数人携带病毒终身不发病。在各种诱因如劳累、紧张等因素导致机体免疫力下降时,潜伏的病毒被激活,沿感觉神经轴索下行到达该神经所支配区域的皮肤内复制并产生水疱,使受累的皮肤及神经发生炎症、坏死,并产生神经痛。本病愈后机体可获得较低的特异性抗体,因此有一定的免疫力,但是仍可再发。

一般来说,引起机体免疫力降低的因素均可诱发带状疱疹的发生,如创伤、劳累、紧张、恶性肿瘤、肿瘤患者化疗或病后虚弱等。老年人发生严重的带状疱疹尤其频发带状疱疹应该警惕潜在的免疫缺陷性疾病或内脏恶性肿瘤的可能性。

三、病理表现

组织病理表现为表皮内水疱,内含棘层松解细胞及多核上皮巨细胞;棘细胞气球变形,胞质丰富淡染,核呈钢灰色,边缘浓染;疱内可见坏死的角质形成细胞;真皮乳头内水肿,可见血管外红细胞；真皮内可见程度不等的淋巴细胞浸润。

四、临床表现和辅助检查

神经痛为带状疱疹的主要症状，可在发病前出现，也可在出疹后发生，也可与皮疹同时出现。在发疹前出现疼痛临床上容易误诊为其他疾病，需仔细鉴别。带状疱疹的疼痛可为钝痛，也可为抽搐痛、跳痛，常伴有烧灼感。疼痛多为阵发性，也可为持续性疼痛。老年以及体弱者疼痛常较为剧烈。某些患者皮疹消退后神经痛仍可持续数月或数年，称为带状疱疹后神经痛。

老年人带状疱疹的病程一般较长，为 3～4 周，水疱干涸、结痂脱落后留有暂时性淡红斑或色素沉着。水疱结痂脱落后皮肤不适感可持续数周或数个月。

辅助检查：一般无明显异常，播散型带状疱疹有较明显的全身症状者，白细胞总数多低于正常、淋巴细胞及单核细胞可增多。Ramsay-Hunt 综合征出现脑膜刺激征时常有脑脊液异常。疱底刮取物涂片找到多核巨细胞和核内包涵体有助于诊断。

五、诊断和鉴别诊断

根据成簇水疱，沿一侧周围神经呈带状分布，常伴有明显的神经痛，临床上不难诊断。在带状疱疹前驱期及无皮疹性带状疱疹，有时易误诊为肋间神经痛、心绞痛、胸膜炎或急腹症等，应该注意鉴别。一般来说带状疱疹的疼痛主要为皮肤疼痛，多为针刺样或抽搐样疼痛，常伴有皮肤麻木，容易与内脏疾病相鉴别。本病有时需与单纯疱疹进行鉴别，后者好发于皮肤与黏膜交接处如口唇及面部，分布无一定规律，水疱较小易破，发病面积较小，疼痛也不显著，常易复发。

六、治疗总体安排

带状疱疹为自限性疾病，但老年人易发生后遗神经痛，应尽早治疗。本病的治疗原则包括抗病毒、止痛、营养神经及防止继发细菌感染。

七、药物治疗方案

1. 抗病毒　选择下列抗病毒药物之一即可。

(1) 阿昔洛韦：200mg，口服，5 次/日；或者 5～10mg/(kg·d)，静脉滴注，疗程为 7～10 天。

(2) 泛昔洛韦：250mg，口服，3 次/日，疗程为 7 天。

(3) 溴夫定：125mg，口服，1 次/日，疗程为 7 天。应用阿昔洛韦、泛昔洛韦等鸟苷类抗病毒药物时应该注意患者的肾功能，患者肾功能异常时应该慎用此类药物，可选用溴夫定口服。

2. 局部治疗　可外用 1%～5% 阿昔洛韦或 1% 喷昔洛韦软膏。如果有细菌感染可外用抗生素软膏。

3. 营养神经　口服或肌内注射 B 族维生素，如维生素 B_1 及维生素 B_{12}。

4. 止痛　首先选择口服去痛片等 NSAIDs 类镇痛药物。如疗效欠佳，可选择其他类药物如抗抑郁药如阿米替林、抗惊厥药如卡马西平、麻醉性镇痛药即以吗啡为代表的镇痛药物。

5. 中医治疗 中医辨证施治,如热盛证可选龙胆泻肝汤加减;湿盛证可选除湿胃苓汤加减。若皮疹消退后局部疼痛不止者,属气滞血瘀选柴胡疏肝饮加减。针灸疗法对后遗神经痛有一定疗效。

(张 明 常建民)

八、药学监护与信息反馈

1. 抗病毒药阿昔洛韦的选择与监测

(1)给药时机:阿昔洛韦主要用于带状疱疹引起的感染,安全性较高,价格低廉,易获得。应提倡抢先使用抗病毒药,应用越早,减轻急性疼痛及缩短出疹时间的效果越明显,同时可明显减少病毒扩散和眼部并发症的发生。本品最好在皮疹出水疱的 72 小时内使用,如果不及时治疗或治疗不当,可导致持久的后遗神经痛,尤以老年人为甚,后遗神经痛的发生率可达 30%～50%。治愈时间一般需 7～14 天,见于原卫生部带状疱疹临床路径(2009 年版);而年老体弱、免疫力低下者则需要更长时间。

(2)监测滴注液的配制:阿洛韦药液的配制建议护士先用注射用水溶解,充分摇匀后,再用氯化钠注射液或 5% 葡萄糖注射液稀释至 100ml,药物浓度<7g/L,否则易引起静脉炎。配制后的溶液应在 12 小时内使用,冰箱内放置会产生沉淀。本品不可用含苯甲醇的稀释液稀释。

(3)监测滴注速度:严格控制滴注速度,应持续滴注 1～2 小时,避免快速滴入或静脉推注,否则药物易在肾小管内结晶沉积引起肾功能损害,甚至引起肾衰竭。

(4)监测肾功能:因为阿昔洛韦经肾由肾小球滤过和肾小管分泌而排泄,45%～79% 的药物以原形由尿排泄,提示医师慎用于急性或慢性肾功能不全者。

(5)监测给药的特殊群体:老年人以及肾功能不全患者在用药期间注意调整剂量,以免损害肾功能。

(6)监测药物相互作用:与干扰素或甲氨蝶呤(鞘内)合用可能引起精神异常,应慎用;与肾毒性药物如庆大霉素、磺胺类等合用可加重肾毒性,特别是肾功能不全者更易发生;与齐多夫定合用可引起肾毒性,表现为深度昏睡和疲劳;与丙磺舒竞争性抑制有机酸分泌,合并使用后者可使本品的排泄减慢,半衰期延长,造成体内药物蓄积。

(7)监测患者的补水量:叮嘱患者在静脉滴注的 2 小时后补充足够的水,防止尿药浓度过高,药物沉积于肾小管内引起肾脏损害。

2. 卡马西平的选择与监测

(1)选药与剂量分析:卡马西平除广泛用于癫痫大发作外,还可应用于三叉神经痛、带状疱疹性神经痛的止痛治疗中。对于老年患者,建议用药剂量遵从从低到高的方式,开始每次 0.05g,每天 2 次。

(2)监测 ADR:监测白细胞、血小板、肝肾功能变化、有无皮疹等。

(3)监测血药浓度:卡马西平在人体内吸收缓慢、不规则,应监测血药浓度,防止血药浓度过高导致中毒。

3. 阿米替林的选择与监测

(1)选药依据分析:阿米替林主要用于治疗各种抑郁症,且镇静作用较强,有效缓解带状疱疹患者的焦虑症状,促进睡眠。黄东祥报道也可治疗带状疱疹后顽固性神经痛,安全有效。

(2)剂量监测:药师建议从低剂量起始给药,每晚口服 12.5mg,因为该药低剂量即可很快发挥止痛效能,改善患者的睡眠,同时也可降低其嗜睡、口干的不良反应。如果效果欠佳,根据患者的睡眠及疼痛情况逐渐增加剂量至每晚 25mg。

(3)监测 ADR:出现嗜睡等不良反应时可考虑减量使用。

(4)监测禁忌证:有严重的心脏病、近期有心肌梗死发作史、癫痫、青光眼、尿潴留、甲状腺功能亢进、肝功能损害、对三环类药物过敏者禁用。

九、用药指导

(一)治疗药物用法

1. 用药原则

(1)用药目的:抗病毒,减少疼痛,预防继发感染,缩短病程。

(2)用药疗程:口服抗病毒药的用药时间为 1 周左右;镇痛药、神经营养药、免疫调节药的用药时间视病情而定;局部外用药以干燥、抗炎为主;皮损严重者应加强支持疗法。

(3)抗生素选择:必要时按照国家卫计委《抗菌药物临床应用指导原则》和创面细菌培养及药敏试验结果选用抗生素。

2. 用药方案

(1)抗病毒药:共有 3 种系统性抗病毒药可以应用于带状疱疹的治疗:阿昔洛韦、伐昔洛韦和泛昔洛韦。这 3 种药都是鸟嘌呤腺苷类似物,对病毒有特殊的亲和力,但对哺乳动物宿主细胞的选择性低。

阿昔洛韦的口服给药方法为每天 5 次,每次 0.2～0.8g,服用 7 天。阿昔洛韦静脉内给药是治疗免疫受损患者带状疱疹的标准疗法,剂量为 5～10mg/kg,静脉滴注,一日 3 次。给药期间应予患者充足的水分以防止阿昔洛韦在肾小管内沉淀,对肾功能造成损害。说明书要求老年人需要根据肾功能调整剂量:肌酐清除率＞25ml/min 时,每次 0.8g,每 4 小时 1次(每日 5 次);肌酐清除率在 10～25ml/min 时,每次 0.8g,每 8 小时 1 次;肌酐清除率＜10ml/min 时,每次 0.8g,每 12 小时 1 次。

伐昔洛韦是阿昔洛韦的前体药物,只能口服,口服吸收快,并在胃肠道和肝脏内迅速转化为阿昔洛韦,其生物利用度是阿昔洛韦的 3～5 倍,并且药动学比阿昔洛韦更好,服用方法也更简便:每天 2 次,每次 0.3g,服用 7 天。与阿昔洛韦相比,能明显减少带状疱疹急性疼痛和 PHN 的发生率及持续时间。

泛昔洛韦是喷昔洛韦的前体药物,只能口服,口服后在胃肠道、血液中和肝脏内迅速转化为喷昔洛韦,在细胞内维持较长的半衰期。泛昔洛韦的给药方法为每天 3 次,每次250mg,服用 7 天。它同伐昔洛韦一样,是口服治疗无并发症带状疱疹最常应用的抗病毒药物。泛昔洛韦对免疫力正常患者的带状疱疹急性疼痛及 PHN 的治疗效果与伐昔洛韦相似。

对肾功能受损患者,静脉用阿昔洛韦、口服阿昔洛韦、伐昔洛韦及泛昔洛韦的剂量要相应调整。

此外,如果患有急、慢性肾脏疾病且免疫功能正常,可以选择溴夫定口服进行抗病毒治疗。成人每日1次,每次125mg,连续7天。对于肝及肾功能不全患者不需调整剂量。

(2)镇痛药:对于神经痛的治疗,应采用阶梯治疗方案。治疗过程中要注意个体化差异及药物不良反应,必要时应就诊于疼痛门诊。

1)第一步:非甾体镇痛药,如对乙酰氨基酚1.5~5g/d。阿司匹林用于治疗PHN的作用有限。

2)第二步:加服低效力的麻醉性镇痛药(如曲马多200~400mg/d、可待因120mg/d)。

3)第三步:除"外周"止痛剂外,还可给予高效力的中枢阿片样物质(如丁丙诺啡1.5~1.6mg/d、口服吗啡30~360mg/d)。最后一步适用于对基本治疗方法反应不佳的患者。

对严重的神经痛,可以将步骤1或2联合1种抗癫痫药(如卡马西平400~1200mg/d、加巴喷丁900~2400mg/d)。抗癫痫药能减轻针刺样痛,但对持续性疼痛无效。抗抑郁药(如阿米替林10~75mg)及神经镇静药(如左美丙嗪20~150mg/d)也可能有效,尤其对老年患者而言。阿米替林是治疗PHN的标准疗法,60岁以上的带状疱疹患者可从25mg起始,在2~3周内逐渐增至50~75mg。去甲替林与阿米替林的止痛作用相似,但不良反应更少。

除口服药物外,还可局部外用利多卡因凝胶治疗带状疱疹急性疼痛及PHN,使用方便,且无全身不良反应。辣椒碱可以影响疼痛传递因子P物质的释放、合成与贮藏。辣椒碱软膏外用,通过减少P物质实现镇痛和止痒的功效。

此外,还可尝试用局部麻醉剂阻滞交感神经、经皮神经电刺激等治疗方法。个别病例可采取神经外科治疗(如脊髓灰质胶状质Rolandi热凝固术)。

(3)神经营养药

1)维生素B_1片:成人每次5~10mg,口服,每天3次。

2)腺苷钴铵:成人每次0.5~1.5mg,口服,每天1.5~4.5mg。

(4)局部用药

1)炉甘石洗剂:涂搽患处,每天2~3次。

2)阿昔洛韦乳膏:白天每2小时涂1次。

3)喷昔洛韦乳膏:白天每3小时涂1次。

(二)老年用药教育

1. **防止继发感染的教育**　对患者进行防止继发感染的教育,耐心地向患者讲清楚带状疱疹的水疱疱壁紧张发亮,易破裂,破裂后易使创面继发感染而加重病情。因此,叮嘱患者局部应避免受压或衣服摩擦,减少疱疹渗出,保持清洁卫生,勿用手抓水疱等。此外,告知患者避免大剂量接受放疗和化疗及使用细胞毒性及大剂量的皮质类固醇激素,春、秋季节不去人多的地方聚会、游玩。

2. **患者的心理疏导及生活干预**

(1)心理疏导干预:带状疱疹患者常伴有针刺或烧灼样疼痛,导致患者对自身所患疾病的治疗、转归、预后存在很大疑惑,甚至失去信心,这种负性情绪会加重疼痛的感觉。因此,临床药师在该环节上一定要进行患者的心理疏导,使患者及家属理解治疗效果,减轻心理压力,增强战胜疾病的信心。

(2)生活干预:嘱咐患者避免搔抓疱疹部位的皮肤,休息时采取侧卧位,衣着应宽松柔软,避免摩擦。勤更换内衣,洗澡时水温不宜过高,不用碱性肥皂。避免交叉感染,尽量不与婴幼儿、老人、抵抗力低的人员接触。多食纤维丰富的食物,如芹菜、菠菜、白菜等,以防便秘。

3. 止痛药的患者教育　服用镇痛药的同时,患者应尽量避免从事高空或驾驶性操作;不要独自照看小孩或进入深水区域;叮嘱患者服药的同时不要饮酒,也不要服用常规剂量的镇静催眠药。

4. 患有带状疱疹者日常要注意避免接触那些从没得过水痘的人群、免疫力缺陷的患者(如 AIDS 或癌症患者),以及孕妇、婴幼儿等。

十、治疗的风险及其处理

1. 抗病毒药

(1)阿昔洛韦:①不良反应:常见注射部位炎症或静脉炎、皮肤瘙痒、荨麻疹、皮疹,以及发热、轻度头痛、恶心、呕吐、腹泻、蛋白尿、血尿素氮和血肌酐升高、肝功能异常等;罕见昏迷、意识模糊、幻觉、癫痫、下肢抽搐、舌及手足麻木感、震颤、全身倦怠感等。②注意事项:静脉用药可能引起肾毒性,用药前或用药期间应检查肾功能;静脉滴注 2 小时后尿药浓度最高,应补充足够的水,防止药物沉积于肾小管内;哺乳期妇女和儿童应慎用;急性或慢性肾功能不全者不宜静脉滴注。

(2)泛昔洛韦:常见不良反应有头痛、恶心;哺乳期妇女使用时应停止哺乳;服药前后应监测肾功能。

(3)溴夫定片:不要将溴夫定与氟尿嘧啶(或类似的抗癌药物卡培他滨、氟尿苷、替加氟)同时服用,而且服用溴夫定结束与开始服用氟尿嘧啶或类似的抗癌药物的间隔时间不得少于 4 周。另外对于近期应用溴夫定的患者,在应用含氟尿嘧啶的药物前应监测二氢嘧啶脱氢酶(DPD)的活性。

2. 镇痛药

(1)非甾体抗炎镇痛药:常见胃肠道不良反应,严重者可导致胃肠溃疡、出血,甚至穿孔;可引起血压升高、钠潴留、水肿等;与阿司匹林同时服用可增加胃肠道出血,必须同用时应加服质子泵抑制药(PPI)或米索前列醇,或选用对乙酰氨基酚。

(2)罗通定:有眩晕、乏力、恶心、嗜睡的不良反应,罕见过敏性休克及急性中毒;从事驾驶、机械操作以及运动员等应慎用;服用镇痛药不宜超过 5 天。

(3)多塞平:①不良反应:多汗、口干、震颤、眩晕、视物模糊、排尿困难、便秘等。②禁忌证:高血压、心脏病、肝肾功能不全、青光眼、近期有心绞痛发作、谵妄、粒细胞减少、对三环类药物过敏、甲状腺功能亢进症、尿潴留患者禁用。③注意事项:长期、大剂量应用时应定期检查白细胞和肝功能;不得与单胺氧化酶抑制药合用;用药期间不宜驾驶车辆、操作机械和高空作业。

3. 神经营养药

(1)维生素 B_1:大剂量用药时可干扰血清茶碱浓度测定,可致尿酸和尿胆原假阳性。

(2)腺苷钴铵:不宜与氯丙嗪、维生素 C、维生素 B 等混合在同一容器中;与葡萄糖注射液有配伍禁忌。

4. 局部用药

（1）炉甘石洗剂：寒冷季节不宜大面积涂用，否则易受凉；头发等体毛较长的部位一般不用。

（2）阿昔洛韦乳膏：局部应用可有暂时性刺痛或烧灼感；偶有红斑、瘙痒、皮肤干燥。涂药时应戴指套或手套，用药部位如有烧灼感、瘙痒、红肿等情况应停药，并将局部药物洗净，必要时向医师或药师咨询。

十一、老年带状疱疹治疗中的常见药学问题

带状疱疹后神经痛的药物治疗：带状疱疹后神经痛（postherpetic neuralgia，PHN）可能相当难治。PHN 的主要危险因素是较大的年龄、较严重的急性疼痛以及较严重的皮疹。

多种疗法已被研究用于治疗 PHN：三环类抗抑郁药（tricyclic antidepressant，TCA）；抗癫痫药，特别是加巴喷丁和普瑞巴林；阿片类药物；辣椒碱；局部用利多卡因；鞘内注射糖皮质激素；N-甲基-D-天冬氨酸（N-methyl-D-aspartate，NMDA）受体拮抗剂；冷冻疗法；手术；温和的镇痛药（如阿司匹林及其他非甾体抗炎药）对急性疱疹性神经痛或 PHN 患者作用有限。

三环类抗抑郁药对 PHN 有效，常被认为是主要的治疗方法。这些药物会抑制中枢神经系统对去甲肾上腺素和 5-羟色胺的再摄取，也会增强对外周疼痛信号的抑制作用。

抗癫痫药可有效治疗神经性疼痛，最明显的是减轻疼痛综合征（如 PHN 中的刺状痛）。随机试验中已评估过的药物包括加巴喷丁、普瑞巴林和丙戊酸。

阿片类镇痛药可能更有效。相比三环类抗抑郁药，更多患者更喜欢阿片类药物。镇痛药曲马多也似乎对 PHN 患者有一些益处。

有限数据显示局部使用标准浓度的辣椒碱对治疗 PHN 有效，但是辣椒碱能引起烧灼感、刺痛和红斑，这使得在临床试验中难以达到真正的设盲。在实践中，高达 1/3 的患者不能耐受辣椒碱。

对于除三叉神经外的其他神经受累的 PHN 患者，鞘内注射糖皮质激素可能是一个适当的选择，特别是在多种措施没有效果的情况下。

静脉用氯胺酮可轻度缓解 PHN 患者的疼痛，但使用的剂量可引起镇静、烦躁不安和分离性障碍发作。

大多数药物的长期益处尚不确定，且副作用常见。根据现有的临床证据，阿片类药物和三环类抗抑郁药似乎可带来最大的益处。三环类抗抑郁药通常是首选药物，因为它们的疗效相似且没有依赖性。然而，若三环类抗抑郁药治疗失败，可以使用阿片类药物。这些药物也可同时应用，因为三环类药物可能无法立即起效。与这些药物相关的睡眠改善常常能显著降低整体的痛苦。另外，积极调整剂量通常会在治疗的第 1 周产生明显的镇痛作用。采用加巴喷丁的抗癫痫疗法是三环类抗抑郁药的合理替代治疗，或可以添加到三环类或阿片类药物治疗中。其他抗癫痫药似乎也有效。局部用辣椒碱也能缓解疼痛，尽管其耐受性常常较差。局部用利多卡因可提供短期的缓解作用。对于采用了上述方法后仍持续存在顽固性疼痛的患者，可考虑鞘内注射糖皮质激素。这些鞘内注射治疗对于三叉神经相关的疼痛可能无效。

附：典型案例

老年带状疱疹治疗的药学监护

患者，女，68 岁，体重 57kg。因"发现蛋白尿 40 余年，双下肢水肿 10 个月余，左下肢、

臀部皮肤疱疹5天"入院。门诊以"慢性肾功能不全;带状疱疹"收入肾内科。既往高血压病史10个月余;肾性贫血;冠心病(冠状动脉旁路移植术后);甲减。治疗过程:入院后完善三大常规、肝肾功能、凝血功能、心肌酶谱、甲状腺功能、心电图及心脏彩照检查。①抗病毒治疗:先后给予更昔洛韦注射剂、伐昔洛韦片、喷昔洛韦乳膏外涂皮肤患处;②肾功能检查示二氧化碳12.0mmol/L,存在代谢性酸中毒,给予碳酸氢钠、葡萄糖酸钙静脉滴注行纠酸补钙治疗;③静脉注射呋塞米利尿、排钾;④降压:苯磺酸氨氯地平片口服;⑤给予重组人促红素注射液、叶酸片、多糖铁复合物胶囊改善贫血;⑥给予前列地尔、丹参川芎嗪注射液改善微循环;⑦左甲状腺素钠片口服治疗甲减;⑧给予利血生、维生素B_4升白细胞治疗;⑨给予胸腺五肽增强免疫力;⑩中成药护肾:金水宝胶囊+尿毒清颗粒。经20天的治疗,患者左下肢及臀部皮肤结痂并脱落,双下肢水肿明显改善,尿量正常,病情稳定。

临床药师对该患者带状疱疹治疗的药学监护主要有以下关注:患者左下肢存在广泛皮肤疱疹伴疼痛,经皮肤科会诊,诊断为带状疱疹,给予注射用更昔洛韦(0.125g,静脉滴注,qd)、伐昔洛韦片(口服,qn,每次0.3g)、喷昔洛韦乳膏(涂皮肤患处,qid)治疗。药师认为此抗病毒用药方案和更昔洛韦静脉滴注用量存在不妥。①抗病毒药物用药方案不妥。伐昔洛韦、更昔洛韦、喷昔洛韦均为核苷类抗病毒药,结构相似,作用机制相同,静脉和口服制剂同时使用为重复用药。该患者为广泛皮肤疱疹,病情较重,宜先使用静脉给药,待病情好转后再行序贯治疗。静脉用药期间,可在皮肤患处给予喷昔洛韦乳膏外涂加强局部抗病毒作用,促进皮肤患处的恢复。②更昔洛韦静脉滴注用量不妥。肾内科医师欲使用更昔洛韦125mg/d静脉滴注,药师提出异议。更昔洛韦主要经肝代谢、由肾排泄,肾功能不全患者需依据血肌酐清除率调整剂量。患者的血清肌酐值为406mol/L、血清肌酐清除率为11.30ml/min,则合理的使用剂量为1.25mg/(kg·d)。根据患者的体质量计算,每日剂量应为71.25mg,否则会加重肾功能损害。医师据此修改医嘱。③更昔洛韦具有骨髓抑制的常见不良反应,主要毒性为粒细胞减少症、贫血和血小板减少症,并易引起出血和感染。而该患者入院时已有中度贫血及粒细胞减少,更需警惕血液系统不良反应,因此需定期监测血常规,如若中性粒细胞计数在$0.5×10^9$/L以下或血小板计数低于$25×10^9$/L应暂时停药。患者入院期间共查4次血常规,用药前白细胞计数$2.7×10^9$/L、中性细胞计数$1.82×10^9$/L、血小板计数$83×10^9$/L;用药后每5天复查1次血常规,中性粒细胞及血小板计数无明显变化。此外,嘱患者卧床休息,保持疱疹清洁干燥,着宽松、柔软的棉质内衣,有痒痛感时勿用手搔抓,以防破溃感染。为防止带状疱疹引起的后遗神经痛,建议患者使用半导体激光照射治疗,使半导体激光的光束照射皮损疼痛处,波长为$0.6328\mu m$,剂量为$4J/cm^2$,距离为40cm,每处5分钟,每日1次,连续治疗7天。激光可以调节免疫细胞的免疫活性;刺激神经引起交感神经、肾上腺系统的变化,改善血液循环;可促进局部血红蛋白的生成,增加亚铁血红素,使白细胞的噬菌作用增强;促进伤口愈合,具有止痛、消炎、增加局部血流量的功效。经过医师的介绍及药师对激光治疗益处的详细讲解,患者同意激光照射治疗。2周后,患者左下肢及臀部皮肤红疹及水疱均已结痂,无疼痛感。

(李 艺)

第二节　老年瘙痒症

一、定义和流行病学

（一）定义

瘙痒是一种能引起搔抓欲望的不愉快感觉，瘙痒症指临床上无原发性皮肤损害而以瘙痒为主的皮肤病。老年人因皮脂腺功能减退、皮肤萎缩干燥，加之过度的热水烫洗，易泛发全身瘙痒，称为老年瘙痒症（pruritus senilis）。

（二）流行病学

瘙痒症在老年人中较为常见。28.9％的老年人存在皮脂缺乏。在 60 岁以上的老年人中，除外合并其他系统性疾病，单纯性老年瘙痒症的发病率在 7.3％～16％，85 岁以上的老年人可达到 19.5％。老年人合并系统疾病的瘙痒症发病率可高达 50％，其中常见的病因包括糖尿病、血脂异常、肾脏病、肝胆系统疾病等。老年瘙痒症冬季发病率高，与冬季气候干燥有关。

二、病因和发病机制

（一）病因

单纯性老年瘙痒症多由皮脂腺分泌减少、皮肤干燥所致；伴有系统性疾病的患者多合并有内分泌系统疾病、肝胆系统疾病、恶性肿瘤、肾脏疾病及脑血管病等。

（二）发病机制

目前发病机制尚不完全明确，可能与以下几点相关：①皮肤退行性改变：角质形成细胞及成纤维细胞衰老，汗腺萎缩，皮脂腺分泌功能下降。②皮肤免疫功能改变：老年皮肤瘙痒症患者体内存在 Th1 细胞及 Th2 细胞功能失调，即 Th2 功能亢进及 Th1 功能下降。另有对健康老年人的研究表明，老年人 T 淋巴细胞的 IL-2 产量及外源性 IL-2 的反应均下降，且对同种异型细胞刺激的敏感性也下降。③内分泌改变：人类进入老年后，体内的激素水平逐渐下降，老年男性中泛发瘙痒症的患者体内血清睾酮含量明显低于健康的老年男性。雄性激素分泌减少，皮脂腺功能也随之减退，皮脂分泌减少，导致皮肤趋于干燥和退行性萎缩，从而引起瘙痒。

三、病理和病理生理

（一）病理

基底层细胞大小、形态及染色体等变异性增加，表皮突变浅，真皮乳头数减少，真表与表皮连接变平，成纤维细胞数目减少，胶原及细胞外基质成分降解增加，弹性纤维变性；汗腺分泌细胞萎缩，管腔扩大；皮脂腺尽管数目不变或可能增加，但分泌皮脂功能下降；真皮乳头层内的毛细血管数目减少。

（二）病理生理

表皮和血管萎缩导致皮肤的保水能力下降，汗腺萎缩及皮脂腺分泌下降破坏了皮肤的屏障功能，衰老导致的神经纤维改变都是导致瘙痒的病理生理学变化。还有研究显示，随年龄增长而出现免疫功能下降，自身免疫性皮肤病的发生率上升。老年瘙痒症可能是大疱性类天疱疮发生的前兆。

四、治疗总体安排

以缓解瘙痒、减轻症状为主要目标。若存在系统性疾病,则积极治疗原发病。单纯性瘙痒症的治疗包括纠正患者不正确的生活方式,如避免剧烈搔抓皮肤、穿化纤织物、喜爱热水烫洗等不良生活习惯。其次为单独外用或联合系统治疗。若瘙痒症状较轻,可仅用外用药物治疗;若症状较重,可联合口服药物治疗。

五、药物治疗方案

瘙痒较轻或范围较局限可单用外用药物治疗,若泛发瘙痒或症状较重可采用多种方法联合治疗。

1. 外用药 根据瘙痒面积大小、瘙痒程度,一日1～2次,避免长期大量使用产生系统吸收的副作用。

(1)低pH的清洁剂和润肤剂:酸性清洁剂可减轻对皮肤的刺激性,润肤剂可保持皮肤水分,最终减轻瘙痒。如甘油止痒乳、维生素E乳、硅霜等。

(2)冷却剂和局麻药:包括2%樟脑霜、薄荷脑洗剂,可刺激神经末梢传递冷感而掩盖痒觉;局麻药包括5%苯唑卡因或利多卡因乳膏。

(3)外用抗组胺药及糖皮质激素:5%多塞平软膏、苯海拉明霜等可以封闭H_1受体而止痒;0.1%丁酸氢化可的松、0.1%糠酸莫米松或0.05%卤米松等糖皮质激素软膏可以减轻炎症介质介导的皮肤病,但不可长期使用。

(4)免疫抑制剂:0.03%或0.1%他克莫司乳膏、0.1%吡美莫司乳膏均对老年瘙痒症有治疗效果,且较为安全。

2. 系统用药

(1)抗组胺药:氯雷他定、西替利嗪、咪唑斯汀10mg,1次/日,可根据病情选择。

(2)全身瘙痒可用盐酸普鲁卡因静脉封闭;局部瘙痒可用曲安奈德、地塞米松做局部封闭。

(3)性激素治疗:男性可用丙酸睾酮25mg,2次/周;或甲睾酮5mg,2次/日。女性患者可口服己烯雌酚0.5mg,2次/日;或肌内注射黄体酮10mg,1次/日。

(4)沙利度胺:对瘙痒症有一定疗效,50mg,2次/日;若疗效不佳,可加量至150mg,2次/日。

3. 物理治疗 光疗(UVA、UVB、PUVA)可在一定程度上缓解瘙痒、减轻炎症反应。淀粉浴、燕麦浴对缓解皮肤干燥、减轻瘙痒亦有效果。

4. 中医治疗 肤痒颗粒、润燥止痒胶囊等中成药,中医辨证以养血祛风安神为原则,有一定疗效。

(常建民)

六、药学监护与信息反馈

(一) 外用药

1. 低pH的清洁剂和润肤剂 老年人皮肤普遍干燥,表皮和真皮均有不同程度的退化,皮肤神经末梢更加敏感,可加重各种类型的瘙痒。因此,外用保湿剂是必需的基础用药。此外,在止痒药物的选择上,应避免刺激性和易致敏的药物。

润肤剂宜在洗净皮肤或患处搽拭干净(未完全干燥)后立即使用。如出现皮肤刺激或过敏反应如皮疹、瘙痒等,临床药师应提醒患者注意引起接触性皮炎的可能性,停用润肤剂。

2. 冷却剂和局麻药樟脑　可激活感觉神经纤维的 TRPV3 受体,产生止痒作用。应该注意避免将本品接触眼和其他黏膜(如口、鼻等);用药部位有烧灼感、红肿等情况应停药,并将局部药物洗净。

3. 外用抗组胺药及糖皮质激素　急性期每日局部外用糖皮质激素 1～2 次,炎症控制后逐渐减量。瘙痒是判断疗效的最重要的指标,如果瘙痒明显则应维持治疗。局部外用糖皮质激素的副作用有萎缩纹、色素沉着、毛细血管扩张和痤疮等,但炎症后色素沉着并非其不良反应,规范的外用一般不会产生系统不良反应。间歇疗法:使用强效糖皮质激素控制病情后换为弱效制剂,联合保湿剂;长期间歇用药安全有效。主动疗法:在病情稳定期长期低剂量的抗炎药治疗(每周 2 次)联合保湿剂能有效减少复发,如氟替卡松乳膏等。

4. 免疫抑制剂　0.1% 他克莫司软膏相当于中效糖皮质激素,而吡美莫司乳膏的作用稍弱。瘙痒、皮疹广泛时应联合糖皮质激素使用。此类药物的优点是用药部位无皮肤萎缩,特别适用于皱褶和薄嫩部位,且可长期使用。最常见的不良反应是短暂的灼热感和红斑。由于吸收量极少,本类药品不太可能与全身性给药的药物发生相互作用。皮炎较广泛的患者和(或)红皮病患者合用已知的 CYP3A4 抑制剂时应当谨慎,这些药物包括红霉素、伊曲康唑、酮康唑、氟康唑、钙通道阻滞药和西咪替丁等。

(二) 系统用药

抗组胺药是使用最广泛的止痒剂,是组胺依赖性瘙痒的首选疗法,副作用有口干、心动过速、视物模糊等。目前第二代抗组胺药因抗组胺作用较强、H_1 受体高选择性、脂溶性差、不易穿透血脑屏障等而使用较为广泛。第一代抗组胺药在其他类型瘙痒的治疗中,其镇静特性亦有助于瘙痒患者,在老年瘙痒症中更为适合。

抗组胺药的常见不良反应包括中枢抑制作用。大部分传统的抗组胺药可通过血脑屏障进入中枢,有明显的中枢抑制作用,表现为镇静、嗜睡、疲倦、乏力、眩晕等。应用日久后此副作用减轻乃至消失,但同时抗过敏疗效也可随之减弱。新型抗组胺药如氯雷他定、西替利嗪等对中枢神经系统的穿透性很弱,对外周 H_1 受体的亲和力更强,因此镇静作用较弱。其他常见不良反应有头痛、精神运动性损伤和抗胆碱作用如口干、呼吸道分泌物黏稠、视物模糊、排尿困难、便秘、胃反流增加等,新型抗组胺药的抗胆碱作用较轻或没有;胃肠道反应如恶心、呕吐、腹泻、腹痛、食欲减退等。

七、用药指导

(一) 治疗药物用法

1. 外用治疗

(1) 足量使用保湿剂是重要的基础治疗(指南比较),可以减少激素的用量,有利于恢复皮肤屏障、缓解瘙痒、预防复发。一般在急性期局部外用糖皮质激素缓解后使用,至少 2 次/天,在洗澡后的微湿状态使用保湿剂效果更好。

(2) 糖皮质激素:主要是利用激素的抗炎、抗过敏和免疫抑制作用来治疗各种皮肤病。

但必须强调的是激素并无抗瘙痒作用,除非瘙痒是由于炎症或免疫病理因素所致,否则不应使用。

2. 系统治疗　目前抗组胺药早期治疗方案建议为日间瘙痒初始给予低剂量,继而给予高剂量,推荐使用非镇静类;夜间瘙痒给予镇静类(注意副作用);全天瘙痒初始日间给予高剂量的非镇静类抗组胺药,夜间给予高剂量的镇静类抗组胺药。

(二) 老年用药教育

1. 抗组胺药的注意事项　①车船、飞机的驾驶人员,精密仪器操作者在工作前禁止服用有中枢神经系统抑制作用的抗组胺药物;②患闭角型青光眼、尿潴留、前列腺增生、幽门十二指肠梗阻、癫痫者慎用;③某些抗组胺药由肾脏排泄,有肾损害的患者服用时需降低药量,有肝功能损害的患者服用噻吩类抗组胺药时应注意;④老年人对抗组胺药的不良反应较敏感,应用时易发生嗜睡、头晕等不良反应。

2. 皮肤清洁指导　随着年龄的增长,皮肤也呈现老化,皮肤汗腺和皮脂腺分泌减少,皮肤干燥,屏障功能减弱,易受到微生物的侵害而感染,所以应加强皮肤清洁。温和地清洁皮肤对病情有利,27~30℃快速淋浴5分钟,用柔软光滑的浴巾清擦干后立即外用保湿润肤霜,避免用刺激性较大的肥皂或沐浴液。另外,老年人淋浴时要注意安全,不要将浴室密闭,以防高温与水蒸气使老年人不适。

3. 避免变应原和加重因素　尽量避免食入致敏食物,如牛奶、鸡蛋、谷类和坚果,尽量避免接触吸入性变应原和接触性变应原,尽量避免搔抓和烫洗,避免穿刺激性的纺织品和过紧的衣物,并保持适宜的室温。

4. 心理指导　健康状况是影响老年人心理健康水平的重要因素。患病时,易产生紧张、焦虑不安、烦躁等不良情绪。临床药师应了解患者不良情绪产生的原因,用通俗易懂的语言耐心细致地讲解精神因素对老年瘙痒症发病的影响,让患者了解长期的不良情绪与疾病的关系,并给予精神安慰和支持,帮助患者消除焦虑,减轻精神压力,保持良好心态。

5. 饮食指导　合理的营养是增进皮肤健康的物质基础。但由于老年人的生理特点致使胃肠功能低下,影响了营养物质的消化和吸收,造成食物在胃肠道停留的时间过长,增加机体过敏的发生。另外,患皮肤疾病时,机体处于高度致敏状态,以前不过敏的食物此时也可引起变态反应。因此,临床药师应指导患者饮食以易消化和清淡的食物为主,多吃新鲜的蔬菜、水果,不吃发霉变质或腌泡过久的食物,避免吃煎炸食品和酸辣刺激性较大的食物,忌烟酒、咖啡、浓茶。多饮水,每天保持饮水1500~2000ml,以防缺水引起皮肤干燥而加重皮肤瘙痒。

八、治疗的风险及其处理

(一) 对于糖皮质激素的应用治疗过程中可能遇到的问题

1. 不良反应。外用糖皮质激素类药物抑制细胞脂类的合成,导致板层小体的产生及分泌下降,细胞外板层状层减少,造成细胞角质层底部角质桥粒的密度降低,角质层的完整性破坏。长期应用糖皮质激素类药物的皮肤不良反应很多,包括皮肤萎缩、脂肪或肌肉萎缩、色素沉着、口周皮炎、激素皮炎等。

2. 相互作用。近期使用巴比妥酸盐、卡马西平、苯妥英、扑米酮或利福平等药物可能会增强代谢并降低全身性皮质激素的作用。相反,口服避孕药或利托那韦可以升高糖皮质激素的血药浓度,糖皮质激素与排钾利尿药(如噻嗪类或呋塞类)合用可以造成过度失钾,糖皮质激素和非甾体消炎药物合用时消化道出血和溃疡的发生率高。

3. 对于有肝、肾功能减退的老年人,糖皮质激素外用制剂应慎用。肝脏是代谢分解肾上腺糖皮质激素的主要器官,在有肝脏疾病的情况下会减少糖皮质激素的分解;代谢和未经代谢的糖皮质激素主要通过肾脏排泄,在肾功能有障碍的情况下糖皮质激素水平会升高,易出现全身不良反应。

4. 老年人皮肤本身就有萎缩倾向,且易发生老年性紫癜,应用卤化肾上腺糖皮质激素时尽可能小面积、短期应用,以免加速其皮肤萎缩和诱发紫癜。

(二)对于应用糖皮质激素的注意事项

1. 根据瘙痒部位选择适宜的剂型　糖皮质激素凝胶通常使用丙二醇作基质,可出现皮肤刺激、皮肤干燥等症状,故不适用于头皮和胡须等有毛发的部位。

2. 注意停药反应和反跳现象　糖皮质激素减量应在严密观察病情与糖皮质激素反应的前提下个体化处理,要注意可能出现以下现象:①停药反应:长期中或大剂量使用糖皮质激素时,减量过快或突然停用可出现肾上腺皮质功能减退样症状,轻者表现为精神萎靡、乏力、食欲减退、关节和肌肉疼痛,重者出现发热、恶心、呕吐、低血压等,危重者甚至发生肾上腺皮质危象,需及时抢救;②反跳现象:在长期使用糖皮质激素时,减量过快或突然停用可使原发病复发或加重,应恢复糖皮质激素治疗并常需加大剂量,稳定后再慢慢减量。

(李 艺)

参 考 文 献

[1] 赵辨. 中国临床皮肤病学[M]. 南京:江苏科学技术出版社,2010:1286-1289.

[2] Liao YH,Chen KH,Tseng MP,et al. Pattern of skin diseases in a geriatric patient group in Taiwan:a 7-year survey from the outpatient clinic of a university medical center[J]. Dermatology,2001,203(4):308-313.

[3] Thapa DP,Jha AK,Kharel C,et al. Dermatological problems in geriatric patients:a hospital based study[J]. Nepal Med Coll J,2012,14(3):193-195.

[4] Thaipisuttikul Y. Pruritus skin diseases in the elderly[J]. J Dermatol,1998,25(3):153-157.

[5] 万昌蔚. 100 例老年瘙痒性皮肤病的临床研究[J]. 中外健康文摘,2013,(19):22-23.

[6] 赵艳阳,李其林. 血清性激素与老年男性泛发性皮肤瘙痒症的相关性研究[J]. 中华皮肤科杂志,2009,42(2):142.

[7] 蔡瑞康,党育平,许灿龙. 老年性皮肤瘙痒症研究概况[J]. 中华老年多器官疾病杂志,2011,10(06):566-569.

[8] 靳培英. 皮肤病药物治疗学[M]. 北京:人民卫生出版社,2003:133-135.

[9] 朱学骏. 现代皮肤性病诊疗手册[M]. 北京:北京医科大学出版社,2001:123-124.

[10] 冯海瑕,李慧,李巍. 老年瘙痒的病因及治疗[J]. 中国皮肤性病学杂志,2014,28(3):310-312.

[11] 任发亮,顾恒. 中外特应性皮炎诊疗指南比较[J]. 中国皮肤性病学杂志,2013,28(2):210-213.

[12] 张建中. 糖皮质激素皮肤科规范应用手册[M]. 上海:上海科学技术出版社,2011.

[13] 王庄斐,陈少霞,黄颖芬. 健康教育对老年性瘙痒症病人生活方式的影响[J]. 家庭护士,2007,5(5):86-87.

附　录

附录1　老年患者潜在不适当用药 Beers 标准（2012 版）

药物	使用建议
抗胆碱药[三环类抗抑郁药（TCA）除外]	
氯苯那敏、赛庚啶、苯海拉明（口服）、异丙嗪	避免使用；易导致意识混乱、口干、便秘及一些其他抗胆碱类不良反应；使用苯海拉明作为严重过敏反应的应急处理是合理的
苯海索	避免使用；不推荐用于抗精神病药物引起的锥体外系反应
颠茄、莨菪碱、东莨菪碱	由于其强大的抗胆碱活性，会造成直立性低血压、便秘、尿潴留等，应避免使用，除非在舒缓医疗中用于减少口腔分泌物
抗血栓药物	
口服短效的双嘧达莫（不包括含阿司匹林的复方缓释制剂）	避免使用；可能导致直立性低血压；注射制剂可用于心脏负荷试验
噻氯匹定	避免使用
抗感染药物	
呋喃妥因	避免长期使用；避免用于肌酐清除率（CCL）＜60ml/min 的患者，在这类患者尿液中浓度较低，不足以发挥疗效；潜在的肺毒性
心血管药物	
多沙唑嗪、哌唑嗪、特拉唑嗪	由于导致直立性低血压风险较高，易引起晕厥、跌倒及心脑血管事件，不建议作为老年人高血压的常规治疗药物。这类药物还有松弛膀胱肌肉的作用，加重尿失禁，应避免用于女性压力性或混合性尿失禁患者
可乐定、甲基多巴、利血平（＞0.1mg/d）	不宜作为高血压的常规治疗药物，由于其中枢神经系统不良反应风险较高，可能导致心动过缓及直立性低血压。一些老年人常用的降压药物，如复方利血平氨苯蝶啶（降压 0 号）中含利血平 0.1mg，不宜长期使用
胺碘酮、普鲁卡因胺、普罗帕酮、奎尼丁、索他洛尔	不宜作为房颤的一线用药，对于老年患者来说，控制心率比控制心律可更多获益。另外，胺碘酮不良反应较多，如甲状腺功能异常和肺毒性及 QT 间期延长，因其是肝脏药物代谢酶 P450 的典型抑制剂，对多种药物代谢均有影响，如抑制他汀类药物、钙离子通道阻滞药（CCB）等的代谢，增加药物不良反应

药物	使用建议
地高辛＞0.125mg/d	在心力衰竭患者中,老年人肌酐清除率降低,大剂量地高辛对心力衰竭患者没有带来更多获益反而增加毒性,肌酐清除率的降低会导致毒性增加。老年人往往并存多系统疾病,导致肾功能不全、电解质紊乱、不可避免的多重用药等,这些都是发生地高辛中毒的危险因素,在治疗中,应根据患者病情采取小剂量地高辛(0.125mg qd)或更小剂量的服用方法,并密切关注临床变化,参考地高辛血药浓度,综合判断
速释硝苯地平	无论口服或舌下含服速释硝苯地平,均可能引起快速的降压作用,能够引起冠状动脉窃血、反射性心动过速和急性降低心肌收缩力,有引起脑缺血、急性心肌梗死、心律失常甚至死亡的风险
螺内酯＞25mg/d	避免用于心衰或 CCL＜30ml/min 者;增加心衰者高血钾风险,尤其是剂量＞25mg/d,含有非甾体类抗炎药(NSAIDs)、血管紧张素转换酶抑制剂(ACEI)、血管紧张素Ⅱ受体拮抗剂(ARB)或补钾制剂时
中枢神经系统用药	
单用叔胺类 TCA 或与以下药物合用:阿米替林、多塞平＞6mg/d	由于较高的抗胆碱能活性,易导致口干、过度镇静及直立性低血压等,患有青光眼、前列腺增生、尿潴留患者应避免使用。低剂量多塞平每天≤6mg 相对较安全,美国 FDA 已经批准 3mg 片剂用于老年人的睡眠障碍
传统及非典型抗精神病药:氯丙嗪、氟哌啶醇、奋乃静、阿立哌唑、氯氮平、奥氮平、喹硫平、利培酮	避免用于痴呆患者的行为异常问题,除非非药物治疗失败或患者对自己或他人造成威胁;增加痴呆患者的脑血管意外(卒中)及死亡风险
异戊巴比妥、戊巴比妥、苯巴比妥、司可巴比妥	避免使用;躯体依赖性,易产生耐药性
阿普唑仑、艾司唑仑、劳拉西泮、奥沙西泮、替马西泮、三唑仑、氯硝西泮、地西泮、氟西泮、夸西泮	这类药物有增加老年人认知功能损害、谵妄、跌倒与骨折的风险。有以下情况时适用:癫痫、快动眼睡眠障碍、苯二氮䓬类戒断、戒酒、严重广泛性焦虑障碍、围术期麻醉以及临终关怀的舒缓治疗
水合氯醛	避免使用;10 天内即发生耐受;给予推荐剂量 3 倍时风险大于获益
佐匹克隆、唑吡坦、扎来普隆	建议用药≤ 90d,避免长期使用。因为其在改善入睡时间及睡眠长度方面效果有限,但在老年人中的不良反应却与苯二氮䓬类药物类似。镇静药物的使用降低平衡功能,导致老年人起夜时跌倒,佐匹克隆及唑吡坦与苯二氮䓬类药物类似,均可使平衡功能明显受损,长期使用增加跌倒骨折风险,并产生耐受性。对于老年人的睡眠障碍,首先可尝试非药物治疗,如白天适当增加运动量,药物可选择低剂量多塞平 3mg(每天≤ 6mg)或曲唑酮,睡前服用

药物	使用建议
内分泌系统用药	
甲睾酮、睾酮	避免使用,除非用于中-重度性腺功能减退
干燥甲状腺素片	由于其中 T_3 和 T_4 的含量比例不恒定,且 T_3 含量过高,可诱发心绞痛和心肌梗死
雌激素联合或不联合孕激素	避免口服或外用贴剂;低剂量雌激素阴道用乳膏可用于缓解性交疼痛、治疗下尿路感染及其他阴道症状
生长激素	避免使用,除非垂体腺体摘除后的替代治疗
可调节性胰岛素持续输注装置	避免使用;低血糖风险
甲地孕酮	避免使用;对体重影响较小,增加血栓风险及死亡率
氯磺丙脲、格列本脲	避免使用;致持续低血糖,氯磺丙脲可致抗利尿激素分泌异常综合征
罗格列酮和吡格列酮	为治疗糖尿病的二线药物,因报道可导致液体潴留和充血性心力衰竭,避免用于心力衰竭患者,两药的说明书中也将心力衰竭风险加上黑框警告
胃肠道用药	
甲氧氯普胺	胃轻瘫患者除外。易出现锥体外系反应,包括迟发运动障碍,老年人应避免使用。可选用不进入血脑屏障的多潘立酮
口服矿物油	如液体石蜡,可能增加老年人误吸风险,导致脂质性肺炎。脂质性肺炎常见于存在误吸风险的老年患者,口服矿物油通便为主要的致病因素。对于有食管裂孔疝、胃排空差的反流风险大的患者,以及吞咽反射差的患者应避免使用
镇痛药	
哌替啶、吲哚美辛、喷他佐辛	避免使用
阿司匹林(每天＞325mg)、双氯芬酸、布洛芬、酮洛芬、甲芬那酸、美洛昔康、萘丁美酮、萘普生及吡罗昔康	由于其胃肠道损伤作用较强,应避免长期使用,除非其他可选择的药物疗效不佳,并建议同时服用胃黏膜保护剂和质子泵抑制药(PPI)等。NSAIDs 在以下高危人群中发生消化道出血及消化性溃疡的风险增加:①＞ 75 岁;②口服或肠外给予糖皮质激素;③服用抗凝药物及抗血小板药物;④多种 NSAIDs 同时服用。一项 NSAIDs 相关消化道出血的报道显示,单用 NSAIDs 者占 35%,两种 NSAIDs 或合用激素者占 65%。服用 PPI 或米索前列醇只能降低风险但不能完全消除。在所有 NSAIDs 中吲哚美辛的消化道不良反应最严重,无论口服或肠道外制剂均应避免使用。另外,由于 NSAIDs 对肾血流的影响,避免应用于慢性肾病 4~5 期及心力衰竭患者

附录 2　老年患者与疾病状态相关的潜在
不适当用药 Beers 标准（2012 版）

诊断或疾病状态	药物	使用建议
心衰	NSAIDs 及环氧合酶-2（COX-2）抑制剂、地尔硫䓬、维拉帕米（仅在收缩性心衰患者中避免）、罗格列酮、吡格列酮、西洛他唑	避免使用；导致体液潴留，加重心衰
晕厥	胆碱酯酶抑制剂、多沙唑嗪、哌唑嗪、特拉唑嗪、叔胺类 TCA、氯丙嗪、奥氮平	避免使用；增加直立性低血压或心动过缓的风险
癫痫或癫痫发作	氯丙嗪、氯氮平、马普替林、奥氮平、曲马多	可降低癫痫发作的阈值，应避免使用；对于癫痫控制较好，其他可选药物效果较差时，可以使用
谵妄	所有 TCA、抗胆碱能药、苯二氮䓬类、氯丙嗪、糖皮质激素、H₂ 受体拮抗剂、哌替啶、镇静催眠药	可诱发或加重谵妄，避免用于存在谵妄高风险的老年人；停药时须缓慢
痴呆及认知功能受损	抗胆碱能药、苯二氮䓬类、H₂ 受体拮抗剂、唑吡坦、抗精神病药	由于其中枢神经系统不良反应，应避免使用；避免用于痴呆患者的行为异常问题，除非非药物治疗失败及患者对自己或他人造成威胁；增加痴呆患者的脑血管意外（卒中）及死亡风险
跌倒或骨折史	抗惊厥药、抗精神病药、苯二氮䓬类镇静催眠药（佐匹克隆、唑吡坦）、TCA/选择性 5-羟色胺再摄取抑制剂（SSRI）	避免使用，除非其他可选药物不可用；避免将抗惊厥药物用于癫痫以外的治疗；可能导致共济失调、损伤精神运动功能、晕厥及跌倒；短效苯二氮䓬类并不比长效更安全
失眠	伪麻黄碱、去氧肾上腺素、哌甲酯、茶碱、咖啡因	避免使用；中枢兴奋作用
帕金森	所有抗精神病药（喹硫平及氯氮平除外）、甲氧氯普胺、异丙嗪	避免使用；这些药物可能使帕金森疾病症状恶化，或引起帕金森类似症状。奎硫平和氯氮平与列表中其他药物相比，较不易引起帕金森疾病症状恶化
慢性便秘	达非那新、索非那新、托特罗定、地尔硫䓬、维拉帕米、氯苯那敏、赛庚啶、苯海拉明、异丙嗪、抗精神病药、颠茄类生物碱、莨菪碱、东莨菪碱、阿米替林、多塞平	避免使用，除非无其他选择；可能加重便秘
胃或十二指肠溃疡史	阿司匹林，剂量超过 325mg 每天非 COX-2 选择性 NSAIDs	避免使用这些药物，除非其他药物无效且患者同时服用预防溃疡的药物，比如质子泵抑制剂或米索前列醇

续表

诊断或疾病状态	药物	使用建议
慢性肾病 4~5 期	NSAID、氨苯蝶啶	避免使用;增加肾损伤风险(氨苯蝶啶影响较小)
女性尿失禁	雌激素(口服和经皮、阴道用药除外)	女性避免使用,加重尿失禁
下尿路症状,良性前列腺增生	吸入抗胆碱制剂、强效抗胆碱药物(用于尿失禁的抗胆碱药除外)	男性避免使用;导致尿流变细,尿潴留
压力性或混合性尿失禁	多沙唑嗪、哌唑嗪、特拉唑嗪	女性避免使用,加重尿失禁

附录 3　老年患者慎用药物的 Beers 标准(2012 版)

药物	使用建议
阿司匹林作为心血管事件的一级预防	对于 80 岁及以上老年人,阿司匹林弊大于利
达比加群	该药物用于预防心房颤动患者血凝块形成,对于 75 岁及以上老年人来说,该药物比同样作用的华法林更容易增加出血风险。尚无足够证据证明达比加群对肾病患者安全有效
普拉格雷	该药物增加老年人出血概率,但是对某些心脏疾病高风险的老年人来说,该药物可能是适当的。75 岁及以上老年人使用时需注意
扩血管药	这些药物可能增加有晕厥史老年患者发生昏晕的风险。慎用
抗精神病药、卡马西平、卡铂、顺铂、米氮平、5-羟色胺-去甲肾上腺素再摄取抑制剂(SNRI)、SSRI、TCA、长春新碱	慎用;可能引起或加重抗利尿激素异常分泌综合征(SIADH)或低钠血症,老年人开始使用或调整剂量期间须密切监测血钠

附录 4　老年心血管药物不适当处方行为(加拿大标准)

不适当处方行为	平均临床意义评分	危害	替代疗法	
			方法	赞同率(%)
慢性阻塞性肺疾病或哮喘患者用 β 受体拮抗剂治疗高血压	3.83	呼吸疾病恶化	其他降压药	94
哮喘、慢性阻塞性肺疾病、心力衰竭史患者用 β 受体拮抗剂治疗心绞痛	3.63	呼吸疾病恶化、心力衰竭	硝酸盐、钙通道阻滞剂	94

续表

不适当处方行为	平均临床意义评分	危害	替代疗法	
			方法	赞同率（%）
利血平治疗高血压	3.14	高剂量导致抑郁、锥体外系效应	其他降压药	76
丙吡胺治疗心房纤颤	3.09	抗胆碱能作用、心脏猝死	地高辛、奎尼丁、普鲁卡因胺	59；31；25
在痛风患者中用噻嗪类利尿剂治疗高血压	3.07	诱发或加重痛风	其他降压药	74
在心力衰竭患者中，用钙通道阻滞剂治疗高血压	3.06	心力衰竭加重	利尿剂和（或）血管紧张素转换酶抑制剂	94
在心力衰竭患者中，用β受体阻滞剂治疗高血压	3.00	心力衰竭加重	利尿剂或血管紧张素转换酶抑制剂	78
在雷诺病患者长期用β受体拮抗剂治疗心绞痛或高血压	3.00	雷诺病加重	低剂量β受体拮抗剂＋监测效果；钙通道阻滞剂	44；91

附录5　老年人精神病药物的不适当处方行为（加拿大标准）

不适当处方行为	平均临床意义评分	危害	替代疗法	
			方法	赞同率（%）
长期用长半衰期苯二氮䓬类治疗失眠	3.72	跌倒、骨折、精神错乱、依赖、撤药反应	非药物疗法或短效苯二氮䓬类	97
青光眼、良性前列腺增生症、传导阻滞患者用三环抗抑郁治疗抑郁症	3.63	加重青光眼、尿潴留、传导阻滞	选择性5-羟色胺再摄取抑制剂	94
长期用巴比妥类治疗失眠	3.59	跌倒、骨折、精神错乱、依赖、撤药反应	非药物疗法或短效苯二氮䓬类	94
接受单胺氧化酶抑制剂的患者用选择性5-羟色胺再摄取抑制剂治疗抑郁症	3.56	加重选择性5-羟色胺再摄取抑制剂副反应	避免联合；如从单胺氧化酶抑制剂换选择性5-羟色胺再摄取抑制剂，至少保证1周冲洗期	81
长期用苯二氮䓬类治疗焦虑症	3.55	跌倒、骨折、精神错乱、依赖、撤药反应	非药物疗法或短效苯二氮䓬类	88
长期用苯二氮䓬类治疗痴呆患者的激动	3.52	跌倒、骨折、精神错乱、依赖、撤药反应	克赛平或氟哌啶醇；短半衰期苯二氮䓬类	88；56

续表

不适当处方行为	平均临床意义评分	危害	替代疗法	
			方法	赞同率（%）
直立性低血压患者用三环抗抑郁药治疗抑郁症	3.26	直立性低血压加重、跌倒	选择性 5-羟色胺再摄取抑制剂、监测血压	94
长期用三唑仑治疗失眠	3.23	认知和行为损害	非药物疗法或短效苯二氮䓬类	91
直立性低血压患者用氯丙嗪治疗精神障碍	3.22	直立性低血压加重、跌倒	强效精神抑制药（氟哌啶醇）监测血压	94
用苯丙酚胺、烟酸或己酮可可碱治疗痴呆	3.16	无效、且易发生药物不良反应	停药	81
用伴活性代谢药三环抗抑郁剂（丙唑嗪、阿米替林）治疗抑郁	3.12	抗胆碱能作用	无活性代谢药三环抗抑郁剂或选择性 5-羟色胺再摄取抑制剂	91
用哌甲酯治疗抑郁症	3.11	激动、兴奋中枢神经系统、疼痛	选择性 5-羟色胺再摄取抑制剂或短半衰期三环类无活性代谢物	81

附录6　老年人非甾体类抗炎药和其他止痛剂的不适当处方行为（加拿大标准）

不适当处方行为	平均临床意义评分	危害	替代疗法	
			方法	赞同率（%）
溃疡患者长期用非甾体类抗炎药治疗骨关节炎	3.78	消化性溃疡复发	非药物疗法或对乙酰氨基酚或非甾体类抗炎药＋胃黏膜保护剂	97
用保泰松治疗慢性骨关节炎	3.69	骨髓抑制	对乙酰氨基酚或间歇使用他类非甾体类抗炎药	100
已用华法林患者又用乙酰水杨酸治疗疼痛	3.61	出血加重	对乙酰氨基酚	91
长期用哌替啶或镇痛新治疗疼痛	3.58	跌倒、骨折、精神错乱、依赖、撤药反应	非药物治疗，然后对乙酰氨基酚，如需要可用可待因、吗啡、二氢吗啡酮	91
慢性肾衰患者长期用非甾体类抗炎药治疗骨关节炎	3.56	肾衰加重，水钠潴留	非药物疗法，然后对乙酰氨基酚	97
用华法林患者用非甾体类抗炎药治疗骨关节炎	3.56	出血加重	非药物疗法，然后随乙酰氨基酚或非甾体类抗炎药＋护肾药	81

不适当处方行为	平均临床意义评分	危害	替代疗法	
			方法	赞同率（%）
心力衰竭患者长期用非甾体类抗炎药治疗骨关节炎	3.38	水钠潴留、心力衰竭加重	非药物疗法,然后对乙酰氨基酚,监测心力衰竭	97
长期用吡罗昔康、酮咯酸、甲芬那酸治疗疼痛	3.35	上消化道出血＞其他非甾体类抗炎药	非药物疗法或对乙氨基酚;换另一种非甾体类抗炎药或可待因	81
高血压患者长期用非甾体类抗炎药	3.34	水钠潴留,血压升高	非药物疗法、对乙酰氨基酚或乙酰水杨酸,密切监测血压	91
长期用吲哚美辛治疗痛风	3.32	胃病、中枢神经系统反应、水钠潴留	别嘌醇,如需要间歇使用非甾体类抗炎药	50
长期用非甾体类抗炎药治疗骨关节炎	3.22	胃病、出血、水钠潴留	对乙酰氨基酚	100

附录7　老年人其他药物的不适当处方行为（加拿大标准）

不适当处方行为	平均临床意义评分	危害	替代疗法	
			方法	赞同率（%）
用华法林患者用甲氢咪胍治疗消化性溃疡	3.47	抑制华法林代谢、增加出血风险	其他组胺 H_2 受体阻断药	84
痴呆患者用抗胆碱能、解痉剂治疗肠易激惹综合征	3.41	认知、行为损害	非药物疗法,钙通道阻滞剂治疗腹泻	69
双嘧达莫预防中风	3.30	无效	乙酰水杨酸;噻氯匹定	94;69
非胰岛素依赖型糖尿病患者用糖皮质激素治疗慢性阻塞性肺疾病	3.25	血糖升高	吸入糖皮质激素、支气管扩张剂;监测血糖	97
用抗胆碱能药预防抗精神病药的锥体外系效应	3.16	激动、谵妄、认知损害	减少抗精神药用量或重新评价这些药物是否需要	97
长期用地芬诺酯治疗腹泻	3.13	困倦、认知损害、依赖	非药物疗法或洛哌丁胺	84
用环苯扎林或美索巴莫治疗肌痉挛	3.06	困倦、激动、定向障碍	非药物疗法(理疗、热冷或皮肤电刺激)	94

附录8 老年人潜在不适当用药标准(STOPP)

下列年龄≥65岁的患者药物处方都可能是不适当的

A. 心血管系统

1. 地高辛以长期剂量>125μg/d用于肾功能受损的病人*(增加毒性的风险)。

2. 祥利尿剂只用于踝部水肿,无心脏衰竭的临床症状

(证据效力不足,通常使用静脉曲张袜更适合)。

3. 祥利尿剂作为一线单药治疗高血压(更安全,更有效,可用的替代品)。

4. 噻嗪类利尿剂与痛风病史(可能会加剧痛风)。

5. 非心脏选择性β-受体拮抗剂与慢性阻塞性肺病(COPD)(增加支气管痉挛的危险)。

6. β-受体拮抗剂、维拉帕米(症状性心脏传导阻滞的危险)的组合。

7. 使用地尔硫䓬或维拉帕米与NYHA心功能Ⅲ或Ⅳ级心脏衰竭(可能恶化心脏衰竭)。

8. 钙通道阻滞剂慢性便秘(可能加剧便秘)。

9. 使用阿司匹林和华法林联合时,不要使用组胺H_2受体拮抗剂(西咪替丁除外,因为与华法林的相互作用)或质子泵抑制剂(高风险,胃肠道出血)。

10. 双嘧达莫作为单药治疗心血管疾病的二级预防(证据效力不足)。

11. 有消化性溃疡病的既往史,不要使用阿司匹林联用组胺H_2受体拮抗剂或质子泵抑制剂(出血的风险)。

12. 阿司匹林在剂量>150mg一天(增加出血的危险,没有证据显示可增加功效)。

13. 阿司匹林用于冠脉,脑或周围血管征史或闭塞事件(非适应证)。

14. 阿司匹林治疗没有明确归属于脑血管疾病的头晕(非适应证)。

15. 华法林作为一线治疗无并发症深静脉血栓形成超过6个月时间(没有证据显示增加的好处)。

16. 华法林作为一线治疗简单肺栓塞的超过12个月(没有证实的)。

17. 阿司匹林,氯吡格雷,双嘧达莫或华法林与并发出血性疾病(高出血风险)。

* 血清肌酐>150μmol/L,或估计肾小球滤过率<50ml/min的。

B. 中枢神经系统和精神药品

1. 三环类抗抑郁药(TCA的)与认知功能恶化的痴呆症(导致认知功能损害更加恶化)。

2. TCA与青光眼(可能加剧青光眼)。

3. TCA的心脏传导异常(促心律失常作用)。

4. TCA与便秘(可能恶化便秘)。

5. TCA与阿片类药物或钙通道阻滞剂(严重便秘的风险)。

6. TCA与前列腺炎或尿潴留病史(可增大尿潴留的风险)

7. 长期(即>1个月),长效苯二氮䓬如利眠宁。

二氢吡啶,硝西泮,氯胺丁酯和苯二氮䓬与长效代谢产物如长时间使用地西泮镇静(危险,混乱,平衡功能受损导致跌倒和骨折)。

8. 长期(即>1个月)抗精神病药长期催眠药(镇静过度,意识混乱,平衡感破坏、跌倒的风险增大)。

9. 帕金森患者长期(>1个月)使用抗精神病药(可能使锥体外系症状加重)。

10. 癫痫患者使用吩噻嗪类药物(可降低癫痫发作阈值)。

11. 抗胆碱能药物来治疗精神病的药物锥体外系副作用(抗胆碱能中毒的危险)。

12. 选择性血清素再摄取抑制剂(SSRI的)与临床病史内显著低钠血症(非医源性低血钠<130mmol/L,前2个月)。

13. 长期(>1周)使用第一代抗组胺药如苯海拉明,氯苯那敏,赛克力嗪,异丙嗪(镇静和抗胆碱能的风险增加)。

C. 胃肠系统

1. 地芬诺酯,洛哌丁胺或磷酸可待因治疗不明腹泻可延迟诊断的原因(危险,可能会加剧便秘与腹泻,可能延迟肠胃炎的痊愈)。

2. 地芬诺酯,洛哌丁胺或磷酸可待因用于治疗严重感染的胃肠炎即血性腹泻,高烧或严重的全身毒性反应的风险(加重或感染难愈)。

3. 丙氯拉嗪(马来酸甲哌氯丙嗪)或甲氧氯普胺(可能加剧帕金森症状)。

4. PPI 为消化性溃疡全治疗剂量>8 周(剂量减量或停药)。

5. 抗胆碱解痉药慢性便秘加重(便秘风险)。

D. 呼吸系统

1. 茶碱作为单一药物治疗慢性阻塞性肺病(最好选择更安全,更有效的方法;风险在于治疗指数狭窄)。

2. 全身性类固醇,而不是在中度—重度 COPD 患者选用吸入糖皮质激素进行维持治疗(不必要地暴露于长期的副作用全身性类固醇)。

3. 雾化的异丙托溴铵与青光眼(可能会加剧青光眼)。

E. 肌肉骨骼系统

1. 非甾体抗炎药(NSAIDs)与消化性溃疡病史或消化道出血,不联用组胺 H_2 受体拮抗剂,PPI 制剂或米索前列醇(消化性溃疡复发的风险)。

2. 使用 NSAIDs 的患者中重度高血压发作(加大高血压风险)。

3. 使用 NSAIDs 的患者同时伴有心脏衰竭(心脏衰竭恶化的风险)。

4. 患者为了缓解轻度骨质疏松的症状,长期使用类固醇消炎药(>3 个月)(单一的止痛药更可取,通常可有效缓解疼痛)。

5. 华法林及类固醇消炎药一起(增加胃肠道出血的风险)。

6. 服用 NSAIDs 类药的慢性肾功能衰竭患者*(增加肾功能恶化的风险)。

7. 长期糖皮质激素(>3 个月)作为单一疗法用于治疗类风湿关节炎或骨质疏松(主要全身性皮质类固醇的副作用风险)。

8. 长期使用类固醇消炎药或秋水仙碱治疗慢性痛风,但无禁忌使用别嘌醇(别嘌呤醇首选用于预防痛风)。

* 血清肌酐>150μmol/ L,或估计肾小球滤过率 20~50ml/min。

F. 泌尿生殖系统

1. 服用抗毒蕈碱药物(M 受体)伴有老年痴呆症的患者(增加意识错乱的风险、躁动)。

2. 服用抗毒蕈碱药物伴有慢性青光眼的患者(增加青光眼急性发作的风险)。

3. 服用抗毒蕈碱药物伴有慢性便秘的患者(便秘风险)。

4. 服用抗毒蕈碱药物伴有慢性前列腺疾病的患者(增加尿潴留的风险)。

5. 患有频繁失禁的男性患者使用 α-受体拮抗剂,例如一次或多次每天大小便失禁(小便频数增加的风险和恶化尿失禁)。

6. 长期(超过 2 个月)在原位留置导尿管的患者使用 α-受体拮抗剂(使用药物无指征)。

G. 内分泌系统

1. 格列本脲和氯磺丙脲长期用于 2 型糖尿病的治疗(增加低血糖风险)。

2. 糖尿病和低血糖频繁的患者例如大于或等于 1 个月的偶发事件使用 β-受体拮抗剂(掩盖低血糖的症状的风险)。

3. 患有乳腺癌或静脉血栓栓塞史的患者使用雌激素(复发风险增加)。

4. 具有完整子宫的住院患者使用孕激素而未用雌激素的患者(子宫内膜癌的风险增加)。

H. 不良反应主要表现为跌倒的药物

1. 苯二氮䓬类(镇静,可能会引起感觉中枢降低,影响平衡)。

2. 精神病药物(可能导致步态运动障碍,帕金森)。

3. 第一代抗组胺药(镇静剂,可能会损害感觉中枢)。

4. 血管扩张药物用于持续直立性低血压的患者,如收缩压经常性降低>20mmHg(晕厥的危险,跌倒)

5. 长期服用阿片类药物(嗜睡的危险,直立性低血压,眩晕)。

I. 镇痛药

1. 长期使用阿片类药物如吗啡或芬太尼作为第一线治疗轻中度疼痛(WHO镇痛阶梯未观察到)。

2. 经常超过两周使用阿片类制剂的慢性便秘且没有服用轻泻药物的患者(增加严重便秘的风险)。

3. 老年痴呆患者长期使用阿片类制剂除非需要姑息治疗或中、重度慢性疼痛综合征的处理(加重认知损害的风险)。

J. 重复的药品类

任何重复类药物的处方如两种协同作用的阿片类药物,类固醇消炎药的,SSRI类药物,祥利尿剂,血管紧张素转换酶抑制剂(在考虑协同作用的药物组合时先考虑使用单一的经典用药)

附录9　临床肺部感染评分(CPIS)

判断标准评价分数	
● 发热(度)	
≥38.5 但≤38.9	1
>39 或<36	2
● 白细胞	
<4000 或>11 000/μl	1
中性>50%	1(增加)
● 氧合(mmHg)	
PaO_2/FiO_2<250 和没有 ARDS	2
● 胸片	
局限渗出影	2
散在或弥散渗出影	1
进展的渗出影	
(不是 ARDS 或 CHF)	2
● 气管吸出痰	
中度或高度	1
革兰染色形态相同病原菌	1(增加)
最高分数	12

注:肺部阴影进展不清楚,气管吸引培养结果在诊断早期无法判断。最高最初评分8~10分。

ARDS:急性呼吸窘迫综合征,CHF:慢性心衰

附录10　疼痛的分类

项目	伤害感受性—躯体表层	伤害感受性—躯体深部	伤害感受性—内脏	神经病性
刺激源	皮肤、皮下组织口腔黏膜、鼻、鼻窦、尿道、肛门	关节、肌肉、骨、肌腱、韧带 浅表淋巴结 脏器被膜和隔膜（胸腹膜）	脾(和)或空腔脏器深部肿瘤 深部淋巴结	伤害感受性传导通路受损
举例	恶性溃疡、胃炎	骨代谢病、肝炎	胸、腹部的深部肿物 肠、胆、输尿管绞痛	与肿瘤有关:臂丛、腰骶丛或胸壁受侵犯、脊髓受压 与肿瘤无关:带状疱疹后神经痛、幻肢痛、术后痛
特征	火辣痛 灼痛 针刺痛	钝痛 酸痛	钝痛 深部痛	感觉异常如针刺痛、灼痛、刀割痛、蚁走感 痛觉过敏 幻肢痛 麻痛
对刺激定位	很准确	较准确	不准确	沿神经分布
运动	无影响	疼痛加重（患者喜静止）	疼痛可能减轻	神经牵拉诱发疼痛如坐骨神经牵拉试验
治疗安排	无	有	有	有
局部触痛	有	有	可能有	无
汗腺分泌和血管运动失调	无	可能有	恶心、呕吐、出汗、血压、心率改变	不稳定:温热、出汗、苍白发凉、发绀

专业名词对照索引

F

G

H

J

Z

中文药名索引

英文药名索引